主编 张东平

求索

上海市区办高校教师论文选编

（第十八期）

复旦大学出版社

图书在版编目(CIP)数据

求索:上海市区办高校教师论文选编.第十八期/张东平主编. —上海:复旦大学出版社,
2020.10
ISBN 978-7-309-15335-4

Ⅰ.①求… Ⅱ.①张… Ⅲ.①教育事业-上海-文集 Ⅳ.①G527.51-53

中国版本图书馆 CIP 数据核字(2020)第 170083 号

求索:上海市区办高校教师论文选编(第十八期)
张东平　主编
责任编辑/谢同君

复旦大学出版社有限公司出版发行
上海市国权路 579 号　邮编:200433
网址: fupnet@ fudanpress.com　http://www.fudanpress.com
门市零售: 86-21-65102580　团体订购: 86-21-65104505
出版部电话: 86-21-65642845
江苏凤凰数码印务有限公司

开本 787×960　1/16　印张 26.5　字数 877 千
2020 年 10 月第 1 版第 1 次印刷

ISBN 978-7-309-15335-4/G·2158
定价: 120.00 元

如有印装质量问题,请向复旦大学出版社有限公司出版部调换。
版权所有　　侵权必究

编委会名单

主　任：张东平

副主任：费秀壮　黄　群

编　委：（以姓氏笔画为序）

王　芳　张　阳　杜　俭

岑咏霆　张　敏　张德芳

孟　临　金德琅　金新宇

胡墨洁　徐文清　蒋中华

目 录 CONTENTS

教育教学研究

基于VAR模型的食品CPI与肉禽CPI的实证研究	顾 欣 /	3
个人所得税汇算清缴中的纳税筹划问题探析	张燕红 于兰婷 /	15
计算机实操类课程网上直播教学的实践研究		
——以"网站设计与开发"课程为例	鲍筱晔 /	20
电子文件单套制归档的可行性分析	孙慧妍 /	29
西方协作式规划理论：理论基础、研究现状及其展望	张金阁 /	34
白栎种子的脱水敏感性和低温保存初探	林轶蓉 /	43
正确认识新时代社会主要矛盾的核心要旨	盛 红 /	51
课程思政若干理论与实践问题的思考	朱 漪 /	55
疫情防控视域下的人类命运共同体构建		
——东南亚地区在其中的重要意义	顾聪超 /	59
对成人高校应用文写作课程的教学反思	陶 曦 /	63
The Research on the Effects of the Information of the Borrowers and the Income from Investment in Online Peer-to-peer Lending on the Financing Efficiency		
——Taking the PPdai as the Example	汪晓雪 /	67
商务英语有效教学的实践探索		
——以商务英语写作课与毕业设计教学重组与整合为例	张永民 /	81
成人教育中Photoshop软件辅助艺术设计课程探索	周媛媛 /	86
文化认同，青衿情怀		
——普陀区业余大学校史馆文化建设与育人价值的实践思考	张凤芳 /	90
关于街镇社区学校云视课堂建设的思考		
——以仙霞新村街道社区学校为例	谢维新 /	94
社区学校培育体验式学习基地的实践与探索		
——以新华社区学校"瓷绘工艺社"为例	姜姚月 /	98
基于"互联网+"老年教育混合教学模式的研究	周志坚 陆莉莉 钱庆丰 /	102
宝山区老年大学课程建设初探	陆莉莉 周志坚 /	115
泛在教育视角下的社区教育共同体建设实践		
——以虹口区北外滩街道社区为例	周长元 /	125
老年人学习参与分析为路径管窥社区教育发展状况	岳 燕 /	130
老年大学教学质量监控与评价体系构建初探	周雪梅 /	135

标题	作者	页码
公共关系学教学改进探索	赵文淳	140
逻辑回归在老年大学班长评选上的应用初探	邵振杰	144
关于班会课在成人高校班主任工作中的实践与思考——以上海开放大学航空运输学院空乘专业为例	王晔	149
云视课堂应用于成人学历教育的思考	黄梅 汪亚利	155
长三角区域社区教育一体化展望——以终身学习云视课堂为载体	董梦飞	160
浅谈成人高校学生档案管理主要问题及改进措施	汪青	165
高职院校体育"课程思政"的育人路径研究	江志鹏	169
浅谈信息技术在钢琴集体课教学中的运用——以面向社区成人的"智慧钢琴班"为例	程佳骏	173
打破校园围墙 打造精彩课堂	陈颉	179
MOOC持续学习意向影响因素分析研究	成文婷	183
基于研究性学习的评价策略研究	李曼曼	188
自我效能感视阈下的成人高校心理咨询专业教学探索	刘琪	193
轻度智障成人学生团体心理辅导的有效性探析	王萍 刘琪	198
终身教育视角下西藏学前教育面临问题与对策——以萨迦县域学前教育为例	邢波	205
"职业生涯规划"课程混合教学的实践与研究	姜燕	212
基于微信的混合教学模式的应用探究——以"经济学原理"课程为例	谢芸	217
经典咖啡制作课程线上线下混合教学模式研究	陈永红	221
微信在成人高校教学中的应用研究——以上海开放大学黄浦分校为例	王润清	226
从单一的线下或线上教学走向混合教学——以普陀区业余大学教学实践为例	白淑佳	233
社区教育课程内涵、特点及建设策略的思考	李炳金 胡艳	238
远程教学背景下网络广播教学初探——以阿基米德FM为例	凌云	245
网络直播课程有效教学的实践研究——以普陀区业余大学部分网络直播课程为例	吕品一	249
论人工智能在教育领域的应用现状和发展方向	潘颖瑛	256
混合式教学理念下直播课堂教学模式的探讨	杨怡	261
成人高校视频课制作流程的思考与建议	何志伟	268
情境教学法在物流管理教学中的应用	沈力	273
学前音乐教育教学团队的现在与未来	吴士乐	278
关于成人高校基层党组织深度参与区域化党建的创新实践模式研究	沈燕华 张歆涵	284
留学生辅导员岗位设置述评	荣彬	290
浅谈档案利用环节中的保密工作——以静安社区学院档案管理工作为例	黄一乐	295

网上直播课堂与区办高校教育教学改革研究

网上直播课堂中成人学生社会临场感建构研究	丁秋霞 /	301
疫情下区办成人高校直播课教学质量监控研究	陈晓平 /	306
浅析成人高校直播课堂的教学适应性		
——以"经济学与生活"课程为例	阙明罡 /	311
建立成人网络课程学习在线临场感的策略研究	杜 鹃 /	315
基于认知设计的成人高校"计算机基础"在线教育的研究与设计		
………… 陈 芳 张 磊 石秀丽 /		322
高职旅游管理专业网上直播课堂教学过程研究	毛松松 /	328
建构主义视域下对网络授课模式的思考		
——以应用日语专业课程为例	张世清 /	332
The Thinking on the Applicability of Online English Teaching and Learning		
Platform: *Moodle* Case Study	刘智倩 /	339
网上直播课堂与线下现场教学优势比较研究	张 颖 /	350
疫情背景下成人高校网络直播课堂教学管理策略初探	周长元 /	355
后疫情时代成人教育数字化转型的若干思考	陆 建 /	361
关于线上教学开展情况的调查报告		
………… 上海市徐汇区业余大学学历教育部线上教学课题组 /		364
网络直播课堂应用策略研究		
——以成人高校网络直播课堂教学实践为例	孔 丽 /	373
技能培训网上直播课堂的教学督导模式探索研究		
——以育婴员培训为例 …… 唐 燕 胡永佳 陈永红 曹明珠 /		381
教育直播在成人高校的未来走向	王润清 /	388
提高学生网上直播课堂有效参与的思考	计莹斐 /	394
直播课堂背景下实用经济学教学实践的思考	周海玲 /	399
成人高校网络直播课堂教学组织研究		
——以静安区业余大学为例	宋 斌 /	403
实用型课程开展网上直播课堂的分析与思考		
——以静安区业余大学中医养生保健专业为例	卢春香 /	408
后记	/	415

教育教学研究

基于VAR模型的食品CPI与肉禽CPI的实证研究

顾 欣

内容摘要：本文以国家统计局2017年1月至2019年12月期间食品类价格指数和肉禽及其制品价格指数的官方数据为样本，基于时间序列分析的向量自回归模型为模板，对食品CPI和肉禽CPI这两个指数之间的动态关系进行了实证分析。研究表明，我国食品价格指数与肉禽价格指数存在着双向拉动的关系，食品的总体价格涨跌会影响肉禽价格的变动，同时肉禽价格的上升也拉动了食品价格总体的上涨。在此基础上，本文提出了缓解食品涨价的若干对策建议。

关 键 词：食品价格　VAR模型　最优滞后　脉冲响应　方差分解

一、引言

食品价格对我国居民生活质量的影响甚大，肉禽及其制品价格指数作为食品价格指数中重要的一项指数，在分析消费物价上涨因素方面起着举足轻重的影响。自2019年以来全国猪肉批发价格呈现持续上涨的趋势，而突如其来的新冠肺炎疫情，更导致猪肉的供应出现严重短缺，2020年1月的猪肉价格甚至达到每千克70元，同比上涨了116%。那么，近两年猪肉价格的大幅上涨是否助推了食品价格甚至CPI的上涨？食品价格的上涨又是不是完全由肉禽价格决定的呢？如何才能更有效地应对食品价格波动与宏观经济、货币政策形成的联动问题呢？

为了探究我国食品类消费价格指数与肉禽及其制品价格指数两者之间的动态关系，本文首先引入了食品类价格指数FoodCPI这个变量，它占到居民消费价格指数（CPI）八大类中近三分之一，它的变动直接决定未来CPI的总体走向，甚至关系到我国是否处于通货膨胀或通货紧缩的状态中。本文还引入了第二个变量肉禽及其制品价格指数MeatCPI，它在食品类价格指数FoodCPI中的权重最高，它的波动也会波及居民消费价格总指数。因此，深入研究食品类价格指数FoodCPI和肉禽及其制品价格指数MeatCPI之间的变动关系，认识其价格波动的原因和规律，对于政府制定宏观经济政策，防止物价剧烈波动对我国经济社会产生冲击，避免发生通货膨胀，具有重要的参考作用。

二、模型设计及其变量的选取

本文采用了2017年1月至2019年12月间我国居民消费价格指数子项目中的食品类价格指数（FoodCPI）和肉禽及其制品价格指数（MeatCPI）数据（见表1），作为两列变量来建立VAR模型：$y_t = \alpha_1 y_{t-1} +$

$\alpha_2 y_{t-2} + \cdots \alpha_p y_{t-p} + \beta_0 x_t \cdots \beta_r x_{t-r} + \varepsilon_t$, $t = 1, 2, 3, \cdots, n$，其中 y_t 是 k 维内生变量向量，x_t 是 d 维外生变量向量，α 和 β 是待估计的系数矩阵，p 和 r 滞后期阶数，ε_t 是随机扰动项。

表1 食品类价格指数和肉禽及其制品价格指数原始数据

时间	FoodCPI	MeatCPI	LnFoodCPI	LnMeatCPI
2017年1月	102.5	105.8	4.629862799	4.661550519
2017年2月	97.6	100.3	4.580877493	4.608165695
2017年3月	97.6	99.2	4.580877493	4.597138014
2017年4月	98.2	95.9	4.587006215	4.563305982
2017年5月	99.5	92.9	4.600157644	4.531523646
2017年6月	99.8	90.5	4.603168183	4.505349851
2017年7月	99.9	91.2	4.604169686	4.513054897
2017年8月	100.4	92.5	4.609162207	4.527208645
2017年9月	99.6	93.3	4.601162165	4.535820108
2017年10月	100.3	95.1	4.608165695	4.554928970
2017年11月	99.8	96.0	4.603168183	4.564348191
2017年12月	100.3	96.5	4.608165695	4.569543008
2018年1月	100.2	94.7	4.607168189	4.550714000
2018年2月	103.6	97.5	4.640537330	4.579852378
2018年3月	102.0	94.7	4.624972813	4.550714000
2018年4月	101.1	92.4	4.616110126	4.526126979
2018年5月	100.7	91.9	4.612145800	4.520701029
2018年6月	100.8	94.1	4.613138356	4.544358047
2018年7月	101.0	95.8	4.615120517	4.562262685
2018年8月	101.9	98.4	4.623991940	4.589040804
2018年9月	103.0	99.8	4.634728988	4.603168183
2018年10月	102.9	100.6	4.633757643	4.611152258
2018年11月	102.5	101.1	4.629862799	4.616110126
2018年12月	102.4	101.3	4.628886713	4.618086411
2019年1月	102.0	100.7	4.624972813	4.612145800
2019年2月	101.2	99.6	4.617098757	4.601162165
2019年3月	103.5	104.8	4.639571613	4.652053772
2019年4月	104.7	109.5	4.651099118	4.695924549
2019年5月	105.8	111.7	4.661550519	4.715816706
2019年6月	106.1	113.6	4.664382046	4.732683506
2019年7月	106.7	117.3	4.670021158	4.764734756
2019年8月	107.3	129.5	4.675628650	4.863680881
2019年9月	108.4	145.1	4.685828089	4.977423160
2019年10月	111.4	164.0	4.713127327	5.099866428
2019年11月	113.9	171.5	4.735320870	5.144583267
2019年12月	112.9	163.5	4.726502471	5.096812990

数据来源：国家统计局。

根据表 1 的原始数据,首先用图 1 和图 2 对食品类价格指数和肉禽及其制品价格指数进行描述性统计。由图 1 可以看出,食品类价格指数的走势基本平稳,维持在 100 左右,但是肉禽及其制品价格指数在 2019 年之后出现了明显上升的陡峭趋势,在第四季度甚至突然达到了 180 的巅峰,预示着猪肉价格可能出现了较快上涨。

由图 2 柱状图描述的食品类价格指数和肉禽及其制品价格指数可以看出,食品类价格指数除了少数的几个数据之外,大部分数据均符合正态分布。而肉禽及其制品价格指数不服从正态分布,受到了某些原因的干扰,导致了几个异常数据,与原有的价格走势预期差别非常大。为了清除这些异常数据的干扰,本文对所有的数据取自然对数,以 LnFoodCPI 和 LnMeatCPI 重新命名。事实表明,当对

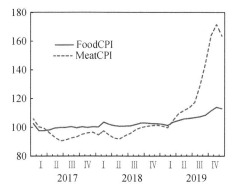

图 1 两类价格指数变化趋势

所有数据取对数后,这些异常点会变得比较小,有效数据从原本的 36 个减少为 34 个,总体样本缩回到期望的范围内。

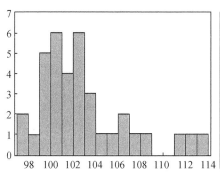 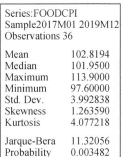

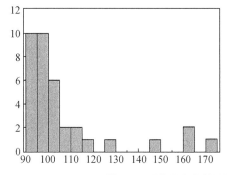

图 2 两类价格指数的统计分析

三、基于 VAR 模型的实证分析

构建 VAR 模型的前提条件是数据具有平稳性,为了避免原始数据未经检验直接建模导致的伪回归,在构建食品 CPI 和肉禽 CPI 向量自回归模型之前,首先要对这两个变量做平稳性检验。这里我们采用 ADF(Augmented Dickey-Fuller)检验方法对食品类价格指数(LnFoodCPI)和肉禽及其制品价格指数(LnMeatCPI)进行单位根检验。根据 ADF 检验结果,如果食品类价格指数(LnFoodCPI)和肉禽及其制品价格指数(LnMeatCPI)的数据是同阶单整的,才能进行协整分析。若不是,则需进行一阶差分甚至二阶差分,使其达到协整,不然结论容易出现误差。

1. 平稳性检验

利用 Eviews10.0 先对食品类价格指数(LnFoodCPI)变量进行 ADF 检验,由表 2 可知,食品类价格指数(LnFoodCPI)ADF 检验统计量为 1.182827,明显大于显著性水平为 10% 的临界值 -1.611059,说明应该接受原假设,食

品类价格指数(LnFoodCPI)原始数据是不平稳的,存在单位根,我们需要对其一阶差分以后,才能进行单位根检验。

对食品类价格指数(LnFoodCPI)变量进行一阶差分后的结果,如表3所示,ADF检验统计量－7.027595,小于显著性水平为1%的临界值－3.639407,结论是拒绝存在单位根的ADF原假设,食品类指数经过一阶差分后不存在单位根,数据达到平稳。

表2 食品类价格指数ADF单位根检验结果

Null Hypothesis: LnFoodCPI has a unit root Exogenous: None Lag Length: 0(Automatic-based on SIC, maxlag=9)			
		t-Statistic	Prob.*
Augmented Dickey-Fuller test statistic		1.182827	0.9360
Test critical values:	1% level	－2.632688	
	5% level	－1.950687	
	10% level	－1.611059	
*Mackinnon(1996) one-sided p-values. Augmented Dickey-Fuller Test Equation Dependent Variable: D(LnFoodCPI) Method: Least Squares Date:02/05/20 Time:19:43 Sample (adjusted):2017M02 2019M12 Included observations: 35 after adjustments			
Variable	Coefficient	Std.Error	t-Statistic	Prob.
LnFoodCPI(－1)	0.000598	0.000506	1.182827	0.2451

表3 食品类价格指数一阶差分ADF单位根检验结果

Null Hypothesis: D(LnFoodCPI) has a unit root Exogenous: Constant Lag Length: 0(Automatic-based on SIC, maxlag=9)			
		t-Statistic	Prob.*
Augmented Dickey-Fuller test statistic		－7.027595	0.0000
Test critical values:	1% level	－3.639407	
	5% level	－2.951125	
	10% level	－2.614300	
*Mackinnon(1996) one-sided p-values. Augmented Dickey-Fuller Test Equation Dependent Variable: D(LnFoodCPI,2) Method: Least Squares Date:02/05/20 Time:19:45 Sample (adjusted):2017M03 2019M12 Included observations: 34 after adjustments			
Variable	Coefficient	Std.Error	t-Statistic	Prob.
D(LnFoodCPI(－1))	－0.952357	0.135517	－7.027595	0.000
C	0.004135	0.001904	2.171747	0.0374

同样,对肉禽及其制品价格指数(LnMeatCPI)原始数据进行 ADF 检验,表 4 中肉禽及其制品价格指数原始数据的 ADF 检验统计量 0.821724,大于显著性水平为 10% 的临界值 -1.610747,因此接受 ADF 原假设,LnMeatCPI 存在单位根,肉禽及其制品价格指数不平稳,我们需要一阶差分后重新进行单位根检验。

表 4　肉禽及其制品价格指数 ADF 单位根检验结果

Null Hypothesis: LnMeatCPI has a unit root Exogenous: None Lag Length: 2(Automatic-based on SIC, maxlag = 9)				
			t-Statistic	Prob.*
Augmented Dickey-Fuller test statistic			0.821724	0.8845
Test critical values:	1% level		-2.636901	
	5% level		-1.951332	
	10% level		-1.610747	
*Mackinnon(1996) one-sided p-values. Augmented Dickey-Fuller Test Equation Dependent Variable: D(LnMeatCPI) Method: Least Squares Date:02/05/20　Time:19:46 Sample (adjusted):2017M04 2019M12 Included observations: 35 after adjustments				
Variable	Coefficient	Std.Error	t-Statistic	Prob.
LnMeatCPI(-1)	0.001010	0.001229	0.821724	0.4177
D(LnMeatCPI(-1))	0.904166	0.199501	4.532125	0.0001

经过一阶差分后的肉禽及其制品价格指数(LnMeatCPI)ADF 检验统计量 -2.835966(见表 5)大于显著性水平为 5% 的临界值 -3.646342,因此拒绝原假设,一阶差分后的数据是平稳的,可以进行协整检验。

表 5　肉禽及其制品价格指数一阶差分 ADF 单位根检验结果

Null Hypothesis: D(LnMeatCPI) has a unit root Exogenous: Constant Lag Length: 1(Automatic-based on SIC, maxlag = 9)				
			t-Statistic	Prob.*
Augmented Dickey-Fuller test statistic			-2.835966	0.0642
Test critical values:	1% level		-3.646342	
	5% level		-2.954021	
	10% level		-2.615817	
*Mackinnon(1996) one-sided p-values. Augmented Dickey-Fuller Test Equation Dependent Variable: D(LnMeatCPI,2) Method: Least Squares Date:02/05/20　Time:19:48 Sample (adjusted):2017M04 2019M12 Included observations: 33 after adjustments				
Variable	Coefficient	Std.Error	t-Statistic	Prob.
D(LnMeatCPI(-1))	-0.416272	0.146783	-2.835966	0.0081
D(LnMeatCPI(-1),2)	0.321336	0.191284	1.679885	0.1034

2. 滞后期阶数的选择

在完成对食品类价格指数(LnFoodCPI)和肉禽及其制品价格指数(LnMeatCPI)的平稳性检验后,在建立 VAR 模型之前,本文还需要确定这两个变量的滞后期阶数。本文用 Eviews 内设的五个判定原则,即 LR 检验统计量、最终预测误差 FPE、AIC 信息准则、SC 信息准则和 HQ 信息准则输出的结果,选取系统输出带星号最多的阶数为最大滞后期(如表6所示)。

表6 滞后期阶数的选择

VAR Lag Order Selection Criteria
Endogenous variables: LnFoodCPI LnMeatCPI
Exogenous variables: C
Date: 02/06/20   Time: 15:29
Sample: 2017M01 2019M12
Included observation: 34

Lag	LogL	LR	FPE	AIC	SC	HQ
0	112.9282	NA	5.03e-06	-6.525187	-6.435401	-6.494567
1	184.6563	130.7984	9.36e-08	-10.50920	-10.23984	-10.41734
2	201.3979	28.55915*	4.44e-08*	-11.25870*	-10.80977*	-11.10560*

* indicates lag order selected by the criterion
LR: sequential modified LR test statistic (each test at 5% level)
FPE: Final prediction error
AIC: Akaike information criterion
SC: Schwarz information criterion
HQ: Hannan-Quinn information criterion

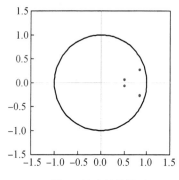

图3 输出结果图示

表6中输出的是评价最优滞后期的五个指标在各个滞后期下的数值,本文首先选择滞后一阶,结果出现了 AIC 原则与 LR 原则下最优滞后期不一致的结果。当滞后期为二阶时,系统输出的带星号阶数全部一致,由此可以得出本文 VAR 模型最优滞后期是2期。

由图3输出的结果可知,VAR(2)模型全部根的倒数值都在单位圆内,表示 VAR(2)模型单位根的模都大于1,因此变量食品类价格指数(LnFoodCPI)与肉禽及其制品价格指数(LnMeatCPI)建立的 VAR 模型是稳定的,在此基础上可以进行脉冲响应和方差分解。

3. 脉冲响应分析

VAR 模型的独有特点之一,就是模型具有动态性。VAR 模型中每个内生变量自身变动或受到外界因素冲击时,会影响其本身以及所有其他的内生变量。因此,在进行脉冲响应分析之前,我们首先要检验假设的 VAR 模型是否存在异方差性、是否存在自相关性、残差项是否符合正态分布。

本文用怀特检验的结论 P 值来判断食品类价格指数(LnFoodCPI)与肉禽及其制品价格指数(LnMeatCPI)建立的 VAR(2)模型是否不随参数设定的变化而变化,如表7所示。

表7显示异方差性检验的所有数据 P 值都大于10%(选取90%置信区间),证明了 VAR(2)不存在异方差的可能性。

在确定了初步的模型后,本文使用 LM 检验对残差序列进行自相关性检验。LM 检验的原假设 H_0 表示残差项不存在自相关性,若输出的 P 值大于置信度0.05,那么应该接受原假设,即残差序列不存在自相关性。对 VAR(2)模型进行 LM 自相关检验,如表8所示。

由表8的检验结果可知,LM 自相关检验输出的统计量 P 值为0.0895,大于临界值0.05,所以不能拒绝原假设,VAR(2)模型残差序列不存在一阶自相关。

表7 异方差性检验结果

VAR Residual Heteroskedasticity Tests (Includes Cross Terms)					
Date：02/06/20 Time：19：21					
Sample：2017M01 2019M12					
Included observation：34					
Joint test：					
Chi-sq		df		Prob.	
40.12070		42		0.5537	
Individual components：					
Dependent	R-squared	F(14.19)	Prob.	Chi-sq(14)	Prob.
res1 * res1	0.225233	0.394536	0.9594	7.657925	0.9064
res2 * res2	0.386096	0.853533	0.6127	13.12726	0.5165
res2 * res1	0.276768	0.519355	0.8923	9.410121	0.8039

表8 LM自相关检验结果

VAR Residual Serial Correlation LM Tests					
Date：02/06/20 Time：19：41					
Sample：2017M01 2019M12					
Included observations：34					
Null hypothesis：No serial correlation at lag h					
Lag	LRE* stat	df	Prob.	Rao F-stat	df	Prob.
1	8.059883	4	0.0894	2.135192	(4, 52.0)	0.0895
2	1.444749	4	0.8364	0.359247	(4, 52.0)	0.8364
Null hypothesis：No serial correlation at lags 1 to h					
Lag	LRE* stat	df	Prob.	Rao F-stat	df	Prob.
1	8.059883	4	0.0894	2.135192	(4, 52.0)	0.0895
2	12.61848	8	0.1257	1.684310	(8, 48.0)	0.1267

* Edgeworth expansion corrected likelihood ratio statistic

接下来，本文用Jarque-Bera检验来判断VAR(2)模型的残差项是否符合正态分布的偏度和峰度，及其拟合优度。

从图4可知，对VAR(2)模型的残差项进行Jarque-Bera检验，JB的值为0.750622，输出的P值0.687075大于零，故应接受原假设，残差项符合正态分布的特征。

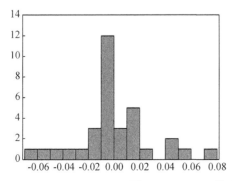

图4 Jarque-Bera检验结果

由上述一系列的检验分析可以得出，VAR(2)模型既不存在异方差性，也不存在自相关性，并且残差符合正态分布，模型数据和结构都是稳定的，可以对其进行脉冲响应分析(图5)和方差分解(表9)。

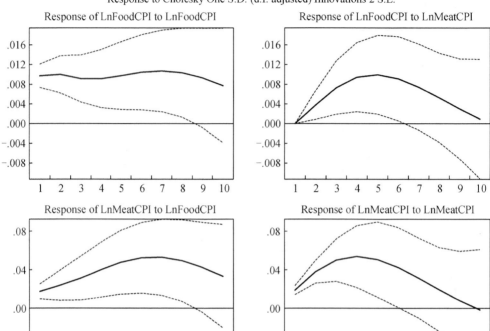

图5　脉冲响应分析结果

表9　方差分解结果

Variance Decomposition of LnFoodCPI:			
Period	S.E.	LnFoodCPI	LnMeatCPI
1	0.009726	100.0000	0.000000
2	0.014446	93.19464	6.805364
3	0.018601	80.35410	19.64590
4	0.022754	69.70210	30.29790
5	0.026661	64.08293	35.91707
6	0.030036	62.50595	37.49405
7	0.032730	63.29225	36.70775
8	0.034717	65.07700	34.92300
9	0.036063	66.93991	33.06009
10	0.036894	68.35023	31.64977

(续表)

Variance Decomposition of LnMeatCPI：			
Period	S.E.	LnFoodCPI	LnMeatCPI
1	0.025761	46.24866	53.75134
2	0.051731	32.89295	67.10705
3	0.078433	30.22550	69.77450
4	0.103169	32.50991	67.49009
5	0.124418	37.07379	62.92621
6	0.141496	42.36436	57.63564
7	0.154300	47.38514	52.61486
8	0.163178	51.52450	48.47550
9	0.168816	54.47352	45.52648
10	0.172087	56.18018	43.81982

当食品类价格指数(LnFoodCPI)受到自身两个标准差的冲击后(图5)，这个自身冲击对其本身的影响并不大，始终保持在10%左右。当给食品类价格指数(LnFoodCPI)两个同样的肉禽及其制品价格指数(LnMeatCPI)标准差冲击后，因为市场价格需要一定的时间反应，存在时滞，因此在第一期时这种冲击响应为零，从第二期开始到第四期呈现正向效应逐渐上升的趋势。之后，肉禽及其制品价格指数(LnMeatCPI)对食品类价格指数(LnFoodCPI)的正向响应逐渐衰弱，到第十期的时候这种脉冲响应回落到了原始零值。

同样，当肉禽及其制品价格指数(LnMeatCPI)受到自身两个标准差的冲击后，这个自身冲击对其本身的影响显现出正向作用，并且由于市场存在一定的时间时滞，这种正向的脉冲响应在第一期时为零，后逐渐缓慢上升，直到第六期达到最大响应，之后开始衰落。反之，当肉禽及其制品价格指数(LnMeatCPI)受到食品类价格指数(LnFoodCPI)的两个标准差冲击后，立刻产生了较大的正向冲击作用，在第三期达到巅峰，之后缓慢下滑，直至第十期时指数回归为零。

4. VAR方差分解

通过脉冲响应函数分析，了解食品价格和肉禽价格对各个价格扰动冲击变化的响应程度。同样利用VAR模型，本文还可以利用方差分解的方法，把居民消费物价指数的变动，按其成因分解为食品类价格指数和肉禽及其制品价格指数，并检验两者对物价总体变动的贡献度，以便了解在模型中的重要程度。

从表9可以看出，食品类价格指数(LnFoodCPI)的方差分解的结果为：食品类价格指数(LnFoodCPI)对其自身变化的贡献率最大，在第一期中这种贡献率为100%，从第一期往后开始递减，到第六期时这种贡献率递减为62.50595%，之后开始小幅回升。肉禽及其制品价格指数(LnMeatCPI)对食品类价格指数(LnFoodCPI)的贡献率由第二期的6.805364%逐渐递增到第六期的37.49405%，之后开始小幅下降。

肉禽及其制品价格指数(LnMeatCPI)的方差分解的结果为：肉禽及其制品价格指数(LnMeatCPI)对其自身变化的贡献率最大，在第三期中这种贡献率为69.7745%，之后开始递减，到第十期时这种贡献率递减为43.81982%。肉禽及其制品价格指数(LnMeatCPI)对食品类价格指数(LnFoodCPI)的贡献率由第三期的30.22550%逐渐递增到第十期最大的56.18018%。

5. 协整检验

在已建立的VAR模型中，虽然单个变量是稳定的，但是构成的组合可能存在非平稳性；又或者变量自身是非平稳的，但其构成的线性组合却是平稳的。为消除季节影响或者随机干扰在短期内对变量均值造成的偏离，使模型随着时间推移回归到长期均衡状态,本文采用了 Johansen 协整检验(JJ 检验)方法,使两个或多个非平稳时间序列的线性组合回归到长期稳定的状态。结果见表10。

表 10　Johansen 协整检验结果

Date:02/06/20 Time:15:35				
Sample (adjusted):2017M03 2019M12				
Included observations:34 after adjustments				
Trend assumption:Linear deterministic trend				
Series:LnFoodCPI LnMeatCPI				
Lags interval (in first differences):1 to 1				
Unrestricted Cointegration Rank Test (Trace)				
Hypothesized No. of CE(s)	Eigenvalue	Trace Statistic	0.05 Critical Value	Prob.**
None*	0.446740	21.80680	15.49471	0.0049
At most 1	0.048247	1.681300	3.841466	0.1948

Trace test indicates 1 cointegratting eqn(s) at the 0.05 level
* denotes rejection of the hypothesis at the 0.05 level
** MacKinnon-Haug-Michelis(1999) p-values

从表 10 的 Johansen 检验输出的 P 值可以看出,在 5% 的显著性水平下拒绝原假设,食品类价格指数(LnFoodCPI)与肉禽及其制品价格指数(LnMeatCPI)变量具有长期稳定的协整性,可以建立模型。

6. 因果关系检验

为进一步探求是肉禽及其制品价格导致了食品总体价格的上涨,还是食品价格的上升拉动了肉禽及其制品价格的上涨,本文用 Granger 因果关系检验,探讨了食品类指数(LnFoodCPI)与肉禽及其制品价格指数(LnMeatCPI)之间的因果关系,以及受到其他变量的滞后影响。根据 VAR 模型的最优滞后期为 2 期。可知 Granger 因果关系的最佳滞后期也为 2 期。检验结果如表 11 所示。

表 11　Granger 因果关系检验结果

Pairwise Granger Causality Tests			
Date:02/06/20 Time:15:44			
Sample:2017M01 2019M12			
Lags:2			
Null Hypothesis:	Obs	F-Statistic	Prob.
LnMeatCPI does not Granger Cause LnFoodCPI	34	5.19007	0.0118
LnFoodCPI does not Granger Cause LnMeatCPI		6.23123	0.0056

表 11 的因果检验结论表明,原假设"肉禽及其制品价格指数不是食品类价格指数的 Granger 原因"成立的概率仅为 0.0118,应该拒绝原假设,表明在 5% 的显著水平下认为肉禽及其制品价格是影响食品类价格指数变化的原因。然而,当原假设变成"食品类价格指数不是肉禽及其制品价格指数的 Granger 原因",此条件成立的概率为 0.0056,依然拒绝原假设,由此可以判定在 5% 的显著水平下,食品类价格指数也是影响肉禽及其制品价格指数变动的原因。综上所述,食品类价格指数(LnFoodCPI)与肉禽及其制品价格指数(LnMeatCPI)存在着双向因果的关系,具有一定的相关性。

7. 建立 VAR 模型

已经确立了食品类价格指数(LnFoodCPI)与肉禽及其制品价格指数(LnMeatCPI)两个变量的最优滞后期为 2 期,净参数估计得到如表 12 所示的 VAR 模型。

表 12　VAR 模型估计结果

	LnFoodCPI	LnMeatCPI
LnFoodCPI(−1)	0.668249 (0.16934) [3.94623]	−1.156173 (0.44853) [−2.57769]
LnFoodCPI(−2)	0.024503 (0.16581) [0.14778]	1.546910 (0.43919) [3.52222]
LnMeatCPI(−1)	0.199537 (0.07298) [2.73425]	2.008608 (0.19330) [10.3914]
LnMeatCPI(−2)	−0.145871 (0.07671) [−1.90160]	−1.158303 (0.20318) [−5.70079]
C	1.175639 (0.51466) [2.28430]	−1.111450 (1.36319) [−0.81533]
R-squared	0.942548	0.981294
Adj. R-squared	0.934624	0.978714
Sum sq. resids	0.002743	0.019245
S.E. equation	0.009726	0.025761
F-statistic	118.9432	380.3271
Log likelihood	111.9815	78.86280
Akaike AIC	−6.293027	−4.344871
Schwarz SC	−6.068562	−4.120406
Mean dependent	4.633845	4.655629
S.D. dependent	0.038038	0.176568
Determinant resid covariance (dof adj.)		3.37E-08
Determinant resid covariance		2.45E-08
Log likelihood		201.3979
Akaike information criterion		−11.25870
Schwarz criterion		−10.80977
Number of coefficients		10

Vector Autoregression Estimates
Date: 02/07/20　Time: 16:18
Sample (adjusted): 2017M03 2019M12
Included observations: 34 after adjustments
Standard errors in ( ) & t-statistics in [ ]

$$\begin{bmatrix} \text{LnFoodCPI} \\ \text{LnMeatCPI} \end{bmatrix} = \begin{bmatrix} 1.18 \\ -1.11 \end{bmatrix} + \begin{bmatrix} 0.67 & 0.20 \\ -1.16 & 2.00 \end{bmatrix} \begin{bmatrix} \text{LnFoodCPI}_{t-1} \\ \text{LnMeatCPI}_{t-1} \end{bmatrix} + \begin{bmatrix} 0.02 & -0.15 \\ 1.55 & -1.16 \end{bmatrix} \begin{bmatrix} \text{LnFoodCPI}_{t-2} \\ \text{LnMeatCPI}_{t-2} \end{bmatrix} + \begin{bmatrix} \varepsilon_t \\ \varepsilon_{2t} \end{bmatrix}$$

从矩阵方程调整后的拟合程度 $R^2_{\text{LnFoodCPI}} = 0.942548$ 和调整后的 $R^2_{\text{LnMeatCPI}} = 0.981294$ 可以看出,以上建立的 VAR(2)模型拟合度较高。另外,肉禽及其制品价格指数的矩阵系数说明了肉禽及其制品价格对自身和总体食品类价格影响程度较大,不仅体现在当前,也体现在前后两期的价格系数上。同理,食品类价格的矩阵系数也会影响其本身和肉禽及其制品价格,辐射于后面的两期。

四、主要实证检验结论及政策建议

根据基于我国 2017 年 1 月至 2019 年 12 月期间食品类价格指数和肉禽及其制品价格指数的原始数据建立的向量自回归模型,得到的实证分析结论如下:

从原始数据的线性走势图和柱状图可知,食品类价格指数与肉禽及其制品价格指数呈现出双向互动的关系。特别是 2019 年后,肉禽及其制品价格的上升明显地拉动了食品类总体价格的上涨,另一方面从滞后期影响可知食品类价格也影响着肉禽及其制品当前和之后两期的价格。

协整检验的结果表明食品类价格指数与肉禽及其制品价格指数之间具有长期稳定性,不存在异方差性,变量之间也不相关、残差项符合正态分布,可以建立向量自回归模型。另外,脉冲响应和方差分解还揭示了肉禽及其制品价格指数对食品类价格指数有很强的解释能力,对总的食品类价格指数的贡献比较大,说明我国肉禽及其制品价格是推动总体食品类价格上涨的主要原因之一。

格兰杰因果检验结果表明肉禽及其制品价格上涨是推动食品类价格上涨的原因,同时食品类价格上涨也是肉禽及其制品涨价的原因。在建立模型时,可将食品类价格指数作为被解释变量,而将肉禽及其制品价格指数作为解释变量。若需减缓食品涨价,还应当从稳定肉价着手。

最后,本文实证研究的结果表明,食品价格与肉价存在着相互拉动和轮番上涨的关系和趋势。相关部门应当采取有效措施,将食品价格的变动控制在合理的波动范围内,不然很可能导致成本推动型的通货膨胀,甚至还可能威胁到我国经济社会的发展。当然,一些地方政府也在积极努力地采取措施,来缓解物价的上涨。比如建立完善的农业保护机制,保障基本的粮食和猪肉等供应量。同时,也可以通过实施农业补贴或者减税降费的财政政策,控制粮食产品价格的过度上涨。此外,中央银行还可以使用货币政策,如通过提高贴现率或者卖出政府债券的方法来减少货币供给量,抑制社会的总需求,防止通货膨胀。当然,相关部门也可采取综合措施干预粮食的价格,通过宏观调控防止各项食品价格的过度上涨,维持价格稳定。

参 考 文 献

[1] 李子奈,潘文卿.计量经济学[M].4 版.北京:高等教育出版社.2015.
[2] 蒋和.基于 ARMA 模型的恩格尔系数的分析与预测[J].经济视角(下旬刊),2013(8):133-135.
[3] 杰弗里·M.伍德里奇.计量经济学导论:现代观点[M].北京:清华大学出版社,2011.
[4] 张雪莹,金德怀.金融计量学教程[M].上海:上海财经大学出版社,2005.
[5] 高铁梅.计量经济分析方法与建模[M].北京:清华大学出版社.2009.

作者单位:上海市普陀区业余大学

个人所得税汇算清缴中的纳税筹划问题探析

张燕红　于兰婷

内容摘要：新的个人所得税法自2019年1月1日起施行，2020年3月1日至6月30日进行第一次汇算清缴。认真了解税法，多增加扣除项目，做好纳税人身份的转换、收入项目的转换，安排好工资总额中年终奖的金额以及计入不计入问题，可以让纳税人到手收入增加，达到节税的目的。

关 键 词：汇算清缴　综合所得　转换　收入调配

新颁布的个人所得税法规定：居民个人在纳税年度取得工资、薪金，劳务报酬，稿酬，特许权使用费四项所得应在取得上述综合所得的下一年3月1日至6月30日之间填报《个人所得税年度自行纳税申报表》以及其他相关资料，办理年度汇算清缴或一并办理纳税申报。2020年纳税人首次在手机个人所得税APP软件或网上电子税务局自行或委托代理汇算清缴，那么在个人所得税汇算清缴过程中存在哪些纳税筹划措施呢？本文对此进行探讨。

一、个人所得税汇算清缴相关内容

（一）个人所得税征税内容和方法

新颁布的个人所得税法把个人所得分为九项内容，分别为工资、薪金所得，劳务报酬所得，稿酬所得，特许权使用费所得，经营所得，利息、股息、红利所得，财产租赁所得，财产转让所得以及偶然所得。对于居民，平时对各项所得实行预扣预缴，其中工资、薪金所得实行累计预扣法。单位作为扣缴义务人有预扣预缴义务，在其向职工个人支付工资、薪金所得时，应当按照年度七级超额累进税率表，实行累计预扣法计算预扣税款，并按月办理扣缴申报；劳务报酬所得、稿酬所得、特许权使用费所得采用原来的方法预扣，低于4 000元的减除费用为800元，4 000元以上的扣除20%费用，劳务报酬所得按照三档税率预扣，稿酬所得、特许权使用费所得按照20%税率预扣。经营所得按年计算采用五级超额累进税率。利息、股息、红利所得，财产租赁所得，财产转让所得，偶然所得税率均为20%，其中财产租赁所得可以按照收入额减除财产原值以及合理费用后的余额作为所得额计算纳税；财产租赁所得，每次收入低于4 000元的，减除费用为800元，超过4 000元的，减除费用为20%，剩余额作为应纳税所得额。

（二）个人所得税汇算清缴

汇算清缴一般有以下几种情形：(1)上述个人所得税项目中前四项期末应合并为综合所得，按照七级超额税率表统一计算进行纳税,而且计入的收入额不一样。这样平时预扣预缴的税款和最终需要缴纳的税款就会有差额,所以需要进行汇算清缴。(2)2019年度职工综合所得年收入额不足6万元,一般不需要缴税,但可能有中间入职由于费用扣除不足平时预缴过个人所得税的。(3)2019年度职工有符合条件的专项附加扣除或公益性捐赠及其他符合税法的扣除如商业健康保险、税延型养老保险,但平时预缴税款时没有申报扣除或扣除不充分的。(4)两处以上取得工资、薪金所得,每月扣除过多个5 000元基准费用的。(5)仅取得稿酬、劳务报酬、特许权使用费所得,没有受雇单位,没有作各种税前扣除的。(6)没有申报享受或者未足额享受综合所得税收优惠的,如残疾人可以享受减征个人所得税优惠等而未申报。

二、个人所得税纳税筹划中存在的问题

纳税筹划是指纳税人在遵守税法的框架下,通过一些专业的操作方案,对涉税业务进行策划,以达到节税目的。目前在个人所得税纳税筹划中存在以下一些问题。

(一)纳税筹划意识不强

企业职工长期以来对个人所得税纳税筹划缺乏意识或重视不够,相当一部分人的认识中,纳税筹划等同于偷税、避税。当然,的确有一些企业采取了一些违法手段来减轻税负,由于其"筹划"并不是合法的真正的纳税筹划,导致不仅节税不成,反而受到税务机关的处罚。

(二)对个人所得税法缺乏了解

个人所得税纳税筹划在推进发展的过程中遇到了多层次多方面的问题,除了员工纳税筹划意识不强,税法变化更新比较快也是一个很重要的原因。而且随着经济业务越来越多样化,税法涵盖面越来越大,也越来越复杂,即使是专业的会计税务人士,如果不经常学习,对于很多税法也理解不清楚,更不用说普通的职工经常会感到茫然与无助了。

(三)纳税筹划人才缺乏、一些机构不正规

在个人所得税汇算清缴中,纳税人除了自行申报外,还可以选择委托所在单位或其他专业机构进行代理汇算清缴,但目前我国纳税筹划人才还比较缺乏,一些纳税筹划代理机构不正规,而且很多仅针对企业进行服务,对个人市场开拓不多。

三、个人所得税汇算清缴纳税筹划思路

有效的个人所得税纳税筹划可以使企业在不增加自身负担的同时,使得员工到手的实际工资有所增加,提升员工的幸福感。笔者认为在新税法的框架下,可以采用下列措施进行纳税筹划。

(一)纳税人身份的转变

新的个人所得税法中对于不同纳税人规定了不同的义务和纳税计税方法。纳税人身份的转变,给纳税筹划提供了空间。

1. 居民与非居民身份的转变

新税法对于居民要求全面纳税义务,境内所得和境外所得都要纳税。而非居民负有限纳税义务,只就境内所得纳税。在中国境内有住所或无住所但一个纳税年度内在中国境内居住累计达到183天的个人判定为中国的居民,否则为非居民。非居民在一个纳税年度内在中国境内居住累计未满90天,可只就境内所得中由境内机构支付的部分纳税。非居民的天数判定标准为居住满24小时,故可以有效地利用税法规定达到避税目的。比如,一个香港居民长期在深圳工作,如果长期在深圳定居达到183天标准,则要全面纳税。但如果周一去深圳上班,周五晚上回香港,则一个星期每天达到24小时的只有三天,全年不超过183天,属于非居民,只负有限纳税义务。如果外国公司职员在中国分公司上班,常年居住在中国境内,超过183天成为了居民,可以在累计满五年中间采用单次离境超过30天的方法,避免就来源于境外机构支付的部分纳税。

2. 个人、个人独资企业、合伙企业身份的转变

如果居民个人收入项目比较多,可以考虑设立个人独资企业或合伙企业,企业扣除费用没有5 000元的定额限制,可以把一些支出以费用的形式在企业中扣除,从而达到节税目的。

例1 持有A公司的股权转让,所得额为90 000元,如果为个人转让,则应纳税90 000×20% = 18 000(元);如果是成立合伙企业,合伙企业转让后分给个人,则按经营所得五级超额税率,应纳税90 000×10% = 9 000(元)。

(二) 多增加收入,尽量转换收入性质

居民在进行综合所得汇算清缴时,工资、薪金所得,劳务报酬所得,稿酬所得,特许权使用费所得平时按照各自方法预扣预缴,年末计入综合所得采用统一方法计税。而四项所得计入综合的收入额是不一样的。综合所得每一纳税年度的收入额 = 工资、薪金所得 + 劳务报酬所得×80% + 稿酬所得×56% + 特许权使用费所得×80%。也就是说,如果今年收入20万元,全部为工资则收入额为20万元;10万元为工资,10万元为劳务则收入额为18万元;全部为劳务则为16万元;全部为稿酬则为11.2万元。所以,纳税人取得收入时,在税法允许的前提下,应多选择作为劳务报酬所得、稿酬所得项目。

(三) 多了解税法,尽量多增加扣除项目和享受优惠

新税法除了专项扣除外还增加了专项附加扣除,对于这些扣除项目,纳税人应多了解扣除内容和扣除方式,尽量多增加扣除项目。

对于专项扣除,企业可以和员工协商,工资的一部分可以用来提高三险一金的基数和住房公积金的比例,员工负担的部分免税。如果有符合税法条件的有税优识别码的商业健康保险和税延型养老保险,应及时向企业说明,也可以在汇算清缴时补申报。

对于专项附加扣除,子女教育、大病医疗等符合条件的,平时或汇算清缴时,应及时申报。而且对于子女教育、贷款利息等可以选择夫妻扣除比例的一般纳税筹划方式都是在高收入一方全额扣,节税效果最好;父母赡养费用多的,子女尽量按照上限1 000元扣除;同时可以扣住房贷款或住房租金的,对于一线城市选择租金可以扣除1 500元,而且夫妻双方不在一个城市的可以同时扣;子女进行专科以下继续教育有两种选择,既可以作为子女的继续教育扣除,也可以作为父母一方的子女教育专项扣除,这种情况最好选择按照子女教育来扣,这样每月可以扣除1 000元,比继续教育每年扣除4 800元要多。

另外,对于公益性捐赠,《财政部 税务总局关于公益慈善事业捐赠个人所得税政策的公告》规定,居民个人按照以下规定扣除公益捐赠支出:居民个人发生的公益捐赠支出可以在财产租赁所得、财产转让所得、股息红利所得、利息偶然所得(以下统称分类所得)、综合所得或者经营所得中扣除。在当期一个所得项目扣除不完的公益捐赠支出,可以按规定在其他所得项目中继续扣除;居民个人发生的公益捐赠支出不能超过各所得应纳税所得额的30%,居民个人可以决定在综合所得、经营所得、分类所得中扣除的公益捐赠支出的顺序。那么,按照纳税筹划的原则,一般尽量先选择在适用税率高的分类所得中扣除,这样节税效果更佳。

税法中还有一些优惠项目,比如省级人民政府、国务院部委和中国人民解放军军以上单位,以及外国组织、国际组织颁发的科学、教育、技术、文化、卫生、体育、环境保护等方面的奖金、国债利息、福利费救济金、独生子女补贴、误餐补助、保险赔款、退休费、离休费、离休生活补助费、军人的转业费、复员费、退役金等是免税的,残疾人员、孤老人员、烈属的所得以及因自然灾害遭受重大损失的,可以申请地方政府减免个人所得税。纳税人如果有以上免税和减税优惠也要及时进行申报减免。

(四) 综合所得与年终奖间的筹划

新个人所得税法规定:在2022年之前,全年一次性奖金收入可以选择不并入当年综合所得,按年终奖收入除以12个月得到的数额,去个人所得税月度税率表中确定适用税率和速算扣除数,单独计算纳税。这样,在个人所得税纳税筹划中很重要的一个方面,是处理好工资薪金所得中年终奖和其他综合所得的收入划分以及年终奖计入不计入综合所得两个问题。

首先,在工资薪金所得收入调配时年终奖数额应该避免无效盲区。比如,年终奖如果发放36 000元,则纳税36 000×3% = 1 080(元),但如果发放36 001元,则纳税36 001×10% - 210 = 3 390(元),年终奖多发放了1元导致多纳税2 310元。笔者认为年终奖的金额确定应该是有最优值的,因为年终奖可以除以12,按月适用低税率和速算扣除数,对于适用同一税率的年终奖区间来说,在上限临界点最大限度地达到节税最优,也就是36 000元、144 000元……而综合所得的优势是累进确定税率,但是随着收入的增加,如果其他综合所得适用税率过高,累进优势消失,就应该把年终奖提到下一档次。

其次,在汇算清缴时,把个人所得税软件下载安装后,在综合所得年度汇算清缴界面,先把各项专项扣除、专

项附加扣除完整申报,然后把劳务报酬所得、特许权使用费所得、稿酬所得确定添加后,要注意在工资收入项目中年终奖是否选择并入。笔者认为:如果[60 000 + 专项扣除(五险一金) + 专项附加扣除 + 36 000] < 总收入,则并入;否则单独计税纳税更少。纳税人可以在计税软件中比较两种情况哪种纳税更少,再最后确定申报。

笔者经测算,得到工资、薪金所得收入调配纳税筹划模型,如表1所示。

表1 工资、薪金所得收入调配纳税筹划模型

区间序号	包括年终奖的综合所得应纳税所得额(元)	纳税筹划最优方案(元)
1	0	年终奖为0或设置年终奖但是选择并入核算
2	(0, 36 000]	年终奖小于等于36 000,并入不并入都可以
3	(36 000, 72 000]	保证年工资、薪金等综合所得应纳税所得额和年终奖均不高于36 000,不并入
4	(72 000, 203 100]	年终奖为36 000且不并入
5	(203 100, 672 000]	年终奖为144 000(或使年终奖和剩余部分都不高于144 000的若干值),且不并入
6	(672 000, 1 277 500]	年终奖为300 000且不并入
7	(1 277 500,)	年终奖为420 000且不并入

下面举例说明。

例2 某企业一职工2019年年终奖为36 000元,其他工资收入230 000元,五险一金定额扣除50 000元,定额专项扣除36 000元。

(1) 年终奖单独计税不并入,职工2019年纳税:

年终奖纳税 = 36 000 × 3% = 1 080(元)

工资、薪金综合所得纳税 = (230 000 − 60 000 − 50 000 − 36 000) × 10% − 2 520 = 5 880(元)

全年共纳税 = 1 080 + 5 880 = 6 960(元)

(2) 年终奖并入,职工2019年纳税:

工资、薪金综合所得纳税 = (266 000 − 60 000 − 50 000 − 36 000) × 10% − 2 520 = 9 480(元)

(3) 假如年终奖为20 000元,其他工资收入为246 000元,年终奖单独计税

年终奖纳税 = 20 000 × 3% = 600(元)

工资、薪金综合所得纳税 = (246 000 − 60 000 − 50 000 − 36 000) × 10% − 2 520 = 7 480(元)

全年共纳税 = 600 + 7 480 = 8 080(元)

(4) 假如年终奖为50 000元,其他工资收入为216 000元,年终奖单独计税

年终奖纳税 = 50 000 × 10% − 210 = 4 790(元)

工资、薪金综合所得纳税 = (216 000 − 60 000 − 50 000 − 36 000) × 10% − 2 520 = 4 480(元)

全年共纳税 = 4 790 + 4 480 = 9 270(元)

从上例四种安排可以看出,合理调配收入中年终奖的金额和正确选择计入还是不计入综合所得,能起到很好的节税效果。

以上是笔者理解的新个人所得税纳税筹划思路。要注意的是,税法变了,纳税筹划的思路也应该跟着变,新的税法综合所得采用年度七级超额累进税率表而不是月度税率表综合计税,所以以前平衡薪酬发放即工资与各类福利的削峰平谷、均量发放的措施以及劳务报酬或稿酬等延期发放、合并或拆分成几次以适用低税率或不交税等措施不再适用。而随着2022年以后年终奖要计入综合所得、不允许单独计税,上述第四条纳税筹划措施也

不再适用。

  总体而言,我国个人所得税纳税筹划是一个比较新的课题,需要国家层面和个人层面的共同努力才能更上一层楼。国家需要扩大相关税法及纳税筹划知识的宣传,并制定税收征管措施堵塞偷逃税漏洞;个人也应该多学习税法知识,正确认识纳税筹划,加强纳税筹划意识,合法避税,合理规避纳税筹划中的风险;同时,国家应该多培养纳税筹划复合型人才,扶持一些业务水平高、合法经营的纳税筹划机构,建立健全行业监督机制和竞争机制。健全的税法制度、健康积极的纳税筹划氛围也是一个国家经济有效运行的重要保证和表现。

参 考 文 献

[1] 张燕红.企业薪酬安排纳税筹划模型[J].会计之友,2012(7):113-115.
[2] 财政部 税务总局关于公益慈善事业捐赠个人所得税政策的公告:财政部 税务总局公告2019年第99号[A].2019-12-30.
[3] 中华人民共和国个人所得税法实施条例:国令第707号[A].2018-12-18.

作者单位:上海市宝山区业余大学

计算机实操类课程网上直播教学的实践研究
——以"网站设计与开发"课程为例

鲍筱晔

内容摘要：2020年，受新冠肺炎疫情影响，上海成人高校纷纷尝试开展网上直播课堂教学，而计算机实操类课程的网络直播教学面临许多新的挑战。作者以某校软件工程专业的"网站设计与开发"课程为例，立足于网上直播教学实践，阐述了网上直播教学的过程设计及经验总结，分析和探究计算机实操类课程直播教学过程中存在的问题及应对之策，并提出反思，为成人教育信息化改革和计算机实操类课程直播教学模式探索提供借鉴和思路。

关 键 词：网上直播教学　腾讯会议　百度网盘　屏幕共享　截屏　微信

一、研究背景与意义

2020年新年伊始，受新型冠状病毒肺炎疫情影响，教育部做出延期开学的决定，要求各高校积极开展线上授课和线上学习等在线教学活动，实现停课不停学，确保疫情防控期间的教学进度和教学质量。

此次突发疫情，也将成人高校的线上教学全面推上日程。以往的"教学信息化改革"，主要围绕着传统面授和网上教学相互补的混合模式展开。而在此次疫情防控期间，将完全脱离传统面授，实施全网络直播教学模式，这对成人高校的教师提出了新的挑战。

成人高校开展"网上直播课堂"教学将面临直播平台选择、直播课堂组织、教学设计、直播课堂教学反馈、教学评价等诸多问题。而成人高等教育中计算机实操类课程，由于涉及学生上机实践环节，要实施网上直播教学必然会遇到更多的困难和阻碍。如何顺利开展计算机实操类课程的网上直播教学，成为计算机专业教师必须面对和思考的问题。

本文作者立足于教学实践，以上海开放大学黄浦分校软件工程专业的"网站设计与开发"课程为例，开展对计算机实操类课程网上直播教学的实践研究。针对计算机实操类课程特点，从直播平台的选择、直播课堂教学设计和直播教学反馈等多方面，分析和探究计算机实操类课程网上直播教学存在的问题及应对之策，并根据问卷调查的统计分析结果，对直播教学的实践进行反思，为成人教育信息化改革和计算机实操类课程直播教学模式探索提供借鉴和思路。

二、计算机实操类课程网上直播教学的实践

"网站设计与开发"是上海开放大学黄浦分校软件工程专业的一门专业课程，通过该课程的学习，学生将掌

握网页设计与制作的基础技能。课程强调任务驱动、实例教学和能力培养相融合。实例与任务相结合,使学生在完成任务的同时,掌握解决实际问题的能力。

(一)网上直播教学的平台选择

突如其来的疫情,促使学校层面要尽快选择合适的直播平台用于教学。当前可选择的直播平台众多,如"钉钉""腾讯会议""Zoom"等平台都是不错的选择,各具优势。但首先要考虑下载是否方便、安装是否简单、直播效果是否通畅。保持各个学科直播平台的统一性,可以避免多平台安装、切换带来的负面影响。

考虑到计算机实操类课程对师生互动要求高的特点,直播平台需要具备实时语音互动功能以及相互屏幕共享功能,满足学生边上机操作、边随时向教师求助的实际需求,因此所选用的网上直播平台应具备以下特点:

(1)具备视频会议功能,满足视频和语音实时交互需求。

(2)能够实现应用软件共享和屏幕共享,满足教师的操作演示与师生互动需求。

(3)提供聊天板,供学生进行直接文字交流和信息反馈。

(4)直播平台APP下载安装方便快捷,支持电脑、手机、平板等跨平台应用。

(5)直播平台操作简单、使用方便。

(6)自带录屏功能,实现服务器端存储、在线回看。

由于疫情期间"腾讯会议"提供免费服务,尽管该APP还不具备自动录屏功能,但其他条件都基本满足,故"网站设计与开发"课程最终选用了在"腾讯会议"上开展网上直播教学。

(二)网上直播课程的教学设计

1. 教学方法

任务导向学习法,又称TBL(Task-Based Learning)教学法,是将任务驱动教学、实践教学和案例教学相结合的一种教学方法。指教师布置给学生学习任务,让学生通过完成任务的过程,自然而然地学习并运用知识的教学方法。所谓"学习任务",通常指能够让学生运用知识点去完成某项任务或解决一个问题的开放式教学活动。任务导向学习法有利于调动学生学习的主动性和积极性,注重互动、交流和解决实际问题。

在"网站设计与开发"课程的教学方法上就采用任务导向学习法,教师事先给学生布置一个任务,例如创建"电子商城首页",通过任务驱动学生课前自学,课中直播实例讲解,使得学生在完成任务的同时,学会网页设计的基础知识与技能。任务导向学习法有利于学生边实践边思考,在实践中发现问题,寻找和学习解决问题的方法与技能,从而使得完成任务的过程成为学习和内化知识的过程。

2. 教学准备

(1)网络环境与直播设备。网络环境的优劣直接决定了网络直播课堂的效果好坏,所以需要配备高速宽带的网络环境,以确保课程直播时上行下行通道的顺畅,为网络直播课堂的顺利实施保驾护航。

由于计算机实操类课程需要学生进行上机实践操作,而智能手机和平板电脑这类终端只能观看和实现简单的互动,无法满足计算机实操类课程网络直播的需求,所以师生首先必须选择内存足够、性能优良的计算机作为网络直播课堂的教学终端,既能支持直播平台和教学软件同时运行不卡顿,也能满足学生上机实践操作的需求;其次要配备效果优良的摄像头和话筒,一方面保证直播端画面的清晰度,另一方面也能实现师生语音的正常交流。

(2)教学软件共享下载。计算机实操类课程,需要软件的支持,故直播课前,教师需要将上机时要使用的软件和素材文件提早分享给学生。以"网站设计与开发"这门课为例,由于需要通过网页开发软件Adobe Dreamweaver CS6来实践学习网页的设计,所以直播课前需要学生的电脑都安装好这个网页开发软件。课上实践需要的素材文件也要提早共享给学生。共享途径包括百度链接、微信、QQ、E-mail等。

(3)组建微信学习群。"腾讯会议"只是个临时视频会议直播平台,并没有教学组织功能,所以课前课后的线上教学组织和师生交互只能依赖于微信学习群。"网站设计与开发"课程微信学习群的建立,方便师生课上课下的实时沟通。"腾讯会议"直播课程的邀请信息也是通过微信学习群发布。

3. 教学过程设计

"网站设计与开发"这门课,学生将学习网页开发软件Dreamweaver CS6的使用、网站设计与开发的基本知识、网页动态特性及CSS样式表的基本应用等。

以第二章"网页制作基础技能"为例,教学目标是要求学生掌握并运用静态网页设计的基础技能。对应的知识点包括:文本应用、图像与多媒体应用、超级链接应用、表格使用、框架应用。

课前:教师布置课前学习任务,要求学生自主学习相关知识点,为直播课程做好铺垫。学习资源包括开放大学平台视频资源、微信公众号学习资源。

课中:任务导入,完成"电脑商城首页制作"。教师利用屏幕共享,演示操作和讲解对应知识点;学生跟着教师的演示,边学边完成操作任务。教师将利用微信群、"腾讯会议自带聊天区"等多渠道,及时获取学生反馈,随时了解学生学习和操作进度。

课后:学生将按要求进一步完善实验,巩固所学知识点与技能。教师提供回看视频,微信学习群在线答疑。

直播过程如果遇到网络平台故障,解决方案包括:重新安排直播时间;教师录制教学视频等。如果学生因各种原因不能进入直播课堂,解决方案包括:教师提供上课回看视频;把当日课程相关资源及时发给学生;教师通过微信为学生答疑,并督促其观看录播视频,及时完成课堂练习,跟上课程进度。

由于实操类课程注重学生的实践能力的培养,为了激发学生的学习兴趣,全程采用任务导向学习法。教师将要完成的实例拆分成若干任务,直播过程中同步讲解,并带领着学生逐步完成实践任务。学生除了直播平台外,还可以利用总校网上课堂、课程公众号移动学习平台、课程微信学习群等多平台进行自主学习。本章的网上直播课教学过程设计如图1所示。

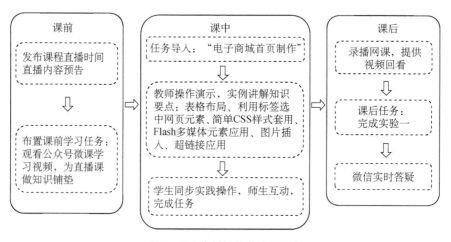

图1 网上直播课教学过程设计

(三) 网上直播教学的实施

1. 做好教学准备工作

建立课程微信学习群,方便教学的组织;利用课程公众号发布"Dreamweaver CS6 软件下载与安装"提示,并提供安装视频,方便学生自主完成课程软件的下载、安装和调试。

2. 教学活动开展

由于第二章涉及网页设计基本的操作技能,而"电子商城首页制作"这个实例涵盖了本章的主要知识点,如文本应用、图像与多媒体应用、超级链接应用、表格使用及框架应用。通过对该实例的剖析与实践,让学生对课本上的知识有切实的领会,达到边做边学的效果。

实践过程中,难免有个别学生跟不上教学进度或遇到困难需要教师解答,教师在操作演示和讲解的过程中,要时刻关注学生的任务完成进度,对于个别出状况的学生给予及时的答疑。

3. 师生的协同合作

计算机实操类课程的教学过程离不开教师的演示和学生的实践。在统一的机房环境缺失的前提下,顺利开展网上直播课堂教学,离不开师生之间的协同合作。

教师方面,要合理设计教学活动,采用任务驱动式教学方法。将实验过程细分成若干项任务,在任务的驱动下,激发学生的学习兴趣。课前,布置课前任务,提供学习资源,为直播课做知识铺垫;课中,教师结合实例,讲解演示课程知识要点,直观易懂。实践环节,教师提供操作说明文档给学生作参考。在实践过程中,注重阶段小结和回顾,随时询问学生的阶段任务完成情况。碰到学生有疑难的,及时予以解决,不耽误其完成下一个任务。课后,教师提供直播课的回看视频,布置课后任务,同时提供微信群实时答疑服务。

学生方面,要积极配合教师,及时完成学习软件的下载、安装与调试;课前,认真完成教师布置的学习任务;直播过程中,及时响应教师的互动,有问题及时提出来,做到不分心、不掉队、不外挂;课后,善于利用各种平台资源自主学习,按时完成实验作业,遇到问题及时求助。

计算机实操类课程的特点,导致在线直播教学的实施过程会遇到诸多问题。例如:在学生实践环节如何解决学生端软件配置问题?实操类课程教师需要随时关注学生的动态,那么如何保持与学生的互动,及时获取学生实践中的反馈?此外,还有对直播课程的监督与教学评价等问题。这些问题如何解决与应对,将在下文的第三和第四部分予以阐述。

(四)网上直播教学实践效果调查分析

作者针对计算机实操类课程网上直播教学效果发起问卷调查,共收回问卷 26 份。

其中,95.45%的学生认为教师的视频与声音较清晰,100%的学生认为教师通过桌面共享的方式直播演示操作过程,操作步骤清晰明了。

对于"网络直播课时,跟着老师一起来完成实践操作,你是否跟得上?",38.46%的学生表示完全能跟上,53.85%的学生表示基本能跟上,这两项合计占比高达 92.31%。

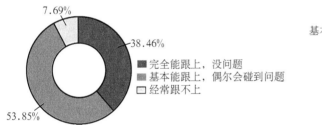

图 2 直播课教学效果分析

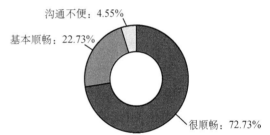

图 3 直播课师生沟通效果分析

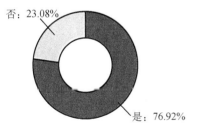

图 4 直播课教学效果分析

对于"计算机类网络直播课,你觉得跟老师沟通是否顺畅?",72.73%的学生选择"很顺畅",22.73%的学生认为"基本顺畅",这两项合计占比 95.46%。

对于"计算机类网络直播课,你觉得和机房上课相比是否达到你的心理预期?",有近 76.92%的同学选择"达到预期"。

根据问卷统计,我们可以得出结论:选择合适的教学方法,做好充足的直播课准备工作,进行合理的教学过程设计,以及结合多种平台信息技术的灵活应用,计算机实操类课程网上直播教学完全能够满足课程的教学要求,达到大多数学生的心理预期。

三、计算机实操类课程网上直播教学实践中的问题与应对

尽管网络直播教学具有便捷性、受众范围的广泛性、管理的方便性、互动的及时性等特点,但由于计算机实操类课程的特殊性,使其在网络直播课堂的实践过程中,面临诸多问题。

(一)软件环境的配置

离开了统一的机房上机环境,学生就需要自己搭建课程适用的软件环境。软件的下载、安装、配置等都将成为阻挡直播教学顺利开展的障碍。

计算机类课程教学离不开软件的下载安装,如 SQL SERVER 数据库软件、VS 编程软件、DW 网页设计软件等等,安装包大,安装复杂,容易出错,有的安装完毕后还要进行软件参数配置。如何实现让全班学生都能顺利下载和安装好上课需要的软件呢?

1. 软件安装包的共享下载

百度云网盘能够解决超大软件下载问题,教师只要将软件安装程序压缩包上传至百度云,再利用百度云盘的免费共享功能,将下载链接发给学生,学生即可在家下载。

以"网站设计与开发"课程直播为例,教学前需要学生的电脑都安装网页开发软件 Adobe Dreamweaver CS6。每次直播课前,学生还需要下载实例教学需要的各种素材文件。体积小的素材文件可以在课前通过"电脑版微信"发送到微信学习群;而体积较大的软件安装包,则要教师另辟蹊径。比如,3G 以内的软件可以通过压缩包采用邮件群发的方式传递给学生,超过 3G 的软件则只能上传至"百度网盘",通过发布分享链接给学生(见图5)。

图5　百度云分享软件安装包

2. 软件安装指导

成人学生电脑操作水平参差不齐,为了确保每位学生都能顺利完成软件的安装,教师有必要录制相应软件的安装指导视频提供给学生(见图6)。如果学生在安装过程中遇到疑问,也可以通过微信寻求教师的一对一指导(见图7)。项目开发软件的安装,本身也是一种学习。

(二) 直播教学中如何实现师生信息交互

计算机实操类课程网上直播教学过程中,不同于学生在机房实践时教师可以随时观察到学生上机实践的进度,而是教师在网络的一端操作演示,学生在网络的另一端操作,教师需要把握学生的操作进度和技术掌握情况,比如是否完成了阶段任务、是否碰到了疑难问题、是否已经解决等。那么在直播模式中,教师如何第一时间获得学生反馈,及时帮助学生找出问题症结并予以解答呢? 根据问题的复杂性,师生可以采用以下三种答疑方式:

图6　软件安装指导视频

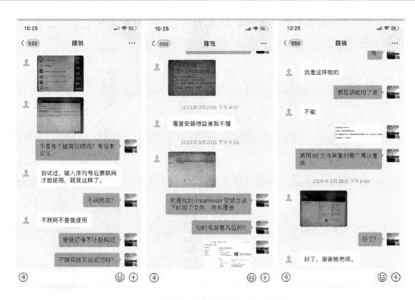

图 7 软件安装微信点对点答疑

1. 语音与聊天区互动

语音通话功能,允许学生在碰到简单问题时,第一时间求助教师,教师则可以通过操作和语音结合予以解答,但仅适用于能够用语音表述完整的问题。

直播平台自带的"聊天区"也是一个不容忽略的交互途径。当教师需要及时了解学生们的操作进度时,可以要求学生在"聊天区"发送简短的文字信号给出快速反馈,从而方便教师快速统计和把握教学进度。如图 8 所示,学生们正根据教师的要求,在"聊天区"发送"2",表示自己已经成功完成了某一项操作任务。

不管是语音交互还是聊天区交互,都只适用于浅层的简单互动,其特点是快速、简单。

图 8 直播课堂师生实时互动

2. 微信截屏答疑

当学生碰到复杂问题时,语音和文字往往无法描述清楚,则可将自己的操作界面或代码视图截屏后发到微信群,求助于教师答疑。此时教师就可以通过查看截图来给予解决。图 9 所示的就是学生将操作过程中的截图发在微信学习群中,教师通过直播语音给予清晰的解答。

但为了实现计算机操作类课程直播的最终效果,教师在直播课堂讲解操作的重要环节,必须安排足够的答疑时间,以帮助学生顺利渡过难关。

图9　微信学习群截图答疑

3. 直播平台屏幕共享

"腾讯会议"这个直播平台的特点是允许学生端也可以共享其屏幕。如果教师想直接看到学生的操作,就可以利用直播平台"桌面共享"功能,让学生将自己的电脑桌面共享给老师。这种屏幕共享的功能,能够方便教师在线检查学生的实践能力,也可以更为直观地发现学生的错误操作并给予指正。

师生屏幕相互共享,有助于实现充分的师生互动。但由于一次只能共享一个学生的桌面,因此这种方式的最大缺点就是会占用其他学生的时间,教师还是应该谨慎使用。

（三）教学辅助资源载体

微信公众平台,作为移动教学的资源发布平台,成为此次疫情期间网上直播课堂辅助资源的载体。课程相关的教学补充资源、直播课程回看视频、实验操作指导视频等等,教师都可以发布在微信公众平台上,既可以供学生们自主访问浏览,也可以直接推送(见图10)。这样就成功将网上直播课程延续到课下,为学生开展自主学习提供条件。

图10　微信公众号资源

四、计算机实操类课程网上直播教学实践反思

通过近两个月的实践,计算机实操类课程的网络直播教学在成人高校的教学应用中取得了一定的教学成效,通过将直播平台软件、网络即时通信软件、云端储存软件、新媒体平台等灵活组合应用,使得计算机实操类课程的网络直播教学得以顺利实施。在教学成效问卷调查和分析中,学生对直播课的效果总体满意度较高,但同时也看到存在的一些问题,亟待解决。

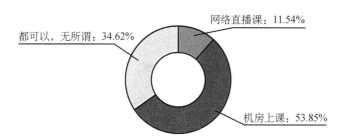

图 11 网络直播与机房上课对比

如图 11 所示,当被问及"网络直播上课与机房上课,你觉得更倾向哪个?"时,53.85%的学生选择了"机房上课",深究其原因,可以从以下几个方面来分析和反思。

(一) 如何保障软硬件的配置

课堂教学,由学校提供机房及项目环境。学生只要到学校来参加面授,即可顺利完成整个课堂学习任务。然而计算机操作类课程一旦搬上网络,学生的软硬件配备成为其接收直播教学的关键因素。学生端硬件种类的多样性与教师提供的软件版本单一性的矛盾,加上学生项目环境配置能力不足,成为制约直播课教学顺利开展的主要障碍。

要想彻底排除这一障碍,只有实现项目开发环境网络化。通过学校购买云服务提供商的平台即服务(基于应用程序开发及部署平台作为服务的形式),租用课程需要的项目软件的开发环境。这样,学生和教师都不需要配备高端电脑设备,只要一台可以上网的低配电脑,通过浏览器直接访问项目开发平台,就可实现项目开发操作。实现项目开发的环境网络化后,有利于减轻终端硬件的负担,将师生从项目开发的环境配置问题中解脱出来,只关注于网络直播的教学过程,从而提高教学效率。

(二) 如何实现师生沟通的高效性与通畅性

网上直播课程,实施有效的师生互动尤为关键,而计算机实操类课程涉及学生上机操作,教师在直播教学过程中,除了演示讲解知识要点、操作技能外,还要负责帮助学生解决其操作过程中碰到的各种疑难问题。因此,计算机实操类课程的网络直播教学,对师生的互动交流要求更高,开展的难度也更大。问卷分析中,关于与教师沟通互动仍有近 5% 的学生反馈"沟通不便"。

常用的"聊天板互动",是教师通过让学生在聊天区进行简单回复的方式,能够让教师在直播课上快速了解学生的学习现状及操作进度,无法满足更复杂的互动需求。

"共享屏幕互动"方式,可以满足个别学生向教师求助解决复杂的操作及编程问题之需,但这种互动方式倘若频繁出现于直播课堂之上,将会妨碍教师正常的教学进程,同时也会造成其他同学的等待,拉低直播教学的整体效率。

要想实现师生沟通的高效性与通畅性,需要教师发挥智慧,灵活利用各种即时通信工具,为学生的上机实验提供在线答疑服务。

(三) 如何实现有效的课程监督与教学评价

由于"腾讯会议"软件不具备以上功能,故本次直播实践过程中的课程监督主要依赖班主任线上统计出勤率。教师根据学生实验作业完成的速度和质量来进行相应的教学评价。然而,有效的直播课堂的课程监督与教学评价,离不开直播软件的后台监测功能。希望直播平台能够增加签到功能、随堂测试、作业提交等功能,实现后台数据的统计分析,形成较为完善的后台直播效果评价体系,来帮助教师实现有效的课程监督与教学评价。

五、结语

在这次疫情防控期间,网上直播教学为确保教学活动的正常开展发挥了重要的作用。相信在"互联网+教育"大趋势下,网上直播教学以其独有的便捷性、高效性、交互性以及不受地域局限等特点,与传统面授教学互补,必将成为成人高校混合教学模式中不可或缺的重要组成部分。

随着直播平台功能的逐步完善、教师直播教学经验的不断积累、直播技能的进一步提升,可以预见,不久的将来,成人高校课程的网络直播教学将会迈向普及化和常态化,定期的网络直播教学或不定期的网络直播讲座等,都将为学生带来更为丰富多样的直播教学体验。

参 考 文 献

[1] 杨水燕,丰壮丽.网络直播课堂在基层开放大学的应用实践[J].云南开放大学学报,2019(1):11-16.

[2] 单松.基于校外实训基地的互动直播课堂在会计实训教学中的开发与应用[J].科教导刊(上旬刊),2019(8):117-119.

[3] 蔡智超,曹天虹,曾建军,郑晓芳.网络直播教学模式的研究及分析[J].西部素质教育,2017,3(14):126-128.

[4] 刘翔,朱翠娥.网络直播在远程教育中的应用——基于交互式教学视角[J].湖南广播电视大学学报,2019(2):29-32.

作者单位:上海市黄浦区业余大学

电子文件单套制归档的可行性分析

孙慧妍

内容摘要：本文首先介绍了电子文件及"单套制"管理的概念及优点，并结合相关政策及规定，指出了电子文件"单套制"管理的可行性。同时，针对实际工作中"单套制"管理存在的缺陷与不足，给出"单套制"管理工作相应的建议。最后，就"单套制"电子文件管理在高校中实行的可能性进行了分析，指出在目前的大数据时代背景下，"单套制"管理方法的实施有一定的优势，但同时也对档案人员的工作素质有了更高的要求。因此，在实施过程中依旧需要完善管理制度并逐步逐层进行推广。

关 键 词：电子档案管理　电子文件　单套制　可行性分析

20世纪中叶以来，信息技术的不断升级与革新，电子设备在生活中的不断普及，都带动了人类社会活动方方面面的进步，而从中直接生成的一些电子文件，也发挥着记录、传递、保存信息的重要作用。目前，电子文件的收集与归档已成为档案工作中重要的一部分。

2019年4月26日出台的《国务院关于在线政务服务的若干规定》①明确赋予了电子档案在法律层面上的地位，该规定中指出只要是符合相关管理规范的电子档案就同纸质档案一样具有法律效力。同时，除了在特定的法律及行政法规的规定情况下，电子文件可以不再以纸质形式进行归档及移交。这项规定的提出，在加强了电子档案凭证作用的同时，也让许多人提出了电子文件单套制管理是否会成为今后档案管理趋势的疑问。本文通过分析"单套制"管理的优缺点，具体分析高校档案工作中电子文件"单套制"管理的可行性，认为目前的档案工作还是应当以"多套制"并行，同时不断优化"单套制"管理制度，为日后电子文件管理工作的完善打下基础。

一、电子文件的单套制管理

1. 电子文件的含义及其特点

2000年出台的行业标准《档案工作基本术语》中对电子文件做出了如下定义：它以数码形式记录于磁盘、光盘、硬盘等载体，并且需要依赖计算机系统或是其他硬件及软件进行浏览或编辑，同时还可以在互联网上进行传输。电子文件的出现及广泛应用不仅在一定程度上解决了归档过程中纸张大量堆积的问题，也为之后的查找及

---

① 该《规定》中第八、第九条明确指出，具有合法电子签名或电子印章的电子档案均具有法律效力。

服务利用提供了便利。

多媒体文件作为电子文件的一种,将原本简单的文字、图像、影音等各种形式的信息加以有机组合呈现在我们的眼前,从而强化了文件对社会活动的记忆和再现功能。同时,用户在使用这些电子文件的过程中还能与之产生互动,不仅可以有选择地浏览自己所需要的信息,同时还能就某一方面进行拓展,最后还能将所需要的内容以其他形式输出进行保存,在允许的情况下也可以对文本进行批注或修改,从而不仅能够有效提高文件的利用度,也让使用过程更为人性化。

除此以外,具有信息链接功能的超文本文件作为电子文件的一种,也为互联网传输过程中信息的利用提供了便利。超文本指对相关数据和信息以节点链接的形式建立起有效关联,主要采用 HTML 格式确定并显示各节点信息之间的相互关系。超文本中信息与信息之间的互相链接使利用者能够直接获取各节点网络中的任意信息,在实际利用过程中,一些数据库的检索导航系统就采取了超文本技术,有效地为之后的档案利用及服务打下了基础。

电子文件除了具有信息的集成性与多维性以外,还具有物理结构与逻辑结构相分离的特点,有效满足了不同用户在不同系统上查看电子文件的需求,其在载体以及媒体形式上可以进行多次转换,但这都不会对其内容产生修改。在保障内容真实、完整的同时,尽可能地满足了用户的使用需求。

2. 单套制等概念的解析

电子文件的保管中最为重要的一点即为保障归档过程中该文件的完整性及可靠性,在最开始制定电子文件归档制度时,一直都是采用"双套制"的归档方法。而近几年来,"单套制""单轨制""双轨制"等概念频频出现在电子文件管理的研究中。为了分析这几种归档方法的优势与劣势,首先我们需要弄清"套"与"轨"之间的区别。

此前,根据《电子公文归档管理暂行办法》的规定,具有永久保存价值的电子文件在进行归档时,需要与纸质拷贝件或是缩微件进行共同保存。之后在《电子文件归档与管理规范》中也指出,具有永久或是长期保存价值的电子文件在进行归档时也需要附上纸质版。通过对上述制度的内容分析,我们可以总结出"双套制"管理对应的是电子文件的归档过程,即电子文件需要与纸质版进行共同归档。而在《全国档案事业发展"十三五"规划纲要》中则指出,"单套制"保管办法是指自电子设备中直接生成的电子文件在进行保存时摒弃纸质拷贝件,而"单轨制"则是在电子文件的使用过程中不再依赖纸质文件。

通过对以上概念进行比较可以得出,在电子文件的使用过程中,存在着"单轨制"与"双轨制"两种使用模式,前者完全依赖电子文本的使用,后者则需要与纸质文件共同使用。而"单套制"与"双套制"则是针对电子文件的归档环节,即是否将纸质版文件与电子文件共同进行归档。而在实际工作中哪种模式更为合理、安全,是本文主要讨论的内容。

3. 电子文件单套制管理的优点

在目前的档案管理过程中,我们通常按照电子文件的生成方式将其分为以下两种。一种是指由计算机系统直接生成的原生电子文件。随着办公自动化以及电子政务系统在工作与生活中的应用,由此所产生的电子文件愈来愈多。其形式也不尽相同,包括电子文档、音频、视频、图片资料等等。这些文件以数字信息的形式存储于电子设备中,根据不同的需求我们可以借助设备进行浏览、编辑或是以打印等方式进行输出。另一种是指由传统载体即纸质档案或是微缩胶片等进行数字化转换而来的电子文件。目前,许多档案室和档案馆都在进行将馆藏纸质档案以及胶片等转换为数字文件的工作,有利于进一步向大众提供利用服务。

传统的"双套制"归档流程规定,电子文件在归档时必须附带纸质文件或是缩微品等。从结果来看,这并没有能够解决纸质档案数量日益增多的问题,同时对于拷贝件的整理保管工作反而增加了归档过程中的工作量。因此,我认为从档案归档及保管工作的角度来看,电子文件的"单套制"管理是具有一定优越性的,它可以有效减少归档工作中的重复劳动。同时,将历史档案电子化可以有效解决其利用率较低的问题,特别是一些实物档案的照片等,数码资源的利用有效解决了空间上的条件限制,优化了档案的利用服务。

二、电子文件单套制管理的不足

1. 电子文件安全性的缺失

对于电子文件真实性的担忧,其中的一点是由于文件被修改后不容易留下痕迹。根据《中华人民共和国电子签名法》①的有关规定,"电子文件应该能可靠地保证自形成时起,内容保持完整、未被非法更改过"。按照规定,电子文件每一次发生变化时,其相应的每一份修改稿都应当被保存,最后所有的修改稿再连同文件定稿一起进行归档,同时每一份修改稿件都需要具有能够追溯到修改者、修改时间等的数字签名或是安全密钥。

但是在实际工作过程中,经常会存在安全漏洞。在一些业务系统中,所有的使用者仅拥有安全手段较低的用户名及密码,若是密码外泄,就可能发生陌生人进入系统对文件进行修改等行为。同时,在一些公文系统中,被使用的单位电子公章只是张单纯的图片,不仅不包含任何安全验证及追溯功能,同时他人的复制及伪造也变得非常容易,于是便使得电子公章失去了其原本的作用。除此以外,当一些业务系统需要升级时,若是没有相应的版本措施,则会发生新版本直接覆盖的情况,相应的修改痕迹也难以追溯。

影响电子文件真实性的另一点则是当电子文件的载体发生损坏造成数据丢失时,可能会对内容的真实性造成影响,若是没有相应的保管及备份措施,则无法验证已进行归档的电子文件的真实性。

2. 电子文件读取的依赖性

电子文件不同于传统的纸质文件,需要借助各种系统或是设备才能读取其中的内容,这一点不仅体现在电子文件的制作及处理过程中,还会一直持续至归档后的全部管理活动中;同时,不同应用系统的计算机以及不同版本的应用软件生成的电子文件在使用过程中也存在着不同程度的障碍。每当一份文件相应的软件或是运行该软件的操作系统升级更新后发生不兼容的问题时,我们都需要及时保存旧版本或是为了适应新系统进行一系列的转换与迁移工作,必要时可能需要连同旧版的操作系统一同进行保存与备份,才能确保文件的持续可读与可管理性。

同时,根据《版式电子文件长期保存格式需求》的要求,电子文件不能是特殊格式的文件,所有的打开和查看过程中不能依赖于特殊的阅读器或是生成软件等,不然在之后的查看及利用过程中,容易发生电子文件内容或是格式变形的情况。还有一些由特殊压缩软件生成的压缩包形式的电子文件,在移交时可以正常打开,但若是归档人员没能及时解压缩并完成相应的工作,则很可能造成其变成无法打开的垃圾文件。

3. 电子文件备份的增多

从保存期限上来看,在符合档案保管标准的条件下,纸质文件的保存时间远长于U盘、光盘等电子载体。而在电子文件的归档过程中,为保障其安全性,通常会采取"异质保存"的方法,即同样的内容在不同的载体上分别进行保存;或是同样的内容用同样的载体进行多份保存。

多重备份的主要原因在于磁盘、U盘等的损坏并不能从其外观直接体现出来,而是需要档案保管人员定时对其进行读取以检查是否存在问题。若是没有备份,当存储设备突然发生故障时,便容易导致电子文件的丢失。

通过比较可以发现,纸质档案在归档时,通常同样的内容只会保存一份;而电子文件则可能需要进行多重备份。电子文件的"单套制"管理强调了只以电子形式进行保存,可是备份仍然是电子文件归档过程中非常重要的一部分。因此,归档过程中的工作量并没有随着去纸质化而得到减少。

三、高校电子文件单套制的可行性

1. 高校实行"单套制"管理模式的必要性

目前高校已普遍进入信息化建设的高峰期,各类信息化管理系统渗透入了高校管理工作的方方面面,包含学生管理、教学管理、财务管理等,由此所直接产生的电子文件数量呈几何级增长。特别是随着混合式教学模式的推进,愈来愈多的线上教学开始融入课堂,而其中所产生的学生作业、学生成绩信息等电子文件也需要进行归档处理,并且这类电子档案会随着"网上课堂"的不断完善而逐渐增多。

根据目前所实行的电子文件归档办法,若均按照"双套制"进行归档,则会进一步加剧档案纸张堆积以及资源浪费等问题,在占用空间的同时还浪费了档案工作人员的时间及精力。现行的档案管理制度不仅没能体现信息化对档案工作效率的提升作用,还给档案工作增添了一定的负担。可以看出,当前的电子文件归档制度在实际工作过程中还是存在不足的,因此推行高校电子文件"单套制"的管理也就随之提上了议程。我们所讨论的便

---

① 该法同时规定了具体的电子签名认证方法。

是在不影响电子文件保管及利用的前提下,怎么样做到去纸质化。

2. 电子文件"单套制"管理在高校中的可行性分析

早在《全国档案事业发展"十三五"规划纲要》中已明确提出电子档案的"单套制""单轨制"管理可以首先在一些有条件的部门展开。这可以说是国家层面对于电子文件"单套制"管理实施的一种鼓励,为之后的实践及探索提供了支持;而在《档案法》征求意见送审稿第六十四条中也明确规定了只要是符合国家电子档案形成规范及管理要求的电子档案,其价值及法律效力等同于纸质档案,直接给电子档案的合法地位提供了充分的法律依据。可以看出,国家对电子档案给予了充分的认可,同时也解决了"单套制"实行过程中电子档案法律效力缺失的问题。

上海自贸区自2014年8月1日起实施了《中国(上海)自由贸易试验区条例》,其中的第四十四条明确提出了为有效推进自贸区的电子政务建设,在日常的电子公文传递及使用过程中应有效推广电子签名以及具有法律效力的电子公文,在之后的归档过程中也推荐实行"单套制";同时,明确了手续完备的电子档案与纸质档案具有同等的法律效力。这可以说是在电子政务发展过程中对于电子文件"单套制"管理的一种创新与尝试,同时也可以积累经验。

而对于高校而言,也可以采取一些针对电子文件"单套制"管理的尝试。日常工作中的电子公文可以考虑采用"一键归档、单套保存、一站查询"的方式进行归档,不仅有效优化了档案工作人员的工作流程,同时也便于利用这种方式及时查询。需要注意的是,针对每一份公文的产生、修改直到完成归档这一系列过程,相关人员都需要严格遵守工作制度,保障电子文件的安全性及完整性。

但同时,"单套制"是否等同于电子文件归档不需要备份这个问题在高校的电子文件管理过程中依旧存在。以高校日常工作中的视频资料为例,由摄像机拍摄而成的视频即为由电子设备中直接产生的电子文件,但是这些资料的保管期限大多为永久,目的是作为历史资料以供日后的利用。而为了保证此类影像资料的长久保存,备份是极其重要的。所以就目前看来,我认为在高校中完全实行电子文件"单套制"管理不可操之过急,依旧需要继续完善管理制度。

3. 优化高校的电子文件管理模式

电子文件的"单套制"管理虽然存在些许不足,但是在实际工作中也存在其可行性及便利性。只是在目前电子文件的归档工作过程中,让"单套制"立刻替代"双套制"会对之后的编研、利用等过程产生影响。因此,针对电子文件的收集、鉴定等过程的工作制度也应当进行相应的修改,特别是针对电子文件相应的电子签名及安全密钥等都需完备,这样才能有效确保电子档案的真实性及安全性。同时,提高档案人员自身的工作素质也是非常必要的,特别是需要及时注意电子档案在保管过程中会不会出现问题,避免出现档案损失等问题。

就目前来看,高校可以先采取部分电子文件"单套制"管理的尝试,例如对保管期限为30年的电子文件优先采取去纸质化的过程,通过在实际工作中发现问题并加以解决,积累工作经验,完善工作制度,最后再实施"单套制"工作的全面铺开。同时,先就自电子设备中直接生成的电子文件开始实施"单套制"管理;针对一些已经完成电子化的纸质档案,依旧需要对原件进行保存及归档。特别是对于一些历史档案,只保存它们的数码照片或其他缩微件等肯定是不全面的,只有对实体进行保存才能够有效地还原历史。

在目前大数据时代来临的背景下,手机、电脑、智能电视已经普及到了我们生活及工作的方方面面。随着我们使用电子设备频率的不断上升,电子文件的数量将会是以成倍的速度增长。如果在进行归档工作时还需要将文件进行纸质化,那随之产生的纸张堆积问题将会愈发严重,因此"双套制"向"单套制"的转变是非常必要的。

同时,随着电子文件在政务工作中的不断应用,电子文件的凭证作用也已经逐渐得到了认可。根据2019年12月26日公布的《最高人民法院关于修改〈关于民事诉讼证据的若干规定〉的决定》,网页、微博等网络平台发布的信息、手机短信、电子邮件以及电子交易记录等均被包含进入电子证据的范围。该规定自2020年5月1日起生效。

以出示网页证据为例,提供该类证据时举证方不仅需要提供网址、最近一次更新时间并将网页当庭演示,同时提供网页的纸质件也是非常必要的,在有效保证了网页内容真实性的同时又便于之后的查档。由于网页信息更新快、时效性强,诉讼过程中应注意对网页证据的保全,一般可通过摄像、下载等形式固定网页,但是证明力较低;必要时可以采取专家公证的方法确保网页证据的可靠性。对于一些以聊天记录形式呈现的电子证据,也需要及时进行纸质化,避免发生采用PS等软件进行修图或是伪造聊天记录的情况。

由此可以看出,纸质备份件在证明电子证据的真实性方面起着重要的作用,即使是利用电子文档或其他电子技术形式对电子证据进行固定时,都存在着数据易被篡改、伪造、破坏或毁灭的问题,因此"双套制"的实施有利于加强电子证据的凭证性。

目前对于电子文件"单套制"管理制度的实施在学界依旧存在争论,部分学者在肯定了"单套制"管理的同时,主张可以适当应用于实际工作中;也有一些学者认为完全实施"单套制"管理并不可行,特别是在不能百分之百保证电子文件安全性的条件下,完全让"单套制"取代"双套制"可能会造成档案的损坏或缺失。同时,目前电子文件的形成及利用过程中依旧存在着许多问题,许多制度仍旧不完善,因此急于开展"单套制"可能会因准备措施不到位而造成档案的损失。对于这种新型的管理模式,只要待其政策制度完善、人员素质成熟,电子文件的安全性、可用性等问题都得以解决并符合档案的归档要求时,便一定能够在档案工作中发挥其作用。

参 考 文 献

[1] 陈兆祦,和宝荣,王英玮.档案管理学基础[M].北京:中国人民大学出版社,2014:484-488.
[2] 金波,丁华东.电子文件管理[M].上海:上海大学出版社,2007.
[3] 李春艳.单套制归档新要求——基于国务院令发布的有关思考[J].北京档案,2019(9):29-31.
[4] 陈海平.高校实施电子文件"单套制"归档与电子档案"单套制"管理可行性研究[J].浙江档案,2017(10):19-21.
[5] 任汉中.话说档案那些事(九):"单套制",想说爱你不容易[J].档案管理,2019(11):76.
[6] 苏瑞.电子文件"单套制"趋势下应有的档案"多套制"思维[J].争鸣与探索,2019(3):53-55.

作者单位:上海市静安区业余大学

西方协作式规划理论：理论基础、研究现状及其展望

张金阁

内容摘要：多元社会背景下我国新型的社会结构和复杂的价值体系对传统的规划模式提出质疑，基于多元主体参与、沟通和协作的协作式规划理论为当前中国的规划转型指明了方向。本文首先介绍了西方协作式规划理论的研究背景与理论要点，并从公众参与、达成共识、协作方法与技术、协作治理、规划评估五个方面对西方协作式规划理论的研究现状进行了综述，分析了协作式规划理论的局限与挑战以及未来的改进建议，以期为我国规划理论发展与规划实践转型提供参考与借鉴。

关　键　词：公众参与　协作　协作式规划

随着我国城镇化进程的快速推进，城市规划逐渐从增量规划转向存量规划，规划的任务和关注焦点发生变化，规划实践亟需新的规划理论指导以适应国家治理现代化的要求。对作为当代西方规划界主流理论的协作式规划理论进行系统研究梳理，无疑会为中国规划理论建构和规划实践转型提供可贵的思路与启发。

一、西方协作式规划理论的理论基础

1. 协作式规划理论的缘起

20世纪80年代以来，西方国家呈现新的社会发展范式：政治和社会结构日益碎片化、市场经济一体化程度加深、全球化时代相互依赖性和文化多样性增强、价值观冲突与离散、权利和信息广泛分布、市民社会日益成熟，这对传统的理性规划模式提出了质疑与挑战，迫使西方规划界重新探寻适应民主政治传统与时代要求的新型规划理念。在上述社会背景下，随着倡导性规划等公众参与理论的构建和完善以及德国哲学家哈贝马斯基于对工具理性的反思提出"交往理性"，主张通过多元主体间的平等对话和辩论达成共识，为建立基于沟通和协作的规划体系和惯例提供了理论基础，实现了规划理论的沟通转向。在理论与实践的双重推动下，协作式规划理论逐渐成为当代西方规划理论的主流并广泛应用到规划实践中。

2. 协作式规划理论的要点

自哈贝马斯提出的"交往理性"被引入规划领域以来，产生了多个同源的规划理论模型，如交往式规划、沟通式规划、辩论规划、协作式规划、论述式规划、协商规划等，都提倡在规划决策过程中通过政府、公众、开发商、规划师等多元主体的参与和基于利益的沟通达成共识。其中，协作式规划自20世纪90年代以来逐渐成为西方规

划界的主流以及"第三代"规划理论的基础。

英国规划学者 Healey 是协作式规划理论的主要代表人物,其思想基础除了哈贝马斯的交往行为理论外,更多借鉴了安东尼·吉登斯的结构化理论,将制度作为解决特定社会问题的方式,注重规划的制度能力建设,为规划实践的制度主义研究提供了框架。Healey 认为,以往空间规划受制于政府管治或政策环境,对政治、经济、社会和环境维度缺乏协调,而协作式规划是多元利益相关者社会中一种较为恰当的规划方式,更具政治合理性,协作式规划的灵感来源于规划是一个交互过程;规划是复杂制度环境中的管治活动、改善场所质量的规划创新、社会正义的道德承诺。协作式规划理论关注场所质量以及地区品质的提升,将城市规划的任务从物质空间设计的"场所建造"转变为通过利益群体协作与互动培育制度能力的"场所营造",为场所赋予意义并注入价值。Healey 将规划作为一项协作管治事业,首次将制度主义理论、沟通式规划理论和作为"场所营造"的规划事业结合起来,发展并转换管治背景下场所关系的概念以及专家与公民关系的概念,建构了以地域为焦点的管治演进过程的理论框架。

协作式规划是一个相互协作以及自组织的过程,受经济、社会和环境等多种因素的影响,需要通过规划公示、公众听证会等途径,建立公众参与机制,为多元参与主体提供对话和辩论的平台,吸纳听取各方意见,要求不同利益相关者采用辩论、分析与评估(3A方法)方式,通过合作而不是无序竞争达成共识,协作主体包括政府、规划师、非政府组织、开发商、专家和公民等。针对协作式规划的运作过程,Healey 从制度设计的角度提供了 5 个关键变量:承认利益相关者范围和多样性;承认大量的管治工作发生在政府的正式机构之外;为非正式的地方组织提供发展机会;鼓励包容所有社会团体,提高社会自治能力;过程必须持续地开放并提供公共解释。

二、西方协作式规划理论的研究现状

20 世纪 90 年代以来,协作式规划理论逐渐走入学术界的视野,成为规划理论研究的热点,并广泛应用到规划实践中。目前西方学者们从诸多不同的视角对协作式规划理论进行了研究,主要包含以下几个方面。

1. 公众参与的研究

公众参与是当代规划体系的重要组成部分,学者们围绕协作式规划为何需要公众参与、公众在多大程度上参与以及如何参与等方面进行了研究。

协作式规划为何需要公众参与? Bugg 将协作式规划置于现实的社会政治背景中,认为公众参与是规划过程合法性的重要衡量,是地方知识表达的重要方式以及沟通与协作的前提与先导。Innes 等认为参与者的多样性、相互依赖性及真正的对话是成功协作的基本条件。Kenawy 发现利益相关者参与是协作式规划成功最关键的因素,构建了一个理想的协作式规划概念框架,包含利益相关者网络构建、利益相关者参与、过程与结果评估以及识别利益相关者参与障碍四个要素。

在承认公众参与重要性的基础上,就公众应在多大程度上参与的问题,Koontz 等指出公众参与并不是参与者越多越好,公众参与幅度要与协作式环境管理的情境相匹配,并关注参与者构成对协作结果的影响。Lane 认为规划事业的性质以及规划模式很大程度上决定了规划中公众参与的作用,规划问题的定义、规划实践使用的知识类型以及规划和决策背景的概念化是公众参与程度的重要决定因素。随后 Smiley 建立了一个确定协作式环境治理公众参与程度的分析框架,包括规划目标、规划问题性质、参与者数量、参与者学习潜力以及参与者正直、意愿与承诺 5 大特征。

就公众如何参与的问题,Innes 与 Booher 指出法律规定的公众参与方法尤其是听证会、审查和评议程序等作用有限,协作式参与有助于解决复杂的争议问题,是一种新型参与范式,真正对话、网络构建与制度能力是其成功的关键,并提出协作式参与的后续步骤。Luz 认为运用圆桌会、研讨会、区域产品营销和信息宣传活动等参与式沟通方法能够促进规划项目的认同度和可实施性。Hanzl 指出信息技术如参与式 GIS、3D 模型、通信平台和电脑游戏为公民参与城市规划提供了创新平台,促进了协作式远程参与。Simao 等提出一个基于 WebGIS 的概念系统框架支持公众参与协作规划,该框架结合了信息区域、多标准空间决策支持系统和论证地图支持空间规划协作。

2. 达成共识的研究

学者们对协作式规划理论应用到实践的基础——达成共识进行了研究,主要研究了达成共识的条件、理论模型、适用性、障碍以及达成共识的测量与评估。

达成共识需要哪些条件？Innes 认为并不是所有寻求共识的活动都应被称为达成共识,达成共识植根于基于利益的谈判、调解和替代性争端解决,需要具备多项条件:包含所有利益相关者;对参与者有意义并承诺有即时影响的任务;参与者为行为、议程设置、决策及其他议题设定基本准则;始于理解共同利益的过程;所有参与者被倾听和尊重并平等参与对话;时间或内容上不受发起者限制并允许对现状及所有假设进行质疑的自组织过程;可访问并为参与者共享的信息;只有探讨了所有利益并尽一切努力来满足时共识才能达成。

就达成共识的理论模型方面,Briggs 等引入了达成共识的理论模型,旨在为协作背景下共识的意义以及影响个人承诺意愿和群体共识形成的因果机制提供解释,说明因果机制如何纳入建立共识的过程模型,并分析了冲突的起因及建立共识和解决冲突的策略。

关于达成共识的适用性问题,DeHaven 与 Wodraska 对达成共识能否有效应用到资源规划过程进行了研究,通过研究美国南加州大都会水区案例发现达成共识使大都会及其成员机构走向更高层次的区域合作,对于广泛的规划技术和决策框架是有用的。Sapountzaki 以爱琴海莱罗斯岛的供水和管理问题为例,通过分析达成共识的认识论框架,检验了达成共识对于解决希腊岛屿社区环境问题的适用性和可行性。

达成共识过程通常也面临一些障碍。Margerum 基于美国和澳大利亚的案例研究,探讨了利益相关者在达成共识过程中面临的一些常见障碍,包括背景、构成、运作、组织和利益、意识形态以及权力和能力,分析了克服这些障碍的策略并识别了利益相关者在设计和评估建立共识过程中使用的关键问题。Kerkhof 认为虽然达成共识是参与式环境政策制定中的主要手段,但对建立共识的优点提出质疑,并利用荷兰的经验研究了达成共识方法的缺点以及如何解决这些问题。

关于达成共识的测量与评估,Boroushaki 等指出很少有研究关注空间协作式决策中共识测量的问题,基于 WebGIS 的协作式决策支持工具展现了共识测量程序是如何实施并用于解决协作环境中的实际选址问题的。Innes 与 Booher 基于建立共识的研究和实践、复杂性科学和交往理性原则建立了评估达成共识的框架,包括 7 个过程标准和 9 个结果标准,并将达成共识的结果分为一阶、二阶及三阶结果。Buchecker 等基于环境心理学的干预研究方法提出了一个新的评估方法来测量瑞士东部阿尔卑斯山两个相邻山谷地区达成共识的效果,研究表明达成共识过程对区域共识的很多方面具有统计学意义上的显著影响。

3. 协作方法与技术的研究

为了促进协作式规划理论在实践中的应用,学者们对规划实践中如何协作、可以采用的协作方法与技术进行了研究。

Margerum 认为伙伴关系是协作的关键组成部分,为了解决复杂的水资源管理问题、整合政府和非政府的多元观点,需要越来越多地创建协作式伙伴关系。Cullen 等学者在加拿大不列颠哥伦比亚省复杂的利益相关者环境下采用了一个创新的双层谈判桌结构,结果表明双层结构能够帮助协作式规划在价值观、文化和法定权利显著差异的复杂环境中取得成功。Goldstein 等认为实践社区是一种有效的协作方法,主张将多元利益相关者协作与实践社区相结合,建立并维持基于场所和利益相关者的协作网络,扩展协作式规划的范围和影响。Martins 研究了适合森林管理规划过程不同阶段(问题识别、问题建模、问题解决)的协作方法和工具,并讨论了利用定量和定性方法集成功能的协作规划混合方法的潜力。

随着技术的发展以及大数据的应用,协作式规划越来越多地与技术相结合。Neuenschwander 等指出城市绿地空间为人类提供了多种生态系统服务,主张将城市绿地空间类型及其模式设计整合到程序性建模和 3D 可视化技术中,促进不同背景的利益相关者之间的协作。Bugs 等基于 GIS 和 Web2.0 技术的最新进展,发展了应用到规划实践中的 Web2.0PPGIS 应用程序,以更加互动和直接的方式促进用户和决策者之间的沟通与协作。Goodspeed 指出协作式规划实践必须重新思考专业人士和利益相关者之间的分工,更多关注城市计算机模型、地理信息系统、规划支持系统等数字知识技术的设计和使用,将其转变为协作式探究的媒介。

4. 协作治理的研究

协作过程日益成为新兴治理体系的重要组成部分,促进了协作式规划理论的发展,学界从协作治理的角度对协作式规划进行了研究,包括协作治理的重要性、构建协作治理的模式与框架、分析协作治理的适用条件并对其进行评估。

就协作治理的重要性问题，Innes 和 Booher 认为在复杂的、快速变化的和相互依赖的规划情境下，使用协作治理可以建构信任和管理不确定性。Lemos 认为基于机构间整合和利益相关者参与的协作式治理是管理复杂环境规划问题的新范式。

学界在前期研究基础上，从不同视角构建协作治理的框架。Ansell 和 Gash 基于 137 个协作治理案例的多元分析，提出了一个权变的协作治理模式，包含影响协作结果的 4 个关键变量：起始条件、制度设计、协作过程和领导力，其中协作过程是该治理模式的核心。Emerson 等建立了一个协作式治理综合框架，该框架包括三个嵌套维度：系统背景、协作治理制度及其协作动力和行动，提供了一个探索协作式治理系统组成的概念地图。

关于协作治理发挥作用的条件，Robertson 和 Choi 使用计算机建模方法探讨了协作治理是否以及在何种条件下能够产生基于共识的决策，研究发现协作治理的作用取决于发起协商的替代方式类型、利益相关者间的冲突水平以及利益相关者是否以及如何转变偏好等条件，并提出协作治理理论建设和实证研究的命题。Jung 等指出协作治理已成为世界范围内解决公共问题的关键制度方法，通过韩国和美国的比较研究发现影响协作治理安排和绩效的因素会因不同国家的历史和制度环境差异发挥不同的作用。

就协作治理的评估问题，Innes 和 Booher 应用复杂性理论评估了协作式规划如何改变治理的概念以及管理系统的能力，其中对治理能力的影响是最重要的评估标准。Booher 通过分析当代社会治理背景的变化，介绍了四个新型协作治理实践案例，讨论其挑战及对社会治理的教训。Lockwood 等提出了一套自然资源管理的治理原则，包括合法性、透明度、问责、包容性、公平性、整体性、能力和适应性，用于指导治理制度的设计以及完善治理评估工具。

5. 规划评估的研究

鉴于协作式规划理论越来越多地应用到规划实践中，有必要评估协作式规划的优点与局限及其恰当的应用领域以改善协作式规划实践，研究主要分为确立评估标准、构建评估框架、评估协作结果与影响三个方面。

确立评估标准。Gunton 和 Day 通过回顾现有规划评估文献，确立了评估协作式规划的四个常用标准：成功达成协议、协作过程相对于替代过程的效率、利益相关者对过程和结果的满意度、实现社会资本，并提出协作式规划成功应用的十大最佳实践指南。Margerum 认为影响协作式规划有效性的一个重要因素是过程质量，从现有文献中选取了评估协作式规划过程的七个常用标准对协作式规划过程的优势与缺陷进行了评估，指出过程是如何影响规划实施有效性的，并研究了协作式规划长期实施的效果，阐述了评估协作式规划实施效果的高质量协议与实施结构两个标准。

构建评估框架。Faehnle 等提出了一个评估与设计土地利用与自然区域规划协作过程的框架，包括知识整合、有意义的参与、功能治理与区域可持续利用 4 个评估视角以及相应的 12 个评估标准。Mandarano 提出一个评估协作式环境规划产出和结果的绩效评估框架，识别了协作式规划的过程、产出与结果的因果关系，并使用纽约-新泽西港河口项目验证了这一评估框架的应用性。Agger 等关注如何评估协作式规划过程的民主效果，根据公众获得政治影响、公共协商、民主适应性、问责制以及政治认同和能力 5 个评估标准构建了一个评估协作式规划过程不同阶段（输入、过程、结果）的概念框架，并展现了每个评估标准如何以更具体的评估问题的形式实现。Frame 等构建了一个包括 14 个过程标准和 11 个结果标准的比较全面的协作式规划评估框架，提出多个问题对每个标准进行测试，其中结果标准有 24 个问题，过程标准有 46 个问题，并识别了成功的协作式规划管理的关键要素。

评估协作结果与影响。Morton 对早期协作式规划评估文献进行了分析，识别了协作式规划的十大优势及八大挑战，并将协作式规划成功的驱动力和阻碍力归为七类：前提条件、获取资源、包容度、授权程度、沟通与争端解决、利益相关者的替代方案以及过程机制。Roth 等指出西方国家越来越多地使用协作方法处理复杂的环境问题，使用制度分析与发展框架分析了协作过程的结果与政府决策过程之间的关系，评估了协作结果是否以及在多大程度上被政府整合采纳到决策中。Deyle 等基于协作式规划和共识建设的文献构建了一个成功协作式规划的概念模型，包括开始条件、协作对话空间和一阶结果三大部分，有助于理解协作式规划结果与起始条件、过程特征、参与者属性和行为之间的因果关系。Connick 与 Innes 运用复杂自适应系统理论对美国加州三个水系协作式规划项目的结果进行了评估，协作结果包括社会和政治资本、达成一致的信息与共同的理解、结束僵局、高质量协议、学习与超越正式协议与最初利益相关者的变化、创新、态度与行为的改变、涉及灵活性和网络的制度和实践。

三、协作式规划理论的研究展望

尽管协作式规划理论广泛应用于规划实践中,但它不是应对各种规划情况的灵丹妙药,存在诸多的缺点与局限性,对现实缺乏强大的解释力,限制了其适用性,因此有必要分析协作式规划理论的局限性并提出改进建议。

协作式规划理论的局限和面临的挑战主要体现在以下几个方面。

(1) 忽略权力和政治的影响。协作式规划是一个自组织的过程,通常由一个特定的实体如政府机构或其他组织作为正式发起者,但参与者通过非正式的组织结构共同决定互动规则、话语方向以及共同行动,促进了创新性的问题解决,对规划发生的权力背景缺乏关注,回避渗透于规划实践中的充满权力和政治色彩的利益探讨并将权力差异化约。这种非正式的协作结构缺乏强有力的内部领导和权威,依赖于人际关系与信任,受到人员流动的影响,同时高度依赖政治领导,受到政治力量的左右,如美国加州的CALFED协作式规划项目因政治支持的变化而兴衰,协作过程存在可持续性困难。

(2) 无法解决权力失衡问题。参与规划过程的利益相关者之间的权力是不平衡的,协作式规划理论建立在利益相关者基于利益的谈判原则上,试图通过赋予利益相关者决策权力以及使用基于共识的决策来解决利益相关者之间的权力不平衡问题,但由于时间、资金、信息和培训等资源的不对称分配,政府等强大利益群体通常可以获得更多的资源并因参与获得补偿,而一些非政府组织、社区团体和公众成员通常处于不利地位,同时性别、种族和族裔不平等也系统地嵌入到社会中,强权利益相关者可能通过使用延迟策略或寻找替代手段避免协作式规划甚至可能通过操纵其他利益群体来塑造协作过程与结果,对协作框架造成冲击。

(3) 达成共识面临困境。协作式规划理论旨在基于利益相关者之间面对面的谈判构建共识决策,但是由于利益相关者之间的权力差异通常存在相对的赢家与输家,加上规划过程的时间限制,协作式规划并不能在每个问题上都达成共赢的解决方案,甚至在政府管制严格或市场力量主导的地方难以形成有效的互动网络,无法达成共识,造成理论与实践之间的鸿沟。在这些情况下,共识规则鼓励利益相关者寻求次优解决方案或最低标准以实现共识,同时为了避免棘手议题的出现,实践者采用了含糊的语言并产生了既不是既定先例也不是明确指导实施的建议,达成共识过程呈现出难以避免的敷衍性,结果造成协作协议执行不力。

(4) 存在参与者代表性问题。协作式规划理论试图将所有利益相关者纳入规划过程,但规划实践难以确保所有相关利益攸关方参与。尽管与技术官僚规划模式相比,协作式规划包含了多元利益相关者或部门代表,参与者的代表性有所提升,但仅仅提供了一个非常狭窄的社会横截面。愿意并能够参与协作式规划的利益团体可能代表狭隘的社会特殊利益,不一定体现社区或地区中多数人的价值观,而没有组织的利益团体和一般公众可能不具备参与协作过程的能力或意愿,排除了更广泛的公共利益,这就对协作式规划的合法性及其产生高质量解决方案的能力提出了质疑。

针对协作式规划理论的缺陷和挑战,需要对协作式规划理论进行改进与修正,以更好地指导未来规划实践并增强理论解释力。

(1) 协作式规划的制度化建构。规划作为一项制度安排受到权力以及政治力量的制约,为促进协作式规划理论与实践的持续发展,需要关注规划中的权力关系并将协作式规划制度化与常态化,其中协作主体及其权责与角色分工、协作程序与规则、公众参与方式等是制度固化的关键,有助于平衡各方利益并提高规划效率,同时规划过程要保持灵活性和适应性,以为适应不断变化的情况提供必要的变革,并将变革的过程在基本规则中详细说明。

(2) 促进利益相关者之间的权力平等。权力平等是规划决策达成多元共识的前提,利益相关者之间的权力不平等主要体现在技能与培训、资源和政治影响三方面,虽然权力不平等可能是不可避免的,但可以通过改善措施来减少不平等现象,如通过平等获取相关信息、提供相关技能的培训如谈判和技术分析以及提供财政资源弥补志愿参与者的自付费用,确保利益相关者平等有效参与并提高他们对其组织负责的能力,同时要确保责任部门保留最终批准协议和计划的权力。

(3) 完善共识建设过程。协作过程需要相当长的时间才能达成共识,恰当的时间安排是协作过程成功运转的重要推动力,如果缺乏充足的时间安排,利益相关者不可能参与规划过程的所有必要阶段,因此需要为协作过程提供可行的时间安排以确保理解多元利益诉求、制定共同目标、参与全程规划的充分时间,这些时间安排应包括完成特定项目的时间以及明确的替代性决策过程以在未能达成共识的情况下增加成功的可能性。此外,协作过程受到缺乏沟通和谈判技巧的阻碍,在协作式规划过程之前需要加强参与者的沟通和谈判技能培训。

(4) 确保包容性代表。协作式规划的成功取决于所有利益相关团体的代表性,如果某些利益没有被代表,管理者需要通过帮助组建正式的利益相关者群体将这些未被代表的利益组织起来,同时也要确保政府的代表性,相关政府部门和具有谈判权力的高级政府代表的参与将使协作过程将更加有效,决策者、政府专家和实施者和利益相关者代表的包容性参与对于确保科学信息的适当使用、立法机关接受利益相关者的决策以及决策成功实施至关重要。

四、结语

本文围绕协作式规划的理论基础、研究进展、存在的缺陷以及改进的方向对西方协作式规划理论进行了系统研究,以期为我国的规划转型提供借鉴。目前国内学者关于协作式规划理论的研究逐步从引进西方理论以及介绍国外案例发展到将理论初步应用到我国的区域绿地、城市更新、工业区改造、社区规划等具体规划实践中,但协作式规划理论在我国还处于起步阶段,受限于地方特点,需要通过制度建设不断推进协作式规划过程。

参 考 文 献

[1] Innes J E, Connick S, Booher D. Informality as a planning strategy: collaborative water management in the CALFED Bay-Delta Program[J]. Journal of the American Planning Association, 2007, 73(2): 195-210.

[2] Booher D E, Innes J E. Network power in collaborative planning[J]. Journal of planning education and research, 2002, 21(3): 221-236.

[3] Healey P. Planning through debate: the communicative turn in planning theory[J]. Town planning review, 1992, 63(2): 143.

[4] 张庭伟.梳理城市规划理论——城市规划作为一级学科的理论问题[J].城市规划,2012,36(4):9-17,41.

[5] Healey P. Collaborative planning in perspective[J]. Planning theory, 2003, 2(2): 101-123.

[6] Healey P. Collaborative planning in a stakeholder society[J]. Town planning review, 1998, 69(1): 1.

[7] Healey P. Building institutional capacity through collaborative approaches to urban planning [J]. Environment and planning A, 1998, 30(9): 1531-1546.

[8] Healey P. Institutionalist analysis, communicative planning, and shaping places[J]. Journal of planning education and research, 1999, 19(2): 111-121.

[9] Healey P. Collaborative planning: shaping places in fragmented societies[M]. UBc Press, 1997.

[10] Bugg L B. Collaborative planning in a complex local context: the case of an Islamic school in Sydney, Australia[J]. Journal of planning education and research, 2013, 33(2): 204-214.

[11] Innes J E, Booher D E. Collaborative dialogue as a policy making strategy[R]. Institute of Urban & Regional Development, 2000.

[12] Kenawy E. Collaborative approach for developing a more effective regional planning framework in Egypt: ecotourism development as case study[D]. University of Liverpool, 2015.

[13] Koontz T M, Johnson E M. One size does not fit all: matching breadth of stakeholder participation to watershed group accomplishments[J]. Policy sciences, 2004, 37(2): 185-204.

[14] Lane M B. Public participation in planning: an intellectual history[J]. Australian geographer, 2005, 36(3): 283-299.

[15] Smiley S, de Loë R, Kreutzwiser R. Appropriate public involvement in local environmental governance: a framework and case study[J]. Society and natural resources, 2010, 23(11): 1043-1059.

[16] Innes J E, Booher D E. Reframing public participation: strategies for the 21st century[J]. Planning theory

&. practice, 2004, 5(4): 419-436.
[17] Luz F. Participatory landscape ecology: a basis for acceptance and implementation[J]. Landscape and urban planning, 2000, 50(1): 157-166.
[18] Hanzl M. Information technology as a tool for public participation in urban planning: a review of experiments and potentials[J]. Design studies, 2007, 28(3): 289-307.
[19] Simao A, Densham P J, Haklay M M. Web-based GIS for collaborative planning and public participation: an application to the strategic planning of wind farm sites[J]. Journal of environmental management, 2009, 90(6): 2027-2040.
[20] Innes J E. Consensus building: Clarifications for the critics[J]. Planning theory, 2004, 3(1): 5-20.
[21] Briggs R O, Kolfschoten G L, Vreede G J. Toward a theoretical model of consensus building[J]. AMCIS 2005 Proceedings, 2005: 12.
[22] deHaven-Smith L, Wodraska J R. Consensus-building for integrated resources planning[J]. Public administration review, 1996: 367-371.
[23] Sapountzaki K, Wassenhoven L. Consensus building and sustainability: some lessons from an adverse local experience in Greece[J]. Environment, development and sustainability, 2005, 7(4): 433-452.
[24] Margerum R D. Collaborative planning: building consensus and building a distinct model for practice[J]. Journal of planning education and research, 2002, 21(3): 237-253.
[25] van de Kerkhof M. Making a difference: on the constraints of consensus building and the relevance of deliberation in stakeholder dialogues[J]. Policy sciences, 2006, 39(3): 279-299.
[26] Boroushaki S, Malczewski J. Measuring consensus for collaborative decision-making: a GIS-based approach [J]. Computers, environment and urban systems, 2010, 34(4): 322-332.
[27] Innes J E, Booher D E. Consensus building and complex adaptive systems: A framework for evaluating collaborative planning[J]. Journal of the American planning association, 1999, 65(4): 412-423.
[28] Buchecker M, Meier C, Hunziker M. Measuring the effects of consensus-building processes with methods of intervention research[J]. European planning studies, 2010, 18(2): 259-280.
[29] Margerum R D, Robinson C J. Collaborative partnerships and the challenges for sustainable water management[J]. Current opinion in environmental sustainability, 2015(12): 53-58.
[30] Cullen D, McGee G J A, Gunton T I, et al. Collaborative planning in complex stakeholder environments: an evaluation of a two-tiered collaborative planning model[J]. Society and natural resources, 2010, 23(4): 332-350.
[31] Goldstein B E, Butler W H. Expanding the scope and impact of collaborative planning: combining multi-stakeholder collaboration and communities of practice in a learning network[J]. Journal of the American Planning Association, 2010, 76(2): 238-249.
[32] Martins H, Borges J G. Addressing collaborative planning methods and tools in forest management[J]. Forest ecology and management, 2007, 248(1): 107-118.
[33] Neuenschwander N, Hayek U W, Grêt-Regamey A. Integrating an urban green space typology into procedural 3D visualization for collaborative planning[J]. Computers, environment and urban systems, 2014, 48: 99-110.
[34] Bugs G, Granell C, Fonts O, et al. An assessment of public participation GIS and Web 2.0 technologies in urban planning practice in Canela, Brazil[J]. Cities, 2010, 27(3): 172-181.
[35] Goodspeed R. Digital knowledge technologies in planning practice: from black boxes to media for collaborative inquiry[J]. Planning theory & practice, 2016, 17(4): 577-600.
[36] Innes J E, Booher D E. Planning with complexity: an introduction to collaborative rationality for public policy[M]. Routledge, 2010.

[37] Lemos M C, Agrawal A. Environmental governance[J]. Annu. Rev. Environ. Resour., 2006, 31: 297-325.
[38] Ansell C, Gash A. Collaborative governance in theory and practice[J]. Journal of public administration research and theory, 2008, 18(4): 543-571.
[39] Emerson K, Nabatchi T, Balogh S. An integrative framework for collaborative governance[J]. Journal of public administration research and theory, 2012, 22(1): 1-29.
[40] Robertson P J, Choi T. Deliberation, consensus, and stakeholder satisfaction: a simulation of collaborative governance[J]. Public management review, 2012, 14(1): 83-103.
[41] Jung Y, Mazmanian D, Tang S Y. Collaborative governance in the United States and Korea: cases in negotiated policymaking and service delivery[J]. International review of public administration, 2009, 13(sup1): 1-11.
[42] Innes J E, Booher D E. The impact of collaborative planning on governance capacity[R]. University of California Berkeley Institute of Urban and Regional Development Working Paper, 2003.
[43] Booher D E. Collaborative governance practices and democracy[J]. National civic review, 2004, 93(4): 32-46.
[44] Lockwood M, Davidson J, Curtis A, et al. Governance principles for natural resource management[J]. Society and natural resources, 2010, 23(10): 986-1001.
[45] Gunton T I, Day J C. The theory and practice of collaborative planning in resource and environmental management[J]. Environments, 2003, 31(2): 5.
[46] Margerum R D. Evaluating collaborative planning: implications from an empirical analysis of growth management[J]. Journal of the American Planning Association, 2002, 68(2): 179-193.
[47] Faehnle M, Tyrväinen L. A framework for evaluating and designing collaborative planning[J]. Land use policy, 2013, 34: 332-341.
[48] Mandarano L A. Evaluating collaborative environmental planning outputs and outcomes: restoring and protecting habitat and the New York-New Jersey harbor estuary program[J]. Journal of planning education and research, 2008, 27(4): 456-468.
[49] Agger A, Löfgren K. Democratic assessment of collaborative planning processes[J]. Planning theory, 2008, 7(2): 145-164.
[50] Frame T M, Gunton T, Day J C. The role of collaboration in environmental management: an evaluation of land and resource planning in British Columbia[J]. Journal of environmental planning and management, 2004, 47(1): 59-82.
[51] Morton C A J. Evaluating collaborative planning: a case study of the Morice land and resource management plan[D]. Simon Fraser University Library, 2009.
[52] Roth A P, de Loë R C. Incorporating outcomes from collaborative processes into government decision making: a case study from low water response planning in Ontario, Canada[J]. Ecological economics, 2017, 132: 169-178.
[53] Deyle R E, Wiedenman R E. Collaborative planning by metropolitan planning organizations: a test of causal theory[J]. Journal of planning education and research, 2014, 34(3): 257-275.
[54] Connick S, Innes J E. Outcomes of collaborative water policy making: applying complexity thinking to evaluation[J]. Journal of environmental planning and management, 2003, 46(2): 177-197.
[55] McGuirk P M. Situating communicative planning theory: context, power, and knowledge[J]. Environment and planning A, 2001, 33(2): 195-217.
[56] Dutterer A D, Margerum R D. The limitations of policy-level collaboration: a meta-analysis of CALFED[J]. Society & natural resources, 2015, 28(1): 21-37.
[57] Jarvis R. Collaboration as a strategy for developing cross-cutting policy themes: sustainable development in

the Wales spatial plan[D]. University of Liverpool, 2007.

[58] Kim J S. A collaborative partnership approach to integrated waterside revitalisation: the experience of the Mersey Basin Campaign, North West England[D]. University of Liverpool, 2002.

[59] Wondolleck J M, Yaffee S L. Making collaboration work: lessons from innovation in natural resource managment[M]. Island Press, 2000.

[60] Barry J M. Mobilized bias and multistakeholder protected-area planning: a socio-institutional perspective on collaboration[J]. Society & Natural Resources, 2011, 24(10): 1116-1126.

[61] Leach W D, Pelkey N W, Sabatier P A. Stakeholder partnerships as collaborative policymaking: evaluation criteria applied to watershed management in California and Washington[J]. Journal of policy analysis and management, 2002, 21(4): 645-670.

[62] McGee G J. Evaluating collaborative planning: a case study of the North Coast Land and Resource Management Plan[D]. School of Resource and Environmental Management-Simon Fraser University, 2006.

作者单位：上海市徐汇区业余大学

白栎种子的脱水敏感性和低温保存初探

林轶蓉

内容摘要： 白栎作为中国温带及亚热带地区的代表植物，具有丰富的经济价值、药用价值和食用价值，由于其富含淀粉，可酿酒、制作白栎腐干、粉丝等，被广泛运用于食品工业中。研究白栎种质资源的保存方法，对白栎资源的保护和利用具有重要的意义。目前，种子低温保存技术是种质资源长期保存的最佳途径。本文通过对白栎种子脱水敏感性的研究，以判断白栎种子的类型，并尝试找到适合白栎种子的低温保存方法，为这一类型种子的低温保存提供初步的理论参考。

关 键 词： 白栎种子　脱水敏感性　低温保存

一、研究背景及意义

白栎隶属壳斗科，是栎属植物中的一种。作为中国温带及亚热带地区的代表植物，白栎具有较高的经济价值：其树枝、树皮、树干在农业生产、工业制造等方面应用广泛。此外，白栎作为传统的中药，在治疗疾病和清火调理方面实现了其药用价值。白栎种子属于淀粉类种子，淀粉含量为50％～60％，白栎淀粉糊凝胶强度较大，质地和口感好，具有很高的食用价值，常被用来酿酒，制作白栎腐干和粉丝等。利用白栎种子中的淀粉加工而成的食品是传统的森林绿色食品。除淀粉外，白栎种子还富含其他营养成分(见表1)，因此，白栎果实被广泛运用于食品工业中，由白栎加工而成的食品受到人们的广泛喜爱。

表1　成熟白栎种子的营养成分及含量

	营养成分					
	蛋白质 (％)	氨基酸 (％)	粗纤维 (％)	总脂肪 (％)	类黄酮 (％)	维生素C (mg/100 g)
含量	0.72	0.99	7.2％	2.5％	0.7	11.8

研究白栎种子的保存方法不仅有助于保护白栎种质资源，还可以在种子生长季节提供生长材料，以保证种子的产量，对推进中国的经济、医药和食品领域的发展起着重要的作用。然而，目前国内外对于栎属其他种的种子保存研究较多，但对白栎种子的低温保存研究还未涉及。本文旨在通过对白栎种子脱水敏感性的研究，确定

白栎种子的类型,并根据该类型种子的特点尝试找到适合白栎种子的低温保存方法,为这一类型种子的低温保存提供初步的理论参考。

二、种子的类型

大部分的植物种质资源主要以种子的形式存在,因此种子的保存是植物种质资源保护的主要内容。种子的保存与种子的脱水敏感性密切相关,根据种子的脱水行为,可以把种子分为正常性种子、顽拗性种子和中间性种子三种类型。

1. 正常性种子

正常性种子在成熟脱落前经历自然脱水的时期,当种子成熟脱落时,种子的含水量较低,一般低于种子鲜重的15%～20%。正常性种子对脱水不敏感,可以进一步脱水到3%～7%的含水量,依然保持活性。

2. 顽拗性种子

顽拗性种子成熟后不经历脱水,种子脱离母体时含水量较高,大多分布在30%～60%的范围内。顽拗性种子对脱水极为敏感,轻度脱水后种子的活力就会显著下降,即使干燥到相对较高的含水量(20%～30%)也会对种子的活力造成损伤。顽拗性种子无法干燥至含水量低于10%以下且在贮藏过程中对低温敏感。

3. 中间性种子

中间性种子的贮藏寿命在一定范围内随含水量下降而延长,干燥脱水对种子的伤害较小,但过低的含水量(低于9%～12%)也会对种子造成致命伤害。中间性种子在贮藏过程中对低温不敏感,在适度的温度范围内,其贮藏寿命随温度的降低而上升,但无法在低温环境中长期贮藏。

三、种子的保存

种子的保存主要有原地保存、迁地保存和超低温保存三种方式。

1. 原地保存

原地保存是指在植物原来所处的生态环境中建立国家公园和自然保护区,可以实现重要的野生种和近缘植物就地繁殖来保存种质的目的,因此又被称为"天然基因库"。

2. 迁地保存

迁地保存即在植物原产地以外的地方保存和繁育植物种质材料,主要包括两类保存方法:一类是种质圃和植物园,用以保存野生植物;另一类是保存栽培作物种质资源的种子库。种子库是将种子放在低温的环境保存,大部分的正常性种子可在人为干燥脱去自由水后,放入种子库保存。

3. 超低温保存

近年来,种质的超低温保存技术越来越受到重视。超低温保存是在 -80 ℃以下的超低温中保存种质资源的一项现代保存技术。常以液氮为冷源,因此超低温保存又称液氮(-196 ℃)保存。目前,超低温保存是最适合顽拗性种子的保存方法。在超低温的状态下,当顽拗性种子处于适宜的水分状态,种子活力不会被破坏并且能保持细胞组织形态以及种质遗传的完整性和稳定性。

目前,低温保存是种质资源保存的最佳途径。不同类型的种子在保存过程中表现出截然不同的贮藏行为和结果,因此通过种子的脱水敏感性实验确定种子的类型是寻找种子低温保存方法的首要步骤。

四、白栎种子的脱水敏感性

1. 实验材料与设备

(1) 实验原料:成熟白栎种子(于自然扩散期间采自浙江省杭州市建德林场,林场经纬度:29°22′～29°50′N,118°34′～119°15′E)。

(2) 实验耗材:一次性餐盒若干、陶瓷坩埚若干、搪瓷杯、称量纸、玻璃棒、药匙、不锈钢托盘、500 mL烧杯、50 mL烧杯、250 mL容量瓶2个、10 mL移液管、50 mL量筒。

(3) 实验试剂:次氯酸钠溶液、变色硅胶、30%过氧化氢溶液、琼脂粉。

(4) 实验设备:烘箱、精密电子天平、电炉、光照培养箱。

2. 实验方法

(1) 种子的采集:完全成熟的白栎种子自然脱落后采集于浙江省杭州市建德林场(29°22′~29°50′N,118°34′~119°15′E)。

(2) 种子的预处理:除去破碎粒、虫蚀粒,保留表面完整、新鲜的种子置于烧杯中。配制1‰ NaClO溶液倒入烧杯,浸泡种子30 min进行消毒,然后用流动的清水冲洗种子,擦干后将种子置于一次性餐盒中,放入4 ℃冰箱待用。所有实验于种子采集后的一周内开始。

(3) 种子的干燥:随机选取10组种子,每组45颗种子。其中1组为对照组,干燥时间为0小时;其余9组分别称取质量为种子质量5倍的变色硅胶,放入一次性餐盒中,将种子均匀地平铺在硅胶表面,用变色硅胶干燥4小时、8小时、16小时、24小时、72小时(3天)、168小时(1周)、336小时(2周)、672小时(4周)、840小时(5周)。

(4) 种子含水量的测定:对照组随机选取15颗种子,分为3组,每组5颗种子,测定种子的初始含水量,结果取三次平均值。其余9组种子在干燥周期结束后,随机选取15颗种子,分为3组,每组5颗种子进行水分含量的测定,结果取三次平均值。种子含水量的测定方法参照加热烘干法(ISTA,2009):

① 空坩埚标记并称重,记录重量 M_1。

② 随机选取3组种子,每组5颗种子,分别放入标记好的坩埚中称重,记录新鲜种子加坩埚的重量 M_2。

③ 将烘箱预热至103 ℃,把称重后的种子和坩埚置于不锈钢托盘中放入烘箱,待烘箱温度恢复至103 ℃时,开始计时,经过17 h后取出,称量烘干后种子加坩埚的重量 M_3。

根据下式计算种子含水量:

$$含水量(\%) = \frac{M_2 - M_3}{M_2 - M_1} \times 100$$

式中:M_1——空坩埚的质量(g);

M_2——新鲜种子加坩埚的质量(g);

M_3——烘干后种子加坩埚的质量(g)。

(5) 种子的培养及发芽率的测定:每一个干燥周期结束后,取出30颗种子,对于干燥时间为0小时、4小时、8小时、16小时、24小时、72小时(3天)的种子直接进行培养;将干燥时间为168小时(1周)、336小时(2周)、672小时(4周)、840小时(5周)的种子放入坩埚中,把坩埚置于盛有水(水的高度低于坩埚高度的一半)的一次性餐盒中,吸水1~2天后进行培养,每天观察并记录发芽率,种子的培养及发芽率测定参照国际种子检验协会(ISTA,2009)推荐的办法:

① 种子的培养:将种子的顶朝下、底朝上插入盛有1‰琼脂溶液的餐盒中,使种子的顶部完全进入琼脂。在餐盒表面开一条小孔,以保证培养过程中空气的进入。将餐盒做好标记放入光照培养箱中培养,并设置培养参数:第一阶段20 ℃,有光照(光照强度为60 $\mu mol\ s^{-1} m^{-2}$),持续时间12小时;第二阶段15 ℃,无光照,持续时间12小时。

② 观察发芽率:当胚根突出至少2 mm时判定种子发芽。每天观察并记录种子发芽数量。观察周期为65天,当最后一颗发芽的种子出现后的两周内未出现其他种子发芽的情况则视为发芽结束。根据下式计算种子的发芽率:

$$发芽率(\%) = \frac{n}{N} \times 100$$

式中:n——观察周期内发芽的种子数量(个);

N——供检测的所有种子数量(个)。

(6) H_2O_2溶液处理:取干燥1周、干燥2周、干燥4周的种子分别用0.5 mol/L和1.0 mol/L的 H_2O_2 溶液浸泡2小时,然后用清水冲洗,并置于室温晾干。晾干后的种子每个干燥周期的种子分为3组,每组10颗种子进行培养,每天观察并记录发芽率,种子的培养及发芽率测定方法同上。

3. 实验结果与分析

(1) 含水量对种子发芽率的影响。

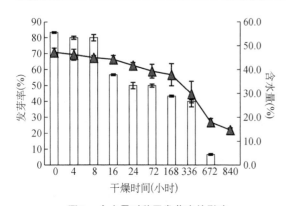

图 1 含水量对种子发芽率的影响

图 1 和表 2 表明，白栎种子的发芽率随着种子含水量的降低而呈现下降的趋势。干燥 8 小时的种子含水量较干燥 4 小时的有所下降，但发芽率没有变化，这是由于白栎种子存在出芽不整齐的现象，个体差异性较大。在干燥 8 小时与干燥 16 小时之间存在临界含水量：干燥 8 小时和干燥 16 小时的种子含水量变化不大，但发芽率显著下降，因此含水量 45.0% 是白栎种子在脱水干燥过程的一个临界值，低于此值种子活力大大受损。当种子进一步干燥至 672 小时时，种子的含水量明显下降，与此同时，发芽率也从 40% 下降到 6.7%。当种子经过 840 小时的干燥后，种子含水量为 14.7%，此时种子活力完全丧失，因此 17.9% 是白栎种子的安全含水量，低于该值种子失去萌发能力。

表 2　白栎种子经过不同干燥时间后的含水量和发芽率

	干燥时间（小时）				
	0	4	8	16	24
含水量	47.2 ± 1.7	46.2 ± 2.3	45.0 ± 0.9	44.3 ± 1.7	41.7 ± 1.3
发芽率	83.3 ± 0.6	80 ± 1.0	80 ± 2.0	56.7 ± 0.6	50 ± 2.0
	干燥时间（小时）				
	72	168	336	672	840
含水量	39.3 ± 2.9	37.9 ± 4.7	29.7 ± 5.4	17.9 ± 1.6	14.7 ± 0.9
发芽率	50 ± 1.0	43.3 ± 0.6	40.0 ± 1.0	6.7 ± 0.6	0 ± 0

综上，白栎种子对脱水极为敏感，少量失水就会对种子的活力造成严重损失且种子无法干燥到含水量低于 10% 以下，因此白栎种子属于顽拗性种子。目前为止，超低温保存方法是保存顽拗性种子的最佳途径。因此后续选择超低温保存的方法尝试对白栎种子进行保存。

(2) H_2O_2 溶液对种子脱水耐受性的影响。

由表 2、图 2 可以看出，干燥 1 周（含水量为 37.9%）、干燥 2 周（含水量为 29.7%）、干燥 4 周（含水量为 17.9%）的种子经 0.5 mol/L、1 mol/L H_2O_2 溶液处理后的发芽率均高于对照组，说明 H_2O_2 溶液对白栎种子的脱水耐受性有明显的提高作用。

对于干燥 1 周（含水量为 37.9%）、干燥 2 周（含水量为 29.7%）的白栎种子，可以发现经 1 mol/L H_2O_2 溶液处理后的种子发芽率明显高于经 0.5 mol/L H_2O_2 溶液处理后的种子发芽率，且发芽时间也更早，说明对于干燥脱水后含水量相对高的种子，H_2O_2 浓度越高对种子脱水耐受性的提高作用越大。但是，对于干燥 4 周（含水量为 17.9%）的种子，1 mol/L H_2O_2 溶液对种子脱水耐受性的提高效果低于 0.5 mol/L H_2O_2 溶液，这是由于随着干燥程度的增加，种子内部会产生更多的过氧化物，与 H_2O_2 反应产生的 H 键对种子有伤害，因此干燥程度越高，高浓度的 H_2O_2 溶液对种子脱水耐受性的提高作用性降低，会对种子产生毒性和伤害。

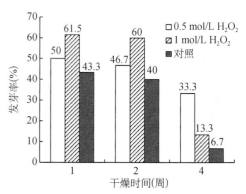

图 2　H_2O_2 溶液处理白栎种子对其脱水耐受性的影响

五、白栎种子的超低温保存

1. 实验材料与设备

(1) 实验原料:经过预处理的成熟白栎种子(于自然扩散期间采自浙江省杭州市建德林场,林场经纬度:29°22′~29°50′N,118°34′~119°15′E)。

(2) 实验耗材:一次性餐盒若干;陶瓷坩埚若干;搪瓷杯;称量纸;玻璃棒;药匙;不锈钢托盘;50 mL 烧杯;250 mL 容量瓶;10 mL 移液管;50 mL 量筒;冻存管。

(3) 实验设备:烘箱、精密电子天平、电炉、光照培养箱、电热恒温水浴锅、液氮罐、差式扫描量热仪。

(4) 实验试剂:二甲基亚砜、琼脂粉。

2. 实验方法

(1) 种子的干燥:随机选取 2 组种子,每组 30 颗种子,称取质量为种子质量 5 倍的变色硅胶,放入一次性餐盒中,将种子均匀地平铺在硅胶表面,盖紧餐盒盖子并做好标记。2 组种子分别用变色硅胶干燥 336 小时(2 周)、672 小时(4 周)。

(2) DMSO 溶液处理:将干燥 2 周和干燥 4 周的白栎种子各分为 2 组,每组取 15 颗种子。一组用 30% DMSO(二甲基亚砜)浸泡 3 小时,然后用流动的清水洗去,置于报纸上晾干;一组不加任何低温保护剂。

(3) 种子超低温保存。

① 超低温保存:将 4 组种子放入冻存管后,用便签纸做好标记,与种子一起放入冻存管内,盖上盖子。每 2 个冻存管倒置依次放入提桶中,最后压上塑料套管以防在保存过程中冻存管溢出。将提桶沿液氮罐的卡沟投入液氮罐中,盖好液氮罐颈塞,种子在液氮罐中保存 1 周。

② 复温:1 周后,从液氮罐中取出提桶,放入 37 ℃恒温水浴锅,倒出冻存管,在 37 ℃水浴锅中复温 20 min 后取出冻存管置于室温继续复温 2 小时。

(4) 种子的培养及发芽率的测定:将经过超低温保存的 4 组种子,每 1 组再分为 3 组,每组 5 颗,进行培养,每天观察并记录发芽率,种子的培养及发芽率测定方法同白栎种子脱水敏感性实验中的种子的培养及发芽率测定方法。

(5) DSC 原理及测定方法。

① DSC 原理:将有物相变化的样品和在所测定温度范围内不发生相变且没有任何热效应产生的参比物,在相同的条件下进行等温加热或冷却,当样品发生相变时,在样品和参比物之间就产生一个温度差。放置于它们下面的一组差示热电偶即产生温差电势 $U\Delta T$,经差热放大器放大后送入功率补偿放大器,功率补偿放大器自动调节补偿加热丝的电流,使样品和参比物之间温差趋于零,两者温度始终维持相同。此补偿热量即为样品的热效应,以电功率形式显示于记录仪上。

② DSC 测定方法:取干燥 2 周和干燥 4 周的种子进行差式扫描量热分析。

实验准备开机部分:①打开控制器。②打开两瓶氮气、瓶氦气。③打开 DSC 主机,等到红色绿色灯亮起。④打开电脑。⑤打开 Pyris 软件。⑥长时间未使用 DSC 需先在 50 ℃等温 30 分钟。⑦等温结束后,设定控制器温度为 -130 ℃,先用 rapid 档位快速降温到 -70~-80 ℃,后用 normal 档位降温到 -100 ℃。

实验操作部分:①炉温温度降到 -90 ℃时准备样品。用解剖刀剖开白栎种子,分别切取种胚和子叶,样品质量控制在 5~10 mg。②压样,需要保持铝皿的干净。③将样品皿和空皿放入炉内,左边为样品皿,右边为空皿。④输入样品质量。⑤设定升降温程序。降温程序:从 25 ℃下降至 -100 ℃,降温速率为 10 ℃/min。25 ℃保温 1 min。升温程序:从 -100 ℃上升至 25 ℃,升温速率为 10 ℃/min。⑥保存路径,开始测定。⑦当样品皿恢复至 25 ℃后,开盖取出铝皿,更换样品皿,重新设定质量和保存路径,重复 3 次实验。

3. 实验结果与分析

(1) 含水量对种子超低温保存的影响。

将干燥 2 周(含水量为 29.7%)和干燥 4 周(含水量 17.9%)的白栎种子直接投入液氮保存 1 周,复温并培养,发现种子均未发芽,且种子经液氮保存、复温取出后,大部分种子种皮严重破裂。虽然种子在进行超低温保存前经过干燥,但种子临界安全含水量(17.9%)依旧较高,在降温和复温过程中可能会产生冰晶损伤导致种子破裂并失去活力,这需要通过 DSC 进一步验证。干燥 4 周的种子由于过度干燥而种皮破裂程度高于干燥 2 周,因此干燥 4 周的种子在培养过程中失去了种皮的保护,种子被真菌污染的程度大于干燥 2 周的种子。

(2) DMSO 对种子超低温保存的影响。

干燥 2 周(含水量为 29.7%)和干燥 4 周(含水量为 17.9%)的白栎种子经过 30%DMSO 溶液处理后再投入液氮中保存、复温并培养,依然没有种子发芽。对于干燥 2 周的种子,经过 30%DMSO 溶液处理后投入液氮的种子相较直接投入液氮保存的种子,种子较为完整,说明 DMSO 在超低温保存中对种子起到了一定程度上的保护作用。而对于干燥 4 周的种子,结果则相反,这可能是因为干燥 4 周的种子经 30%DMSO 处理时,由于过度干燥后立即处于含水量相对较高的环境中,过度吸涨产生巨大能量而导致种子破裂、种胚受损而死亡。

此外,冷冻保护剂的浓度也是决定超低温保存能否成功的因素之一。本文选择的 DMSO 是渗透性冷冻保护剂,若冷冻保护剂的浓度过大,可能对种子产生毒性,导致种子死亡。

(3) DSC 分析种子超低温保存的可能性。

如图 3、图 5 所示,新鲜种子、干燥 2 周种子和干燥 4 周种子的种胚和子叶在降温过程中均产生明显的结晶峰,结合表 3 发现无论是种胚还是子叶都在 −30 ℃~−20 ℃ 左右开始结晶,由于水在 −20 ℃ 开始结晶,因此,认为结晶峰都是水的结晶。即白栎种子在超低温保存过程中冰晶的形成是导致种子受到损伤丧失活性的主要原因。

如图 3 所示,在种胚的降温过程中,新鲜种子的种胚出现三个结晶峰。由于白栎种子为淀粉类种子,脂类物质仅占整颗种子的 2.5%(表 1),认为新鲜种子的种胚在 −40 ℃~−30 ℃ 的温度区间内出现的两个结晶峰为误差扰动,而非脂类物质。且在升温过程(图 4)中,三者均在 −10 ℃~0 ℃ 的温度区间内熔融,说明是同一物质发生熔融,认为是水,排除在降温过程中出现的后两个峰为脂类的可能,进一步认为种子各部位冰晶的形成是造成白栎种子无法进行超低温保存的主要原因。

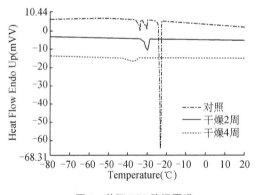

图 3 种胚 DSC 降温图谱

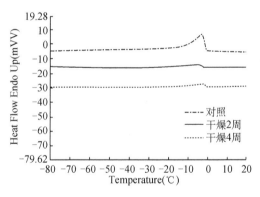

图 4 种胚 DSC 升温图谱

由图 3、图 5 所示,三种不同干燥状态下白栎种胚和子叶的结晶起始温度和结晶温区不同,但从图 4、图 6 可

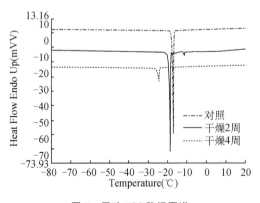

图 5 子叶 DSC 降温图谱

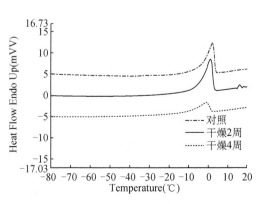

图 6 子叶 DSC 升温图谱

以看出，三种不同干燥状态下白桦种胚和子叶均在同一温区熔融，这可能是由于白桦种子虽只含有少量脂类物质，但在降温过程中即使少量的脂类物质和水也会发生相互作用，对种胚中水分的冻结起始温度造成影响，因此三种状态下的种胚水分结晶的温度不在同一区间。

综上，可知白桦种子在超低温保存中产生冰晶损伤而导致种子失活的主要原因是白桦种子属于顽拗性种子，对脱水敏感，能保持种子萌发活性的安全含水量为19.7%，无法干燥至更低的含水量。而种子干燥至含水量19.7%时，由DSC结果可知种子各部分依旧含有较多水分，导致降温过程中形成冰晶对种子造成活力损失，由此可见完整种子不适用于顽拗性白桦种子的超低温保存。

从表3和表4可以看出，干燥4周种子的子叶降温时放出热量10.040 J/g，种胚降温时放出热量29.533 J/g，约为子叶的3倍，说明当种子干燥至最低安全含水量时，种子内部还存在大量的水分，且主要集中于种胚，由此可以推论：在超低温保存中主要由于在种胚中形成大量冰晶而导致作为发育成新植株幼体的种胚活力受到损伤，失去发芽的能力。这一发现对今后采取离体种胚超低温保存白桦种子提供了初步的理论依据。

表3 白桦种子降温过程的结晶参数

部位	状态	Onset(℃)	End(℃)	Peak(℃)	ΔH(J/g)
种胚	新鲜种子	-22.55	-23.94	-23.21	-43.602
	干燥两周	-28.77	-31.85	-29.86	-36.166
	干燥四周	-33.78	-42.15	-36.58	-29.533
子叶	新鲜种子	-16.48	-17.44	-16.83	-42.195
	干燥两周	-18.18	-19.17	-18.55	-34.753
	干燥四周	-23.73	-25.44	-24.31	-10.040

表4 白桦种子复温过程的熔融参数

部位	状态	Onset(℃)	End(℃)	Peak(℃)	ΔH(J/g)
种胚	新鲜种子	-9.54	-1.07	-2.99	50.466
	干燥两周	-9.60	-1.91	-5.52	18.055
	干燥四周	-9.00	-0.75	-2.78	13.204
子叶	新鲜种子	-3.52	3.50	1.90	40.591
	干燥两周	-4.42	2.77	1.02	38.474
	干燥四周	-7.26	1.11	-1.25	15.100

六、展望

影响白桦种子超低温保存的因素有很多，本文只尝试了完整白桦种子的超低温保存，旨在为该类型种子的超低温保存奠定初步的理论基础：完整白桦种子由于其脱水敏感性，难以在保存前干燥至相对较低的含水量并依旧保持活性。即使干燥至安全含水量时种子内部依然含有大量水分，并主要存在于种胚中，导致在超低温保存过程中种胚处形成大量冰晶，对具有发芽活力的种胚造成损伤而使种子死亡。因此对于顽拗性白桦种子而言，完整种子无法进行超低温保存。

今后可以尝试取白桦种子的离体胚干燥后再进行离体胚的超低温保存。同时结合本文H_2O_2可以一定程度上提高白桦种子脱水敏感性的发现，在干燥离体胚之前，可以先用H_2O_2处理种胚，提高其脱水耐受性，使种胚能降低到较低的水分含量并依然保持活性再进行超低温保存，以减少降温过程中生成的冰晶损伤。在超低温保存前可将渗透性冷冻保护剂与非渗透冷冻保护剂联合使用处理种胚，进一步减少保存过程中冰晶带来的损伤。

参 考 文 献

[1] 韦晓霞,张艳芳,周丹蓉,等.福建省白栎资源及其开发利用[J].东南园艺,2013(2):55-57.
[2] 刘仁林,朱恒,李江,等.白栎果实6大营养成分积累的动态规律[J].经济林研究,2009,27(4):7-11.
[3] Roberts E H. Predicting the storage life of seeds[J]. Proceedings, 1973, 1:499-514.
[4] Ellis R H, Hong T D, Roberts E H. An intermediate category of seed storage behaviour? I. COFFEE[J]. Journal of experimental botany, 1990, 41(9):1167-1174.
[5] Murdoch A J, Ellis R H, Fenner M. Dormancy, viability and longevity[M]//Seeds: the ecology of regeneration in plant communities, 2000:183-214.
[6] Gonzalez-Benito M E, Perez-Ruiz C. Cryopreservation of Quercus faginea, embryonic axes[J]. Cryobiology, 1992, 29(6):685-690.
[7] Hong T D, Ellis R H, Engels J M M. A protocol to determine seed storage behaviour[M]. 1996.
[8] 李卫东.美国自然保护区大事记[J].世界林业研究,1993(6):86.
[9] 黄宏文,张征.中国植物引种栽培及迁地保护的现状与展望[J].生物多样性,2012,20(5):559-571.
[10] 李庆荣,郑郁善.顽拗性种子种质超低温保存研究进展[J].江西农业大学学报,2003,25(4):608-612.
[11] 唐安军,龙春林.低温保存技术在顽拗性种子种质保存中的利用[J].广西植物,2007,27(5):759-764.
[12] Orozco-Segovia A, Márquez-Guzmán J, Sánchez-Coronado M E, et al. Seed anatomy and water uptake in relation to seed dormancy in Opuntia tomentosa(Cactaceae, Opuntioideae)[J]. Ann Bot, 2007, 99(4):581-592.
[13] Wesley-Smith J, Vertucci C W, Berjak P, et al. Cryopreservation of desiccation-sensitive axes of Camellia sinensis in relation to dehydration, freezing rate and the thermal properties of tissue water[J]. 1992, 14(5):75-85.

作者单位:上海市静安区业余大学

正确认识新时代社会主要矛盾的核心要旨

盛 红

内容摘要：新时代社会主要矛盾的变化是社会基本矛盾运动作用的结果，是对我国生产力发展程度和生产关系突出问题的精准总结。它反映人民主体意识不断增强，需求内容的多样化；表明了生产力高质量发展的前行方向和生产关系要求更加注重公平，增进民生福祉。对此，要以"五大发展理念"引领新时代社会生产发展方向，以"五位一体"发展模式丰富需求内容。

关键词：新时代　社会主要矛盾　生产力　生产关系

党的十九大报告指出："中国特色社会主义进入新时代，我国社会主要矛盾已经转化为人民日益增长的美好生活需要和不平衡不充分的发展之间的矛盾。"这是基于人民是利益获得主体之上的对我国社会主要矛盾的重新认识，是对人民是获得主体内涵的丰富。它标志着未来中国的发展更加突出强调人民获得感、幸福感的新展望，诠释了马克思主义人民主体思想在新时代中国的新期待。改革开放以来，我国取得了经济实力显著增强、综合国力明显上升、国际地位显著提高、人民获得感与日俱增的重大成就，为中华民族强起来积蓄了坚实的物质和精神力量。

人民的需要由"美好生活"代替"物质文化生活"，精准描绘新时代人民需要层次的多样性和需求内容的多样化；"落后的社会生产"被"不平衡不充分的发展"所代替，既表明生产力向高质量发展转变，也表明要大力解决生产关系中引发社会不平衡的问题，促进社会公平正义。

一、新时代社会主要矛盾变化的依据

社会主要矛盾反映了一个国家在一定历史时期社会生产力和生产关系这对基本矛盾在居民生活中的具体指向，主要矛盾的内容围绕基本矛盾展开，基本矛盾确立主要矛盾的范围。同时，科学技术的发展带来生产力新的变化，引发社会主要矛盾的变化。

1. 社会基本矛盾确立社会主要矛盾的范围

理论是实践的先导。无论社会主要矛盾内容和形式如何变化，其中最核心、最根本的要素始终是生产力和生产关系，始终围绕调整生产力的发展，协调社会生产关系的运行。正确把握不同历史时期社会主要矛盾，有利于明确发展方向，解决最贴近人民生活、人民最关心的实际问题。

改革开放之初,邓小平厘清了计划与市场的关系,提出"马克思主义的最高目的就是要实现共产主义,而共产主义是建立在生产力高度发展的基础上的"。面对贫穷落后的社会现实,大力发展生产力,转变社会生产关系是当务之急。此时,我国社会在生产力方面是要实现生产力的大发展,生产关系方面是要改变计划经济,要缓和"人民日益增长的物质文化需要同落后的社会生产之间的矛盾"。这对社会主要矛盾集中反映了当时我国基本矛盾中生产力水平亟待提高,摆脱普遍贫穷的要求和需要改变以往计划经济为主的生产关系,解放和发展生产力的要求。我们要转变传统计划经济方式,发挥市场作用,走中国特色社会主义市场经济发展之路。

随着中国从站起来到富起来,"逐步实现共同富裕"的条件愈加成熟,习近平总书记进一步指出要"把以人民为中心的发展思想体现在经济社会发展各个环节……给人民群众带来更多获得感"。通过"更多获得感"逐步实现共同富裕梦。随着新时代社会主要矛盾的转变,为给人民群众带来更多获得感,我国需要重新审视生产力和生产关系,提出生产力向高质量发展、从先富带后富向共同富裕发展的要求。

2. 新时代解决新矛盾,谋求新发展

在《国民经济学批判大纲》中,恩格斯驳斥马尔萨斯人口过剩理论时认为"科学的进步与人口增长一样,是永无止境的",科学战无不胜。改革开放以来,党和国家一直重视科学的力量,把科技放在首位,注重人才的培育和科学领域创新,并努力将技术成果转化为生产力,学习用先进的技术和管理方法改造企业,特别是善于抓住信息技术的革新和应用来推动生产力的高速发展,并将生产力高速发展作为解决人民温饱问题,达到总体小康,满足人民物质文化需要的根本路径。实践证明效果显著,国家统计局数据显示,我国人均国内生产总值从 1978 年的 378 元,增加到 2016 年的 53 980 元,增长了 140 多倍。城镇和农村居民消费水平也大幅度提高:2000 年农村居民消费水平为 1 917 元,2016 年达到 10 783 元;2000 年城镇居民消费水平为 6 999 元,2016 年达到 29 295 元。经过长期发展和不懈努力,中国人民基本摆脱贫穷状态,达到总体小康水平。

不同历史时期解决不同社会问题。经过改革开放的发展,我国国内生产总值达 80 万亿元,"落后的社会生产"已成过往,数量不足的供需矛盾基本得到解决,人民群众以物质文化为核心的生存需要基本得到满足,而优质的供需成为国家重点考虑的新领域,人民群众也开始追求更高层次、更多方面的需要,也就是对美好生活的需要。经济社会发展的客观变化表明在新的历史时期,社会需要解决生产力高质量发展、生产关系公平正义和人民对美好生活需要的新问题。

如果一味停留在原有时代,继续解决原有的以生存为主方向的主要矛盾,置人民新的需求于不顾、发展不平衡不充分于罔闻,那么就会造成发展任务不确定,发展方向发生偏离,发展目标不清晰,影响国家发展新进程,贻误发展新时机。

二、新时代社会主要矛盾的内容要旨

矛盾是前进的动力,正确分析社会主要矛盾是继续前行和发展的第一步。新时代社会主要矛盾紧紧围绕"供应"和"需求"展开,在"供应"一方,是生产力发展要更加充分,更加优质和平稳,生产关系调节要更加平衡,更加彰显公平和正义;在"需求"一方,是人民主体意识不断增强,对生活的期待不断提高,需求层次和内容不断丰富。

1. "人民日益增长的美好生活需要"的科学内涵

中国特色进入社会主义新时代,人民的普遍需求发生质的飞跃,开始从基本的生存需要上升到发展需要,从数量的增长向质量的发展转变,需求内容也从物质文化的简单需求向多方面、全方位发生转变。

"美好生活需要"较"物质文化需要"外延更广。新时代我国人民的需要除了物质文化的需要以外,还包括公共服务均等化不断推进,医疗教育福利化程度更高,促进再分配更加公平化、人与自然更加和谐化、民主法制不断健全化等。这一转变是党为人民谋幸福的真实写照,表明党和国家领导人以满足人民不断发展的各项需要作为永不停歇的价值追求,从而满足人民对美好生活的期盼。

2. "不充分发展"的科学内涵

"不充分发展"主要指生产力的层面。"不充分发展"体现对更高生产力的要求,以更好满足人民在生态环境、国民经济、休闲娱乐等方面的个性化、多样化、高品质化的需要。但在迈向"中国制造 2025"新阶段,地区发展不平衡,产业转化不彻底,贫富差距扩大化等问题依然严峻。

习近平总书记指出"中国改革已经进入攻坚期和深水区",物质资料生产要向高质量发展转型。生产力的发展依然存在自主创新不够强,经济发展方式转变程度不够高,生产力发展的质量不够好等问题,发展过程中依然存在以牺牲环境为代价,可持续发展水平有待提高等不甚乐观的现象。2017年我国人类发展指数为0.719,仅仅高于世界平均人类发展指数0.017,世界排名第91位。中国梦的实现所要达到的发展水平一定是高水准的,要能够促进人类发展指数进一步提升。这就急需生产力的充分发展,只有通过充分发展的社会生产力解决发展中的系列问题,才能实现又好又快地发展,才能不断满足人民日益增长的美好生活需要。

3. "不平衡发展"的科学内涵

改革开放之初,在"贫穷和落后不是社会主义"的号召下,我们走上"先富带后富"的发展道路。我们的最终目标是共同富裕,但在发展过程中出现贫富差距扩大的趋势,区域发展不平衡,形成地区之间落差式发展。

从发展领域来看,我国各重大科技成果相继问世,但同时我国是加工制造产业基地的国情没有变,依然存在低效的生产方式;从产能方面来看,钢铁产业、煤炭开采、汽车产业连续三年产能过剩,教育、医疗领域存在供给不均衡;从共享发展成果看,人民有生产更多物质资料的素质和水平,但是由于劳动力要素在分配中所占比例不高,生产第一线的劳动人民掌握有效购买力不足,购买能力与购买欲望差距较大。因此,加大力度提升劳动力要素在初次分配中的比重,再分配注重公平正义,不断增进民生福祉,实现收入分配更加均衡,是新时代的迫切任务。

三、新时代社会主要矛盾化解的思路探析

实现发展的平衡和充分,满足人民对美好生活的向往是新时代的一项主要任务。对此,要以"五大发展理念"为指引,以"五位一体"发展模式为重点,实现生产力充分发展,发展成果普惠人民。

1. 以"五大发展理念"引领新时代发展

"理念是行动的引领。发展理念正确,发展行动就有遵循、有目标、有方向……"习近平总书记十分重视发展的科学性,提出"发展必须是科学的发展,必须坚定不移贯彻创新、协调、绿色、开放、共享的发展理念"。创新和开放理念重点解决生产力充分发展的问题,协调、绿色和共享理念重点落实民生福祉。

首先,发展"不能靠粗放型发展方式、靠强力刺激抬高速度实现'两个翻番'",要牢牢抓住"创新、开放"理念。创新是国家兴旺发达的不竭动力,因此生产力的发展要以创新为核心,要培养创新型人才、鼓励创新型企业,推进社会各个层次、多个领域的创新,实现生产力的高质量发展;"中国人民的梦想同各国人民的梦想息息相通。"开放发展要以构建人类命运共同体为基础,深入推进"一带一路"倡议,引领世界经济发展新潮流。其次,发展要深刻把握协调、绿色和共享理念的深刻内涵,不断增进民生福祉。关于协调发展,就要注重社会发展的整体性,不同行业、不同地区之间要注重资源分配的合理有序性,要相互协调,又重点解决各大发展模块间的不平衡问题;关于绿色发展,就是要切实扭转国民经济建设过程中资源能源高消耗的现象,降低资源能源消耗,将生态环境保护放在经济发展和人们生活的重要环节,践行绿色发展、绿色生活模式,实现人与自然和谐共生;关于共享发展,就是确保社会发展成果普惠人民,以不断满足人民需要为导向,以实现人民对美好生活期待为导向,维护好人民的权益,积蓄落后地区发展实力,提升全体人民幸福感。

2. 以"五位一体"发展模式丰富需求内容

党的十九大提出要推进"五位一体"总体布局,要坚持以"五位一体"发展模式不断丰富需求内容,全方位、立体地实现人民对美好生活的向往。坚持稳中求进的方式提供更优质、全面的服务和物质内容。

在政治上要不断建立健全民主法制,建设阳光型政府,保障人民知情权、参与权,满足人民建设廉洁政府需要。要通过不断健全的民主法制联络民意,疏通民意,从而保障人民各项民主权利,达到权利实然与应然的和谐统一。同时,要净化党内环境,激发人民自觉拥护中国共产党的热情,维护中央权威。在经济上要推进创新驱动发展,提升经济发展质量,满足人民更高水平的物质需要。目前"我国经济发展正处于增长速度换挡期、结构调整阵痛期、前期刺激政策消化期'三期叠加'阶段",可从财政政策和货币政策出发,集中消费、投资、出口等多种手段,促进经济结构中产能过剩行业的退出和优质产业的升级,加强供给侧改革,释放消费潜力,实现产品向商品的顺利转换,发挥消费在经济发展中的基础作用。更重要的是要不断优化竞争结构,发展数字经济,实施创新驱动发展战略,开启新时代经济发展优质高效新局面,丰富人民在物质生活方面的内容。在文化上要增强文化

自信,创新文化发展形式,带动经济发展。例如,以"文创"方式将历史文化衍生成物质产品,使文化更契合于人民日常生活,提升文化自信,从而激发出国家和民族发展的更基本、更深沉、更持久的力量。我国文化的发展要扎根于优秀的传统价值观念,将社会主义核心价值观和现代社会治理相结合,增加治理的人文气息,达到"以文化人,以文育人"的效果。同时,要发展以人民为中心的文艺作品,用质朴的情感,坚定人民对真善美的守护和对假恶丑的披露。"保障和改善民生没有终点,只有连续不断的新起点。"在社会发展方面,就要以促进民生福祉为导向,不断推进有利于增强人民群众获得感的改革,妥善处理社会各类矛盾,妥善协调不同利益主体间各方面的利益,不断总结民生建设经验,做好脱贫攻坚工作,落实公共服务均等化,扩大改革成果的受益面,最终实现社会的公平正义,实现人民共享社会发展成果的需要。"生态文明建设是'五位一体'总布局和'四个全面'战略布局的重要内容",是最长远的民生工程,不仅利于当下,更利于未来。在生态发展方面,要调整产业结构,发展绿色产业,发掘绿色生产力,建立保护绿色发展的长效机制,将其贯穿于社会发展各阶段,融于为中国人民谋幸福、为中华民族谋复兴的全过程。

参 考 文 献

[1] 习近平.决胜全面建成小康社会,夺取新时代中国特色社会主义伟大胜利——在中国共产党第十九次全国代表大会上的报告[M].人民出版社,2017.
[2] 邓小平.邓小平文选(第三卷)[M].北京:人民出版社,1993.
[3] 习近平.习近平谈治国理政(第二卷)[M].北京:外文出版社,2017.
[4] 恩格斯.国民经济批判大纲[M]//马克思恩格斯选集(第一卷).北京:人民出版社,2012.
[5] 中华人民共和国国家统计局.中国统计年鉴2017[M].北京:中国统计出版社,2017.
[6] 中华人民共和国国家统计局·国家数据.http://data.stats.gov.cn/easyquery.htm?cn=C01.
[7] 王立胜,王清涛.中国特色社会主义理论的逻辑起点与中国社会主要矛盾的重新确立[J].山东师范大学学报(人文社会科学版)2015,60(2):46-64.
[8] 韩振峰.五大发展理念是中国共产党发展理论的重大升华[J].思想理论教育导刊,2016(1):67-70.

作者单位:上海行健职业学院

课程思政若干理论与实践问题的思考

朱 漪

内容摘要：在理论方面，本文提出了课程思政具有客观性与能动性的属性、实施课程思政具有客观必然性和实践基础等观点；在实践方面，提出了课程思政教学方法的统一性与多样性特征、多元化实现路径、管理措施的系统性等观点。着眼于课程思政的良性发展，就课程思政的常态化、课程思政社会实践环境、构建中国特色课程思政体系等问题提出了自己的看法。

关 键 词：课程思政 理论 实践 思考

从2014年开始实践的课程思政，无论是理论探究，还是实践探索，均取得了很大成果。目前，课程思政正在深入推进，未来发展前景美好。梳理已有课程思政理论与实践成果，可以为今后发展提供可资借鉴的思路。

一、若干理论问题的思考

1. 关于课程思政的基本含义和本质属性

课程思政的本质，在于凡是课程就具有思政教育元素与功能，凡任课教师均要承担思政教育责任与任务。其中的内在联系在于，课程思政本身的客观属性和任课教师思政教育主观能动性的统一性，是客观现实与主观能动相统一的过程。课程思政不是外加的教育任务，教书育人本来就是每一个教师的职责，而育人的基本阵地就是课程与课堂，"三观"教育只有渗透到每一门课程、每一节课堂才有持续性与稳固性，任何教师都必须承担起对学生"三观"言传身教的责任。其实，许多不是思想政治课任课教师的专业教师已经在做这方面的教学工作，课程思政是一个客观存在的事实，早有实践基础，不是一个突然冒出来的新东西。提出课程思政，只是思政教育现代化理念认识的自觉与清醒。

2. 关于课程思政宏观体系与内在结构

考察课程思政宏观体系，包括校内第一课堂和校外第二课堂、正规课堂教学与非正规的各类社会实践活动、有教师资质的正规课堂教学和没有资质的社会人士的讲座、线下课堂教学和线上网络教学，一句话，只要是有教育者与被教育者，两者相互在一定场所对话的教育形式，都应该纳入课程思政范围。至于课程思政内在结构，完全可以从不同角度加以划分，构成多种类型。思政课无疑是关键课程，在课程思政体系中处于核心地位，其余课程的任务就是围绕思政课，来选择思想政治教育内容，达到加深理解、消化难点、巩固知识、增进感情的教育目的,体现思政教育的全程性、过程性、长期性、反复性,形成合力,这就要求专业课教师必须自己首先要掌握思想政治教育的基本内容,而不能模糊不清、一知半解。当然,专业课教师在思想政治教育内容方面的学习,不一定很深入和很系统,以熟悉理解思想政治教育的基本知识为标准,以自觉学习为基础,以够用为标准,特别要加强平时的思想政治学习,及时了解和把握最新思想政治课理论知识与时政新闻,只有这样才能够在专业课上现场发挥,灵活运用,增强思政教育的亲和力与针对性。

专业课教师实施课程思政,难点不在于专业课教师能不能掌握思政教育基本内容,而在于专业课教师缺乏思政教育的意识,也缺乏相应的监督考核标准,当然,专业课教师的价值渗透能力也亟待提高。我们要下功夫解决专业教师游离于思政教育之外所带来的种种负面影响。身教重于言教,假如专业教师不讲政治,甚至存在错误言论,那么这对学生的负面影响是最大的。在笔者看来,有政治问题的专业教师毕竟是极少数,但是不可忽略另一种大面积的消极影响,那就是我们经常看到的一种情况:不少专业教师有意无意把一种错误思想倾向带给学生,强调专业课是主课,思政课是副课,混一混及格就可以了。我们可以断定,如果绝大多数的专业课教师重视思想教育,并且自觉承担专业课的思政教育任务,就会形成合力。因此,必须抓住专业课教师这一最大影响群体,让他们现身说法,就会彻底改变思政课教师孤军奋战的局面。解决这一难点不能急功近利、一蹴而就,要着眼于长远规划与持续努力。要做好针对专业课教师的课程思政培训工作,包括制定必学清单目录,实行严格考核,加强经验交流。要奖惩分明,把专业课教师实施课程思政成绩纳入职称业务考核与职称晋升范围,严格实行师德一票否决制。实施课程思政,关键在于学校各级领导的高度重视与亲力亲为。上海高校都普遍实施了党委书记一把手主抓课程思政的管理体制,这就确保了学校上下齐心协力抓课程思政建设的教育格局。

3. 关于课程思政的目标与任务

必须明确课程思政目标的具体内容,不能出现含糊不清、模棱两可的解释问题。比如,关于"政治认同"的教学目标,就必须界定清楚政治认同的具体内容。因为学生对"政治"存在多种模糊不清甚至错误的理解,必须旗帜鲜明地指明社会主义的政治立场、政治观点与政治原理。我们的政治必须是社会主义性质的政治,我们的政治理论必须是马克思主义的基本政治理论,我们的政治立场必须是人民为主体和中心的政治立场,由此决定了我们的教育目标就必须是培养社会主义事业的建设者和接班人。而且,对于"政治认同",还应该有具体的指向标准。例如,必须坚持四项基本原则、必须从人民主体和中心角度判断我国与西方资本主义政治与经济制度的本质区别、必须从民主集中制管理原则角度判断政治制度的孰优孰劣、必须从先进性角度判断社会主义文化与资本主义文化的优劣之分。同样,价值观认同,也一定是对社会主义核心价值观的认同,并且要坚决批判与自觉抵制资本主义的价值观,这是课程思政极为重要又十分艰巨的教学目标。

二、若干实践问题的思考

1. 关于课程思政教学方法

很显然,不同的课程,既有一般性课程的教学模式和教学方法,也有属于特殊性课程的教育模式和教学方法,是一个共性与个性的关系问题。诸如体验式、启发式、案例比较式等,均属于一般性课程都可以采用的教学方法,而互联网类课程思政的"五步教学法""三育人模式"等,就属于特殊课程方面的教学方法。而且,课程思政三类课程均应该有其特殊的教育模式和教学方法,呈现百花齐放格局。思政课呈现思辨性与亲和性特性,专业课突出渗透性和隐蔽性特性,综合素质课则凸显综合性和跨界性特性。例如,中国系列综合素质课,集中了上海高校精兵强将,精心打造一门全新的综合素质课。"三全育人"是课程思政的主要特征和基本教育模式,至于不同类型的学校,如何创新特色鲜明的"三全育人",那又是一个需要不断实践的过程。

2. 关于课程思政实践路径

选择可行的课程思政实践路径,直接关系到课程思政能否落地生根,取得实效。一要遵循课程思政自身发展规律。课程思政实践一定要遵循教书育人规律、思想德育生成规律和青年学生认知规律,做到因势而新,因事而化,使学生乐于接受,自觉实践。"三全育人"就是课程思政遵循育人规律的最重要实践路径。全过程育人,表明育人是一个持续性过程,具有长期性、反复性、曲折性等特点,不可能一蹴而就,而必须是持之以恒、坚持到底。全员育人,表明所有社会和学校主体都会对育人产生影响,所有主体不可能在育人问题上不受影响,也不应该置身事外,而是要自觉承担起育人的责任。课程思政尤其强调人数占多数的专业教师要自觉承担起育人责任,体现人多力量大的育人氛围和育人合力。全方位育人,表明育人的载体、平台、方式、形式等是多种多样的。例如清华大学提出的"七个育人",就是一个全校范围的全方位育人举措,使得育人渗透到学校所有工作之中,育人无处不在,没有缺口。二要综合施策。一定要从思想意识、规章制度、运行机制、管理举措等方面提出全面的课程思政实践路径。其中,观念要先行,制度要健全,机制要灵活,举措要实用,并且几方面要相互配合,形成合力。

3. 关于课程思政管理举措

机制创新要根据"三全育人"总要求,把所有教育要素纳入课程思政实践管理中来,各个主体承担相应责任,合理分工,形成合力。其中,各级党组织一把手承担首要主体责任,这是最为关键的管理制度。习近平总书记强调,办好中国的事情,关键在党。各级党委要把思想政治理论课建设摆上重要议程,抓住制约思政课建设的突出问题,在工作格局、队伍建设、支持保障等方面采取有效措施。学校党委要坚持把从严管理和科学治理结合起来。学校党委书记、校长要带头走进课堂,带头推动思政课建设,带头联系思政课教师。实施课程思政的初衷就是打破过去思想教育各自为政的状况,形成齐抓共管思政教育的格局。因此,课程思政管理体制,一定要体现分工不分家的原则,任务各有侧重,但是目标是一致的,要主动相互配合,相向而行。

三、需要进一步着力解决的若干问题

1. 如何确保课程思政的常态化、常规化

保持课程思政的常态化、常规化,最关键的是要做好两个方面的工作。一是不断强化全体教学人员对课程思政的思想认同和行动自觉,做到真懂真信马克思主义,自觉践行课程思政。课程思政是合乎客观规律的主观行为,是从思政教师的单兵作战到全体教师齐心合力的必然转变,是显性教育与隐性思想政治教育的有机机会,是思想政治教育向说与做都重要的重大转变。全体教师都要从内心接受思政教育,自觉承担教书育人的责任。在课程思政大环境下,思政课教师更要下功夫上好思政课,发挥课程思政体系中的骨干带头作用。二是不断强化课程思政规章制度的制约性、权威性和保障性。课程思政必须是一项长期坚持的思想政治教育发展模式。为此就必须把课程思政的规章制度上升到国家意识形态安全的战略高度,出台更加科学规范的课程思政规章制度,并且在全国统一推行课程思政。

2. 如何处理好专业课教师与思政课教师的合作关系

因为课程思政,思政课老师与专业课老师成为了思政教育的合作关系,成为思政教育的合作伙伴。处理好两者的关系,首要的是对双方在思想教育方面的长处与不足有清醒的认识。思政课教师的强项当然是系统而扎实的思政理论,而短板就是对更多专业知识的杂而不精,很难在思政理论与专业知识结合方面做到游刃有余,精准到位,也就很难取得学生的情感认同。反过来,专业课老师的强项就是可以充分运用本专业知识渗透思政教育内容,并且能够取得自然贴切、润物细无声的讲课效果,但是不可否认的是专业课教师对思政理论理解不够深刻到位,难免会出现牵强附会、生搬硬套的问题,甚至还存在不知从何入手渗透价值教育的问题。联合备课是思政课教师与专业课的最佳合作方式。思政课教师在备专业知识方面,可以通过专业教师的指点,达到简洁高效的备课效果,而专业课老师则要与思政课老师共同探究在某个专业知识点方面渗透什么样的价值观点,采用什么样的教学方式更有教学效果。在一些重大理论问题方面,思政课老师与专业课老师可以共同开课,如中国系列思政课,就是双方共同开发的综合素质课,充分体现了思政理论与专业知识融为一体的综合优势,受到学生一致好评。

3. 如何营造良好的课程思政社会实践环境

顺利推行课程思政,除了学校自身要全员参与、通力合作之外,还必须要赢得全社会所有人员的理解与支持,营造良好的社会实践环境。家长要深刻意识到课程思政的重要性,可以使自己的孩子持续不断地接受思想政治教育,强化知行合一的全方位实践训练,稳固思想政治教育学习成果。家长的理解与支持对学生的思想政治教育会产生直接的促进作用,家长还可以发挥协助学校检查督促学生的作用,特别是提供学生校外的真实表现信息,有助于做好反馈评估工作。其次是政府和企事业单位的大力支持与鼎力相助。政府理所应当提供政策与资金方面的支持,凡是涉及国家意识形态安全保障政策、社会文化发展战略、学习型社会建设发展规划等重大政策与计划,都应该把全社会参与思政教育作为重要任务列入其中,并有具体规定,这是学校开展课程思政最得

力的社会政策支持。至于资金投入方面,当然要保障课程思政高质量运作的资金需求,特别要保障课程思政在社会实践方面的资金需求,精心营造全社会都来参与思想政治教育建设的社会环境。政府有关政策要明确规定企事业单位承担课程思政建设的责任与任务,制定相应的奖励措施,调动企事业单位参加课程思政建设的积极性,这是搞好课程思政社会环境建设的关键之处。也就是说,只有政府、企事业、学生家长和学校等几方面都把课程思政当作培养合格接班人的关键举措,都各自承担义不容辞的责任,课程思才能够真正立足社会,生根发芽,开花结果。

4. 如何形成中国特色、中国气派的课程思政体系

任何国家都十分注重对公民的思想政治、道德、伦理价值、心理与社会知识等方面素质课的教育,只是提法与做法各有特色与差异。许多国家在基础教育阶段有专门的公民道德课程,到了大学阶段就不再专门开设德育课程了,比较注重在专业与学科中渗透思想道德因素,实现专业知识与德育目标的有机结合。这样的做法表明国外大学阶段思政教育实际上是被弱化了,完全要靠教师的自觉实践。我国则实施大、中、小学思政教育一体化教育体制,所有学制阶段都要开设公共思政必修课,这表明我国对思想政治教育的重视程度远远高于许多国家。但是,长期以来,由于忽视了从学科专业角度渗透思想政治教育,思政课反而成了一座孤岛,孤军作战,思政教育效果总体上不是太好,这是不争的事实。实践告诉我们,实施课程思政,思政教育才有了由点到面、孤立无援到八方支援、一枝独秀到百花齐放的良性发展局面。中国特色的课程思政,是社会主义性质的思想政治教育课程体系,必须以马克思主义基本理论为基本教育内容,同时以优秀中国传统文化为滋养根基,并充分借鉴吸收国外思政教育好的经验。新形势下,只要遵循思想政治教育发展规律,改革创新,课程思政就一定会取得更好的实践成果。

参 考 文 献

[1] 习近平.在北京大学师生座谈会上的讲话[N].人民日报,2018-05-03.
[2] 习近平在全国高校思想政治工作会议上强调:把思想政治工作贯穿教育教学全过程 开创我国高等教育事业发展新局面[N].人民日报,2016-12-09.
[3] 习近平主持召开学校思想政治理论课教师座谈会强调 用新时代中国特色社会主义思想铸魂育人 贯彻党的教育方针落实立德树人根本任务[EB/OL].央视网,2019-03-18.
[4] 高德毅,宗爱东.课程思政:有效发挥课堂育人主渠道作用的必然选择[J].思想理论教育导刊,2017(1):31-34.
[5] 孟庆楠,郑君.基于"课程思政"的高校课程转化:价值、目标与路径[J].北华大学学报,2018(3):139-145.
[6] 虞丽娟.从"思政课程"走向"课程思政"[N].光明日报,2017-07-21.
[7] 邱开金.从思政课程到课程思政,路该怎样走[N].中国教育报,2017-03-21.

作者单位:上海市静安区业余大学

疫情防控视域下的人类命运共同体构建
——东南亚地区在其中的重要意义

顾聪超

内容摘要： 在当前和平与发展的国际大趋势下，蕴含中国特色的"命运共同体"思想符合当下时代发展潮流，力图构建以合作共赢为核心的新型国际关系。该理念区别于西方主流国际关系理论，标志着中国在当代国际体系中完成了从融入到创新这一过程的重大转变。而在"命运共同体"的大框架下，中国政府从各方面提出切实可行、符合中国国情与全球发展趋势的大政方针。尤其是国际社会在新冠肺炎疫情这一影响全球的公共卫生突发事件的震荡下，急需切实可行的"中国方案"和"中国路径"参与到全球治理当中，在逆全球化浪潮中进一步强化人类命运共同体思想。在这个过程当中，东南亚地区具有特别重要的地位，过去"一带一路"项目的成功实施加强了中国与东南亚各国的合作互信基础，在面对当下疫情危机时，如何在此良好基础之上继续贡献出中国智慧、中国力量，对于中国构建良好的周边外交氛围乃至推进命运共同体的建设都具有重大战略意义和价值。

关键词： 命运共同体 新冠肺炎疫情 一带一路 东南亚 东盟

一、绪论

早在2014年4月，习近平总书记主持召开中央国家安全委员会第一次会议并发表重要讲话，强调要"既重视自身安全，又重视共同安全，打造命运共同体，推动各方朝着互利互惠、共同安全的目标相向而行"。而在党的十九大报告中，习近平总书记更是对"人类命运共同体"这一概念做出了深刻解读——"要相互尊重、平等协商，坚决摒弃冷战思维和强权政治，走对话而不对抗、结伴而不结盟的国与国交往新路。要坚持以对话解决争端、以协商化解分歧，统筹应对传统和非传统安全威胁，反对一切形式的恐怖主义。要同舟共济，促进贸易和投资自由化便利化，推动经济全球化朝着更加开放、包容、普惠、平衡、共赢的方向发展。要尊重世界文明多样性，以文明交流超越文明隔阂、文明互鉴超越文明冲突、文明共存超越文明优越。要坚持环境友好，合作应对气候变化，保护好人类赖以生存的地球家园。"新冠肺炎疫情发生以后，习近平总书记通过讲话、谈话、信函、慰问电等多种沟通渠道集中发表了关于全面加强疫情防控国际合作、推动构建人类命运共同体重要思想的重要指示精神。以上种种重要思想的表述让我们深刻体会到打造"命运共同体"是中国共产党历来所倡导的国际秩序观的结晶和升华，是新时代中国对外战略和对外政策的主要支柱之一。它成为了中国外交理论和实践创新的里程碑，同样也成为了当今中国外交的一个基本原则和核心目标。"命运共同体"这个中国外交新理念的提出，在日益复杂的国际当前局势下，不仅仅有利于我国在新一轮国际事务中发挥更大的影响力、提升中国软实力，而且拓宽了中国影响世界的通道,推进了中国与世界的融合。

历史上与中国在民族关系、政治、经济、文化交流上最密切的地区无疑就是东南亚。但这种紧密的联系同样意味着中国与东南亚地区关系的复杂程度也更为突出。随着东欧剧变、苏联解体,中国经济、军事力量的逐渐强大,"中国威胁论"一度在中国周边地区国家,特别是在东南亚国家甚嚣尘上。可现实却是,自冷战结束之后,伴随着中国的不断发展,中国与东盟的合作关系也是呈正比例的上升趋势。双方从20世纪90年代初的全面友好合作关系到1997年睦邻互信伙伴关系再到从2003年至今发展为面向和平与繁荣的战略伙伴关系,中国用事实证明了"威胁论"的荒谬与无稽①。

综上所述,在中国推行构建"命运共同体"尤其是在周边外交的努力实践中,东南亚地区有着特别重要的地位。眼下中国在应对逆全球化潮流中激流勇进,以宽广的胸襟始终呼吁国际社会秉持人类命运共同体的理念共同应对当下人类所面临的挑战。中国在疫情防控过程中主动分享成功的经验、有益的做法,积极回应各国各地区合理的诉求,提供紧缺的物资。2020年2月20日,中国-东盟关于新冠肺炎问题特别外长会在老挝万象举行并发表联合声明。针对正在遭受疫情的东盟国家,此次会议体现了中国愿意同东盟一道同舟共济、共克时艰的意志和决心。所以说,中国在建设命运共同体的过程中,通过与东南亚各国之间的进一步合作与发展,加强同东盟的合作进程是不可或缺以及最为现实重要的途径。良好的周边外交环境对于推进命运共同体建设具有重大战略意义和价值。

二、东南亚地区在构建"命运共同体"理念中的经济实践基础

"命运共同体"理念在经济上最重要的一点就是继续加强我国对外开放,与各国在经济领域深化合作,发展贸易伙伴关系,做到合作共赢、互惠互利。早在2010年1月1日中国-东盟自由贸易区的全面启动就标志着中国与在这片区位条件优越、自然资源丰富的土地上的东盟诸国步入了零关税时代。打造"一带一路",尤其是其中的丝绸之路经济带所起到的作用,可以看作是中国-东盟自贸区的升级版,为东南亚这片发展潜力巨大的热土提供经济发展上的新动力、新方向。

"一带一路"倡议既是中国经济在经历了飞速发展后进入相对平缓时期后的内在需求,也是世界外部经济由于全球化发展造成地区之间失衡的环境要求。由于新冠肺炎疫情在世界范围内蔓延,中国整体对外贸易压力较大,加上中美经贸摩擦等因素,中国外部环境形势严峻,面临多重挑战。商务部统计数据显示,2019年中国主要贸易伙伴位次发生变化,东盟成为中国第二大贸易伙伴,中国对东盟进出口4.43万亿元,增长14.1%。此外,中国对"一带一路"沿线国家进出口9.27万亿元,增长10.8%,高出整体增速7.4%。中国作为世界上最大的发展中国家,无论是国际经济战略,还是内在可持续发展的需求,都必须积极推进"一带一路"倡议。

"一带一路"倡议在最近几年发展势头良好,中国政府鼓励带动西部开发以及东南亚、中亚等地区的开发,使沿途、沿岸国家首先获益,截至目前已于东盟所有成员国政府签订了相关合作文件,各项战略规划逐步完成对接。在中国与东盟国家的共同努力下,分歧逐渐化解,互信明显增强,共商共建共享理念深入人心。这一目标超越了二战后由欧美等西方国家所主导的全球化造成的贫富差距拉大、地区发展不平衡,对推动建立持久和平、普遍安全、共同繁荣的命运共同体具有不可估量的作用。

三、东南亚地区在构建"命运共同体"理念中的地缘基础

东南亚地区幅员辽阔,身处其中的各个国家处在不同经济发展阶段,不仅仅是各国之间存在着经济差别,国家内部各民族,各阶层都存在着极大的贫富差距。总体而言,东南亚国家多数同中国一样为发展中国家,但由于国内环境所限,国内市场并不是很大,相反,对外贸易和旅游业占据着东南亚各国经济发展的绝对主体地位。由于东南亚国家的科技水平不高,生产力不发达,基础研究和开发能力不足,经济发展过程所需要的技术和先进设备均依靠较为发达的国家引进②。为发展经济,东南亚国家需要引进大量的外国资金和先进设备③。在"一带一

---

① 张蕴岭.构建和谐世界:理论与实践[M].北京:社会科学文献出版社,2008.
② 邹忠全,周影.东南亚经济与贸易[M].北京:中国财政经济出版社,2006.
③ 古小松.东南亚:历史 现状 前瞻[M].广州:世界图书出版公司,2013.

路"倡议中,东南亚地区也是重中之重。

东盟本身是东南亚各国在经历了二战以及冷战格局后,深切感受到自身危机感,希望通过内部联合来抵抗外部压力,发展自身,联合自强而形成的一个区域性组织。东盟各国在长期合作过程中增强了理解与互信,对外用一个声音说话,采取强调维护地区共同利益的方式解决区域内外的矛盾和冲突,形成了以求同存异、循序渐进为原则的东盟模式。从更广大的地域范围看,中国与东南亚各国之间稳定友好的合作关系又是东亚地区和谐稳定的一个重要基础条件。"东盟10+3"机制将在其中发挥重要作用,中国、日本、韩国若能借此加强与东盟各国宏观经济政策对接,将为东亚地区和谐稳定做出重大贡献。该机制本身就是一个危机驱动机制,在此次疫情中更是能够将这种多边合作机制扩展到更广更深的领域。

中国与东南亚各国基本处于同一地域,无论是在历史上还是当下国际局势影响下,两者之间一直存在着共同利益和合作基础。同样作为发展中国家,中国与东南亚各国都谋求国内经济的快速发展,面对这次疫情危机更是能共同探索在公共卫生领域的安全合作,寻求以何种方式在疫情过后促进生产力恢复,维护经济全球化,强化互利共赢机制,在这些方面两者之间有着共同的利益诉求。因此,随着中国和东盟在各方面住家加深合作,中国同东盟国家相互间信任程度将进一步加深,也给未来"一带一路"倡议在东南亚的推进与建设带来更大的便捷与合作基础。自从与东盟建立自贸区开始,中国与东盟的关系得到了全面的发展与提升,而且这种良好的合作氛围为中国营造了有利于构建和谐周边乃至于命运共同体的良好周边环境与战略依托。

四、东南亚地区在构建"命运共同体"理念中的合作困境

自2013年10月习近平主席提出"一带一路"倡议以来,中国与东南亚诸国在基础设施建设方面开展了一系列经济贸易合作,中国-东盟海上合作基金所支持的项目等也各有进展。

中国历来奉行的是多边开发的外交政策,欢迎任何愿意为地区建设以及构建命运共同体出力的国家加入其中,不特意排斥任何一国。中方在"一带一路"倡议中主要是在大规模基础设施建设领域,与美国在该地区的传统利益并不直接冲突。中美两国若能在此方面开展合作,将在东南亚实现基础建设与高新技术、经济发展与安全保障相互支持与补充的局面。而此间争议所在恰恰是美国的霸权心理与其之前"亚太再平衡"战略试图压制中国在东南亚地区的影响力。

对于中国而言,也同样需要采取更为灵活、务实的态度来避免东南亚各国产生不必要的担忧与误解。过去几年里我们在东南亚当地大规模投资基建项目是为了让东南亚国家切实获得国家发展的基础能力,为了当地国家生产力可持续发展而进行的深化合作。为了避免出现"一带一路"建设加剧中国与沿线国家之间的国力竞争的问题,中国应该充分考虑到国内各领域与东南亚各国之间的产业落差,空中楼阁式的产业输出绝不可取,那样将会进一步破坏国家间的合作互信与未来可持续发展的建设基础。另一方面,中国在当地开展大规模基础建设时,也应充分考虑所在国的利益诉求,尤其是重视非华人族群的利益要求。在援助医疗物资、援建医疗设施以及外派救治过程中要做到一视同仁,展现中国政府对东南亚各国各族人民平等的友好情谊,充分展现中国周边外交中正确的民族观、义利观。

"一带一路"的升温与中国对东南亚国家在疫情期间支持力度的加大,显示出中国的经济影响力正转化为周边国家的发展机遇和团结协作,然而,想把这种利益上的相互需要上升为"命运共同体"的相互信赖,还需要更多的努力。中国在密切协调配合东南亚各国应对新冠肺炎疫情的同时一定要把握好当地民族问题,维护当地华人华侨与其他民众间的民族关系。在国际政治领域,要构建"命运共同体",不能空谈超越国家的"天下观"与超越民族的"仁义观"理想;或许只有更深入地参与东南亚地区的安全机制构建,中国才可能避开那种经济合作升温而安全摩擦加剧的"大国崛起陷阱"。

五、结语

"命运共同体"理论是在全球化发展和国际问题不断出现的情况下,中国以积极主动的姿态参与国际政治经济新秩序的建构,在全球治理实践过程中运用创新思维的结晶。"命运共同体"理论有利于在国际关系民主化基础上建立公平、公正、合理的世界新秩序,建设一个符合世界各国人民根本利益的自由、公正、平等、包容的命运共同体。"命运共同体"理念根植于中国传统文化,对内延伸了"和谐社会"理念,对外反驳了"文明冲突论";尊重

世界民族的多样性、主张文明之间应相互借鉴,求同存异,和而不同,共同维护世界的和平与稳定,促进全球化的大发展。和平与发展是大势所趋,国际关系民主化进程不断推进,这些因素有利于中国实施建设"命运共同体"。

不过需要注意的是,实现"命运共同体"无法一蹴而就,其中挑战众多。当前国际环境下,大国政治仍在国际事务中产生着不小的影响,地区冲突不断、非传统安全问题突出、南北国家经济差距等问题的存在都将加剧国际关系的紧张因素。如何在积极推进周边经济、外交、安全等方面工作有序开展的同时,调整好中美之间的矛盾冲突,正视中国与东南亚地区各国存在的问题对未来各方全方位合作所产生的不利影响,亟待中国政府拿出一套行之有效的解决方法。

参 考 文 献

[1] 祁怀高,石源华.中国的周边安全挑战与大周边外交战略[J].世界经济与政治,2013(6):25-46,156-157.
[2] 储殷,吴颖胜.东南亚对华的纠结与期待[J].南风窗.2015:42-43.
[3] 钟志东.共同抉择 中国方案 大国担当——从全球化视野看习近平总书记关于人类命运共同体的构想[J].求知,2019:22-24.
[4] 姜加林.中国威胁还是威胁中国?"中国威胁论"研究[M].北京:外文出版社,2012.
[5] 张蕴岭.构建和谐世界:理论与实践[M].北京:社会科学文献出版社,2008.
[6] 古小松.东南亚:历史 现状 前瞻[M].广州:世界图书出版公司,2013.
[7] 刘昌黎.和谐世界与东亚和谐[M].大连:东北财经大学出版社,2011.
[8] 何亚非.选择:中国与全球治理[M].北京:中国人民大学出版社,2015.
[9] 郑永年.未来三十年 改革新常态下的关键问题[M].北京:中信出版社,2016.
[10] 高飞.和谐世界与君子国家[M].北京:世界知识出版社,2011.
[11] 白岩.新世纪的思考[M].北京:研究出版社,2007.
[12] 邹忠全,周影.东南亚经济与贸易[M].北京:中国财政经济出版社,2006.

作者单位:上海市静安区业余大学

对成人高校应用文写作课程的教学反思

陶 曦

内容摘要：应用文写作课程是一门实用性和操作性很强的课程，对于成人学生的就业很有帮助。目前，成人高校在大部分专业都开设应用文写作课程，但在教学实践中存在着教学方法固化、学生学习热情不高、教师专业素养欠缺、写作实训缺乏等问题，制约了该课程的效用。本文主要对应用文写作课程的教学现状、存在的问题、可行的改进策略等进行反思和分析，为应用文写作课程的优化提供一定的参考。

关 键 词：成人高校 应用文写作 反思

应用文是人们在日常生活或工作中，为处理公私事务经常应用的、具有规范体式的工具性文体，具有广泛的实用性。应用文写作课程以培养学生的应用文写作能力为目标，不仅是普通高校的重要基础课程之一，更是广大成人高校学生的重要基础课程之一。学好应用文写作课程，掌握应用文写作技巧，无论是对学生自身素养的提升还是对今后的工作发展都非常有益。然而，在实际教学过程中，应用文写作课程大多存在课堂气氛沉闷、教学方法固化、学生重视度不高等问题，严重影响了应用文写作的教学效果。笔者作为一名从事应用文写作教学的教师，对自己的教学实践进行反思，尝试发现问题，解决问题。本文将结合自身的教学现状对应用文写作课程的主要问题和改进策略进行分析。

一、课程的教学现状

笔者所在的成人高校在行政管理、工商企业管理、酒店管理、会计等专业开设应用文写作课程，为专业选修课程，学分为2学分，为期半学期（9周），考核方式为考查。笔者选用的教材是由陆亚萍、詹丹、张彪编著的《应用文写作教程》（第三版），共有八章，包含引论、外部论、内部论、法定公文、日常事务应用文、商务应用文、应用文常见错误评点与训练案例、应用文写作答疑100问，基本囊括了所有常用的应用文文体，每种文体都附有多个案例，对于成人学生来说难度不大，应用效果比较好。

授课主要分为三个步骤：课前准备、课堂教学和考核。课前准备包括教材分析、教案编写、PPT制作、习题准备等。按照课时安排，考虑到成人学生的接受能力，对教案进行详细编写，准确找出教学难点和重点，作为教学的中心。课堂教学以理论讲授＋PPT展示＋课堂实操为主。课程的大部分时间用于理论授课，结合多媒体课件，尽可能将应用文的相关概念通俗易懂地传授给成人学生，为之后的课堂练习和实际写作打下基础。每节课程预留一部分时间进行课堂练习时间,学生当堂完成课后习题或写作一篇应用文,当堂讲解、分析,作为本节课的知识巩固和写作实践,帮助成人学生更好地吸收和内化课程知识点,学以致用。考核安排为开卷考试,题型包括单选题、多选题、填空题、简答题、作文,基本覆盖了授课的所有章节。从考试结果反馈来看,大部分学生的客观题作答情况较好,但是在作文方面就有些不尽如人意,可见学生并没能很好地掌握应用文写作技巧和应用文写作能力,反映出课堂教学效果不佳。针对这样的教学现状,如何提高教学质量,真正培养学生的应用文写作能力,需要从多个方面进行反思和改进。

二、存在的主要问题

1. 教学方法滞后

目前,大部分应用文写作课程的教学仍然采用传统的教学模式,即教师主动灌输、学生被动接受的"一言堂"模式。课堂教学以理论讲授为主,教师只是简单地将应用文写作的理论知识、各类应用文文种的格式、写作技法等"填鸭式"地教授给学生,而忽略了学生的接受能力以及应用文写作的实用性和操作性,通常会造成教师在讲台上滔滔不绝、学生在讲台下昏昏欲睡的现象。另外,随着社会的不断发展进步,应用文写作也在不断发展变化,教师往往没有考虑到社会发展、岗位需求、网络写作等客观因素的变化,对课程内容没有进行及时调整,知识内容相对陈旧,造成学生对所学内容很难学以致用。这些都直接导致教学效果不理想,教学质量下降。对于一门操作性和实用性很强的课程来说,写作是应用文写作课程的生命,传统的理论教学绝不应该成为应用文写作课程的重点。

2. 学生学习积极性不高

应用文写作由于自身的教学特点,相对其他课程来说是一门比较枯燥的课程,更因为教学模式的固化,课堂气氛比较沉闷,学生的学习热情和积极性均不高。成人学生的工学矛盾导致迟到、早退、旷课、注意力不集中的情况经常出现。学生大多对应用文写作重视程度不高,没有明确的学习目标和学习规划,只是把它当作一门可有可无的选修课,不了解应用文写作能力的重要性,更没有对应用文写作进行深入探究和学习的精神。前期对于理论知识的掌握不扎实,进而导致理论和实践脱节。对于教师布置的课堂作业,学生们也大多是敷衍了事,面对应用文作文更是难以下笔,无法独立完成一篇应用文,只等着老师给答案和模板。整堂课甚至半个学期的课程结束之后,学生对于应用文写作的知识仅仅浮于表面,完全无法内化,更没有培养出独立的应用文写作能力,违背了应用文写作课程的教学目标。

3. 教师专业度不够

教师的专业素养对教学实践也起着至关重要的作用。目前,大多数应用文写作教师都是从大学毕业后直接进入学校从事理论教学,大多缺乏专业写作的实践经验,更没有在行政机关、企事业单位从事应用文写作和文书处理等的工作经历。与应用文写作的接触也大多停留在在校学习期间,甚至很多应用文都没有实际动手写过,尤其是法定公文、合同等。对各类应用文文体的格式、特点、写作要求等都还是一知半解,自然没有办法将教学功力发挥到极致。有的教师甚至是跨专业教学,自身的知识储备、写作功底都不够,应用文写作对他们来说本身就是一门全新的课程。这些都导致教师在课堂教学中只能是照本宣科,以理论教学为主,实践教学为辅,甚至忽略实践教学,对于案例、学生作文的分析、评判的环节也只是点到为止,很难深入地给学生进行讲解,教学效果自然也就不尽如人意。

4. 缺乏写作实训

应用文写作的最终目的是使学生能够独立写作一篇应用文。要达到这个目标,除了学习各类应用文文种的格式、写法等,剖析大量的例文之外,写作实训是该课程的重要环节。应用文写作的学习遵循一步一个脚印,仅仅依靠理论学习和有限的写作训练很难培养出学生的应用文写作能力。只有通过大量的写作练习,才能逐步掌握应用文写作技巧,写作能力才能不断提高,最终形成自身的技能。然而,大部分学校对应用文写作课程的重视程度不够,课时因素压缩了应用文写作的实训时间,教师们也把更多的课堂时间放在理论讲授上,而忽视了写作练习,这违背了应用文写作课程的初衷,也导致学生在课堂表现不错,对学习没有很大的困难,但面对作文则是无处下笔、一窍不通,教学效果不佳。

三、可行的改进策略

1. 引入"翻转课堂",提升教学质量

要对应用文写作课程进行教学改革,就必须打破"一言堂"的教学模式,在应用文写作课程中引入"翻转课堂"这一新兴教学模式对教学实践有借鉴意义。"翻转课堂"又被称为"反转课堂"或"颠倒课堂",是由"flipped classroom"一词翻译而来,于 2000 年提出,2010 年初步成形①。"翻转课堂"的教学过程可以分为五个环节:课前准备,课前学习,课堂教学,练习巩固,反思总结。

以法定公文"通知"这一文种为例。在课前准备环节,教师在课前录制教学视频等,时长最好控制在 15 分钟以内,围绕通知的概念、通知的特点、通知的格式等教学重点、难点展开。编写好课堂教学教案、多媒体课件、课堂练习等,为课堂教学做好准备。在课前学习阶段,不应该只是简单地让学生观看教学视频,而需要学生在观看的同时进行思考。比如提出问题:通知的概念是什么?各类通知有什么区别?通知写作的注意事项是什么?让学生带着问题去观看教学视频,不仅能提高学习效率,更能让学生印象深刻,能够对知识进行深入探究。还可以设置小组任务,根据班级人数不同对学生进行分组,至少 2 人一组。在学习完教学视频之后制作有关"通知"这一知识点的多媒体课件,并在课堂教学中进行展示。让学生带着任务去学习,不仅是一个课前预习,更让学生对相关知识点有一个基本的了解和掌握,而之后的课堂教学、练习巩固、反思总结能不断巩固和加深学生对"通知"这一知识点的掌握程度,提高教学质量。在课堂教学环节,教师可以在教学视频的基础上,结合具体例文,对"通知"这一知识点进行系统性讲解和拓展。设置展示环节,请学生展示课前学习的成果,并请其余同学进行点评,让学生对知识点进行再一次巩固。最后,由教师进行总结,让学生在课堂教学环节对知识点进行内化吸收。在练习巩固环节,学生完成课后练习,进行作文写作,对自己的知识点掌握情况进行检查和检测,教师则可以通过练习的反馈情况,找出学生掌握的薄弱点,加深学习。在反思总结环节,教师可以借助班级 QQ 群、微信群等分享所有课程资料,学生可以进行回顾和复习。教师对整节课进行反思,总结经验,弥补不足,促进今后的教学工作。整个"翻转课堂"五个环节下来,学生除了第一次观看教学视频是接受新知识之外,其余环节都在不断地复习、巩固,这将有助于学生对知识点的掌握,大大提升了学习效率和教学质量。学生也不再是"被动接受",而是真正成为学习的主体,更切实培养了学生的自主学习能力、自我反思能力,也有益于其他课程的学习。

2. 创新教学方法,提高学习积极性

在传统的讲授法之外,教师应该创新应用文写作课程的教学方法,调动课堂气氛,提高学生的学习积极性。比如案例教学法、情境教学法等都适用于应用文写作,教师应该根据具体知识点有机地结合各种教学方法,并利用多媒体、网络等现代技术手段丰富课程内容。

案例教学法对于一些比较少见的应用文有很好的效果。在法定公文"通报"的教学中,由于学生在实际生活中较少接触这一文种,而教材的案例有限并且陈旧,可以借助一些政府官方网站上的案例进行教学。例如国务院网站上有大量的法定公文,都是内容、格式非常规范的经典例文,笔者在教学中就曾经从国务院网站选取了关于"西安问题电缆"的通报作为范文,延伸讲解了"西安问题电缆"事件的来龙去脉,学生的学习兴趣大大提升。

情境教学法则更适用于一些比较贴近生活的应用文文种。例如,在"简历"和"求职信"的教学中,可以进行模拟招聘会,由学生分别扮演求职者和招聘者,不仅帮助学生学会写简历、看简历,也帮助学生提升自荐求职能力,为学生今后求职就业打下基础。在"会议记录"的教学中,可以现场组织一次班会活动,进行会议记录,由教师进行点评。通过设置工作境景、生活情境,积极营造轻松活泼的课堂气氛,调动学生的学习积极性,在寓教于乐中接受和吸收新知识,并学以致用。

另外在课堂上还可以进行知识拓展,笔者在"应用文写作的源流"的授课中,拓展了一些中国古代的历史和传统文化,学生的注意力和学习兴趣显著提升。适当的知识拓展,在调节课堂节奏的同时,更有助于学生人文素养的培养,对应用文写作能力的培养也是一个助力。

---

① 梁雪,孙莉,朱光华."翻转课堂"教学模式在应用文写作教学中的实践与反思[J].金融理论与教学.2018(3):107-111.

3. 以需求为导向，精选教学内容

成人高校侧重于培养应用型人才，成人学生来校学习，一方面是为了进行学历进修，获得文凭，另一方面也是希望能为自己的工作提供一些帮助。成人学生也更注重所学知识的实用性。因此，作为一门实用性和操作性很强的课程，应用文写作的教学应该凸显其实用性。目前，大部分学校没有考虑到各个专业的差异，往往采取并班上课，这大大制约了应用文写作课程的实用性。开设应用文写作课程的学校应该充分考虑到各专业之间的差别，每个专业单独开设本课程。教师应该因材施教，仔细研读教材，了解学生的工作以及学习需求，根据专业特点，精选教学内容，学生最需要哪种应用文，就重点教授哪种应用文。比如行政管理专业的学生，应该重点学习法定公文和日常事务应用文，如通知、请示、函、讲话稿、会议记录等，商务应用文不作为重点。工商企业管理、酒店管理、会计专业的学生应该重点学习日常事务应用文和商务应用文，如计划、总结、经济合同、营销策划书、招标书等，法定公文不作为重点。同时，教师应该不断提升自身应用文写作能力，尤其是跨专业教学的教师，要及时掌握应用文的变化和发展，根据变化和发展进行教学，与时俱进，将最新、最实用的应用文教授给学生，帮助学生最大限度地学以致用。

4. 加强社会实践，培养实操能力

学习应用文写作的最终目的是让学生将应用文写作能力运用到实际生活中，因此还需要学生跳出课堂，多了解社会，多增加社会阅历，多接触社会中的应用文，这样才能真真切切地使学生能够学以致用。一方面，可以利用校内资源。鼓励学生多多参与学校活动，可以参加学生会，通过学生会工作接触一些应用文，比如学生会年度工作计划、总结等。可以参加学生活动，让学生在活动中尝试撰写活动策划书、通知、简讯等。在体验校园生活的同时，锻炼应用文写作能力，做到学以致用。另一方面，可以利用校外资源。校园毕竟不是真实的社会，要鼓励学生多进行社会实践。可以开展一次企业参观活动，带学生去企业体验真实的文书工作，也可以在寒暑假鼓励学生去公司实习，亲身体验文书工作，撰写应用文，还可以邀请校外专家或文书工作从业者来校开展讲座。通过一系列的社会实践活动，在课堂教学和练习的基础上，培养学生的实操能力，增加学生的应用文写作实践经验。

四、结语

成人高校要重视应用文写作课程，充分了解该课程的重要性。教师应该从多个角度对应用文写作的教学进行改进和优化，提升成人学生的学习积极性，以培养成人学生应用文写作能力为目标，注重理论和实践相结合，帮助成人学生在工作中更好地学以致用。

参 考 文 献

[1] 梁雪,孙莉,朱光华."翻转课堂"教学模式在应用文写作教学中的实践与反思[J].金融理论与教学,2018(3):107-111.

[2] 黄发兆,韦梓珩.对外汉语应用文写作课教学反思——以广西三所高校为例[J].长江丛刊,2019(11):77,172.

[3] 赵晖,赵海军,王和强.高校教学中的教学反思与实践理性[J].长江丛刊,2019(9):37-41.

[4] 谷欣,谷颖.高校应用文写作教学策略分析[J].文学教育,2019(5):108-109.

[5] 宋起慧.高职英语应用文写作教学探究[J].English Teachers,2019(19):115-130.

[6] 关雪平.高职应用文写作教学的瓶颈及对策[J].山西青年,2019(4):191-192.

[7] 杜晓杰.功能与定位:高校应用写作课程教学改革反思[J].高教论坛,2019(7):31-33.

[8] 谢娟.关于应用写作能力培养的思考[J].文学教育,2019(12):94-95.

[9] 侯凤华.浅谈高校语文课中的写作教学[J].魅力中国,2019(21):139.

[10] 李前平.应用文写作教学中的翻转课堂[J].文教资料,2019(31):41-42.

作者单位：上海市静安区业余大学

The Research on the Effects of the Information of the Borrowers and the Income from Investment in Online Peer-to-peer Lending on the Financing Efficiency
—Taking the PPdai as the Example

汪晓雪

Abstract: The purpose of this paper is to research the effects of the information of the borrowers and the income from investment on the financing efficiency of the peer-to-peer lending platform. This paper uses the crawler software to collect the data from the PPdai lending platform and proposes the 13 hypotheses. The data are mainly analyzed by the Propensity Score Matching(PSM) method. Moreover, this paper would compare the conclusions obtained by the PSM method with the conclusions obtained by the SPSS software. The results of data analysis show that: the lending rate, the amount and term of the loan, the age, the gender and the education of the borrowers, the number of borrowers' successful borrowing record, the overdue repayment record, the certification of the education, video, bank credit certification have effects on the financing efficiency. The occupation types and household registration certification will not affect the financing efficiency.

Key words: Perceived risk   Perceived benefits   Trust level   Financing efficiency   Propensity score matching method

Ⅰ. Introduction

Through the observation of China's large P2P lending platforms, we find that the success rate of platform lending is approaching 100%. So this paper will focus on the financing efficiency. The financing efficiency of P2P lending platform directly affects whether borrowers' loan needs can be met in time and whether investors' funds can be put into operation as soon as possible, so as to realize the time value of capital. Therefore, it is very important to analyze the factors that affect the financing efficiency in the platform. In addition, in the past, domestic and foreign literature mostly focused on the studies of platform operation modes and influence factors of the success rate and the investors' willingness to lend in the lending platform. At present, there is no research found on the financing efficiency in the field of P2P lending. So the research on the financing efficiency is the focus of this paper.

Because the credit risk problem of borrowers still exists in online lending platform, which greatly reduces investor's willingness to invest, and further affects the financing efficiency of P2P lending platform. The disclosure of personal information, information identification and borrowers' past performance is the important way of P2P platform to reduce lenders' risk perception. The constituent elements of borrowers' information and investment income, which one will have a great influence on the financing efficiency in the P2P lending platform is the main research issues.

The factors that affect the financing efficiency are complex, and the impact of one factor on the financing efficiency may be affected by other factors. In recent years, in the study of causal relationship, the Propensity Score Matching (PSM) method has attracted more and more attention as a strict and careful statistical methodology. In the field of P2P lending, no scholars have used the PSM method to study the related causal relationship. The PSM method can exclude the influence of confounding variables on dependent variables and study the net effect of independent variable on dependent variable, so as to ensure the accuracy of causal relationship research.

This paper will take PPdai that is China's large P2P lending platform as the research object, mainly using the PSM method to study the net influence effect of the elements of the borrowers' information and the investment return on P2P lending platform'financing efficiency. This study expands the research content in the P2P lending field. Moreover, this paper would compare the conclusions obtained by the PSM method with the conclusions obtained by the multiple linear regression method using SPSS software to find out which method is more persuasive and superior.

II. Literature review

In the field of the P2P lending platform, the description of the loan is more detailed, the success rate of lending is higher (Dorfleitner et.al, 2016). The study found that the older the borrowers' age, the easier it is to get the trust of investors(Gonzalez and Loureiro, 2014). But another study received the opposite conclusion(Pope and Sydnor, 2011). The historical performance of the borrowers, such as the records of the number of borrowers' successful borrowing and repayment, will affect the success rate of the borrowers(Yum and Chae, 2012). The success rate of borrowing is negatively related to the loan amounts and the lending rate(Puro et.al, 2010). Women borrowers have a higher success rate of loan success but a higher lendingt rate(Chen et.al, 2014). The gender differences of the borrowers have no significant influence on the success rate of the borrowing(Barasinska and Schafer, 2014).

In recent decades, the PSM method has been highly concerned by academic field and has been applied more and more widely to study the causal relationship. The propensity score is first proposed by Rosenbaum and Rubin. It refers to the conditional probabilities that are affected by the independent variables when controlling other confounding variables that affect the dependent variable. The influence of other confounding variables of these variables is regarded as selective error. Putting the confounding variable that affects the dependent variable into the logistic regression model will produce the conditional probability that the research individuals are influenced by the independent variable. The conditional probability is the propensity score. The basic logic is that the research individual in intervention group were paired with the individual in the control group, and ensure the propensity score equal or approximate to control the confounding variables effects on the dependent variables. Finally, it is guaranteed that the study obtained the net effects of the independent variable on the dependent variable (Rosenbaum and Rubin,1983). The PSM method has been used effectively in many fields, such as sociology, medical health, mobile Internet and so on(An,2010). Using the PSM method, the influence of online banking on the user's income was studied(Hitt et.al, 2002).

To sum up, this paper studies the causal relationship between the composition elements of the borrower's information and the investment income and the financing efficiency in the P2P lending platform. Previous scholars' studies mostly focused on the research of credit risk, the influencing factors of the success rate of borrowing and investors' willingness to invest in P2P lending. There are few literature on the influencing factors of the financing efficiency in P2P lending. At the same time, this paper adopts the tendency value matching method to study causal relationship, excludes the influence of confounding variables on dependent variables, and studies the net effects of borrowers' information and investment return on financing efficiency.

III. Methods

The definition of the borrowers' information and investment income

By reading the relevant literature, scholars tend to divide the influencing factors of the investors' willingness to invest into perceived benefits, perceived risk and the trust level dimensions. So this paper will devide the borrowers' information and investment income into these three dimensions that each dimension is composed of several elements. These elements cover all the data that can be collected in the PPdai platform.

1. Perceived benefits

Perceived benefit is expressed by the interest rate on borrowings, and the interest rate is high, which indicates that the investor's perceived benefit is high. On the contrary, the perceived benefit is low.

2. Perceived risk

Perceived risk is reflected by the loan amounts and the term of borrowing, which will have a certain impact on the investor's perceived risk.

3. The trust levels

In this paper, the trust level in P2P lending platform is divided into the following two types: (1) Personal trust. The personal information characteristics of borrowers, such as age, gender, occupation and level of education, which are the main source to get the investors' trust. (2) Third parties trust. In the P2P network lending activities, the platform has played an important role in the trust of the third party. This article refers to the information record of the borrower's past behavior and performance, such as information certification, the number of successful borrowings, and the number of overdue repayments.

The definition of the financing efficiency

Through the related research and reading at home and abroad, no scholars have clearly defined the financing efficiency of P2P network lending. They are basically defined according to the actual needs. The meaning of financing efficiency includes two parts: transaction efficiency and allocative efficiency. The allocative efficiency of P2P lending projects is decided when the investment target is released, so the platform can not affect the allocative efficiency. Therefore, the research on the financing efficiency in the P2P lending activities is to study the transaction efficiency of P2P lending. The concept of financing efficiency in this paper from the transaction efficiency proposed by Yang Xiaokai in the analytical framework of new classical economics. Its concept can be basically defined as the time needed to complete an exchange or the number of transactions completed in unit time. Therefore, the financing efficiency of this paper is defined as the amount of funds obtained in a second. The specific calculation method is as follows:

In this paper, the financing efficiency is set as the dependent variable, which refers to the amount of funds that a project raised in a second during the financing process. It can be calculated on the basis of amount of money and the length of time of all investors in a project. Financing efficiency $(\eta) = Q/T = (q_1 + q_2 + \cdots + q_n)/(t_n - t_1)$.

The following screenshot is the records of a loan project on the P2P lending platform. The amount of money of first investor "pdu****3113" is $q_1 = 50$ RMB, the time of the investment is $t_1 = 2015/10/5\ 18:00:27$. The amount of money of last investor "chj****u111" is $q_n = 3,760$ RMB, the time of the investment is $t_n = 2015/10/5\ 18:07:06$, So the loan project has a financing time of 6 minutes and 39 seconds, with a total of 399 seconds. The financing efficiency of the loan project is $(3,760 + 50)/399$, 9.54887 RMB per second.

投标记录

投标人	标的利率	标的期限	有效投标金额	投标时间
chj****u111	11%	12个月	¥3,760	2015/10/5 18:07:06
pdu****3113	11%	12个月	¥50	2015/10/5 18:00:27

Figure 1 The result of the record of the loan in the PPdai platform

Research model

The basic hypothesis of this paper is that the investors are rational in choosing whether to bid for the borrowers and to choose the interest rate of the bid. By observing and studying the PPdai lending platform, the success rate of borrowing has reached an ideal level. Therefore, the success rate of borrowing is unable to become the first choice of this research to measure the investors' lending willingness. When investors have high willingness to lend, the financing efficiency will be improved accordingly. Therefore, this paper uses the financing efficiency as an indicator to measure the investors' lending willingness.

This paper divides the factors affecting the willingness of lending into three dimensions: perceived risk, perceived benefits and the trust level. The trust level is divided into two aspects: the personal trust and the third-party trust. And the information certification that is the element of the third-party trust includes identity card, mobile phone, education, household registration, video and bank credit certification.

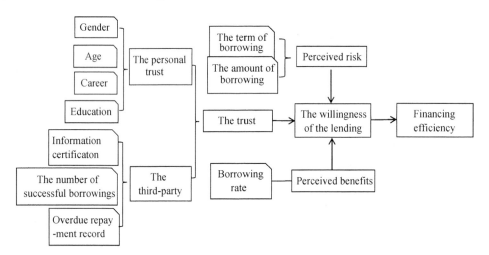

Figure 2 Research model

Proposed hypotheses

(1) Perceived benefits dimension

H1: The higher the borrowing rate is, the higher the financing efficiency is.

(2) Perceived risk dimension

H2a: The larger the amount of borrowing is, the lower the financing efficiency is.

H2b: The longer the term of borrowing is, the lower the financing efficiency is.

(3) The personal trust

H3a: The financing efficiency of female borrowers are higher than male borrowers.

H3b: The older the borrower is, the higher the financing efficiency is.

H3c: The financing efficiency of the borrowers with a diploma is higher than a non-educated borrower.

H3d: The financing efficiency of the borrowers in the working class is higher than other borrowers.

(4) The third-party trust

H4a: The financing efficiency of the borrower who has education certification is higher than the borrower who doesn't have it.

H4b: The financing efficiency of the borrower who has household registration certification is higher than the borrower who doesn't have it.

H4c: The financing efficiency of the borrower who has video certification is higher than the borrower who doesn't have it.

H4d: The financing efficiency of the borrower who has bank credit certification is higher than the borrower who doesn't have it.

H4e: The higher the number of successful borrowings is, the higher the financing efficiency is.

H4f: The financing efficiency of borrowers who have the overdue repayment record is lower than the borrowers who don't have this record.

Data collection

This paper selects the PPdai lending platform as the research object which is China's first P2P network lending platform without guarantees. Through crawler software, this paper collected 7,670 data. In order to ensure the balance between variables, it chose 750 samples to do the empirical research.

Empirical analysis based on multiple linear regression method using SPSS software

This paper will study the effect mechanism of the 13 independent variables on the financing efficiency. When researching the effect of one independent variable on the financing efficiency, the other variables are changed into covariate(confusing variables) to control. The following table is the variables' definition and value description in this paper.

Table 1 The variables' selection and value description based on SPSS software

Dependent variable		
FE	Financing efficiency	Financing amount/length of time
Independent variable		
Perceived benefits		
rate	The borrowing rate	
Perceived risk		
money	The amount of borrowing	
term	The term of borrowing	More than 6 months = 1, not more than 6 months = 0
The personal trust		
gender	Gender	Male = 1, female = 0
age	Age	
edu	Education	Nothing = 0, junior college education = 1, the others = 2
career	Career	Working class = 1, the others = 0

(to be continued)

Dependent variable		
The third-party trust		
BT	The number of successful borrowings	
OT	The overdue repayment record	Have=1, don't have=0
EC	Education certification	Have=1, don't have=0
HC	Household registration certification	Have=1, don't have=0
VC	Video certification	Have=1, don't have=0
BC	Bank credit certification	Have=1, don't have=0

Multiple linear regression model is as follows:

$$FE = \beta_0 + \beta_1 gender + \beta_2 age + \beta_3 edu + \beta_4 career + \beta_5 EC + \beta_6 HC + \beta_7 VC + \beta_8 BC + \beta_9 rate + \beta_{10} month + \beta_{11} money + \beta_{12} BT + \beta_{13} OT$$

The results of the regression are shown in the following table:

Table 2 The results of the regression based on the SPSS software

variables	B	t	sig
(constant)	533.363	3.686	.000
gender	23.981	.334	.738
age	−37.193	−.929	.353
EC	221.581	1.643	.101
HC	−148.672	−1.483	.138
VC	21.142	.246	.806
BC	227.012	3.022	.003***
career	64.027	.911	.363
BT	−45.273	−1.509	.132
OT	2.776	.040	.968
rate	17.642	.514	.608
month	−187.499	−2.652	.008***
money	−15.952	−.596	.551

Annotation: *** sig<0.01.

It can be seen from the previous table that there is a significant correlation between the the term of the borrowings and the bank credit certification and the financing efficiency. The other independent variables have no significant impact on the financing efficiency.

Table 3 Hypothesis test results based on the SPSS software

Hypothesis	The content of the hypothesis	Whether to support
H1	The higher the borrowing rate is, the higher the financing efficiency is.	Nonsupport
H2a	The larger the amount of borrowing is, the lower the financing efficiency is.	Nonsupport

(Continued)

Hypothesis	The content of the hypothesis	Whether to support
H2b	The longer the term of borrowing is, the lower the financing efficiency is.	Support
H3a	The financing efficiency of female borrowers are higher than male borrowers.	Nonsupport
H3b	The older the borrower is, the higher the financing efficiency is.	Nonsupport
H3c	The financing efficiency of the borrowers with a diploma is higher than a non-educated borrower.	Nonsupport
H3d	The financing efficiency of the borrowers in the working class is higher than other borrowers.	Nonsupport
H4a	The financing efficiency of the borrower who has education certification is higher than the borrower who doesn't have it.	Nonsupport
H4b	The financing efficiency of the borrower who has household registration certification is higher than the borrower who doesn't have it.	Nonsupport
H4c	The financing efficiency of the borrower who has video certification is higher than the borrower who doesn't have it.	Nonsupport
H4d	The financing efficiency of the borrower who has bank credit certification is higher than the borrower who doesn't have it.	Support
H4e	The higher the number of successful borrowings is, the higher the financing efficiency is.	Nonsupport
H4f	The financing efficiency of borrowers who have the overdue repayment record is lower than the borrowers who don't have this record.	Nonsupport

Empirical analysis based on PSM method

When this paper uses the PSM method to do the empirical research, it considers the independent variable with a value of 0 or 1 and controls the influence of other confounding variables and studies the net effect of variables. The following table is the variables' selection and value description based on PSM method.

Table 4　The variables' selection and value description based on PSM method

Dependent variable		
FE	Financing efficiency	Financing amount/length of time
Independent variable		
Perceived benefits		
rate	The borrowing rate	More than 18% = 1, not more than 18% = 0
Perceived risk		
money	The amount of borrowing	More than 3,000 RMB = 1, not more than 3,000 RMB = 0
term	The term of borrowing	More than 6 months = 1, not more than 6 months = 0

(to be continued)

(Continued)

Dependent variable		
The personal trust		
gender	Gender	Male=1, female=0
age	Age	More than 31 years old=1, not more than 31 years old=0
edu	Education	Nothing=0, junior college education=1, the others=2
career	Career	Working class=1, the others=0,
The third-party trust		
BT	The number of successful borrowings	More than 5 times=1, not more than 5 times=0
OT	The overdue repayment record	Have=1, don't have=0
EC	Education certification	Have=1, don't have=0
HC	Household registration certification	Have=1, don't have=0
VC	Video certification	Have=1, don't have=0
BC	Bank credit certification	Have=1, don't have=0

The concrete implementation steps of the PSM method—Taking the variable of the number of successful borrowings as an example

(1) The prediction of the propensity score by using the logistic regression model

First of all, this paper will study the causal relationship between the number of successful borrowings and the financing efficiency. We set the borrowers who had borrowed more than 5 times as the members of the intervention group, with the value of 1, and the borrowers who succeeded in loans less than or equal to 5 times are set as the control group members, with a value of 0. The other elements of the borrowers' information and the income from investment which may affect the financing efficiency are regarded as confounding factors. The logistic regression model was established to obtain the propensity score. The established model is as follows:

$$P(W_i \mid X_i^T = x_i^T) = E(W_i) = \frac{e^{x_i \beta_i}}{1 + e^{x_i \beta_i}} = \frac{1}{1 + e^{-x_i \beta_i}}$$

The model is expressed as a general linear model, that is:

$$\ln \frac{P(W_i = 1)}{1 - P(W_i = 1)} = \beta_1 rate + \beta_2 money + \beta_3 month + \beta_4 gender + \beta_5 age + \beta_6 edu + \beta_7 career$$
$$+ \beta_8 BT + \beta_9 OT + \beta_{10} HC + \beta_{11} VC + \beta_{12} BC + \beta_{13} EC + \varepsilon$$

the intervention group is the borrower who has more than 5 times of the successful borrowings, that is $W_i = 1$. The control group is the borrower who is less than 5 times of the successful borrowings, that is $W_i = 0$. This paper uses the R software to regress the data of the empirical study, and results of the logistic regression are shown as following:

```
              Estimate Std. Error z value Pr(>|z|)
(Intercept)  -0.889366   0.339051  -2.623 0.008713 **
EC           -0.040974   0.325037  -0.126 0.899684
VC            0.024770   0.220837   0.112 0.910692
BC            0.481229   0.175690   2.739 0.006161 **
money         0.150444   0.063642   2.364 0.018082 *
month        -0.008192   0.165866  -0.049 0.960610
HC            1.277032   0.253171   5.044 4.56e-07 ***
OT            0.543842   0.163776   3.321 0.000898 ***
age           0.343037   0.089056   3.852 0.000117 ***
gender       -0.325845   0.167979  -1.940 0.052404 .
edu           0.348546   0.219929   1.585 0.113010
rate         -0.140383   0.077899  -1.802 0.071527 .
career        0.158665   0.089815   1.767 0.077300 .
---
Signif. codes:  0 '***' 0.001 '**' 0.01 '*' 0.05 '.' 0.1 ' ' 1
```

Figure 3   The screenshot of the logistic regression model result

The regression coefficient is replaced in the above linear model:

$$\ln\frac{P(W_i=1)}{1-P(W_i=1)} = 0.158665 - 0.140383 rate - 0.150444 money - 0.008192 month$$
$$+ 0.343037 age + 0.348546 edu + 0.158665 career + 0.543842 OT$$
$$+ 1.277032 HC + 0.024770 VC + 0.481229 BC - 0.040974 EC$$

(2) The propensity score matching based on the R software

After obtaining the propensity score, the next step is to match the intervention group and the control group through the propensity score. The core goal of this stage is to make the two groups members to be similar in the propensity score. The matching method adopted in this paper is the optimal matching. This paper uses the optmatch package of R3.4.0 software to make the optimal match. The part of the running result is shown in the following screenshot.

```
      m.1.350       m.1.460       m.1.461       m.1.468       m.1.482
2.754204e-01 5.507168e-01 7.661925e-01 1.209603e-02 7.677434e-01
      m.1.491       m.1.504       m.1.521       m.1.551       m.1.608
9.947425e-02 1.322916e+00 1.596108e-01 2.038304e-01 5.224099e-02
      m.1.611       m.1.654       m.1.677       m.1.678       m.1.679
1.023163e+00 1.125874e+00 8.447318e-02 4.473680e-02 3.134748e-01
      m.1.682       m.1.684       m.1.686       m.1.687       m.1.688
3.759281e-01 1.389707e+00 2.892470e-01 4.211138e-01 9.132585e-01
      m.1.689       m.1.696       m.1.705       m.1.709       m.1.712
6.790241e-01 2.032659e-01 1.422945e+00 9.132585e-01 9.189179e-01
      m.1.715       m.1.716       m.1.717       m.1.720       m.1.722
2.125453e-01 6.717146e-01 9.669022e-01 6.713105e-01 4.089175e-01
      m.1.723       m.1.731       m.1.733       m.1.736       m.1.741
2.515400e-02 2.123764e-01 2.755987e-01 1.344522e+00 9.275588e-01
     m.10.359      m.10.629      m.101.450     m.101.456     m.101.676
9.653048e-03 3.482255e-03 1.621076e-03 1.303865e-04 1.582549e-03
    m.103.126     m.106.455     m.106.604     m.106.721        m.11.5
1.276608e-02 5.951508e-03 3.461268e-03 4.964428e-03 0.000000e+00
      m.11.73     m.110.161     m.113.462     m.113.516     m.113.598
1.264438e-02 3.852648e-05 6.041183e-03 1.377776e-03 2.704053e-03
```

Figure 4   The display of the part of the running result

Table 5   The illustration of the result of the optimal matching

Optimal matching	layer structure Intervention group: control group(Number of matched sets)									Effective sample size
	1 : 1	1 : 2	1 : 3	2 : 1	3 : 1	4 : 1	5 : 1	6 : 1	13 : 1	35 : 1	345
	7	5	2	25	15	7	10	4	1	1	

(3) Estimation of causality based on matching samples

Average treatment effect is the core measure to estimate the causality.

The average intervention effect is evaluated by the weighted mean value of the mean difference between the intervention group and the control group members in the set of effective matching. The formula for calculating the average treatment effect is as follows:

$$\hat{\delta} = \sum_{i=1}^{a} \frac{m_i + n_i}{N} [\bar{Y}_{1i} - \bar{Y}_{0i}]$$

"a" of the above formula indicates layers that can be effectively matched, "N" indicates the number of the samples that are effectively matched. "m_i" indicates the number of intervention groups in layer i. "n_i" indicates the number of control groups in layer i. "$\bar{Y}_{1i}$" and "$\bar{Y}_{0i}$" indicate the average value of financing efficiency respectively in layer i. Taking the independent variable of the number of the successful borrowings as the example, the overall treatment effect after optimal matching is as the following table.

Table 7 The overall treatment effect after optimal matching

a	$(m_i : n_i)$	$(\bar{Y}_{1i})$	$(\bar{Y}_{0i})$	$(\bar{Y}_{1i} - \bar{Y}_{0i})$
1	1 : 1	725	89.28571	635.71429
2	1 : 1	1,103	104.04545	998.95455
...	...	...	...	...
7	1 : 1	100.72414	257.57143	−156.84729
8	1 : 2	200	526.98158	−326.98158
9	1 : 2	1000	2250	−1 250
...	...	...	...	...
12	1 : 2	500	18.374285	481.625715
13	1 : 3	1,000	2,102.935897	−1 102.935897
14	1 : 3	2751	1,501.060607	1249.939393
15	2 : 1	273.357145	363.33333	−89.976185
16	2 : 1	1.91591	3.10564	−1.18973
...	...	...	...	...
39	2 : 1	0.66556	0.56993	0.09563
40	3 : 1	851.38788	1.21237	850.17551
...	...	...	...	...
54	3 : 1	2,854.6254	238.30769	2616.31771
...	...	...	...	...
61	4 : 1	926.4174175	39.34426	887.0731575
62	5 : 1	0.683646	122.6	−121.916354
63	5 : 1	732.128254	329.09091	403.037344
...	...	...	...	...
71	5 : 1	749.452184	309.5	439.952184

(to be continued)

a	$(m_i : n_i)$	$(\bar{Y}_{1i})$	$(\bar{Y}_{0i})$	$(\bar{Y}_{1i} - \bar{Y}_{0i})$
72	6 : 1	1,009.333642	574.33333	435.0003117
73	6 : 1	697.502575	2200	−1502.497425
74	6 : 1	574.5648983	0.04515	574.5197483
75	6 : 1	756.89576	41.81081	715.08495
76	13 : 1	631.6266131	140.18182	491.4447931
77	35 : 1	59.05075057	250	−190.9492494
Total	345			
ATE				50.7885486

According to the above table:

$$ATE = \hat{\delta}$$
$$= 635.71429 \times 2/345 + 998.95455 \times 2/345 + \cdots + (-190.9492494)$$
$$= 50.7885486$$

As a result, the borrowers who have more than 5 times of successful borrowings have an average of 50.7885486 RMB per second more than the borrowers who have failed to borrow more than 5 times successfully.

Ⅳ. Results

Table 8　The results of the average treatment effects of all the variables

money	−	5.3711906
gender	+	11.19955843
career	−	41.39355287
OT	−	44.38979
BT	+	50.7885486
HC	−	62.7643294
edu	+	63.2438437
BC	+	129.301494
VC	+	155.0425795
rate	+	172.083928
EC	+	244.0617446
month	−	392.1522
age	−	841.9950522

From the table, through the absolute value, it can be seen that the intervention effect of independent variables on financing efficiency is gradually increased from the "money" to "age". "Age" has the greatest negative effect on financing efficiency. Combined with the propensity matching and result analysis, the results of the 13-hypothesis verification are as follows:

Table 3　Hypothesis test results based on the PSM method

Hypothesis	The content of the hypothesis	Whether to support
H1	The higher the borrowing rate is, the higher the financing efficiency is.	Support
H2a	The larger the amount of borrowing is, the lower the financing efficiency is.	Support
H2b	The longer the term of borrowing is, the lower the financing efficiency is.	Support
H3a	The financing efficiency of female borrowers are higher than male borrowers.	Nonsupport
H3b	The older the borrower is, the higher the financing efficiency is.	Nonsupport
H3c	The financing efficiency of the borrowers with a diploma is higher than a non-educated borrower.	Support
H3d	The financing efficiency of the borrowers in the working class is higher than other borrowers.	Nonsupport
H4a	The financing efficiency of the borrower who has education certification is higher than the borrower who doesn't have it.	Support
H4b	The financing efficiency of the borrower who has household registration certification is higher than the borrower who doesn't have it.	Nonsupport
H4c	The financing efficiency of the borrower who has video certification is higher than the borrower who doesn't have it.	Support
H4d	The financing efficiency of the borrower who has bank credit certification is higher than the borrower who doesn't have it.	Support
H4e	The higher the number of successful borrowings is, the higher the financing efficiency is.	Support
H4f	The financing efficiency of borrowers who have the overdue repayment record is lower than the borrowers who don't have this record.	Support

Ⅴ. Discussion

This paper compares the conclusions obtained by the SPSS software with that obtained by the PSM method. And combined with the literature research conclusions and explanations to the economic phenomenon, the conclusions obtained by the PSM method is more reasonable, accurate and comprehensive than the SPSS software obtained. So this paper will adopt the conclusions obtained by the PSM method.

In the perceived benefits dimension, the higher the borrowing interest rate is, the higher the borrower's financing efficiency is.

In the perceived risk dimension, the term and the amount of the borrowings both have an impact on the borrower's financing efficiency, while the term of the borrowings has a more significant impact on the financing efficiency.

In the personal trust dimension, the effect of age on financing efficiency is the most significant. The older the borrower is, the lower the financing efficiency is. This paper hypothesizes that the majority of the young people will be involved in the new lending and investment mode of P2P lending platform. For the group with their own age, the higher the inner familiarity of the group is, the easier they will generate trust. The financing efficiency of female borrowers are lower than male borrowers. The financing efficiency of the borrowers with a diploma is higher than a non-educated borrower. The financing efficiency of the borrowers in the working class is not higher than other borrowers.

In the third-party trust dimension, the bank credit, video and education certification have the great positive effect on the financing efficiency. The household registration certification has no significant effect on the financing efficiency of the borrowers. The increase in the number of successful borrowings can improve the financing efficiency, and the financing efficiency of borrowers who have the overdue repayment record is lower than the borrowers who don't have this record. It can be seen that borrowers' past loan performance has an important reference value to the investment decision of the investors and can improve or reduce the value of the financing efficiency.

Based on the comparative analysis of multiple linear regression analysis using SPSS software and the PSM method, it is concluded that the conclusion drawn from the PSM method is more in line with the research findings of the scholars in the relevant field, and it is also more consistent with the actual economic phenomenon and economic explanation. Compared with the multiple linear regression analysis using SPSS software, the results obtained are more comprehensive and can reflect the actual situation.

VI. Conclusion

Comparing the conclusions obtained by the PSM method with that obtained by the multiple linear regression analysis, this paper concludes that the former is more consistent with the economic phenomenon and more comprehensive, and it is more consistent with the research results of previous scholars in the related fields. Therefore, it is suggested that in the field of P2P lending, the scholars can pay more attention to the PSM method in researching the causality of P2P lending field.

P2P platform should establish the good mechanism of information certification to guide the borrowers to improve the borrowers' information certification, especially pay particular attention to the bank credit certification, and encourage borrowers to conduct more comprehensive information certification to reduce the lenders' risk perception.

Expand the promotion and marketing of the P2P network lending. Encourage more young people to borrow and lend money in the P2P lending platform and provide more emerging power for the P2P lending platform to improve the energy and efficiency of the platform.

For borrowers, it is of great positive impact to improve their own financing efficiency by completing their own information certification types, especially completing the personal bank credit certification. The borrower should try to reduce the term of the borrowings, so that the amount of the loan can be reached as soon as possible to improve the financing efficiency. The borrowing rate will have certain effect on the success rate of borrowing, but borrowers don't have to raise the borrowing rate to improve the possibility of the success rate of borrowing. We can shorten the term of borrowing to finance and reduce repayment pressure. The amount of borrowing has no significant impact on the financing efficiency, so the borrowers can make a reasonable choice according to their own needs. For the lenders, in order to enable their own investment to be completed as soon as possible, they can select the projects that have the shorter term of borrowing.

VII. Acknowledgments

The author thanks the editor and reviewers for their insightful comments and suggestions. This work is financially supported by National Social Science Fund(16BRK009)

References

[1] Dorfleitner G, Priberny C, Schuster S, Stoiber J, Weber M, Castro I, Kammler J. Description-text related soft information in peer-to-peer lending: evidence from two leading European platforms[J]. Journal of banking & finance, 2016,64:169-187.

[2] Gonzalez L, Loureiro Y K. When can a photo increase credit? the impact of lender and borrower profiles on online peer-to-peer loans[J]. Journal of behavioral and experimental finance, 2014(2):44-58.

[3] Pope D G, Sydnor J R. What's in a picture? Evidence of discrimination from prosper[J]. Journal of human resources, 2011,46(1): 53-92.

[4] Yum H, Lee B, Chae M. From the wisdom of crowds to my own judgment in microfinance through online peer-to-peer lending platforms[J]. Electronic commerce research and applications,2012,11(5):469-483.

[5] Puro L, Teich J E, Wallenius H et al. Borrower decision aid for people-to-people lending[J]. Decision support systems, 2009,49 (1):52-60.

[6] Chen N, Ghosh A, Lambert N. Auctions forsocial lending:a theoretical analysis[J]. Games and economic behavior, 2014,86:367-391.

[7] Barasinska N, Schafer D. Is crowdfunding different? Evidence on the relation between gender and funding success from a German peer-to-peer lending platform[J]. German economic review, 2014,15(4):436-452.

[8] Rosenbaum P R, Donald B R. The central role of the propensity score in observational studies for causal effects[J]. Biometrika, 1983(1):332-345.

[9] An W. Bayesian propensity score estimator:incorporating uncertainties in propensity scores into causal inference[J]. Sociological methodology, 2010,40(1):151-189.

[10] Hitt L M, Frei F X. Do better customers utilize electronic distribution channels? The case of PC banking[J]. Management science, 2002,48(6):732-748.

作者单位：上海市普陀区业余大学

商务英语有效教学的实践探索
——以商务英语写作课与毕业设计教学重组与整合为例

张永民

内容摘要：本文从有效教学理论的理念出发，通过学生案例分析，认为传统的商务英语教学是低效的；结合商务英语写作课与商务英语毕业设计课程的教学实践，提出有效教学理论为提高商务英语教学效率提供了可靠的理论依据与教学实践方法；以商务英语写作课与商务英语毕业设计课教学重组与整合为例，以有效教学主张、教学策略及课程构建内容为参考，提出了两门课重组与整合的原则与方案，并通过重组与整合的实践教学设计，得出了有效教学理论在商务英语教学中的指导意义。

关 键 词：有效教学 命题网络 商务交际

商务英语专业的培养目标就是使学生能够运用商务英语知识、技能和素质在国际商务环境中充分发挥自己的专业优势，在实际工作中满足社会和个人工作发展的要求。在教学实践中，发现三个问题值得思考：首先，我们的教学内容是否满足学生在社会和职场的需求；其次，我们的教学效果是否能够取得预期满意的效果；再次，我们的教学如何设计才能实现商务英语专业的培养目标。基于这样的思考，结合商务英语写作和商务英语毕业设计的教学实践，笔者认为基于有效教学的理念的商务英语教学在内容整合与重组中能够很好地提高教学实效性与英语学习效果，提升学生职场竞争力，满足学生在国际商务环境下社会和个人工作需求。

一、有效教学理论概述与商务英语教学案例分析

通过对有效教学相关理念的研究，结合商务英语教学的实践案例分析，笔者认为有效教学理念能够为商务英语教学提供值得信赖的教学思路。

1. 有效教学理念概述

有效教学（effective teaching）的理念源于20世纪上半叶西方的教学科学化运动，特别是在受美国实用主义哲学和行为主义心理学影响的教学效能核定运动之后，这一概念频繁地出现在英语教育文献之中，引起了世界各国同仁的关注。随着20世纪以来科学思潮的影响，以及心理学特别是行为科学的发展，人们才明确地提出，教学也是科学。也就是说，教学不仅有科学的基础，而且还可以用科学的方法来研究。在关注教学的哲学、心理学、社会学的理论基础上，有效教学通过如何用观察、实验等科学的方法来研究教学问题，如程序教学、课堂观察系统、教师与学生的行为分析、教学效能核定的指标体系以及教学行为等。有效教学的理念主要包括下列这些内容：

- 有效教学关注学生的进步或发展。
- 有效教学关注教学效益。
- 有效教学更多地关注可测性或量化。
- 有效教学需要教师具备一种反思的意识。
- 有效教学也是一套策略。

有效教学理论在实践发展中提出了完整的教学策略、学习方式和教学条件等相关的教学过程实施细节方案；同时，长期以来有效教学的研究成果也表明，对照这些理念可以对教学实践结果进行科学观察、研究并分析，从而调整教学行为，提高教学效率。

2. 商务英语教学实效性案例分析

- 案例一：2015届商务英语专业（专科）一名学生在永乐电器具备丰富的家电营销实践经验，但是在去美国Best Buy家电公司应聘时却因为英语面试不合格，求职被拒。
- 案例二：2015届商务英语专业（本科，有学位）一名学生毕业后在德国公司被提拔为会计总监后，英语沟通能力（口语与书面语）成为她在工作中的弱项，商务英语交际能力再次困扰着她。

案例分析：

(1) 案例反映的结果。从有效教学的理念"有效教学关注学生的进步或发展"的角度分析，学生有无进步或发展是教学有没有效益的重要指标，通过两个案例可以得出结论，即我们的商务英语教学是低效或者是无效的。

(2) 案例反映的问题所在。有效教学的条件有以下三个：

- 学习者具有学习的意向；
- 学习内容本身具有逻辑意义；
- 学习者认知结构中具有与同化新知识相适应的知识基础。

这两名学生的学习态度是认真的，无疑满足了有效教学的第一条件。为什么会出现这个情况？结合对商务英语课程内容与英语基础知识的深层次反思，问题在于我们传统的教学没有满足有效教学的另外两个条件，即学习内容本身的逻辑性、学生与同化新知识相适应的英语知识基础，致使我们的教学不能够满足学生的进步和发展的要求。

(3) 解决方案。鉴于以上两个案例分析，从"有效教学需要教师具备一种反思的意识"的理念出发，对有效教学主张、教学策略及教学内容建构方式进行了深入的研究，结合对商务英语写作课和商务英语毕业设计课的教学内容、教学设计、授课方式、学习效果测评方法等方面的反思，认为基于有效教学理论的商务英语写作课与商务毕业设计课两门课程的重组与整合实践可以为提高商务英语教学有效性提供很好的解决方案范例。

二、商务英语写作与毕业设计课程的性质与特点

两个学生的案例不是个别现象，在对英语基础要求较高的商务英语教学中，我们还发现大量类似的案例。要真正关注学生的进步与发展，就要在教学中寻找突破口，抛开影响学习成效的其他因素，有效性教学的主张之一"帮助学生形成认知框架——概念系统和命题网络（命题网络是指陈述性知识表征的一种形式，是由具有共同成分的两个命题彼此联系起来形成的）"为解决这个问题提供了思路。按照这个思路，笔者对商务英语写作和毕业设计两门课程的性质与特点进行了有效教学分析，并按照有效教学理念指导下的建构主义课堂内容重构的主张提出了商务英语写作与商务英语毕业设计重组的原则与方案。

1. 两门课重组与整合的可行性与必要性

商务英语写作是商务英语交际听说读写四项能力之一，课堂教学提供英语语言的词汇知识、句法知识、篇章构成、修辞知识等多方面的写作知识与能力。商务英语毕业设计是商务英语学习的实践性环节，也是总结性商务英语学习考核环节。

(1) 可行性。两门课的共同点为课程重组与整合提供必要条件与可行性。首先，能力要求一致，即完成商务英语写作课程与商务英语毕业设计任务的方式都是通过商务英语知识和写作能力；其次，课程内容一致，即两门课的学习内容都包括国际商务环境中商务信件、公文及各类应用文的写作内容，因此在内容上有共同性；再次，指导原则一致，即商务毕业设计是商务英语写作课的延伸，在教学上都遵循英语写作的共同指导原则。

(2) 必要性。两门课尽管在能力要求、教学内容、指导原则上一致，但是传统上讲，课程教学的时段有先后之

分,指导形式上有课堂教学与课外辅导之分。因此,为了提高教学效率,有必要对两门课在教学内容、教学实施及考核评价方面做出重组与整合。

2. 两门课重构的原则

从有效教学主张"呈现新问题,促进知识的应用和整合"出发,以商务英语写作课与商务英语设计课的共同点为整合重组的基础,结合商务英语专业培养的目标:培养学生能够适应国际环境下人才市场的需求,满足学生在国际商务环境下个人发展需求,拟定两门课程的重组与整合的三原则:

● 课程的整合与重组要在课程内容、课程教学、课程考核三方面统一构建;
● 在教学内容、教学过程及教学考核中体现商务环境下的英语能力应用的实践要求;
● 在两门课程教学实施过程中充分体现商务环境下英语实践应用能力的同步指导。

3. 两门课程重构的方案

商务英语写作课的内容相对比较固定,主要涉及从商务英语写作角度出发的字词句知识、段落与篇章组织技巧、商务应用文写作实践等写作知识与写作能力;商务英语毕业设计的内容可以根据国际商务环境下的英语实践要求做出优选,以提高毕业设计课程的实践性功能。重组与整合方案应该反映两门课的基本特点,同时还要与时俱进,把过程指导与商务英语实践能力应用结合起来。因此,具体方案如下:

● 教学内容:挖掘国际商务环境下商务英语的实践应用能力焦点,突出课程的商务实践性功能。
● 教学实施:把商务毕业设计的各阶段内容分解到商务英语写作教学内容的各个章节中,并在商务英语写作的教学中充分体现与毕业设计课教学的同步性。
● 评价考核:两门课的考核统一设计,相互补充,相互促进,评价考核对促进学生商务英语学习有正向引导意义。

三、商务英语写作与毕业设计课程的教学重组与整合内容

有效教学的主张、教学策略及建构主义课堂活动结构对商务英语写作与商务英语毕业设计课程的重组与整合有着非常实际的指导意义。例如,有效性教学主张"为学生的成长提供机会——创设学生展示自我、发现自我和发展自我的机会";有效性教学策略"学习内容本身具有逻辑意义;学习者认知结构中具有与同化新知识相适应的知识基础";建构主义课堂活动结构"发现新问题,促进知识的应用和整合"等等。由此,笔者在两门课的教学内容、教学过程及考试测评三个方面进行了重组与整合。

1. 教学内容的重组与整合

传统的教学中两门课程的内容相互独立,因此,学生在商务英语写作课和毕业设计课上都很难建立有意义的情景关联,这样就影响了学生的学习积极性,也很难达到预期的教学效果。根据商务英语写作与商务英语毕业设计两门课的共同点,为了使学生能够在工作实践中进一步应用商务英语知识和技能(学生进步),发展自己的职业空间(学生发展),笔者在教学准备阶段对教学内容进行了合理的重组与整合。重组与整合的出发点首先在商务英语毕业设计内容的选择上,其次是结合商务英语写作课的内容,对两门课程的内容进行统一设计,这样两门课能够相互依存,相互促进,学生的学习主动性得到提高。具体做法如下。

首先,毕业设计的内容放弃了与商务环境工作实际关联度不大的英语翻译和语言类论文方式与内容,选取商务英语实践性较强,能够解决学生在商务实践中实际问题的内容;其次,以商务英语面试为切入点,在商务英语简历、商务英语求职信、商务英语面试过程写作(说明文、描写文、记叙文)、商务面试对话设计与商务英语写作课的内容进行匹配,如表1所示。

2. 教学实施过程的重组与整合

传统教学中,商务英语写作与毕业设计在教学实施中属于不同阶段完成的课程,在教学环节上这两门具有共同特点的课是脱节的,学生的学习实效性被课程安排人为割裂开,这样学生的学习效果就会出现前摄抑制或者后摄抑制的消极影响。因此,在课堂教学实施环节上,笔者在商务英语写作课中融入商务英语毕业设计的内容,在毕业设计指导中把商务英语写作课的知识与技能用在毕业设计辅导中。这样,两门课在教学环节上相辅相成,很好地发挥了两门课的实际教学效果。

表 1 商务英语写作与商务英语毕业设计教学内容的匹配

项目	教学内容	
	商务英语写作	商务英语毕业设计
1	选词用字:商务英语面试各环节词汇	商务英语简历
2	句子写作:商务英语句式的特点	商务英语面试对话设计
3	段落写作:商务英语文体段落写作标准	商务应用文写作:求职信、商务邮件
4	篇章写作:商务英语篇章结构及其展开	商务活动描述文、说明文、记叙文
5	商务写作综合性写作作业	商务英语面试实践(答辩)

3. 教学评价的重组与整合

传统教学中,两门课程的考核测评形式和内容是不相干的,考核成绩分别计算,这样在很大程度上造成学生学习成效考核量化与实际商务英语能力之间产生差距。因此,笔者把毕业设计的内容呈现在商务英语考试中,把商务英语写作课的知识与技能在商务毕业设计内容中同步考核。同步考核的过程能够强化学生的英语写作知识与技能,考核的结果能够促进商务英语知识和技能的实践转化,从而达到提高教学效率的目的。在商务毕业设计答辩环节增加了模拟商务面试的场景,从商务英语交际(口语与写作)的两个方面既提供锻炼平台,又提高实践性教学的效率。

三、商务英语写作课与商务英语毕业设计重组与整合实践的教学意义

从有效教学的理念出发,遵循有效教学的主张、策略及建构原则,在对商务英语写作与商务英语毕业设计的重组与整合教学实践中,笔者认为有三点意义值得借鉴。

1. 从教师层面上讲,有效教学理念强调教师要具备反思的意识

在教学中教师主动关注教学效益,为了提升有效教学,对学生实际需求、课程设置、教学策略等方面进行反思,在科学分析的基础上,在课程准备中从源头上合理地重组与整合学科知识体系与教学体系,从而提高学科教学效果,在实践中具有很强的指导意义。

2. 从学生层面上讲,有效教学理念关注学生的进步与发展

有别于传统的"完成教学任务即完成教学"的教学理念,从学生的进步与发展理念出发的教学是教学高层次的追求。因此,学生进步与发展需要什么,在教学设计中就应该体现所需要的内容、强化所需要的知识能力培养,并在考核测评中促使学习成果的实践转化,这样的教学才能够真正满足学生和社会的需要。因此,在商务英语写作与商务英语毕业设计两门课程的重组与整合中,关注学生在商务环境下的实际需求,在内容上、教学过程上、评价考核中体现商务环境实际应用情景,为学生有效学习提供动力。

3. 从教学层面上讲,有效教学更多地关注可测性或量化

教学中针对国际商务环境下商务英语不同的实践要求,开发出可量化、可测性的教学内容并重组与整合,能够让学生从课堂中掌握"看得见,摸得着"的商务英语,从而在提高教学有效性的同时提高商务英语教学的有效性。

四、结语

有效教学理论在教学理念、教学主张、教学策略、学习策略等方面有着丰富的内涵,本文以商务英语写作课与商务英语毕业设计的重组与整合角度出发并不能够反映有效教学理论的全貌,在教学实践中还要更好地学习理论,与实际融会贯通,以期能够全面提高商务英语教学的有效性;商务英语也是综合性很强的学科,本文仅从两门课程的教学实践中,尝试运用有效教学理论进行了大胆的实验,要全面提高商务英语的教学效率,还需要对商务英语诸多学科进行更深入的分析与探究,才能够摆脱"教学无效或者是低效"的窘境,更好、更高效完成教学任务。

参 考 文 献

[1] 林少杰.有效教学评价、理论与策略[J].教育导刊,2007(3):48-50.
[2] 包里其.有效教学[M].易东平,译.南京:江苏教育出版社,2002.
[3] 龙宝新,陈晓端.有效教学的概念重构和理论思考[J].湖南师范大学教育科学学报,2005(4):39-43.
[4] 姚利民.论有效教学的特征[J].当代教育论坛,2004(11):23-27.
[5] 张惠华.英语写作基础教程[M].上海:复旦大学出版社,2014.
[6] 羡锡彪.实用商务项目设计[M].北京:中央广播电视大学出版社,2001.

作者单位:上海市普陀区业余大学

成人教育中 Photoshop 软件辅助艺术设计课程探索

周媛媛

内容摘要：随着成人教育的发展，根据社会的需求，大量的实践性学科应运而生，艺术设计专业是其中实践性和操作性较强的学科之一。伴随着计算机软件的发展，大量的设计作品由计算机辅助完成，Photoshop 是艺术设计专业的一款专业辅助软件，可以操作达到手绘完成不了的效果并辅助设计作品的完善。笔者就成人教育中电脑软件学习和设计学习相结合的问题做了一些探索和试验，目的是让设计教学和软件教学能更好地结合为学员服务。

关　键　词：Photoshop 软件　艺术设计　成人教育

一、成人教育中的艺术设计课程模式

成人教育有艺术设计专业，主要以广告设计为主，目前的学员分布比较复杂：有一部分是社会上从事广告、印刷业的从业人员；另外一部分是业务自营青年，没有受过专业的体系型训练；还有一小部分是为了提升个人学历。不管是哪一类人群，在设计专业课程的学习中，或多或少都要用到 Photoshop 等相关绘图软件来辅助完成设计作业，例如在标志设计的课程中，很多标志的成型和发布都需要软件的辅助进行修改补充，加上我们也开设有专门的平面软件课程，其中就以 Photoshop 软件为主。所以，在课程的学习中，即使是专业课程，也需要加入软件的学习才能实现。

面对成人教育的培养对象的多样化和复杂性，本身在教学过程中就要讲究方式方法，还需要根据不同的专业课程采用不同的教学方法来适应学员的不同需要。而艺术类的学员更加特殊，有专业的绘画技法课程需要学习，但往往进来的学员十个人里有七八个没有受过相关的训练。面对基础学科的薄弱，后续的设计课程可想而知也是勉强为之，纵然有些学员会操作软件，但是由于审美意识的淡薄，做出来的作业也达不到教师的要求。

我们教学中的核心教学模式常常是利用现有课程的优势，借助多媒体手段，尽量让学员学习得有兴趣，获得的知识有质量。例如设计课程教学，往往就是采用实践课题纳入作业和练习，让学员带着问题去学习，去收集资料，再来到课堂把带来的问题加以研讨，将实践性的案例加入理论性的学习二者结合，把理论和实践环节用在实处，使得我们艺术设计的教学能够有的放矢。而软件课程的教学，一般的课程实施过程是基础工具＋书本范例的讲解演示＋操练。不可否认，这是一种放之四海而皆准的教学方式，但是针对成人教育的学员，有没有实际的效果，效果的普及率能达到百分之多少，只有任课老师才清楚。笔者在教学的过程中，面对不同层次的学员，发现了一些软件教学当中的问题,尤其是软件教学和设计教学脱节的现象让最后的实施效果大打折扣。那么,如何就这样的教学模式进行多样化的变动以适应不同层次学员的需要,更好地为教学和学员服务,也是笔者探索的问题。

二、结合 Photoshop 软件学习的艺术设计课程中出现的问题

在艺术设计课程中学习,面对成人的学习情况,会有各种实际问题,主要概括为以下几点。

1. 设计课程的理解程度问题

我们都知道,艺术设计是一个很宽泛的概念,当中包括了形式多样的设计课程。比如标志设计这门课,就名称来看是很容易理解的,因为比较常见,随处可见的商标就是标志的一种。在学习过程中,大部分同学对标志这个概念比较明确,但是对于如何设计还是比较模糊的。因为标志不是简单的名称拼凑合成,需要加入设计师的一些巧妙的想法,再借用软件恰当地表达出来,这是一种思想和技术的结合成果。有的同学在工作中实践过,理解起来相对容易一些,哪怕做出了不成型的标志也能经过教师的点拨加以优化设计。还有一部分同学却是完全不理解,因为没有接触过这门学科,甚至电脑操作都并不熟练,软件就更加不能运用了,这种情况下就无法用 Photoshop 软件来实现自己的设计想法。最后这种情况其实在成人院校的设计专业中是比较常见的,既要克服工学矛盾,还要比较投入地结合设计思想和操作方法做出成果,这是一个逐渐成熟的进程,也是不断学习和深化的过程。

2. Photoshop 软件案例难易程度问题

在 Photoshop 软件的学习中,我们也碰到了一些难易程度问题。前面也介绍过,有一部分同学从事设计工作,多少会操作一些绘图软件,而绘图软件的基本法则还是相通的,可以举一反三,也可以相互结合。还有一些同学不是相关从业人员,需要从头学起,这就给教师在选择案例讲解时增加了难度,从基本工具学起还是从案例学起是有差别的。基本工具对熟悉的同学来说掌握程度在 70% 以上了。案例的操作需要基本工具的配合。那么在授课时,既要配合一些有基础的同学不至于太简单,又要照顾到从来没有碰过这些软件的同学,就需要精心准备一些难度适中的案例,让每个人都有学习的机会和掌握技能的渴望。如果按照教学课件和书本的进度,是比较统一的,这需要学员保证高度连贯的学习时间投入,才可以完整地学习所有的内容。而一般的实际情况却是参差不齐的上课人员和断断续续的案例讲解,难以持续进行,对教师和学员都是一种挑战。

3. 设计思路和软件操作结合问题

设计课程要结合软件操作,软件课程要结合设计实例。这几乎是所有设计课程的必经之路了。但是针对成人教育的学习来说却是说来简单、操作不易。成人教育更注重的是实用性,加上大部分学员的基础并不好,在有一些设计思路和想法的时候往往很难用软件操作表达出来。于是乎,经常会有一些学员对一些设计有思路但是做不出来,手绘也难以完全表达自己想表达的意境。当然,这群学员也是分情况的,有个别的学员手绘也不错,她们更加适合用手绘表达,对这样的学员,教师也不必强制完全用软件去制作设计作品,在手绘的基础上用软件做深入效果设计也是一种方法。当然,也有一些手绘也不行软件也不会的同学,就比较痛苦了,作业不能按时完成,这部分同学的数量也不是很多,可以通过多学多看多练而进步。也有较少一部分同学,从事着和设计相关的工作,Photoshop 等软件操作得较为熟练,但是设计思路不灵活,很多时候基本素养跟不上超前的设计发展前景,这也会造成词不达意的结果,很多时候在作品点评时表现得非常明显,这的确是一大缺憾。这样的能力只能做一些基本的设计操作性步骤,对后续的内涵性延伸无法到达理想的程度,也就限制了作品的优秀程度。

三、如何让 Photoshop 软件成为艺术设计课程有力的辅助工具

Photoshop 是 Adobe 公司旗下最为出名的图像处理软件之一,它集图像扫描、编辑修改、图像制作、广告创意等于一体。作为一门高校课程,Photoshop 是计算机多媒体技术和设计装潢等专业的核心课程,它与专业知识的综合应用有着非常直接的关系。在我们一般的软件教学中,仅仅涉及学习工具的使用和常规的范例操作。学到最后也仅仅是皮毛中的皮毛,并非真正学到实用性的操作。我们可以尝试着改变一些教学方式方法,掌握学员需求后再改变一些学习的策略,能达到更好的效果。笔者在授课期间,也尝试了一些教学方法和方式,作为一种初步的探索。

1. 改变教学的固定思维

为了改变教学中的一些固定的模式,软件学习可以结合设计课程中的相关实例进行电脑上的操作,这种模式类似于实时追踪的教学模式,根据同时期学员的课程安排,设计类的课程都有相关的练习,例如图案设计,可以就学员手绘的设计小作品,用 Photoshop 软件中的钢笔工具表现出来。这个钢笔工具是 Photoshop 软件中比较难的一个基本操作工具,除了掌握用法以外,还需要有娴熟的操作技巧,与其做一些无关紧要的练习,不如结合设计基础课的一些作业,做一些相关的练习。一方面,更容易引起学员的兴趣;另一方面,都是自己设计的作品,在两种不同效果的呈现下更容易看到成果。譬如,我们艺术设计专业的基础课程素描和色彩课,虽然用电脑软件操作起来技术性较高,但是用 Photoshop 软件,可以做更丰富多样的效果处理,不妨用一些成型的素描或者色彩作品用电脑做一些后期的处理,可以让作品更加精细化,呈现不同的作品效果。这样的操作也让学员更加深入了解电脑软件和手绘技法的实际不同,加强学习,更进一步了解实用技能,还可以将传统的素描色彩基础教学与艺术创作相结合,提升课堂教学的有效性。

2. 加强实践环节的多样性

思考和方法是学习的基本道理。在思考中能得到不一样的思路和方法,在学习的过程中尤其如此,教师应不断思考如何使教学效果更好。我们的 Photoshop 软件学习和设计的教学过程,是一个实践性教学的最好体验。我们的每一次课程都应该当作一次课题设计,老师发布相关课题,学员参与进来设计,最后共同完成这个设计内容,这样才能教学相长。根据一些新的教学设计思路,有以下几点实践教学的思考。

其一,目前的教育界普遍流行的是混合式教学方法,采用线上和线下相结合的活动式灵活教学方法。我们的 Photoshop 软件教学就可以采用这种教学方法,环环相扣,搭建行为模块配合设计过程。我们的艺术设计课程中有一个部分是素材收集,在这个过程中,一方面是收集不同的作品素材,另一方面可以培养学生的审美意识。这个环节中我们可以大胆地用 Photoshop 来处理收集的材料以配合自己的设计作品所用,这需要教师有目的性地引导学员,自己收集的素材往往格式和画面效果不符合自己的设计作业,利用所学的软件操作技能稍加改动就可以变成符合自己和教师要求的作品,一方面能达到自己的作品标准,另一方面也实际操练了电脑软件技能,是一种相得益彰的教学方式。线上体现在可以利用我们广大的网络资源搜集大量适合的素材,再通过筛选留下可以使用的,利用软件修改及合成的相关技术加以修饰。线下体现在利用初具雏形的作品与指导教师进行沟通,找出自己的不足,教师可根据不同的学员出现的不同情况分别加以指导和修改,最后达到较为满意的结果,让学员在这种学习过程中有所获得。

其二,通过引用一些生活中常用的案例来加强学员学习的兴趣。例如 Photoshop 课程中加入个人名片的设计操作,艺术性地对身份加以说明,彰显个人性格,这一课题也正好匹配了我们的广告设计课程;还有旅行明信片设计,婚礼邀请函的设计,都是生活中每个人都会遇到的,这些东西看起来并不是很大,但是却是生活中常见的细节,做得优秀的会给身边的朋友留下深刻的印象,而拥有这项技能的人也会获得不同的体验。这些小设计就需要用到很多 Photoshop 色彩调配、排版方法等操作技能,是一项很实用的技术,如果再适当地加上个人的眼光和看法就更加个性化。如此一来,在学员们感兴趣的基础上加入基本工具的操作练习,让每个学员的作品都具有个人特色,也更实用。

其三,做一些较高层次的拓展性训练。这种教学方法需要在 Photoshop 软件学习到一定程度以后才可以应用,结合专业设计课程也进行到相应的阶段后较为适宜。我们知道,Photoshop 应用的面非常广泛,在很多学科学习中均有涉猎。例如我们常见的室内设计、广告设计、产品设计,做一些拓展型的练习非常实用也非常有趣。例如给室内设计效果图增加一些图库中的素材作品,丰富室内环境,美化室内空间;在广告设计作品制作过程中增加图层的效果处理,加强广告效果;给产品设计更换不同的肌理素材,呈现不同的宣传效果。这些进阶型的方法都会给大家的作品带来很多精彩之处,让我们在开拓眼界的同时学习到了丰富的技巧。

最后,作品评析阶段,这是所有设计课程中都会有的教学环节。很多教师可能不太重视这个环节,有的甚至忽略了这个环节。其实,最后的评析环节相当重要,等于一次作品的展示,在这个展示过程中,可以相互学习、借鉴、讨论,加强自己的专业素养。在这里,我们建议的操作方式是把 Photoshop 软件结合大家的作品,教师动手操作修改一些明显可以改善的地方、能够即时产生和原来的作品不同的效果的地方,让学员们能即刻体会到软件学习和设计思想之间碰撞所产生的明确效果,所见就是所得,有力加强了理论知识和实践知识的结合运用。

3. 多元化的评价考核体系

在 Photoshop 的教学过程中,常规的考试做法是上机考试,按照教师提供的素材在规定时间内完成一件符合要求的作品。在这个体系中,建议也可以丰富起来,不可墨守成规,要与时俱进,因材施教。首先,针对成人的学习习惯和特性,可以采用作品考试和上机考试相结合的方式。正如之前所说的一些上课模式的多样性,例如可以利用学员平时的专业设计课作业,用 Photoshop 修改成更符合考试要求的作品。这样结合考试的好处是满足了学员对学习持续追求的兴趣,而且丰富了自己的作品,一项作业可以同时用在两门课程的考试结果评定上,更加人性化,也符合教师的多方面考评要求,有助于公正合理地给出评定结果。其次,进行作品作业的定期或不定期的展示活动,让大家互相观看别人的作业情况,每个人都说一说自己的作品设计思路和想法,设计中还有哪些方面未能达到、因为什么原因未能达到,通过教师的统一点评,加上同学之间的互评,找到一些灵感进而完善。这就是一个很好的互相学习过程,也是一个人性化的考核标准,相互之间深入了解、深入学习,对问题看法的不同而碰撞思维最后得到结论。虽不是人人都可以达到最高的标准,但却是人人都可以达到的学习标准。这也是笔者在课程设计之初曾经多次想过也在课程中实施过的方法,已经得到的反馈还是比较不错的。所以,重要的是适应这个学习标准,而不是学习一个结果,这是非常不一样的两种教学理念。

四、结语

综上所述,在 Photoshop 软件的教学过程中和艺术设计类相关课程相结合是相得益彰的一种教学方式。在不断发展的技术和艺术中,我们也可以想象到一些发展的成果。

我们可以通过不同的多样性的教学方式来增进学员的参与度和体验感。总结了一下,笔者有以下一些想法:

其一,作为一名专业课程的教师,以学员的需求为导向,设计和安排教学方式使得学员最大程度地在课堂上就能学到实际的知识是一件非常有成就感的事情,也是教师的基本师德的体现。

其二,由于 Photoshop 软件功能强大,版本也在不断升级,学生要全面掌握各种功能并独立制作出有新意的作品并不是一蹴而就的事情。在授课过程中,教师应始终以培养学生的职业能力和突出实际操作技能为中心,注重授课内容的时效性,让艺术和技术始终在一条平稳的道路上结合而行。

其三,所有的方法和实施均是成人教育在艺术学科上的进阶型结果。在未来的课程设计当中,只会越来越丰富方法实施的效果和成果的多样性。笔者作为一名教师也将不断探索,寻求更好、更适合学员的学习方法。

参 考 文 献

[1] 李晓文,王莹.教学策略[M].北京:高等教育出版社,2000.
[2] 应勤.Photoshop CS2 入门与提高[M].北京:清华大学出版社,2006.
[3] 宗晓艳."Photoshop 软件应用"课程实例教学策略研究[J].广东技术师范学院学报(自然科学),2009(2):55-58.
[4] 朱彦.浅析高职 Photoshop 课程教学中职业能力的培养[J].科技信息,2010(15):226-227.
[5] 肖学华.计算机辅助设计课程教学研究与实践[J].中国现代教育装备,2006(3):47-48.
[6] 曹月芹.浅析 Photoshop CS 案例教学创意设计策略的探索[J].信息与电脑(理论版),2010(2):206-207.

作者单位:上海市普陀区业余大学

文化认同、责任情怀
——普陀区业余大学校史馆文化建设与育人价值的实践思考

张凤芳

内容摘要：校史馆是校园文化的重要展馆，见证着学校的发展历史，承载着学校的文化品质，是新时代学校精神文明建设和思想政治教育的重要基地。本文以上海市普陀区业余大学为例，立足成人高校校史馆文化建设的理念、内容和育人载体三个维度，探索校史馆对校园文化建设的积极作用和育人价值。

关 键 词：校史馆　校园文化　育人

中共中央、国务院印发《关于加强和改进新形势下高校思想政治工作的意见》指出，要加强对课堂教学和各类思想文化阵地的建设管理；要坚持全员全过程全方位育人的原则，把思想价值引领贯穿教育教学全过程和各环节，形成教书育人、科研育人、实践育人、管理育人、服务育人、文化育人、组织育人长效机制。

校史馆记载的是一个学校的创建发展和变迁历史，凝结着一代代教育者的知识、经验和智慧，是展现校园文化的重要窗口。"校史馆建设兼有学校文化的硬件部分和软件部分，既看得见、摸得着，又能镌刻在师生们、校友们的心灵里。"因此，校史馆是新时代校园文化建设的有效形式和载体，对于成人高校实现全方位育人，提升思想政治工作实效具有重要的意义和价值。

一、校史馆文化建设的设计理念

上海市普陀区业余大学前身为沪西补习学校。1980年5月经上海市人民政府批准，正式更名为"上海市普陀区业余大学"。学校伴随着共和国的脚步，在改革开放的进程中逐步成长、发展与壮大，已有70余年的办学史。几代人的不懈追求，积淀了丰富的办学经验，铸就了光辉的历史篇章，也成就了今天事业的辉煌。目前，学校已发展成为集学历高等教育、非学历继续教育、社区教育和老年教育于一体，服务于区域全民终身学习的新型高等学校，成为上海市独立设置区办成人高校事业快速发展的见证。因此，校史馆的设计基于学校发展史、奋斗史，充分展示业大人的精神风貌和执着追求，实现"建好一座馆、讲好业大人自己的故事"的文化育人功能。

（一）内容设计上体现历史性、真实性、发展性

展示内容是校史馆的灵魂。普陀业大校史馆在内容设计上，一是体现历史记载功能，对校史资源的开发使广大师生了解学校的校风、校情和校训、发展轨迹、优秀文化传统；二是体现文化育人功能，让师生感受学校在发展壮大过程中取得的成就以及未来的发展方向，引领师生继承学校人文精神内涵，激发责任情怀。

根据学校发展史,内容设计上具体分为六个展示区域共13个板块:
(1) 序厅:重点展示形象墙、前言、校徽、"一训三风"等。
(2) 关爱厅:领导关怀——鼎力相助　春风化雨:重点展示不同年代上级领导、组织对学校的关心、视察督导图片等。
(3) 变迁厅:历史沿革——披荆斩棘　脚踏实地:重点展示学校校名、校址变迁情况、历任领导等。
(4) 发展厅:分为专业建设、教育服务、师资队伍、科研成果、交流合作、校园文化、校友风采七个板块。
① 专业建设——力学笃行　开拓进取:重点展示专业开发、建设、课堂教育教学改革、专业科系介绍等。
② 教育服务——与时俱进　满足需求:重点展示各类非学历培训、社区教育、老年教育等。
③ 师资队伍——内练外树　名师辈出:重点展示师资基本情况、高层次人才、人才引进、在校教师培养等。
④ 科研成果——笔耕不辍　春华秋实:重点展示研究所成立、科研年会、学术刊物、学术成果等。
⑤ 交流合作——开放融合　共建共享:重点展示校企合作、与高校合作、与委办局合作,融入服务区域经济社会发展等。
⑥ 校园文化——管理民主　人文浓郁:重点展示党建、群团、学生自我管理等。
⑦ 校友风采——心心相印　余韵流风:重点展示不同阶段、不同专业中成长为社会栋梁的杰出校友录,有全国劳动模范、全国师德标兵、民营企业家、区域政府管理人员等各行各业人才。
(5) 荣誉厅:办学成效——桃李芬芳　硕果累累:重点展示学校的荣誉奖项、办学成果等。
(6) 展望厅:未来展望——长风破浪　继往开来:重点展示未来学校发展方向、光影校园、后记等。

(二) 空间设计上体现立体性、直观性、科技性、多功能性

对校史馆空间的规划上,结合校史文化内容的需求,将其统一协调、自然伸展、和谐融入展馆的每一个空间是设计的重点。

(1) 空间的层次分割体现立体感。校史承载和体现的是年代感和厚重感,因此,校史馆内部空间设计要有一定的层次感。基于整体布局,对部分结构改造,以适当增加隔断及变化隔断造型的方向,使其具有校史馆的文化特征,并起到拓展校史馆的展厅空间的作用。如荣誉墙的设计就是增加隔断以体现立体感和视觉上的冲击感。

(2) 空间设计精简体现直观性。在表现校史馆所拥有的浓厚文化底蕴的同时,让其符合现代人的审美观点;在突出校史馆重要特征的前提下,简洁并富有特点的时间轴造型并配合精心设计的版式界面,以起到画龙点睛的作用。如学校发展史的设计以时间轴的图画方式展示,一目了然,直观性强。

(3) 多媒体技术互动体现科技性。一个现代化的文化展馆,能全方位调动学习者的视觉、听觉、触觉等,以较强的冲击力实现身心感受的联结。多媒体技术的运用,在满足内容展示的同时,让校史馆具有一定的科技性、互动性,激起参观者的求知欲,让其自主地去探索,并在这种自主的探索中获得愉快的观展体验。如校史馆LOGO的展示、多媒体墙的文化内容设计等,就很好地体现了科技与校史文化的有机融合。

(4) 空间留白设计体现多功能性。"让更多的参观者进入校史馆"是展馆价值体现的关键,在空间设计的功能定位上,通过留白体现多功能性,避免校史馆只为校园大型活动而建而开放的弊端。普陀业大将多功能会议室植入校史馆,校内外各种小型的学术研讨、会议、交流直接在校史馆进行,增添了浓郁的文化气息。同时,校史馆的开放价值更加显现,两者相得益彰。

(三) 色彩设计上体现校园主基色、和谐性、情感性

色彩是环境设计中最直接、最活跃的视觉要素。色彩在校史馆设计中不仅起到装饰、美化和传递信息的功能,它作为造型艺术的语言媒介,在展示环境、情感方面有不可替代的作用。

(1) 传承校园的主基色。在色彩的选择上,结合学校文化及其表现形式研究,与学校色彩的主基调酒红色相融,选择酒红色加浅灰色,两种颜色穿插设计贯穿始终。同时,以小面积的蓝色作为强调色,既简洁明快,内容清晰,又彰显校园文化的传承理念。

(2) 体现色彩的和谐性。色彩的和谐性就如同音乐的节奏与和声,在室内环境中各种色彩相互作用于空间中,和谐与对比是最根本的关系。因此,在校史馆每个版面色彩的选择上,关注色彩三要素——色相、明度和纯度之间的靠近,从而产生一种统一感。同时,通过光线变化、实物摆设、质地材料等元素的丰富使用,使空间既不单调又显和谐。

(3) 彰显色彩的情感性。人的视觉感受和对色彩的心理反应形成色彩的情感。色彩情感取决于色彩的各种特性、属性的表现,以及展示、表达语言的和谐共鸣,使人的心理特性和校园文化发生联系,引发情感沟通。如在学校发展的挫折期用灰色、数字展示部分用蓝色彰显理性、教授风采用灯箱透亮色来展示人才强校等。

二、校史馆文化建设的育人价值

校史文化是学校育人的深层内核,代表学校精神的精髓,如何使之融入入学教育、进入课堂教学、植入日常活动,强化文化育人价值是生命力所在。

(一) 校园精神文化的"园地"

文化,是一个国家、民族根之所系、脉之所维。校园文化,作为学校思想政治工作的一项重要载体、学校精神文明建设的重要组成部分,以其特有的物质形态和人文气息,潜移默化熏陶影响着学生的世界观、人生观、价值观、道德观、审美观,具有隐潜性和深刻性的特点和独特的育人功能。

作为展现学校历史的校园文化平台,校史馆反映的是普陀业大办学的历史和这个过程中所积淀的校园文化,是传播学校精神和校园文化的重要窗口。普陀业大70余年的传承、发展与壮大,折射教育时代进程,凸显业大人创新精神。校史馆比较全面真实地反映和再现了学校发展的历史与拓新致远的足迹,勾勒着普陀业大的形象与文脉,记录着普陀业大今日的功能与价值,成为普陀业大人一份美好欣慰的回忆,召唤着普陀业大人不忘初心、牢记使命、勇攀高峰、争创一流。

任何一种文化没有创新便只能枯竭,任何一种文化未经实践也只会萎缩。在建设现代化教育强国的新时代,普陀业大以"办好普陀人民满意的终身教育"为使命,构筑普陀业大"崇德、尚学、求真、力行"新校风,在"以科学的理论武装人,以正确的舆论引导人,以高尚的精神塑造人,以优秀的作品鼓舞人"中凸显成人教育的新亮点。校史馆所孕育的先进文化已然成为学校精神文明发展的孵化地,而新时代学校转型发展中的人物故事又催生校园文化的新生力,让精神的言说成为跨越时空的实践,滋养心灵、鼓舞气势。

(二) 学生思政教育的"基地"

校史馆作为校园文化建设的重要载体,是教育、激励、凝聚学校学生的场所,是成人高校教书育人的重要活动资源和深厚力量。

(1) 学生思想政治教育的重要阵地。"种树者必培其根,种德者必养其心"。校史馆相对于其他思想政治教育载体,具有真实可见的独特优势,已经成为学校思想政治教育重要载体。透过校史馆的馆藏和展板,学校的先进教学理念、优秀科研成果、学科专业建设、对外合作交流等等,在一个极具视觉冲击的固定场馆得到充分的显示。特别是优秀毕业生的展示墙,他们中有全国道德模范、五一劳动奖章获得者,他们用自己的故事,激励着每一位怀揣梦想的成人高校学生,在追梦圆梦的路上锲而不舍、拼搏进取,把责任化为情怀,成为时代优秀建设者。

(2) 新人入学教育的重要营地。每到开学季,参观校史馆已成为新生入学教育的第一课。通过"沉浸式"主题教育,让新学员带着敬畏之心去参观校史馆,在参观中了解学校的办学历史,了解学校的"一训三风",了解学校在各个学科的教学科研实力,了解学校的教学名师、特色专业、科研奖项、办学荣誉和优秀校友。在穿越历史中感受校园精神和校园文化,在观摩中陶冶情操、提高认识。"让每一面墙都说话,让每一张图都震撼",鼓舞广大新生努力奋进,开启新的人生征程。

(3) 校史馆成为校友实践基地。校友不仅是社会的人才资源,也是学校的宝贵财富和发展的支撑力量。普陀业大校友中不乏一心为民的政界骄子,驰骋商场的企业精英,成绩卓著的优秀学者,更有无数校友在各自的工作岗位上恪尽职守,默默奉献。学校注重校友会建设,如校友回校活动,校史馆就是交流沟通之处。返校校友参观校史馆,为母校发展献计助力。

(三) 对外交流的文化"热地"

普陀业大"引领需求、精准服务"的办学理念,"四教融通"的发展策略,均离不开宣传和对外交流,作为全面展示和见证学校办学历史的场馆,校史馆已然成为校园文化的一张靓丽名片。

(1) 举办校史馆开馆仪式,弘扬校园文化。每一所学校的校史都是一部爱国史、教育史、文化史、学术史、人物史,是一所学校发展轨迹的真实记录。结合新时代学校办学理念和文化的宣传和推广,借助71周年校庆,学校举办校史馆线上开馆仪式和专题发展论坛,让与会嘉宾在直接的参观中感悟成人教育发展的力量和使命。

（2）学校对外宣传与交流的文化热地。围绕"立德树人"目标,学校各教学系部将参观校史馆、了解校史与本单位政治学习和学生教育相结合。同时,校史馆还承担了校内外各种小型论坛、学术交流、专业研讨、会议接待、民主党派活动等任务,发挥了接待领导嘉宾、外国友人、机关团体、社团组织的功能,已成为学校对外宣传与交流的文化热地。

三、校史馆文化发展的实践思考

未来成人高校的校史馆该如何更好地发挥校园文化基因、更好地讲好教育人自己的故事、更好地凸显立德树人的功能?在实践的基础上,笔者认为可有三方面的拓展领域。

一是做深校史资源内容。学校要把校史馆自身的藏品、校史馆自身所拥有的文化资源研究透、发掘透,才能够达到传播好校园文化基因和故事的目标,这是校史馆文化建设需要特别关注的方面。例如设置校史文化课,将校史资源列为选修课或举办专题讲座、文化论坛等,并使之成为学校文化特色课程,面向学生开展比较系统和全面的校史学习,在了解历史中实现文化认同,感怀励志。

二是拓展校史发展空间。校史是学校发展轨迹的真实记录,蕴含着一以贯之的学源传统、延绵不绝的精神动力。如何在有限的物理空间中延续和发展文化空间是另一个值得关注的方面。当下很多高校在校史馆内建立数字化校史资源库,将文本、照片、音响资料等原始档案材料转化为图片文件、音视频文件,形成虚拟的校史档案库,实现海量存储、快捷检索和访问,使校史馆永葆发展空间和活力。

三是创新校史文化载体。用科技让文化教育插上智慧的翅膀。学校要勇于将一些新方法、新技术、新手段应用到校史馆自身的管理和展示中,如通过数字技术来挖掘校史文化的内涵,通过学校网站、微信公众号、校本化网络课程等多种方式,通过AR/VR技术让校史空间更加灵动,打造"校史云课堂",让参观和学习者足不出户就能够了解到独具特色的校史文化,领略学校办学特色和人文精神,实现文化认同,提升责任情怀。

参 考 文 献

[1] 朱明宝.论校史馆与校史馆建设[J].中山大学学报论丛,2007(11):333-335.
[2] 范明.高校档案馆建设校史馆的现实意义与设计创意[J].海南大学学报(人文社会科学版),2015(4):126-130.
[3] 肖伟.校史文化在高水平大学校园文化建设中的作用研究[J].现代职业教育,2017(4):96.
[4] 金雁.以高校校史文化推进校园文化建设的路径研究[D].成都:西南交通大学,2009.
[5] 曹洪玺,曹玉旺.用习近平强军思想塑造优秀军事人才[J].政工学刊,2018(4):46-47.

作者单位:上海市普陀区业余大学

关于街镇社区学校云视课堂建设的思考
——以仙霞新村街道社区学校为例

谢维新

内容摘要： 在社区教育中开展数字化学习，推进数字化学习社区建设，是加快社区教育信息化进程的必然要求。本文立足于长宁区仙霞新村街道，分析了街道社区学校云视课堂建设的缘起、具体实践的做法，提出了进一步推进云视课堂的几点建议，并展望未来云视课堂的发展。

关 键 词： 社区学校　云视课堂　课程质量

2016年，教育部等九部门《关于进一步推进社区教育发展的意见》中提出，要着力"推进社区教育信息化"。2019年，中共中央、国务院印发的《中国教育现代化2035》中也明确指出要加快信息化时代教育变革，建设智能化校园，统筹建设一体化智能化教学、管理与服务平台。利用现代技术加快推动人才培养模式改革，实现规模化教育与个性化培养的有机结合。由此，云视课堂作为信息技术与社区教育不断融合的实践成果应运而生。

一、社区学校云视课堂建设的缘起

1. 仙霞云视课堂之由来

仙霞社区地处中心城区，辖区面积小而户籍人口众多，人口密集程度相当之高，一直以来，社区学校都没有一处独立完整的校舍，而是分两个校区。目前，社区学校拥有一间办公室、两间多功能室、五间普通教室、一个舞蹈房、两间琴房、三间团队活动室及一个阅览室，集教育培训、健身娱乐、读报阅览等功能于一体。尤其是近几年，随着学校开设课程的日益丰富、学员人数的不断增多，社区居民不断增长的学习需求和现有的校舍场地环境形成了矛盾，常常出现一座难求的局面。为此，在街道党工委的支持下，仙霞社区学校同辖区内多所学校签订场地开放或共建协议，充分利用好学校内的学习场所和教育资源，由此体现大社区概念，使辖区内的社区教育资源得到充分利用。同时将23个居民区划分为4个责任区，每个责任区牵头教学点配备一套远程收视设备，社区学校的课程在这四个牵头教学点都可以同步收看。自2016年起，在数字长宁云视课堂的大力推动下，仙霞社区学校也陆续推出云视课程，通过云视技术，将社区学校的优质课程传播给更多有需要的社区居民，也进一步丰富了仙霞数字化校园建设的内涵。

2. 何为云视课堂

云视课堂是长宁区学习办、区社区学院在推进社区教育的实践中，结合数字化优势，在社区教育中积极创新,借助互联网技术开设的互动课堂,一方面将优质的社区教育资源通过网络开放给在线学习者,突破了教学场所和空间的限制,扩大了受众人群;另一方面开发了在线即时互动功能,解决了原有的在线学习难以实时互动的缺陷,增强了在线课程的趣味性和吸引力,成为一种更加符合在线学习规律的新模式。

社区教育云视课堂是借助互联网、云计算、大数据、移动学习等理念和技术,在社区教育中将授课现场、社区学习点和学员等在线互联起来,使用云视频会议系统开展网上教学,实现线上线下教学即时互动的新型社区教育模式。利用互联网将优质的教育培训资源呈现在云端,市民可以通过在线加入的形式,进入社区教育课堂,并与老师进行即时互动,同时还可以选择一些优秀的、有特色的课程教学内容进行全程录播,制作成课件上传到数字学习平台,让市民足不出户,随时随地享受优质的社区教育服务。云视课堂的开设,在学员和老师之间、学员和学校之间搭起了一座无形的桥梁,使学员足不出户实时学习,也逐渐成为社区学校一项新兴的重要教学模式。

二、社区学校云视课堂建设的实践

1. 贴近需求,完善实施方案

社区教育服务归根结底是为社区居民提供适宜的教育服务,而课程就是教育服务的具体展现形式。社区教育的课程与资源建设情况,将直接影响社区教育的质量、参与率与效果。

(1) 社区教育"混班教学"现象。所谓"混班教学",即是大量学员中新生和老生同班学习的现象。"混班教学"不仅在社区老年教育书画课程中较为普遍,在其他社区老年教育专题课程中也大量存在。

(2) 社区教育教师的专业水平较普通学校偏低,并且缺乏专业的培训。专门从事社区教育的专职教师多是退休教师或是该课程的业余爱好者,或者是从小学教育、中学教育领域转岗而来的非骨干教师,抑或是从课程学习中成长起来再转为教师的志愿者。比如仙霞社区学校,有教师资格证的教师少之又少,中级以上职称的教师不到半数,大部分教师有着丰富的教学经验,但并非社区教育的经验,相关专业方面的培训还比较缺乏。

鉴于以上情况,为了既能使学员享受专业师资,又能实现资源分享的均衡,在社区师资短缺的情况下,云课堂更能凸显其优势。为了使数字化学习更贴近社区居民的需求,仙霞社区学校紧密对接区、街道数字化学习发展规划,通过各种形式进行调研。如利用读书会活动召开座谈会,了解不同层次居民对数字化学习的理解以及他们心目中数字化学习平台的模式;利用听取社区学校课程设置意见的机会,了解目前传统社区学校运作模式中存在的问题以及学员对于推进数字化学习的看法,并将学员的需求、意见整理成文,咨询专家学者,形成《仙霞社区学校数字化学习推行方案》,成为仙霞社区学校数字化运行的强力支撑。

2. 统筹协调,优化云视课堂管理体制

2016年起,仙霞新村街道成立社区学校数字化学习工作领导小组,由分管领导担任组长,社区服务办公室主任任副组长,具体工作由领导小组下设办公室负责,成员包括社区教育专职工作人员、社区图书馆馆长、社区文化活动中心主任、街道信息办工作人员等,社区学校常务副校长负责统筹数字化学习推进。云视课堂作为数字化学校的重要抓手,在街道领导的重视和业务科室的全力支持下,云视课堂建设工作得到了全方位高效的推进。

3. 完善学习网络,健全运行机制

仙霞新村街道一直走在数字化教学应用的前列,早年就推出了书香网、数字课程点播平台、视频讲座系统,不仅可以让居民足不出户就在网上阅读好书、发表评论,还可以在就近的居民区教学点随时点播视频课程或讲座、收听视频广播。为扩大社区教育的辐射面,2013年,仙霞社区学校最先开展实施市政府"扶持70所老年学校开展标准化建设"的实事项目,在社区学校、图书馆、文化中心的教室、会议室安装远程视频系统,并在居民区教学点建立4个新的远程教室,在地理位置上呈星形分布状态,满足各居民区数字化学习的需求。同时,长宁区"区街一体化"数字学习平台正式上线,依托区级平台建立了仙霞新村街道子平台,并统一接受配套资源和统计数据共享以及管理和技术支持服务,逐步丰富网上社区教育课程资源,以加强互动的方式,继续开发网站"服务、交流、宣传"三大功能,通过积极动员,广泛宣传,开展各种网上读书活动,吸引更多的居民参与网上学习。在原有的常规学习板块,仙霞社区学校的子平台还加入了在线书评、作品交流、报名及考试系统、我身边的教室、i读书俱乐部等居民在线互动学习交流的功能栏目,体现了数字化学习的教学性、开放性和多元性。这些探索都为"云视互动课堂"交互平台提供了支撑。

作为终身教育体系的重要组成部分,社区学校应不断畅通数字化学习推进工作渠道,完善配套制度,做到职

责明确、运行顺畅。在社区学校层面,落实数字化学习工作计划和实施方案,明确数字化学习的目标、内容及措施;建立由社区学校管理人员、居民区教学点负责人参与的数字化学习工作联席会议制度,制定数字化学习推进队伍考核制度,对各级网络数字化学习工作、云课堂课程开展情况进行检查督促。在教学点层面,各教学点则根据自身的师资情况、硬件条件情况、教学特点成立数字化学习特色队伍,培训云视课堂操作志愿者队伍,制定出基本的工作推进制度,逐渐形成社区学校、教学点、睦邻点三级网络云课堂的架构。

4. 整合资源,培育优质课程

2017年、2018年两年,仙霞社区学校先后推出精品云视课程"摄影基础"和"摄影艺术"两门课,课程聘请社区学院摄影专业的资深教师授课,场地选在长宁区市民中心,过硬的场地和设备为精品云视课程提供了保障。2019年,又推出"朗诵"课程,加入云视课堂的课程菜单。此外,社区学校还将云视课程菜单配送到居民教学点,为已搭建云视设备的部分示范教学点开设云视课堂。如大金更教学点点选了江苏路街道的"声乐"课程,一方面缓解了社区学校声乐班一座难求的困境,另一方面为教学点声乐班解决了师资问题;新晋示范教学点茅台花苑也积极争取云视设备的配置,2019年春首次启动云视课堂课程,点选青浦区的"诗歌朗诵"课程,居民十分喜欢。

三、社区学校云视课堂进一步推进的思考

近三年的云视课堂推进的实践,收到了一定的效果,一定程度上缓解了社区学校在场地、师资上的困境,同时社区学校的课程也覆盖到更多社区居民,这种课程模式也受到居民的认可和欢迎。但是,在这个实践过程中,也遇到一些问题和困难。为了进一步推进云视课堂,建议从以下几个方面进行完善。

1. 完善软硬件配备

云视课堂作为一种基于云计算和大数据的在线学习方式,其功能和优势的实现势必需要有数字化平台的支撑,因此,对于场地的硬件条件要求较高。仙霞社区学校作为老牌的数字化学习先行单位,早在2013年就在社区学校内和下属教学点配置了投影、大电视和音响等设备,但数字化设备更新换代速度快,当年的设备早已不能满足如今云视课堂的需要。云视课堂作为在线直播课程,对网络流畅度要求较高,这样呈现的画面质量、声音质量才能满足正常上课的需求,而社区学校校区大多并没有独立实用的无线网络,目前阶段只能使用区级配送的移动Wi-Fi,网速稳定性欠佳,导致有时直播的时候画面、声音不够流畅,影响教学质量。另外,由于社区学校的学员大多是老年学习者,所以对课程的画面清晰度要求较高。除了网络影响之外,摄像头的清晰度也直接影响画面质量,尤其是老师教学会涉及板书的课程,更是需要有清晰的画面,建议配备精度更高的摄像头,确保老年学习者能够看清楚老师所讲内容,保证教学质量。

2. 选择合适的课程

社区教育课程有别于普通高校的课程,以艺术修养、技能操作类课程居多。选择什么样的课程作为云视课堂直播课程,值得思考。就目前的硬件设备的条件来看,并非所有的社区教育课程都适合作为云视课堂进行直播。比如声乐、书法等实际操作类课程,如果仅仅是作为赏析观看的话,问题不大,如果是想像正常上课那样,跟着老师学唱、学写,然后通过提升有所进步的话,有一定难度,因为老师并不能直接对学员进行远程指导,远端的学员实际操作性不高,这样就会降低学员的参与度,进而减少学习的兴趣。大金更教学点就是如此,2017年点选了江苏街道的声乐课程,初衷是想缓解声乐师资的困境,但两三次课下来,学员只能在远端跟唱,也不知自己唱的是否正确、是否有进步,有时网络不流畅,甚至听不清老师所讲内容,所以导致学员越来越少。因此,云视课堂目前适合开设的课程还是以讲课类课程为主,学员只需要在远端听,不需要实际操作,有问题可以提问。

3. 健全管理机制

云视课堂的正常运转,需要有一支服务团队,而不是仅仅依靠社区学校校长或教务一个人。从区级到街镇,应该用层层培训的团队,将最新的技术、操作方法及时传授到各个街镇、教学点甚至是睦邻点。另外,社区课程变化较大,虽然提前有课表的告知,但学期中难免有调课、停课等情况的出现,及时通知到远端收视学习的学员非常重要,这中间就需要有专门的管理团队进行沟通、协调,以免出现学员到场收看学习却没有课程直播的尴尬。因此,在组织学习活动的过程中,从指导教学到信息技术服务,都需要大量的智力和人力输出,包括配备辅导教师、技术人员和服务人员等。在英国开放大学,大卫·西沃特提出了"辅导-咨询教师"这一角色,给每位新

生都分配一名"辅导-咨询教师",负责该名新生新一年全部基础课程的指导工作,并在其遇到学校困难时及时提供帮助。鉴于此,仙霞社区学校也提出,在云视课堂上课的同时配备一名教辅老师,以满足学员在课堂中遇到问题时进行咨询的需求。在新一年的云课堂申报中,仙霞社区学校也将为"智能手机"课程配备两名教师,其中一名主讲老师、一名辅导老师,解决云视课程人力支持问题。

四、展望

终身教育云视课堂作为社区教育数字化学习的一种新型方式,目前已经在全市 16 个区实现了全覆盖。不仅如此,在长宁区教育局的协调下,以精准扶贫云视课堂为支持,还开通了长宁—金平对口帮扶云视互动课堂等,相信在全市各区、各社区学校共同参与下,社区教育云视课堂将会提供更多优质的课程上线,作为街镇社区学校,也将在这样的大背景、大趋势下,不断挖掘资源,探索创新课程内容,为更多社区学员能够"上到课,听好课"做出努力。

参 考 文 献

[1] 上海市老年教育发展"十三五"规划:沪教委终〔2016〕16 号[A].2016-10-13.
[2] 宋亦芳.社区数字化学习支持服务体系的建构研究[J].职教论坛,2016(9):64-71.
[3] 程秀丽,戴心来.社区教育信息化过程中的问题及对策分析[J].现代远程教育研究,2008(1):22-24.
[4] 陈乃林.推进社区数字化学习惠民工程的实践与思考[J].江苏广播电视大学学报,2012(3):22-26.

作者单位:上海市长宁区业余大学

社区学校培育体验式学习基地的实践与探索
——以新华社区学校"瓷绘工艺社"为例

姜姚月

内容摘要：随着上海城区终身教育的发展，学习形式日趋多元化与开放化。在众多学习方式中，体验式学习越来越受到欢迎。新华社区"瓷绘工艺社"在创建终身教育与学习体验基地的过程中，始终坚持以体验式学习理论为指导，持续推进服务能力提升，加强基地内涵建设。本文梳理了在此过程中开展的一些实践与探索。

关 键 词：终身教育 体验式学习 瓷绘 新华街道

随着上海城区终身教育的发展，越来越多的社会资源、文化资源、教育资源为学习者提供了日趋多元化与开放化的学习资源，学习活动的形式与方式也愈加多样。在众多学习方式中，体验式学习开始走进大家的视野。

为了践行终身教育、终身学习与建设学习型城市的时代理念，上海市教育委员会于2013年创建了八大市民终身学习体验基地。2015年10月，长宁区率先在区层面创设"长宁终身教育与学习体验基地"——长宁市民学习中心，这是区学习办、社区学院根据市委一号课题"创新社区治理，加强基层建设"要求，对市教委推进"上海市民终身学习实践(体验)基地"工作的呼应与延伸。

新华社区根据相关要求，于2016年开始培育和建设"瓷绘工艺社"这一终身教育与学习体验基地，并取得了一定的成效。如今体验基地已挂牌近四年，基地的发展也日趋成熟，但其体验效果如何，学习者是否喜欢、满意此类体验服务，今后体验基地的发展之路又在何方等一系列问题又值得思考。为了更好地促进和培育体验基地建设，采取更加行之有效的措施推动基地的服务水平更上一层楼，本文尝试以新华街道"瓷绘工艺社"长宁区终身教育与学习体验基地为例进行探索。

一、体验式学习在终身学习中的兴起

新华街道社区学校开办至今，每年平均在校人数1800余人，每学期开班40余个，下设17个居民区教学点，20余个睦邻学习点，已经形成了一定的办学规模。学校除一般形式的面授课程外，还开有"云视课堂"(在线课程)、体验式课程等。

新华街道社区学校的"瓷绘工艺社"2016年被评为上海市市民学习体验基地。挂牌以来，每年平均接待市民参观学习近500人次。

1. 体验式学习法

体验式学习法(Experiential Leaning)也称行为学习法(Action Learning)，是指通过实践和体验来认知知识或事物,或者说通过能使学习者完完全全地参与学习过程,使学习者真正成为课堂的主角。传统的学习对学生来说都是外在的,而体验式学习却像生活中其他任何一种体验一样,是内在的,是个人在形体、情绪、知识上参与的所得。正因为全身心的参与,学习效率、知识理解、知识记忆持久度都大幅度提升,体验式学习法的效率是传统式学习方法的3~5倍。

终身教育具有"全员、全面、全程"的特征,面向市民开展体验式学习,越来越成为一种有益的学习渠道。体验式学习的开展能为终身教育实现"时时可学、处处能学、人人皆学"建立更好的学习平台,能为新时代开展终身教育增添活力。新华社区探索在原有瓷绘工艺体验基地基础上加强建设,持续培育基地的服务能力、提升服务水平、扩大服务范围。

2. 政策指导

为了提升社区教育的服务能力,引导社区教育内涵发展,教育部等九部门《关于进一步推进社区教育发展的意见》指出:"创新社区教育形式。创新教育载体和学习形式。在组织课堂学习的基础上,积极探索团队学习、体验学习等模式。"

上海市教育委员会等七部门《关于进一步推进本市学习型社会建设的若干意见》也指出,要发展网上学习、移动学习、团队学习、体验学习等多种学习形式,提高学习效果。

国家及上海的政策文件共同指出要积极推进体验式学习建设,增强社区教育的针对性、有效性,提升学习品质,创设更加便捷友好的学习途径。以上政策文本均为社区开展体验式学习活动提供了政策指导。

二、新华瓷绘工艺社基本情况

新华瓷绘工艺社开办至今,尤其是挂牌成为市民体验基地后,已经形成了一定的集聚效应。

瓷绘工艺是在瓷板、瓷器上用矿物质颜料经油性溶剂调制后绘制图案,再进窑炉高温烧制,出窑后颜料永久固化在瓷器表面。不同的颜料特性,不同的绘制方法,经高温而产生无尽变化,即使最有经验的师傅也无法预测开炉后的效果,这也是瓷绘工艺的奇妙诱人之处。一件优秀的作品需要反复上色、调整、烧制。作品在烧制过程中受到各种因素影响,极易损坏,是一门"遗憾的艺术"。一件好的瓷绘作品,要反复推敲、反复修改、反复进炉烧制。回炉的作品随温度的不同加以调整,这样才能出佳品,讲究"画得好,不如烧得好"。真可谓:"谁知盘中绘,笔笔皆辛苦。"同时,因其表现技法丰富、韵味悠长,深受爱好者追捧。

新华瓷绘工艺社的主持老师宋淑娟自2006年起师从瓷绘工艺非物质遗产传承人李瑞昌老师学习瓷画。经过多年学习,技法日趋成熟,曾获得上海市终身教育成果一等奖。其作品在中华艺术宫的展出中获得参展奖。2012年,宋老师开始在新华街道社区学校主持工艺项目,开设了瓷绘班。

目前,新华街道社区学校"瓷绘工艺社"经过几年打造,已经在上海业余瓷绘爱好者中形成了一定的影响力,还吸引了数位中西方美术的教师、从业人员加入。

三、瓷绘体验基地框架建设

1. 强化组织领导

为了更好地推进学习基地的建设,建立了"新华瓷绘体验项目专项工作小组",由街道分管社区教育的领导任组长,服务办、党建办(宣传条线)、社区学校、社区文化活动中心等相关部门和单位负责人为小组成员,加强对基地工作的统筹协调,明确职责分工,推进工作落实,在财力、人力、物力上提供保障。社区学校负责基地建设及日常运作的具体工作落实。

2. 设计体验流程

目前基地可以提供瓷绘艺术鉴赏、瓷器绘制、入窑烧制等服务。设计常规体验流程为:参观展厅15分钟,瓷文化概览及瓷绘工艺讲解15分钟,瓷盘绘制60分钟,窑炉参观及作品放入30分钟。每次课程时间1.5小时。如果需要体验传统的矿物质颜料调制及绘制,整个过程在2.5小时左右。

考虑到体验者可能多数是第一次接触瓷绘项目,每2~3名体验者,基地配备一名体验指导师。考虑服务能力,每次体验者以10人左右为宜,最多不超过15人。

3. 强化师资,招募体验指导师队伍

稳固已有的师资团体,同时外请内聘,集结社区内的能人巧匠共同参与。在社区学校内部加强宣传和推动,吸引相关专业的优质师资和骨干学员加入瓷绘工艺社。

建设体验基地学习指导师队伍。面向瓷绘工艺爱好者、新华社区学校志愿者招募拥有一技之长的"传人、能人、达人"担任体验项目的学习指导师,在重大活动、人员集中的时候提供必要的师资人力支持。指导师能够配合讲课教师,帮助体验者更好地完成瓷绘活动的全过程,尤其是矿物质颜料调制等难点。

截至2019年底,基地拥有核心骨干教师3名,分别主管瓷绘技法、书画技法、窑炉烧制。同时形成了一支10余人的指导师队伍,可以指导体验者更好地完成学习活动。瓷绘工艺社的核心成员积极参加相关业务培训,每年前往景德镇学习瓷绘技法,提升业务水平。

4. 扩大影响,加强宣传

基地的建设是为了更好地服务市民学习。为了提升知晓度,基地在"学在数字长宁网——新华子平台"、街道门户网站、街道"人文新华"公众号等线上平台进行信息发布。印制体验点的宣传单页、海报、手册等向社区文化活动中心、图书馆等人流密集处,各居委教学点、睦邻点等"三级网络"点,社区文化单位、中小学等处发放,吸引更多的居民前来体验,并评选年度先进予以表彰。

5. 个性化服务

基地在面向社区白领开展体验学习中发现,年轻人除了对陶瓷艺术的"神秘感"着迷之外,在活动中更喜欢创新创意。他们将自己的想法融入传统瓷绘技法,动漫人物、网络语言都是他们笔下的素材。基地也将绘制的器皿从传统瓷盘改成了白坯马克杯,让年轻体验者可以将作品带到自己的办公桌上。

在对体验者的回访中发现,体验者普遍对中国传统的瓷绘技艺及颜料经过高温加热产生的变化比较感兴趣,。认为在体验中最有成就感的是拿到自己烧制后的自己的作品。基地从2019年开始提供将烧制好的作品寄送给体验者的服务。

四、体验式学习理论指导下的基地内涵建设

体验式学习强调学习过程具有四个特点:第一,主动学习。学习者发挥主观能动性,积极参与,并且对自己的学习负主要责任,成为真正的学习的主体。第二,寓教于乐。学习过程能像娱乐活动一样吸引并激发学习者的兴趣,让人在学习中体验乐趣。第三,学以致用。学习者带着明确的学习目的选择学习内容,强调从学习中获得技能或得到身心放松。第四,情景化。学习过程在现实或虚拟的场景中完成,丰富学习体验。

在体验式学习理论的指导下,基地不断探索,持续推进内涵建设。

1. 发挥创意,自由创作

体验式学习强调学习者的主动性。瓷绘是一门传统艺术,为了让现代人喜爱上它,基地在绘制的内容上完全让体验者自己决定。既可以体验传统的白描、晕染等技法,也可以天马行空地画上任何自己喜欢的内容。在这个环节指导师更多地扮演"帮助者"的角色,用合适的技法帮助体验者实现自己的想法。

2. 寓教于乐,放松身心

工艺社现有两个烧制瓷绘作品的窑炉。学员完成作品后,在专门的操作老师带领下,可以体验亲手将作品放入炉膛。在窑炉边上,首先听讲矿物质颜料在高温下的变化原理以及窑炉烧制的流程。瓷绘是"遗憾的艺术",精心制作的作品在烧制中经常会发生爆裂、破损。一炉作品中难见一两件精品。体验者在关上炉门的时候,心中充满了期待和小小的不安,期盼自己的"宝贝"能经受住火的考验,更在脑海中想象着之前上色的颜料等出炉后会发生怎样的变化。这些丰富的内心体验正是瓷绘艺术的魅力,同时也极大地激发了学习者的兴趣,能够在全身心的投入创作中放松身心。

3. 创设逼真场景,丰富展览资源

基地设有瓷绘文化展厅,展出瓷文化相关照片、实物作品以及瓷绘过程中用到的工具、原料等。学习者可以触摸到几千年来未曾改变的矿物质颜料原石,闻一闻调制颜料的樟脑油的味道,观看不同技法绘制的瓷器作品,获得对瓷绘工艺的最直观的感受。为了丰富展厅资源,基地持续开展精品代表作的创作。

2017年,瓷绘工艺社集结全体成员的力量完成了7米长的大型瓷绘作品《法华遗韵》。作品反映了新华社区所在的法华古镇的历史风貌。工艺社的队员们在大量的采访、资料收集基础上几易其稿,最终采用黑白灰三色

的白描形式,画中亭台楼阁、酒肆店铺十余处,很多在现在的社区地名中还有体现,出现人物500余人。作品很好地展现了法华古镇曾经的繁荣与辉煌。

2018年,工艺社又再次集结了核心力量,创作了大型瓷板画《法华牡丹》,将法华牡丹这一古老的牡丹名种以釉上淡彩形式展现在瓷板上,为社区文化传承积淀又一佳作。

持续开展团队化的瓷绘优秀作品创作,既丰富了工艺社展厅资源,又提升了核心团队的业务水平和创作活力。

五、成效与创新

通过建设和培育新华瓷绘工艺体验基地,在促进优质资源更好地服务社会、创新学习方式和学习形式、丰富市民学习内容等方面进行实践和探索,并取得了一定的成效。

1. 提升基地综合实力

通过开放服务,基地进一步加强了核心师资团队建设,招募了一支指导师队伍,设计了适应不同人群的课程设置,提升了基地的综合实力和服务能效。

体验者对作品烧制后的期待加快推进了基地对窑炉改造提升的步伐。改建后的"法华窑"空间更大,环境更美,温控更稳定更精确,能够为体验者提供更好的服务。

2. 丰富市民体验内容

一是扩大服务辐射范围,服务人数上升,服务水平提高,进一步丰富新华社区终身教育的服务形式及内容,吸引更多居民投入学习;二是进一步提升体验活动的特色,探索瓷绘项目体验学习的内涵发展。推出更加适合市民学习需求,互动性和实践性更强的具有体验学习特征的内容。

3. 扩大学习人群

从原先的以老年人为主,扩大到白领及学生群体。基地的体验项目向所有瓷绘爱好者开放,没有任何户籍、年龄限制,只要对瓷绘感兴趣、愿意尝试新鲜事物的市民都可以前来参加活动。

六、不足与展望

基地建设中也发现了一些问题和不足。

第一,目前"新华瓷绘工艺体验基地"的知晓度还不够,前来参加活动的市民还比较局限于社区的居民或者爱好者。下一步可以加强宣传,扩大基地的知名度,提升人气。

第二,基地提供的体验内容还比较单一,活动还不够丰富。今后可以增加更多瓷绘技法展示、定制化活动方案等等。

第三,依托基地自身的力量,无论从财力、能力和精力上来说都有一定的上限。随着基地的发展,适时引入专业力量及资源可以提基地的综合实力。

新华街道社区学校希望通过基地的建设和持续推进,让体验式学习提倡的"在交互式的体验中获得智慧和成长,体现自主性、互动性、实践性"的学习理念被越来越多的市民所认可,不断提高"新华瓷绘工艺体验基地"的社会影响力,让更多的社区居民能够加入终身学习的队伍,为实现"时时可学、处处能学、人人皆学"的最终目标添砖加瓦。

参 考 文 献

[1] 周嘉方."终身学习体验基地:上海市民学习路径创新"研究报告[J].江苏开放大学学报,2016,27(3):30-38.
[2] 长宁区终身教育与学习体验基地建设的实践与探索[J].成才与就业,2016(S1):2.
[3] 庞维国.论体验式学习[J].全球教育展望,2011,40(6):9-15.

作者单位:上海市长宁区业余大学

基于"互联网+"老年教育混合教学模式的研究

周志坚　陆莉莉　钱庆丰

内容摘要：随着"互联网+"时代的到来，传统的老年教育教学模式已无法适应社会的发展，信息技术与先进的教学设备不断应用到老年教育领域，尤其是微课教学与慕课等借助"互联网+"的新颖教学模式和方法愈来愈受到老年学员的欢迎。本文通过对"互联网+"时代背景的介绍和对混合教学模式的研究，通过问卷调查的方式，分析了利用"互联网+"学习资源开展老年教育特色课程"生活中的金融知识"的情况，提出基于"互联网+"老年教育混合教学模式的思考和建议。

关　键　词：互联网+　老年教育　混合教学模式

一、研究背景

2015年，李克强总理在《政府工作报告》中多次强调互联网，并提出"互联网+"行动计划，表示要积极推动互联网信息技术、大数据及云计算等技术的高速发展，并全面推动工业互联网、电子商务以及互联网金融的快速进步，从而为互联网企业开发国际市场打下牢固的基础。自此，"互联网+"作为一项国家战略，为未来我国各领域发展指明了方向，也将对社会各个领域产生革命性的影响。而"互联网+"与老年教育的结合也将推动老年教育行业的重大变革，教与学的场所、方式、组织形式等方面都发生了重大的转变，互联网与老年教育这两者的协调融合如何科学地实现，是当前的一个热点课题。

1."互联网+"

"互联网+"是在互联网信息技术快速发展完善的背景下形成的一种新的社会经济发展模式，是随着互联网信息技术对生产生活方式等影响作用不断加深而出现的一种社会现象。李克强总理在2015年《政府工作报告》中提出"互联网+"行动计划，标志着"互联网+"正式由一个行业现象向全社会范围扩展。随后部分国内学者对"互联网+"这一概念进行了解读，如宁家骏（2015）在研究中将"互联网+"总结为侧重于互联网的新型信息技术（包括移动互联网、云计算、物联网、大数据等）在经济、社会生活各部门的扩散、应用与深度融合的过程，本质是传统产业的在线化、数据化。2015年7月发布的《国务院关于积极推进"互联网+"行动的指导意见》对"互联网+"做出了以下定义：将互联网的创新成果和经济社会各领域深度融合，推动技术进步、效率提升和组织变革，提升实体经济创新力和生产力，形成更广泛的以互联网为基础设施和创新要素的经济社会发展新形态。结合以上定义，笔者认为"互联网+"就是一种利用互联网技术与其他行业进行创新融合，并在此基础上催生出某些新产品、新模式和新业态的一个创新过程。

2. 老年教育

叶忠海(2014)指出:国外的老年教育,又称为第三年龄教育、高龄教育、长者教育、银发族教育等。老年教育从源于社会救济福利的一部分而存在,发展到脱胎于社会救济福利事业,成为独立的老年教育事业。

在《为老年教育下定义》一文中,高峰指出"老年教育是以老年人为对象,促进老年人个性自由、全面发展、不断提升生存质量、生活质量和生命质量的一种教育活动"。

我国台湾地区学者将老年教育称为"高龄教育",指"提供年满55岁以上的人有计划、有目的、有组织的学习活动,其目的在于知能的增进,情意与态度的改变,以达成自我的实现"。

3. 混合教学模式

"混合式教学"这一概念最早是从国外引入的。2003年12月,何克抗教授在第七届全球华人计算机教育应用大会上,首次在我国正式倡导"混合式教学",拉开了国内研究"混合式教学"的序幕。马萌和何克抗(2008)将混合式教学理解为将传统教学的优点与 E-learning(数字化网络学习)的优点协同结合,一来充分凸显教师的引导、启发、监督作用,二来可以激发学生学习的积极主动性,凸显学生的学习主体地位。

根据马武林和张晓鹏(2011)的观点,混合式学习不是面对面学习与在线学习的简单混合,而是多方要素的有机融合,它包括不同的学习方式、学习环境、学习参与主体、学习资源和学习媒体的混合。因此,学习者可以随时随地,采取自主、协作和探究的方式,通过书籍、光盘及在线视频来学习。

解筱杉和朱祖林(2012)综合运用问卷调查、访谈及资料收集等研究方法对当前影响我国高校混合式教学质量的因素进行分析,研究发现混合式教学质量会受到教师及学生主体,以及教学支持系统、教学效果和评价等多个方面的影响。甘容辉(2016)在研究中指出,教学资源信息化建设滞后、课堂教学与在线学习割裂、教和学主体能动性缺失等已经成为制约我国高校混合式教学实际应用效果的主要问题。

简而言之,混合式教学模式就是将在线教学和传统教学的优势结合起来的一种"线上+线下"的教学模式。通过这两种教学组织形式的有机结合,可以把学习者的学习由浅层次引向深层次学习。

二、以特色课程"生活中的金融知识"为例进行老年教育混合教学模式的研究

(一)调查方法与对象

本次研究采用问卷调查的形式,问卷(具体见本文附录)共33题,分四个部分:

第一部分为基本情况:包括性别、年龄、文化程度、居住地、退休前的职业、目前就读学校属性及参与老年大学(或学校/学习点)的学习年限等7个问题,以期从中找出促使老年人参与老年教育教学活动的主要变项。

第二部分为老年学员的学习与教育需求:包括退休后喜欢参加老年教育的学习活动、选学课程、接受的教学模式、对利用互联网学习资源开展老年教育教学活动的认识及参与热情等系列问题共18题,以期了解目前老年人参与老年教育学习活动的情况及对教学模式的选择性。

第三部分为课程案例:主要以"生活中的金融知识"这一特色课程为例,通过老年人对金融知识了解与熟知和参与金融理财活动情况,以及对"生活中的金融知识"课程教学模式的认识等7个问题的调查,从中了解老年人对特色课程的接受程度及对教学模式的选择,以便在特色课程开发建设和教学方法选用上得到启示。

第四部分是有关老年学员对老年教育课程教学模式的建议,从而了解老年学员们对基于"互联网+"老年教育混合教学模式的意见和建议。

本次调查问卷通过互联网"问卷星"平台发放,以微信答卷的形式向全市16个区老年大学、街镇老年学校及学习点的部分班级学员发布,答卷时间为期一个月,共收到答卷19 415份,全部为有效答卷。

(二)调查结果与分析

1. 参与调查的老年学员基本情况

(1)本次调查在全市16个区全面展开,从回收的答卷情况看,普陀区2 222份,宝山区1 759份,闵行区1 579份,这三区相对较多,青浦区答卷数577份,相对较少,另外12个区均在1 000~1 400份,相对而言,本次调查覆盖面较为均衡(见图1)。

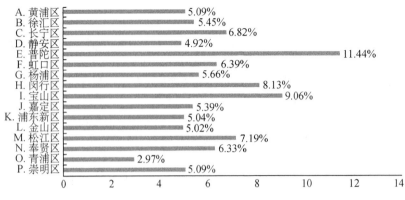

图 1　各区各级老年学校填写调查问卷情况

(2) 从男女总体比例看,女学员明显多于男学员。在填写的 19 415 份答卷中,女学员 16 073 人,占 82.79%,男学员 3 342 人,占 17.21%。

(3) 从老年学员的年龄结构分布来看,56～65 岁占比最高,共有 10 632 人,占 54.76%;其次是 55 周岁以下和 66～70 岁,分别是 3 490 人、占 17.98% 和 3 550 人、占 18.28%(见图 2)。

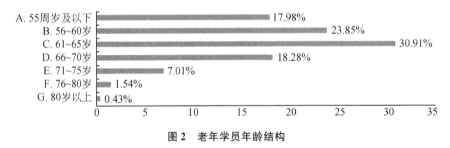

图 2　老年学员年龄结构

(4) 从老年学员的文化结构来看,呈正态分布。其中高中、大专学历占了七成,本科以上与初中以下分别占了 14.57% 和 16.91%(见图 3)。上海作为一个大都市,相对而言老年人的文化程度较高。但由于历史原因,当前 55～70 岁的老年人年少时受过"读书无用论""停课、开门办学"等影响,未能接受完整的学校教育。所以,退休后渴望弥补年少时的缺失,力求提升自我文化内涵和文化品质。再学习也就成为他们退休后的愿望,成为他们再学习的动力。

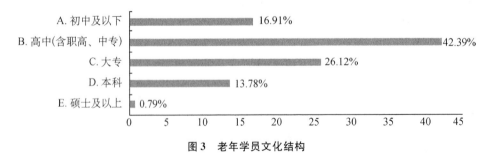

图 3　老年学员文化结构

(5) 从退休的职业人群分析,企业职员所占比例较高,为 7 526 人,占 38.76%;专业技术人员 2 973 人,占 15.31%;机关企事业单位退休人员 2 325 人,占 11.98%;工人 2 087 人,占 10.75%(见图 4)。在社会职业中,这几类人是社会建设发展的主力军,学习对他们来说,已成为日常生活工作之常态,所以退休后他们理所当然成为老年教育求学群体中的中坚力量。

(6) 从目前所就读学校的属性来看,学员主要集中在街镇老年学校和区老年大学,分别为:街镇老年学校

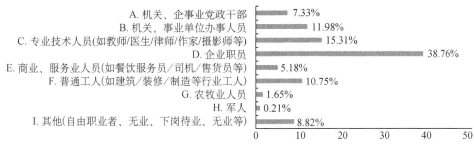

图 4　退休前职业分布

9 387 人,占 48.35%;区老年大学 7 484 人,占 38.55%(见图 5)。可见,区老年大学和街镇老年学校是上海老年教育重要的学习场所,切实加强区级老年学校和街镇老年学校校园文化建设,发挥其示范引领作用,有效促进居村委老年教育学习点建设发展,将是今后上海老年教育的一项重要工作。

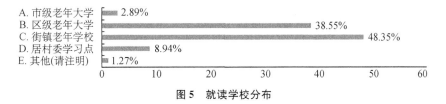

图 5　就读学校分布

(7) 从目前中老年人参与老年教育的年限来看,1~2 年老年学员所占比例较高,学习人数共 9 468 人,占 48.75%,几乎占了学员人数的一半;其次,3~4 年老年学员 5 590 人,占 28.79%(见图 6)。从这一数据来看,上海老年教育这几年将迎来更多的新生,这对我们进一步加强老年教育硬件设施建设、扩充老年教育场所,提出了更高的要求。

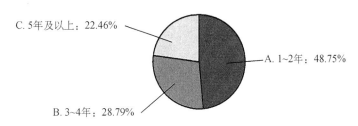

图 6　参与老年教育的年限

2. 老年学员学习与教育需求调查分析

上海老年教育自 20 世纪 80 年代以来,一直呈现蓬勃发展的良好态势。进入 21 世纪,随着计算机和互联网技术的迅速发展,社会进入了一个信息化快速发展的时代,老年人也从原先陌生到逐步适应和学会使用互联网信息技术。也正是这一技术革命,使我们看到了如何运用互联网信息技术,创新教学模式,有效组织开展老年教育教学活动,使目前有限的教育资源发挥其最大的功效。同时,可以使我们的教育从实体的教学场所向虚拟的教学时空拓展,并在实体与虚拟教学资源的融合下,进一步提高实体教育资源的利用率,扩大教育教学的时效性和实效性。对此,笔者就老年人学习与教育需求做了调查,提出了 18 个问题。从老年学员参与的学习活动、学习课程、接受的教学模式和老年学员对利用互联网教学资源开展老年教育教学活动的认识和参与热情等几方面做了调查,目的在于了解目前老年人参与老年教育活动的情况及对互联网信息化环境下老年教育教学混合模式的可接受性和认识程度,从而对现有的教学方法和教学模式加以有效的认定,并对"互联网+"形式下老年教育混合教学模式做更深入的探索,以满足广大老年学员的学习要求。

(1) 从收集的退休后老年学员所选择的学习活动课程信息看,在被调查的人群中,喜欢的学习活动以老年大学(学校/学习点)的课程班为主,其学员数为 13 474 人,占 69.34%;其次是社区举办的文化艺术类课程培训班,共 7 393 人,占 38.08%;再次是居村委开设的专题知识讲座,共 3 088 人,占 15.91%(见图 7)。至于通过手机 APP、微信、QQ 等信息渠道及应用互联网信息平台开设的老年教育课程参与学习的老年人占比较少,这说明目前老年人对利用互联网信息平台开展课程学习还缺乏一定的认识并存在一定的困难。

但我们从 9.98% 和 7.49% 这两项所占的百分比中可以欣喜地看到,一部分老年学员已主动参与利用互联网平台开设的课程学习活动,这说明利用互联网平台开展老年教育教学活动是具有发展前景的一项工作。

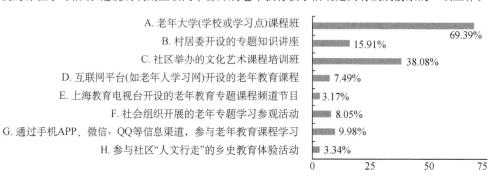

图 7　老年学员参加各类学习活动情况

(2) 从老年人目前喜欢参与的课程学习内容看,老年人普遍喜欢的是舞蹈健身类和声乐器乐类,分别是 9 173 人,占 47.25% 和 8 361 人,占 43.06%,其次是书画工艺类和摄影技术类,分别为 4 021 人,占 20.71% 和 2 476 人,占 12.75%(见图 8)。从各区老年学员喜欢的程度来看,相互间所占比例之差不大,说明这是个普遍现象,这与我国各省区市老年大学学员的学习需求是相吻合的。因为对于老年学员来说,学习过程追求简单化,一般喜欢简便、易学的课程,而舞蹈、唱歌等活动类课程正好满足了他们学习的兴趣。

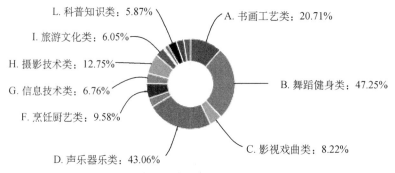

图 8　老年学员主要参与的课程学习内容

(3) 从老年学员喜欢的教学模式看,主要有以下三种:一是教师主讲式(12 627 人),占 65.04%;二是教师主讲,学员参与的互动式(10 353 人),占 53.32%;三是教师运用多媒体(文字、图片、视频)等教学资源开展的情景交互式(3 189 人),占 16.43%(见图 9)。

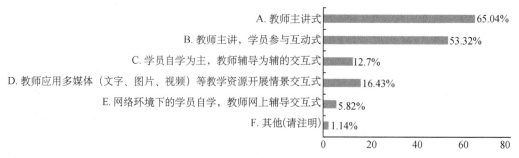

图 9　老年学员喜欢的教学模式

从上述问卷调查的结果看,我们的老年大学(学校/学习点)目前还是以教师主讲的传统教学模式为主。对于这一点,笔者是可以理解的。因为目前从事老年教育教学的教师绝大部分与老年学员是同龄人,他们的教学主要是沿袭以往的传统教学模式。不过我们也欣喜地发现,有不少教师正努力地尝试应用多媒体等教学资源和利用互联网教学资源开展交互式情景教学。这与我们在对老年学员课程学习中,任课老师是否利用互联网平台资源组织开展教学活动的调查结果是接近的:调查中,认为老师经常利用的学员有 5 625 人,占 28.7%;较多利用的学员有 3 936 人,占 20.27%。这说明在互联网时代,利用混合式教育教学资源开展老年教育活动正逐渐地被教师所接受。

(4) 笔者在目前利用"互联网+"教育资源实施老年教育教学活动的必要性调查中发现,认为很有必要的学员人数 9 060 人,占 46.66%;认为有必要的 9 060 人,占 40.21%。两项合计 16 827 人,占 86.87%(见图 10)。可见老年学员对此认识度很高。至于为什么目前参与网络学习的老年学员并不多,这除了与老年学员喜欢传统教学模式有一定关系外,更主要的是由于我们从老年学员的可接受性方面所做教学模式创新力度不足。

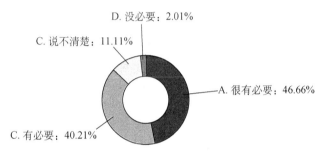

图 10　利用"互联网+"教育资源实施老年教育教学活动的必要性

(5) 在利用互联网教育资源实施老年教育教学活动的有益性的调查中发现,认为有利于激发老年学员学习积极性的 11 722 人,占 60.38%;认为有利于老年人在学习中获得愉悦感的 9 424 人,占 48.54%;认为有利于培养老年学员的自主学习能力,转变学习方式和学习习惯等的也占有一定的比例(见图 11)。

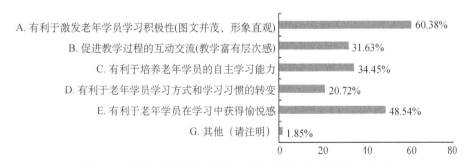

图 11　利用"互联网"教育资源,实施老年教育教学活动的有益性

从上述两项问卷调查结果中,我们可以清晰地看到,老年人虽然对"互联网+"教学模式尚有生疏感,但对实施"互联网+"形式下老年教育教学模式有效性的认识是明确的,对混合教学模式是赞同的,也是愿意接受的。当然,就目前老年学员利用互联网信息资源开展老年教育教学活动中存在不利因素及困难的调查中,我们发现老年学员对互联网的操作技能比较缺乏,并且受体力、记忆力下降等因素影响,对互联网形式下的混合教学模式的学习缺乏信心。

可见,提高老年学员网络操作技能,加强老年人网络操作技能培训,是我们利用互联网学习资源开展老年教育混合教学活动的首要任务和重要前提。

在进行利用互联网学习资源开展教育教学活动必要性和有效性认识调查的同时,笔者还就目前老年人参与互联网学习活动做了相关性的调查:一是喜欢上网的程度;二是上网喜欢的设备;三是喜欢从事的网络活动等。从收集的数据来看:平时喜欢和较喜欢上网的老年学员 16 705 人(喜欢 10 647 人,占 54.84%;较喜欢 6 058 人,占31.2%),共占86.04%;而上网首选的设备是手机的16 485人,占84.91%;对于上网主要喜欢从事的活动调查中,用于网络学习的老年学员6 002人,占30.91%;在是否会利用互联网教育资源开展课前学习和课后复习的选项中,"经常会"的有6 570人,占33.84%,"频次较多"的2 652人,占13.66%。从以上几个问题的调查中,我们不难发现,开展"互联网+"形式下的老年教育特色课程教学应当说是有基础的,因为老年学员的生活已经离不开互联网,只不过我们在利用"互联网+"形式下老年教育混合教学模式实施教学的过程中,可能对于开展老年学员学习使用手机上网的技能培训缺乏相应的措施和力度。

在对互联网开放课程"慕课"的了解与参与学习的调查中,我们发现,目前绝大部分学员是不了解"慕课"这一课程概念的,由此参与"慕课"学习的学员也就很有限。不过当我们假设参与了"慕课"学习活动的话,在老年学员是否会主动参与网络互动交流和课后的网络测试这两个问题调查中发现:会参与互动交流的有11 138人,占57.36%;会主动参与测试的10 939人,占56.34%。这说明老年学员对参与"慕课"学习是有热情的,只是他们对这一新生事物不熟悉、不了解,以及缺乏相应的应用互联网技术。这就需要老年教育机构加强对老年人互联网技术应用能力的培训。通过培训,使更多的老年人了解"慕课",学会互联网应用技术,从而主动参与到"慕课"课程的学习之中。

3. 关于"生活中的金融知识"特色课程调查分析

笔者从老年学员对"生活中的金融知识"课程的了解、相关知识的获取途径、学习方式以及老年学员参与的金融理财项目、产品与服务,以及对开设这一课程的教学模式的认定等方面,设计了七个问题。目的在于通过调查分析,有针对性地基于"互联网+"混合教学模式,开展"生活中的金融知识"这一特色课程。

从收到的调查问卷结果来看,笔者发现目前对"生活中的金融知识"课程了解的老年人数不少,共12 060人,占62.12%。这说明"生活中的金融知识"特色课程已经被各区老年学员所知悉,不过真正参与课程学习的学员仅为2 927人,占15.11%,是了解课程学员数的四分之一。但正是这15.11%的老年学员,说明各区的老年大学(学校/学习点)为"生活中的金融知识"课程开设做出了努力。

(1)关于生活中金融知识的获取途径,从调查的结果看:通过朋友、同事和亲戚交流介绍而获知的较多,共9 331人,占50.73%;其次,通过收看收听有关金融知识的电视、广播节目的5 580人,占30.01%(见图12)。

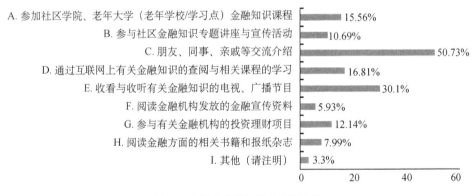

图12 生活中金融知识的获取途径

(2)我们在对老年人最需学习和掌握的生活金融知识及对金融理财项目参与情况的调查中发现,老年学员在日常生活中具有金融理财与规划知识的有11 439人,占58.92%;具有银行理财产品知识的有7 030人,占36.21%;具有手机银行、支付宝、微信等"互联网+"金融相关知识的有7 157人,占36.83%;具有防范金融诈骗应对措施与技巧等相关知识的有6 663人,占36.2%。

(3)对于老年人日常生活中理财以及对金融产品和服务使用情况的调查中,我们看到老年人有一个共性,即:理财求保险,投资少风险。他们选择银行定期存款与银行活期理财这两项的分别为11 442人,占58.93%和10 809人,占55.67%。而选择保险、理财、国债、基金、股票、期货的老年学员均相对较少。对于金融产品与服务,老年人以借记卡、信用卡、手机银行和银行理财服务为主。由此可见,这与上一题关于老年人最需要学习掌握生活中金融知识的需求是一致的,这也进一步凸显老年人求保险、少风险的金融理财的理念。

（4）最后，笔者就有关生活中金融课程混合教学模式的选择做了调查。从统计的数据看，老年学员最喜欢的教学模式依然是教师专业知识讲授式，共 8 668 人，占 44.65%；其次是教师典型案例分析式，共 4 211 人，占 21.69%；再就是师生互动交流讨论式，共 3 481 人，占 17.93%。而对于利用互联网信息资源开展线上线下的交互式，以及利用互联网大数据创设"互联网＋"虚拟环境下金融知识应用的实战训练式等几种教学模式，所选的老年学员均较少（见图13）。这样的结果并不奇怪：一方面，这进一步说明了老年学员受传统教学模式的影响较深；另一方面，各校组织实施"互联网＋"老年教育混合教学模式还不够深入。因此，创新老年教育教学模式，实施"互联网＋"混合教学模式，是老年教育今后努力发展的方向。

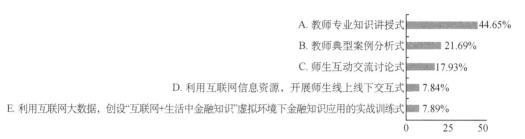

图 13　针对"生活中的金融知识"特色课程，老年学员喜欢的教学模式

4. 对实施"基于'互联网＋'老年教育混合教育模式"的意见和建议

关于意见和建议，老年学员各抒己见，主要为赞同与异议两种。赞同一方认为，"互联网＋"老年教育混合教学模式符合时代发展需要，丰富的互联网教学资源可以满足更多老年人的学习需求；而持有异议的一方认为，受限于视力下降、记忆力退化等因素，网上学习这一教学模式并不适合老年人。但不管是赞同还是异议方，有一点是共同的，即不管怎样的教学模式，首先要从老年人的学习兴趣出发，从老年人学习能力出发，从老年人生活与学习需求出发，从易学、易记、易操作的角度出发。由此，我们在实施"互联网＋"老年教育混合教学模式的过程中，既要为老年人创设"互联网"学习平台，又要提供丰富生动、易为老年人所接受的学习课程资源，如通过影音结合、图文并茂的方式，提供立体与动态的学习知识。如此，让老年人在轻松、愉悦和富有情趣的学习状态下融入"互联网＋"老年教育混合教学情景之中。

三、几点思考和建议

第一，创建"互联网＋"混合教学模式，是老年教育教学改革的需要。

从本次调查中可知，上海老年学员的低龄化、学员人数的逐年递增以及老年学员对学习活动与学习课程的选择的相对局限性，给有限的教学场所和师资增加了压力。为了缓解目前老年教育资源相对缺乏和广大老年人就学难问题，充分利用"互联网"教学资源，实施"互联网＋"形式下的老年教育混合教学模式，不失为一种很好的解决方法。

第二，创建"互联网＋"混合教学模式，是提升教师教学能力的有效途径。

从本次调查中可知，目前从事老年教育教学的大部分老师还是沿袭以往教师主讲的课堂教学模式，而目前老年学员也非常认同和愿意接受这样的教学模式。但是，这种传统的教学模式，相较于充分利用多媒体和网络教学资源开展的"互联网＋"形式下的混合教学模式，其实效性是无法相提并论的。

传统的教学模式，对于一位老师来说，只需一间教室、一块黑板和一支粉笔足矣，而利用"互联网＋"形式开展的课程教学活动，不仅需要老师拥有丰富的学科专业知识，更重要的是要求教师具备更多的互联网知识和技术加以支撑。具体体现在：一是对网络信息的获取和资源整合；二是网络教学工具的应用；三是网络环境下教学设计能力和课堂驾驭能力，以及对老年学员学习能力的评价等等。

由此，切实加强老年教育"互联网＋"教学环境下，教师专业化教学能力培训和辅导，提高教师基于"互联网＋"的课程教学能力，是当前老年教育的一项重要工作。

第三，创建"互联网＋"混合教学模式，首先要在老年人群体中普及互联网应用技术。

从调查中可知，有84.76%的老年人可以通过手机进行上网，从事获取资讯信息、与人沟通交流及参与网络学习等多项活动,并对利用互联网教学资源实施的教学活动的必要性和有益性的调查持认同态度。可以看出,老年学员内心是接受"互联网+"形式下老年教育课程混合教学模式的,只因他们暂时对如何使用网络工具和参与网络学习缺乏认知和相应技能,再加上受固有的学习思维模式的影响,以致于目前主动参与"互联网+"混合教学模式学习的老年学员相对较少。这就需要各老年教育组织机构针对老年人群体切实加强互联网应用技术的普及,开展相应的知识与技能培训,尤其针对老年人喜欢使用手机上网这一特点,充分利用微信平台,建立起老年教育微信公众号以及微信朋友圈和学习群等,开设"互联网+"混合教学模式下学习专栏。另外,通过微信小程序与上海老年教育慕课平台对接,从而让更多的老年朋友通过手机网络,积极主动地参与到"互联网+"形式下的老年教育混合教学模式的课程学习活动中。

第四,创建"互联网+"混合教学模式,必须强化网络教育队伍建设。

教师是教学活动的组织者和引导者,是构建课程体系,更新课程内容,改革教学方法的实施者。打造一支高水平的教师团队,是实施"互联网+"形式下老年教育混合教学模式的重要保障。所以,我们一方面要构建一支懂得网络教育技术、懂得网络管理的管理人员队伍,为老年学员学习提供良好的网络教学信息平台,同时有效组织开展老年学员网络技术应用指导培训工作;另一方面要组建一支具备网络教育知识、网络操作能力的现代化高水平的教师团队,高效、便捷地为老年学员提供丰富的学习资源,以满足老年学员多元化的学习需求。

第五,创建"互联网+"混合教学模式,重在构建一体化综合协调管理格局。

对于"互联网+"形式下老年教育混合教学模式的推广应用,上海各老年教育机构的探索实践不能各自为政,单打独斗,必须统筹兼顾,形成基于"互联网+"老年教育混合教学模式的全市"一盘棋"。也就是说,要在课程开发、资源配置、平台设置等各方面加以统筹,形成合力。例如,对于全市老年教育特色课程,应当加以统一归类,并根据各区教学实际水平加以有效分配。各区根据自己的特色课程,进行"互联网+"教学资源的收集整理,开发网络课件和特色课程微课视频等等,最后通过相应的互联网老年教育平台,将各区的特色课程资源放入平台加以推广共享。通过这一教育资源统筹兼顾,合理分配,既消除了各老年教育机构开展"互联网+"形式下老年教育特色课程混合教学模式探索与应用的盲从性,又使得教学资源实现了利用效率的最大化。

四、总结

笔者认为,实施推广基于"互联网+"老年教育混合教学模式,既要从老年学员学习能力的实际出发,切实加强老年学员互联网操作技能的培训,以提高老年学员参与"互联网+"混合教学模式的学习能力,又要从培育"互联网+"混合教学模式应用能力的师资队伍上下功夫,让授课教师从传统的主讲式课堂教学模式转换为利用互联网教学资源,引导老年学员参与网络在线课程学习与线下传统的课堂教学相结合的线上线下师生互动教学模式。更重要的是要为"互联网+"形式下的老年教育特色课程教学提供良好的网络技术支持,创建良好的网络服务平台,提供丰富的网络教学资源。通过对网络教育资源的一体化综合管理,实现"互联网+"混合教学模式功效的最优化。

参 考 文 献

[1] 宁家骏."互联网+"行动计划的实施背景、内涵及主要内容[J].电子政务,2015(6):32-38.
[2] 叶忠海.老年教育学通论[M].上海:同济大学出版社,2014.
[3] 马萌,何克抗.JiTT——Blending Learning理念下的信息化教学模式[J].中国教育信息化,2008(21):81-84.
[4] 马武林,张晓鹏.大学英语混合式学习模式研究与实践[J].外语电化教学,2011(3):50-70.
[5] 甘容辉.高校混合式教学法的问题与对策探讨[J].湖南城市学院学报(自然科学版),2016,25(4):257-258.

附录:"互联网+"形式下老年教育特色课程混合教学模式调查问卷

亲爱的老年学员:

您好!非常感谢您抽出宝贵的时间参与我们的问卷调查,本次调查旨在了解我市"互联网+"形式下老年教育特色课程混合教学模式施行的可行性和有效性。调查以不记名的方式进行。调查设单选题和多选题,请选出您感受和判断的选项或填写相关内容。您的有效作答将对我们的分析研究起到有效帮助。谢谢您的配合,祝您生活愉快!

第一部分　基本情况

1. 您的性别(单选)
   A. 男　　　　　　　　　B. 女
2. 您的年龄(单选)
   A. 55周岁及以下　　　B. 56～60岁　　　　C. 61～65岁　　　　D. 66～70岁
   E. 71～75岁　　　　　F. 76～80岁　　　　G. 80岁以上
3. 您的学历(单选)
   A. 初中及以下　　　　B. 高中(含职高、中专)　C. 大专　　　　　　D. 本科
   E. 硕士及以上
4. 您的学习居住地(单选)
   A. 黄浦区　　　　　　B. 徐汇区　　　　　　C. 长宁区　　　　　D. 静安区
   E. 普陀区　　　　　　F. 虹口区　　　　　　G. 杨浦区　　　　　H. 闵行区
   I. 宝山区　　　　　　J. 嘉定区　　　　　　K. 浦东新区　　　　L. 金山区
   M. 松江区　　　　　　N. 奉贤区　　　　　　O. 青浦区　　　　　P. 崇明区
5. 您退休前的职业(单选)
   A. 机关、企事业党政干部　　　　　　　　　B. 公务员
   C. 事业单位工作人员　　　　　　　　　　　D. 专业人士(如教师/医生/律师)
   E. 服务业人员(如餐饮服务员/司机/售货员等)　F. 普通工人(如工厂工人/建筑工人/城市环卫工人等)
   G. 自由职业者(如作家/艺术家/摄影师/导游等)　H. 公司职员
   I. 农业人员　　　　　　　　　　　　　　　J. 无业者
   K. 其他(如商人等,请注明)_____
6. 您现在学习的学校属性(单选)
   A. 市级老年大学　　　B. 区级老年大学　　　C. 街镇老年学校　　D. 居村委学习点
   E. 其他(请注明)_____
7. 您参加老年教育学习活动的时长(单选)
   A. 1～2年　　　　　　B. 3～4年　　　　　　C. 5年及以上

第二部分　学习与教育需求

1. 您退休后先后参加过哪些老年教育学习活动?(可多选)(最多3项)
   A. 老年大学(学校或学习点)开设的老年教育课程班
   B. 街道社区组织开设的老年教育专题知识讲座
   C. 社会组织举办的各类老年文化艺术课程培训班
   D. 互联网教育平台上开设的老年教育网络课程
   E. 上海远程老年大学(上海老年人学习网)开设的老年远程教育课程

F. 社会组织开展的老年人专题学习参观活动

G. 在家收看有关老年教育教学电视频道节目

H. 通过手机 APP、微信、QQ 群等信息渠道,自主性开展有关老年教育课程学习

2. 您退休后参加过哪些个人喜欢的老年教育学习课程?(可多选)(最多 5 项)

  A. 书法、绘画类   B. 声乐、舞蹈类   C. 拳操、健身类   D. 手工艺类

  E. 乐器、戏曲类   F. 语言学习类   G. 诗词文学类   H. 信息技术类

  I. 中西烹饪类   J. 摄影技术类   K. 其他(请注明)_____

3. 您在老年教育课程学习中,先后接受过哪几种教学模式?(可多选)(最多 3 项)

  A. 教师单一的知识讲授式

  B. 教师主讲,学员参与的互动式

  C. 以学员自学为主,教师辅导为辅的互动式

  D. 教师应用网络和多媒体(文字、图片、视频)等教学资源进行的混合式教学

  E. 在网络环境下,学员自学,教师网上辅导的网络互动教学

  F. 其他(请注明)_____

4. 您在老年大学(学校或学习点)的课程学习中,您的老师会使用多媒体和网络资源展开教学吗?(单选)

  A. 经常使用   B. 较多使用   C. 偶尔使用   D. 未使用过

5. 您认为老年大学(学校或教学点)的教师有必要利用多媒体和网络资源进行课程教学吗?(单选)

  A. 很有必要   B. 有必要   C. 说不清楚   D. 没必要

6. 您认为运用多媒体网络化手段开展老年课程教学的益处有哪些?(可多选)(最多 3 项)

  A. 图文并茂、形象直观,有利于激发老年学员学习积极性

  B. 教学富有层次感,促进教学过程的互动交流

  C. 有利于培养老年学员的自主学习能力

  D. 有利于改变老年学员的学习方式和学习习惯

  E. 有利于老年学员在学习中获得愉悦的学习体验

  F. 其他(请注明)_____

7. 您的任课老师为班级学员建立起微信群或 QQ 群了吗?(单选)

  A. 建了微信群   B. 建了 QQ 群

  C. 既建微信群,又建 QQ 群   D. 都没建

8. 您的任课老师会充分利用微信群或 QQ 群,为学员展开教学前后的辅导和交流互动吗?(单选)

  A. 经常开展   B. 频次较多   C. 偶尔开展   D. 从不开展

9. 如果您的任课老师要求学员利用网络资源,开展课前课后预习和复习,您会持什么态度(单选)?

  A. 积极上网自学   B. 抽点时间上网学习

  C. 看兴趣而定   D. 因缺乏网络操作技能,没法开展网上学习

  E. 不感兴趣

10. 您认为目前利用互联网学习资源进行"混合式"老年教育互动教学,还存在哪些不利的因素?(可多选)(最多 3 项)

  A. 老年学员接触网络时间少,网络操作不熟练   B. 不适应这一教学模式

  C. 对网络印象不好,缺乏兴趣   D. 忙于其他活动,学习时间不充裕

  E. 受过去过多依赖教师讲授式教学影响   F. 受体力、记忆力下降的影响,对此学习方式缺乏信心

  G. 其他(请注明)_____

11. 您会熟练使用网络吗?(单选)

  A. 非常熟练   B. 比较熟练   C. 不太熟练   D. 一点不熟练

12. 您经常使用的网络工具主要是什么?(单选)

  A. 手机、平板电脑等移动设备   B. 电脑

C. 电视机　　　　　　　　　　　　D. 其他(请注明)_____

13. 您使用网络工具的主要用途是什么？(可多选)(最多3项)
    A. 开展网络学习　　　　　　　　B. 与他人联系
    C. 看电影、电视连续剧　　　　　 D. 玩游戏等其他娱乐活动
    E. 看新闻,获取资讯的信息　　　　F. 网络购物
    G. 金融理财活动　　　　　　　　H. 其他(请注明)_____

14. 您知道网上有在线课程(例如慕课MOOC)吗？(单选)
    A. 知道　　　　　　B. 听说过　　　　　C. 不知道

15. 您参加过网上在线课程(例如慕课MOOC)学习吗？(单选)
    A. 经常参加　　　　B. 参加过　　　　　C. 有过几次　　　　D. 从未参加

16. 您知道网上在线课程(例如慕课MOOC)较传统课程教学的优越性有哪些？(可多选)(最多3项)
    A. 学员数量多,而且多元化　　　　B. 课程内容丰富性、生动性
    C. 学习互动性强　　　　　　　　 D. 教师课前准备充分
    E. 学习具有随时随地性　　　　　 F. 其他(请注明)

17. 如果您参加网上在线课程(例如慕课MOOC)学习,您会乐意在网上与学员、课程老师进行学习互动交流吗？(单选)
    A. 一定会　　　　　B. 比较会　　　　　C. 看情况　　　　　D. 一般不会
    E. 不会

18. 参与在线课程(例如慕课MOOC)学习结束后,您会参与网络课程单元小测试吗？(单选)
    A. 会主动参加　　　B. 应该比较主动　　　C. 不太会主动　　　D. 不会主动

第三部分　课程案例

1. 您知道并参与过有关"生活中的金融知识"的课程学习吗？(单选)
   A. 知道并参与过　　　B. 知道,未参与　　　C. 听说过,不感兴趣　　　D. 根本不知道

2. 您是通过何种方式了解"生活中的金融知识"的？(可多选)(最多3项)
   A. 朋友、同事、亲戚等交流介绍
   B. 参与社区金融知识专题宣传活动
   C. 参加老年大学(老年学校或学习点)金融知识课程和讲座
   D. 收看或收听电视、广播媒体有关金融知识频道节目
   E. 通过互联网上有关金融知识的查阅或课程学习
   F. 阅读金融机构发放的宣传资料
   G. 参与有关金融机构的投资理财项目
   H. 阅读金融方面的相关书籍和报纸杂志
   I. 其他(请注明)_____

3. 您认为以下哪几类"生活中的金融知识"学习方式较适合老年人？(可多选)(最多3项)
   A. 阅读报纸杂志
   B. 收看收听电视广播节目
   C. 参加老年大学(学校或学习点)的金融知识课程学习
   D. 通过金融知识进社区宣传活动,聆听专家专题知识讲座
   E. 参加网络在线课程互动学习
   F. 收看互联网上有关生活中的金融知识专题讲座
   G. 利用微信、QQ等网络交互平台与他人进行有关金融知识的交流学习
   H. 参加老年大学(学校或学习点)应用'"互联网+'形式下老年人混合式教学模式"开设的"生活中的金融知识"课程学习

I. 其他(请注明)_____

4. 您认为老年人最需要学习掌握的生活中的金融知识是什么？（可多选）（最多3项）
   A. 学习日常生活中的理财知识,对个人理财做合理规划
   B. 学习掌握银行理财产品的相关知识
   C. 学习掌握保险产品的相关知识
   D. 学习掌握基金产品的相关知识
   E. 学习掌握股票与债券有关知识
   F. 学习掌握使用手机银行、支付宝和微信银行等"互联网＋银行"的相关知识
   G. 学习外汇兑换、境外汇款、出境消费退税、海淘等出国的金融知识
   E. 学习常见的金融投资风险知识
   F. 学习防范金融诈骗的应对措施与技巧等相关知识
   G. 其他(请注明)_____

5. 您在生活中先后参与过哪些金融理财项目？（可多选）（最多3项）
   A. 银行定期存款　　　　　　　　　B. 银行短期理财产品
   C. 国债　　　　　　　　　　　　　D. 保险理财产品
   E. 基金产品　　　　　　　　　　　F. 股票、期货
   G. 外汇产品　　　　　　　　　　　H. 艺术品收藏
   I. 金银币　　　　　　　　　　　　J. 其他投资(请注明)_____
   K. 啥也没有

6. 您使用过(或正在使用)以下哪几类个人金融产品或服务？（可多选）（最多3项）
   A. 借记卡　　　　　　　　　　　　B. 信用卡
   C. 个人贷款　　　　　　　　　　　D. 银行理财服务
   E. 网上银行或其他电子银行服务　　　F. 手机银行
   G. 银行代销基金或保险　　　　　　H. 银行自助设备(如ATM、查询终端)
   I. 啥也没有

7. 如果老年大学(学校或学习点)已经或准备开设"老年人生活中的金融知识"的有关课程,您认为比较有效的教学模式有哪些？（可多选）（最多3项）
   A. 教师专业知识讲授式教学模式
   B. 教师以案例分析形式讲解金融知识教学模式
   C. 师生多元互动交流讨论教学模式
   D. 利用互联网信息资源,开展线上线下师生实时动态教学模式
   E. 利用互联网大数据,创设"互联网＋"形式下"生活中的金融知识"实战训练教学模式

第四部分　意见和建议

您对当前开展"互联网＋"形式下老年特色课程教育模式的研究工作有何意见和建议？

_____
_____
_____
_____

作者单位：上海市宝山区业余大学

宝山区老年大学课程建设初探

陆莉莉　周志坚

内容摘要：自从1983年我国第一所老年大学创办以来，全国各地就在积极探索与老年大学相关的理论和实践。然而，通过整理相关文献发现，对老年大学课程建设的探索仍然是老年大学研究较为薄弱的地方。本文通过对宝山区老年大学课程建设的现状进行调查和分析，发现学校课程种类丰富多样，且适合老年学员的需求，然而在课程目标、课程内容、课程实施等方面仍存在一些问题，如：课程目标囿于需求、课程内容缺少层次性、课程实施条件有待提高等。这些问题的存在都制约着课程建设。笔者基于以上问题，提出了相应的改进策略。

关　键　词：老年教育　老年大学　课程建设

一、研究背景

随着社会经济的快速发展、物质生活水平的不断提升，一些有条件的老年人为了陶冶情操、提升晚年生活质量，产生了提高生活品位、满足精神生活、享受高雅艺术的学习需求。老年人的学习需求不仅仅表现在艺术休闲上，还涉及老年生活的方方面面，比如养生保健、琴棋书画等等。随着时代的发展，老年人的学习需求逐渐呈现出多层次、多元化的特征。不同年龄层次、不同学历水平的老年学员，他们的学习需求也呈现出差异化的特点。有的学员在入学前就已经具有较高的文化素养，这类学员普遍要求进行更高层次的学习。而有的学员则是文化水平较低，接受能力较弱，需要循序渐进地进行学习。不同年龄、不同水平、不同接受能力、不同学习兴趣的老年人的需求各不相同，这对老年大学的课程建设是一项不小的挑战。

二、宝山区老年大学课程建设的现状

为了深入了解宝山区老年大学课程建设的情况，笔者针对学校的在读学员进行了问卷调查和访谈交流。宝山区老年大学成立于1992年，是一所面向全社会招生的开放性老年大学。学校设月浦、淞南、顾村三个校区，学员人数众多，课程丰富。本次选择学校本部的在读学员作为调查对象，于2019年1月18日—2019年1月23日通过问卷星平台下发了问卷，共有803人参加填写问卷，约占学员数的55%（新学员未参与），其中无效问卷为0份，有效回收率100%。

统计数据显示，803份问卷中：在性别的分布上，女性占84.81%，男性占15.19%，说明填写问卷的女性学员居多(见表1);在年龄分布上,50～55岁、56～60岁的人数占比分别是16.44%和26.9%,61～65岁、66～70岁的人数占比分别是33.5%和15.44%,71～75岁、76～79岁的人数占比分别是5.85%和1.87%,说明参与问卷调查的大部分是56～70岁的老人(见表2);在学历分布上,初中及以下学历占14.57%,高中(中专)和大专分别占45.08%和27.9%,本科及以上占12.45%,可见参与问卷调查的学员中大部分是高中和大专的文化程度,具有一定的知识基础(见表3);在学习年限分布上,1年及以下占23.29%,2～3年的人数占48.19%,4～6年的人数占19.3%,7～9年的人数占3.24%,10年以上的人数占5.98%,绝大多数的学员在宝山区老年大学学习的年限不超过6年(见表4)。

表1 性别分布

选项	小计	比例
男	122	15.19%
女	681	84.81%
本题有效填写人次	803	

表2 年龄分布

选项	小计	比例
50～55岁	132	16.44%
56～60岁	216	26.9%
61～65岁	269	33.5%
66～70岁	124	15.44%
71～75岁	47	5.85%
76～79岁	15	1.87%
本题有效填写人次	803	

表3 文化程度

选项	小计	比例
初中及以下	117	14.57%
高中(中专)	362	45.08%
大专	224	27.9%
本科及以上	100	12.45%
本题有效填写人次	803	

表4 学习年限

选项	小计	比例
1年及以下	187	23.29%
2～3年	387	48.19%
4～6年	155	19.3%

(续表)

选项	小计	比例
7~9年	26	3.24%
10年以上	48	5.98%
本题有效填写人次	803	

宝山区老年大学课程内容涉及舞蹈健身、声乐、器乐、养生保健、书法绘画、信息技术、语言文化等多个方面，课程内容的多样性得到了保证。而在课程内容的建设上，还需要考虑课程内容的目的性、适需性、创新性等多个方面。下面是笔者对这几个方面的调查分析。

（一）课程内容的实用性分析

如表5所示，宝山区老年大学参加问卷调查的学员中，有75名学员参加课程学习目的是为了打发闲暇时间，占总人数的9.34%；有286名学员来校学习的目的是为了结交新朋友，占总人数的35.62%；有486名学员来老年大学参加课程学习的目的是为了满足自身兴趣，占总人数的60.52%；为了学习知识和技能来学校学习的学员人数达到440人，占总人数的54.79%；有662名学员来校学习的目的是为了丰富生活内容，占总人数的82.44%；有51人来校学习是为了教育下一代，占总人数的6.35%；为了学习技能以便再就业或创业而来校学习的有5人，占总人数的0.62%；还有16人由于其他一些原因来校参加学习，占总人数的1.99%。这道题是多选题，有很多学员来校学习是兼顾了好几个目的，但从表5中可以看出，老年学员来校参加课程学习主要还是出于结交新朋友、满足自身兴趣、学习知识与技能以及丰富生活内容的目的。宝山区老年大学的课程也的确考虑到学员们的这一学习需求，课程内容涉及信息技术、养生保健、声乐、器乐、舞蹈健身、书法绘画、语言文化多个方面，较好地满足了老年学员的学习需求（见表6）。例如，声乐类课程满足了学员们结交新朋友和学习知识和技能的需求；舞蹈健身和书法绘画类课程满足了老年学员丰富生活内容的需求。总体而言，老年大学的课程内容具有实用性的特点。

表5　老年学员参加课程学习目的统计表

选项	小计	比例
打发闲暇时间	75	9.34%
结交新朋友	286	5.62%
满足自身兴趣	486	60.52%
学习知识与技能	440	54.79%
丰富生活内容	662	82.44%
教育下一代	51	6.35%
学习技能以便再就业或创业	5	0.62%
其他	16	1.99%
本题有效填写人次	803	

表6　老年教育课程分布

选项	小计	比例
信息技术	108	13.45%
养生保健	67	8.34%

(续表)

选项	小计	比例
声乐	343	42.71%
器乐	163	20.3%
舞蹈健身	314	39.1%
书法绘画	220	27.4%
语言文化	143	17.81%
本题有效填写人次	803	

(二) 课程内容的适需性分析

如表7所示,宝山区老年大学参与问卷调查的学员中,有226名学员认为所学课程内容非常满足自身的需求,占总人数的28.14%;有448名学员认为所学内容比较满足自身的需求,占总人数的55.79%;有102名学员认为所学内容对自身需求的满足度一般,占总人数的12.7%;有27名学员认为所学内容不能满足自身的需求,占总人数的3.36%。由此可知,宝山区老年大学的在读学员中,绝大多数学员都认为所学课程内容能满足自身的需求,宝山区老年大学学员对课程内容的适需性是持满意态度的。

表7 课程内容是否满足学员需求统计表

选项	小计	比例
非常满足	226	28.14%
比较满足	448	55.79%
一般	102	12.7%
不满足	27	3.36%
本题有效填写人次	803	

(三) 课程内容的创新性分析

在对新增教育课程的调查中,笔者发现学员学习的兴趣非常广泛,问卷中所列举的课程均有一定比例的学员想要参加学习。思想道德类课程有60名学员想要学习,占总人数的7.47%;语言文化类课程有131人想要增开课程,占总人数的16.31%;养生保健类课程有181人想要增开,占总人数的22.54%;有224名学员想要增加舞蹈健身类的课程,占总人数的27.9%;有158名学员希望学校增开心理健康类的课程,占总人数的19.68%;有85名学员想要增加信息技术类的相关课程,占总人数的10.59%;有242名学员想要增开声乐类的课程,占总人数30.14%;有153名学员想要增开器乐类的课程,占总人数的19.05%;戏剧类课程有75人想增开,占总人数的9.34%;有46人想要了解法律法规方面的内容,占总人数的5.73%;家庭理财方面的课程也有62人想要学习,占总人数的7.72%;有20人想要学习代际沟通方面的课程,占总人数的2.49%;书法绘画类的课程有152人想要增开,占总人数的18.93%;有77人想要学习历史人文类的课程,占总人数的9.59%;还有277人想要学习生活艺术方面的课程,占总人数的34.5%(见表8)。宝山区老年大学目前开设的课程只有7大类(见表6),课程的内容还比较单一,课程的创新性不够。

表8 学员希望学校增开教育课程统计表

选项	小计	比例
思想道德	60	7.47%
语言文化	131	16.31%

(续表)

选项	小计	比例
养生保健	181	22.54%
舞蹈健身	224	27.9%
心理健康	158	19.68%
信息技术	85	10.59%
声乐	242	30.14%
器乐	153	19.05%
戏剧	75	9.34%
法律法规	46	5.73%
家庭理财	62	7.72%
代际沟通	20	2.49%
书法绘画	152	18.93%
历史人文	77	9.59%
生活艺术	277	34.5%
本题有效填写人次	803	

(四) 宝山区老年大学课程实施的现状

1. 教学条件的分析

宝山区老年大学多年来一直借用宝山区业余大学的场所办学，而宝山区业余大学作为区域内唯一集成人高等本专科学历、全日制高职、各类岗位培训等教学类别于一体的学校，场所也十分紧张。经多方努力，宝山区业余大学从区域老年教育事业发展大局出发，将学校近3 000平方米支援给宝山区老年大学作为新校舍教学、办公场所。其中独用2 626平方米，除普通标准教室外，还设置了电脑、书画、钢琴、瓷绘工艺、文艺类课程等专用教室，同时配有教研演示、成果展示、文艺活动、休闲阅览等中心场所。笔者在问卷调查中发现有6名学员在对学校课程建设的建议方面谈到了教学条件问题，其中4名学员对于教学条件表示满意，2名学员希望改善教室条件。6名学员的留言记录见表9。

表9 学员留言中涉及教学条件方面的意见和建议

你对学校课程建设方面有何意见和建议？（学员留言涉及教学条件方面）	学员A:非常感谢贵校为我们老年朋友提供了终身学习的场所,让我们老有所学、老有所乐,丰富了我们的老年生活。
	学员B:我觉得很好,能在高龄老年期学习年轻时没有机会学到的东西是一件做梦都没有想到的非常幸福的事情,学校办得很好,钢琴班能够满足每一个学员都有一架钢琴听课上课很好,老师很辛苦。学校为国标班请来最棒的老师,我们在环境优雅的教室和场地学习,陶冶情操,感觉很好。谢谢学校领导的所有工作和付出,谢谢国家为老年人送来的福利!
	学员C:建议能够为太极班设立一个专门上课和练习的教室或场所,谢谢!
	学员D:希望舞蹈室多装点镜子,谢谢!
	学员E:没意见,退休后能有这么好的再学习环境,很开心,很满意。
	学员F:学校学习环境和氛围都很好,我喜欢。给学校的各位老师点赞!

2. 师资条件的分析

宝山区老年大学目前招聘的教师主要有如下几种:在职教师;退休教师;有专业证书或者在某个领域有研究

的自由职业者。其中,退休教师和自由职业者占了95%以上。招聘流程是:筛选简历;教师面试;教师试讲;综合评定是否任用。

在对学员关于授课教师要求的调查中,有568人对授课老师的知识水平有要求,占总人数的70.73%;有491人对授课教师的老年教育经历有要求,占总人数的61.15%;有98人对授课教师的学历有要求,占总人数的12.2%;有61人对职称有要求,占总人数的7.6%;有179人对教龄有要求,占总人数的22.29%;还有95人对授课教师有其他方面的一些要求,占总人数的11.83%(见表10)。由此可见,老年学员较为看重的是授课教师的知识水平、老年教育经历以及教龄这三个方面,至于对学历和职称方面有要求的老年学员并不多。

表10 对授课教师要求的统计表

选项	小计	比例
知识水平	568	70.73%
老年教育经历	491	61.15%
学历	98	12.2%
职称	61	7.6%
教龄	179	22.29%
其他	95	11.83%
本题有效填写人次	803	

同时,在问卷调查中,还有26名老年学员对于课程授课教师提出了一些意见和建议(见表11)。其中,有11名学员肯定了目前所上课程的授课教师的教学水平,表示很喜欢他们的授课;有11名学员希望授课教师提高专业知识,要有一定的教学经验,且要有师德,对待老年学员更耐心一点;有4名学员希望学校能够聘请更多年轻的、专业的老师来充实老年教育的师资力量。

表11 学员留言涉及师资条件方面的意见和建议

你对学校课程建设方面有何意见和建议?(学员留言涉及师资条件方面)	学员A:老师水平有待提高,对老年同学要有耐心和爱心。
	学员B:最好找一些年轻一些、在职的老师来授课,能够系统一些。
	学员C:能否聘请一点好的、专业的老师来教学!
	学员D:聘请有真才实学的老师或专业人员授课,形式多样、活跃。
	学员E:老师很辛苦。学校为国标班请来最棒的老师,我们在环境优雅的教室和场地学习,陶冶情操,感觉很好。
	学员F:本人在学校学习朗诵和声乐。对教学老师非常满意。我很喜欢。
	学员G:希望聘请年轻的老师,接受新鲜事物和最新的文化知识。
	学员H:希望老师都能有专业知识。
	学员I:老师要有一定的教学经验。
	学员J:我对张文孝老师教的课程非常满意。
	学员K:很好,很喜欢我们的声乐关老师,上课有趣、活跃。
	学员L:课程开设尽量兼顾新老学员的衔接,老师教学要针对中老年学员备课,师生多沟通,互相多理解或许教学效果更佳。
	学员M:学校课程开设非常好。老师很热情认真。
	学员N:书画班陆老师教学水平高,很敬业,是个好老师。建议从书画学员中挑选符合条件、有责任心的充实师资队伍。

(续表)

你对学校课程建设方面有何意见和建议？（学员留言涉及师资条件方面）	学员O：很喜欢学校的声乐课，对老师很满意。
	学员P：绘画方面对于初学学员，希望老师给予耐心指导帮助；学校学习环境和氛围都很好，我喜欢。给学校的各位老师点赞！
	学员Q：宝山区老年大学的课程开设很丰富，教师水平也高，感谢各位老师的辛勤付出！
	学员R：希望聘请到有教学经验且师德高尚、身体健康的老师。
	学员S：我认为任课老师要有教学的经验，使我们在快乐的学习过程中学到一定的技艺。
	学员T：现在参加的国标初级舞蹈请来的老师不错。
	学员U：老师教得很好！满意的。
	学员V：老师要有师德，知识丰富。
	学员W：充实中青年教师替换年龄过大教师，充实教学方法好、师德好的老师，钢琴师资力量太弱太差！以前的刘老师的教学方法好！
	学员X：希望学校能请一些非退休的专业老师来授课。
	学员Y：本人在校学习，对授课老师教学方法很满意，也很喜欢。
	学员Z：聘请的教师，不一定要高学历，但一定要有上岗证及任课经验。

三、宝山区老年大学课程建设存在的问题

（一）课程设置较随意

老年大学课程是按照老年人需求和场地条件、环境开设，在办学过程中存在随意授课的现象。上海市许多老年大学课程设置的依据是老年人的需求，其实是上海市老年大学课程设置中的一大特点。宝山区老年大学课程设置的依据同样也是老年人的需求。这就有一个问题：随着参加老年大学学习的人越来越多，需求也越来越多，如果课程设置完全以需求为导向，很容易被需求牵着鼻子走。这也是当前学校课程建设中需要迫切解决的一个问题。

老年教育是一种以人为本的教育，其服务对象是老年人，因此在课程设置上要更多地从老年人的实际需要出发，做到"适其所需、授其所宜、统筹兼顾、科学安排"。根据老年学员的不同需求设置课程，满足老年学员的学习需求，提高其学习兴趣是十分必要的；然而，事情都是有两面性的，老年大学在具体的课程设置中由于太过注重老年学员的需求，常常被老年人的需求牵着走，许多课程由于需求量大，经常一座难求，而有的课程却鲜少有人报名，乃至被迫取消，这样随意设置课程，导致课程设置缺少计划性和系统性。

（二）课程内容存在的问题

宝山区老年大学在课程内容的选择与组织上牢牢把握老年学员的需求，老年学员满意度很高，在课程内容的实用性、适需性上获得学员的一致好评，但是在创新性方面仍有很大的进步空间。学校课程内容设置方面主要存在以下问题。

1. 课程内容缺乏层次性

老年大学是针对广大老年学员开办的，从问卷调查中我们可以看出，来老年大学学习的老年人文化程度参差不齐，涵盖了从初中以下到本科以上不同水平的学历。不同学历的学员，其接受知识的快慢程度肯定也有所差别。要使学员乐于学习、学有所得，在内容的安排上，就需要做到由简到繁、由直观到抽象逐步上升，这样才能满足不同水平的老年人的学习需求。而学校对于不同水平的老年学员只是简单地分成初级、中级和高级班。有的班级甚至没有分类，新老学员在一起上课。学校没有在课程内容的层次性上下功夫，课程内容缺少层次性。

2. 课程内容重理论轻实践

学有所得、速见成效是老年学员的普遍心理，因此，课程内容的安排应充分体现学习是为了应用的原则，理论性不宜过强，理论与实际要密切结合，突出实用性。从宝山区老年大学目前所开设的课程中我们可以看出，由

于老年人的身体特点以及设备的限制，在课程内容的安排上还是以理论为主，实践很少。例如，国画课多以在课堂上看老师作画为主，外出写生较少；摄影课多以在课堂上讲解照片为主，外出拍摄较少。

3. 课程开发欠规划

"老面孔"现象是老年教育值得关注的问题，许多老年学习者在同一个班里学习了好几个学期都不愿离去，这里面当然有情感因素，但最为关键的问题还是因为找不到后续课程和关联课程。以宝山区老年大学为例，目前声乐班只有初级、中级和高级三个层次。许多在老年大学读了很多年的老学员在学完初级和中级之后，只能一直留在高级班中。这不仅造成班级名额紧张，新学员报不进，同时也对老师的授课造成困扰。

4. 特色课程开发不足

在宝山区老年大学关于增开课程的问卷调查中，A学员希望学校"在资源有限的情况下，结合时代发展，开设新的有科技含量的课程"；B学员"建议学校开设烹饪、西点、育儿、老年护理等课程"；C学员建议学校"开设课程考虑各个不同层次的人员的需求，增设法律法规方面的课程"。由此可以看出，学校常规性的课程较多，适合老年人身心特点的特色课程开发不足。

（三）课程实施条件有待提高

1. 教学条件有待改善

配备必要的教学场地和教学设施是课程实施建设的外部保障，为了顺利有效地实施课程，老年大学必须有一定经费投入保障教学场地和教学设施。上海市老年大学的经费投入一直都在增加，然而，伴随着物价上涨和老年学员人数的增多，有限的经费投入并不能保证日益增长的场地、设备和教材的需求。上海各老年大学仍然存在着场地较少、设备落后等问题。老年大学场地主要包括教室、活动场地与办公用房。以宝山区老年大学为例，学校要安排学生教室和活动场地，需要通过负责人和宝山区业余大学教务处打申请报告，但是教室安排又会与学校其他门类办学的需求相冲突。同时，目前学校可用的多功能教室只有一个，舞蹈类的课程只能在该教室上，而学习舞蹈类课程的学员人数又非常多，这就造成很多学员报不上名的情况出现。即使学员报上了名，也会反映上课人数太多，影响上课效果。在设备问题上，宝山区老年大学自2012年底上海市政府实事工程项目修缮工程完工之后，到目前都没有更新教学设备。教室中的许多教学设备都出现了老化和无法正常使用的情况。

2. 师资条件有待改善

对于课程实施而言，师资力量极其重要。宝山区老年大学师资队伍来源广泛，主要包含退休教师、在职教师、社会专家人士和自由职业者，这些教师都有一定的水平，学员对教师的满意度都很高，然而在问卷调查结果中我们也可以看出：专职教师人数稀少是目前课程建设中面临的一大问题。宝山区老年大学的授课教师以兼职教师为主，专职教师很少，有编制的教师人数更为稀少，这样一来，老年大学的教师队伍是不稳定的。而老年学员又非常期望有一批年轻的、稳定的在职教师充实到老年教育师资队伍中来。目前，宝山区业余大学面临转型发展，教师也面临自身的转型发展，学校可以结合教师的专业特长，尝试培养一支专职的老年教育教师队伍，以便跟老年大学目前的教师兼职队伍互相补充。

四、建议

（一）树立科学设置老年大学课程的理念

老年大学课程设置的依据主要有三个方面：第一是老年学员的需求。离开了老年人的需要，只是单纯地根据设置条件或者拍脑袋想出来的课程是不能引起老年人的学习兴趣的。老年大学课程建设者应进行需要评估，深入了解开展调查工作，了解学员需求。第二是社会对老年人的要求。老年人是社会群体的重要组成部分，其学习内容也要与社会其他群体的发展相契合，这体现了老年教育课程设置的社会属性，只有把课程设置与社会需要、学生需求有机结合起来，课程实施才能有生命力、说服力，最终学员才能达到学以致用的目的，并且，依据社会对老年人的要求设置课程有利于积极挖掘和利用老年人力资源，着重发挥老年人的作用和价值。第三是促进老年教育学科自身发展的需要。老年教育课程设置除了必须考虑老年人对学习文化知识的需求和社会对老年人的具体要求之外，还必须处理好学科自身发展的问题。只有树立科学设置老年大学课程的理念，按照上述依据设置课程，老年大学的课程才能保持活力与生命力。

（二）设置多样化多层次课程内容

随着社会的发展、人类寿命的延长,老年人的年龄跨度将越来越大,一个班的老年学员由于年龄差异较大,也会在接受能力上有所不同。另外,老年人的学历水平和思维水平和对所学习事物的追求都各不相同,甚至同一个学历水平的老年学员在接受能力上也可能有所不同,因此在课程内容的安排上一定要体现层次性,设立不同梯度的课程内容,让老年人可以循序渐进地学习,让各个层次的老年学员都能够达到自己的学习标准。另外,在课程内容的设置上应呈现多样化趋势。考虑到老年学员的需求和特点,针对老年学员除了设立一些常规的文、技、艺、政之外的能够有效指导他们老年生活的课程,还要追求特色,根据地域发展,开设地方特色课程。上海是一个有特色文化的城市,可以针对老年人开展地方特色课程,这样既能引起兴趣、增强老年人对上海的热爱和归属感,也是对外宣传的一张很好的名片。因此在课程内容的设置上应追求多样化与多层次共存。

（三）加强师资管理,选聘专职教师

教师是学校最重要的资源,拥有一支具有良好政治业务素质、相对稳定的教师队伍是老年大学可持续发展的动力和保障。中国有这样一句谚语:"给学生一滴水,教师需有一桶水。"这说明要给学生传授一点点知识,教师本身就应有渊博的知识。而老年大学面对的学生群体又是经验丰富的老年人,其中不乏本身在某方面即为专家的学员,因此对老年大学教师的要求更加严格。幸好上海是一个汇聚人才的城市,可以说宝山区老年大学是不缺知识渊博的人才的,但是老年大学缺少年轻的、稳定的专职教师。目前,在宝山区老年大学授课的教师主要是60岁以上的退休教师,该年龄段的教师教学经验丰富,但是较年轻教师而言精力有所下降,经常会受身体状况或是家庭琐事的困扰,会对课程的实施造成影响。因病、因事请假、停课、更换老师的现象时有发生,无法保证教学工作的正常开展。要办好老年大学需要固定的教师队伍,但选择年轻专职的教师也不是一件容易的事情,由于老年教育对象的特殊性,对教师的素质要求很高,除了专业文化素质外,还应有较高的政治道德素养。为了保障师资队伍的整体素质,学校应严把选聘关。老年大学聘用教师应该把教师的个人思想素质放在第一位,然后才是文化专业知识、业务能力水平。只有选聘了优秀的年轻专职教师,老年大学的课程实施才能稳定可持续发展。

参 考 文 献

[1] 柳逸青.依托普通高校举办老年大学的现状与发展路径——以上海市9所高校老年大学为例[D].上海:上海师范大学,2015.
[2] 岳瑛.老年大学课程设置的探讨[J].中国老年学杂志,2011(20):4077-4079.
[3] 熊仿杰.老年大学课程建设要略[M].上海:上海教育出版社,2017.
[4] 杨国权.关于老年教育的课程设置问题[J].老年学杂志,1992(2):65-67.
[5] 李惠康.上海社区教育课程指导性大纲[M].上海:上海高教电子音像出版社,2010.
[6] 杨德广.老年教育学[M].北京:人民教育出版社,2016.

问卷调查
关于宝山区老年大学课程建设情况的调研问卷

尊敬的老年朋友：

您好！非常感谢您于百忙之中参与这次调查。我们进行的是"宝山区老年大学课程建设情况"的调查，旨在充分了解您在老年大学中学习的具体情况和学习需求，为老年朋友提供更好的教育服务，也为我们学校课程建设提供更精确性的信息支撑。您的建议对我们很重要，再次感谢您的配合！

宝山区老年大学

1. 您的性别：[单选题]*
   ○ 男　　　　　　　　○ 女
2. 您的年龄：[单选题]*
   ○ 50～55 岁　　　　 ○ 56～60 岁　　　　○ 61～65 岁　　　　○ 66～70 岁
   ○ 71～75 岁　　　　 ○ 76～79 岁
3. 您的文化程度：[单选题]*
   ○ 初中及以下　　　　○ 高中（中专）　　　○ 大专　　　　　　 ○ 本科及以上
4. 您在老年大学学习的年限：[单选题]*
   ○ 1 年及以下　　　　○ 2～3 年　　　　　 ○ 4～6 年　　　　　 ○ 7～9 年
   ○ 10 年以上
5. 您参加老年大学的学习目的：[多选题]*
   □ 打发闲暇时间　　　□ 结交新朋友　　　　□ 满足自身兴趣　　　□ 学习知识与技能
   □ 丰富生活内容　　　□ 教育下一代　　　　□ 学习技能以便再就业或创业　　□ 其他
6. 您希望在老年大学学习的课程数量：[单选题]*
   ○ 1～2 门　　　　　 ○ 3～4 门　　　　　 ○ 5～6 门　　　　　 ○ 7 门以上
7. 您目前所学习的老年教育课程主要涉及以下哪些方面？[多选题]*
   □ 信息技术　　　　　□ 养生保健　　　　　□ 声乐　　　　　　 □ 器乐
   □ 舞蹈健身　　　　　□ 书法绘画　　　　　□ 语言文化
8. 您认为您所学内容能否满足自己的需求？[单选题]*
   ○ 非常满足　　　　　○ 比较满足　　　　　○ 一般　　　　　　 ○ 不满足
9. 您对您的授课老师哪些方面有要求？[多选题]*
   □ 知识水平　　　　　□ 老年教育经历　　　□ 学历　　　　　　 □ 职称
   □ 教龄　　　　　　　□ 其他
10. 您最期待学校增开哪些方面的教育课程？（最多选 3 项）[多选题]*
    □ 思想道德　　　　　□ 语言文化　　　　　□ 养生保健　　　　 □ 舞蹈健身
    □ 心理健康　　　　　□ 信息技术　　　　　□ 声乐　　　　　　 □ 器乐
    □ 戏剧　　　　　　　□ 法律法规　　　　　□ 家庭理财　　　　 □ 代际沟通
    □ 书法绘画　　　　　□ 历史人文　　　　　□ 生活艺术
11. 您对于学校在课程开设等方面有哪些意见和建议？

作者单位：上海市宝山区业余大学

泛在教育视角下的社区教育共同体建设实践
——以虹口区北外滩街道社区为例

周长元

内容摘要：着力推进社区教育的创新发展，构建开放协同、融通衔接、智慧共享、泛在可选的终身教育环境，为学习者提供优质、均衡、泛在的学习条件，满足学习者追求高品质、个性化的学习需求，是每一位终身教育工作者思考和实践探索的任务。建立一套社区教育的新机制，走出一条借力融合发展、社区教育泛在可选的社区教育创新之路，让社区变成一座开放的"大学"，让每一个市民处处能学、时时可学，北外滩街道社区教育共同体建设是这方面的先行实践。

关 键 词：泛在教育 社区教育 共同体

一、概述

党的十九大明确提出"办好继续教育，加快建设学习型社会，大力提高国民素质"。2018年9月10日召开的全国教育大会提出"加快构建终身学习制度体系"，把学习者放在更加突出的位置，赋予了新时代终身教育新的使命担当。2019年上海市教育大会提出"终身教育泛在可选"的核心要求和"让每一位学习者都能得到全面而有个性的发展"目标。目前社区教育市场供需失衡，在社区教育需求不断上升的情况下，要解决这种失衡就必须在现有基础上着力增加社区教育供给，社区教育共同体建设是现实选择。

北外滩街道是一个老城厢与现代航运金融服务业共存的街道，南边白领居多，北边"白发"（老年人）居多，多元化的学习对象对社区教育提出了新的要求。社区学校场地由于建筑问题不能再继续使用，社区教育如何管理、如何开展？街道党工委充分体现出办好社区教育的主体责任，按照街道内学习对象呈现"双白"的实际情况，干脆以适应"双白"的办学举措开展社区教育。北外滩街道党工委对社区教育高度重视，适时提出了必须建立一套社区教育的新机制，走出一条借力融合发展、社区教育泛在可选的社区教育创新之路。

社区学习共同体是社区居民为了实现自身生命价值和享受共同学习过程而自觉自愿结成的具有强烈归属感的相对稳定的群体。社区教育共同体是指为满足社区居民多元化的学习需求，创新居民终身学习的路径和方式，整合辖区内教育资源，加强各单位联动，创造条件，搭建平台，建设一个开放式的、没有围墙的社区课堂或沙龙，让每一个市民都能在社区的学习空间中找到适合自己的定位。

关于社区教育泛在可选，这里的泛在既是指学习者的泛在，也是指资源和场所的泛在；可选，既体现为教育资源的丰富，也体现在精准把握学习者个性化需求等方面。社区教育的泛在可选性在虹口社区学院还体现在移动网络平台提供的便捷性上;可选,为市民终身学习提供了自主性。

二、社区教育共同体建设的路径

在上海的北外滩街道,多元化的学习对象对社区教育提出了新的要求。街道党工委一是把社区学校与老年学校、市民驿站一体化,二是把社区学校融合进白玉兰党建服务中心、建投书局、街道图书馆等。北外滩街道社区教育坚持"乐学乐教、修身养性、服务社区、开拓创新"的办学理念,走出了一条终身教育泛在可选的探索之路,一条借力融合发展社区教育的创新之路。

一年来,北外滩社区学校在街道党工委的关心下,在党建办的直接领导和支持下,完成了区学指办、区社区学院等上级部门的教育教学和活动的任务,先后获得了市区级公开课、征文、活动等竞赛的各类奖项。2018年,北外滩社区学校出色地通过了市级严格的社区教育内涵建设评估。

2019年8月,中国教育电视台《深化社区教育发展 加快建设学习型社会》、上海教育电视台《把城市打造成一所开放的"大学" 上海走出社区教育发展新路径》等节目都对此做了详细的报道。

(一) 以机制为保障、用管理促发展

1. 建立完善工作机制

在区委、区政府的正确领导下,在教育局的关心指导下,紧紧围绕《上海市终身教育促进条例》精神,积极发挥各部门职能作用,进一步建立和完善社区教育各项工作机制,以创建学习型社区为抓手,明确"社区教育要满足多元、多层次需求"的工作方针,将构建市民终身教育体系、提高居民整体素质、促进社区文明和谐作为社区教育发展目标。

街道成立了以党政主要领导为组长、相关职能部门组成的校务委员会,构建了以街道分管领导为校长、聘请教育局委派专职教师为常务副校长的社区教育管理体制,配备专职工作人员。街道各科室、居委会都落实了相应的责任人。街道制定了由党建办牵头、科室左右沟通、社区单位纵横互动的教育教学协作机制,做到组织落实、计划落实、措施落实、人员落实,夯实了社区教育工作基础。建立北外滩夕阳虹离退休干部党支部,成立"功能型"党组织——社区文化活动中心支部委员会,与辖区内单位合作,形成白领教育、区域化党建教育资源清单,极大地丰富了社区教育。

通过党建引领、整合资源,为社区教育的发展提供"组织+机制+经费"全方位保障。这些为开展社区教育、促进社区教育纵深发展提供了坚实的组织保障。

2. 健全教育工作制度

针对社区教育的现状,制定各项规范制度。建立联席会议制度,通过社区学校联席会议的形式加强对属地内各教学点的综合协调能力。建立免费开放制度,街道文化中心、图书馆等公益性文化教育单位向社区居民免费开放,全年无休;中小学场地、场馆向社区免费开放。建立志愿者聘任制度,每年向社区教师志愿者颁发聘书,明确志愿服务任务,做好志愿者社会实践情况的反馈。建立评优激励制度,每年举行表彰会,评选表彰社区教育先进单位和"好教师""好学员",评选优秀教材和优秀课程。通过创优评先活动,进一步提高教师和志愿者队伍的整体素质和教学水平。

3. 整合教育资源,构建网格化教育体系

加强统筹协调,整合各方资源,构建多元化、开放式、社会化的社区教育网络,实现共建共治共享。北外滩街道党工委、办事处高度重视终身教育工作,为扩大受众人群,提高教育资源利用率,街道成立社区教育委员会,由街道办事处主任任组长,分管教育、宣传、精神文明创建的副书记任常务副组长。社区教育委员会大力整合教育资源,借助白玉兰党建服务站、社区党建服务中心、四大市民驿站、各居委会的教学点,夯实社区教育的网格化布局。将文化中心、街道图书馆、社区学校、老年学校等教育力量统筹管理,明确各个单位的服务对象和服务方向,有分有合,加强联动。同时与辖区内各企事业单位加强合作,挖掘教育资源。与长青学校、霍山学校、澄衷高级中学、实验幼儿园、舟山路幼儿园等学校签订战略合作协议,形成教育资源互补格局;与北外滩监狱武警部队、俄罗斯驻沪领事馆武警部队等签订合作协议,在送教上门的同时,也为部队战士提供服务社会的机会;与蒙巴纳斯也建立良好合作关系,由蒙巴纳斯免费提供场地供社区学校设立教学点,满足了周边白领的文化需求;在白玉兰

广场20楼建立党建服务站,同时也挂牌社区学校,主要利用中午一小时面向楼宇的白领们开设他们感兴趣可选择的"虹讲堂""白玉兰讲坛""社会智库""企业高管研修班"等五大品牌课程,惠及周边1万多名白领。

在街道的支持下,建立了社区教育的网格化布局,加强各居委会的教学点建设。北外滩是以老旧城区为主的社区,各居委会的办公条件简陋,有些居委会甚至只有1间房间。但在街道的协调支持下,各居委会都克服困难,或单独设立,或混合使用,或分时段使用,至2019年,北外滩社区各居委会都设立了教学点,并有专人负责,推动了终身教育的开展。

在北外滩的4个市民驿站里,每学期会开展丰富多彩的活动,每个市民驿站根据所处的位置和自身的特点,开展各有特色的课程或讲座。比如第一市民驿站所处的位置是北外滩的滨江区,经常邀请商会企业、区域化单位的企业老总、高管们,利用周末午后的一两个小时来"驿客空间"学习和传播中国文化。第二市民驿站侧重休闲运动和健康保健讲堂;第三市民驿站的亲子活动很有特色;第四市民驿站的非遗文化传承活动搞得有声有色。

通过党建引领,联合社区教育单位,积极参与家庭教育学习团队,成为多所学校进行"家校联系"的重要渠道和载体,成为学校与家庭之间的交流纽带,成为社区自治平台。

这个泛在的社区教育活动,发动、宣传和组织主要得益于微信公众号平台:一个是"虹口北外滩",侧重于新闻发布;还有一个是"爱上北外滩",侧重于知识讲堂、文体验活动的报名和报道。

4. 经费保障

经费保障是社区学校开展终身教育活动的重要基础。北外滩街道在将社区教育列入年度工作计划的同时,将社区教育经费纳入财政预算,逐年递增,专款专用。在完成区相关经费支出要求的基础上,加大资金投入力度,对部分硬件设施进行更新、维护,社区教育经费投入超过区社区教育工作专项经费要求。每年投入社区教育经费几百万元,有力地支持了社区教育的发展。

(二)打造特色品牌,全力构建北外滩优质学习共同体

围绕北外滩区域特点,创新工作思路,重点聚焦"双白"群体,开展多层次、多内容、多形式的教育培训活动,开设各种课程,满足居民多样化的学习需求,基本实现了教育群体的全覆盖。

1. 打造白领品牌教育

在街道社区党建服务中心、白玉兰党建服务站设立社区学校教学点,开设蒙巴纳斯艺术中心"一期一会"项目,在白玉兰党建服务站还设立"虹讲堂""白玉兰讲坛""首席经济学家论坛""社区白领MBA训练营""社会智库企业高管研修班"等五大品牌课程;社区党建服务中心与社区党校形成互补,邀请各行业的名家讲师授课,探索和创新针对北外滩青年党员、年轻白领的思想政治教育载体,成为白领身边的人生课堂和精神家园。走访楼宇企业问需问计,创设"微课堂",利用微信群上课;组织社区教育进楼宇、进园区,借助"白领午间一小时"平台,为重点楼宇配送活动,深受楼宇青年白领喜爱。

2. 夯实中老年品牌教育

依托社区老年大学,把"蒲公英"项目的内容融入社区学校教育,组织社区教育进市民驿站、进社区单位、进菜场书屋,颇受辖区居民欢迎。作为转型发展中的老城区,北外滩街道老年人口众多,知识层次普遍较低,而学习欲望强劲。为了丰富老年人的精神生活,提升老年群体的文化品味,满足老年人对终身教育的需求,街道依托社区老年大学,开设一系列丰富多彩的课程,引导老年人积极参与学习型社区建设。截至2019年,北外滩街道已有老年学习团队84支,团队教师人数69名,团队参与总人次2 579人次。团队学习内容包括书画、工艺、声乐、戏曲、器乐、体育、外语等。举办适合老年人需求的教学辅导课程。在社区学校开设钢琴、书法、柔力球、太极拳、健身气功等培训课程,在开办实用讲座普及健康知识的基础上,关注老年人身心健康,还专门组织社区退休医生前往街道敬老院为老人提供季节性保健、养生等辅导。

3. 丰富青少年品牌教育

提炼和挖掘犹太文化、戏曲传统文化等具有街道文化特色的课程内容,打造一批品牌、特色课程。与辖区内中小幼学校合作,采用送教上门、送讲上门与周末课程的方式服务学生和家长。

自2019年来,为周边学校配送专题讲座、演出共计20余场,受益学生达一万余人。为提高幼儿教师艺术素养,开设艺术修养课程,为周边幼儿园送教上门;为丰富学生课余生活,社区学校为唐山路一小、霍山学校配送了

拉丁舞课程。利用周末，开设了亲子班课程以及少儿拉丁、少儿合唱等课程，尽可能与学校教育形成互补。设立高中学生社会实践基地，与澄衷高级中学建立合作关系，由社区学校为澄衷高级中学学生社会实践提供实践岗位，2019年参与社会实践人次达840人次。

4. 发挥地域特色，打造精品课程

北外滩是二战时期犹太人聚集地区，最多时有2万余犹太人在此生活，至今还遗留着摩西会堂、白马咖啡馆等历史建筑，在北外滩还有上海唯一的犹太难民纪念馆。围绕犹太文化，发挥提篮特色，社区学校为此专门成立蓝梦剧社，配备专业老师指导，蓝梦剧社表演的《梦回提篮》参加市民文化节获得一等奖。近年来，北外滩社区学校在虹口区开放大学的指导下，与霍山学校合作编撰了讲述这段历史的《岁月留痕——犹太人在上海》，目前此书已在霍山学校使用，并推荐至上海市老年教材编委会，有望推广至全市。除了犹太文化，在传统文化进社区方面也进行了积极的探索，古诗词鉴赏课程"走进李白"吸引了大批学员参加，社区学校编纂了校本教材，同名微课参加全国社区教育微课比赛获得了三等奖。

（三）打造网络教学平台，完善网络课程资源，助推网络教学

由于社区教育共同体多元性、开放性、自主性等特点，所以依托一个具有自组织性的资源整合和运行管理的生态系统信息化平台显得尤为重要。2019年，上海市虹口区业余大学在虹口区终身教育管理系统（三期）信息化平台建设中就已充分考虑了这一需求。

整个虹口区终身教育管理系统（三期）信息化平台以管理驾驶舱为运行管理的"中枢"，可以汇集区域内学习型社会建设与终身教育各成员单位各级各类培训、活动、建设等的大数据资源，实现对平台运行状态的全面感知、态势预测、事件预警和决策支持，提高跨系统、跨单位、跨部门的协同能力。

学习者则可以通过平台提供的区域学习地图，及时了解区域内学习型社会建设和终身教育各成员单位培训与活动的资源信息，例如街道社区学校、各居委学习点、学习体验基地、新型学习场所等场馆资源的开放情况、课程资源开设情况等信息。

虹口区终身教育管理系统（三期）信息化平台还开发了手机移动端的微信小程序，支持居民通过手机上网参加区域终身教育各类学习和活动，并设计了积分制，可以通过参与区域终身教育各类学习和"人文行走"等活动获得积分，并可以根据积分兑换有关培训优惠券和学习体验基地或场馆门票等。

北外滩社区学校将会依托这个网络平台，更好地发挥终身教育泛在学习的作用。

三、对社区教育共同体建设过程的几点反思

对照2018年上海市街镇社区学校内涵建设评估指标体系，北外滩街道社区教育还存在着一些值得反思并有待完善之处。

（一）实体社区学校，依然是社区教育共同体的主场

近几年来，由于原社区学校租借的楼宇被收回，倒逼社区教育共同体散点布局，成为社区教育的"立交桥"；但无论如何，社区文化中心和实体的社区学校拥有良好的硬件设施依然必不可少。为解决这一问题，已立项建造全新的北外滩社区学校。

（二）专职管理和专职教师队伍，需要进一步打造

目前从事社区教育的专职管理者不够稳定、专职教师缺乏及学历不达标，导致缺少一支稳定有专长的乐于奉献的社区教育志愿者队伍，在一定程度上限制了北外滩街道社区教育的发展。这也应引起足够的重视，在下一步社区教育共同体的建设中，街道党工委要协调各方解决这个问题。

（三）社区教育共同体的管理机制，需要进一步加强

社区教育共同体是在政府主导下的半松散组织，在虹口区学习型社会建设与终身教育促进委员会的领导下，在虹口区学习型社会建设服务指导中心办公室和虹口区社区学院的指导下，街道党工委需要进一步充分发挥社区教育各成员单位的作用，智慧联动，构建区域终身教育体系。围绕"高标准管理、高水平发展、高品质生活"工作目标，通过着力完善协同推进的终身教育工作机制，提升丰富多彩的终身教育课程供给能力，进一步扩大终身教育的惠及面，提升市民获得感和幸福指数。

（四）在线学习满足居民需求，网络平台是有力支撑

完善区域型社区教育网络平台，采用自组织管理的模式，信息化平台建设有站群管理子系统，支持区域内已注册的学习型社会建设和终身教育成员单位自主生成和维护本单位的子站，实现资源共享。对于纳入区域学习型社会建设和终身教育督导范围的成员单位，由区学促办、区学指中心、区政府教育督导室、社区学院等组成评审组，根据国家、市、区的相关评估指标，进行督导评估。督导评估材料等信息可以结合上述信息化平台的办公管理子系统实现上传下达。

自我开发与上级配送市民需要的课程资源，开展能激发兴趣、增长知识与技能的好课程，采取讲座式、体验式、竞赛式等学习形式，因时因地制宜，满足各个年龄阶段的市民需求，真正提升市民的综合素养。

社区教育共同体是人、教育、环境彼此相联，不断运动的一个动态的生态系统。社区教育是社区建设发展中非常重要的一环。北外滩街道社区教育工作将对标先进、对标一流，进一步营造全民终身学习的良好社会氛围，推动社区教育事业高质量创新发展，为把北外滩打造成"世界城市会客厅中最闪亮的一把椅子"做出应有的贡献。北外滩街道社区教育共同体的建设，泛在可选的社区教育模式和途径，是上海社区教育的一块试验田，但愿它能成为可以复制的成功案例。

参 考 文 献

［1］习近平.决胜全面建成小康社会 夺取新时代中国特色社会主义伟大胜利[M].人民出版社，2017.
［2］汪国新.社区学习共同体发展策略研究——以杭州为例[J].当代继续教育，2015(4):10-14.
［3］陈立东.基于资源整合的社区教育共同体建设路径思考[J].高考，2018(35):234,236.
［4］仲红俐.社区教育共同体建设现状调查思考——以江苏常州市为例[J].云南开放大学学报.2017(4):1-5.

作者单位：上海市虹口区业余大学

老年人学习参与分析为路径管窥社区教育发展状况

岳 燕

内容摘要：本文以普陀区社区教育老年学员为例，进行学习反馈调查，对回收的243份调查问卷逐一进行归类，涵盖教学手段、内容、形式、师生课堂互动、教学过程考核、师生关系、执教能力、教师专业性、授课教师评价等十个方面，详细分析普陀区社区教育针对老年人提供学习服务支持的情况，为提升服务能力和提高老年学习品质奠定现实基础，为兄弟院校开展社区老年教育提供参考。

关 键 词：社区教育　老年学习　问卷分析

一、社区教育现状背景

伴随时代发展，终身学习的理念蔚然成风。早在20世纪60年代，法国的保罗·郎格朗就提出教育应当贯通人的一生，以前刻意割裂学习期和工作期的做法致使人们单纯以为青年时期读书、工作时期则不用受教育从而一劳永逸的观念从今日看来已经落伍，终身教育的理念已经越来越深入人心，人只有不断学习，才能始终保持一颗开放的心以适应不断变化的社会生活，各个不同年龄段的学员都可以根据需要进行学习。

尤其是伴随老年人数量的增加，社会愈来愈关注老年群体，发展老年教育既可以满足老年人陶冶身心的需要，又可以培养老年人的兴趣爱好，同时丰富老年人的退休生活，促进其身心健康，适应和跟上时代的步伐，使老年人自尊、自主、自强，从而积极应对老龄化社会的挑战。而社区教育方便了老年人就近参与学习活动，一经提出，就自然而然与老年教育水乳交融，难解难分。

近些年来，我国提倡创建学习型社会正是终身教育理念的推进和深化。事实上，学习型社会创建从目前乃至未来一段时间来看，其中重要的组成部分即社区老年学习，客观上老年人时间相对充裕，能够保证接受教育、自主学习的时间；另外，老年人学习主要出于自我兴趣爱好，更能体现学习的本质。社区教育满足了社区居民的各种学习需求，譬如文化休闲教育、职业技能培训等，然而在现实中由于除了老年人，其他年龄段人群在社区接受教育参与学习的比率大大降低，目前老年人群是社区教育的主要工作对象，因而区老年大学和各个街镇老年学校的工作对象具有交叉性和一致性。

社区教育开始于20世纪90年代中期。城市社区人口结构的多元化和居民教育需求的多样化带来社区办学校的趋势，随着物质生活水平的提高，部分社区居民在文化、教育、休闲等方面有进一步的需求；社会经济转型时期，大批职工下岗，大量农村人口涌入城市，农村城市化、城乡一体化，社区迫切需要方便灵活地为各级各类人员提供多种教育方式和教育服务。立足社区、服务社区的社区学院（校）应运而生。而老年大学兴起于20世纪80年代，从最早满足离退休干部活跃晚年生活需要到现今提倡的满足更多老年人学习需求，其社会服务的功能有所扩展，社区教育的对象也多是接受休闲文化教育的老年人群，因此社区老年教育在现实中融为一体。

为贯彻党中央关于建设学习型社会的号召，中共上海市委、市政府在2006年《关于推进学习型社会建设的指导意见》中明确指出：到2010年，初步建成"人人皆学、时时能学、处处可学"的学习型社会框架，把"完善社区教育"作为"完善终身教育体系，奠定学习型社会基础"的首要任务和工作，"要通过提供多样化的教育服务，满足社区居民的学习需求"。上海市教委终身教育处2007年18号文件指明，社区学院在社区教育中起着龙头作用，既是市民终身学习的平台，又是指导本区域开展各种学习活动的平台。教育部等九部委于2016年7月出台进一步推进社区教育发展的文件，又对社区教育重点人群包括老年人等都提出了要求。

二、普陀区社区教育现状

1. 社区教育工作对象具有全员性

由于社区学校（院）是构建学习型城市的主要阵地，因而要做到人人、时时、处处学习，须承担对区域范围内所有社区居民的文化素养教育任务，然而现实中的在职中青年、在校学生往往会忽视社区文化教育，这还须借助学校、企事业单位、各级各类组织营造终身学习的氛围，更需要社区联动，协力并进，形成资源优势互补，共同致力于为社区居民提供和开发适合各个年龄段的各个层面的社区教育产品和服务，从而真正做到使终身学习文化渗透到每个人的日常生活。

普陀区在社区教育方面实施院校联动、指导合作的联络员制度，社区学院从2008年开始，引进一批专门从事社区教育的人员，保证了每个街道都有1~2名联络员，他们与街道的社区学校就社区教育方面不断进行沟通和交流，不定期走访社区学校，帮助其反映和解决相关问题，在社区学院和社区学校之间架起了一座桥梁，同时社区学院的联络员专职教师又为社区学校从事实验项目研究进行指导服务，切实提高社区学校教师的研究能力。但是由于社区教育工作平日多是开班教育教学和大量行政后勤工作，因而社区学院要切实发挥项目引领作用，科研指导工作还需要教师身体力行，在工作中反思，在反思中提升工作效果，这对教师提出了挑战。社区学院对社区学校教师进行了240、360培训，还应再深入挖潜，通过提升社区教育教师专业化水平来提高社区教育服务质量。

2. 社区教育目前对象主要是老年人

如前所述，由于主客观原因，目前社区教育服务对象与老年教育服务对象基本重合，社区学院与社区学校相较而言，前者须深挖研究老年学习的形式，并对街镇社区学校开展社区老年教育进行翔实有效的指导，而后者主要从事办学，切实满足老年学员教育学习需求。普陀区目前的社区学院由于和老年大学同地办公，且业务工作进行了整合，既从事老年办学工作，又进行社区老年教育研究，一方面为深入研究奠定了坚实的实践基础，另一方面也使得相关理论指导有据可循。

例如，经过调研我们发现普陀区各街道开展社区教育的课程和活动中基本都是针对老年人而设置的，诸如老年合唱、跳舞等，老年人大多喜欢这些活动，参与意识强烈。另外老年人较有闲暇，也有一定的经济基础，退休在家颐养天年，闲来无事，也喜欢用唱歌跳舞来打发时间。然而伴随日益深入的老龄化现实，我们发现社区老年人的学习需求是多样的，因此应设法挖掘更多的社区教育资源开设更广泛的新课程，让不同兴趣爱好的老年人老有所学、老有所乐。譬如开设电脑操作高级班以及Photoshop照片制作、智能手机应用、IPAD安卓系统使用等新课程。现在许多老年人喜好摄影，使用数码相机摄影录像后，有的老年人还进行后期制作，最后把自己的作品呈现给亲朋好友，这会令老人因心理满足而心情愉悦，因此教师专业技能需要拓展；另外还可以开设祖辈如何教育孙辈的课程，这在当前很有现实意义，因为老人帮子女带孙辈的现象很普遍，但两代人在如何教育孙辈方面也多有分歧，社区学校（院）面向老人开展相关教育，更新和充实完善老年人的子女教育观，对避免子女教育分歧、舒缓老人身心、保证孙辈健康成长等多有裨益。

三、社区教育对象在问卷调查中呈现的若干情况及分析

1. 教学手段选择比较保守

在对普陀区老年大学和本区9个街镇社区学校的老年学员进行课题调查的过程中，发放问卷234份，其中

男性96人,女性138人。我们在选择问卷调查样本时,特意选择老年大学和各街镇社区学校中各个班级的班长或经常出勤、学习积极性较强的学员,因而问卷回收率达到100%,但在仔细分析问卷时,发现有部分题目出现没有答题的情况,这一方面是因为调查问卷涉及全区10个老年教育机构,部分学员理解失误,不解题意,另一方面是因为调查者不是授课教师,被调查的老年学员思想上也不够重视,以完成任务为主要目的,一定程度上降低了答卷质量。不过瑕不掩瑜,大多数学员答题认真,反映情况真实,对本课题很有帮助。

其中在调查教学手段是否需要改进问题时,选择"仍是传统教学"的占到151人,"增加现代技术运用如PPT课件和投影仪"的占到124人,但选择"应加强网络等远程教学手段"的只有59人,仅有1人还补充"增加实物教学",说明老年学员还是习惯于比较陈旧的教学方法和手段,对使用网络和其他新技术的教学手段有一定的抵触和担心,这反映了老年人学习新技术、应对学习挑战的路径较窄,需要加强其主客观方面的调适,尽量帮助老年学员提高对教学技术手段的认识水平,增加更多学习机会,选择适合老年人学习的方式进行讲授,使得老年人有学习新知识、新技术的参与意识。这从侧面也反映出老年学员的授课教师也需要更新认识,提升信息素养,增加对ICT的学习和深造,为老年学员呈现多样的教学手段,更好地诠释适合老年人的学习课程及其学习方式等。

2. 教学内容选择主要以传递新知识为主

在教学内容方面,选择"传递最新知识"的占到189人,即绝大多数老年学员都认为老年大学(学校)的教学内容以传授最新知识为主,说明老年人对机构办学的主要期望还是传统课堂授课内容为主;另外选择贴合学员学习需求的有80人,并有部分学员还进一步补充学习需求,如辅导和引导相结合、多实践、多跟学员进行互动、手机新功能使用、增加基础知识讲解等,还有学员具体到在跳国标、摩登、舞厅交谊舞时要连上两节课,要一对一教授,课程内容要达到身体健康、形象美、令人心情愉悦、灵活实用等效果;选择"传授生活中的新技术"的有56人;另外还有5份没有填写此项,预估是答题不仔细所致⋯⋯我们一一录入学员细致入微的教学内容选择需求,发现老年人对教学内容还是很有期许,这对老年教育课程内容的深化和调整有基础依据的作用。

3. 教学形式仍以传统课堂讲授法为主

在调查老年学员适应哪种教学形式的选项中,绝大多数学员都选择了"传统课堂讲授法挺好,希望继续保持",这与前项选择教学手段和教学内容趋于传统相一致,另外选择"适当带学生外出实践学习"的有92人,选择"教学形式多元,不仅仅限于课堂讲授"的61人,还有个别补充建议,如多办群体活动、帮带教实际操作,说明老年学员由于年龄、经历等原因,思想观念较为保守,觉得参加老年学习活动就是在社区老年学校进行传统学习,对于学习方式、教学内容、教学手段等都没有太多想象力,这也从侧面提示老年教育工作者要注意适时引领老年学员更新学习观念,注重动手动脑结合的多元化学习,而且实践也表明只有多样化的学习方式和多元的课程内容才更利于老年人动脑动手,延缓衰老,提升学习兴趣。

4. 以增加对课程知识练习与训练为主

在调查提升教学效果或学习效果方面,有143人选择"应适当增加对课程知识的练习与训练",另有98人选择"应适当增加新课程的内容导入的介绍",有97人选择"应适当增加对课程中新知识的详细讲解",除此之外,学员补充提升教学效果的建议有"多参观和观摩""多开一些戏曲练习班"等,另有3人没有填写此项目⋯⋯由上述可见,老年人参与机构学习的初衷和希望仍然是按照传统的学校授课形式来实践教学,因而选择课程知识练习和训练的学员比例较高,但也有相当数量的学员注意到新课程导入内容和新知识详细讲解,说明老年人也希望能贴近当代科技生活,表现了主动参与社会、积极了解和学习新知识新技能的态度。

5. 教师在课堂上应适当增加学员互动和师生互动

在调查课堂学习氛围调整项目时,分别有147人认为"教师在课堂上应适当增加与学员的情感互动",158人认为"应适当为学员创设互相交流的机会",也有可能两选项都被学员选择,说明老年学员也很重视师生互动和生生互动,对教师的课堂授课氛围颇有体认。这也比较符合老年人参与学校学习的特点,除了增加知识、增长生活情趣,就是满足老年人的社交需求,这就包括老年学员之间的交往互动以及师生之间的交流,往往老年学员选择教师就是成群结伙地跟着某个教师数年,其中的情感交流不言而喻。还有59人选择"教师在课堂上应积极鼓励学员主动发言",虽然选择该选项的学员不多,但也表明部分老年学员勤学上进,希望能不断精进,展现了当代老年人乐于学习、积极乐观向上的精神风貌。

6. 注重教学过程和结果的考核并重视学生参与考核

在调查学校的教学考核形式时，学员中有8人都未填写，说明老年学员对学习考核没有予以足够重视，也与社会上认为的老年教育和学习就是"玩玩"的流俗意识相近。有95人选择了"应强化对教学过程考核与对教学结果考核的同等重要性"，91人选择"学生可以参与考核"，75人选择"考核形式应该多样化、灵活性等"，也有个别学员补充"老年人学习不需要考核"，增加参与汇报演出也是考核形式等。说明老年学员大多还是重视老年学习品质的，无论是教学过程和结果的统一，还是强调自我参与学习考核都表明当今部分老年人参与机构教育和学习就是追求锐意进取的人生，这是健康老龄化的体现，更是构建学习型城市的重要支持力量。

7. 更重视教师对待学生要平等和以礼相待

在调查教师基本素养的调整方面，有97名学员认为"教师对待学员更应该以礼相待，不要过分严肃"，有89名学员认为"教师对待学员应该一视同仁，不要有远近之分"，75名认为"教师在课堂上应该积极宣传正能量思想"，48名认为"教师应按照学校规定上下课"，也有个别学员在补充回答中表示"老师教得很满意"，6名学员未答题。从上述调查中，不难看出，老年学员认为教师基本素养很重要的一环就是师德，具体体现在日常课堂教学中师生之间的关系，大多数学员都认为教师应平等待人，不要搞亲疏远近，也不要过分严肃，搞活课堂氛围尤为重要。另外，师道尊严也很重要，期望教师宣传正面积极的思想，反对向学员灌输消极负能量的内容。

8. 强调教师须具备亲和力、感染力和丰富教学经验的执教能力

有关教师执教能力的建议和要求一项调查中，有140人选择了教师"要有亲和力和感染力"，126人选择"要有较丰富的教学经验"，另有87人选择"要有所任教课程的专业资格"，3人没有填写。说明老年学员看重的是授课教师的人格魅力、授课激情、情绪感染力以及丰富的教学经验，但也有部分老年人认为任课教师要具备教授课程的专业资质，同时说明老年学员希望享受有质量的教育服务，对教师提出专业资质要求也意味着对自己学习水平提出要求，这与前几项学员选择教师应在课堂上增强互动、应注重教学过程和教学结果的统一等都具有一致性，充分说明了老年学员对老年教育质量的强烈期许。

9. 注重教师的专业性

在调查教师个人能力需要提高方面中，有117名学员选择"所传授的知识专业性更强一点"，81人选择"老师跟学员有效沟通的能力应更强一点"，70人选择"老师个人的知识面更广一点"，60人选择"应该组建教师的专业团队，拓展教师的教学视野"，55人选择"教师要善于能者为师、教学相长"，40人选择"教师要多参加培训提升自己的教学水准"，另外还有7人空选。从上述选项可以看出，老年学员对老年教育从教者的专业性、沟通能力、知识面都提出了希望提升和加强的要求，这也是此次调查给我们的一致印象。此外，部分学员还强调希望教师组建专业团队，善于能者为师、教学相长，自我培训提升教学水准等，这都与我们的课题"区县社区教育多元化师资团队建设"的主题非常契合。可见，随着老龄化社会的深入发展，社区老年教育的教师专业化问题、规范化问题都提上了日程，我们将全面参考此次调查中提出的意见和建议，为开展多元化师资团队建设进行充分实践、研讨。

10. 学员对授课教师的意见和建议趋于客观、正面

最后一项调查是开放性项目，是让学员谈谈对授课老师的意见和建议。在回收的问卷中，学员提出的意见包括教学硬环境和教师软实力及教师管理方面，如教学环境不好，过于喧闹；校领导多提供些帮助、对学员多关心；教师要有丰富的教学经验、能者为师、请专业人员教学；多宣传；不要学期中途更换教师；多支持配合班级老年学员工作；希望教师要求严格；对老年人增加课程；教师应根据每个学员的能力及接受程度深入浅出地进行辅导，培养和提高每个学员的兴趣；保持原有的教学方法，耐心讲解等。还有学员提出应扩展舞蹈场所等，虽然不是对教师的建议，也可以看作是对学校的建议，作为校方也应当酌情分析场所设施的使用因素和具备条件，不贸然拒绝学员意见。另外，很多学员也表达了对社区老年教育的衷心感谢。

综上所述，通过对老年学员参与老年学校学习情况的调查分析，管窥社区教育基本情况，是一种植根于基层探析社区教育现状的路径，它从侧面反映了社区教育的现实状态。老年学员对教师、教法、教材等的意见、建议和态度，反映了老年人的学习需求、满意程度等，虽然绝大多数在校老年人学习参与的教学满意度较高，但也从中透露出了需要改进的问题。见微知著，通过基层教育教学发现问题，是改善与提升社区教育品质的实效方法

之一,唯有脚踏实地,立足基层,才能使社区教育、老年教育在构建终身教育体系、营造学习型社会中发挥更大功能与价值。

参 考 文 献

[1] 刘书鹤,马杰.老年教育学[M].北京:华龄出版社,1998.
[2] 邬沧萍,等.社会老年学[M].北京:中国人民大学出版社,1999.
[3] 岳瑛.外国老年教育发展现状及趋势[J].外国教育研究,2003(10):61-64.
[4] 韩树杰.日本老年教育的实施方式及其启示[J].内蒙古师范大学学报(教育科学版),2006(7):43-45.
[5] 周涛.人力资源开发专业人员持续专业发展研究[D].上海:华东师范大学,2010.
[6] 黄健.专业化:社区教育专职教师队伍建设的研究[J].远程教育杂志,2010(4):99-104.

作者单位:上海市普陀区业余大学

老年大学教学质量监控与评价体系构建初探

周雪梅

内容摘要：教学质量是老年大学教学管理的重心，也是老年教育发展的关键。经过三十余年的发展，老年大学已从封闭走向开放、从粗放管理走向精细化管理、从规模发展走向内涵发展，但受制于建制、师资、技术、管理等因素，教学质量监控与评价还不尽完善。本文立足老年大学教学管理现状，导入全面质量管理的相关理论，探讨了老年大学教学质量监控与评价体系的框架、内容与实施策略。

关键词：老年大学　教学质量监控　教学质量评价　全面质量管理

教学质量是教育永恒的话题。对一所学校而言，它不仅是衡量办学水平的重要依据，更是学校生存与发展的生命线。随着老龄化社会的到来，养老问题的研究焦点已经逐步从物质层面转移至精神层面，老年教育受到了全社会的关注。自1983年山东省创建第一所老年大学以来，老年大学作为满足老年人精神需求的重要载体，在推进老年教育发展，促进老有所学、老有所乐、老有所为方面发挥了积极的作用。近年来，我国老龄化程度不断加深，老年大学迎来新一轮建设高峰。老年大学办学规模越来越大，教育设施越来越完善，但教学管理相对滞后，难以满足规模化、高水平发展的需求，探索与建立适应现代老年教育发展的科学管理方式和体系，是当前摆在老年大学面前的紧迫课题。

一、教学质量监控与评价的内涵

教学质量监控，就是对教学质量形成的相关因素进行观察和控制，通过认真的规划、检查、评价、反馈和调节，确保教学工作按计划进行并达到预定的质量目标。教学质量监控涉及教学管理、教学过程和教学对象等方面的内容，体现了学校对教学质量的要求与标准，具体又可分为监测和控制两个环节：监测指对教学过程及影响教学质量的各个环节的实时监测；控制指在监测的基础上，对获得的信息进行分析，找到存在的问题及成因并积极解决，对教学过程实施有效控制。教学质量评价则是指按照一定的目标、原则、方法与标准，对教学方式、教学内容、教学过程与教学效果等进行评定。监测是基础与手段，控制与评价是反馈、调节与目标。通过教学质量监控与评价，可以全面了解教学管理的方方面面，经过科学的分析判断，采取有效的干预措施，从而使教学工作得以完善，达到提高教学质量的目的。

构建科学的教学质量监控与评价体系，是老年大学规范化管理与高质量发展的必然要求。老年大学的本质属性是教育,即老年教育,必须按照教育规律来办学。以教学质量监控与评价体系的构建为抓手,有效分析、评估、监控教、管、学的全过程,有助于增强质量意识,优化管理流程,激发员工工作的主动性,促进教学与管理手段、方式的改进,对于提升老年大学办学质量与办学绩效有着积极的意义。

二、老年大学教学质量监控与评价现状分析

经过三十余年的发展,老年大学已从封闭走向开放、从粗放管理走向精细化管理、从规模发展走向内涵发展,各校都建立健全各项制度,实行规范严格的管理,力求不断提升教学质量。但受制于建制、师资、技术、管理等因素,教学质量监控与评价还不尽完善,主要表现在以下几方面。

(一) 质量理念尚未完全树立

老年大学是适应社会老龄化、建设终身学习的学习型社会的需要而发展起来的时代产物。与其他类型的教育不同,老年大学没有入学门槛,学习主要是为了愉悦身心、陶冶情操而非解决晋升或就业问题,没有统一的课程标准与评价体系,学校的教学计划、教学内容完全是根据老年人的特点和要求制订的,长期以来,课程跟着老师走,教学跟着学生走,对教学质量的理解也存在偏差,导致了对教学质量监控与评价的认识与重视程度不够。

(二) 监控内容覆盖不够全面

教学质量监控与评价体系是推进学校管理的有力举措,然而很多管理者仅将其定位为教学管理的手段,多数老年大学对于教学质量的监控还存在较大的局限。比较普遍的做法包括:制定各类教学制度,形成一定的规范;编制教学日志与班级日志,了解教学的实施过程;开展学员满意度的调研,请学员对教学与管理进行评价。但对于直接影响教学质量的其他因素,如师资、课程、教学设施、教学方式等监控缺位。此外,监控的重点主要集中在教师,对于教学对象即学员的学习成效关注不够。

(三) 评价主体与方式单一

评价过程参与主体单一,多为学员评教,忽略了专家、领导与同行评价。评价标准不完善,由于缺乏参照性,多数学校往往借鉴高等教育或基础教育的评价标准,或者照搬做得比较好的省、市级老年大学的指标,忽视了学校自身办学定位与培养目标。为了数据获取的便捷性与评价的可操作性,量化评价多,定性评价少,评价的方式也以问卷、座谈为主,难以全方位、深层次了解教学过程。

(四) 缺少信息的反馈与调节

一方面,信息数据收集不全,除了常规的教学检查外,还有很多过程性数据未及时做好记录,加上监控内容往往分属不同部门,而部门与部门之间数据信息不融通,数据整合不到位。另一方面,数据处理简单,未能深挖其中的问题并做进一步的分析,采用积极有效的措施加以解决,也就无法达到良好的反馈效果。有些问题即使有反馈,但事后缺少持续性的跟踪,导致流于形式,未能起到应有的作用。

三、老年大学教学质量监控与评价体系的构建

(一) 理论基础

1. 全面质量管理

质量管理指为了实现质量目标而进行的所有管理性质的活动,是组织管理工作的重点。全面质量管理(TQM)是以质量管理为中心,以全员参与为基础,通过让顾客满意和本组织所有者、员工、供应方、合作伙伴或社会等相关方受益而使组织达到长期成功的一种管理途径。全面质量管理是一种预先控制制度,其核心特征是"全",即全员参加的质量管理、全过程的质量管理和全面的质量管理,注重顾客需要,强调参与团队,并力争形成一种文化,持续改进组织所提供产品(服务)的质量。

2. PDCA 循环

PDCA 循环由美国质量管理专家戴明博士首先提出,又称戴明循环。PDCA 分别代表质量管理的四个阶段,即计划(plan)、执行(do)、检查(check)、处理(action)。在质量管理活动中,要求把各项工作按照做出计划、计划实施、检查实施效果的顺序进行,然后将成功的纳入标准,不成功的留待下一循环去解决。

3. 业务流程重组

业务流程重组(BPR)指为了获得关键绩效指标的改善对企业流程的基本分析与重新设计。业务流程重组以客户的需求和满意为目标,针对现有的业务流程进行分析和思考,利用先进的技术与现代的管理手段,建立全新的过程型组织结构,从而实现运营过程中各项指标的改善。

(二) 核心内容

1. 健全教学质量监控与评价组织机构

设立专门的教学质量监控与评价机构或成立教学质量监控与评价工作小组,由校领导直接管理,教务、教学、科研、信息等各部门积极参与。明确工作任务,按照学校的发展目标与质量要求设立教学质量监控与评价的目标,做好数据的采集、数据的整合、数据的分析、数据的反馈等,及时收集、反馈教学运行与教学管理动态情况,优化调整工作流程,做好相应的评价工作。

2. 设置教学质量监控与评价观测点

教学质量监控与评价应围绕教学活动这一质量管理的核心要素展开。按照教学活动的发生与发展,可以将教学过程划分为三个阶段:教学准备阶段、教学实施阶段、教学反馈阶段。按照每一阶段的管理流程与实施步骤,列出影响质量的关键因素,就构成了教学质量监控与评价的基本观测点(如图1),涉及教师、课程、学员、管理、环境等多方面因素,覆盖了教学的全过程。

图 1　老年大学教学质量监控与评价观测点

3. 完善教学质量监控与评价标准

针对教学质量监控与评价的观测点,落实好评价载体与评价细则,制定教学质量评价的具体指标和量化的计分标准,形成教学质量监控与评价的标准体系。如教学准备监测可细化为课程申报表的填写、课程的分类、教师的专业资质与水平,教学大纲的规范,选用教材的适用性,教学计划的规范等。又如教学实施具体可从教学环境、教学设施,教学内容的科学性、实用性,教学进度的实施,教学方法的应用,课堂氛围、师生互动、学生满意度等角度展开。

4. 建立教学质量监控与评价制度

根据教学活动各环节的实际情况选择合适的监控与评价方法,如书面检查、教学巡视、专家面试、学员问卷等,注重便利性与可操作性。规范教学质量监控与评价流程:确定教学活动各环节的监控与评价目标→制定教学活动各环节的监控与评价的方案→实施教学活动各环节的监控与评价→反馈信息→调节修正,避免在实施教学质量与评价过程中受到人为因素的干扰与影响。监控主要由教学管理人员实施,主要是对教学活动的监控;评价则以教学管理人员、教师、学员为主体,对教师教学、学员学习、教学管理进行评价。做好人员培训,细化时间节点,落实责任到人,保证教学质量监控与评价过程的严谨与规范,结果的准确与客观。

(三) 基本架构

教学质量监控与评价体系是一个庞大而复杂的系统,应将教学活动的各个环节、各个部门的活动与职能合理组织起来,形成任务明确、职责清晰、相互协调、相互促进的有机整体,体现全员、全程、全方位的特点。教学质量的监控与评价也是一项持续性的工作,需要在实践中不断发现问题,不断修订与完善,PDCA循环的应用与业务流程重组可以帮助不断调整优化,全面提高教学质量与运行绩效。

如图2所示,教学质量监控与评价体系以教学准备—教学实施—教学反馈过程为核心,从制定方案、实施监控到信息反馈、调整优化形成闭环,推动了管理绩效的提升与教学质量的优化。

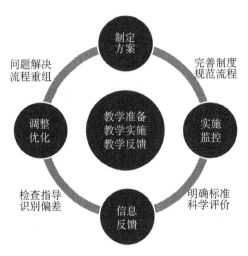

图2 老年大学教学质量监控与评价体系构架

四、老年大学教学质量监控与评价体系的实施

(一)强化主体意识,培育质量文化

教学质量是衡量学校办学水平的根本,教学质量监控与评价体系的实施首先要加强学校质量文化建设。全体师生要统一思想,形成共识,树立质量立校的观念;强化质量意识,提升责任感与使命感;强化主体意识,建设全员参与机制。在校园内营造浓厚的质量文化氛围,深入分析老年大学教学质量的内涵,明确教学质量的要求和标准,在不断改善办学条件的同时,将学校的"软件"建设摆到重要位置。按照老年大学实际,从推进课程学制开始,逐步统一课程标准、规范教学目标,将质量的要求融入学校工作的方方面面。

(二)优化教学管理,夯实质量基础

根据教学活动的组织与实施优化管理流程,聚焦关键点,覆盖全过程。建立部门例会、班主任例会、班长例会等各项工作例会制度,研究教学工作重要事项,解决教学与管理工作中出现的问题,分析教学动态,明确管理方向。定期做好各类教学检查,期初重点检查教学准备与新班级运行,期中全方位了解教学管理情况,期末全面梳理和回顾教学运行管理和教学成果,实时监控教学活动、分析教学信息、评价教学水平、了解教学情况,总结先进的教学方法和成功的教学经验,整改教学管理过程中存在的不足与问题。

(三)做好评估考核,实施科学评价

不同于普通学校,老年大学学员基础不一,课程复杂多样,教学质量及效果是多种因素共同作用的结果。因此,教学质量的评估考核不能采用单一形式,应从不同角度,结合多种方式,依据教学目的要求进行评价。以学员为中心,根据老年学习的需求与特点制定质量标准。坚持"四结合",即量化与质化相结合、过程与结果相结合、自评与他评相结合、内部与外部相结合,强调过程监控、外部指导,重视过程性学习,实现评价方法的多样化、评价主体的多元化,体现规范化、科学化、人性化。

(四)推进信息化管理,提升质量绩效

充分应用已有的教务管理平台,做好常规数据的采集与整理;建立完善教学管理平台,实现各类资料、文本的线上传输与审核;建立网络数据库,整合各部门信息,全面录入教学活动以及与教学活动有关的各环节中涉及的基本数据。通过设置各监测点数据的时间与分值红线,掌握整个学校教学工作的运行状况,实现教学质量的实时监测与即时控制。加强数据的分析与应用,为评价教学质量提供数据支持,为制定相关决策提供服务,为各级各类评估提供依据。

（五）加强师资建设，提高专业水平

严格聘用制度，坚持双向选择、择优竞争的原则，聘请老年教育专家对新应聘者进行面试，考查专业水平与课程内容，试讲合格方可聘任，从源头上把好质量关。制定新教师工作指南，介绍学校概况、老年教育的内涵与特点、教学工作流程与要求等，帮助新教师快速进入角色。推进教学系与教研基地建设，打造教学研共同体，为专兼职教师提供培训与指导，组织教学管理人员与教学系同行开展听课评课，提升教学水平，促进专业成长。

（六）完善激励机制，强化结果应用

以激励性评价为主，改革薪酬结构，加大绩效比例，激发参与教学质量监控与评价的主动性与积极性。组织开展各级各类评比活动，包括优秀教师、优秀班主任、优秀志愿者，给予物质与精神奖励，宣传爱岗敬业的奉献精神；积极参与全国、市、区各级各类教学大纲、教学技能、微课制作、精品课程比赛，倡导教学改革，改进教学方式，丰富学习体验，提升学习品质；搭建学习成果展示、老年大学艺术节等平台，加强互动交流，营造积极向上的校园文化氛围，弘扬善学乐学的良好风气。

《老年教育发展规划（2016—2020）》指出，老年教育事业是我国教育事业和老龄事业的重要组成部分。发展老年教育，是积极应对人口老龄化、实现教育现代化、建设学习型社会的重要举措，是满足老年人多样化学习需求、提升老年人生活品质、促进社会和谐的必然要求。教学质量是老年大学教学管理的重心，也是老年教育发展的关键，老年大学教学质量与评价体系的建构与实施，有助于老年大学教学内容优化、方式变革，必将全面推动老年教育内涵发展，提升老年教育现代化水平。

参 考 文 献

[1] 周逸萍.TQM理念下独立学院教学质量管理体系的构建[J].华南理工大学学报，2008(4):74-77.
[2] 魏坚.独立学院"八位一体"教学质量监控体系略论[J].湖南农业大学学报（社会科学版），2013(S1):18-21.
[3] 杜祥培.试论教学质量监控的主要环节及其标准[J].中国大学教务，2005(2):47-48.
[4] 吴群志.吉林省老年大学教学质量评价与监控体系研究[J].吉林省教育学院学报，2017(1):47-51.
[5] 陈祖云.构建老年大学内部教学质量监控与保障体系[J].老年教育（老年大学），2015(3):9-11.
[6] 方明，吴伟，罗静，等.基于目标管理理论构建教学质量监控体系初探[J].教育与教学研究，2014(6):94-97.
[7] 国务院办公厅.国务院办公厅关于印发老年教育发展规划（2016—2020年）的通知[A].2016-10-05.

作者单位：上海市普陀区业余大学

公共关系学教学改进探索

赵文淳

内容摘要：公共关系学是一门传播学、管理学、广告学、心理学、生态学等多学科交叉的复合学科。目前，业余大学、开放大学分别开设公共关系学和政府公共关系学课程，教学过程中仍存在教师单一授课、知识结构封闭、理论大于实践、人文素养较低、课堂教学形式不够灵活等不足。因此需要积极探索多样教学方式，丰富教学理念，明确教学目标，注重教学形式的创新。本文试图针对上述不足，从教学思维、学科交叉、教学方式、教学内容、教学手段这几个方面探讨公共关系学的教学改进措施。

关 键 词：公共关系学　教学改进　措施　探索

公共关系学是一门传播学、管理学、广告学、心理学、生态学等多学科交叉的复合学科。公共关系是一种现代管理职能，指一个社会组织通过有计划、有目的的信息传播手段与公众进行双向信息交流，从而树立良好的组织形象，赢得内外公众的信任和支持，为组织的发展创造最佳的社会环境。对职业分布较广，注重实践应用的成人学生来说，学习公关原则，理解公关观念，学习实践性、应用性较强的公关案例更具实用价值，有助于培养思辨、沟通、解决问题的能力，提升多方面综合素质，达到适应社会、拓展合作、加强竞争、协调发展的目的。

目前，业余大学、开放大学分别开设公共关系学和政府公共关系学课程，教学过程中仍存在教师单一授课、知识结构封闭、理论大于实践、人文素养较低、课堂教学形式不够灵活等不足。因此需要积极探索多样教学方式，丰富教学理念，明确教学目标，注重教学形式创新。本文试图针对上述不足，从教学思维、学科交叉、教学方式、教学内容、教学手段这几个方面探讨公共关系学的教学改进措施。

一、开展对话式教学，变一元思维为多元思维

常规教学往往是教师占据课堂主导，开展自上而下的单向传播，老师讲、学生听，但教育教学的过程实际上是教育者与受教育者相互倾听与应答的过程。德国教育学家第斯多惠在《德国教师培养指南》中提出："教学的艺术不在于传授知识，而在于激励、唤醒、鼓舞！"单纯的"给予"仅仅是信息的传递，而"教师的工作并非只是传授信息，甚至也不是传授知识，而是以陈述问题的方式介绍知识，把它们置于某种条件中，并把各种问题置于未来情境中，从而使学生能在其答案和更广泛的问题之间建立一种联系"①。因此教学中师生的"对话"就显得尤为重要。

---

① 联合国教科文组织总部中文科.教育——财富蕴藏其中[M].北京：教育科学出版社，1996：138.

公共关系学本身就是一门从职业进而发展到系统科学的学科,因此其教学也需要符合从实践中来、到实践中去的原则,应注重理论联系实际,开展对话式的教学。教师需要多在实际教学中运用"对话",转变教师自身传统角色定位,实现教学思维的转型。

在课堂中,教师应主动变换角色地位,多让学生参与讨论互动,学会倾听学生的声音与反馈。成人学生有丰富的社会经验,公共关系案例涉及社会诸多热点,特别是面对最新的社会事件,学生参与讨论的热情增强,课堂气氛也会变得活跃起来。气氛轻松,讨论热烈,会鼓励学生更加大胆地发言①。同时,引导学生参与讨论,发表观点,能让教师了解学生心中对事物的看法,变一元思维为多元思维,由教学活动中的"个体"向"集体"转变。教师可在讨论中对学生的思维方式提出问题,并在不同观点的争论中让学生各抒己见,形成学习共同体,再适时融入公关理论的讲解,帮助学生加强理论与实践的联系,从而逐步形成公共关系意识。

二、引入跨学科知识,深化公关交叉认知

公共关系学本是建立在传播学、管理学、广告学、心理学等学科基础之上的交叉学科。华中科技大学陈先红教授认为,公共关系学是一门典型的阈限学科,它可能居于新闻学与广告学之间,也可能居于传播学与管理学之间,更可能居于人文科学和社会科学之间;公共关系学科边界的模糊性和不确定性,是与生俱来的特征,公共关系学科拥有一个"可移动的边界"②。因此在公共关系的教学中,不能拘泥于单学科教学,而应推动交叉学科在知识体系上互相渗透、有机融合,引导学生对多学科产生兴趣,了解学科交叉对公共关系学的影响和意义。

教师在课堂中除了要开展公共关系学的学科体系介绍,还需要补充其他学科知识,运用学科之间的迁移达到互相借鉴、触类旁通的目的。"传播学的理论可以帮助学生更深入理解公关传播的模式;市场营销学的知识可以帮助学生更好地理解市场和消费者;广告学的策划与创意思维、新闻学的采写编评技能可以有效提升学生的公关实务水平。"③在教学过程中,教师要为学生搭建学科知识框架结构,用思维导图梳理章节脉络,标注本学科知识点与其他学科的关联,完善课程资源体系,使学生在脑海中形成更为立体的整合映像。同时,教师需要及时了解并掌握较新的行业内容,对接行业要求,培养学生复合、应用的能力。更重要的是,教师需要教学生运用多学科知识进行批判性思维,让学生理解信息,判断哪些信息重要、哪些信息不重要,最后能结合点点滴滴的信息,形成一套完整的世界观,在危机公关的处理中,能随机应变、活学活用,在不熟悉的环境里仍然保持心智平衡,在解决问题的同时一次又一次地重塑自己。

三、任务驱动教学,增强学生参与和思考

当前成人学生的学习质量在不同程度地降低,很多学生的学习主动性和积极性都明显下降。因此成人学历教育要着重加强对学生的整体思想教育和整体性考核,要对学生进行积极的正面引导,提升学生接受教育的主动性。要加强对学生形成性考核作业的指导,从实际出发解决学生出现的具体问题,以积极学生带动整个班级,以良好学风促使学生产生学习自信心和积极性,提高专业课程形成性考核作业的实际成效。

例如,可按照公关工作的流程,将公共关系学的实务知识模块化,同时采取项目教学法指导学生组建团队进行综合实训,并且在课内将综合实训分解为多项任务,如模拟一场新闻发布会、为所在小区策划一套形象推广方案、组织企业策划周年庆典、为品牌制定危机公关方案等等,以具体任务驱动教学,使学生参与进来,真正锻炼并检验他们分析问题和解决问题的能力。目前,开放大学设计了在线虚拟实验室,以公共关系仿真实训平台让学生在线模拟真实情况下的公关危机场景。相比之前要完成小组作业时的迷茫,实训平台的角色沉浸、场景模拟、人员协作确实给学生理解和掌握处理公关危机的知识带来了全新的体验,参与感更强,获得感更佳。

另外,在作业设计方面要侧重于科学化的设计理念,要突出教材的重点以及难点。这样才能够在日积月累的形成性考核作业实施过程中对学生的基本学习情况和状态进行检查并得到反馈。在鼓励学生参与方面,可以提高个人作业的比例,每位同学先完成个人作业,自己动手实践后,对整个流程以及哪些关键点需要特别注意有

---

① 胡东芳.追寻"度·悟"教师——胡东芳教育讲演录[M].桂林:广西师范大学出版社,2018:125.
② 陈先红.公共关系学科的阈限性想象[N].中国社会科学报,2015-10-22.
③ 胡仁春.公共关系学课程深度学习模式的实践与研究[J].新闻世界,2019(12):75-77.

了体会后,再开展小组作业。小组作业是完成某些特定的公关项目,组长就是"项目经理"。组长在个人作业的基础上根据组员的擅长特点开展分工、讨论、汇总。最后用一节课的时间做小组现场展示,由教师和其他小组互相点评打分,分数可作为评定总成绩的参考,从而提升个人作业和小组作业的整体参与率和互评互鉴的能力。

四、思政融入课堂,协同发展提升道德修养

思政教育是当下高校教学的重中之重,公共关系学与思政课有诸多相通之处,可以相互借鉴、相互融合。在对象上,两者都是与人的沟通,只不过公共关系是与范围更广的社会公众沟通;在方式上,两者都是以道德、心理等柔性手段作为宣传、沟通、说服的主要方式;在目标上,思政教育是帮助学生树立正确的世界观、人生观、价值观,公共关系是维护组织的良好形象,都是追求真善美的活动。因此,公共关系学的课程思政可谓顺理成章、顺势而为[1]。

公共关系课堂承载着思想政治"育人"的使命,应充分发挥课堂优势,通过良好的课堂内容、传播方式、交流体验,构建全员、全程、全课程育人格局。从实践来看,教学中的案例讲述能够吸引学生注意,讨论的热情和参与度高,学生反应良好,不失为有效的课堂教学方式。在案例的选择上应分门别类,重在深入分析、讲解,这对教师日常收集资料和加强反思也能起到促进作用。

例如,爱国主义教育案例可选择《中国国家形象宣传片——人物片》《中国国家形象宣传片——角度篇》《你好,一带一路》《G20杭州峰会宣传片》《40年,中国与世界》这几部。通过宣传片的播放,让学生走出工作、家庭的小环境,看到社会、世界的大格局。学生能直观地看到中国的飞速发展,看到人民生活质量的提高,看到中国为世界发展做出的贡献,使学生对祖国取得伟大成就而由衷欣喜,激发为祖国发展做出自身贡献的正能量。成人学生的年龄和经历让他们很容易就能捕捉到蕴含在专业知识里的价值引导,往往会有较深的感触,容易与课程思政潜移默化的道德塑造产生共鸣,反过来也能促进专业知识的学习。社会公益案例让学生理解"公"的含义,教育学生要有"公"心,这和思政教育的理念也是一致的。诚实守信案例让学生看到"人无信不立"、企业无信不长久的现实表现。灵活创新案例让学生明白危机的处理是要以积极的态度去直面它,以迅速的反应去处理它,以迎难而上的勇气去解决它。将思想政治融入公关课堂教学,两者无缝对接,通过教师的引导和点拨,为学生打开思路,潜移默化之中增强思想道德修养,提升专业文化品质,最终达到使学生自觉地提高个人政治觉悟的目标。

五、教学资源重构,探索线上教育模式

线上学习近年来一直是教育界流行的学习方式,特别是由于突如其来的新冠肺炎疫情,教育教学的开展更多需要依赖线上教育形式,可以说,线上教育的全民参与比以往任何时候都受到社会的重视。这期间,公共关系学的教学工作也从线下"搬到"了线上,教师正可以此为契机,静下心来,将原有教学资源重新梳理整合,丰富线上教育内容,积累直播授课经验,完善混合式教学活动设计,为疫情过后线下线上教育联动提供预先保障。

在开展公共关系直播教学之前,教师需要提前做好功课,要精心设计线上教学活动,理解以学习者为中心的教学核心价值,因此相比之前的线下教育,线上教育的备课时间会更长,对教师的要求也会更高。直播课前,教师需要主动了解学生构成、基础程度,上传完整的课程学习资料至网上课堂,包括课内和课外拓展内容,并在班级群中发布导学清单,让学生提前了解教学内容,预先自主学习。学生的自学需要有一定的引导,及时完成导学清单上的任务,回发给教师,以便教师能在课前掌握学生预习进度,明确课堂中讲述的重点,这有些类似翻转课堂的形式。直播课前学生自主学习越充分,教师掌握学生情况越清晰,直播中讨论互动就越深入[2]。课中,要以教学目标为指引,以学习需求为中心,语言简洁精准,理论联系案例,课件图表多于文字,动画多于直叙。授课时为避免学生长时间在线产生疲劳,教师需适时停下,以提问方式与学生互动,了解课程掌握情况,如有条件还可让学生连麦发言,而不仅仅是打字回复。线上学习可以改变单一教师主讲的方式,让学生和教师同时出现在线上平台,授课更像是一场圆桌会议,学生能各抒己见,听课专注度和整体参与率有了明显的提升。下课前,教师需要给学生布置小作业,鼓励学生开展课后小组讨论,特别是要将所学的公关知识在案例分析中加入个人的思

---

[1] 杨晶晶.高校专业课教学的"课程思政"建设——以公共关系学课程为例[J].视听,2018(3):234-235.
[2] 宋晓春.基于学习共同体理念的直播教学互动策略[J].名师在线,2020(10):59-60.

考。对作业的反馈检查也应配套跟上,确保学生能在课后同步学习。

综上所述,笔者从教学思维、学科交叉、教学方式、教学内容、教学手段这些方面探讨了公共关系学的教学改进措施,在日常教学中,反思与改进也将始终相伴。教师应不断引导学生理解公共关系的内涵与本质,用多学科知识培养学生的多元思维,将经典与最新的案例融入课堂,用任务驱动学生思考,促进学生用公关的视角分析问题,不断丰富和完善混合式教学模式,培养学生建立起公共关系的意识,树立正确的公共关系观念,提升自身沟通传播、团结协作能力,提高自己和所在组织在公众心中的知名度与美誉度。

教师在这个过程中也应不断加强自身建设,拓展教学思维,开展学科内容的延伸性学习,注重教学方法的灵活运用,利用好各种教育技术手段构建多元化教学模式,贴近学生的学习需求,优化教学方案,丰富学习情境,激发学习兴趣,增加课程参与,使公共关系的教学从理念到实践都有一个清晰的定位,既能完成教学任务,又能符合成人教育规律①。成人学生来课堂学习不仅是为了一分成绩、一张证书,如果能在公共关系学的课上,在只字片语间扩大视野,使思想更为开放,人文素养得到提升,产生对工作、家庭、人生的一点点的感悟和启发,将形象经营的公关理念融入生活的多方面,成为能协调好各方面关系、具有良好综合素质的社会人,那便是公共关系课堂最大的成效了。

参 考 文 献

[1] 联合国教科文组织总部中文科.教育——财富蕴藏其中[M].北京:教育科学出版社,1996.
[2] 胡东芳.追寻"度·悟"教师——胡东芳教育讲演录[M].桂林:广西师范大学出版社,2018.
[3] 陈先红.公共关系学科的阈限性想象[N].中国社会科学报,2015-10-22.
[4] 胡仁春.公共关系学课程深度学习模式的实践与研究[J].新闻世界,2019(12):75-77.
[5] 杨晶晶.高校专业课教学的"课程思政"建设——以公共关系学课程为例[J].视听,2018(3):234-235.
[6] 宋晓春.基于学习共同体理念的直播教学互动策略[J].名师在线,2020(10):59-60.
[7] 姚润梅.高职院校《公共关系学》课程教学存在的问题与对策分析[J].国际公关,2019(12):62,64.

作者单位:上海市静安区业余大学

---

① 姚润梅.高职院校《公共关系学》课程教学存在的问题与对策分析[J].国际公关,2019(12):62,64.

逻辑回归在老年大学班长评选上的应用初探

邵振杰

内容摘要：人工智能在最近数年发展非常火热，在各行各业都有所应用。在目前人工智能领域中最为流行的方法是机器学习。老年大学每学期评选班长是一项非常重要，且有一定难度的工作，在以往班主任评选班长的过程中遇到了不少困难。如何将机器学习应用到老年大学班长评选上，利用人工智能的方法帮助班主任评选合适的班长，是本文的研究方向。本文采用的是机器学习中经典的分类算法——逻辑回归，利用已有班长的标签，从全校学员的个人信息数据中学习，训练出合适的模型。

关 键 词：老年大学　人工智能　机器学习　逻辑回归

一、背景介绍

近年来随着老年大学办学规模的不断扩大，除了专职的班主任、教务员等管理人员外，每个班级的班长在班级管理过程中起到了重要的作用。而老年大学由于班级周期短、流动性大的特点，每个学期都需要评选新的班长。对于班主任而言，评选班长一般处于刚接手班级的时候，对于班级整体缺乏了解，往往倾向于选择认识的老班长来出任，时间一长，容易造成个别学员身兼多个班级班长，这样一是容易使得这些学员管理压力较大，二是容易使得班长队伍僵化，没有新鲜血液注入。此时需要有效的工具帮助班主任挑选合适的新班长，为教务管理工作铺平道路。最近人工智能在许多领域大放异彩，最为流行的机器学习的方法成为各行各业中解决问题的有力工具，本文接下来将详细介绍如何将机器学习中的经典分类算法——逻辑回归，应用在老年大学班长评选中。

二、数据预处理

本文中使用的数据集来自上海市静安区老年大学2020年春季学员个人信息数据，我们将数据集中的每一行称为一个样本，每一列称为样本的一个属性。在原始数据集中共有2 097个样本，即有2 097位学员的信息，经过简单筛选后保留11个特征，加上是否为班长的标签（0代表不是班长，1代表是班长），数据共12列。图1为数据的完整特征示例，涉及学员个人隐私的特征已用＊处理。可以看到这些特征可以主要分为两类：一类是数值类特征，一类是非数值类特征。

性别	年龄	文化程度	联系人	入学时间	信息来源	地址	报名班级数	原工作单位	学分	IC卡号	是否班长
女	62	本科	***	2014-11-18	线下报名	***	2	***	152	***	0
女	63	高中	***	2014-11-18	线下报名	***	2	***	149	***	0
女	68	本科		2014-11-18	网上报名	***	2	***	125	***	0
女	75	—	***	2014-11-18	网上报名	***	1	—	73	***	0
女	66	大专	***	2014-11-18	线下报名	***	1	***	92	***	1

图1　特征示例

为了使数据能够在机器学习算法中使用,需要对数据进行预处理,本文中主要用到的预处理方式有以下三种。

1. 数据清洗

数据通过人工采集录入,一些数据存在缺失特征的情况。机器学习算法对于缺失特征的数据是无法直接训练的。如图1示例中的数据,在文化程度、联系人、原工作单位三项特征中都存在缺失情况,在完整数据集中有更多的特征存在缺失情况,需要对这些数据进行处理。对于数值类的特征,一般的做法有三种:第一种是直接删除缺失特征的样本;第二种是直接将整个特征删除;第三种是对缺失的特征进行赋值,一般可以赋值为0、平均值、中位数等。本文中主要采用第三种方法,例如本数据集中的年龄特征,如存在缺失情况,则使用平均值填入的方式补全。

2. 非数值数据转换

对于非数值类特征,机器学习算法也无法直接对这类数据进行训练,例如图1示例中的文化程度、联系人和地址等特征,这些是文本类的数据,无法直接计算出其均值或中位数等,所以需要一类编码方法,将这类数据编码为数值类数据。本文中使用的数据集中的非数值类特征主要是文本类的数据,用于表示特征的不同类别。以下介绍两种编码方式。

(1) 顺序编码。顺序编码是一种最简单的编码方式,我们可以按照数据的顺序直接将特征的不同类别赋值为不同的数值。例如图1示例中的学员住址信息,数据集中的学员住址均在上海,可以将上海的16个区按照顺序进行编码。将来自静安区的学员的住址信息设置为0,来自黄浦区的设置为1,来自普陀区的设置为2,依次类推,将所有的住址特征类别编码为数值数据。可是这种做法是存在问题的,机器学习算法会认为两个靠得近的值比两个靠得远的值更相似,如以上举例中,算法会认为来自静安区的学员(设置为0)和来自黄浦区的学员(设置为1)相比较,黄浦区的学员与普陀区的学员(设置为2)更相似。数据的相似程度对机器学习的结果有着非常严重的影响,我们必须尽可能地避免这种情况。为了解决这一问题,常用的方法是一位有效编码。

(2) 一位有效编码。一位有效编码是一种将特征编码为只有一位数据设置为1,其余位设置0的编码方式。还是以学员的住址信息为例,我们可以将上海的16个区用16位来编码表示为16种不同的类别。将住址信息来自静安区的学员设置为0000000000000001,来自黄浦区的学员设置为0000000000000010,来自普陀区的学员设置为0000000000000100,依次类推,将所有的住址特征按照这种方式编码为数值类特征。这样就可以解决顺序编码所带来的问题。本文中对于特征为多类别的文本数据主要采用一位有效编码。

3. 特征缩放

在原始数据中我们还会遇到的问题是数据的度量尺度的不同,如图1示例中,报名班级数特征的度量尺度为0~4,学分特征的度量尺度为0~200,这样的度量尺度差异往往会影响机器学习的性能,处理这类问题的方法主要有以下两种。

(1) 归一化。归一化是一种最简单的特征缩放方式,其做法为将特征值减去最小值除以最大值和最小值的差(公式1),这样做我们可以将特征的尺度范围控制在0~1。归一化存在的问题是会受到异常值的影响,例如图1示例中的报名班级数特征,正常的范围为0~4,若有一个异常值为100,将最大值设置为100后,原正常数据0~4的数据会被压缩到0~0.04。为了解决这一问题,可以采用标准化的方式。

$$feature = \frac{featrue - min}{max - min} \tag{1}$$

（2）标准化。标准化的特征缩放方式可以有效地避免异常值对于数据的影响,标准化的做法是将特征值减去平均值除以标准差(公式2)。

$$feature = \frac{featrue - mean}{standard\ deviation} \tag{2}$$

本文中所使用的数据来自学校本身数据库,数据较为可靠,异常值较少,所以本文中对于数据特征的缩放采用归一化的方式。

三、模型训练

基于所要处理的问题,想要实现老年大学班长评选功能,使用机器学习中的分类算法是较为合适的。将2 097个学员样本中的105个班长样本作为正样本,1 992个剩余学员样本作为负样本,进行二分类训练。本文采用逻辑回归算法,对学员信息数据进行训练学习。

1. 逻辑回归

逻辑回归是最常用的基本分类模型,它通过计算一个样本属于一个类型的概率来进行分类。本文中将所有样本初始化为两类:一类称为正样本,即是班长的样本,标记为1;另一类称为负样本,即不是班长的样本,标记为0。我们将一个新样本输入到训练好的逻辑回归模型中,如果输出的概率大于50%,就将其归为正样本,否则就将其归类为负样本。逻辑回归的计算公式(公式3)中,$P(C \mid x)$是样本x属于类别C的概率,由$\sigma(z)$(公式4)计算得到。

$$P(C \mid x) = \sigma(z) \tag{3}$$

$$\sigma(z) = \frac{1}{1 + \exp(-z)} \tag{4}$$

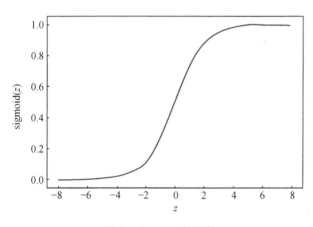

图 2　sigmoid 函数图像

其中$\sigma(z)$是 sigmoid 函数(图2),它将z映射到0至1之间,z是样本x的线性变换(公式5),w是需要训练的权重参数,b是偏置参数。

$$z = w^T \cdot x + b = \sum_i w_i x_i + b \tag{5}$$

2. 损失函数

模型的预测值由$\sigma(z)$计算得到,有了预测值之后,我们需要将预测值与真实值即真实的班长标签之间进行比较,使用损失函数来计算两者之间的差异。逻辑回归中所使用的损失函数是对数损失函数(公式6),其中m为样本的个数,即本数据集中学员的总个数2 097,$y^{(i)}$为第i个样本的真实标签,是班长则为1,不是班长则为0,$p^{(i)}$是逻辑回归的预测概率值。我们的目标是要使得$L(w, b)$尽可能地小,使得模型更为准确。因此我们需要选择一个合适的优化算法。

$$L(w, b) = -\frac{1}{m} \sum_{i=1}^{m} [y^{(i)} \log p^{(i)} - (1 - y^{(i)}) \log (1 - p^{(i)})] \tag{6}$$

3. 梯度下降法

对于对数损失函数,没有闭式解来计算使得$L(w, b)$最小的参数w和b。但是对数损失函数是一个凸函数,有全局最小值。因此这里我们可以采用梯度下降法来迭代计算,逼近函数的全局最小值。在梯度下降法的公式(公式7)中,将参数w和b用θ表示,θ^i是第i次迭代时的参数值,$\nabla L(\theta^{i-1})$是第$i-1$次迭代时损失函数的梯度,η为学习率,是一个超参数,本文中η取0.1。由公式可以看出,梯度下降法的优化策略即每次更新朝着梯度的反方向按照学习率迭代更新,向损失函数的全局最小值逼近,得到最优化参数θ。

$$\theta^i = \theta^{i-1} - \eta \nabla L(\theta^{i-1}) \tag{7}$$

4. 正则化

在模型的训练过程中,一般将数据集分为训练集、验证集和测试集。本文中没有使用验证集。将数据集按照3∶1的比例分为训练集和测试集,即原始的2 097个样本中,将1 572个样本作为训练集,525个样本作为测试集。通过训练后,模型在训练集上的准确率为95.04%,在测试集上的准确率为86.47%(模型的准确率是指被正确分类的样本占所有的样本的比例),很明显存在过拟合的现象。过拟合是指模型学习到真实模型以外的特征,使得模型在训练集上表现良好,在测试集上表现差强人意。本文使用正则化的方法来处理过拟合问题。正则化是指在损失函数后加上一个正则化项来惩罚过拟合的参数,常用的正则化项有$L1$范数和$L2$范数,在逻辑回归的对数损失函数中常用的是$L2$范数。在模型中加入$L2$范数后,在训练集上的准确率变为94.02%,在测试集上的准确率变为93.71%,虽然模型在训练集上的准确率有所下降,但是在测试集上的准确率有了明显的改善,显然在这里加上$L2$范数正则化是一种合理的做法。

$$L(\theta) = -\frac{1}{m}\sum_{i=1}^{m}[y^{(i)}\log p^{(i)} - (1-y^{(i)})\log(1-p^{(i)})] + \frac{\lambda}{2}\|\theta\|^2 \tag{8}$$

四、模型评估

1. 数据不平衡

在上一部分,我们对模型的准确率进行了计算,用准确率评估了模型的优劣,但是在本文所使用的数据集上,单纯只看准确率来评估模型的优劣是存在很大问题的。其中一个重要的原因就是,本文所使用的数据集是一个不平衡的数据集。所谓数据的不平衡,是指在二分类问题中,两个类别的样本个数不同且存在较大的差距。以本文所使用的数据集为例,2 097个样本中,正样本数即班长样本数为105,负样本数即非班长样本数为1 992,比例接近1∶20,很明显存在不平衡现象。所以我们不能只看模型的准确率,还需要进一步去计算正样本和负样本中各有多少样本被准确分类。一般我们通过混淆矩阵来计算这类问题。

2. 混淆矩阵

为了准确评估在不平衡数据集上的模型的优劣,我们需要进一步计算以下4个值:TP——将正样本预测为正样本的个数;FN——将正样本预测为负样本的个数;FP——将负样本预测为正样本的个数;TN——将负样本预测为负样本的个数。通过计算这4个值我们就可以得到混淆矩阵(表1),通过混淆矩阵,我们能对分类问题模型进行更为细致的评估。

表1 测试集混淆矩阵

	预测值=1	预测值=0
真实值=1	$TP=10$	$FN=18$
真实值=0	$FP=15$	$TN=482$

3. 精确率和召回率

班长评选是一个二分类的问题,常用的评估指标有精确率(公式9)和召回率(公式10)。精确率是所有被分类为正样本的样本中真实的正样本所占的比例,即被模型判别为是班长的样本中真实的班长样本数所占的比例,通过混淆矩阵计算得到在测试集中精确率为40%。召回率是模型能够正确分类出的正样本占所有正样本的比例,即被模型计算出的真实的班长样本数占所有全部真实的班长样本数的比例,通过混淆矩阵计算得到在测试集中召回率为35.71%。

$$P = \frac{TP}{TP+FP} \qquad (9)$$

$$R = \frac{TP}{TP+FN} \qquad (10)$$

通常结合精确率和召回率来研究问题会更加方便,我们把这个评估指标称为 $F1$ 值(公式 11),$F1$ 值是精确率和召回率的调和平均值,在测试集中 $F1$ 值为 37.73%。通过精确率、召回率和 $F1$ 值的计算,很明显地可以看到,模型并不像准确率显示得那么好,这些评估指标并不如人意。但是结合我们需要解决的具体问题来看,这个结果还是有参考价值的。我们需要模型帮助我们评选出合适的班长候选人,那么如果这个分类模型能够完美地将真实的班长样本和非班长样本分开,我们将没有办法得到新的候选人。所以在混淆矩阵中的 FP,即错误分类为班长的样本或许可以作为班长的新候选人来使用,因为模型认为这些样本和真实的班长样本相似。

$$F1 = \frac{2}{\frac{1}{P}+\frac{1}{R}} \qquad (11)$$

五、改进与展望

我们看到模型并没有得到完美的结果,其原因可能有两点。第一是数据不平衡的影响。我们处理不平衡数据的做法通常有过采样和使用带权重的损失函数等方法。过采样是指通过重复采样少数类样本将数据集平衡,即可以将班长样本重复采样 20 次,这样班长样本数和非班长样本数接近 1:1。带权重的损失函数是指当模型把班长错分为非班长和非班长错分为班长时,采用不同权重的损失函数,如果需要提升少数类样本的精确率,即希望将班长样本尽可能地分类正确,我们可以让班长错分为非班长时的损失函数权重加大,即一旦发生这种错误需要付出较高的代价。第二是模型本身不合适。逻辑回归是一种基本的机器学习算法,我们可以使用更为复杂的模型,如近年来在机器学习领域最为流行的深度学习方法中的神经网络模型、卷积神经网络模型、循环神经网络模型等,但是这类算法对计算机硬件要求较高,使得实验实现难度较大。

人工智能的时代其实已经到来,人工智能已经充满了我们生活的各个方面。作为一名老年教育工作者,如何使用已有的人工智能技术,在更多方面来更好地开展工作,是下一步思考的方向。

参 考 文 献

[1] 周志华.机器学习[M].清华大学出版社,2016.
[2] 李航.统计学习方法[M].清华大学出版社,2012.
[3] 奥雷利安·杰龙.机器学习实战:基于 Scikit-Learn、Keras 和 TensorFlow[M].机械工业出版社,2018.

作者单位:上海市静安区业余大学

关于班会课在成人高校班主任工作中的实践与思考
——以上海开放大学航空运输学院空乘专业为例

王 晔

内容摘要：作为班主任与学生日常面对面交流专业学习、生活、职场以及日常事务的专属时间，班会课提供了师生、生生间相互沟通、相互了解的宝贵平台与机会。本文对成人高校学习环境下，班主任借助班会课开展行之有效的教育，加强对学生的引导，帮助提高学生学习积极性、增加自信心等方面进行了有益的探讨。

关 键 词：成人高校 班会课 班主任

随着中国经济的发展，各行业对人才的需求不仅数量大，对员工应具备的职业素养、业务知识等综合素质的要求也越来越高。上海开放大学航空运输学院在时代前进步伐中不断寻求转型发展，开设空乘专业，并尝试与企业合作共同培养符合企业岗位需求的合格学员，向企业、向社会输送专业人才。通过面试进入本专业学习，来自不同地区的学生与参加高考进入全日制大学学习的学生无论在学习基础、能力，还是自我管理方面都存在一定的差距。和其他专业不同，空乘作为一个特殊专业，学院对学生日常出勤、住宿、学习实施全方位严格管理。为了使学生能在大学学习期间树立正确的人生观、价值观，空乘班特别增设班会课，通过这个专属时间，由班主任和学生面对面近距离交流学习、生活、职场以及日常事务。

班会课作为一门特殊的课程，内容的选择取决于班主任与学生相处过程中出现的各种事件、话题与关注点，通过班会课营造良好的班级学习氛围，并开展行之有效的教育。班会课中，如何帮助学生懂得更多成长道理？如何提升学生学习积极性与自信心？成人高校班会课上什么，怎么上？这些都成为亟须思考的内容。

一、社会发展对成人高校的学生和班主任要求日益提高

以上海开放大学航空运输学院2019空乘班为例，班级生源地域分布广，学生的教育环境、学习基础、文化背景存在极大的差异，从而导致在班会课交流过程中，学生的言谈举止、思维方式、思想认识方面呈现出不同的反应与状态，他们的学习意识与态度都急待得到提升。班主任如果仅仅只是把班会课作为班级日常事务上传下达的媒介，不仅没有发挥出班主任积极引导的作用，而且还浪费了班会课中可以对学生进行指导交流的宝贵时间。

1. 未来职业对学生综合素质要求越来越高

未来职业对学生综合素养的要求不断提升，而成人高校学生可能无法与全日制院校学生在学习基础、能力或职业规划等领域相比拟。航院空乘专业开设班会课，加强对学生教育，班主任通过观察、访谈获悉学生对未来

职场的需求,通过班会形式对学生学习现状有更深入的了解。

班级学生学习现状差异性极大:未来职业的要求与人才的要求不断提高,决定了学生在校学习期间不仅需要具备扎实的专业文化知识,同时在个人综合素养方面也应适合社会发展的需要。通过观察发现,进入成人高校参与学习的学生文化基础与综合素养相对较薄弱。在班会课中就"掌握一门外语"的交流中获悉,有的学生希望在校学习期间经过努力通过英语四级考试,表示掌握一门外语可以拓宽就业渠道,让自己择业更多元;而一部分学生清楚自己外语基础薄弱,初高中没有好好学习,但也并没有觉得外语水平不好会对未来发展有影响。

学生学习、成长自信心不足在日常交流中体现出来。学生表示父母忙于工作,忽视对自己的管理,有的家长就只会盯着自己要求好好学习,但并不参与辅导,学生并不喜欢学习,感觉自己被忽视,而从小到大学习成绩并不突出,慢慢地失去了学习的自信心。

学生学习能力的强弱表现也各不相同。有的同学在课中积极参与课堂互动,回答教师提问,但也有同学表现出不太愿意参与交流、讨论。大一新生在刚开始相互熟悉认识过程中,有的同学善于交流,但有的则出现交流迟缓或困难的状态;学生因为兴趣爱好相近也渐渐形成各自的小群体,分组交流时更热衷于和自己相处融洽的同学一起讨论,容易出现个别人落单无法找到小组的现象。

学生对社会就业环境表现出好奇,但职业意识淡薄。班级学生大多处于18~21岁之间,绝大部分没有社会工作经历,他们对未来社会充满好奇,希望在学习期间可以获得更多有关未来职场的经验与信息。班会课以未来职业为主题开展交流讨论时,也有学生表示尚未考虑过职业这个问题,"职业规划"从何谈起,感觉职业似乎离自己还比较遥远并表现出茫然。

2. 社会发展对班主任具备的能力与素养提出高要求

班会课中,班主任与学生交流事务不应仅仅停留在班级事务、学生学习日常、学校事务的简单交流中。随着社会发展对学生的要求不断提高,对班主任管理能力的要求也越来越高,班主任应具备良好的职业道德,同时应有较强的责任感、观察力与思考能力,帮助学生解答成长过程中的问题,树立学生终身学习的理念、健康积极的心态。学生在成长中不断需要学习为人处事的道理,班主任也应具备包容心理,倾听学生、欣赏学生,真正地关爱学生,根据学生的不同特点,进行及时指导。

班主任管理能力应与时俱进,终身学习理念也应紧跟时代发展步伐。古人云:"师者,所以传道受业解惑也。"作为与学生距离最近的班主任,其言谈举止、专业素养等的体现在日常管理过程中对学生起着潜移默化的影响。

二、基于成人高校学生的特点对班级管理提出高要求

1. 学生学习积极性、职业意识与社会责任感亟待加强

对学生在班会课中参与程度的评价同样适用于其他部分学科,即学生学习积极性与参与度在继续学习中出现明显的分化。其中,高中毕业直接进入大专学习的学生,学习积极性得以延续,不仅积极参与学校组织的各类学生会活动,在公共课与专业课的学习中也表现出较强的学习积极性,在班会课的讨论中参与度较高。而有短时涉足社会、职场经历的学生,对专业课的兴趣与参与程度远高于如马克思主义基本原理概论、大学英语等公共课,认为专业课更具有针对性。

学生的职业意识呈现出多元分化。有的学生在学习上更有目的性和方向性,更多关注专业课的学习,表示只要学好专业课,能顺利完成大专的学分,取得踏入职场的"敲门砖"即可;有的学生对自己在短短两年半的学习之后从学生转变为职员身份表现出不适应,专业并非自己所选,而是家长代为选择,表示自己对于职业理解始终处于朦胧状态。

2. 班会内容、形式应贴近学生,班主任需做有心人

相对于普通高校,成人高校班主任对学生的指导出发角度不同,指导的内容差异性也更大。空乘班班会课作为除公共课与专业课以外的课程,学生认为与公共课和专业课相比,无法在班会课中直接获取与职业相关的知识技能,部分讨论的内容也并不是学生感兴趣的话题,课上学生讨论积极性不高,参与主动性不强。针对由全日制高中毕业和有社会职场经历的学生组成的混合班,考虑班会课内容的选择与设计,不仅要从端正学习态度、树立正确人生观、提升自信心角度出发,还要发现并照顾到不同学生的需求,帮助解答学习、生活,包括职业、为

人处事等各类问题,选择班会课交流讨论的内容或主题就需要充分考虑到这些因素。

大学期间的教学大多采取教师讲授、学生记笔记的课堂模式,而班会课却需要有学生大量的交流与互动,仅选择话题内容还是不够的。班会课中需要更多学生参与交流讨论的身影,班会课的形式决定了学生在课中的参与度。学生积极参与话题的讨论,既是信息的交流也是学生间思想的交流。这也对班主任的工作提出更高的要求。班主任要精心设计班会课内容,调动学生参与积极性,让更多学生参与到班会课的互动交流中。

三、班会课在班级管理中的实践

(一) 班会内容:积极健康责任担当、贴近生活与时俱进

班会课内容选什么?成人高校的特殊班学生能力差异性大,学生能力亟须得到提高。要加快班级队伍建设,班主任要有效利用好每一次班会课,而班会课内容的选择不仅要符合学生发展特点,还要有助于提升学生的综合能力。

1. "家事、国事、天下事,事事关心"

突如其来的新冠肺炎疫情打乱了人们的生活节奏,也影响了学习进程,在举国上下共同抗"疫"之时,停课不停学、在家上课的同学来迎来了首次网络班会课。学生围绕主题,拓展延伸出"疫情映射出人与自然的什么规律""用蝴蝶效应分析疫情产生的影响力""历史上曾经暴发过哪些传染病""疫情后需要改变的生活方式""疫情期间行业的兴起与衰落"等交流小主题。交流内容涉及人文、历史、社会、医学、生活、职业等多个领域。

同学们在交流过程中拓宽思路与眼界,关心时事政治,了解社会百态,作为一名学生,理应"家事、国事、天下事,事事关心",判断是非,坚定立场,树立正确的人生观与价值观。

2. 引入争议话题,引导学生探索自我

班级学生年龄分布在 18~21 岁,介于人生发展阶段中青少年晚期与成年早期阶段,这个年龄段的学生存在认识过渡、社会过渡、生物过渡的发展特点,已经形成一定行为习惯、态度与观点。受学习基础及成长环境等因素影响,学生在学习期间表现出对事物思考尚不成熟、处理方式欠周全,对学习发展表现迷茫。在"你认识你自己吗"主题班会课中,将某当红歌手而非科学家、宇航员或杰出成功人士作为讨论对象,后者虽然具有较强的教育意义,但学生对某当红歌手更为熟悉与关注,课堂中容易就交流产生共鸣。

在前一话题后,成功引发学生后续关注点:"为什么老师对这位 90 后歌手特别关注? 为什么要用这位歌手来举例,而不是别人?"引导学生得出结论:"这位歌手肯定哪里比较特别",从而吸引更多学生参与到讨论中。在随后查找资料环节中,了解到该歌手"幼年得不到家人的关心,父亲冷漠不关注造就他比较孤独的个性","原生家庭"孩子在逆境中苦心学习音乐、最后成功的励志故事让学生认识到没有轻而易举的成功。感触多了,再将话题转移至学生身上时,学生们的思维就会跟着活跃起来。

3. 制定学习规划,把握生涯发展

有一位学者曾说过,在学生成长并接受教育的过程中,兴趣爱好需要得到发展,只是有一些必须习得的知识能力在获得的过程中一定存在学生"不喜欢"或者"不愿意"的情况,但结果往往是学生在这个过程中是真正受益的。而更多学者均表示,自己最终在某个领域获得成功时,过程一定是艰苦的。在要求新入校学生撰写"学生发展规划"后也引发了学生各种疑问:有的学生表示自己还只是一个大一的学生,并没有参与社会工作,怎么撰写规划中的"职业规划"? 也有学生认为自己选择这个专业,以后就是努力工作、认真工作,简单两句话就可以写完,写"规划"纯粹就是一种形式。

但凡想要做出一番事业或做成功一件事,规划与计划是必不可少的。班会课中,让老师了解到学生存在着未知的疑惑,对于个人未来规划的无准备,也让班会课这个交流平台变得更为宝贵和必要。除了向学生讲解发展规划的必要性,班主任还向学生介绍"时间管理""蝴蝶效应""危机意识"等相关的管理知识,帮助学生从不同角度改变学习观念,转变学习态度,增强学习意识。

4. 引用职场案例,开启职业之门

大专学习期间,学生不仅要学习公共课知识、掌握专业课技能,还要在短短两年半时间内做好从学生向职场人的转衔准备。面对这样的快节奏,学生也希望在校期间可以获得更多关于职场的经验或技巧。有学生建议在

班会课中播放与专业相关的视频,获得直观的感受,也有同学建议班会课中引入系列职场案例,通过案例分析帮助他们了解职场。

在班会课内容设计上,选择四川师范大学周建芳老师"大学生如何找兼职"的网课,分析未来民航领域职业发展前景,形成职业转衔系列主题。如在以"获得一份工作,自身所应具备的基础条件"为主题开展分析与交流讨论时,学生表示,应具备吃苦耐劳的精神、专业能力、学历文凭等,随着班会课上学生参与讨论的思维不断发散,班主任适时提醒,学生慢慢意识到,要获得一份工作,除了之前提到过的"硬件"之外,还需要具备个人的人文素养,学会为人处事的技巧,要学会在工作中随时"复盘"的能力,提升个人"软实力"非常重要。

以2020年春班会课主题安排为例(见表1),内容设计的原则围绕时事政治、关注心理健康、聊谈职业转衔、分享历史人文、分享成长体会;帮助学生加强思想管理意识,提高人文学识素养,提升文化礼仪气质。

表1 2020年春班会课主题安排

出发角度	内容安排	组织形式
时事动态 思政教育	1. 疫情下的我们 2. 思政课观后感讨论	学生讨论观后感 交流不同地区疫情期间的物、人、事
历史、社会、科学、职业	关于新冠肺炎疫情引起的系列思考,小组交流分享主题知识: 1. 疫情中行业的兴与衰 2. 中国史上曾经暴发过哪些传染病	课前学生分组查找资料 课中学生分组交流讨论,班主任点评小结 文献分享
科学、历史、社会	关于新冠肺炎疫情引起的系列思考,小组交流分享主题知识: 3. 疫情映射出人与自然界的关系 4. 用"蝴蝶效应"分析疫情的暴发 5. 疫情当下,我们应改变的生活方式是什么?	学生分组交流讨论 视频分享 文献分享 班主任点评总结
职业转衔、心理、学习管理	1. 英语课、手语课、心理课、运营,各类课程都是帮助大家进入职业准备模式,是学习也是职业准备。总结:今天不逼自己,明天就是自己苦自己 2. 关于疫情期间如何学习:在家上网课也是机会,每日三省:一,是否每天有个小计划;二,是否每天自我监控;三,是否每天给自己一个小评价 3. 主题任务:"你认识你自己吗"(形式内容不限)	学生分组交流 班主任穿插总结点评 举例说明现实
心理健康 成长体会 职业意识	日常学习反馈 "你认识你自己吗"小组交流分享主题知识: 1. 原生家庭 2. 某歌手的学习成长之路及性格 3. 某歌手在音乐方面的成就以及个人看法	学生分组交流讨论 文献、资料分享 班主任点评总结
心理健康 成长体会	日常学习反馈 "你认识你自己吗"小组交流分享主题知识: 4. 网课时代如何学习 5. 起跑线与玻璃心 6. 家庭条件优越培养出什么样的孩子?	学生分组交流讨论 文献、资料分享 班主任点评总结
职业转衔 职业意识 危机管理 学习技巧	1. "关于我们未来的职场" 2. 航空业现状,交流周围从业人员的发展状态。每一个学生应树立"危机意识",有居安思危的意识,在居家期间也可以做到"家国、家事,天下事,事事关心" 3. 未来哪些产业值得关注?随着信息技术产业的突飞猛进,结合自身特点,除了学习自己的专业,可以再学习一门自己感兴趣的技术 4. 学会"知识技能迁移"的能力	学生分组交流讨论 视频分享

（二）班会形式：引导互动、对话交流

在"心智逐渐成熟"与"前期知识积累"的基础上，对知识的接受与掌握的速度与自主学习能力在学生进入大学阶段后都加速提高。大学阶段的知识积累更多来自对知识的自主寻找与探究。让课活起来，让知识活起来，班会课中学生不能只扮演"听"的角色，更应该让嘴巴"动"起来，让思维"活"起来。

1. 任务驱动式

学生在认识初期相互之间不熟悉，存在慢热性。与部分不需要大量学生交流的课程相比，班会课需要学生较多思考、交流、发言以及小组合作，学生在课中显得较为不适应。在最初的班会课中尝试提出要求学生围绕一个主题，进行资料查找，要求完成既定任务的同时，开展协作式交流学习。在网课模式下，要求学生自发参与交流的可能性非常小，大多数学生并不愿意在全班同学面前表达自己的观点。任务式的学习方式虽然带着任务性，但从一定角度能够促使学生开发自学能力，分享成功体验，从而形成一定的良性循环。

2. 小组合作式

在"你认识你自己吗"主题交流时，结合班级学生的心理、性格、学习特点，设定如"原生家庭""某歌手的成长之路""起跑线与玻璃心"等系列主题，学生自行选择感兴趣的主题，通过组内成员分工查找相关资料加上小组的观点、见解，由各小组组长轮动，最终整理成文。

3. 体验交流式

针对新冠肺炎疫情，不同居住地的隔离要求给学生留下了深刻的印象，也有个别学生参与了社区的志愿者服务，班主任分享自己的感受、感想，抓住教育契机让不同地区的学生交流各自在隔离期间的感受，以及参与志愿活动前后的系列想法，慢慢地打开学生在网络上的话匣子。

4. 主动探究式

针对班级学生多、合作力不够的问题，在"疫情"主题下设"以蝴蝶效应分析此次疫情的暴发"的交流小主题，小组成文中体现了主动探究的成果，通过主动探究与课堂交流，不仅使自己了解了更多知识，也在全班同学中展示了小组合作的成果。主题讨论贴近学生年龄，课前准备让学生的思维活跃起来，课中交流表达各自的见解，"让嘴巴动起来"，学生不再是局外人，真正参与到话题讨论中。

四、班会课在班级管理中初见成效

在形式多样、内容丰富的班会课中，慢慢地开始有更多的学生参与到讨论中，组内成员通过分工合作认真对待每一次小主题交流前期的资料查找、格式调整，用心配上图文。而在班会课的经验分享交流时，他们也会关注其他小组的资料整理的内容格式以及汇报方式。学生在班会课中活跃指数提升，积极参与的过程也逐渐提升了他们学习的积极性与自信心，凸显学生在班会课中的主体位置。

学生的处事应对能力得到提升：学生在主题式分工查找整理资料、分工交流的每个环节，都离不开小组全体成员间的沟通与交流，碰到过观点不同的，也遇到过交流过程中的问题，通过相互磨合，增进了同学间彼此的认识与了解。在这一过程中，让他们了解不同人的处事方式，包括性格脾气，也便于他们做出相应的调整。

学生对事物关注度以及职业意识显著提高："事不关己，高高挂起"根本无法适应这个快速发展的时代，"漠不关心"不仅跟不上时代的节奏，还会让自己处在一个孤立的状态，即将踏入职场的学生更应关注社会发展动态。学生在系列主题的探索过程中，逐渐认识到自身对知识掌握不足，了解到成功之不易，清楚了努力的必要性，懂得与时俱进对当代大学生的要求，了解自己在这个社会中的机遇与挑战。

而就班会课的内容选择与组织形式而言，不局限于单一的教师讲解和每周学生学习出勤反馈。通过不同主题的设定让学生参与讨论，直接或间接地渗透着思想政治教育、职业教育、心理健康教育，丰富了学生的人文、历史、科学知识，学生在班会课中学习、接受到公共课、专业课以外的知识与技能。

就班主任而言，在成人高校的学习环境中加入班会课，使其有更多了解、熟悉学生学习、情况、性格、心理变化的时间与机会。在班会课开展与组织过程中，班主任应增强自身的综合能力，提升教育管理能力。作为学生的直接管理者，也是日常生活、学习成长的引路人，班主任在帮助学生树立人生观、价值观过程中正起到越来越重要、积极的作用。

班会课作为学校空乘专业的重要课程,对学生综合素养的形成,整体思想品德与个人气质的提升都有积极作用,有助于学生更好适应未来职业发展,提高他们在职场中的竞争软实力。

五、思考与反思

面对成人高校学生生源复杂的现状,航空运输学院空乘专业班主任进行班级管理的难度随着生源特点的变化而变化。面对需求和性格特点各不相同的学生,就需要班主任有敏锐的观察力,细心去发现与了解学生的需求与感受,察觉学生发展动态。根据学生特点进行及时的调整与改变班会课形式,与时俱进,不断探索,让班会课更适合成人高校学生的学习与发展。不断提高管理能力与综合素养,既是对班主任工作的挑战,也是提升班主任能力的机会。

参 考 文 献

[1] 陈珏.高校思想政治工作在班级管理中的践行[J].科教导刊,2019(28):89-90.

[2] 曾珊珊.高校"辅导员+班主任"学生教育管理模式现有矛盾及对策研究[J].当代教育实践与教学研究,2019(19):136-137.

[3] 王芬.论大学生的自我成长——从高校班主任角度出发[J].智库时代,2019(9):183,196.

[4] 刘春明.高校学生职业道德教育的有效性研究[J].教育与职业,2017(2):87-90.

[5] 马克斯·范梅南.教育的情调[M].李树英,译.北京:教育科学出版社,2019.

作者单位:上海市长宁区业余大学

云视课堂应用于成人学历教育的思考

黄 梅 汪亚利

内容摘要：云视课堂是教育信息化的产物并已在社区教育领域成功应用，它是使用云视频会议系统开展网上教学，实现线上线下教学即时互动的新型教育模式。云视课堂与网上课堂结合应用体现出多种优势，本文通过论证云视课堂在学历教育中的应用，分析了云视课堂教学的现实困境，并提出了云视课堂教学的提升途径。

关 键 词：教育信息化 云视课堂 学历教育 应用

一、云视课堂在成人教育领域应用的背景分析

1.《教育信息化2.0行动计划》解读

2018年4月，教育部印发了《教育信息化2.0行动计划》，基本目标是到2022年基本实现"三全、两高、一大、三变、三新"。教育信息化将云、物联网、数据库技术、人工智能和虚拟技术等手段有效地应用于教学与科研，并注重教育信息资源的开发和利用。以教育信息化促进教育现代化，可以实现用信息技术改变传统模式。教育信息化的发展，带来了教育形式和学习方式的重大变革，促进了教育改革。云视课堂是教育信息化的产物，改变了传统的教学模式和教学方法，提升了教育教学的服务品质。

2. 云视课堂在社区教育领域的成功应用

2015年开始，上海市长宁区社区学院正式推出社区教育云视课堂，在长宁市民学习中心和5个街道社区学校配备了云视课堂设备，开展实践探索，先后以云视课堂模式开展了讲座和课程，取得了很好的效果。近几年，社区教育云视课堂陆续实现了在长宁区10个街镇社区学校和上海市16个区的全覆盖，社区教育领域里的课程可以多项选择，在整个上海市内初步形成了40多门优质课程展现在云端，全市各区和街道（镇）居民云端观看，同时还可以随时与老师交流互动，共有两万多人次参与云视学习，初步形成上海社区数字化学习的新局面。根据抽样调查的数据，参与云视课堂的社区学生中有超过90%表示很喜欢这种远程在线互动教学模式。

实践证明，社区教育云视课堂以其互联网教学模式能够有效解决现阶段社区教育优质资源供不应求、原有的数字化学习又无法实现教学即时互动的问题，让更多的社区学习者既能够享有优质的学习资源，同时又能以在线互动的方式提高学习效果和乐趣，显示出很强的优越性，是实现《教育信息化2.0行动计划》所提出的"转变教育资源观""基于互联网的大资源观""解决资源供需瓶颈""点燃学生智慧"等精神的有效手段。

二、云视课堂的特点及优势

1. 含义

云视课堂是借助互联网、云计算、大数据、移动学习等理念和技术，将授课现场、教师和学生等在线互联起来，使用云视频会议系统开展网上教学，实现线上线下教学即时互动的新型教育模式。云视课堂利用云计算技术将授课现场呈现在网络云端，学生可以通过在线加入的形式进入云端课堂，视频会议技术使教师与学生虽然在不同的空间，但仍可以即时互动，同时还可以选择一些优秀的、有特色的课程教学内容进行全程录播，制作成课件上传到数字学习平台，供学生随时随地点播学习。

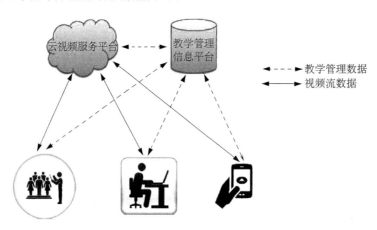

图 1　云课堂教学架构示意图

2. 特点

云视课堂作为一种新型的数字化学习模式，充分利用互联网技术，通过网络把优质的学习资源实时分享给学习者，在有效解决社区教育场所不足和优质师资紧缺问题的同时，还支持在线互动功能，增强学习效果，提升学生学习兴趣。

（1）一班开课，多班云视。云视课堂基于云服务器搭建在线课堂，无论是不同校区的班级，还是身处不同地点的学生，都可以通过智能设备连入，即时收看，与教师即时互动，让学习者更加便捷地接受到好的学习资源，并且能够在时间和空间上实现多终端的实时分享，缓解了正常的教学进度与学生因故无法到校上课之间的矛盾。

（2）去中心化，教学相长。云视课堂脱胎于云视频会议技术，支持多个终端的无差别连接，也就是说任何一个终端都可以成为学习的端点，讲师可以选择在任何一个端点进行讲课，与此同时学生也可以选择任何一个端点参与学习，充分体现了终身教育能者为师的特质。多样化的团队所开展的各种研讨或学习也很适合这种模式，大大拓展了成人教育学习模式的类型，尤其是在数字化领域。

（3）移动便捷，随处可学。随着互联网技术的应用日渐成熟，云视课堂对于软硬件的要求非常简单，只需要通过一台智能设备，无论人在何处，只要有网络和终端，教师都可以随时上课；无论学生处于何种场景，学生均可以用终端随时参与课程学习，实现时时能学、处处可学。

（4）数据记录，云端存储。云视课堂的功能也在不断升级，新功能增加了录制留存功效，用户或体验者可以把现场教学的语音和图像录制成视频，存储在云端，方便学生随时随地均可在线进行获取和查看。

3. 云视课堂与网上课堂相结合的优势体现

在教育信息化时代，成人高校的教师都会建设好自己的网上课堂。随着云视课堂的应用，面授教学就发生了转变，从单一的教师讲课转变为教师与学生的互动模式。这种教学模式是教育领域的一大变革，是互联网技术应用的典型案例。云课堂教学打通了教与学的时间和空间，让学习变得更加便利，使得教学资源真正步入了云端。

（1）打破时空界限。云视课堂和网上课堂的结合，一动一静突破时空局限，只要有网络和终端，学生可以在教室以外的空间进行学习。

(2) 重构教学结构。教学结构通常有这三种形式：一是以教师为中心，二是以学生为中心，三是强调"主导—主体"。云视课堂教学打破了原有的三种结构。它强调的是先学而后教，学习过程分为课前的自主学习和课中的讨论学习。既强化学习过程，又强化以学定教，教学是为学习服务的。可见，云视课堂教学实现了对教学结构的重构。

(3) 创新教学理念。云视课堂满足了学生对个性化学习的需求，课堂职能也随之发生了改变，云视课堂的实时互动使课堂学习质量大幅提升。促使学生课前学习，课中主动讨论来解决学习困惑，使学生逐渐养成相互合作、自主学习的学习习惯。

三、云视课堂在我校学历教育中的实践应用——以建设工程管理专业为例

我校的建设工程管理专业是与上海市建安培训中心合作招生的一个项目，生源主要来自在上海市建安培训中心参加考证培训的学生。

1. 建设工程管理教学的现状

(1) 教育背景多样。该专业的学生构成比较复杂，基本上都是未受正规教育训练的在职人员，多数来自建筑行业。年龄稍大，工作经历长，工作经验丰富，希望通过在成人高校学习来取得大专学历。他们来学习的动机也存在差异：有的希望通过学习能够解决他们在实际工作中的问题，实现学以致用；有的是为了扩展自己的交友圈，多认识一些朋友与同学；有的是仅仅冲着一张文凭而来的。

(2) 工学矛盾突出。该专业的学生多来自建筑行业的一线建筑工地，工期紧、任务重，用在学习上的时间难以保障，出勤率从开学初的80%逐渐下降到不足30%。不来上课的原因各种各样，既有学生自身的问题，也有客观现实困难。有些学生的学习动机过于功利化，只想来混个文凭；有些学生眼高手低，想学点东西又不想花时间花精力，于是会给自己找各种理由不来上课。随着市场上人力成本竞争加剧，很多企业尤其是民营企业很难保证员工的学习机会和学习时间。有的单位同意员工在业余时间学习，但前提是不能影响工作，现实中的工作需要经常加班和出差；有的单位明确表示不支持员工学习，怕影响工作效率。

(3) 教学模式单调。该专业在专业课程设置、教学安排等方面特别强调技术与技能，课程多以建筑专业的技术和技能为主，实际应用性较强，注重学生操作能力的培养。但是，目前教学多采用传统的课堂教学模式。这种教学模式并不能让学生对安全生产、安全监理等内容产生身临其境的感觉，学生当时虽能记住，但课后遗忘率较高，导致教学质量打折。

2. 云视课堂的应用

成人高等学校无力改变外部环境，只能通过自身教学措施的改革运用，结合网上课堂、运用云视课堂技术，采用突破时空和强化的原则教授知识。云视课堂教学属于线上线下兼顾、现场远程混合的新型教学模式，能够实现让不同地域的学生在同一时间共同学习的教学目标。

(1) 对教师进行技术培训。为了推进云视课堂的运用，提高相关人员的设备操作水平，首先对学校信息中心人员进行了培训，随后再由信息中心人员对任课教师开展"云视互动课堂"培训。具体做法是对全体教师做了题为《云视课堂在学历教育中的应用探索》的培训和交流，和各部门教师分享探讨了"云视课堂"技术和应用实践心得。在第二学期，又组织全体教师开展了远程互动模拟教学实践培训，教师两两分组逐一利用该技术进行远程演示、提问及回答，积极模拟互动教学环节。另外还组织全体教师进行主题是"云视课堂中移动设备在现场和远程同步投屏的教学功能"的业务学习；2018年3月，特别又针对建设工程管理专业全体任课教师开展了远程互动课堂的教学培训。通过多次培训活动，加深了教师对云视课堂技术原理及其在成人教育中作用的理解，进一步推动云视课堂在学历教育的深入实践。

(2) 先找部分课程进行试点。我校"面授+网上"的教学方式虽然已经实施多年，部分不能到校上课的学生可以通过网上学习来弥补无法出勤的不足，但是网上资源是静态的，无法捕捉教师上课的精髓。为此学校选择了几门课程进行云视课堂试点，任课教师作为课程主导，在教室里开启云视设备进行授课，学生们用笔记本、平板电脑或者智能设备，只需要安装应用程序即可直接实现云视学习，简单易行。教师授课的内容实时传输给另外一端的学生，学生无论身在何处都可身临其境地跟随教师完成教学内容，还可以积极参与课堂讨论。试点后，

学生反映强烈,大多数学生都认为云视课堂解决了想来上课而因为家庭或工作等原因无法来上课的矛盾,并且认为云视课堂效果等同于在教室上课。

(3) 全面实施云视课堂。试点成功后,学校决定该专业从2018级开始全面实施云视课堂授课。学校在水城路校区和定西路校区分别专设云视课堂教室。在实施过程中不断关注学生对云视课堂体验情况,经常听取来自教师和学生的各类建议,并且不断修正、调整,云视课堂的应用效果也随之大幅提升。从学生的反馈来看,云视课堂的优势体现在课堂资源的互动性、新颖性、灵活性、共享性等方面;当然也面临一些障碍,比如网络硬件时常不稳定。教师的反馈中也凸显了这一点,很多人认为技术应用的缺陷很大程度上限制了云视课堂效用的发挥。

(4) 跟踪了解师生反馈。为了使云视课堂的应用效果越来越好,我们不断听取任课教师和学生的建议,及时反馈并调整,也很有针对性地对学生进行调查,用数据来证明云视课堂对成人学历教育的支撑意义(如图2、图3所示)。

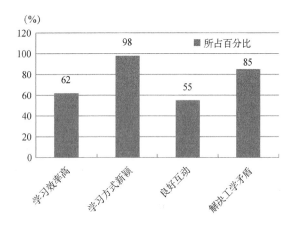

图2 云视课堂吸引学生的地方

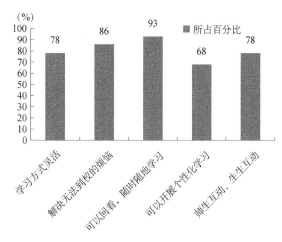

图3 云视课堂的优势

四、云视课堂应用的相关思考

1. 云视课堂教学面临的困境

(1) 从教师角度分析:第一,教师信息化素养有待提升。教师需要熟练运用信息技术,以及利用技术对学科相关知识进行整合,并能把知识信息有效地传播出去。除此之外,教师还要关注学生反馈,根据反馈及时调整课程进度和内容,这只有教师经过专业培训和反复实践才能做到。第二,教师的教学观念遇到挑战。教师往往注重学生的共性而忽视学生的个性和差异性,对学生的主体性认识也经常被忽略,这些都会影响教师先进教学观念的形成。另外,教师设计、整理、组织云视课堂教学资源的能力也有待提升。

(2) 从学生角度分析:第一,学生的学习自觉性不够。面对教师,学生面授学习的自控能力尚可,但由于云视课堂有一定的自由性,他们的自制力就有所下降。有些学生开着电脑不看屏幕,还有些学生觉得反正老师看不到自己,就开着手机打游戏、聊天等等。第二,学生的教育心理也会有波动。与以往的学习不同,云视课堂学习会让学生长期沉浸在网络环境中,这种网络环境强调的是学生与终端的交互,缺少同学之间的面对面交流,感情互动减少,也会影响同学间的感情,从而波及学生的学习心理。

(3) 从教学媒体角度分析:从面授教学支持到云端教学支持的转换面临挑战。云视课堂的教学非常强调交互性,对教师的高要求同时也能促使教师对教学方法实现创新,充分发挥学生的学习主体观,提高学生的学习主动性。但是现实中学生是否愿意与教师进行教学上的积极配合有着不确定性,从而形成对学习主体性的挑战。更进一步看,学生在课堂上是否能够保持较好的学习能力以及饱满的学习热情,也是云视课堂需要面临的一种挑战。

2. 云视课堂教学的提升路径

(1) 提升教师信息化水平,增强教师网络教学的专项能力。首先,要通过开展各类有针对性的培训,提升教师信息素养。其次,深入学习先进教学理念,促使教师形成新型教学观念。学生在云视学习中会遇到各种困惑,比如如何与老师和同学互动、如何回看教学视频、如何方便快捷地登入云视课堂等等。教师要为学生做好教学支持服务,全面培养学生的云视学习素养,辅导学生增强云视学习意识,帮助他们养成良好云视学习习惯。

（2）严柔并济,增强学生云视学习的自主性。切实可行的做法是为学生建立一个有效机制来评价和记录学习情况,促使学生提高学习的自主性。没有机制而只靠自觉是无法有效提升学习质量的,学生的自制力也无法提高,学习效果更无法保证。有了一个科学的学习评价和监督机制,教师便可以充分利用学习平台及时高效反馈的优势,督促学生纠正错误,从而达到学习自律。比如,平台可以建立每个学生的学习电子档案,记录每个学生在每门课程中的学习表现。电子档案可以包括出勤率、参与率、互动率、作业完成率、在线学习时长等指标,实时生成记录,便于老师和学生查看,及时提醒与改正。

（3）加大师生互动,提高云视课堂学习有效性。云视课堂教学为教学模式创新提供了有利条件和可能路径。可以鼓励教师进行云平台支持下的翻转课堂,进一步开展相应教学模式实践探究。学生在上课前学习平台上的相关学习资源,学习中产生的疑问在上课中通过师生互动得到解决,促进知识理解与吸收。云视课堂上,学生通过小组讨论、互动交流、教师答疑解惑等方式不断实现教学交互,提升了自身的语言表达能力和逻辑思维能力。良好的互动能积极调动学生学习主体性和自觉性,提升学习的有效性。

参 考 文 献

[1] 教育部.教育部关于印发《教育信息化2.0行动计划》的通知[EB/OL].http://www.moe.edu.cn/srcsite/A16/s3342/201804/t20180425_334188.html.
[2] 段辉军.基于云课堂的混合式教学模式在高职教学中的实践研究[J].课程教育研究,2018(40):37.
[3] 刘红梅,曲爱玲,刘斌.教育信息化之高职院校云课堂教学模式探究[J].北京农业职业学院学报,2016(3):92-96.
[4] 杨运,周先进.云课堂教学的困境及其超越[J].教学与管理,2018(16):4-7.

作者单位：上海市长宁区业余大学

长三角区域社区教育一体化展望
——以终身学习云视课堂为载体

董梦飞

内容摘要：我国长三角区域一体化规划实施至今已经有近30年，学界对区域一体化建设的研究聚焦经济发展、社会治理、教育现代化等方方面面。在吸收国外区域教育一体化建设经验的基础上，长三角区域高等教育一体化建设已经取得了丰硕的成果，但社区教育一体化还没有受到足够的重视。在我国全面推进学习型社会建设，构建终身教育体系的大背景下，长三角区域社区教育一体化作为推进我国社区教育事业优化升级的重要一环，迎来了发展先机。以终身学习云视课堂平台为载体、以"政府主导、社会参与、项目驱动、先行先试、技术完善、队伍保障"为策略方针推动长三角区域社区教育一体化，使得将长三角打造为全国社区教育发展极、推进我国社区教育从区域化走向国际化成为可能。

关 键 词：长三角区域一体化　社区教育　信息化

　　长三角区域作为我国改革开放的前沿，拥有雄厚的经济实力、丰富的科教资源和充足的创新人才。早在20世纪90年代初，长三角就开始探索区域经济协同发展建设，并取得了丰硕的成果①。随着国家政策的引导和扶持，长三角区域一体化建设逐步深入，开始涵盖经济、教育、社会治理等多个方面。2006年，长三角区域高等教育一体化发展走入了研究者视野，教育在服务国家发展战略、促进经济增长、满足人民受教育需求方面发挥的社会功能越来越受到重视。

　　目前，我国正在加速步入老龄化社会，社区教育作为终身教育体系中的重要一环，也是我国教育现代化建设的具体表现。在吸取高等教育区域一体化经验的基础上，依托长三角区域优势资源、发挥上海的辐射带动作用，打造长三角社区教育发展极、提升我国社区教育水平，不仅有利于带动全国社区教育广泛深入推进，更有利于将长三角社区教育区域化建设打造为推进我国社区教育走向世界的品牌项目。

一、长三角区域教育一体化建设

　　系统理论指出整体的功用大于组成系统的每一个要素简单相加，即"1+1＞2"，推进区域教育一体化，就是实现教育效益的最大化。区域合作是当代高等教育发展的重要途径之一，世界各国在推动本国区域教育一体

---

① 袁晶,张珏.长三角区域高等教育一体化发展：动因、内涵与机制创新[J].中国高教研究,2019(7):33-38.

化、创造世界一流教育品牌的过程中,都是在结合各国优秀经验的基础上,结合本国、本地区实际情况进行了"本土化"加工,最终形成自身特色①。

目前国际上比较成功的区域高等教育一体化建设案例集中在美国和欧洲。美国西部州际高等教育委员会(WICHE,Western Interstate Commission for Higher Education)是以政府直接推动为主要特点的区域高等教育合作机构②。WICHE专门设立全委会作为最高领导和合作机构,保障区域高等教育合作开展,通过健全合作机制、满足学习需求、建立多样化的项目和平台为支撑,保障各主体平等参与教育合作。除此之外,美国还有"斯坦福—硅谷模式"、美国东北部八所高校组成的常春藤联盟、美国国家技术大学发起的多院校资源共享项目等区域一体化成功案例,不同区域通过资源共享、教学科研相结合,积极适应并投入所在地区的教育发展。欧洲教育一体化成果最显著的也体现在高等教育领域,自1999年《博洛尼亚宣言》签订起,欧洲高等教育一体化进程就正式拉开了序幕。欧洲各国积极推进高等教育合作,不仅建立了学分学位互认机制、会议协调机制,还调动了各国参与一体化改革的积极性,通过教育的一体化推进成员国多边合作一体化建设③。

与国外的发展经验相比,我国的区域教育一体化起步较晚。2003年,《长江三角洲人才开发一体化共同宣言》《江浙沪高校毕业生无障碍流动》等文件的签署颁布,标志着我国长三角地区高等教育打破行政壁垒,分工合作、联动发展的一体化发展正式启动。2008年,国务院出台《关于进一步推进长江三角洲地区改革开放和经济社会发展的指导意见》,明确指出要"强化教育领域的合作与交流",标志着教育区域一体化作为长三角经济社会一体化发展战略的重要组成部分受到高度重视④。随后,2012年安徽加入长三角区域一体化建设,标志着多主体的泛长三角区域一体化板块的形成。随着长三角教育区域一体化逐步深入,长三角区域高等教育合作逐渐纳入中央政府的指导范围。

在长三角区域教育一体化的过程中,三省一市立足实际,不仅吸取了京津冀、珠三角等区域一体化建设的经验,也借鉴了国外的成功经验。目前我国长三角高等教育一体化建设在学分互认、资源共享、队伍流动、项目合作等方面取得了成效,各类教育联动研讨会、教育综合改革试验区建设方兴未艾。我国学者对长三角区域教育一体化的研究主题十分广泛,包含政策研究、对比研究、历史研究和问题与策略研究等,但研究的教育主体聚焦在高等教育和职业教育领域,对社区教育一体化研究还处于初步探索阶段。

二、长三角区域社区教育一体化发展机遇

20世纪80年代中后期,社区教育作为终身教育体系中的一部分在我国兴起,经过几十年的建设,已经取得了一些基础性成果。社区教育是提高社区全体成员素质和生活质量,推进社区发展的一种社区性的教育活动和过程⑤。在当今世界瞬息万变和我国步入"银发社会"的背景下,发展社区教育正当其时。国家对长三角区域社区教育一体化建设的重视程度提高,长三角区域高等教育一体化业已探索出的、带有区域特色的建设路径,以及教育现代化2.0时代的到来,都为长三角区域社区教育建设提供了发展先机。

(一)国家战略与既有经验的支持

1. 长三角区域教育一体化上升为国家战略

法国经济学家F.佩尔鲁克斯等人在20世纪提出了"发展极"理论,该理论指出国家或地区往往会出现经济发展不一致的情况,那些集中了主要产业群和创新能力、竞争能力强的大城市往往发展迅速,继而可以辐射带动整个国家或地区发展。这种"发展极"的核心理念,在教育的发展中同样适用⑥。

长三角由上海、南京、杭州、苏州、宁波、合肥、芜湖等26个大中城市组成,其作为我国经济最活跃、最繁华的地区,在经济实力状况、教育资源开发、劳动力储备等方面都有明显优势。长三角区域的教育大众化程度、高等

---

① 龚放.观念认同 政府主导 项目推动——再论打造"长三角高等教育发展极"[J].教育发展研究,2005(7):55-57.
② 张继龙.区域高等教育合作:美国的经验与启示[J].江苏高教,2014(6):149-152.
③ 申超.欧洲高等教育一体化的历史演进及其特征分析[J].全球教育展望,2009(7):55.
④ 眭依凡.合作与引领发展:"长三角"高等教育行动[J].中国高教研究,2010(6):1-6.
⑤ 厉以贤.终身学习视野中的社区教育[J].中国远程教育,2007(5):5-12,48.
⑥ 丁晓昌.长三角高等教育联动发展的实践与思考[J].中国高教研究,2010(8):13-17.

教育的发达程度、社区教育发展程度在全国也居于首位。2018年11月5日,首届中国国际进口博览会开幕式上,国家主席习近平出席开幕式并宣布,将支持长江三角洲区域一体化发展上升为国家战略。这不仅有利于长三角区域的各个城市统筹各类院校、社会组织、机构、个体资源,积极布局、整合资源、凝聚合力,将长三角地区打造为教育大众化、现代化、国际化的"发展极",更有利于发挥长三角的教育优势,带动周边区域乃至全国形成适应国际竞争需求的高质量教育力量。

  2. 长三角区域高等教育一体化建设取得了丰硕成果

自长三角区域高等教育一体化政策推出以来,三省一市都在根据区域特点从发展思路、发展目标、发展原则等方面出发,为教育联动发展做了有益尝试,专家学者们也针对区域教育一体化发展提出了构想与思考。一方面,在宏观层面,三省一市就区域一体化建设具体规划、开展等问题,签署了《关于建立长三角教育协作发展会商机制协议书》等一系列相关文件,初步架构起省级教育合作协议,并建立了长三角教育联动发展协调领导小组、定期召开长三角教育发展论坛,从组织指导机制上为区域一体化建设提供保障。另一方面,在微观层面,三省一市在开展高等教育一体化合作的过程中,将学科比较齐全的研究型大学、专业性比较强的重点大学、服务长三角和本地的省级大学以及社区学院、职业技术学院等四个层次体系的院校①,以及各类教育机构、社会组织和个人全部纳入进来。通过合理有序的分工协调、公开透明的资源分配,三省一市摒弃零和博弈,不断完善合作平台、丰富联动项目,在教师队伍的流动、课程建设、学分互认、优质教育资源共享方面都取得了较好的成果。

但是从目前长三角区域高等教育联动发展的情况看,三省一市在教育一体化推进过程中,并没有真正建立起"长三角坐标"。虽然初步的合作意识已经形成,但落实到具体合作项目时,各主体的推进工作仍然停留在表面层次,平台项目不完善。与教育联动发展相比,各省市行政区划的壁垒仍然比较明显、教育合作不够深入,大多数情况下各区域对自身行政范围内的教育发展改革问题更加关注。

(二) 社区教育信息化水平的提高

信息化2.0时代的到来不仅改变了社会组织和人们的生活方式,还加快了社区教育变革,为了能够真正做到让每一位学习者都能自由而全面地发展,以"学习者为中心"开展社区教育实践,上海市作为全国最早开展社区教育的省市之一已经进行了很多探索、取得了显著成就。

自2000年4月教育部决定在全国范围内开展社区教育实验以来,上海市先后有8个区被确定为国家级社区教育实验区②。通过"政府主导、广泛参与"的模式,一方面,上海市形成了市教委和学指办、各区社区学院、街镇社区教育教学点、睦邻学习点四级社区教育网络,吸引企事业单位、教育培训机构、文教基地、社会团体和个人等多元主体主动参与社区教育建设;另一方面,为了更好地满足市民多样化学习需求,整合教育资源、实现社区教育全覆盖,上海市着力构建"互联网+教育"支撑服务管理平台,打造了上海市学习网、老年教育慕课平台、终身学习云视课堂等数字化学习支持服务平台,将市民从传统教育的时空限制中解放出来。

上海市作为长三角区域社区教育发展的"领头雁",通过建立"天网地网",有效整合了社区教育数字化资源、建立了数字化支持服务队伍、形成了社区教育信息化学习环境、构建了市民数字化学习画像。这不仅为上海加快推进社区教育现代化奠定了基础,也为长三角区域社区教育信息化发展、以数字化带动一体化提供了支持。

三、依托终身学习云视课堂推进长三角社区教育一体化

一直以来,长三角区域教育一体化建设都呈现良好的发展态势,社区教育一体化建设也有了很多有益尝试。终身学习云视课堂作为上海推进教育信息化的品牌项目,在一步步推广完善的过程中,成功打造出"一对多、可移动、多主体、云互动"的在线学习模式,不仅在2018年实现了上海市16个区全覆盖,还在后期东西部社区教育结对中发挥了巨大作用。

在互联网、大数据、人工智能高速发展的社会背景下,终身学习云视课堂作为相对成熟的社区教育信息化平台,已经汇聚了一批优质在线学习资源,具备在线教学能力的教师队伍、信息技术支撑人员、成熟的运行管理模式,在上海市社区教育现代化建设中发挥了重要作用。本文认为在充分吸收借鉴长三角高等教育一体化建设经

---

① 余秀兰.分工与合作:促进长三角高等教育新发展[J].教育发展研究,2004(1):8-9.
② 2011年上海教育发展报告:迈向现代化的上海教育(摘要)[J].教育发展研究,2011,31(Z1):1-45.

验的基础上,通过项目驱动、以终身学习云视课堂平台为载体推进社区教育一体化建设,将是推进长三角区域社区教育一体化的有效途径。

(一) 政府主导、社会参与

想要真正推进长三角社区教育一体化进程,保障一体化建设举措都能落到实处,需要政府出台相关文件进行扶持。2008年10月,沪苏浙教育行政部门负责人在上海签署《上海市、江苏省、浙江省关于长三角社区教育合作协议》,指出要在长三角地区建立社区教育网络资源共享机制和合作组织,加强两省一市在教育管理和教师培训方面的合作[1]。这为长三角社区教育一体化发展提供了具体思路,是长三角社区教育突破行政壁垒的表现。有学者指出,想要真正统筹长三角教育力量,推进长三角重大教育发展战略的实施,需要建立一个打破省际行政界限的权威性管理机构[2]。这个机构可以借鉴美国区域一体化委员会的建设经验,由三省一市的政府牵头,通过招投标的方式,选择某个第三方机构担任长三角区域社区教育一体化的管理机构,对整个区域的政策出台、教育联动进行管理。

从长三角区域高等教育一体化建设的经验看,政府虽然是教育整合的主导者,但政府对教育的投入和管控始终是有限的,想要实现区域一体化就要建立整体性、全局性视野,需要积极吸纳非政府组织参与区域一体化建设、发挥市场的灵活协调作用。因此,长三角区域社区教育一体化建设要坚持"政府主导、社会参与",建立长三角坐标,围绕共同利益和发展目标,联合多方利益相关者,在政府部门和多元社会力量之间建立起协调高效、稳定有序的社区教育一体化建设动力机制。

(二) 项目驱动、先行先试

《国家中长期教育改革和发展规划纲要(2010—2020)》提出,要探索省际教育协作改革试点,建立跨地区教育协作机制。2012年第四届长三角教育联动发展研讨会上,包含安徽省在内的泛长三角地区的三省一市教育行政部门共同签署了《进一步建立新一轮长三角教育协作发展会商机制协议书》,表示要建立"长三角教育综合改革试验区"。以项目驱动教育合作,以试点辐射带动周边的做法,为长三角地区社区教育一体化发展提供了政策导向和改革思路。

通过建立"依托终身学习云视课堂推进长三角区域社区教育一体化建设"项目,能够有效整合三省一市的特色数字化学习资源、提高资源利用率,实现三省一市教育资源、教师队伍、学习者数据的"无障碍"流动,真正形成"大教育"观念,以项目为载体带动社区教育一体化进程[3]。有利于保障社区教育一体化建设从务虚到务实,防止出台的相关策略和措施流于空谈。在项目驱动、平台保障的前提下,项目组可以借助上海市终身学习云视课堂的建设经验,由上海市终身教育数字化学习协作组牵头,在安徽、江苏、浙江选取试点城市与上海对接,通过先行先试、摸索实践的方式,初步建立长三角地区社区教育协同发展框架。这不仅对长三角辐射地的每一个主体有借鉴意义,还能为全国社区教育发展改革提供有示范意义的区域社区教育一体化运行机制和模式。

(三) 技术完善、队伍保障

《中国教育现代化2035》指出:"要推动信息技术在教学、管理、学习、评价等方面的全面应用,促进人才培养链、创新链的有效衔接,实现教育与经济社会深度融合、协同发展。"依托信息技术扩展长三角社区教育体系,打造长三角社区教育品牌,既符合教育现代化的要求,也符合区域联合发展的要求。

上海市终身学习云视课堂是基于网络和多媒体技术的在线教育平台,具有开放性、灵活性、针对性和适应性的优势。云视课堂在实践与实验的过程中已经日趋完善,不仅有流畅稳定的直播互动功能,还推出了学习者数据统计、学习者地图,形成了与上海学习网统一的数据统计和管理模式。但终身学习云视课堂建设是一个连续的过程,想要真正将其打造成社区教育品牌还需要吸取更多经验。在长三角社区教育一体化推进的过程中,各试点城市都可以在实践中探索云视课堂的建设潜力,汇聚长三角各方专业人士的智慧和力量,提升云视课堂服

---

[1] 郁鸿胜.上海教育服务长三角战略与对策[C]//上海市社会科学界联合会.生命、知识与文明:上海市社会科学界第七届学术年会文集(2009年度)哲学·历史·文学学科卷.上海:上海社会科学界联合会,2009:255-265.

[2] 崔玉平,陈克江.区域一体化进程中高等教育行政区划改革与重构——基于长三角高等教育协作现状的分析[J].现代大学教育,2013(4):63-69,112.

[3] 李春红.长三角、珠三角区域教育合作的比较研究[J].教育理论与实践,2007(2):47-49.

务的科学化、精准化水平。同时,云视课堂在长三角试点城市的推广不仅需要共同完善平台功能、保证软硬件设施配置,还需要培养一批精通软硬件使用、擅长在线教学的服务人员。在先行先试的过程中,试点城市可以选出一批具备一定信息素养的教师队伍和管理人员,依托终身学习云视课堂定期开展教研活动,通过"结对子帮带"的形式,组成互助团体。初步在长三角区域试点地区形成一批专业的在线教学教师队伍和技术管理队伍,保障长三角区域终身学习云视课堂有序开展在线教学、组织市民学习。

作者单位:上海市长宁区业余大学

浅谈成人高校学生档案管理主要问题及改进措施

汪 青

内容摘要：学生档案管理是成人高校的一项重要工作，学生档案是学生升学、进入职场的"敲门砖""铺路石"。本文主要阐述了成人高校学生档案管理的重要性，对成人高校学生档案管理存在的现实问题进行分析与探讨。

关 键 词：成人高校 学生 档案

我国成人高等教育创办至今已有60余年，无数考生以成人高考的入学方式圆梦大学。成人高等教育在改革开放的浪潮中走过了起起伏伏的改革转型之路，在适应社会需求的变化发展中，成人高等教育逐步被大众认可、熟知，通过深入构建终身教育学习体系，形成了全民学习终身学习的新局面，为未来成人教育发展注入新鲜血液与活力。

成人高校为在职人员的继续教育提供了更多的选择和可能，在社会中通过提升学历增强自身核心竞争力。成人高校学生档案是必不可缺的重要记录，是最有效的原始凭证，是学生继续深造或进入职场的"敲门砖""铺路石"。切实加强成人高校学生档案的管理与建设，将为成人高校教育教学改革积累经验，同时也对我国人事档案管理工作的开展具有重要意义。

一、成人高校学生档案管理的重要性

1. 成人高校学生档案具有一定的教育教学作用

成人高校学生档案直接记录了教育教学管理的点点滴滴。根据档案法和有关规定，教育部和国家档案局制定了《高等学校档案管理办法》，其中第十五条第三点对学生类档案归档内容做出解释：主要包括高等学校培养的学历教育学生的高中档案、入学登记表、体检表、学籍档案、奖惩汇总、党团组织档案、毕业生登记表等。成人高校学生档案能够从侧面反映出成人高校的基本面貌，也是成人高校教育教学管理的缩影。成人高校学生档案种类繁多，内容丰富，以纸质或电子文档形式存储。由于成人高校与普通高校学制年限不同，如本、专科业余制为三年，专科全日制为两年，因此成人高校学生档案归档内容类型多，归档频率高，对档案管理的要求和难度也会增加。良好有序的学生档案管理工作有助于为学校教学技术和教育管理提供参考依据，同时也为提升成人高等院校自身形象、传承人文精神起到了重要的载体作用。

2. 成人高校学生档案具有广泛的社会作用

成人高校学生档案是学生入校后的在校表现、学习过程的综合展示,是升学深造乃至整个职业生涯发展过程中必不可缺的重要物证。学生档案具有广泛的社会作用,主要用于就业阶段和升学阶段等。学生毕业后处于就业阶段时,学生档案是用人单位观察、任用和提干的重要参考标准和依据;学生毕业后处于升学阶段时,学生档案是考取本科、研究生、出国留学深造所需的必要条件,尤其在学生申请出国留学时,学生原始档案材料必须保证内容的完整性和信息准确性两个要素。

成人高校学生档案是学生事实、知识积累和社会实践的重要记录,它最重要的意义和价值体现于档案调用和查阅。鉴于成人高校学生年龄特殊性,有刚成年的高中毕业生,也有年过四十利用业余时间充电学习的"社会人",他们对于自身档案保管的重要性认识度不尽相同,导致毕业后调用档案时给学生本人带来不必要的麻烦。历届学生或用人单位查询调用档案非常频繁,如学生因毕业证书遗失需要开具毕业证明书,或因房屋搬迁、宠物撕咬、自行拆封等原因导致毕业生档案破损或遗失时,需要核实纸质学籍档案内容后才可办理相关手续。由上所述,学生档案不管现在还是未来都具有广泛的社会作用。

二、成人高校学生档案管理存在的问题

1. 纸质化储存不够,信息化应对不足

在成人高校档案管理中所收集的材料基本以纸质档案为主、电子档案为辅。从建校初期多所学校拆分、合并以来,学生档案逐年收集归纳保存,纸质档案所占体量越来越大,档案库房资源严重缺失,预计可存放档案数量不容乐观,一定程度上限制了学生档案管理工作有序开展。

2008年出台的《高等学校档案管理办法》规定:高等学校应当对纸质档案材料和电子档案材料同步归档。学生档案中相当一部分为纸质材料,在长期保管和使用的过程中,许多纸张质量堪忧,除了字迹褪色,纸张变黄变脆,拉力、强度都明显下降,严重影响了纸质档案的使用寿命。每次在调取档案前都须带好橡胶手套,防止双手直接触摸增加纸张湿度,加快纸张老化程度。因此在翻阅学生档案以及复印时需极其注意,既要保证不损坏纸张,也要保证具体件上所有数据被清晰复制,所以单一纸质档案应逐步转化为电子材料保存,降低纸质材料的查阅频率,延长纸质档案寿命。

档案信息化不足的地方是学生的档案记录太过传统、不够丰富,仅仅是学生的在校常规表现,比如学习成绩、学习经历、工作经历、奖惩记录等,但目前就业、升学形势变化万千,用人单位或升学面试官很难从各科成绩、所获荣誉等几个方面就决定是否录用或录取,所以拓宽学生档案范围也是大势所趋,比如心理评估、诚信档案、班主任评语等都可纳入归档范围,不仅丰富了学生档案信息,也使学校和社会对学生有了更全方位的认识和了解。

2. 师生缺乏档案管理意识,宣传力度不够

学生档案管理一直被很多老师认为是一项可有可无的工作,这使得学生档案管理处于被动管理状态。在收集过程性档案时,老师对学生档案不够重视,如填写考试签到成绩单时有些老师未按照相关教务管理及档案管理规章制度执行,导致考试签到成绩单上出现大面积涂改,影响了档案案卷的准确性和洁净度。老师不应只注重教学管理和教学质量,而忽略了做好学生档案基础工作。老师应以身作则,为学生树立榜样,这样才能让学生对自身档案管理加以重视。

同时,成人高校学生一直缺乏对自身档案重要性的认识。每位学生在毕业前都需要填写毕业生登记表用于存档,学生是档案信息的第一建立者,部分学生对档案要求的重视程度不够,不按照相关规范要求填写表格,此外,多次被要求退回重写,浪费大量纸张和时间,严重影响了学生档案信息内容的质和量。

学生缺乏档案保管意识。毕业季是学生遗失补档的高发期,个别学生由于档案保管不当或疏忽大意,造成毕业档案遗失,或者任意放置被家属随意拆封、被宠物撕咬损坏,抑或是搬家拆迁、调动工作后不知档案去向。以上情况的发生导致学生在毕业后办理重要事宜时因档案缺失而错失良机,这对学生后期走上工作岗位或岗位变动造成许多不便。

3. 毕业学生档案的转递、管理工作不够完善

毕业生档案转递一般为机要通信与EMS标准快递两种方式相结合。由于成人高等学校毕业生的特殊性,大部分学生均为在职人员,所有学生档案均在毕业后与毕业证书一同发放、移交给学生。如果学生对自身档案

保管不够重视,在转递、流转的过程中,使部分档案遗失,会阻碍学生今后的正常工作或职业生涯的发展。

成人高校学生来自五湖四海,许多学生修完所有课程等待毕业的过程中,由于各种各样的原因未能及时领取毕业证书和毕业生档案。由于毕业证书和毕业生档案对每位学生的重要性,我们无法为学生提供档案快递服务,必须是学生本人核对档案信息后再领取。我们在工作中发现,在许多用人单位,人事关系完全被劳动合同关系所替代,不接收学生档案,导致部分学生毕业证书及毕业生档案袋积压在档案室无人认领,成为"弃档",这在一定程度上影响了学生未来升学深造和工作岗位变动。

近几年随着上海积分落户政策的出台,根据相应落户制度要求,越来越多的毕业生通过提升学历,转化积分,落"沪"为家。部分学生在办理落户时要求学校以机要通信或EMS标准快递方式把学生档案转递到学生户籍所在人社局或档案部门,但两种邮寄方式适用范围的不确定以及接收单位接收档案方式的不确定等因素都影响到学生档案的安全及时邮寄,成为学生档案转递工作开展的制约因素,直接延长了学生档案转递时间,加大了学生档案转递工作的难度。

三、成人高校学生档案管理改进对策

1. 不断完善和健全学生档案管理制度

学生档案管理是成人高校档案工作的重要组成部分,必须坚持集中统一管理的原则,保证学生档案的完整性、准确性和系统性。为了保障学生档案管理的有序开展,不断完善和健全管理制度,贴合当代社会需求,才能更好地弥补学生档案管理工作中出现的疏漏。学校应当加强对学生档案管理的领导和监督,将学生档案管理纳入重要议事日程,为学生档案的查询和利用创造良好的工作环境和条件。学生档案是学生在校期间个人学习经历、专业技能、工作经历等方面的集中体现,是学校考查、培养、教育学生过程中的第一手资料,同时也是用人单位选人、用人的重要参考依据之一。高校应当根据社会发展需求,在原有的学生归档材料基础上,拓宽学生档案管理范围,将心理评估、诚信记录、思想品德、职业能力考试等方面划入学生档案管理范畴,多方位地反映每位学生的个人特点,为用人单位选拔、录用创造更多的选择空间。

2. 加快档案数字化,实现资源有效整合

纸质档案所占比重大,库房存放空间资源严重缺失,传统单一的档案管理模式已不能满足现有的档案管理需求,全面推进学生档案数字化已是大势所趋。从档案管理的角度来看,学生档案工作要不断从静态向动态转换,根据馆藏学生档案的存放时间长度、档案利用频率和档案重要程度,逐步完成学生档案数字化。通过全面推进学生档案数字化,缩短学生调档时间,延长纸质档案寿命,降低查阅频率,提高查档效率,为更多的学生提供更加便捷、灵活的档案服务。

其次,高校档案数字化建设的最终目的是实现各类学生数据的资源整合,对学生数据进行收集、筛选、共享和利用,简化查找步骤,提高工作效率,快速完成学生数据的统计、查阅、检索,实现电子信息在数据库中的存储,为日后学生的就业提供便捷的支持,这同时也是未来学生档案管理工作的战略导向。

3. 提升师生档案意识,加强档案文化宣传

《高等学校档案管理办法》第八条规定:利用档案开展多种形式的宣传教育活动,充分发挥档案的文化教育功能。成人高校学生大部分生源为在职人员,与普通高校全日制学生相比,老师与学生的相处时间较短,教学管理的难度也更高。要提高老师和学生对自身档案材料的重视程度。在新生入学初期,老师要向学生普及学生档案的基本知识以及档案保管的重要性,列举历届遗失毕业学生档案的严重后果,通过案例来告诉学生档案管理的意义和目的,同时通过微信群、QQ群、微信公众号等信息工具,加强宣传力度,保证学生档案内容的真实性、完整性和全面性,也能使学生档案材料的收集、归纳、整理工作再上新台阶。

另外,学校领导在紧抓教学质量的同时,也要进一步增强教师对学生档案的重视程度,提高档案管理认识对顺利开展成人高校学生管理工作是有利的,是相辅相成的。除了在思想上充分重视学生档案管理工作,学校和档案管理员应当在日常工作中加强学生档案管理工作监督检查力度,更好地促进学生档案管理的专业建设,严格把关档案材料形成过程的各个环节。同时,学校领导应当鼓励档案管理员认真学习数字化档案管理政策,使学校从上而下在重视高校学生档案管理数字化上达成共识,为实现成人高校学生档案管理数字化夯实基础。

4. 提高档案管理服务质量,提升专业水平

成人高校档案管理建设除了需要加强档案文化建设,加深师生对档案管理的认识之外,还应当充分利用学生档案信息资源,增强为学生提供个性化服务、为社会服务的意识。加强档案管理人员的综合素质和专业水平可以提高成人高校学生档案管理质量。作为成人高校学生档案管理人员,除了需要了解学生档案管理的专业知识,更重要的是掌握自己所从事岗位的特殊性,遵循相关档案规章制度,不断提升学生档案管理技能,由被动服务转变为主动服务,积极了解并掌握学生对档案资料的使用和需求方向,更有针对性地为学生开展档案查询服务工作,同时还应掌握数字化档案管理操作技能,更快适应数字化背景下成人高校学生档案管理工作的高要求。

学生档案跟随人的一生,是每个人生命轨迹的一段缩写。成人高校学生档案管理工作贯穿于学生从入学到毕业的整个环节,它完整地记录下学生学习、工作、生活的总体表现。成人高校学生档案是国家人事档案的重要组成部分之一,随着档案内容的不断完善和补充,做好学生档案管理的建设和发展,对国家人事档案管理工作有着重要意义,对成人高校学生的职场生涯也会起到决定性作用。随着社会不断发展,大数据时代的成人高校学生档案管理也被赋予了更多的内涵和外延,面对种种机遇和挑战,认真分析学生档案管理工作开展中出现的问题,不断更新学生档案管理理念,创新学生档案管理办法,实现数据资源整合,加快成人高校电子化档案管理建设,不断提升学生档案管理服务质量和水平,在各方积极配合下,成人高校学生档案管理工作将日渐成熟,使学生档案的价值得到充分的体现。

参 考 文 献

[1] 李玮,莫丽彬,陈玉峰,周扬慧.浅谈高校学生档案管理主要问题及对策[J].兰台内外,2019(28):19-20.
[2] 梁晓庆.高校成人教育学生档案管理的问题及思考[J].继续教育研究,2012(4):44-45.
[3] 董惠琴.大数据时代高校学生档案管理的挑战与对策分析[J].兰台世界,2017(20):31-33.
[4] 邬红云.基于信息化角度高校学生档案管理的新发展[J].城建档案,2016(3):74-75.
[5] 戴丽虹.高校学生档案转递工作中存在的问题与改进措施[J].档案天地,2016(8):45-47.
[6] 字惠云.高校学生档案管理研究——以Y高校为例[D].昆明:云南财经大学,2017.

作者单位:上海市长宁区业余大学

高职院校体育"课程思政"的育人路径研究

江志鹏

内容摘要：职教改革和高职扩招背景下，加强"课程思政"建设是推动高职思政教育改革的有效途径之一。本文聚焦体育课程与思政教育的结合路径，探索体育"课程思政"的内涵与特征，提出优化课程结构设计，构建网络学习平台；提升体育教师思政素养；发展平等互利的新型师生关系；完善课程考核标准，关注思想品德评价；优化教学环境设计，丰富校园体育文化内涵的体育"课程思政"实施策略，突出"以体育人，立德树人"的价值导向，充分发挥高职院校体育课程的育人功能。

关 键 词：高职院校 课程思政 体育 路径

一、研究背景

2019年，国务院相继发布《国家职业教育改革实施方案》和《高职扩招专项工作实施方案》，不断深化职业教育的改革发展。职教改革是高等教育改革的重要一环，高职扩招则是推进国家高等教育迈向普及化的关键一步。2020年是中国全面建成小康社会的收官之年，高职院校承担着培养更大规模"政治觉悟高、实践能力强"的应用型人才群体的任务。因此，坚定不移地贯彻职教改革目标，加强高职院校思想政治教育尤为重要。

《上海市教育综合改革方案（2014—2020年）》自发布执行至今，形成独具特色的"上海经验"，获得了肯定和推广。"上海经验"的核心从教育系统内部来分析，就是坚持"育人为本、德育为先"，把"立德树人"作为教育的根本任务，也就是把培育和践行社会主义核心价值观有机融入整个教育体系，全面渗透到学校教育教学全过程，充分体现在学校日常管理之中，在落小、落细、落实上下功夫①。上海的教育综合改革成果表明，大学生思政教育正从传统的思政课程教育扩展为更加宽泛的"课程思政"教育。高校围绕"课程思政"开展的探索与实践，是对思想政治工作规律、教书育人规律以及学生成长规律的整体把握和综合运用，具有积极的时代价值和现实意义。

二、高职院校体育"课程思政"概述

1."课程思政"的概念

习近平总书记在全国教育大会上强调，培养什么人，是教育的首要问题。我国是中国共产党领导的社会主

---

① 石海君.习近平"青年树立和培育社会主义核心价值观"思想研究[D].重庆：西南大学，2017.

义国家,高等教育必须致力于中国特色社会主义建设,以培育德智体美劳全面发展的高素质人才为根本任务。高校是思想政治教育的重要基地,必须明确"所有课堂都有育人功能,不能把思想政治工作只当作思想政治理论课的事,其他各门课都要守好一段渠、种好责任田。要把做人做事的基本道理、把社会主义核心价值观的要求,把实现民族复兴的理想和责任融入各类课程教学之中"①。课程思政就是要挖掘、发挥各门课程自身所蕴含的思想政治教育元素,有机融入教学中。把社会主义核心价值观的培育和塑造,通过"基因式"融入课程体系中,将思政教育贯穿于教育教学全过程,将教书育人的内涵落实在课堂教学主渠道,让所有课程都上出"思政味道"、突出育人价值,让立德树人"润物无声"②。

2. 体育"课程思政"的内涵与特征

体育课程作为高等教育课程体系中不可或缺的一部分,承载着提升学生体质健康水平,培养学生终身体育意识,推动体育强国和健康中国计划实施的重任。毛泽东同志称"体"为"寓道德之舍",蔡元培说"完全人格,首在体育",这都表明体育课程内含丰富的思想教育资源,其培养目标全面而深刻。体育运动中对竞技精神、爱国情怀、团队意识、规则意识的追求,是开展思政教育非常有价值的题材。例如竞技比赛中常见的"团结就是力量""努力拼搏,刻苦训练""为国争光"的宣传口号,对于培养广大学生团结、拼搏、向上的意识,树立坚定的爱国主义信念具有积极影响。相较于思政课程的教学形式,体育的隐性思想政治教育具有鲜活性、多样性、立体化的特点,更容易受到广大学生喜爱。

目前,上海高职院校公共体育课程和思政教育的结合正在稳步推进,当前体育"课程思政"主要分为两种类型:其一,是将体育运动发展历史长河中具有代表性的经典事件、模范人物、焦点话题等作为思政教育题材融入体育课程教学,并探索其与社会主义核心价值观、家国情怀、国际视野、创新思维、工匠精神、人文情怀等相关思政元素的"触点"和"融点",潜移默化地引导学生树立正确的价值观、理想信念和家国情怀;其二,是采用"探究式"的方法,发掘体育课程项目本身所具有的文化内涵,例如武术课程中的"抱拳礼"、足球比赛前的"握手仪式"等,通过在教学中融入礼仪文化介绍、竞技赛事中判别规则的剖析、集体项目中运动员的团队精神讲解等,探究其中蕴含的"礼仪、规则、纪律、合作、竞争"的思政元素。

3. 体育"课程思政"与思政课程的辨析

思政教育蕴藏于体育课程之中,并推动体育课程的内在发展,不论"课程思政"还是思政课程其本质任务都是立德树人,为中国特色社会主义事业培养高素质人才。而"培养什么人、怎样培养人和为谁培养人"的问题是体育教育的根本问题,立德树人也是体育教育的根本任务③。因此,高等体育课程和思政教育在目标任务上具有一致性。

那么,体育课程思政是否等同于思政课程?在体育课程中如何推进"课程思政"建设?是否要把体育专业课上成思政课?面对这些问题,首先要充分认识思政课程和"课程思政"的本质区别:思政课程传授的是思想政治方面的理论知识,属于显性的思政教育;而"课程思政"强调立足于各科目的专业知识教学,是将思政元素汇入专业课程教学之中,发掘课程本身所具备的思政元素,属于隐性的思政教育。所以,体育"课程思政"是体育和思政的有机结合,聚焦体育教学的思想教育点,而非将体育课程上成思政课程。

三、高职院校体育"课程思政"实施路径

1. 优化课程结构设计,构建网络学习平台

课程结构设计的科学性是影响课程思政实施效果的重要因素之一,高校公共体育课程目标涵盖运动参与、运动技能、身体健康、心理健康和社会适应5个领域。目前高职院校中对前三个目标重视程度较高,执行效果较好,但"心理健康、社会适应"目标在课程设计中所占比重较低,实践教学中多偏重运动技能的熟练度和准确性练习,缺少对课程理论和思想品德教育的讲解,且期末考评中也存在上述不足。因此,在课程结构上应丰富体育理论和体育精神的学习内容,例如增添体育鉴赏分析的理论课时,回顾中国运动员参与的经典比赛,围绕比赛内容

---

① 董成雄.习近平青年思想政治教育观的逻辑建构[J].北方工业大学学报,2018:42-49.
② 王光彦.充分发挥高校各门课程思想政治教育功能[J].中国大学教学,2017(10):4-7.
③ 张红梅.论立德树人教育观的现实价值意义与目标要求[J].金田,2014(4):84-85.

剖析运动员在赛前的刻苦训练、赛中的顽强拼搏为祖国荣誉的奋战到底的精神面貌、赛后保持谦逊继续努力的态度。通过设置学生喜闻乐见的鉴赏课程，提升大学生对各类体育比赛的认识，接受爱国主义、集体主义、无私奉献等精神的熏陶。

其次，合理利用网络资源，构建线上体育课程学习平台。运动技能学习需要大量的课程时间作保障，往往导致课程思政教育的空间被大大压缩。因此，加强创新课程学习模式，合理利用日益完善的网络平台，可以有效弥补传统课堂教学的不足。线上学习具有时间灵活、内容多样、热点同步等特点，对于开展大学生思想政治教育，调动学习的积极性、主动性等方面具有积极影响。就体育课程而言，借助线上学习平台，录制上传视频、图像、文字等与课程相关的学习资料，与学生进行在线资源共享，可以有效巩固学生线下课堂的学习成果。此外，通过布置线上任务，引导学生观看中国运动健儿在国内外竞技舞台上无数令人动容的拼搏瞬间，以及为国家荣耀、民族尊严刻苦训练的视频材料，更直观地接受"流血，流汗，不流泪""胜不骄，败不馁""友谊第一，比赛第二"等优秀体育精神的洗礼，最终达到体育课程技能学习和思政教育的有机结合，实现"立德树人"的课程思政目标。

2. 提升体育教师的思政素养

"师者，所以传道受业解惑也。"教师是课程目标和计划的具体执行者，教学水平的高低直接影响课程实施效果，随着课程改革的进展，体育课程的内涵也变得越来越丰富，对教师的专业素养和思政素养的要求不断提升。传统高职院校公共体育教学模式下，教师多专注于单项技术动作的教学和研究，包括如何提升学生动作的规范性和熟练度，对思政教育思想的方式方法关注较少。因此，在"课程思政"改革潮流下，体育教师的专业储备需要与时俱进，紧随学校教育发展的需要。为了实现"课程思政"强调的思想政治教育，高职院校体育教师必须不断提升自身的政治素养和育人意识，坚定政治信念，拥护中国共产党的执政理念，传播先进的思想文化，引导广大学生热爱祖国，自觉拥护党的政策方针。为此，高职院校需合理运用各级党校的教育资源，加强相互间的合作与交流，积极为体育教师学习课程思政理论创造机会和平台，丰富体育教师的思政教学知识储备，提升其对思想政治文化宣传的敏锐性，善于发掘体育教学中的教育点。其次，高职院校体育部门要借助教学研讨会，创新课堂教学模式，针对不同学校的不同文化、不同学生的不同特点、不同教师的不同特长，制定不同的思政教育策略，主动探索体育教学内容和过程中的思政教育点，使教师能够结合各自的教学内容开展思想教育，从而增强"课程思政"的针对性和亲和性[①]。例如武术教学中的礼仪文化，技术动作教授的过程中强化传统文化的教育和宣传，排球教学中对中国女排精神的传递，篮球教学中姚明对促进中西方体育文化交流价值的解读等，这些内容都要求体育教师自身能够通透地认识其中的育人内涵，只有这样才能在课程思政中发挥出价值。

3. 发展平等互利的新型师生关系

"尊师爱生，民主平等，教学相长，心理相容"是当代新型师生关系的发展目标，构建良好的师生关系也是"课程思政"建设的重要保障，教师应给予学生充分尊重和关爱，赢得学生发自内心的尊敬和信任，从而提高广大学生对教学思想的接受程度。体育课程教学中师生的互动更加密切，思政教育面更加宽泛，教师在课堂上要建立与学生们的平等交流关系，倾听学生的心声。通过观察不同学生的特点，引导其主动参与体育活动，协助不同学生制定合适的学期目标和体育锻炼规划，为学生营造良好的心理气氛和学习条件。此外，加强转变课堂教学理念，改变强制灌输的方式，增加互动分享的学习场景，消除大学生对刻板的思政教育的抵触心理，让学生能够以辩证的、客观的、自由的态度去面对课堂教学。师生的心理情感总是伴随着认识、态度、情绪、言行的相互体验，形成亲密或排斥的心理状态，而不同的情绪反应会直接影响学生参与课堂互动的积极性和学习效率。故而，遵循新型师生关系是实现体育课程和思政教育有效结合的关键之一。

4. 完善体育课程考核标准，关注思想品德评价

课程考核标准是引导学生学习方向的重要指标，通常在学期初课程开始时向学生进行解读。一个优秀的评价方式不仅可以促进教学目标的实现，还有助于提升学生的学习动力。在"课程思政"的目标指引下，高职院校体育课程的评价内容需进一步完善。针对高职学生培育方向的特点，教学评价应当明确以引导学生学以致用为目标，强化未来职业发展所必备的身体素质和精神品质，改变单一的技术动作规范性和熟练度评价方式，加强对

---

① 朱晓菱.普通高校公共体育课程与思政教育融合探析[J].内江科技，2017(11):56,78-79.

学生体育鉴赏水平、参与体育活动管理能力、体育道德情操等多方面、多元化的评价,发展学生在体育活动中的实践动手能力,接受高尚的体育道德品质的熏陶,提升自身的思想道德修养。在评价过程方面,要注重以学习过程为导向的评价,避免完全的结果导向,关注学生在整个学期中表现出来的技术水平和道德素养,将纪律、礼仪、团队意识等思政元素纳入过程考核中,给予一定比重的平时成绩。对于行为失范、思想道德方面有不足之处的学生及时开展思想教育,晓之以理,动之以情,以情感的疏导取代单纯扣分,让学生感受评价的温度,引导学生自觉提升思想觉悟。高职院校的学生个性多样,开发体育课程多元化的评价体系,对于思想政治教育的融入具有积极的意义,避免了生搬硬套造成的消极影响。

5. 加强基础教学环境设计,丰富校园体育文化内涵

教学环境的设计布置是体育"课程思政"的重要途径之一,在各级各类的高水平运动队训练场馆中,国旗、标语等都是不可或缺的元素,它象征着国家的荣耀,传递着庄严的爱国主义精神,弘扬的是团结、拼搏、刻苦、奉献的竞技精神。这些宣传元素,日复一日地陪伴着运动员的训练生活,对运动员的价值取向产生了深刻的影响。因此,在高职院校的体育"课程思政"研究中,加入对教学环境设计的思考,在体育场馆内悬挂彰显体育精神的"发扬体育精神,展示青春风采""生命因运动而精彩,体育让梦想成真"等标语,设立荣誉墙展示为国争光的精彩比赛瞬间,为我国运动事业做出重大贡献的人物,被载入国家历史的赛事,抑或是为本校体育运动获得荣耀的学生、教师代表均可以上荣誉墙,为学生提供模范榜样。此外,随着学校基础设施条件日益完备,借助 LED 显示屏播放极具教育价值的体育视频,让学生更直观、更深切地感受体育冠军的荣耀。教学环境对学生的思政教育是隐性的,但科学合理的设计使其育人效果极大提升。

四、总结

高职院校肩负为国家培养应用技术型人才的重任,体育则承载着强健民族体魄的希望。高职院校将思想政治教育融入体育课程,是落实立德树人的根本教育任务,顺应"课程思政"改革发展潮流的需要。在职教改革和"课程思政"改革的双重目标指引下,体育课程必须继续深化课程结构优化设计,强化体育的本源教育,从课程内容设置、目标任务、教学方法、考核方式等方面,贯彻技能传授和价值观引导的有机统一,规避"生搬硬套"式教学对体育课程产生的消极影响。

参 考 文 献

[1] 石海君.习近平"青年树立和培育社会主义核心价值观"思想研究[D].重庆:西南大学,2017.
[2] 董成雄.习近平青年思想政治教育观的逻辑建构[J].北方工业大学学报,2018:42-49.
[3] 王光彦.充分发挥高校各门课程思想政治教育功能[J].中国大学教学,2017(10):4-7.
[4] 张红梅.论立德树人教育观的现实价值意义与目标要求[J].金田,2014(4):84-85.
[5] 朱晓菱.普通高校公共体育课程与思政教育融合探析[J].内江科技,2017(11):56,78-79.

作者单位:上海行健职业学院

浅谈信息技术在钢琴集体课教学中的运用
——以面向社区成人的"智慧钢琴班"为例

程佳骏

内容摘要： 改革开放以来，国家对于教育的投入日益增大。在音乐教育领域，随着人们生活条件的日趋优越，加上越来越多的中国人在国际比赛中得奖，许多人开始学习乐器，最热门的乐器莫过于钢琴，各类培训班、个人补习班也层出不穷。笔者在国外音乐学院有过7年的留学经历，了解过各类音乐教育模式，目前在上海市杨浦区业余大学社区学院开展面向社区成人的钢琴培训班。本文针对钢琴集体课与一对一钢琴课模式的对比分析，以及如何运用现代化信息技术与传统钢琴教学作有效结合进行了一定的思考与实践。

关 键 词： 信息技术　集体课　成人钢琴教学

教学信息化，是指在教学中应用信息技术手段，使教学的所有环节数字化，从而提高教学质量和效率。它以现代教学理念为指导，以信息技术为支持，充分应用现代教学方法。在信息化教学中，要求观念、组织、内容、模式、技术、评价、环境等一系列因素实现信息化。

笔者目前开设的课程名为"智慧钢琴"，它是一种把传统钢琴教学法与现代信息化技术融合的钢琴集体课学习模式。这一课程已成为上海市杨浦区业余大学社区学院的品牌特色课程，每年都会向各街道、居委推广，极大丰富了辖区内居民的生活，学员人数逐年增多，深受好评。它与传统一对一钢琴课的学习模式有什么差别？又与近年来比较多见的数码钢琴集体课程有什么不同？以下做一具体分析。

一、在钢琴集体课中运用信息技术的缘由

1. 传统钢琴课上课内容、练习模式较为单一

钢琴在刚发明出来的18世纪是一种只有贵族人士才能享用和学习的乐器。当时，有条件的家庭都会请专门的作曲家、著名的演奏家到家里来进行一对一授课，其模式是这样的：首先，一般的上课频次为一周一次，一次45～90分钟，学生根据老师布置的作业进行回课；接着，教师对其进行评价纠错；然后，讲解新知及布置新的曲目；最后，学生回家练习。这项传统一直延续至今。发展到数码钢琴集体课也大致如此，只不过多了学生之间可以互相聆听和评价的环节。总的来讲，这样的上课内容、练习模式较为单一，非常考验教师的教学水平和学生的学习态度，且学生在家练习时遇到困难或停滞不前，犯错得不到及时纠正容易养成不良习惯，学习进度就会变得缓慢。但运用信息技术，我们可以让教学不止于课堂的90分钟，练习与反馈也可以贯穿于平时的每一天，从而

大大提高学习效率。

　　2. 业余学生的音乐素养普遍较低

　　学钢琴不单单只是学怎么弹，还要注重整体音乐素养的学习。无论国内还是国外，专业音乐学院的学生课程设置包括乐器演奏、视唱练耳、乐理、曲式分析、室内乐合作、音乐鉴赏等。目前，社会上大多数的钢琴课程由于每次教师面授时间短、费用高，所以一般业余学生比较看重技能技巧即演奏水平的提升，而忽略了其他课程的拓展，长此以往学习效果如空中楼阁，不尽如人意。但运用信息技术，我们可以让学生自学以上提到的许多音乐基础内容，并且可以接触到本身只有多种乐器参与才能做到的室内乐学习，从而大大提高音乐素养。

　　3. 学生较难形成终身成长的学习模式

　　目前有这样一个普遍现象：许多学生考出了钢琴业余十级，但过了几年之后，你让他弹一首曲子给你听，他却无能为力。钢琴考级成了音乐素质教育中的"应试教育"，实在令人可惜，更不用说那些半途而废的学生，多年以后已将钢琴学习的内容抛之脑后。所以，传统教学中，由于种种原因教师并没能让学生实现终身成长以及享受音乐带来的乐趣。但运用信息技术，学生可以搜索到任何适合自己的曲目学习，并有教师在线指导，让自己学无止境，这也是笔者努力倡导的方向。

二、运用现代化信息技术的钢琴教学模式

　　笔者教授的"智慧钢琴"课程中所使用的钢琴，结合现代化电子设备，通过传统钢琴与现代化电子设备的连接实现钢琴遥控、自动演奏、智能化学琴、琴友社交等功能实现钢琴欣赏和学习的用途。"智慧钢琴"在不通电时是一架不折不扣的传统钢琴，而接通电源后，通过前置的一块适配键盘的长条形4K高清大屏幕，配合简单操控，可以开启许多多有趣的内容。钢琴作为一件拥有300多年历史的乐器，汇集了古典的、民族的、现代的各种文化元素，教师通过自身对钢琴历史的全面理解，把各个时代的音乐风格、演奏技法等展现给学员。"智慧钢琴"把传统的教师经验和现代信息技术有效结合，可大大提高学生的学习兴趣和课堂效率。下面，针对第一部分所提出的问题来介绍一下信息技术在教学实践中的作用。

　　1. 师生互动及时、学生参与感强

　　教师使用的琴为主机琴，学生使用的琴为副机琴。在上课之前，教师即可把所有学生的名字登入后台电脑（图1），学生一旦开机上琴即可选择自己的名字进入与老师主机琴的互动中（图2），也方便教师快速认识学生。主机琴可以随时一键进行课堂控制，一旦操作之后，会在学生的屏幕中显示与老师主机一模一样的内容，方便老师统一管理。例如，每堂课中，同学们都要学习乐理知识，此时教师可将主机屏幕内容同步到所有副机琴中（图3），同学们可以学习到教师精心制作的有趣生动的乐理知识讲解视频，大大提高认知水平；或者，教师在教授新曲目时，可将示范手法通过视频同步到学生琴，方便同学学习。另外，在某些内容完成之后，系统还会给每个学生进行评分，教师能清楚地掌握每个学生的学习状态，就算同时面对十几个学生也不会顾此失彼。学生也可以通过

图1　教师在后台电脑登入学生名字

图2　学生选择自己的名字进入与主机琴的互动

浅谈信息技术在钢琴集体课教学中的运用　175

图3　教师将主机屏幕内容同步到所有副机琴

信息系统了解自己的学习成果，及时纠正自己的错误，学起来更有成就感。课后，如果学生家中配备了这样的琴，可以针对老师课上讲解的重点视频进行回看，及时复习巩固学习成果。

信息技术可以打破传统学琴模式中的弊端，让学习更及时、方便、高效。

2. 内容种类繁多、更新功能强大

进入主页之后(图4)，同学们可以选择内容进行学习。在"曲谱库"中，有《汤姆森简易钢琴教程》《车尔尼练习曲》《拜厄》《古典名曲集》《考级系列》《趣味钢琴系列》《启蒙钢琴系列》《巴赫系列》等热门基础教程曲谱可供选择(图5)；在"名师课程"中，有秦川、朱楣、王笑晗、孙鹏杰、张晋、官大卫、丁阳等知名青年钢琴家以及音乐学院教授针对各类教材的专题讲解(图6)。在"钢琴教室"中，有针对儿歌的学习以及中老年人感兴趣的通俗流行曲目的讲解(图7)。在"乐理"课堂中，学生可以学习到智慧钢琴精心制作、讲解非常全面易懂的乐理知识(图8)。在"音乐课堂"中，有针对目前全国九年制义务教育阶段所有出版社的音乐教材可供练习。

图4　主页内容

图5　曲谱库

图6　名师课程

图7　钢琴教室

图 8 "乐理"课堂

信息技术的加入让学生可以随时搜索到自己想要弹奏的曲目,不用到处买书、翻书,节约了许多时间和成本。这个软件后台会随时更新,以后会有越来越多的内容加入到这个智慧钢琴中,伴随学生终身成长,哪怕在家中,也可以跟着视频讲解,持之以恒地学习。

3. 室内乐合作让音乐素养充分发展

室内乐(chamber music),原意是指在房间内演奏的"家庭式"的音乐,后引申为在比较小的场所演奏的音乐。它是由几件乐器演奏的小型器乐曲(不包含一件乐器,一件乐器为独奏),主要指重奏曲和小型器乐合奏曲,区别于大型管弦乐。

图 9 《小星星》曲目

图 10 对《小星星》曲目的改编

在国内,至今没有一个职业的室内乐团。这种"怪现象"延伸出来的话题,不仅牵涉到中国音乐教育体制内种种尚待解决的问题,还牵涉到中国交响乐事业的发展。笔者认为,对于室内乐形式的音乐教育不够重视的根本原因在于我们的教育对于合作意识培养的匮乏。所以,在智慧钢琴课上,笔者会在一个阶段过后,让学生进行智能化的小乐队合奏学习。例:在导入曲谱后,我们可以看到一首《小星星》的曲目(图9),这原本是莫扎特的一首钢琴变奏曲,但通过智慧钢琴的改编,我们可以加上许多伴奏声部,学生可自行选择乐器(图10),让钢琴模拟这些乐器进行合作演奏,弹奏出几乎和真实乐器相同的声音。在学生把自己的声部练熟之后,教师会加入他们弹奏主旋律,

图 11 将表演录制成视频

形成师生合作,学生仿佛声临其境在一个小乐队中,感受到了前所未有的学习体验。通过这项学习,学生能初步感知音乐的律动,大大加强他们的反应能力、合作能力以及音乐的节奏感与空间感,在与老师、其他学生的互动交流中体验音乐带来的无穷魅力。在室内乐曲的改编中,每首曲目都有一些自己独特的伴奏乐器。《茉莉花》是上海的城市经典曲目,在课上也会让学生们尝试这首曲目的室内乐版,让学生体会用钢琴模仿竖琴的感觉,这在《小星星》的曲目中是没有的。最后,将表演录制成视频,作为集体的学习成果保留下来(图11)。

信息技术借助集体课的平台,让每台琴发出不同乐器的声音,能提高学生们的音乐素养,为以后的音乐学习打下扎实的基础。

4. 曲目学习多元化

智慧钢琴可以让一首简单的曲目学习多元化:在练习之前,学生可在屏幕中直接观看所学曲目的演奏示范视频,它既有整体演奏示范(图12),也有局部指法示范(图13),从而加强认知感,降低上手难度,还可自行调整

示范曲目的演奏速度,以便于更好地学习;智慧钢琴具有切换谱子显示方式的功能,如果学生对于五线谱还不太熟悉,可随时切换成简谱,方便读谱练习,等熟练之后,再切换成五线谱,进行对比学习,从而加强对五线谱的认知;为了丰富学生的听觉感受,智慧钢琴为每一首教材曲目编订了多姿多彩的伴奏音乐,既有各种乐器声部的加入,还有各种自然界的声音,例如,在曲目《玛丽有只小羊羔》的开头与结尾的伴奏中,学生能听到羊叫声;在较长的曲目中,学生可以自行按快进、快退按钮,通过调整小节数进行局部观看与练习,针对性强;在集体课的练习过程中,学生可以插上耳机,不受别人干扰,也不会打扰别人,有问题的学生可随时请老师指导,练习完后,教师可让部分学生进行成果展示,然后当场讲评学生的练习情况,学生之间也可观摩、互评,教师对学习认真、有进步的学生给予一定的精神奖励。

图 12　整体演奏示范

图 13　局部指法示范

信息技术能让简单的曲目学起来变得丰富多彩,让困难的曲目不再无从下手,练习一首曲子不单单是简单枯燥的重复劳动,而是身心愉悦的快乐享受。

5. 其他功能

智慧钢琴还有一些其他功能:学生可以使用弹奏录制功能把自己演奏的录音上传至云端让教师进行点评;乐理自测功能可以让学生自行检查所学的乐理知识是否牢固,并及时纠错改正;另外,"打地鼠"是一项非常有趣的内容,全体学生都可以参与进来,互相竞争。当地鼠举着带有五线谱和音符的牌子从洞里钻出来时,学生需要快速做出反应,找到牌子上的音符在键盘上的具体位置并弹奏它,系统会根据参与者的速度和准确率进行赛后排名,这项游戏寓教于乐,能大幅提高学生对于五线谱音高认知的反应速度(图14)。

图 14　"打地鼠"

信息技术能在课堂中实现寓教于乐,大幅提升学习者的学习兴趣。

三、总结

以上就是笔者所倡导的智慧钢琴课程。传统教学模式中,教师对知识的重难点进行细致的讲解,加入了信息技术以后,能更有效地开展集体视唱练耳、乐理、音乐鉴赏、室内乐等课程,也能更好地因材施教,节约时间成本,提高学习效率。如果学生在家中也有一台这样的琴,通过互联网,学生可以随时上传自己录制的练习视频或音频,及时纠错,加快学习进度。对于学习能动性较强的学生,可以自行在家完成一些基础课程,逐渐形成线上+线下、自学+教师定期指导的学习模式,开发出一套自己的学习体系。另外,信息技术所带来的线上课程由于跨越了地理限制,可以让那些教育资源不足、师资力量不够的地区共享名师的精品课程,当然,这又是另一个话题了,笔者在此不展开讨论。

授人以鱼不如授人以渔。笔者一直主张学生应当尽快获得自主学习的能力,智慧钢琴就引领了一条这样的捷径,今后一段时间笔者会继续加强这一教学模式的实践。

钢琴的美妙的音韵不仅吸引人们,也考验着人们的毅力。笔者希望通过信息化的智慧手段,让学生们加深对音乐的热爱,通过坚持学习,较为熟练地掌握演奏方法,达到愉悦身心、丰富生活、陶冶情操、增进健康的美满境地。

参 考 文 献

[1] 罗琦,韩薇,吴丹,王延松."互联网+音乐教育"的发展与构建[J].艺术科技,2016(7):67.
[2] 冯菲.钢琴教学创新模式的构建与思考[J].艺术科技,2014(12):228.
[3] 郭瑞.新时代下的钢琴教育改革问题探讨[J].音乐时空,2016(5):113-114.
[4] 裘思蔚.钢琴教育中提高学生音乐素养的策略[J].课程教育研究,2018(7):220-221.

作者单位:上海市杨浦区业余大学

打破校园围墙　打造精彩课堂

陈　颉

内容摘要：借助信息化的手段，通过实践探索，将人文行走学习点与课程进行有效融合。通过"导学"方式，把课堂搬到校外、搬到线上。将传统课堂向课前、课后延伸，改变以往单向共享的模式，转变为共享与分享的模式，打破校园的围墙，使知识的学习、文化的了解、审美的体验、技能的提升、情感的培养成为一体，在行走中、体验中寻找到学习的快乐并且获得个性成长与自我激发。

关 键 词：人文行走　互联网＋教育　教学改革

一、研究背景

人文行走是上海市教委、市文明办为贯彻落实党的十九大精神，以习近平新时代中国特色社会主义思想为指导，围绕上海"五个中心"建设，全力打响"四大品牌"，全面推进本市学习型社会建设，不断提高城市文明程度和市民人文素质，共同在全市开展的一项工作。其主要目的在于：引导市民在申城行走中，看申城、读人文、品历史、振精神，感受人文积淀，触摸城市温度，激发终身学习的创新活力，提升城市发展的软实力。突如其来的新冠肺炎疫情，打乱了我们原先的工作、学习、生活节奏。在此背景下，"停课不停学"既是应急之举，也是"互联网＋教育"的教学模式新的探索与尝试。在疫情期间，我们的行走方式也发生了改变，从以往的线下行走变为了线上行走。而在这个特殊的时期，我们对于传统的行走方式和教学方式也有了新的思考。

二、研究的意义与价值

"互联网＋"体现的是以互联网为基础，不断加强信息化整合动力，提升智能性与网络信息综合性的一种发展方向①。当下的终身教育体系已经提出了借助信息化的手段，实现"人人皆学、时时能学、处处可学"的学习新模式。要达到这个目标，除了网络平台的有效支撑、数字资源的丰富共享外，更重要的是探索如何适应学生的学习特点，找到课堂—网络混合式学习的具体途径和方法。

文化包容万象，虹口是海派文化发祥地、进步文化策源地、文化名人聚集地，其文化源远流长，我们总能在身边寻找到些许它们的影子。通过行走课程，引导学生挖掘身边的虹口文化，寻找人文学习点的历史文化，采用线

---

① 杨兴波."互联网＋"智慧课堂的教学方案与实施[J].教学与管理，2019(10)：34-36.

上与线下课程结合的方式,将传统课堂向课前、课后延伸,让学生进行自主化的个性学习,让他们参与到课程中,发挥自身的潜能,提升自身修养及终身学习能力,同时也体会到学习的快乐。

三、实践探索的过程

目前,我们的线上人文行走是通过"上海市民终身学习人文行走"微信公众号,在"宅家人文行走"系列版块中进行,通过"看一看"(看文字图片介绍,看学习点视频,看相关链接知识,看学习点VR视频,看学习点线上展览等)、"听一听"(听学习点音频介绍)、"想一想"(思考针对学习点提出的若干个小问题)。同时,我们把虹口区目前所推出的行走线路通过"虹口终身教育"微信公众号,让市民在家进行线上行走,获得了不错的成效。但是,我们一直在思考一个问题,即人文行走能否与我们的课程结合,改变以往单向共享的模式,转变为共享与分享的模式,打破校园的围墙,将课程进行延伸,让我们的线上行走与课程进行有效融合,让我们的学习形式更为多样化。同时,使知识的学习、文化的了解、审美的体验、技能的提升、情感的培养成为一体,在行走中、体验中寻找到学习的快乐并且获得个性成长与自我激发。

1. 教学观念的转变

随着时代的不断进步,人们获取知识的途径和方式都发生了翻天覆地的变化,在"互联网+教育"的时代背景下,我们通过智能手机、平板电脑、笔记本等移动终端都能够获取海量的信息,比传统的知识获取更加高效、高质[1]。学习这一行为可以实现"人人皆学、时时能学、处处可学"的学习新模式。同时,在"互联网+教育"的模式下,我们的教学形式发生了变化,教师从原先的知识传授者转变为学习引导者,从课程执行者转变为课程开发者,从知识固守者转变为终身学习者。

2. 教学方式的转变

在线教学的侧重点是"教学"而并非是我们所理解的"在线",相对线下教学而言,在线教学对于教学内容的设计更为重视。将人文行走与课程结合,改变了以往单一的行走或者单一的课堂教学,更多的是以学生学习知识为目的,同时又与行走学习点的文化相结合。因此在教学目标上,围绕如何提升学生的知识、能力与素质三方面展开,将课程专业知识与行走学习点深厚的人文底蕴巧妙融合。在课程准备过程中,一方面注重对学习点的人文知识的讲解,另一方面注重在学习点中融入相关课程知识点,将特定内容与横向知识相联系。

3. 教学内容的选择

什么样的课程才能与我们的学习点相结合?怎么样设计教学内容才会吸引学生?笔者所担任的摄影类课程除了讲述摄影的专业性知识,提高摄影技艺,更重要的是培养一种思维方式,提升个人审美,因此经常会根据需求进行内容调整以适应变化,授课内容更为灵活。课程的设置要符合学生的需求,课程内容实用,才会吸引学生。因此,笔者从虹口目前比较成熟的人文行走线路中,选择了北外滩滨江线路与建筑摄影相结合。北外滩滨江沿线,有着独特的地理环境和丰富的历史内涵。历史文化和建筑风格都体现了上海"海纳百川、追求卓越、开明睿智、大气谦和"的城市精神。而摄影并不等于照相,摄影是将人的情感倾注到每一张照片中,它的意义在于运用手中的相机去表达心中想表现的东西,用照片来说故事,与他人产生共鸣。从外白渡桥、中国证券博物馆、耶松船厂旧址、上港游轮城到建投书局,介绍这五个人文行走学习点各自不同的历史文化、建筑风格,把学生带到真实的场景中,通过自己的观察、探索,去感受、触摸这段人文历史,与历史对话,通过了解这些学习点背后的故事与文化,运用所学的摄影技巧,融入自己的情感,拍摄出有温度的作品。

4. 教学设计

怎样才能让课堂不枯燥?怎样才能提升学生的兴趣?教学设计是非常关键的。正式上课之前,根据课程设计思想和教学内容,制定适合学生的教学方案。一方面,对重点内容重点讲解,通过讲述学习点的人文知识,将建筑摄影的知识点与学习点的特色进行融合,运用大量学习点的实例照片,丰富课程内容,增强学生的直观印象,帮助学生理解抽象的知识点。另一方面,关注学生的互动表现,运用合理的教学方式,如观察法、启发式提问、任务驱动,循序渐进,把握学生对知识的理解程度,启发学生思考,激发学生学习的兴趣和学习潜力。

---

[1] 叶帅华."互联网+"背景下高校教育教学方式改革思考[J].高校学刊,2019(16):149-151.

5. 教学工具

目前，各种网络直播平台层出不穷，如 classin、微师、抖音、一直播、CCtalk、腾讯会议等。笔者通过自己对这些平台的试用，最终选择使用抖音平台进行直播。一方面，经过调研发现，三分之二的学生已经使用了抖音平台，不需要额外安装软件，也不需要浪费课堂时间对软件操作进行培训。另一方面，相关数据显示，目前抖音平台的日均视频播放量已经过亿，充分证明了抖音平台的客户群体规模较大。通过抖音平台进行教学，能够吸引到一些校园外的学生，扩大我们的教育受众面，也达到了扩大人文行走宣传的目的。同时，选择录制课程短视频、群聊互动、阶段性答疑、学生作品分享与点评作为辅助学习手段。

6. 教学过程

笔者努力尝试摸索出一套适合于自身的教学模式。为了增加直播课堂的人气，通过对抖音平台研究与学习，发现开直播的前一个小时发布课程短视频，当别人刷到你的课程短视频时，通过观看，可以吸引人气。教学过程中，由于教师和学生分别位于计算机两端，教师面对着计算机屏幕讲课，无法及时了解到学生对直播课程知识的掌握情况，因此在直播时视情况采取"PPT讲授＋播放视频＋案例讨论"等多种方式穿插进行。在讲课过程中注重逐步引导学生，先抛出学习任务，让学生进行思考，随后根据大家的讨论引出知识点。每一个知识点都配以大量案例，便于学生更快地理解，同时也避免了理论学习的枯燥。教师关注学生在讨论区的发言，根据学生发言的内容即时反馈，掌握学生的听课情况并做调整，适时提出学生感兴趣的话题，与课堂内容无缝衔接地展开小讨论。这样的话，提高了课堂的互动性，同时能够调动学生主观能动性，激发学生学习的兴趣。

7. 课后反馈

通过课后拓展讨论、课后作业、班级微信群连线讨论等方式，及时掌握学生的学习情况。同时结合录屏软件对课程进行全程录制，实现课后回听课程，这样不仅可以让不能按时上课的同学补课，也可以让教师发现讲课中存在的问题，加以改进，为今后的教学研究活动打下基础。

四、实践探索的成效

通过这一个月的直播课程，除了自己的学生也吸引了不少校外观众，学习人数从最初17人达到目前60人，评论数超过了91%的同期主播。学生对这种学习方式，整体反映学习效果较好，对教学效果非常满意。学生通过课程学习，上交的作业质量比以往有所提高。笔者从这次的"实战"中也收获颇多。

1. 充分利用现代化工具

多层次运用智慧教学工具，贯穿"课前导学—课堂签到—直播重难点答疑—在线测试—效果反馈—课后指导"全链条环节，提升教学的实效性。课前，在班级微信群和直播平台发布"预习任务"，帮助学生预习并明确本节课的学习目标，重点在于挖掘学生潜力，激发学生求知欲。课中，直播讲述课程内容时，注重课程知识重难点的提取，设置一些兴趣题目，吸引学生注意力，邀请学生思考作答，实现知识交互，增加学习的趣味性。课后，作业设计注重考查学生对课堂重点难点的掌握程度，培养学生的综合能力。同时，注重对学生进行课后调研，了解教学效果并主动调整教学方案。

2. 丰富了人文行走的学习模式

采用理论知识与实践相结合的模式，行中学，学中行，给众多的人文地标和城市记忆赋予学习元素，将大量历史建筑、场馆设施、工业遗存等社会资源整合起来，通过"导学"方式，把课堂搬到校外，搬到线上。将丰富的文化资源数字化和课程化，探索网络学习与实地体验相结合的线上线下混合式学习的模式，实现了专业知识与人文行走学习点的文化元素相融合，改变单一的课堂教学模式，丰富了人文行走的学习模式，拓展了终身教育课程内容以及培训方式。

3. 学生从知晓学习到探究学习

在远程开放教育中，有学者提出"运用现代信息技术，以学习者自主学习为中心、教育者导学为关键、多种媒体和交互手段助学为支撑的'导学—自学—助学'三维互动教学模式"[①]。因此，在纯粹讲授知识的同时，更重要的是对学习方法进行指导，在激发学生学习兴趣的基础上，调动学生的主观能动性，通过明确学习目标让学生参

---

① 刘文富.远程开放教育"导学—自学—助学"教学模式探究[J].中国远程教育，2004(23):35-39.

与课堂,从被动学习的方式转变为自主探索学习的方式。

五、实践探索的反思

1. 在线教育对教师提出了更高的要求

从在线教学形式上来说,教师不仅要能按照惯例进行教学,而且当惯例不够时要能够创新。当学生不适应教学内容和教学策略时,教师要能找出问题所在,及时进行调整。从教学内容上来讲,在线教学对教师提出了更高的要求,除了自身的专业知识以外,还需要学习所涉及的文化行走学习点背后的文化,寻找出课堂教学内容与学习点文化之间的交叉点,因此,教师要提升自身的学习能力,从教学中学习,也为教学而学习,成为"适应性的专家",成为终身学习者。

2. 课程微课制作的局限性

微课的主要特点是指向明确,重点突出,知识聚焦,便于记忆,资源储存空间较小,可迅速下载或流畅播放,播放模式支持多种格式,使用方便①。一堂优秀的微课,要求教师将重点知识提炼到十分钟内的视频中,通过课后的微课,可以对知识点进行归纳、总结、重难点强调,梳理主讲短视频与在线直播互动各部分的顺序,使其能够合理有机地结合在一起。要制作出一节优秀的微课,教师需要根据微课的时间轴,精炼教学内容,运用简洁的语言表达、合理的教学方法以及熟练的视频录制和剪辑处理方法,这无疑给教师带来了巨大的挑战。

3. 形成课程体系

探讨如何将校园独有的文化、价值观与校园外的文化、价值观相互交融,日益融合、互补,以开放的方式化整为零,分散融合,形成具有可持续性的课程体系。同时开展线上+线下学习的混合教学模式:线上教学主要依靠网络技术为学生提供充足的网络课程资源,网络课程资源可以与课程知识相结合,保持持续的学习动力;线下学习侧重于指导学生独立学习,掌握学习方法以及通过自己的学习能力获得相应的知识。

4. 合作共赢,教学相长

伴随着教学模式的多样化和教学手段的多样化,我们进入了知识多元化的时代。通过与区文明办、区文化和旅游局、各文化学习点等的合作,每个参与者都能共享共同创造的资源,共同探讨,取长补短,优势互补。同时加强团队合作、校企合作等,才能走得更远、做得更好。

六、结语

教育是一种大空间、多形态的教育,互联网时代新型教学模式的涌现,提供了丰富的教学资源,它不仅仅是向学生传授知识,更应提供自由开放、多元交流的场所,形成了教师与学生之间交流的桥梁,教师成为知识传播的摆渡人。将行走的学习点引入课堂,使虹口的文化资源为课堂教学所共享,丰富了我们的教学内容,给学生创造了良好的自主学习条件,更好地完成了教学过程。但是,新的教学模式既有优点,也有缺点。它本质上是优质教育资源的共享,但不能完全取代传统的课堂教学。俗话说:两弊相衡取其轻,两利相权取其重。在新生事物的碰撞中,面对网络教学的利弊,合理地整合线上和线下教学,使学校的教育实践方式和能力得到整体的提高,成为推动整个教育改革的重要力量,这个过程不可能一蹴而就,还需要我们不断地探索与学习。

参 考 文 献

[1] 杨兴波."互联网+"智慧课堂的教学方案与实施[J].教学与管理,2019(10):34-36.
[2] 叶帅华."互联网+"背景下高校教育教学方式改革思考[J].高校学刊,2019(16):149-151.
[3] 刘文富.远程开放教育"导学—自学—助学"教学模式探究[J].中国远程教育,2004(23):35-39.
[4] 陈娟,闫涛,张智芳.互联网时代新型教学模式探索[J].榆林学院学报,2019(4):108-111.

作者单位:上海市虹口区业余大学

---

① 陈娟,闫涛,张智芳.互联网时代新型教学模式探索[J].榆林学院学报,2019(4):108-111.

MOOC持续学习意向影响因素分析研究

成文婷

内容摘要：随着MOOC浪潮的涌起，我国的教育事业也进入了全新的MOOC时代，目前MOOC比较普遍地运用于高等教育领域，一些MOOC平台与全国各高校联合，已经建设了比较丰富的课程资源，吸引了大批慕名而来的学习者。大多数MOOC学习网站注册率都很高，但真正的学习率、完成率却很低。本文针对MOOC的低完成率这一问题，从调查研究出发，结合访谈深度了解MOOC学习者在学习过程中的实际感受，分析其持续学习意向的影响因素，最后，从MOOC和学习者两个角度出发，提出几点建议，旨在提高MOOC完成率，推动MOOC可持续发展。

关 键 词：MOOC 持续学习 完课率

一、引言

1. MOOC的起源与发展

MOOC是当前全球教育界的热点话题，它起源于加拿大，是为了响应网络在线课程的号召而被提出的。它提出后不久，便迎来了许多学习者。MOOC由此得以传播和发展，吸引了各知名高校纷纷加入其中分享各自的优秀教育资源，给予更多学生学习不同高校教学资源的机会。在广大教育工作者的传播和使用过程中，MOOC的规模也逐渐扩大，影响力越来越广，逐步达到了"大规模"的波及范围，被世人熟知。

中国大学慕课网是目前国内影响力较为广泛的MOOC平台，收录了30多所大学的课程，功能比较完善，课程完成之后可以拿到普通证书。除此以外，学堂在线、云课堂、华文慕课等平台也各具特色，是国内热门的MOOC网站。可以说，MOOC的出现对教学模式、教学方法及教学理念等方面都产生了巨大影响，甚至改变了教育发展的方向①。MOOC被定义为超大规模的巨型开放课程，这种超大规模和开放性涵盖了很多方面，从参与人数没有数量、年龄、职业、国籍等限制，到学习者可以任意选择其感兴趣的课程学习，无一不在体现着多元化的特点②。

---

① 祝智庭,刘名卓."后MOOC"时期的在线学习新样式[J].开放教育研究,2014,20(3):36-43.
② 焦建利.从开放教育资源到"慕课"——我们能从中学到些什么[J].中小学信息技术教育,2012(10):17-18.

2. MOOC 及相关概念的解释

MOOC 是 Massively Open Online Courses 的首字母缩写,表示"大规模的开放在线课程",国内最早由华南师范大学的焦建利教授将其译为"慕课",由此,"慕课"这一名词在我国广泛传播和发展。为了术语的统一,本文所有涉及"MOOC"与"慕课"的地方都用"MOOC"来表示。

在 MOOC 学习中,学习者持续学习意向是指学习者继续参加 MOOC 的意愿和倾向。学生在学习过程中始终能够保持强劲而有力的学习劲头,表明其持续学习意向强烈,反之则表明其持续学习意向较为薄弱。

3. 我国 MOOC 的学习现状

目前 MOOC 比较普遍地运用于高等教育领域,在各个高校的共同努力下,已经建设了比较丰富的课程资源,但与之相伴的一些新问题也不容小觑。尽管大批的学生加入了 MOOC 学习的团队,努力去适应 MOOC 的教学模式,但其在完课率方面的表现并不令人满意,辍学率高的问题非常突出,这使得对 MOOC 学习中学习者持续学习意向的研究成为一个热门话题。

笔者曾在 MOOC 网站上注册并学习,有一些切身体会。首先,MOOC 网上资源丰富,选择范围较广,能在很大程度上调动学生的积极性,激发其探知欲。其次,综合比较,MOOC 网上适合大学生学习的内容远远多于适合初、高中生者,这使得 MOOC 网的受众大多为高中以上年龄层的人群,这一部分学习者的学习心态易受各种环境因素的影响。与此同时,笔者还发现,在丰富多彩的 MOOC 网络资源中,学习者很容易被自己感兴趣的课程吸引,但真正学习时却很难像预期一样完成。任何新生事物都不可能完美,总存在着一些问题。在 MOOC 领域,学习者持续学习意向的保持就是难题之一,如何让学习者在走近 MOOC 后还能保持满腔热情真正走进 MOOC,从学习资源中汲取到营养,享受资源共享的切实福利,是一个值得思考的问题。

二、关于 MOOC 持续学习意向的调查

以上 MOOC 学习的现状,体现出当前 MOOC 学习中普遍存在的一个问题,那便是低完课率。为此,笔者设计了问卷,并辅以访谈,希望全面了解目前 MOOC 的学习状况。

1. 对"有关 MOOC 学习的调查问卷"的分析

问卷发放后,共收回了 130 份问卷,其中有效问卷为 70 份。

分析有效问卷可以发现,参加理工科类的课程人数最多,其次为文史类,这从一定程度上反映出某些类型的课程更能够适应 MOOC 这种新形态的课程体系,而农学类、医学类的课程则显得不那么出色,至少在 MOOC 中发挥不出其课程魅力。同样,在众多 MOOC 课程中,完成情况最为理想的是计算机方面的课程。由此结合其他问题,学习者选择 MOOC 最主要的原因是自己的兴趣,此外,能自由安排学习时间、有名师授课、课程优质且免费这些因素也促使大家选择 MOOC。相反,以能否修到学分作为选择依据的学习者仅占很小一部分(见图1)。

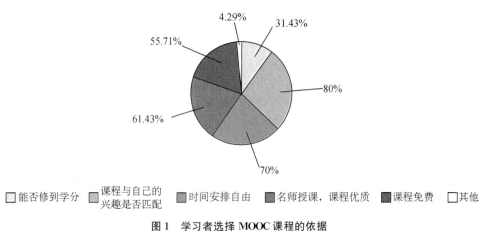

图 1　学习者选择 MOOC 课程的依据

针对"在 MOOC 学习中是否萌生过放弃念头"这一问题,仅有不到 18% 的填写者没有过放弃念头,而在众多放弃理由中,主要是空余时间不足、自制力差,这表明无法坚持完成学习多半是出于学习者自身原因。当然,也

有一部分原因来自MOOC本身,例如课程与预期不符等(见图2)。

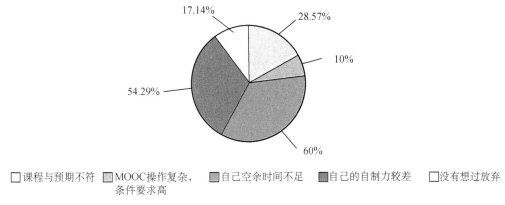

图2　MOOC学习持续性薄弱的原因

2. 对个别人群深度访谈的分析

由于问卷并不能够全面反映问题,因此增加了访谈,希望进一步了解课程录制者和学习者对于MOOC教学与学习的感受。笔者分别访谈了几位教师、学生、自由职业者和程序员。访谈围绕以下问题:①作为MOOC课程录制者,MOOC与传统讲课有何区别?②作为学习者,你什么时候会选择MOOC而非传统学习方式?③参加MOOC学习时,你是否中途想要放弃?为什么?④你完成的MOOC课程有哪些?坚持完成的动力是什么?⑤什么样的MOOC有助于你的持续学习?基于以上问题,笔者与十位有过相关经历的访谈者进行了沟通。目前的MOOC课程以大学课程为主,因而该访谈在学习者特性上较具代表性。

分析访谈结果可以发现,在基于网络的大规模开放课程中,教师录制MOOC与传统课堂相比,在准备方面会耗费较大精力,这让一些教师开始重新适应网络化的教学。在针对学生的访谈中,几位学生都反映自己的确有注册过却未能完成的课程,而未能如约完成的原因,基本是时间、精力、条件有限,或是参与后发现课程与自己兴趣有一定出入。完成情况较好的主要是各个高校开设的选修课程,这些课程的学习者大都是在自身兴趣或是学业压力的驱动下加入MOOC团队。目前有许多IT类学习网站,这类网站的学习人群学习计算机技术的信念往往较强,尽管课程是收费的,其参与率和完课率还是比较理想,学习者往往能够较好地完成课程学习并从中获益。同时,访谈反映出当前课程存在的一些问题,比如目前国内MOOC课程水平、教师水平参差不齐,实际适用人群有限,知识讲解过易或过难,这些因素也在一定程度上影响了学生持续学习的意向。

三、MOOC持续学习意向影响因素分析

综合问卷调查和访谈的结果,笔者从MOOC本身、学习者自身以及其他因素三个方面进行分析。

1. 来自MOOC本身的因素

(1) 课程的收费情况。目前一些MOOC课程需要付费,这在选课阶段就对学习者产生了影响。有些学生在看到付费课程时直接选择略过,同样也有些学生会在为课程付费后更加强烈地想要完成课程学习,这时付费就成为一种激励。目前几乎所有的MOOC运营机构都允许学生免费注册,参与课程学习,这成为MOOC用户量急剧飙升最主要的原因。也正因此,注册参与课程的学习者中,很大一部分仅仅是出于免费的原因,随意、片面地追求"量",无法在真正学习时认真应对课程。

(2) 课程的类别。有些类别的课程非常适合MOOC这种授课形式,比如视频剪辑、编程等,这类课程较容易促使学生持续学习。相反,一些天然与MOOC形式不够适配的课程,开课后需要花费较大的心思维持学生继续学习的意向。因此,设计MOOC课程需要考虑课程本身的特性,如果MOOC对这门课程而言有着天然的短板,那么其MOOC探索之旅就会变得艰难,学生即便选修了这样的课程,其持续学习意向也极易被这种"不适合性"削减,其持续学习的意志容易变得不坚定。

(3) 课程的吸引力和质量。当然,最关键的客观因素,还是课程本身。众所周知,目前各个MOOC平台的课

程提供者大都来自一流高校,这些精英学校的知名度极易吸引学生前来学习。但参与 MOOC 的学习者能力、水平参差不齐,学习者很难准确把握课程难易程度,只有亲身实践,才会发现哪些课程对于自身过于简单,哪些课程太过深奥。如果学生加入课程学习后,发现课程的真实质量与心理预期不相符,那么学习者的持续学习意向将会减弱,甚至会考虑放弃该门课程的学习。

(4) 教师及团队的水平。MOOC 教学中教师的水平同样参差不齐,来自名校的优秀教师并不一定在大规模的网络教学中也具备优异的教学手段和方法。当然,不否认学校和教师的名气在很大程度上能吸引学生前来听课,但真正进入学习阶段,教师能否继续发挥其魅力,充分展现其一流的教学水平,就取决于他们对课堂的组织、把控能力以及整个 MOOC 运作团队的协调和努力。通过访谈我们也意识到,MOOC 非常忌讳教师的口音问题,想象一下,在大规模的开放课程中,如果教师一开口就带着浓重的口音,会有多少本对该课程心怀期待的学生因"听不懂"而感到困扰?

2. 来自 MOOC 学习者的因素

(1) 自身学习需要。教学设计的教学环节起始于学习需要,MOOC 学习中学生自身的学习需要也不容忽视。当 MOOC 与实际需要吻合,尤其当学习者求知欲强烈时,其持续学习的意志较坚定。而当学习者选择 MOOC 仅仅是为了消磨时光,其学习意向往往很弱,注册 MOOC 课程后,易受到外界干扰而中途放弃学习。

(2) 学习者的兴趣。在持续学习意向影响因素方面,最基础的因素是学习者自身的兴趣。调查发现,学生通常会以自己的兴趣作为出发点去参与课程。当学生自身对选修课程兴趣非常浓厚时,其持续学习意向会非常强烈,这种积极心理将带动其积极完成学习任务,获得正向反馈;而若学习者自身兴趣程度低,缺乏兴趣主导的学习动力,其持续学习的意向较弱,这样即便偶然注册了课程,其放弃课程的可能性也很大,持续学习意向很容易崩塌。

(3) 学习者的自制力。学生的自律性和自主性是维持其持续学习的一个重要因素,这和传统学习相似。学习的主体在于学生,如果学生的自律性足够强,主动学习的意念较为执著,那么其持续学习的意向就很强烈。如果其自制力较差,那么即便是技术手段再高明的虚拟学习社区,也很难维持学生的持续学习。真正的学习在于学生自身,他人的外力作用不足以帮助学习者获得真正的知识。

3. 来自其他方面的因素

调查和访谈表明,目前的 MOOC 学习之所以完课率较低,部分原因是它自由的体制和灵活开放的运营机制,在 MOOC 这种相对自由的学习情境中,学生的学习心态较轻松,很难产生压力感。目前大多数 MOOC 课程无法直接兑换大学的学分,很多平台正在进行 MOOC 学分制度的建设,考虑采用学分认定的方法鼓励学习者持续学习,学习证书的实行在一定程度上受到学习者的欢迎。

四、关于如何提高 MOOC 持续学习意向的建议

MOOC 面临着一些问题,但也正在着力解决。对于目前普遍存在的低完课率这个问题,很多大学正在努力尝试,力求提升自身在 MOOC 浪潮中的参与度。为了更有力地提高完课率,可以考虑从以下几方面着手实施。

1. 建立合适且合理的收费制度

根据 MOOC 学习者对课程费用的不同心理感受,MOOC 团队应摸索出合理的收费制度,以吸引到真正想要学习的求知者,让其将经济压力化为学习动力,促使其善始善终,完成课程的学习。

2. 充分发挥自身优势

MOOC 技术有助于建设友好的个人学习环境,帮助用户快速找到其想要学习的内容。解决低完课率的问题时,要充分发挥 MOOC 的可重复性的优势,使广大学习者切实感受到 MOOC 优于传统课堂之所在,这样才能够真正拴住学习者的心,让他们在相对长久的一段时间里稳定学习。

3. 加强对 MOOC 授课教师的培训力度

教师要更娴熟地掌握好相关技术,规范教学语言,提升自身素养,努力在大规模授课中表现出色。有魅力的教师对于学习者持续学习意向的维持将是有力的加分项。

4. 提高课程质量

完善课程内容,把控质量关。靠名气吸引来的 MOOC 学习者,最终还需回归到课程中去。好的大学、好的

老师配套优质课程,才能够稳定地吸引学习者,促使其持续参与学习。

5. 学习者组团学习

基于MOOC平台的组团学习类似传统的协作学习,组员在线发布学习足迹,相互监督,能促使大家在虚拟学习社区中获得真实的学习体验,相互激励,共同完成课程。

五、总结

一些MOOC资深学习者感慨,生活在MOOC年代的大学生很幸运。同样,生活在这一年代的教师也以教学者和学习者的双重身份拥有着这份幸运。作为教学者,教师有了更广阔的展现自我的天地,有了新的领域亟待探索,要紧抓时代机会,努力去创设优质的教学资源。作为学习者,也应充分利用各种优质资源,不断提升和完善自己。MOOC不是学霸的专利,也不是学渣逆袭的机会,它只是在线教育的一种形式。风靡全球的MOOC还在不断地为我们带来惊喜,更多的人加入MOOC学习,就要努力使更多的人持续从中获得知识。随着多方共同的努力,低完课率的问题将得到缓解。如何切实提高MOOC完成率,维持学习者的持续学习意向,是摆在每一位相关从业者面前的课题。

参 考 文 献

[1] 陈柳.MOOC的兴起对高等教育的影响[D].桂林:广西师范大学,2014.

[2] 祝智庭,闫寒冰,魏非.观照MOOCs的开放教育正能量[J].开放教育研究,2013,19(6):18-27.

[3] MOOC适合哪些人群学习?[EB/OL].https://www.zhihu.com/question/24816964/answer/29160461.

[4] 曾子明,郑安安.中国大学MOOC平台学习者持续使用意愿影响因素研究[J].中国教育信息化,2019(16):28-33.

[5] 康叶钦.在线教育的"后MOOC时代"——SPOC解析[J].清华大学教育研究,2014,35(1):85-93.

[6] 李亚员.国内慕课(MOOC)研究现状述评:热点与趋势——基于2009—2014年CNKI所刊文献关键词的共词可视化分析[J].电化教育研究,2015,36(7):55-60.

[7] 袁莉,斯蒂芬·鲍威尔,比尔·奥利弗,等.后MOOC时代:高校在线教育的可持续发展[J].开放教育研究,2014,20(3):44-52.

[8] 杨刚,胡来林.MOOC对我国高校网络课程建设影响的理性思考[J].中国电化教育,2015(3):15-21.

[9] 祝智庭."后慕课"时期的在线学习新样式[N].中国教育报,2014-05-21(11).

[10] 郭英剑."慕课"在全球的现状、困境与未来[J].高校教育管理,2014,8(4):41-48.

作者单位:上海市徐汇区业余大学

基于研究性学习的评价策略研究

李曼曼

内容摘要：在信息化教学环境下"新学习模式"的尝试与应用过程中，个性化、多媒体化、网络化、智能化的教育评价和考试模式成为"新学习模式"成功实施的难点问题。20世纪90年代以来，世界各国教育改革步伐不断加快，纷纷出台各种举措，其中都把改变学生的学习方式作为重要的切入口。学习方式的改变导致学习成果的呈现形式也发生着改变，而要对学习成果进行测量与评价，就必然要寻找新的评价策略。本文通过梳理研究性学习的特点与组织形式，试图寻找基于研究性学习的评价策略，为一线教师进行研究性学习活动时对学生学习成效的评价提供方法上的建议。

关　键　词：研究性学习　学习评价　评价方法　评价策略

一、引言

在日新月异的当今世界以及全球化日益扩展的形势下，未来的人们应当接受良好的教育，以促进自身以及国家经济发展。目前，经济合作与发展组织（OECD）正在努力将协作能力等21世纪技能纳入国际学生评估项目（PISA）①。OECD计划全面实施基于信息技术的评估，因为OECD认识到信息技术能够支持独立研究、思辨思维、解决问题、沟通与协作以及了解与数字公民相关的社会问题。21世纪的学生不仅需要具备基本的读写能力，还必须具有批判性思维和解决复杂问题的能力，能够灵活地搜索、评价和应用新知识以解决现实生活中面临的问题。而研究性学习由于其能够培养学生自由探究、解决复杂问题的能力，正在被各国研究者及教学实践者所关注。

在21世纪的课堂学习中，学生逐渐成为合作者和自学者、创造者和思想者、真实问题的解决者、技术和信息的使用者及生产者。与此同时，教师的角色也在转变，逐渐成为教学组织的深度合作者、新型技术的熟练应用者、贯穿全程的学习评价者、贯穿始终的学习支持者。因为人才需求的不同，教学方式也在发生变革，而随之改变的就是评价方式，传统的考试等终结性的评价已经不能满足21世纪学生能力的评价需求了。研究性学习方式被学者提出以来，在应用过程中，对于学生学习的成效进行评价方面尚有不足。本文立足于此，希望通过对研究性学习的进一步梳理，提出可行的评价策略。

---

① 国际学生评估项目（PISA）是由OECD发起的15岁学生阅读、数学、科学能力评价研究项目，从2000年开始，每三年进行一次测评。

二、研究性学习概述

目前,对于研究性学习的定义在学术界还存在着争论,主要是广义与狭义之分(见表1)。

表1 研究性学习的广义与狭义定义

类别	定义	代表学者	观点
广义	学习方式和理念	张华	研究性学习是指学生主动探究的学习活动,指向培养个性健全发展的人,它首先把学生视为"完整的人",把"探究性""创造性""发现"等视为人的本性,视为完整个性的有机构成部分,而非与个性割裂的存在①。
狭义	课程	霍益萍	研究性学习是指在教学活动中,以问题为载体,创设一种类似于科学研究的情境和途径,让学生自己通过收集、处理、分析信息感受和体验知识产生过程,进而了解社会、学会学习,培养分析问题、解决问题的能力与创造能力②。

虽然对研究性学习的定义还存在争论,但是强调的内容大致相同,主要涵盖以下几个方面:

(1) 关注学生的自主探究。研究性学习的主要学习方式就是自主探究,学生通过查阅资料获取相关知识,并运用问卷调查、访问、实验、测量等研究方法对情境问题进行研究,这种学习方式对学生的学习自主性与学习热情有较高要求。

(2) 强调应用知识与解决问题。传统课堂学习关注学生的知识获取过程,而忽视了知识的现实运用,容易造成学生学习的知识不能与实际相联系,不能将课堂中学习到的知识运用到社会生活实践中的情况。而研究性学习可以解决这一问题,因为研究性学习要求学生运用所学知识,系统地解决现实生活中遇到的问题,强调学生的学习实践与应用创新。

(3) 强调直接经验与回归生活。学生从生活中发现问题,通过对知识的现实应用解决问题,获得直接的学习经验,与传统课程学习获得的间接经验形成互补。

本文中的研究性学习是狭义的概念,主要指研究性学习的课程。

三、研究性学习的特点与组织形式

1. 研究性学习的特点

研究性学习是教师与学生根据问题情境,以解决问题为目标,确定研究内容,选择合适的研究方法进行知识探究,通过对知识的获取、内化,进行分析问题、解决问题的过程。下文将列举研究性学习的六大特点③:

(1) 开放性:研究性学习的研究主题针对学生关注的社会生活问题。研究主题可以是单学科也可以跨学科,可以注重实践也可注重理论。

(2) 探究性:研究性学习的主题一般由教师通过情境创设引出,也可以由教师或学生根据社会生活实际问题提出。针对提出的问题,学生自主探究,积极寻找问题的解决办法。

(3) 实践性:研究性学习强调与生活实际的联系,引导学生关注现实生活,参与社会生活实践,促进其关注社会、科学、生活等方面,培养学生所学有所用的意识。

(4) 生成性:在研究性学习过程中,随着探究活动的不断开展,新的问题不断出现。在此过程中,通过师生、生生等的交流、互动与分享,产生更多思想的碰撞,学生在研究性学习过程中获得的知识与能力并不能预设,而是生成性的。

(5) 过程性:研究性学习既注重学生在学习过程中知识的获得,也注重在学习过程中培养学生发现问题、分析问题、解决问题的能力。所以,研究性学习不但要求教师关注学生的学习效果,而且也需要教师重视学习过程中学生的学习体验与能力培养。

---

① 张华.论"研究性学习"课程的本质[J].教育发展研究,2001(5):14-18.
② 霍益萍,张人红.研究性学习的特点和课程定位[J].课程·教材·教法,2000,11(8):200.
③ 高剑森.研究性学习活动的设计与实施[J].学科教育,2001,2(7):7-10.

（6）整体性：研究性学习强调学生的全面发展。研究主题多选择人与社会、自然的内在整合问题，立足于学生对其所处环境的思考，注重学生的整体性发展，有利于培养学生的社会责任心和使命感。

总的来说，研究性学习立足于社会生活现实，要求学生将学习的知识在实践中进行运用或者独立自主进行探究，通过信息检索、筛选、内化与运用，进而解决问题。通过研究性学习，学生不仅学到了知识，更重要的是学会了如何进行学习。区别于传统的课堂教学，研究性学习更利于学生进行知识的意义建构。

2. 研究性学习的组织形式

研究性学习的组织形式主要分为个人独立研究、个人研究与全班集体讨论相结合、小组合作学习三种类型。

（1）个人独立研究。个人独立研究主要是由教师向学生展示预设的问题情境，或提出一个综合性的研究主题，由每个学生自选方向、自定题目，独立开展研究活动。由于是个人独立进行研究，所以研究时长会相对较长，比如几个月或半年左右。因为个人独立研究的跨度较长，教师可以组织学生进行阶段性的成果汇报，促使学生按照研究计划顺利完成个人的独立研究。

（2）个人研究与全班集体讨论相结合。个人研究与全班集体讨论相结合的形式要求学生根据同一个研究主题，独立查找资料、研究分析、得出结论与观点；然后通过集体讨论或辩论，分享与交流自己的观点，使学生能从不同的侧面了解问题的本质及解决问题的不同方法，拓展其视野。在集体讨论或辩论时，需要教师作为活动组织者，组织学生依据讨论或辩论主题有序开展，以免讨论或辩论跑题情况的发生。另外，在讨论或辩论过程中，教师需要阶段性地进行总结，使学生得到过程性评价与反馈。

（3）小组合作学习[1]。小组合作学习是研究性学习通常选择的方式，它基于社会心理学的合作原理，强调人际交往对于学生认知发展的促进功能。主要是将学生依据其学习水平、学习风格等，通常以4~6人一组分成若干个学习小组，充分发挥不同学生的优点，在相互合作的过程中，达到学习预期。由于在小组合作过程中经常出现任务不均衡的情况，所以在小组合作学习时，要提前向学生展示评价标准，要求每位学生参与合作过程，通过后期进行自评与组员互评的形式，促使学生积极参与。

四、研究性学习评价的特点及策略

1. 研究性学习评价的特点

斯坦福大学学习科学研究专家Poy Pea教授在接受洪超等人的访问时提到美国教育进展评价（NAEP）委员会每两年会在全国进行一次阅读和数学测试[2]。而近些年NAEP的工作发生了变化，原来的内容采取全新的方式进行评价，新的内容（例如合作学习和计算机思维）也被添加到评价的范围里。随着技术的发展，教与学的形式也在发生变化，而随之而来的就是学习评价的变化。在新的技术发展趋势下，其特点主要有：

（1）评价时间的全程性。研究性学习的评价要贯穿其整个过程，包括对研究性学习的主题选择、研究过程实施、研究结论及展示过程等多方面的评价。研究性学习的评价既是对研究过程的评价，也是过程中的评价。

（2）评价主体的多元性[3]。研究性学习的评价不仅包括教师对学生的评价，也包括学生的自评，如果是小组合作学习，则还包括教师对小组的整体评价、小组组员间的互评、小组间的互评等。如果研究性学习有家长或社区的参与，则还包括家长及相关社区等的评价。若有研究成果参加评奖或公开发表，则社会其他专业工作者也充当了评价者的角色。总而言之，参与研究性学习的一切相关人都可以是评价主体，也包括学生本身。

（3）评价手段、方法的多样性。研究性学习的评价可以采取教师评价与学生自评、互评相结合，对小组的评价与对个人的评价相结合，对书面材料的评价与对学生活动展示的评价相结合，定性评价与定量评价相结合等做法[4]。借由多种评价手段，科学、全面地对学生的表现进行评价。

（4）评价内容的综合性。研究性学习的评价与传统的课堂评价有所不同，传统的课堂评价只看重考试分数，

---

[1] 黄伟.研究性学习中的小组合作探析[J].教育评论，2001(4)：34-36.
[2] 洪超，程佳铭，任友群，等.新技术下学习科学研究的新动向——访学习科学研究专家Roy Pea教授[J].中国电化教育，2013(1)：1-6.
[3] 张倩苇，桑新民.网络环境下学习评价新模式的探索[J].中国远程教育，2002(2)：53-55.
[4] 上海市教育科学研究院普教所课题组.研究性学习的理论与实践[J].上海教育科研，2002(S1)：2-18.

评价相对单一,并且是一次性的评价,而研究性学习的评价是评价在探究活动全过程中学生的表现,它的评价内容如表 2 所示。

表 2　研究性学习的评价内容及其表现形式

类别	表现形式
学生参与研究性学习的态度	学生在活动过程中的外显行为
学生在研究性学习过程中所获得的情感体验	学生的自我反思与陈述及其行为表现和学习结果
研究方法和技能的掌握情况	学生在研究性学习各个环节中掌握和运用有关方法、技能的水平
学生创新精神和实践能力的发展情况	学生在研究过程中发现问题、分析问题、解决问题的能力等
学生的学习结果	学生在研究后得出的结论是否科学、正确

总的来说,研究性学习评价主要评价学生在研究性学习过程中的态度、参与度、体验感、能力获得等,通过让学生了解评价指标,并依据评价指标进行自评和互评,培养学生的评价能力。通过评价主体间的互动,以多种评价方式对不同的评价内容进行动态的评价,使学生在学习过程中不断得到反馈以调整其研究过程,从而达到更好的学习效果。

2. 研究性学习评价的策略

在了解了研究性学习评价的特点及组织形式与研究性学习评价的特点后,本文试图提出研究性学习的评价策略。

(1) 对活动主题的评价策略。对活动主题的评价主要关注以下五个方面:

① 活动主题是否是一个宽泛的问题,学生是否能根据主题找到不同的切入点进行主题探究。

② 活动主题所需要的知识是否与学生现有的知识储备存在最近发展区,学生是否可以依据现有知识,通过信息检索,能够通过自主学习完成。

③ 活动主题的设置是否能引起学生的兴趣,使学生积极主动地参与。

④ 活动主题是否能够激发学生的创造力,使学生能够通过探究活动发现问题、分析问题进而解决问题。

⑤ 活动主题是否与学生的社会生活相贴近,并且立足于社会的发展,使学生将所学应用到社会实践中。

(2) 学生自选课题的评价策略。对学生自选课题的评价主要关注以下五个方面:

① 自选课题的研究目标是否能够促进学生对知识的意义建构、是否对社会生活及学生成长有意义。

② 计划解决的主要问题是否与学生的社会生活实践有联系,其主要的研究工作是否有利于问题的解决。

③ 自主探究的主要研究思路是否正确并可行,如采取正确的研究方法与研究手段。

④ 学生是否能够准确预想到探究活动将会遇到的困难和问题及其可行性方案。

⑤ 学生是否能够明确预期研究的成果及表现形式。

(3) 课程成绩评价策略。

① 课题组成绩评价。课程组成绩评价指标主要由开题、中期、结题三个阶段的评价构成。开题时的评价关注学生的选题及计划解决的主要问题及研究思路是否可行;中期评价主要检查计划的进度及遇到的问题和解决情况等,主要是进行中期检查与反馈;结题时的评价主要是对研究的结论、成果及情感体验等进行评价①。

② 学生课程成绩评价。课题小组成绩评定完成后,教师组织学生以小组成绩为基础,根据学生提交的个人学习总结,组员间开展自我评价与相互评价,给出每位学生的参考分数,最后由评价小组认定。

(4) 档案袋评价策略②。档案袋通过记录学生的成长变化,已经由记录工具变为一种评价方式,主要是指学生在研究性学习过程中的档案记录,将学生参与研究性学习的整个行为过程及内容产出全部收集起来,也包括自评和互评内容,充分体现学生在参与研究性学习的过程中遇到的问题、取得的成绩以及存在的不足,展示小组

---

① 严久. 着眼于学生学习方式的转变——关于研究性学习的若干问题[J]. 全球教育展望, 2001, 30(2): 9-15.
② 李秀菊. 研究性学习评价的思考与实践——利用档案袋[D]. 福州:福建师范大学, 2003.

或个人独特的风格。

研究性学习的成果展示方式灵活多样,可以是论文、展示或开汇报会等,往往还要面对研究课题的答辩等结题工作,目的是将整个研究过程及成果展示出来,让大家了解并接受评价,因此,档案袋因其能提供全面、真实的研究过程资料及记录而成为最佳选择。

五、总结

学习科学强调基于课堂教学的形成性评价和终结性评价。学习科学更加重视评价给学习者提供反馈,帮助学习者认清自己的不足,做出调整和改进,从而促进学习者的学习。在此前提下,反馈在教学过程中持续地做出,把评价与学习者当前的活动联系起来,及时地给学习者提供指导和帮助,防止错误概念固化,减小概念转变难度。甚至,反馈可以联系到课程的其他部分,乃至学习者的生活,使新知识与学习者形成更全面的联系,实现更广泛的一致性,从而加深理解。

在研究性学习的评价体系中,最重要的是强调学习者的自我评价。让学习者学会评价自己学习的状况,既可以加深学习者对自己的了解,又可以加深对知识的理解,而且可以灵活地进行,比外部的评价更便捷。学习者掌握自我评价的能力之后,可以与同伴互相评价,这样的评价的过程既是交流的过程,也是学习的过程。评价的关键也是难点在于对理解的评价,这不能使用一般的对应性评价。所以要根据研究性学习的不同类型,应用不同的评价策略,全方位地评价学生的学习成效。

参 考 文 献

[1] 张华.论"研究性学习"课程的本质[J].教育发展研究,2001(5):14-18.
[2] 霍益萍,张人红.研究性学习的特点和课程定位[J].课程·教材·教法,2000,11(8):200.
[3] 高剑森.研究性学习活动的设计与实施[J].学科教育,2001,2(7):7-10.
[4] 黄伟.研究性学习中的小组合作探析[J].教育评论,2001,4:34-36.
[5] 洪超,程佳铭,任友群,等.新技术下学习科学研究的新动向——访学习科学研究专家 Roy Pea 教授[J].中国电化教育,2013(1):1-6.
[6] 张倩苇,桑新民.网络环境下学习评价新模式的探索[J].中国远程教育,2002(2):53-55.
[7] 上海市教育科学研究院普教所课题组.研究性学习的理论与实践[J].上海教育科研,2002(S1):2-18.
[8] 严久.着眼于学生学习方式的转变——关于研究性学习的若干问题[J].全球教育展望,2001,30(2):9-15.
[9] 李秀菊.研究性学习评价的思考与实践——利用档案袋[D].福州:福建师范大学,2003.

作者单位:上海市徐汇区业余大学

自我效能感视阈下的成人高校心理咨询专业教学探索

刘 琪

内容摘要：随着人类社会的不断发展、物质生活的不断丰富，人们也进入了"情绪负重"时代，未来对于心理健康方向的岗位需求也会越来越多。各类高校，甚至高职高专院校也相继开设心理咨询专业，但是针对成人高校心理咨询专业的建设和教学工作的现有研究较少，本文期望基于自我效能感的理论来谈一谈在成人高校心理咨询专业教学中的一些探索。

关 键 词：自我效能感 成人高校 心理咨询

一、绪论

2015年，教育部颁布了新修订的《普通高等学校高职高专教育指导性专业目录（2015年）》，新的《目录》中，心理咨询专业被划归到适应国家重点产业发展——健康服务业中的"健康管理与促进类"，并列举了心理咨询专业"主要对应职业类别"为健康咨询服务人员和社会工作专业人员①。中共中央、国务院印发的《"健康中国2030"规划纲要》也强调了"促进心理健康"的重要性，党的十九大更是提出了"加强社会心理服务体系建设，培育自尊自信、理性平和、积极向上的社会心态"的要求，这些方针都阐明了心理咨询专业建设的迫切性和必要性。虽然对于很多高校来说，心理咨询专业已经建设得非常成熟，但是，成人高校的教学和普通高校的教学存在着较大的差异，在成人高校开设心理咨询专业，还需要不断的探索和建设。

从学科角度来看，心理咨询专业课程相对难度较大，心理学是包含哲学、生物学、生理学等学科知识的综合性学科，有些课程理论性较强，比如普通心理学、管理心理学、社会心理学等，每门课程都有概念多、难理解、易混淆的特点。除此之外，一些心理咨询的专业课程，如心理咨询原理与技术、异常心理学、心理统计与测量等也是学习起来较难，需要学生熟练掌握相关的原理和技术，应用到实际的个案工作中。然而，很多本硕心理咨询专业的学生也是需要在毕业后，不断的进行相关知识的培训学习才能成为一个真正的心理咨询工作者。

从成人高等教育教学的对象看，他们多数在以往的求学过程中长期处于后进生的位置，或者由于长时间脱离校园生活，可能存在学习习惯较差，系统思维缺乏，学科理论基础知识偏薄弱，对自己的学习能力缺乏自信等

---

① 教育部关于印发《普通高等学校高等职业教育（专科）专业目录（2015年）》的通知［EB/OL］.http://www.moe.gov.cn/srcsite/A07/moe_953/201511/t20151105_217877.html.

问题。但是他们与一般职校的学生又有不同,由于他们大多是在社会上打拼多年的,因此知道知识的重要性,希望通过学历继续教育可以让自己在已有的基础上有一定的提升,改善现在的生活状态,所以其实有一大部分学生对于学习是非常认真的。比如:常有学生在课程学习之前或者中途向老师反馈,某门课程太难,很担心考试结果,担心跟不上老师的进度,但其实他们在课程中间回答老师的提问时,基本是没问题的。由此可见,有些时候成人高校学生对于自己的评价是过低的。

因此,本文期望基于自我效能感的理论,能够引导成人高校心理咨询专业的学生合理正确地看待自己,帮助他们找到学习的信心,激发他们的学习动力,提高他们的学习效果。同时,也帮助进行相关教学的教师建构教学的信心,提高教学的效能感和幸福感。

二、自我效能感的内涵及作用

1. 自我效能感的内涵

1977年,美国著名心理学家班杜拉(Bandura)在其著作《自我效能:关于行为变化的综合理论》中,最先提出自我效能感的概念,它是指"个体对自己能否在一定程度上完成某项活动所具能力的判断、信念或主体自我把握与感受"。具体来说,一种行为的启动以及行为过程的维持,主要取决于行为者对自己相关行为技能的预期和信念,这种信念在人类的很多活动领域都扮演着非常重要的角色,而这种信念就是自我效能感[1]。自我效能感能够很好地预测一些特定情景中的行为及行为效果。本文中,自我效能感狭义上指接受成人高等学历继续教育的学生觉得自己有多大的信心完成特定教学情境中某项具体的学习任务;广义上泛指接受成人高等学历继续教育的学生对自己能否拥有能力掌握知识、应用知识、顺利完成学业的主观预测和判断。

2. 自我效能感的要素

班杜拉认为自我效能感的形成受多方面因素的影响,人们对于自己的才智和能力的自我效能信念主要是通过自己经历过的成败经验、来自他人的替代性经验、权威者的言语说服、个体的生理和情绪状态这四种信息源提供的效能信息而建立的。其中,自己经历的成败经验指的是个体通过自己的亲身经历所获得的关于自身能力的直接经验,这对自我效能感的形成影响最大。当个体拥有失败经验时,就会降低个体对自己能力的评估,在一定程度上丧失信心;反之,则会提高对自己能力的评估,在一定程度上对自己充满信心。来自他人的替代性经验则是指个体通过观察与自己水平相似的榜样行为和结果,来获得对自我的可能性认识。当这个榜样成功时,个体也会提高对自己能力的判断,对自己充满信心,相信自己也可以有同样的水平。但若这个典型榜样付出了很大的努力,却遭遇失败,个体也会相应地降低自我效能感。言语说服是指他人的说服、劝告、鼓励和评价等也会影响个体的自我效能感。若是"权威者"的言语说服,则会更进一步加强个体对自己拥有相应能力的判断。与此同时,若是缺乏事实依据的说服和鼓励,则并不能达到增强个体自我效能感的效果。个体情绪与生理状态的影响,指的是一个人的情绪及生理状态也会在一定程度上影响自我效能感的水平。比如生理上的疲劳、疼痛或是强烈的情绪反应,比如焦虑、恐惧等负面情绪,很容易影响个体对自我能力的判断,可能会造成自我效能感较低的情况。

3. 自我效能感与学业成就之间的关系

自我效能感的理论自班杜拉提出以来,诸多领域都给予了广泛的关注。McCarthy等人(1985)的实证研究表明学生的自我效能感水平与学生的学习成绩息息相关[2]。Multon等人(1991)也通过实证研究发现自我效能感与学习者的学习成绩之间有关,自我效能感的变化会导致成绩的变化,其中有14%的学习者的学习成绩变异是由于自我效能感的变化而引起的[3]。王凯荣等人(1999)通过研究阐明归因感水平和自我效能感水平都会对学生的学习成绩产生影响,并且学习水平有差距的学生,其自我效能感水平也有所不同,归因感会根据自我效能感的增强来间接促进学生的学业成绩的提高[4]。胡桂英等人(2004)通过统计分析发现,认知策略与学习能力自

---

[1] 桑标.儿童发展心理学[M].北京:高等教育出版社,2009.
[2] McCarthy, P., Meier, S., Rinderer, R. Self-efficacy and writing[J]. College Composition and Communication, 1985, 36: 465-471.
[3] Multon, K. D., Brown, S. D., Lent, R. W. Relation of self-efficacy beliefs to academic outcomes: A meta-analytic investigation[J]. Journal of Counseling Psychology, 1991, 38: 30-38.
[4] 王凯荣,辛涛,李琼.中学生自我效能感、归因与学习成绩关系的研究[J].心理发展与教育,1999(4):22-25.

我效能感对初中生的学业成就有着较为直接的影响①。由此可见,大量研究表明,自我效能感作为学习者的心理因素之一,与提升学生的学习能力和学习效果密切相关。在 Bandura&Cervone(1983,1986)的研究中也发现,当面对困难任务时,那些对自己的能力感到怀疑的学生可能在执行任务开始之前,就不断怀疑自己能否出色、顺利地完成学习任务,进而不愿努力,满足于中庸的成就,甚至半途选择放弃,甘愿成为失败者;而那些有强烈自我效能感的学生,则会持之以恒地付出更大的努力去征服困难,直到达成学习目标。

三、基于自我效能感理论的心理咨询专业教学探究

1. 明确培养方向,帮助学生制定合理的学习目标

新《目录》颁布后,开设心理咨询专业的高职高专院校也越来越多,但成人高校的心理咨询专业的建设要如何定位?人才培养的目标要如何设定?不同的学校情况不一样,思考也不一样。而定位好心理咨询专业的人才培养方向,是帮助学生分析并建立合理的学习目标,树立正确的学习动机的前提。

从政策和实际专业建设过程来看,成人高校心理咨询专业的人才培养应该考虑到学生的专业发展、职业发展和个人发展三个方面。具体来说:

(1) 通过三年专业知识的学习,该专业学生能够具备从事心理健康相关工作必须具备的专业知识、技能、素养。因此心理咨询的专业课应该包括三类:第一类是专业基础知识,主要用来了解人的心理活动及发展规律,是学生了解心理学的入门课程,如普通心理学、管理心理学、发展心理、社会心理学等;第二类是有关心理咨询工作方法的理论知识,如心理咨询原理与技术、心理测量、团体心理咨询等;第三类是不同心理咨询方向的知识,可以针对不同学校生源情况和学生自主意向进行定制化,如笔者所在的院校,选择心理咨询专业的学生有一大批是保育员工作的从业者,因此对于他们来说,此部分定制化的课程内容可以是幼儿心理学、家庭与婚姻辅导、儿童游戏治疗、感觉统合训练等。

(2) 职业发展是指未来从事职业活动中应该具备的基本能力和职业素养,学生通过学习能够提高未来就业的竞争力,适应社会的新发展,胜任专业对口的岗位。职业发展包括职业通用技能(如信息技术、学习能力、创新能力等),从事心理健康相关工作的职业核心技能(如自省能力、洞察力、言语表达能力等),从事心理健康相关工作的职业基本素养(如诚信、尊重、平等、保密等职业伦理道德等)。

(3) 心理咨询专业课程与其他专业的不同之处,课程内容除了可以帮助学生用所学知识胜任相关的工作岗位,在从事与人打交道的工作时,能够从心理学的层面展开工作,更主要的是要让学生通过心理学知识的学习,能够促进自身心灵的成长,完善自我,感受到生活的幸福和意义,用积极健康的心态去面对生活的挑战,以身作则地影响身边人,传递幸福生活的哲学。

成人学生大多注重学习的结果,而忽视学习过程的重要性,有一部分同学只是为了获得一纸文凭才来参加继续教育,这种很强的功利性会导致他们忽视对教学知识和技能的掌握,用考试前突击学习或者考试作弊等不良方式应对课程考核。作为教育工作者,首先自己要明白心理咨询专业的人才培养方向和定位,并在教学过程中,帮助学生订立合理的阶段性目标,使成人学习者认识到他们学习的需要不仅限于一张学历文凭。获得知识和技能,实现职业理想和个人成长才是最终目的。但是,只有把远期的志向和近期的自我指导结合起来才能使个体获得更好的发展,学生阶段性目标的设定可以从以下几个方面进行:一是,所设定的目标要是具体的、可操作的,教师可以针对不同层次学生的不同特点,帮助他们设定适合自己的阶段性学习目标,比如,在每个章节、每个单元的学习后应该达到的具体目标(专业知识层面、职业发展层面、个人成长层面);二是,列出达到目标所需的步骤、时间期限,按照时间节点,一步一步地完成目标;三是,在目标实现后,评价自己的进步,给予一定的奖励。这样学习就变成了一个升级游戏,学生即可以看到自己的成长变化,也可以知道自己还有很大的上升空间。

2. 合理设计教学内容,采用多种教学方式

教师不仅扮演着传道授业解惑的角色,还是课堂活动的主持者、学习任务的策划者,是各环节的推进者和监控者。成人高校的学生的学习基础层次不一,差距较大,教师可以根据人才培养的方向和定位,合理设计教学内

---

① 胡桂英,许百华.初中生学习归因、学习自我效能感、学习策略和学业成就关系的研究[J].心理科学,2002,25(6):757-758,724.

容,区别教学难度,分层教学,让不同层次的学生都能够在每一次的课堂上有所收获,不会因为内容太难或过于简单而丧失学习的热情。同时,学生也有在付出一定努力后看到自己获得成功的可能性。因为积极的体验是维持学习活动的内驱力,当成人学生在完成学习任务的过程中体验到学习的乐趣,以及受到老师和同学们的鼓励和表扬时,他们的自我效能感会明显提高,或者是当他们看到与自己水平相差无几的学生取得进步时,也会模仿"榜样"的行为,从而提升自身的学习水平。

心理咨询专业的课程概念较多,有些概念与常识认知相差甚远。但这些理论却与生活现象息息相关,也不乏生动有趣的实验和案例。因此教师通过选取新颖又具有实际意义的案例来进行知识的引入或是概念的讲解时,会大大提高学生的学习兴趣并培养他们的探究能力、问题分析能力。如"幼儿心理学"这门课,通过取材育儿过程中活生生的真实事件;也可以是根据真实事件或是情境,在课前经过认真研究编撰符合学习目标,同时又具备一定趣味性的案例;或是相关理论的经典实验,都可以很好地帮助学生理解幼儿发展中的一些规律和特点。并且很多课程也需要通过课堂体验等方式才能更好地呈现。比如,"团体心理学咨询"这门课需要通过"参与—分享—感悟—成长"四个环节,来实现对知识和咨询技术的内化与应用。"心理咨询原理和技术"也是一门实践性很强的课程,学生第一次接触的时候会觉得很多技术理解起来很抽象,但是通过角色模拟,让学生从"咨询者""观察者""来访者"三个角度来体验,会让他们对心理咨询有直接的感受和领悟。而当老师运用多种教学方法、教学手段来组织教学,帮助学生对于心理学当中晦涩的知识和抽象的技术进行理解时,学生的学习自信、学习参与度、学习效果也会相应提高。

3. 建立多维度的学习评价机制

对于所学知识的评价,大多数时候是以考试为主,将期末考试成绩作为主要的评价指标。因此也就不难理解,大多数学生会以考试结果来衡量自己的收获和成长。但这种评价机制是过于片面和单一的。从人才培养的目标来看,对于心理咨询专业成人学生的学习评价应该从三个角度进行:教师评价、小组互评、学生自评。

其中,教师评价应该既要有针对所有学生的基本统一衡量标准,又要有针对不同学生的特殊标准。教师需要做好整个学习过程的记录和反馈工作,采用形成性评价和期终评价相结合的方式来进行综合评价。平时形成性评价可以从阶段目标达成情况、学习主动性、学习参与度等角度来考查,期终评价则可以从学习总目标的实现、最终考核成绩等角度进行。此外,课堂上,教师对于成绩较为落后的学生,应当创造适当的条件,提一些符合他们现阶段水平的问题,让他们成功回答,并给予适当的表扬,这也会增强全体学生的学习信心,提高学生的自我效能感。

有心理学家认为,合作学习的过程中,学习者可以通过协商、共同分析、共同交流来重塑自信心,增强自我成就感。因此,在心理学的很多课程中,可以安排小组合作学习,学生在小组活动后进行小组内评价及小组间交叉评价。当然,分组的时候也要有一些讲究,小组成员的基础差别不能太大,但也要有个别可以带动小组的优秀成员。这样每个学生都可以由被动变主动,成为评价的实践者,主动地参与到整个评价过程中。同时,在小组合作的过程中,成员也能够在互助的基础上共同分析,以他人存在的问题来自省,以优秀同学的表现为榜样,以此来增加替代性的成功经验。此外,教师在此过程中,可以帮助小组成员建立互帮互助、互相鼓励的评价机制。通过小组成员之间的评价和反馈,观察他人的成功,可以增强自身成功的替代性经验,学习的信心和动力也会随之提升。

不论是教师评价还是小组评价,都是一种"他评",很多时候个体是不能理解外在评价并抱有排斥心理的,即便这个评价很中肯。只有当"他评"引起个体的强烈认同时才会真正引起个体的反思。而学生自评环节正是促使学生去认识自我、反省自我,去消化"他评"内容,并将其转化成自我内在评价的过程。只有这样,个体才会真正地进行自我调整、自我改善。

需要注意的是,评价功能发挥最大效用的前提是创造和谐的学习氛围。有研究已经证明,只有处于心理安全或心理自由状态时,个体才敢于自由地表达自己的思想,能够自主地塑造自己的人格。因此教师应努力和学生建立一种友好合作的关系,为学生创设民主、相互尊重、相互信任、自然和谐、没有批判的学习环境,这样学生们才敢于发表自己的看法,才会在"他评"和"自评"时保持公允客观的态度。

4. 进行适当的心理建设,培养积极乐观的心态

情绪和心理状态会直接影响学生的学习行为。积极乐观的心态会对学生专业知识的学习产生积极的作用,

而悲观、焦虑的心态则会降低学生的自我效能感。成人学生参加继续教育，其实面临着很大的压力，有来自家庭的，也有来自工作的，工学矛盾异常突出。再加上以往他们缺少自信、遇到事情缺乏正面积极的思维方式，很多学生对于顺利完成一门课程的学习是没有太大信心的，总是会在课程中询问老师如何进行最终考核。因此，教师在课程开始前应该做好学生情绪的疏导和心理建设工作，帮助他们认清自己的能力和整个课程的设置，让他们相信跟着老师的教学节奏来学习可以达到一个较好的效果，并发现这门课程的趣味性和学习过程的意义。

至于焦虑和担忧等情绪问题也是可以通过具体的技术来缓解的。因为本身就是心理咨询专业的学生，很多心理学的知识和技术就是可以边学边运用的，比如说如何进行情绪管理、学习和记忆的规律与方法等内容，都是在课程中直接涉及的，这些内容不仅仅适用于未来他们的工作对象，还可以立刻帮助到当下的自己，让其在遇到学习困难的时候不被消极情绪所影响，而是用更加积极的心态采取有效方式去应对。

前文也提到，心理咨询专业的人才培养定位还应该注意个人的成长，心理咨询师的个人成长有时候比知识和技术更为重要。在整个心理咨询专业课程的教学过程中，教师应该时刻关注这一目标的实现情况，让学生在体验和参与课程之后，进行及时的反思，使自身获得一定的成长。

四、结语

成人高校的教学与普通高校教学相比，存在着较大的差异，成人高等学历教育的培养目标是培养既能"上接天线"，又能"下接地气"，可以服务区域的应用型人才。我们的学生多为在职学生，有一定的工作经验，甚至有大部分学习此专业的学生一直是从事保育员工作的，他们已经具备一些实践的经验，只是没有提炼到理论层次。因此对于这类学习者的培养，既存在一些困难，也存在一些天然的优势，这就需要我们能够结合成人学习者的特点和人才培养的目标，来积极开展有针对性的教学探究和思考如何进行专业建设。可能本文的探究还处于初级阶段，但是我相信，随着成人高校对于心理咨询专业教学的不断探索，再根据学生们的反馈、教师们的反思，未来这个专业的建设会更加符合社会的需求，更能契合学生的发展需要。

参 考 文 献

[1] 教育部关于印发《普通高等学校高等职业教育（专科）专业目录（2015年）》的通知[EB/OL].http://www.moe.gov.cn/srcsite/A07/moe_953/201511/t20151105_217877.html.
[2] 桑标.儿童发展心理学[M].北京:高等教育出版社,2009.
[3] McCarthy, P., Meier, S., Rinderer, R. Self-efficacy and writing[J]. College Composition and Communication, 1985, 36:465-471.
[4] Multon, K. D., Brown, S. D., Lent, R. W. Relation of self-efficacy beliefs to academic outcomes: A meta-analytic investigation[J]. Journal of Counseling Psychology, 1991, 38:30-38.
[5] 王凯荣,辛涛,李琼.中学生自我效能感、归因与学习成绩关系的研究[J].心理发展与教育,1999(4):22-25.
[6] 胡桂英,许百华.初中生学习归因、学习自我效能感、学习策略和学业成就关系的研究[J].心理科学,2002,25(6):757-758,724.

作者单位：上海市徐汇区业余大学

轻度智障成人学生团体心理辅导的有效性探析*

王 萍 刘 琪

内容摘要：轻度智障成人学生广泛存在着不同程度的心理问题，影响其学业发展、心理健康水平、职场能力及社会融合能力。本文以上海市徐汇区业余大学酒店管理专业大专班的轻度智障成人学员为研究样本，通过团体心理辅导实践研究，探索轻度智障成人学生心理健康发展及生涯发展的途径，并进行有效性探析，以促进该群体的认知能力、心理健康和社会融合能力的发展，并有效提高其人际交往和职场适应能力。

关 键 词：成人学生 轻度智障 团体心理辅导

一、研究背景

2013年3月，27名轻度智障学生①通过国家成人高考考取徐汇区业余大学，成为酒店管理专业大专班的学员，开创了"班级"建制的智障学生高等学历教育的先河。因国内外无现成的经验和案例可供参考和学习，学校从办学之初便多次组织教育教学、教育管理和特殊教育专家进行研讨和总结，不断开展课题，促进教育教学的开展和学生的知识、经验和能力的提升。

在多年的教育教学工作实践中发现，轻度智障成人学生普遍不同程度地存在一些心理问题，比如自卑、自负、孤僻、偏执、自我封闭、情绪低落、喜怒无常、不能适应集体生活、无法适应职场环境等等。如何正确地引导、培养他们具备健康的心理素质，完善其人格发展，帮助他们融入社会，适应就业市场的需求，成为本文研究的目标。

考虑到这类群体长期体验到各种负性情绪，缺乏一定的社会支持和人际支持，本文旨在通过团体心理辅导干预，来提高轻度智障生心理健康水平，促进其幸福感、生活满意度和亲社会行为的发展；通过实践研究，来探索团体心理辅导干预的有效性。

从研究群体来看，目前尚无太多研究关注高等学历教育中残障学生的心理健康教育。从干预手段来看，团体心理辅导是开展心理咨询的主要形式之一，莫雷（2003）提出团体心理辅导是在团体情境下提供心理援助与指

---

* 上海市徐汇区业余大学（徐汇区社区学院）教育科学研究项目，编号 YD_XJKT_2018005。
① 学生均毕业于区内一所中职特殊学校，因智力发育迟滞进入该校。综合考虑毕业学校性质、学生的智力情况、专家研讨表述、社会普遍认知、《新民晚报》《解放日报》等多家权威媒体报道，本文定义其为"轻度智障"群体。

导的一种咨询形式。通过设置不同的议题,学员共同商谈、训练,以团体心理辅导为载体,可以帮助轻度智障学生解决成员共同的心理问题或者发展性的困惑。

二、研究方案

(一)研究内容

轻度智障学生面临着比普通学历教育学生更多的困难。在教给学生普适性知识的同时,帮助他们培养健康、积极的人格品质也是教育中非常重要的环节。

结合实践中发现的问题和文献研究,本文结合心理团体辅导的优势及智力发育迟滞学生心理发展和认知规律,制定系列的团体辅导方案,以测量法、调查法等研究方法,来探析心理团体辅导对特殊成人学生心理健康教育的有效性。主要解决以下问题:

第一,通过测量法、调查法,归纳整理出轻度智障学生现有的一般心理问题。

第二,设计系列的团体辅导方案,帮助特殊学生通过团体内的人际交互作用,认识自我、探索自我、调整改善自我、学习新的态度与行为方式,以帮助其良好地适应与发展。

(二)研究步骤

1. 学员情况分析

召开学生座谈会并进行问卷调查,了解及归纳学员的实际需求和最真实的感受;通过与教师、学生、学生家长沟通,了解学生普遍遇到的问题,密切关注学员的心理成长变化。

调查发现,在认知水平上,轻度智障成人学生对于专业性、抽象性较强的知识,学习速度慢,发散思维发展落后,容易造成学生的自信心不足和畏难情绪;在自我评价上,部分学生过于自卑,因为他们长久以来处于较弱势的地位,不被大众接纳,同时又发现部分学生盲目自信,甚至过于自负,不利于或严重损害其人际交往能力、适应能力和职业能力。

2. 文献分析

心理辅导起源于欧美,团体心理辅导与治疗也是最早在欧美发展起来的。20世纪90年代开始,团体心理辅导的理论与方法介绍到我国。群体动力学是团体心理辅导的重要理论基础之一。德国心理学家、群体动力学研究者勒温认为,整体比局部或部分重要。群体作为一种内在的关系所组成的系统,其影响力及作用远远大于孤立的个体。个体在群体中生活,不仅取决于个体的个人生活空间,而且也受群体的心理场制约。因此,团体心理辅导的特色在于,可以通过培养团体成员的信任感和归属感,由团体的信任感扩展到信任周围的人、社会和国家。与个别辅导相比,团体辅导的优越性在于,它是多向沟通的过程,学生之间共同探讨、相互影响,因而感染力强,影响范围广;团体辅导的领导者可以在同一时间,同时同地辅导多位学生,效率高、省时省力;而且,团体辅导在活动的过程中常常通过模拟生活场景,使学生更容易将相关知识和能力运用于生活中,效果更容易巩固,其预防性、发展性功能更易发挥。同时,团体辅导还具有一定的教育模式,教给学生技能,帮助学生应对压力,表达积极情绪,建立自信。

我国特殊教育专家、重庆师范学院张文京教授认为:环境是智力发育迟滞学生的生命、生活之所,环境决定着他们的生活、生存状况。而智力发育迟滞学生的诸多障碍和不适应行为的发生多与环境相关。因此,通过团体心理辅导,可以充分发挥环境对轻度智障学生的支持辅助功能,以降低他们的障碍度,提升其生活质量。

3. 设计并实施团体心理辅导

根据轻度智障成人学生的心理特点,通过专家指导、教育教学工作团队研讨、参考相关的团体心理辅导书籍、期刊和材料设计了6个主题的课程,分别为:认识自我、情绪管理、人际沟通、恋爱与爱的能力、职业生涯规划与发展、生命的价值。每次团体辅导时长150分钟,分为上下两场,中途休息10分钟。

4. 对学习效果进行测量访谈及结果分析

心理团体辅导开始前和结束后,请每位学生分别填写自尊量表。自尊量表(self-esteem scale, SES)由Rosenberg编制,目前也是我国心理学界最常用的自尊测量工具。自尊(self-esteem),即自我尊重,是个体对其社会角色进行自我评价的结果,是通过社会比较形成的。

团体辅导结束后,对所有团体成员进行个体和小组访谈,访谈主题为"面对挫折时的应对方式",协助成员回顾整个团体活动的历程,将团体心得体会加以系统整理。引导团体成员总结团体的收效,转变自己的行为态度,巩固、深化在团体活动中的认知、态度和行为。

三、本研究采用的团体心理辅导方案

根据前期通过调查、访谈总结得出的轻度智障成人学生的心理发展需求,设计团体心理辅导方案,共计六次活动主题(见表1)。

表1 "追梦、圆梦、敢梦想飞"团体心理辅导方案

教学内容	教学目标	主要活动
认识自我	使学生客观地认识自我,正确地评价自我,积极悦纳自我,建立健康的自我形象	① "我的二十行诗"——20个"我是谁":让学生在纸上写下20个"我是一个……的人"或者"我是……",尽量写一些反映个人性格、与众不同的语句,写完后可以与同学相互交流 ② "猜猜我是谁":让学生在纸上写一个描述自己外在特征和性格的句子,将纸叠好交给老师,老师随机抽出几张念一下,让大家猜一下是谁写的 ③ "我的自画像":让学生根据前面的活动内容和收获,整合体验,画出自己的形象
情绪管理	使学生理解情绪的多样性、作用和意义,学会调节和管理自己的情绪	① 负面情绪探究:请学生具体描述曾经历过的负面情绪,并详细分析引发负面情绪的心理或行为原因,写完后相互讨论 ② 情绪词汇大收集:让学生写出表现喜怒哀惧这四种基本情绪的词汇,写得越多越好,写后让学生发言并讨论 ③ 放松情绪方法分享:邀请学生相互分享自己在不开心或紧张焦虑时如何有效地调整和缓解情绪
人际沟通	使学生理解和重视人际沟通的意义和方式,学习与他人交往的技巧	① 无家可归:让学生手拉手围成一个圈,然后老师说"变,4人一组",学生按要求重新组成4人小组,形成新的"家",然后请没有找到"家"的学生谈谈无家可归的感受,活动可重复几次,可分5人一组、8人一组等等。 ② 心有千千结:学生分组后,组内成员手拉手站成一圈,并记牢自己的左手和右手方位的同伴,确认后松手;在圈内走动,老师叫停,学生停下,位置不动,伸手拉左右手的同伴,从而形成许多结或扣,要求学生不能松手,但可以通过钻、跨的方式,设法把结解开
恋爱与爱的能力	分析学生恋爱心理的困惑,学会调适、培养和发展健康的恋爱心理	① 爱情大讨论:让学生分小组,组内讨论对爱情的态度和观点,每个小组派代表在大团体中进行发言 ② 心目中的他(她):男、女分组,讨论自己在选择恋人时的标准,并进行整理,每个小组派代表发言
职业生涯规划与发展	使学生明确职业生涯规划的意义和作用,学会设计自己的职业规划	① 价值观大拍卖:领导者发下《价值大拍卖清单》,学生进行思考,列出个人的预算购买单。每个物品底价一千元。成员每人两万元参加拍卖,领导者主持拍卖会。拍卖会结束后讨论:你最想买的"价值观"有没有买到?如果没有买到,为什么? ② 我的未来不是梦:以三年为一阶段,让学生设计自己毕业后的职业生涯,内容包括所家庭、事业、收入、健康等
生命的价值	让学生了解面对压力和困境时,减轻或摆脱痛苦的正确方法;尊重生命、欣赏生命、珍爱生命	① 生命线:让学生画出自己的生命线,横坐标表示自己的年龄,纵坐标表示自己对生活的满意度,然后点出生活中重要的转折点,并连成线,画完后学生相互讨论分享 ② 我的墓志铭:假设每个人将因病离开,请学生替自己写墓志铭,内容包括自己一生最大的目标、不同阶段的成就、对他人的贡献、我是怎样一个人等,写完之后让同学间相互分享

四、研究结果及成效分析

为探索团体心理辅导对轻度智障成人学生的有效性,本文分别通过心理量表测量、应对方式访谈和学生自

主报告,对团体心理辅导的结果和成效进行分析。

(一) 自尊量表的测量数据及分析

为了验证轻度智障学生团体心理辅导实践的有效性,研究者特采用 Rosenberg 编制的自尊量表(self-esteem scale,SES),在团体心理辅导前后进行施测。统计结果如表2所示。

表2 自尊量表前后测数据及统计结果

评估项目	前测1 后测2	样本数	均值	标准差
有时我觉得自己一无是处	1	11	3.18	0.72
	2	14	2.79	1.08
我认为自己是个有价值的人,至少与别人不相上下	1	11	2.91	0.67
	2	14	3	0.65
我觉得我有许多优点	1	11	3.09	0.29
	2	14	3	0.65
总的来说,我倾向于认为自己是一个失败者	1	11	3	0.60
	2	14	3.07	1.03
我做事可以做得和大多数人一样好	1	11	3.54	0.50
	2	14	3.28	0.58
我觉得自己没有什么值得自豪的地方	1	11	2.91	0.79
	2	14	2.71	0.96
我对自己持有一种肯定的态度	1	11	3.09	0.29
	2	14	3.14	0.52
整体而言,我对自己觉得很满意	1	11	2.91	0.67
	2	14	3	0.65
要是能更看得起自己就好了	1	11	2	0.95
	2	14	2	0.93
有时我的确感到自己很没用	1	11	2.73	0.75
	2	14	2.43	0.73
总评	1	11	29.36	2.90
	2	14	28.43	3.56

从表2数据分析得出,前测的分数高于后测,表明经过团体心理辅导的干预,轻度智障成人学生的自尊水平有所下降。这出乎研究者意料,但也是轻度智障成人学生自尊发展的情理之中的结果。

自尊量表在编制时便以评定青少年关于自我价值和自我接纳的总体感受为目的,目前也是我国心理学界使用最多的自尊测量工具。自尊反映的是一个人对自身价值的评判以及对自我接纳的程度。每个人的自尊水平不尽相同。有些人对自我评价很高,很接受自己当下的状态,其表现出的自尊水平就比较高;反之,自尊水平就比较低。

根据轻度智障成人学生在团体辅导前后的自尊水平变化,研究者再次开展了个别访谈,访谈对象为团体辅导参与者、辅导员及相关教学管理人员。访谈结果发现,团体辅导参与者(即轻度智障成人学生)的反馈为,他们在团体辅导活动之前对于自己了解得不够深入,所以出现了评价不客观的现象,而且这种评价往往偏高。轻度智障学生因长期被贴上了特殊标签,前期的教育阶段也主要在特殊学校完成,对其学习要求、行为规范要求、人际交往能力要求较低,所以常常会被老师和家长给予更多的宽容和鼓励,使其在自我评价和评价他人的时候出现一定的偏差,比普通成人学生的评价偏高。辅导员与教学管理人员的反馈为,轻度智障成人学生在进入成人教育初期,大多表现出对新学校、新环境、新老师、新同学的不信任与拒绝,拒绝融入与适应,理由为"我不熟悉他们""我不信任他们""他们不懂我们""他们(高校老师)不灵的,不像我们以前学校老师每天都能见面,现在一周只见一次"等等,具体表现为在外显态度上可能过多地表现以自我为中心,过于自大,觉得"自己最棒",遇见老师会装作视而不见,或远远回避;团体心理辅导之后,学生主动与老师、同学互动沟通,能够更合理地进行自我评价,普遍表现更加自信了,愿意表达自己,而像"我是很厉害的,将来是要做××处主任的人"这种"想入非非"的自我评价和定位减少了很多。

综合测量数据和个体访谈,可以发现,轻度智障成人学生的自尊水平的数据是因为经过团体心理辅导的干预,他们对自己的评价更为客观、全面,对以往不合理、偏高的自我认知和评价进行了修正与整合,对自己的行为和对应的行为结果有了更全面、客观的觉察。这也验证了团体心理辅导方案的实施,在培养学生自我评价、接纳能力以及自尊养成上的有效性。

(二)应对方式访谈

团体辅导结束后,对参与团体辅导的轻度智障成人学生进行了面对问题和挫折时所采用的应对方式的访谈。通过访谈可以发现,总体上,轻度智障成人学生大多采用积极的应对方式。

在团体心理辅导前,在普通成人或学生认知中的某些挫折或失败经历,轻度智障成人学生往往更少感受到挫折和不良情绪;经过团体心理辅导之后,他们对"自我"和"他人"有了更全面、客观的评价,产生与现实经历相适应和匹配的负性情绪,适应性更强。还有一些条目,如"在遇到打击时尽量克制自己的失望、悔恨、悲伤和愤怒"这一项,以往轻度智障成人学生无论在人际交往还是职场中,受到打击都会习惯性、习得性选择克制自己的情绪,但是经过团体心理辅导后,他们更加明白了情绪的作用、意义和表达方式,会使用一些情绪管理的方法,而不仅仅是克制、压抑自己的情绪。

访谈结果表明,轻度智障成人学生经过团体辅导后,在应对方式上,能够使用更加合理的、健康的、适用的应对、处理技巧。这也与他们在团体辅导中理解社会支持系统的重要性,建立和整合自己专属的应对资源相关。

(三)学生接受团体辅导后的反馈

团体心理辅导结束后,领导者和教学管理人员对团体辅导效果进行了评估。参加团体心理辅导的轻度智障成人学生普遍表示:"团辅的活动生动有趣","提供了我了解自己的机会","使我能够更加多角度地看待自己,看待一个事情","学会调节自己的情绪","学会更加客观公正地评价他人","内心更加地宽容开放"等等。

A同学:人际交往这个主题对我的感触最大,因为之前的经历,我害怕交朋友,变成一个独来独往的人,在解开千千结的活动中,我感觉到了朋友的重要性,我不能因为一次交友的失败而选择封闭自己。

B同学:我感触最深的是职业生涯规划和情绪管理这部分内容。曾经因为情绪失控导致了失去工作。在这门课上,我知道了情绪管理的重要性以及情绪管理的方法,只有管理好情绪,才能和同事、领导更好地相处,在职业生涯的发展上才能有更大空间。

C同学:团体心理辅导让我认识到我们要做情绪的主人,生活中会有烦恼,会有挫折,会有消极情绪,但我们要用积极的态度去面对。要学会自己疗愈自己,不能一味依赖别人。

D同学:我印象最深的是价值观拍卖那节团体辅导。让我明白了在我生命中我最珍视的东西有哪些,以及每个人的价值观都是不一样的,不管如何选择,我们都要给予尊重。

E同学:在团辅课之前,我对自己的认识很模糊,课上对自我的探索,让我慢慢了解自己,认识自己,认识他人。还有在遇到压力或生气时,我应该如何调节自己,或者说如何运用这些方法帮助同学。

F同学:在一个学期的时间里,我感触最深的是老师对我的关心,想对老师说一声:"您辛苦了!"小学三年级是我人生的转折点,让我痛恨学习,厌恶老师,现在我放下了,我觉得要学会感恩,感恩爱你的人,也要感恩伤害你的人。

G同学:我懂得了要深刻地探索自己,塑造良好性格,勇敢面对自我,克服性格的弱点。

以上节选自轻度智障成人学生团体辅导活动结束后,每位学生的感悟、评价与展望的文字内容。从参与人员的团体辅导效果评价可以看出,轻度智障成人学生在团体心理辅导后,都达成了心理健康效果的促进,人际交往、情绪管理和职场适应能力得到了发展。

五、反思与展望

(一)团体辅导成果的巩固和转化

团体辅导教学形式丰富有趣,赢得了学生们的喜欢,也收到了良好的短期辅导效果,但如何让团体辅导效果具有持久的影响力,并将辅导效果延续到生活、学习中,这是在后续研究和实践中必须注意的课题。

在团体辅导进展过程中,学生对所要达到的目标和期望比较清晰具体,但在课堂之外,没有老师的及时指导和追踪,因为智力发育迟滞的原因,学生在迁移时,其个体能力不足以完全支撑其应对新出现的状况和问题。

因此,在有条件的情况下,可以定期组织有主题的团体心理辅导活动,甚至可以将这项服务延伸至学生毕业后,帮助他们继续学习、迁移、增强社会融合和适应能力。有条件的学校,可以开设心理咨询热线或心理辅导室,引入家庭教育资源、生涯规划辅导资源,让学生可以有更多可以获得支持的渠道。

(二)加强团辅式辅导在日常班级管理和教学中的应用

班级是学校组织教育活动和进行教育管理的基本单位。成人高校的学生与全日制学生不同,学生背景差异大,年龄有差距,工作不同,一个星期只有一天集中在一起学习。所以,成人高校中的学生相对缺乏相互了解的途径和基础,整个班级相对较散,缺乏凝聚力,形不成积极向上的班级文化。

所以,在日常的班级管理中,可以试着引入团体辅导的理念、思路、方法和技巧,有目标、分步骤地进行团体辅导,可以优化班级人际关系、增强班级意识,满足成员的归属感,使班级更具凝聚力,同时也能营造出一个具有良好班风和学风的班级氛围。

对于轻度智障成人学生而言,有些课程内容理论性过强、认知理解难度过高,或者较为枯燥无趣,而团体辅导融体验性、互动性、情境性和生动性于一体,可以有效地提高其课堂参与性、互动性和对知识的吸收转化率。同时,可以利用团辅式教学建立师生平等的关系,增加课堂的吸引力和趣味性,从而提高课堂教学的有效性。

(三)建立完善的残障学生心理健康课程体系

本文主要探讨了团体辅导对于轻度智障学生的实践有效性,但残障学生的心理问题并不是仅仅通过一期的团体心理辅导就可以彻底解决,做到一劳永逸的。我们还需要有更多的老师和家长关注残障学生的心理问题,进一步提高心理健康辅导课程建设的系统性,争取在不断的实践研究中建立更完备的残障学生心理健康课程体系。

通过科学的、体系化的心理健康教育,不仅可以提高轻度智障等多种类别残障学生的心理健康水平,培养其良好的心理素质,促进其个性的健全发展,还可以同时促进其学习能力和职业能力的提升,真正地帮助残障学生增强其社会适应能力和社会融合能力,便他们在获得学历教育水平提升的同时,也能为社会经济建设贡献自己的力量。

(四)开展轻度智障生学历教育相关研究的意义

我国目前仍有大量的特殊成人群体存在着高等教育的需求。上海市近年来也开展了多个面向轻度智障群体的中等职业教育探索,这些教育实践面向的学生同样有接受高等教育的需求。面对这些需求,一向注重教育公平,注重服务社会经济和区域发展的区域成人高校,尤其是已有一定实践经验的成人高校,责无旁贷。

本文希望能够从不断的摸索、实践论证中,从轻度智障成人学生的教育实践切入,为成人高校学历教育的专业化、系统化提供一定的理论支持和实践佐证,能够多维度、多层次地培养学生,打造有本校特色的区办高校教育模式;也期许与未来的同行者和现在的中等特殊教育中的实践者共享经验,为特殊学生、为他们的家长、为他们的工作单位、为他们的个人成长与家庭发展贡献自己的专业力量。

参 考 文 献

[1] 樊富珉,何瑾.团体心理辅导[M].上海:华东师范大学出版社,2019.
[2] 孟雪.团体心理咨询对高职学生心理健康的影响[J].华章,2012(12):134.
[3] 丁蕾.浅析团体心理辅导对职业院校学生心理健康教育的有益补充[J].吉林教育,2015(34):151-152.
[4] 高玥.学业困难大学生心理特征与解决对策研究[J].学园,2015(29):141-142.
[5] 吴艳英.心理健康教育视域下大学生生命教育研究[D].济南:山东大学,2014.
[6] 张海萍.团体辅导对大学生核心价值观教育的影响研究[D].重庆:重庆交通大学,2012.
[7] 梁琦.团体心理辅导对提升大学生自我接纳和人际信任的应用研究[D].临汾:山西师范大学,2014.

作者单位:上海市徐汇区业余大学

终身教育视角下西藏学前教育面临问题与对策
——以萨迦县域学前教育为例

邢 波

内容摘要：笔者在西藏自治区日喀则市萨迦县挂职工作期间，对萨迦县域内学前教育进行了充分的实地调研，分析了西藏地区学前教育政策及现状后，从终身教育的视角，对西藏地区学前教育财政投入经费保障不足、学前教育师资匮乏、专业水平参差不齐、教育资源分布不均以及双语教学、职后培训、教育观念薄弱等方面的问题，提出了加强县级政府统筹协调，强化师资队伍建设和职后培训，完善双语教材及特色课程建设等对策。

关 键 词：西藏 学前教育 存在问题 对策建议

笔者因工作原因在西藏自治区日喀则市萨迦县挂职期间，通过对萨迦县域内学前教育进行调研走访之后发现，目前西藏地区学前教育发展面临诸多困境，现就调研情况做如下研究。

一、西藏地区学前教育现状分析

（一）西藏地区学前教育政策

中共西藏自治区委员会、西藏自治区人民政府在贯彻《国家中长期教育改革和发展规划纲要（2010—2020）》的实施意见中明确指出，现阶段西藏学前教育的发展严重滞后，需要在西藏加快普及学前教育。

根据西藏地区对国家中长期规划纲要的实施意见，到2020年左右，西藏的农牧区要普及两年学前双语教育、西藏的城镇要普及三年学前双语教育（这里所说的双语教育，是指藏语和汉语教育）。要求各级政府重视学前教育的发展，把学前教育充分融入现阶段的各种规划中去，让学前教育始终与各个发展规划同步进行，切实地实现西藏地区学前教育的长久发展。

在西藏自治区的地（市）级城市，普遍社会经济较发达，城市现代化率高，基础设施较为完善，学前双语幼儿园单独设立。各地（市）级城市下辖县政府所在地，一般也有单独设立的学前双语幼儿园。而各级乡（镇）政府所在地，由于经济欠发达，基础设施配备薄弱，学前双语幼儿园非独立设置，普遍设置在各乡中心小学内，为各乡中心小学附属双语幼儿园，很多教育资源和小学共享，包括师资及校领导班子。

（二）西藏地区学前教育发展历程

西藏自治区的学前教育的发展，可以分为三个阶段。

第一阶段，西藏学前教育的萌芽期。1959年之前，西藏地区没有正规的学前教育机构，学前教育的雏形以当时贵族庄园主的家庭教养状态为代表。

第二阶段,西藏学前教育的起步发展阶段。从1959年西藏民主改革后到1984年,西藏地区学前教育经历了曲折的发展过程,诞生了第一所现代意义的学前教育机构——山南保育院,它是现在山南市实验幼儿园的前身。

第三阶段,西藏学前教育的快速发展阶段。从1985年至今,伴随着我国改革开放的步伐,西藏地区的学前教育也随东部地区教育的大发展,而大踏步地向前推进。尤其是在2012年西藏自治区实行了学前教育免费政策后,西藏地区学前教育进入了发展的快车道。

(三)终身教育视角下的现代学前教育发展

当今世界各国对于学前教育的发展都十分重视。普遍认为,学前教育对于促进个体的发展和社会的进步有着极其重要的作用。各国政府在立法层面保障学前教育地位,保障学前教育平稳有序发展,这样更加有利于人的长远发展。很多欧美发达国家,已将学前教育纳入义务教育学段。对于人的教育不仅仅局限于义务制教育到高等教育,自从1965年在联合国教科文组织主持召开的成人教育促进国际会议期间提出了"终身教育"这一术语,对于人的教育既包括了学校教育,也包括了社会教育;既有正规教育,也有非正规教育。终身教育涵盖了从"摇篮"开始到"拐杖"的全生命周期教育。学前教育作为整个终身教育的起始部分,对于人的未来发展,起到至关重要的作用。在终身教育的大背景下,对于现代学前教育的研究就显得更为重要。

西藏地区终身教育发展严重滞后,这可能和当地人民生活居住习惯有关。在西藏地区,很大一部分人口是农牧民,过着放牧生活,加之地广人稀,交通不便,无法发展社区终身教育,使得这一领域成为空白。

(四)萨迦县域学前教育现状

1. 萨迦县基本情况

笔者所挂职的萨迦县地处西藏自治区南部、日喀则市中部、雅鲁藏布江南岸。县城距日喀则市150千米,距拉萨430千米,县驻地海拔4 468米。萨迦县有"雪域敦煌"之称,历史悠久,全县辖9乡2镇,107个村民委员会、329个自然村,是以农业为主的半农半牧县。全县地形地貌以高山、谷底为主。辖域面积5 748.81平方千米,人口为11 222户、54 175人,其中农村总人口49 202人,占全县总人口的90.63%。

2. 萨迦县域学前教育基本情况

截至2019年底,萨迦县已招生投入使用的幼儿园25所,2020年春季学期新增招生投入使用的幼儿园10所。2019年底,全县在园56个班,2020年春季学期开园后增加至76个班级。2019年底,在园幼儿1 956名,入园率达到75.09%;学前专任教师75名,2019年县政府投入116.4万元,招聘临时学前教师26名、临时保育员11名、炊事员20名。全县65个村目前没有覆盖幼儿园。全县学前教师缺编204名,保育员缺编68名,炊事员缺编14名,各级幼儿园均无卫生保健教师及保安人员。

萨迦县学前教育师资情况:在编教师75名,其中:非学前教育专业师资42名,占全部学前教师的56%;本科学历人数41名,占比54%;专科学历人数34名,占比46%;高级职称教师1名,占比1.33%;中级职称教师9名,占比12%。全县学前教育平均师生比高达1∶26。唯一师资配备达标的是县政府所在地的萨迦县第一双语幼儿园。

2008年,由上海援藏投入资金,在萨迦县政府所在地新建了萨迦县第一所幼儿园——萨迦县第一幼儿园,填补了萨迦县学前教育的历史空白。2012年西藏自治区实行了学前教育免费政策后,将学前儿童纳入享受国家资助范围,这进一步提高了农牧民群众送子女入园的积极性,但入园儿童中很大一部分是县、乡政府机关及事业单位工作人员的子女。2018年,萨迦县乡(镇)所在地幼儿园覆盖率实现100%,全县6岁儿童入园率实现100%。2019年底,萨迦县投入使用的县、乡(镇)、村级幼儿园共计25所,学前三年适龄儿童入园率达到75.09%。

二、西藏地区学前教育所面临的问题

(一)学前教育财政投入经费保障薄弱

财政资金投入的多少,直接影响西藏地区教育发展的水平,特别是对非义务制教育学前教育学段的影响更大。没有足够的资金保障,西藏地区学前教育是无法快速发展的,也就成了无米之炊。在中央2020年脱贫攻坚

"两不愁,三保障"的要求中,义务教育是首先保障的,但对于学前教育并没有强制性要求。地方财政对于当地学前教育的投入,直接影响着该地区学前教育的发展水平。统计数据显示,西藏2005年的幼儿园数量为42所,到2010年则升至119所,幼儿园总数呈稳步上升态势①,但学前儿童的毛入园率仅为24.5%。为此西藏在"十二五"期间投入16.2亿元资金用于发展学前教育,到2017年,正常运营的幼儿园总数已经达到1 028所,在园幼儿9.68万人,学前儿童的毛入园率达到了66.24%,比2010年提高了41.74个百分点②。政府投入越多,在园幼儿人数就越多,学前教育的资金投入完全依赖政府投入的情况,在西藏地区十分明显。

但在西藏地区,财政收入很大一部分都是靠中央转移支付,地方财政收入所占比例很少。以2015年为例,地方财政收入只占全部财政收入的11.67%,这就增加了教育投入的不确定因素。单靠政府财政投入保障学前教育,显然资金来源太过单一。社会资本参与学前教育发展在其他地区已经十分成熟。但在西藏地区,从开设民办幼儿园的数量规模、类型来看都显得十分有限,民办幼儿园也主要集中在拉萨等主要大城市,在地(市)级城市下辖县城几乎难觅民办幼儿园的身影。另外,政府机构过于强调幼儿园的公益属性,民办幼儿园的开设审批手续也非常烦琐。同时,民办幼儿园也面临着师资紧缺、收费高、认同度低的问题。

萨迦县学前教育同样也面临着这个问题,学前教育投入资金来源单一,仅县财政投入,全县没有一所民办幼儿园。2019年县政府投入116.4万元,招聘临时学前教师26名、临时保育员11名、炊事员20名。到目前为止,全县学前教师缺编204名,保育员缺编68名,炊事员缺编14名,各级幼儿园均无卫生保健教师及保安人员。其中固然有人才引进的问题,但资金缺乏也是一个现实问题。萨迦县的第一所幼儿园,还是依靠上海援藏资金建造的。

(二) 学前教育师资匮乏,专业水平参差不齐

2012年颁布的《幼儿园教师专业标准(试行)》中就规定,幼儿教师是严格培养和培训、有良好职业道德、掌握系统专业知识与技能的专业人员,应从培养、准入、培训、考核等环节对幼儿教师严格把关,保证幼儿教师的队伍质量。从学前教育师资力量产出的源头来看,西藏地区目前只有西藏大学、西藏民族大学、拉萨师范专科学校、山南职业技术学校、日喀则职业技术学校、林芝职业技术学校这几所学校培养学前教育人才。其中,只有西藏大学、西藏民族大学开设学前教育本科专业,其他学校只是专科和中专学校。专业人才的产出远远无法满足西藏地区对于学前教育人才的需求。同时,西藏地区还因其双语教学的特殊性,从国内其他地区引进的学前教育人才无法掌握藏语技能,只能通过培养本地学前教育人才,从专业人才培养的总量上来看,还是杯水车薪。这就造成了西藏地区学前教育师生比高不下的原因。

不仅是专业幼师的缺乏,根据2013年1月教育部颁布的《幼儿园教职工配备标准(暂行)》,全日制幼儿园需为每班配备2名专任教师和1名保育员或是3名专任教师,保育员的配备在西藏地区也是一大问题。目前,西藏地区几乎没有学校开设保育员专业,对于保育员人才的培养缺乏系统性、专业性。现有保育员大多是从其他岗位转岗,再通过职后培训逐步入轨。人员素质参差不齐,很大一部是当地劳动力过剩后再就业人员,学历水平低,甚至有些保育员连普通话都不会说,双语教育更无从谈起。

即使教师配备到位的幼儿园,还面临着师资水平参差不齐的问题。在西藏地区,基本上县级以下幼儿园都是乡(镇)中心小学的附属幼儿园。幼儿园教学场所都是在乡(镇)中心小学范围内单划一个区域,很多设施设备都是共享使用,包括校领导也是由小学校长担任。在专业师资严重缺乏的情况下,为保证幼儿园正常开园,很多学校都采取小学教师转岗到附属幼儿园担任学前教师的方法,弥补专业教师不足的问题。而转岗任教幼儿园的教师,其中不乏是在小学任教学科专业水平较差的教师,因业务水平较差而被转岗。这样一来,就导致了学前教育专任教师业务水平低下,非科班教师比例过多。同时,还出现了专任教师在幼儿教学中"小学化"的倾向。

与此同时,卫生保健教师在西藏地区也十分匮乏。以萨迦县幼儿园为例,现有25所幼儿园中没有一所配备卫生保健教师。全县仅县政府所在地的萨迦县第一幼儿园师资配比达标,每班能够配备2名专业教师和1名保育员。因缺乏专业的卫生保健教师,没有专门的营养健康指导,幼儿每周餐谱的膳食营养均衡都无法得到有效保障。

---

① 教育部发展规划司.中国教育统计年鉴2010[M].北京:人民教育出版社,2011.
② 中共西藏自治区教育厅党组.让高原儿女享有更好更公平的教育[N].西藏日报,2017-09-10.

（三）学前教育资源分布不均

优质教育资源分布不均的问题伴随着我国教育的发展一直存在。在东部地区，为了能进一所优质的公办学校，有些家长不惜购买高价的学区房。学前教育资源分布不均的问题在西藏地区同样存在。由于城市的社会经济发展较快，基础设施较为完善，从自然环境、社会经济条件等方面来看，都要比乡村好得多。学前教育的优质资源出现了向城市聚拢的现象，比如：一名优秀的学前教育教师，肯定会选择在城市中的幼儿园工作。因为这里生活配套环境较好，职务晋升机会也多，同时，自己的孩子也能在城市里享有优质的教育环境。

这样一来，就导致了优质的教育资源向经济发达城市汇聚的效应。越是自然条件恶劣的偏远地区、高海拔地区、经济欠发达地区，越是无法吸引优秀学前教育人才，即使在相同的工资待遇条件下，优秀的学前教育人才也会向城市或是区外流动。此外，西藏地区在实行教育系统招考的时候，同样的学前教育岗位，城市岗位的录取分数线要比偏远地区岗位的录取分数线高，这也是导致优秀学前教育人才向城市流动的另一个因素。

从高职称、高学历教师的分布情况来看，市、县一级的幼儿园中高职称、高学历的教师比例比乡（镇）、村级幼儿园要高得多。2014年，西藏地区城市幼儿园中中学高级职称的教师占相应职称总数的28.57%，而除了未定职称教师外，教师所占比例呈现由高级职称向低级职称递减的趋势；乡（镇）、村级幼儿园则恰好相反，尤其是被评定为小学三级职称的幼儿园教师占教师总数的78.72%，高于城市8.51%的占比。

越是好的幼儿园，越是存在入园难问题。在西藏地区，城市中的优质幼儿园，入园需求已远超班级规模。西藏自治区实验幼儿园各班的学生均已超过40人，班级规模已经严重超标，根据国家颁布的《全日制、寄宿制幼儿园编制标准（试行）》规定，幼儿园小班（3～4岁）的规模为20～25人，中班（4～5岁）的规模为26～30人，大班（5～6岁）的规模为31～35人。

以萨迦县域学前教育为例，全县只有1名中学高级职称学前教育教师，其就在县政府所在地的萨迦县第一幼儿园；全县9名中学一级职称学前教育教师，其中6名在萨迦县第一幼儿园，只有3名在乡（镇）级幼儿园，村级幼儿园1名都没有。"农村孩子去乡镇，乡镇孩子送地区，地区孩子进拉萨"，在西藏地区成为了很多家长的共识。可以看出，优秀学前教师的集中，不仅能提升幼儿园的综合竞争力与家长的认可度，而且可作为优质平台，进一步吸引优质教师资源，加速了幼儿园发展的"马太效应"，诱发教师向"更好单位"单向、不合理的流动。

（四）学前教育双语教学薄弱

双语教育是民族教育的重要组成部分，也是培养民族人才和解决民族教育问题的主要途径。藏汉双语教育质量的高低直接影响着西藏自治区民族教育的发展水平，实施幼儿双语教育可以提高西藏学前教育教学质量，有利于西藏基础教育、全国高等教育、专业教育的衔接，有利于培养民族人才和提高民族科学文化素质，有利于促进民族团结及经济社会发展。

当前，西藏地区学前双语教育发展滞后，突出表现在：一是学前双语教育普及率低，特别是农牧区缺乏标准规范的学前教育场所，缺校舍、缺教师、缺教材，学前双语教育基础十分薄弱；二是学前双语教师整体素质偏低，缺乏合格的双语师资，尤其是县级以下幼儿园，教师大部分是从小学调整或充实过来的，岗前未接受系统学前教育相关知识和技能培训，相当一部分教师的汉语水平偏低，教学水平不高，教学经验不足；三是学前教育教材资源短缺，特别是适合农牧区幼儿使用的双语教材、教学辅助光盘、教师用书等教学资源匮乏。

在西藏地区，由于大部分教师都是藏族教师，虽然有小部分从其他地区入藏工作的汉族教师，在学校的教学场所，藏族教师间的日常交流几乎都是使用藏语，藏族教师与藏族学生课间的交流也使用藏语。这无形中就降低了汉语的普及率和使用频率。学前教育阶段，正是幼儿的语言爆发期，双语幼儿园设置的初衷就是要让学龄前儿童在进入小学前，能够熟练地掌握与他人汉语交流的能力。但在现实中，很多幼儿园由于专业教师缺乏，没有系统的双语教学课程；在园时，大部分时间使用藏语交流，没有给幼儿创造一个良好的汉语环境，这导致了双语幼儿园形同虚设，通过三年的学前教育，幼儿们还无法掌握汉语日常交际能力。当这些汉语交流水平较差的幼儿们进入了小学，本应在学前解决的普通话听说能力，随之变成了小学语文教师要解决的问题。这样一来，大大影响了小学教育的教学进度，很多一年级新生无法听懂教师的普通话教学，而小学藏族教师为了保证教学进度，课堂上只能使用藏语教学，这又导致了小学教学普通话普及率偏低的问题。

笔者在萨迦县域幼儿园调研时也发现，几乎没有一所幼儿园教师与幼儿间的语言交流是全程使用汉语的；也没有呈现出幼儿年龄越大，汉语水平越好的迹象。甚至有些教师自身汉语水平也未达标。同时，笔者也在生活中发现,社会经济相对发达地区的幼儿汉语水平要高于偏远落后地区的幼儿。其实,这还是由幼儿园对双语教学的重视程度所决定的。萨迦县域25所幼儿园中有11所幼儿园只有1名教师,这1名教师充当了专业教师、保育员、卫生教师等多个角色,幼儿们的吃喝拉撒都由她一个人照顾,她如何有精力去开展双语教学?能保证幼儿安全在园就很不容易了。

(五)学前教育职后培训薄弱

学前教育职后培训是幼儿教师专业能力提升的重要途径。2011年,教育部、财政部联合印发了《关于实施幼儿教师国家级培训计划的通知》,通过国培计划有序推进中西部地区农村公办幼儿园专任教师的职后培训工作。在西藏地区有国培、区培、市培等学前教育培训,这类职后培训的师资力量相对薄弱。尽管各级培训单位都邀请了区外的大量专家参加区内职后培训,但更多的培训任务还是由西藏本地的培训人员来完成。区外专家的先进教学理念确实能让人眼前一亮,但结合西藏区情又显得单薄。西藏本地职后培训专家由于数量较少,培训工作任务重,整天疲于"赶场式"培训,也出现了形式化。

随着东部很多省市对口支援西藏,教育援藏也是其中之一。但在教育援藏中,存在"输血"与"造血"的关系,现有教育援藏形式,援藏教师入藏后直接参与一线教学,更多的时间是在备课上课,而对于当地教师的培养、教育教学方法的传授,有时显得相对较少。"组团式"教育援藏目前还是主要针对义务教育阶段,学前教育援藏还是一个空白。这可能还是和援藏教师的性别、学科有关,西藏地区海拔高,生活条件艰苦,大部分的援藏教师都是男性,只有少部分低海拔地区会有女性教师援藏(如:广东省对口支援林芝市),这正好和学前教育大部分是女性教师的情况产生了性别冲突。

对于学前教育的职后培训,在教育援藏项目中会安排受援地学前教育骨干教师赴其他地区进行挂职或跟岗式培训。通过"走出去、看一看、学一学",确实能带动西藏当地学前教育向前发展,能够通过援建项目帮助西藏当地学前教育硬件设施上一个台阶,但在学前教育的教学管理、教学科研、教师队伍建设等软实力方面,还是需要一个循序渐进地吸收、消化、提升的过程。

(六)学前教育观念薄弱

2015年全国1‰人口抽样调查数据显示,西藏15岁及以上人口中,文盲占比为37.33%,远高于5.42%的全国平均水平,这意味着很多幼儿的家长是文盲或半文盲。

笔者在下乡走访调研中发现,很多偏远地区的自然村中,能够熟练运用汉语交流的少之又少。只有少数村干部会运用普通话进行简单的交流。由于文化水平低下、家庭教育观念薄弱,在贫困多发的农牧区,把孩子送去接受学前教育的家庭教育观还没有全面普及。很多农牧民家庭认为,即使不接受教育,也不会影响他们现有生活水平,家里的牛羊数量,不会因为接受教育而变多。这在一定程度上制约了教育在农牧区的发展和普及,学前教育作为终身教育的开端,肯定也会受到严重的制约,学前教育在农牧区的发展和普及会经历一个困难的过程。这是农牧区幼儿入园率低的根本原因。

三、西藏地区学前教育发展的对策

(一)加强县级政府对学前教育的统筹协调

加强对学前教育财政投入保障,是各级政府的职责所在。在西藏地区,县级政府应该加强对学前教育的统筹管理,建立健全县级教育管理部门与县有关工作部门的协作工作机制,共同推进县域内学前教育健康向前发展。县级教育主管部门主要负责学前教育政策的制定,加强对教育教学工作的日常监督管理和工作指导;县级人力资源管理部门要结合县工作实际,配合制定人员编制核定、职称评审、工资总额核算、社会保障等政策;县级财政部门要对教育部门给予财政倾斜,保障学前教育财政资金落实到位;县级发展改革部门、住建部门、国土资源部门在教育用地规划、教育配套建设等方面给予优惠政策;县级公安、综合治理部门应加强幼儿园周边地区安全保卫工作;县级卫生健康管理部门应加强对幼儿园的卫生健康监督和指导。

县级政府在加大本级财政对学前教育投入的同时,还应学习国内其他地区做法,适时引导社会资本参与学前教育发展,试点举办民办幼儿园,满足不同层次的入园需求,缓解教育财政压力。近十几年来,大量区外人口导入西藏社会经济建设,为当地幼儿园带来了充足的生源,随着外来优秀人才的引进,对于优质民办幼儿园的需求也大幅提升。与此同时,东部地区对口支援西藏地区,大量援藏项目投入教育、卫生等民生领域,县级政府可以引导援藏资金投入学前教育领域,特别是改善农牧区村级幼儿园办学条件。

适时引入社会资本和引导援藏资金参与县级学前教育建设项目,这样县级政府就可以腾出更多财政资金用于购买社会服务,如校园专业安保服务,解决幼儿园没有专业安保人员的问题。在学前教育资金投入方面,不应采用"撒胡椒面"的方式,应集中资源打造一所具有示范效应的优质幼儿园。通过成功经验复制的方式,来推动县域内其他幼儿园的标准化建设。另外,随着西藏地区城市化进程,高海拔地区的人员搬迁,逐步向县镇集中,把原本零星分散的人口,统一集中规划生产、生活区域,这样配套的学前教育设施也能集中提供,提高了教育资源的使用效益。

县级教育主管部门应加快推进各乡(镇)中心小学附属幼儿园的分离工作,成立独立法人的乡级幼儿园。这样能在很大程度上减少幼儿园"小学化"管理倾向,更能符合学前教育发展方向。西藏地区教育系统未实行真正意义上的绩效工资,教育主管部门应设立优秀教师奖金,加大对优秀学前教师的专项奖励,激励优秀教师投身到学前教育教学改革中去。

(二)加强学前教育师资队伍培养与职后培训

西藏地区学前教育专任教师缺口很大,应从专任教师培养的源头抓起。建立健全学前教育专业,在西藏地区各本、专科院校开设学前教育专业,加大学前教育人才的培养,缓解幼儿园教师的不足。同时,鼓励专科以上非师范类应届毕业,通过学前教育专任培训,取得幼儿教师资格证书,达到学前教育专任教师入职标准,弥补学前教育专任教师不足的缺口,同时还能解决西藏地区高校毕业生就业问题。

西藏地区学前教育的发展不仅需要高素质的人才,而且更需要能够胜任藏汉双语教学的幼儿教师。藏族幼儿教师的普通话水平,通过职前设置准入标准,加以把关。同时,还要通过职后教育,加强国家通用规范语言的使用。各级教育主管部门要为不同层次的学前教育教师制定有针对性的职后培训方案,按照人才职业生涯规划,进行分类培训,保障学前教育教师专业知识和教学业务水平不断提高。

西藏地处高原地区,对于长期工作在高海拔地区、偏远地区的学前教育教师,在职称评审、工资待遇、评优评先等方面应适当倾斜。同时,鼓励优秀青年教师到艰苦地区柔性轮岗,带动薄弱地区学前教育向前发展。

(三)加强学前教育双语教材及特色课程建设

双语教材的适应性和课程内容的好坏直接关系到西藏地区双语教学的成果。在双语教材的编写过程中应遵循现实性与前瞻性相结合、本地化与现代化相结合、创新性与继承性相结合的原则。在教材内容选取上,应突出国家认同与民族团结,凸显本地多元民族文化特色,注重为少数民族幼儿提供健康向上、丰富多彩、具有现代特征的内容。

2011年7月,西藏地区已完成了农牧区双语幼儿园教材《语言》《艺术》等4本常规教材和《幼儿汉语300句》《幼儿小故事》两本辅助教材的编写、审查、印刷、出版和发行工作,并于2011年秋季开学时全部投入使用,这标志着农牧区幼儿园双语教材建设取得了新的突破。学前教育双语教材开发工作,是一项循序渐进的工作。随着西藏地区的经济发展,双语教材的内容也应与时俱进,体现时代特征。

由于西藏地区幼儿园办园目标、教育管理水平及资金的限制,开展因地制宜的特色课程建设和园本培训是提升教师专业水平最适宜、最有效的途径。开展园本培训和特色课程建设,不能完全照抄其他地区模式,要关注幼儿园的实际需求,以幼儿园为培训基地,按需培训,有的放矢。在园本培训中,注重教师的主体地位,围绕特色课程建设,激发教师内在动力,编制具有园内特色的园本教材。

(四)加强学前教育入园宣传

西藏在和平解放前,长期处于农奴制社会。当时,广大的农奴没有机会接受教育,只有农奴主和贵族才有机会接受所谓的教育。在旧西藏实行的是政教合一的统治制度,统治阶级通过寺庙教育控制农奴的思想意识形态。所有适龄儿童入学率不到5%,西藏地区的文盲率达到了95%。

1959年,西藏地区彻底废除了农奴制度,开始发展现代教育事业,但是比其他地区整整晚了十年,这也造成了西藏地区教育基础薄弱的原因。生活在农牧区的大部分农牧民受教育水平低,对于孩子的教育观还停留在旧社会,认为孩子不接受学前教育也会长大。

随着改革开放以来西藏的迅猛发展,很多农牧民都接触到了新的文化知识,了解教育是阻隔贫困代际传播最有效的方法。而学前教育正是整个终身教育链的开端,做好适龄儿童入园宣传,对幼儿终身发展起着至关重要的作用。西藏自治区政府从2012年起,实行免费学前教育制度,各级政府派工作队驻乡、驻村宣传教育的重要性,防止学生因家庭贫困而辍学。各级教育主管部门、各类学校也派出教师驻村宣讲教育政策,鼓励农牧民把学龄前儿童送到幼儿园接受免费学前教育。接受过两至三年双语学前教育的幼儿,在接受义务制小学阶段一年级学习时,比同龄未接受过双语学前教育的幼儿能更快地掌握汉语知识。

参 考 文 献

[1] 姜盛祥.西藏地区学前教育发展路径选择的困境与出路[J].西藏大学学报(社会科学版),2018(1):200-206.
[2] 邢俊利、李雪莲.西藏学前教育的发展现状、问题与对策[J].西藏大学学报(社会科学版),2012,27(4):160-164.
[3] 王静静.西藏学前教育保障问题研究[D].西藏大学,2016.
[4] 夏双辉.西藏学前教育供给侧结构性改革的理性思考[J].西藏教育,2017(11):4-7.

作者单位:上海市徐汇区业余大学

"职业生涯规划"课程混合教学的实践与研究

姜 燕

内容摘要：本文针对目前成人学历教育院校对在职学生的培养方法，坚持理论与实践相结合，从职业生涯规划课程的教学模式入手，立足于学生综合能力锻炼和适应力的提升，进一步深入探讨实践课堂转型的具体实施步骤，有效实现学生综合职业能力的提高，并在教学内容、教学形式上突破单一与固化模式，实现学生个体成长的多元化和灵活化.

关 键 词：混合学习 职业价值观 考核模式

一、绪论

（一）背景

作为工商管理专科学生，他们很多都只有初中或者高中学历，虽然在企业上班，有一定的工作经验，对企业管理的相关知识有一定的认识，但是缺乏系统的学习，更多的情况是缺乏管理的相关意识和洞察力，这一点在工作岗位上是不利于职场发展的。随着社会竞争的加剧，越来越多开始演变成人才的竞争，为了在竞争中能够与时俱进，迫切需要这些学生用知识来武装自己、提升自己。

（二）研究目标和意义

1. 目标

当前成人高校培养出来的学生因为大多已经有固定的就业单位，所以学校对他们的职业管理也并不非常重视，多数学生缺乏技能去处理和应对，对自己在未来的职业和从事的行业还很迷茫。本次课程研究的目标就是教会学生能正确理解职业规划对一个人职业生涯管理的重要性，并掌握如何有效地给自己做一个长远的职业规划方法，在现有的企业或者未来的职场中更能胜任，少走弯路。

2. 意义

自从意识到人力也是企业的重要资源和资本后，企业管理者对企业人员的培训就一直受到关注和重视。本次课程的研究意义也是从社会的角度希望能将有效的人力资源发挥到最大的效果，做到人尽其才、才尽其用。积极指导学生，希望能让他们自己找到最有意义和合适的工作。

面对当前激烈的职场竞争和社会进步的加快，倒逼在职者需要不断提高自我发展的意识。目前的成人高校学生不仅需要职业规划作为专业的课程指导,更需要在就读期间学校能够不断提供正确的职业生涯设计指导。该内容一方面可以帮助使学生更深入彻底地了解自己、明确未来的职业发展方向,另一方面可以监督指导他们针对自己的职业生涯设计方案,有计划、有目的地学习和生活。课程实践改革的目的是帮助学生学习了解职业生涯管理的科学理论,系统地掌握职业生涯设计流程、方法和步骤,并通过教学实践,帮助学生提高职业生涯管理的意识,培养学生设计和实施职业生涯管理方案的能力。

二、课程实践内容设计

(一)混合学习的设计内容

课程设计中,教师要引导学生掌握信息利用技能以及生涯决策技能,直到使学生确定最后的职业目标和发展道路。在课程学习期间,教师要有意引进社会发展要求和行业发展现状等知识,使学生能结合这些知识,调整生涯规划内容。

首先,通过微信群和课前的知识点分析梳理,让学生通过自学了解相关的知识点。其次,在课堂讲授过程中借助案例和真实的企业实例,让学生将知识中的内容进行运用,对案例进行评价,强化学生自我意见的参与,从而让学生灵活掌握管理方法的运用。最后,让学生利用职业生涯管理的方法对自我进行剖析,为自己做一个五年的职业规划方案。

(二)具体的课程实施过程

在课程的安排中,首先将此次课程的重要知识点内容进行梳理分析,制成PPT进行视频录制,在课前通过微信群发送给学生,让学生通过自学对基本的知识体系进行分析和理解,从而熟悉职业、行业以及职业生涯的内涵,理解职业生涯管理的特点和必要性,熟悉职业选择理论和职业发展阶段理论,了解个人职业生涯规划的意义和步骤以及如何进行职业生涯路线的分析选择,明确职业生涯管理成功实施的相关要素。通过课程微信群让每位学生做一份职业生涯的问卷调查,课程中进行回收。

在课堂知识点的讲授过程中首先通过电影《当幸福来敲门》的重要桥段引入职业成功的关键要素有哪些。并告知学生该电影就是取材于美国著名黑人投资专家克里斯·加德纳(Chris Gardner)真实的人生经历,从而引起学生对职业生涯管理的重视。

将班级的学生按照人数进行平均分组,具体操作方面分为四个阶段实施。

第一阶段:相关内容的知识点预热。

首先用十五分钟的时间进行职业生涯规划管理的框架及基本知识体系的介绍。帮助学生了解职业生涯规划的体系框架、基本理论知识和相关实施的具体要求。接下来通过分组讨论的方式营造活泼的课堂气氛,帮助学生进行更好的自我展现,特别是关注团队组建过程中体现出的集体凝聚力。回收课前下发的职业生涯管理调查问卷,收集并整理学生在职业生涯管理规划中存在的核心问题、相关需求和建议措施。

第二阶段:分组让学生展开认识自我的练习。

让学生通过自制名片向小组成员介绍展示,帮助小组成员之间尽快熟悉和了解,在相互的沟通和交流展示中让学生认识到自己的独特性,并学会关注自我、剖析自我。在自我认知方面,通过MSI心理测试题和情景模拟等游戏多方面帮助学生了解自己的兴趣、技能、价值观和性格。通过霍兰德心理测试题结合测评结果进行深入的职业倾向分析。让学生与小组成员进行分享与交流,从中获得更多的职业规划信息。

第三阶段:帮助学生了解行业和职业。

因为开放大学的学生都是成人,所以大多数都是有求职经历的人,大家可以通过交流分享曾经的求职经历,说说自己在求职过程中曾经遇到过什么困难,吃过什么样的闭门羹,作为职场新人时遇到的种种尴尬,或者有的人目前是职场中的成功人士,他是如何一步步走到今天的,希望通过这些实例能够激励学生们进行职业规划的兴趣。课堂中充分利用开放大学平台网络资源和数据信息库给学生普及职业的内容和分类,加深学生对职业体系的认识程度。

第四阶段:通过测试帮助学生进行匹配的职业选择和未来五年的职业规划方案。

通过霍兰德职业兴趣测试和MBTI性格测试,结合学生的自我认知和职业认知帮助学生有效地认识自己、分析自己。课程通过介绍职业生涯的一些理论,让学生了解职业选择的规律和职业发展的规律。并且让学生逐步掌握职业生涯规划的方法和步骤,逐步引导学生认识在职业生涯管理中发生的一些问题,纠正其错误的规划理念。通过学生的互动沟通探讨在目前的职场管理中遇到的一些困惑,展开同学之间五年职业生涯规划方案的互评活动。

(三) 实践成效反馈

此次教学实践最大的效果是把"以教师讲授为主、学生被动接受"的教学模式转变为"以激发学生主观能动性为主,培养学生自身分析问题并解决问题能力发挥为主"的教学思路。课程中通过穿插职场的情景模拟问题和科学的心理测试题目来激发学生的参与性,提高教学的效率;通过分组互动增加学生们的相互交流,训练学生主动提出问题、自我分析问题、讨论创造性地解决问题的能力;通过模拟训练,增强学生在职场中的个人素质和技术能力。在实际的教学工作中,教师通过案例教学、情景模拟、学生展示、角色扮演等教学方法最大限度地发挥学生学习的积极性、主动性和创造性。

三、实践反思与研究

(一) 取得的经验

1. 通过增加实践环节提高教学意义

职业生涯课程的讲授目的首先就是教会学生能够正确地评价自己和认识社会职业。作为人力资源管理课程内容的一部分,职业生涯教学模式存在"断层"现象,职业生涯管理与规划仅仅流于书面理论阶段,在具体的操作方面既无引导也无内容,导致学生对于自身的职业生涯规划还是比较迷惘。此次改革的教学模式中增加较多的实践环节,让学生在自身性格特点和特长的认识上与社会职场经历的实践经验相互碰撞,帮助他们能正确规划五年的职业生涯方案。

2. 运用科学的方法帮助学生积极进行就业心理干预

"职业恐慌"已成为社会普遍存在的问题之一。因此课程中帮助学生建立正确的职业选择观和就业观很重要,帮助学生调整心理状态,树立积极进取的工作态度和追求务实、敢于竞争的健康职业价值观。从长远角度看,职业生涯规划与心理学之间是互相影响、相互渗透、密不可分的。心理学的相关知识是职业生涯规划课程得以有效开展的重要内容,同时也是帮助学生职业生涯规划方案具体实施的重要手段,掌握必备的心理学知识能够最大程度推动成人学生的思考能力、个性发展与社会人才需求的针对性培养。引导学生通过有效的实践方法体会正确的职业生涯管理给他们带来的幸福感,消除其就业的负面情绪,积极面对以后的职业生涯规划管理。引导学生转变错误的就业观念,有效地进行自我认识和定位,真实有效地进行自我职业生涯规划。

3. 将职业生涯规划贯穿在专业的整个学习中

将职业生涯规划教育贯穿在整个学历教育过程中,特别是在专业课程的教学中,穿插职业规划的教育,让学生能够根据教学的内容和方法不断地进行自我完善,让学生随时都能够对自己有一个充分的自我认识纠正,明确自己在不同阶段的奋斗目标,制订出适合自己当下的职业规划方案。通过指导教师的帮助,讨论分析自己在工作中碰到的问题和各种矛盾现象,让学生发现自己存在的不足,及时进行心态和行为的调整与改进,从而对自己未来规划做出修正,使其能够更好地全面发展。

(二) 目前教学实施过程中存在的问题

1. 学生缺乏全面系统的认知

职业生涯管理应该贯穿于个人一生的职业过程中。西方国家的教育模式是让孩子从小就培养职业角度的自我探索,并在小学到大学的长期职业生涯规划教育中不断增加新的知识和技能,使他们日后在走上工作岗位进行职业选择时能清晰地根据自己的兴趣和能力及社会需求做出正确的选择。我国目前的状况是当学生学习完毕,要走向社会、走上工作岗位的时候,或者有些人在碰到就业难的时候,才对就业指导和职业生涯规划的相关知识进行基本的理论学习,一方面仓促的教学时间和环境使得学生很难全面掌握理论知识体系,另一方面学生也无法在短时期内全面正确地评价自己和面对的社会环境,所以做出的规划方案可实施性比较有限。

2. 课程内容缺乏实训环节考核

目前开放大学工商企业管理专科教育的课程内容中对于职业生涯规划更多偏重于基本的知识理解,各种理论的认识、各种面试的技巧、个人职业素质的养成、个人心理健康的调整技能都只是停留在书面的理论环节，没有相关的实践内容。对于今天成人教育的学生来说，在现实的职业生涯管理中学会有效地认识自我、分析自我，了解人—事匹配、人—物匹配、人—人匹配，树立正确的职业目标，规避职业风险显得尤为重要。

3. 规划方案流于形式，实施效果无法追踪反馈

五年职业生涯规划方案作为课程的考核形式需要在学期结束前进行提交作为学生课程成绩考核依据。但是这样一份报告的真实性和有效性只有在具体实施过程中不断反馈和改进才能有效实现。但在目前实际的教学过程中，学生只是把该方案作为应付课程的作业，根本没有切实有效的设计和规划方案，或者有的学生只是机械地制定计划，根本没有很好按计划书去实施相关的内容，学校也没有相应的措施进行监督和指导，从而导致规划方案流于形式，毫无价值可言。

（三）改进的相关建议

1. 加强课程体系整体化建设

目前，开放大学开设的关于职业生涯规划内容的课程大多数是以理论考试模式为主，教师传授基本的理论知识，缺乏有效的实践活动。因此改革应当将目标教学法作为职业生涯规划课程中重要的教学方式。在目标教学过程中，将实践操作和理论知识有机结合，全面提高学生对职业及就业的认知，创建融"教、学、做"为一体的整体化教学模式。

2. 采用问题驱动教学法的教学模式

开放大学作为成人学历教育的专业院校，应组织专业人员根据成人教育的特点，对课程体系设置进行研究，并制定相对有实践意义的课程教学和考核标准，更好地推进这门课程的实施，更好地为学生择业和就业服务。积极采用问题驱动法教学模式，从而有效改变单纯理论灌输的教学模式，打破学生"只接受，不思考，不分析"的教学模式僵局，在一定程度上提高学生学习的积极性和教学的参与意识，有效提高学生的问题分析能力、解决能力，激发学生通过自主探究、自主创新，有目的地和指导老师开展个性化的指导过程模式。

3. 利用学生社会实践将职业规划进行课内外相结合的考核模式

大多数学生的职业生涯管理起点是从学校的课程开设开始的，但对于每一个学生来说，职业生涯管理的终点不是和课程的结束同步的，职业生涯管理应该伴随每一位学生终身就业情况而不断发展变化。因此学校不能只追求课内知识的传授，而应站在更长远的角度，培养学生的综合实践应用能力，将理论知识与课内课外的真实环境相结合加以考查。

将学生的社会实践环节与学生撰写的职业生涯规划方案结合起来，让学生完成五年职业生涯总的规划方案后，还需要详细制定每一年的具体内容，包括知识目标和能力目标，以及相关的目标水平，并在此规划方案的基础上再建立一个调整方案，保证大目标的有效实现。每学期末，学校相关的指导部门负责检查目标实施结果，并指导学生进行方案与实际结果的比对，分析出未能完成的原因并提出相应的改进策略。这一实施过程需由专业教师指导学生逐一完成，直到该生毕业。

4. 请专家和企业来学校参加讲座

在学生学习职业生涯规划管理相关的知识体系后，邀请企业的人力资源管理人员来校介绍其企业的人员要求及相关的工作岗位，并介绍必要的求职经验和技巧，指导学生选择适合的职业、企业与岗位，并和企业一起联手帮助学生完成就业指导实践工作，及时帮助学生分析和解决实践过程中遇到的问题，并给予及时的指导意见。

四、总结

我们的学生因为在文凭和就业能力上相比较全日制高校毕业的学生在能力、心理、思想等方面存在特殊性，所以正确的引导和指导对他们是非常重要的，学校目前所开设的职业生涯管理课程存在一些较为明显的缺陷，主要在于缺乏职业生涯规划理念、职业生涯目标不明确等问题。将课程的教学模式与积极的心理干预应用相结合，希望能够增强学生的参与度，提升其职业生涯规划的能力与水平，提高学生就业的幸福感。

参 考 文 献

[1] 胡淑红.高职职业生涯规划开放式实践教学模式探索[J].职业教育研究,2013(6):78-80.

[2] 方健.知识管理理论在大学生职业生涯规划中的运用[J].信阳农学院学报,2016(3):158-160.

[3] 姜琪,陈晏.高校生涯规划教育的模块化设计与实施[J].出国与就业(就业版),2012(6):94-95.

[4] 曾鹏,曾方荣,杨迪.实施大学生职业生涯规划团体活动课程的目的与意义[J].科技经济市场.2014(5):213.

作者单位:上海市黄浦区业余大学

基于微信的混合教学模式的应用探究
——以"经济学原理"课程为例

谢 芸

内容摘要：混合教学已成为新的常态。混合教学通过综合运用学习理论、技术手段和应用方式来实施教学，有机地整合面对面的在线学习和线下学习，实现优势互补。微信平台作为在线学习的一个有力补充，为成人教育教学改革提供了一个新思路。本文分析了基于微信平台的混合教学的意义和理论基础，对"经济学原理"采用混合教学模式进行教学改革尝试，系统性地设计教学思路，探究出新的教学方式应用于成人教育教学体系中。这种混合教学模式有助于对学习过程进行全过程的指导，帮助教师处理好内容深度、广度与时间有限的矛盾，帮助成人学习者处理好工学矛盾，有效提高教学效率。

关 键 词：微信　混合教学模式　应用

一、引言

目前互联网技术、无线通信技术的发展非常迅速，学习者可以使用移动终端接入无线网络，进行碎片化学习，学习地点、时间、方式变得相对自由，移动学习的便利性越来越吸引更多的学习者。笔者的授课对象都是成人学习者，这些学生大多数利用工作之余来学习进修。传统教学方式下，时间和空间上都是相对受限，教学中也呈现了许多不足，比如学生学习兴趣不高、学生工学矛盾导致学习效率低下。多样化和个性化学习对他们尤其重要和必要。融合传统面授学习优势和网络学习优势的混合学习法已成为一种受学习者们欢迎的方式。因此，本文拟从基于微信平台和混合教学模式的相关理论，以经济学课程为例，设计混合教学模式各个环节，并应用到教学实践中。

二、基于微信的混合教学模式的理论基础

（一）混合教学模式

传统的教学模式呈现的是"教师教，学生学"的模式，学生处于相对被动的学习状态，学生学习的效果也欠佳，这样的教学方式已不符合培养现代化高素质人才的客观要求。混合教学模式通过对学习理论、技术手段和应用方法的综合运用来实施教学，将面对面的在线学习和线下学习有机地结合起来，实现优势互补。在线教学已成为教学中不可或缺的活动。它有利于开展更深入的教学活动，解决教师在课堂教学过程中过度使用讲授的方式，导致学生学习动力下降，认知参与不足，学习效果差异大等问题。因为"教"和"学"不一定必须同时发生在

同一地点,所以用于教学的时间和空间也得到最大限度的拓展。

"经济学原理"课程要求学生充分理解经济理论的逻辑,同时能解释经济现象。为实现这一目标,需要有案例教学、互动学习、课堂练习等教学方法。混合教学模式以学生为主体,教师为主导,融合了线上线下,使学生能够在线上对重难点知识反复思考,线下则可以进行更多的讨论和逻辑分析,提升学生的思辨能力。

(二)教学中利用微信平台的优势

微信已成为受众最多的实时通信软件。由于广泛普及,且操作便捷、具有交互实时性,年轻人更是最主要的受众群体。微信平台的使用,其优势明显。微信主要基于移动终端,内容也更加精炼。与基于PC的在线教学平台和社交软件(如腾讯QQ和微博)相比,微信在有网络的时候可随时随地实现交流互动。

微信在教学中体现出的优势也非常明显。笔者的授课对象都是成人学习者。成人学习者除学习外,还有工作,这使得他们的学习时间受到限制,其生活和工作环境也不同,因此无法在固定的时间和地点学习。微信平台的应用正好弥补这一空白。碎片化学习,零存整取。教学内容以各个主题的形式呈现出来,每个主题都细化为特定的小知识点,学习者只需要花少量时间来学习微型和零散的内容,并且有针对性性地解决重点和难点。微信在教学中的应用主要体现在:作为碎片化学习的一种辅助工具,补充和拓展教学内容。微信技术支持下的学习,也可以避免成人学习者时间和空间上的限制,可以根据自己的实际情况灵活安排,个性化学习。微信公众平台等都可以共享资源、发布资源、存储资源、检索资源等。微信群能提供文字、语音、图片、链接等各项互动媒介,可发布信息、讨论互动等。学习者利用多样的学习资源进行自主学习,其操作便捷和实时交互为学习者的协作学习提供了便利,学习者的互助能解决一些疑问。微信辅助下的混合学习模式可以延伸课堂,学习者使用手机便能流畅学习,知识进一步内化。

三、基于微信的经济学混合教学模式的设计构建

"经济学原理"作为经济管理类专业核心基础课程,研究的是经济运行的基本原理,包括宏观经济学和微观经济学,有价格理论、消费者行为理论、生产理论、成本理论、厂商均衡理论、收入分配理论、国民收入理论、失业通胀理论、宏观经济政策理论等重要内容。课程具有较强的理论性,对初学者来说内容多且较抽象和不易理解。因此,在教学设计上要从学生的实际需求出发,根据学习者的个体情况,提供形式多样的学习资源和制定详细的教学规划,紧密结合各章节内容,能碎片化,有趣味性和实用性,在微信平台上的资源更多呈现一些短小精炼的内容,针对每章节设计出若干个突出的知识点,能在短时间完成学习,那么学生们对"枯燥"的经济学理论学习的接受度也会随之提升。

混合式教学和面对面教学或单一的网络教学模式是有差别的。本文探讨的主要是基于微信平台的混合教学模式设计应用,围绕如何才能有效地发挥混合教学的优点,拟从以下三个方面来设计,即实施教学的前期分析、课前课中课后教学活动的设计、教学效果评价设计。基于微信的混合教学思路如图1所示。

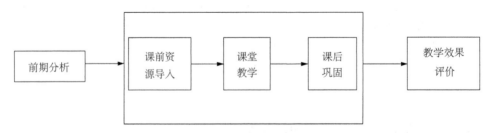

图1 微信环境下的混合教学思路

(一)实施教学的前期分析

前期分析包括对学习者特征、学习目标和学习内容以及学习环境的分析。一是学习者特征分析。学生来源广,基础不一,整体相对较弱,且接受新知识的能力不同。由于学生是非全日制的,很多成人学生在下班之后或周末进修学习,所以难免有工学矛盾。"经济学原理"课程本身理论性、逻辑性较强,概念抽象,学生平时也没怎么接触这方面,有一定的难度,而且非常枯燥。教师需在课程前通过微信平台用调查问卷的方法对学生进行简

单的调查测试。调查显示,学生都在使用智能手机和微信,主要运用微信进行交流、互发信息、关注感兴趣的公众平台、浏览阅读文章、观看小视频等。教师提出的基于微信平台的混合教学模式很受学生的关注,因此教师可以根据学生的情况制定教学计划。另外,学生对于生活中的经济学也兴趣浓厚。例如,教师在微信群提问:为什么牛奶装在方盒子里卖,而可乐装在圆瓶子里卖?学生讨论热烈,各抒己见。二是学习目标和学习内容的分析。"经济学原理"是一门涉及很多理论的课程,教学内容应注重适用性、实用性和应用性,把经济学原理和生产生活实例完美融合,培养学生的经济思维,提高学生的职业发展能力。学生可以运用经济学的基本理论和相关原理解释和探索本专业领域内的相关问题,紧密联系实际,养成自学能力与主动解决问题的能力。三是学习环境分析。利用微信公众平台和微信群来辅助教学,创建名为"'经济学原理'课程群"的交流学习群,要求本学期参与课程学习的所有学生入群,群内实名。教师个人创建微信公众号,学生可以通过搜索微信公众号或扫描二维码的方式添加。当学生成功关注后,根据设置情况为用户推送公众号消息,教师可在后台识别出关注公众号的学生的微信号,掌握学生参与微信环境下学习的积极性,同时也督促学生要及时关注公众号,获取信息资料。后期随着课程的开展,上传在微信平台的资源也日益增多,学生可以利用平台寻找学习所需的资源。

(二) 学习活动和资源的设计

课程的学习活动具有连续性特点,教师可以将其分为课前、课中、课后三个阶段。

1. 课前资源导入

根据前期学习者的特征分析和课程内容,教师利用微信公众平台的消息推送功能,实现学习内容的告知,并以图片、文字、视频等形式上传学习资料,提示重点和难点,使学生能够明确学习内容和目标,便于学生自主预习。在上课前准备过程中,学生如果遇到疑问,也可以在课程微信群中向老师和其他同学寻求帮助。一方面,通过提问,教师可以总结问题并了解学生的预习情况;另一方面,它也可以培养学生的自学能力。比如,在学习供求理论这个知识点时,在个人微信公众平台发布标题为"需求、供给与市场均衡——经济学永恒的话题"的文章链接;在学习基数效用这个知识点时,发布"这第四个馒头的效用简直是负的!——总效用和边际效用"的文章链接,如图2所示。

图 2 微信公众号文章目录节选

2. 课堂学习

通过课前的预习,学生基本把握了即将要学习的内容,教师基本掌握了学生存在的共性问题,比如有些知识点太难,学生无法通过自主学习的方式理解。课堂上,教师对共性问题和难点做着重分析,解惑答疑,使学生获得更深层次的理解。同时以任务驱动为导向,学生进行自主探索和互动协作的学习,完成课堂学习任务。学生带着真实的任务在探索中学习,能更好地激发他们的学习兴趣和求知欲望。比如,在第二章关于市场均衡和弹性理论的课堂互动探究环节:(1)以冰激凌市场为例,讨论当某些事件发生后,冰激凌的需求或者供给如何变动,均衡如何变动;(2)引入薄利多销和谷贱伤农案例探究需求价格弹性和总收益的关系,以此进一步加深学生对这些知识点的理解和掌握,并提出一些理论联系实际的问题供学生思考,以提高学生思辨能力、解决问题的能力以及协作学习能力。

3. 课后学习阶段

课后应是对课堂的巩固和扩展。上课时间有限,教师在课堂上主要对每章重要的知识点进行讲解,无法涵盖一切。课后,教师可以使用微信群布置作业,用微信小程序编辑作业并推送作业链接,设定完成作业时间,针对不同作业类型,可重复练习也可一次性练习(如图3),以复习和巩固知识点。教师通过后台统计汇总学生的完成情况,及时了解其掌握程度。另外,教师还可以在微信上进行一对一和一对多的交流讨论。学生可以通过聊天记录功能查询知识点,还可以直接向教师寻求帮助。这种方式下,教师可及时获得学生学习的反馈,进而动态地调整接下来的教学内容和进度。基于微信平台的多种交互方式,可最大程度实现资源的共享和提高课后的学习效率。

(三) 教学效果评价

教学活动是"教师教,学生学习"的一个动态过程,采取科学的评价方法,对教师的教学能力和学生的学习效

果、教学资源等做出有依据的判断,所以评价要从教师和学生两个角度进行,这是对教与学过程的监管与控制。对于教师而言,借助微信公众平台,利用后台图形数据的统计分析可以及时掌握微信平台上学生的"出勤率",对于出勤率偏低的学生,还可以"友情提醒"。教师通过与学生的讨论和交流,可以掌握学生当前学习状况以及面临的困惑,及时调整教学计划以更加切合成人学生的实际学习情况,提高教学效率。混合教学模式注重过程,因此微信平台上学生的活跃程度可作为评价标准之一。教师将教学每个环节中学生的表现纳入整体评估结果中。完成上述教学活动后,教师需要总结教学活动的效果,可通过发放问卷和进行自我评估,总结问题,并加以改进,真正做到教学相长。

图3 微信小程序上的作业布置

四、基于微信的混合教学模式实施效果

课程教学完成后,通过调查了解到,学生普遍认为"基于微信的混合教学模式"可以有效地帮助自己提高学习兴趣,巩固所学知识,能随时与老师和其他同学互动交流。"经济学原理"是一门涉及内容多且具有很强理论性的课程。笔者认为,通过课堂教学来完成全部教学任务和培养学生的分析解决问题能力,通常是不可能实现的。这就是为什么教学效率低和学生学习被动的原因。教学活动冲突主要在于无法有效解决上课时间有限、课程内容过多以及成年学习者的学习与其工作之间存在矛盾等问题。首先,混合教学的初衷是充分激发学生学习的积极性和主动性,通过师生互动探究提高教学效果。因此,混合教学更适合小班教学,并符合当前的情况。其次,基于微信的混合教学模式,效果明显。尤其是关键知识点的课程图文、视频资源等,有效解决了课程内容多和学生学习的难题。教师将新内容的关键点告知学生,并提前与学生分享视听学习资源,不仅可以培养学生的自我学习意识和学习能力,提高了碎片时间的利用率,而且众多的课程内容分解成一个个知识点,学生则可随时学、随地学。在课堂教学中,教师仅分析和讨论学生们提出的疑难之处。第三,基于微信的混合教学模式有助于教师指导学生学习的全过程。学生可以根据教师课后的指导,使用微信平台对所学内容的某些知识点进行针对性学习,教师和学生在面授时可以更有效地交流。这样也有助于教师处理内容深度、广度和有限时间之间的矛盾。

五、结束语

基于微信的混合教学模式,把移动教学技术引入经济学课程教学,是混合教学领域的一种创新,实现了师生的良好互动,提高了教学效率,但需注意的是微信只是一个学习辅助工具,不能过分依赖。教学过程中,学生是主体,而教师居于主导地位,应充分调动学习者的积极性和主动性。在实践过程中,也存在一些不足之处,比如,微信公众号资源库的建设对教师的专业能力和综合能力提出了更高的要求。且随着技术的发展,微信平台增加的新功能也会越来越多,也将出现更多适用于混合教学模式的方法和手段。因此,今后将不断优化基于微信的混合教学设计,加强对成人学习者的督促与管理,使其更适合成人学习者多样化、个性化的学习需求。

参 考 文 献

[1] 谢超峰.中级微观经济学混合教学模式探索与实践[J].金融教育研究,2016,29(3):81-84.

[2] 程蹊.基于混合式教学模式的教学改革探索与实践——来自《宏观经济学》的课堂实验[J].教育教学论坛,2018(32):169-170.

[3] 魏婷.基于混合学习模式的西方经济学教学设计[J].长春教育学院学报,2018(5):55-56,68.

作者单位:上海市黄浦区业余大学

经典咖啡制作课程线上线下混合教学模式研究

陈永红

内容摘要：线上线下混合教学模式将线下传统教学与线上网络教学有机结合，充分调动了学员学习的自主性。"经典咖啡制作"课程利用中国职业教育在线、微信群等线上平台开展课前预习、课后复习，构建线上线下混合教学模式，对教师的业务水平、学员的学习效果起到了明显的提升作用。同时，这种教学模式对线上教学资源以及教师的信息化水平都提出了更高的要求。

关 键 词：经典咖啡　线上线下　教学模式

经典咖啡制作是上海市人力资源和社会保障局的职业技能培训项目，实行线下面授实训教学。突如其来的新冠肺炎疫情带来的"停课不停学"要求，让我们开始思考培训机构该如何去开展职业技能培训工作。当前，各培训机构都在积极开发既有课程的线上资源，同时，结合学校近几年开展的信息技术与高等教育深度融合的研究实践，在发挥传统教学优势的基础上，探索利用互联网技术、移动终端设备开展线上线下混合教学模式。本研究基于培训项目"经典咖啡制作"，培训对象为咖啡兴趣爱好者，注重对咖啡知识的了解、对咖啡制作原理的探究以及对咖啡制作操作技能的实践，努力将传统课堂教学与数字化教学有机整合，着力构建起有效的混合教学模式。

一、线上线下混合教学模式的概念

线上线下混合教学模式，是指教师借助于互联网、移动学习终端等现代信息技术搭建的线上网络学习平台，将传统课堂教学分解为课前、课中、课后三部分。课前，教师根据需要推送相关的资源到学习平台、微信公众号或者班级微信群，并设立相关的教学任务点，学生根据自己的时间对课程进行预习。教师在学习平台、公众号或者班级群关注学生的预习状况，学生提出的难点问题，并对学生遇到的问题进行汇总。课中，针对性地安排教学，重点讲解，对一些基本知识点进行拓展加深，增加学生的知识深度，达成设定目标。课后，发布在线作业，上传拓展资料，帮助学生巩固知识，支持学生进一步学习交流。线上线下混合教学，打破了时间和空间的限制，学习方式灵活多样，线下课堂教学简洁直观，大量的学习资源可轻松分享，生动有趣。这一模式满足了学生个性化、自主化学习的需求，过程教育也能完整体现。

二、线上线下混合教学模式的构建

1. 理论依据

"经典咖啡制作"课程是享受政府补贴的培训项目,在传统的教学中,授课教师基本按照授课大纲或统一的授课计划进行线下培训,以满足人社局的课时及督导检查的要求。2020年3月24日,人社部印发了《百日免费线上技能培训行动方案》,明确参加线上培训的学员可按照规定享受补贴培训。在此基础上,培训学校为了满足学员的培训需求,利用网上共享平台为学员提供基础理论知识。教师基于学生的个体差异,成为学生学习的引导组织者,引导学生在互动分享过程中,掌握方法与原理,能自主尝试解决问题。

2. 混合模式的优势

线上线下混合教学模式集中了课堂教学和线上教学的优势,能够更好地调动学生的积极性和主动性,上课可以更加有的放矢,而且,线上教学平台可以整合大量的优秀教学资源,很多示范课程可以比较容易地引入课堂。另外,相较于传统教学模式,线上教学能够完整地记录学生的整个学习过程,帮助学生重视过程性学习。

3. 经典咖啡制作课程混合教学模式教学方案

课前线上 自主学习	教师	上传教学资源	发布学习要求	布置实训内容
	学生	线上自主学习	提出重点难点	准备实训材料
课中线下 课堂教学	教师	重要知识点讲解	线上教学资源学习互动	点评总结
	学生	汇报分析	实训操作	相互讨论
课后线上 拓展练习	教师	教学反思	作业布置	拓展资料分享
	学生	完成作业	学习体会	教师评价

(1)课前线上自主学习。课前预习是学习过程中非常关键的一部分,"经典咖啡制作"的传统教学中,因为是技能兴趣班,一般不对学员布置提前预习任务。现在,通过中国职业培训在线平台的咖啡制作基础知识视频分享,班主任在该学习平台上建立了该课程和班级学员信息,学生确认加入班级;平台之外,班级微信群的建立将课程交流随时化。在课堂教学开始之前,教师根据需要推送相关的资源,并制定课程的学习任务。职业培训的对象一般都是在职人员,线上教学满足了学员利用碎片化时间随时进行预习学习的需求。教师关注学员的预习进度,对学员遇到的问题进行汇总,方便在课堂教学时进行重点讲解、实训演示并展开讨论,对于一些基础的知识,在课程上则可以一带而过,或者进行拓展延伸讲解,增加学员的知识量。

(2)课中线下课堂教学。"经典咖啡制作"的传统教学高度重视学员的实训操作,在每一次的课程中也强调实训演示。基本上是教师边讲解边演示,然后学员进行实训操作。在此过程中,部分学员对为什么进行这样的操作一知半解,或者觉得就这么跟着多练习几次就掌握了操作的要领,于是放弃了探究。实行混合教学模式后,在课中首先对上节课的知识进行复习,对新的知识点进行讲解,根据对预习情况的判断做到知识点的梳理,不再面面俱到,对学员在预习过程中遇到的重点难点进行答疑及拓展讲解,引导学员进行自主讨论,充分调动学员的主动性和积极性。在关键要点讲解结束后,安排学员直接进行实训操作,观察学员对知识点的掌握程度,对一些错误或者不到位的操作,学员之间相互点评和纠正,教师注意总结,最后教师进行规范性的操作演示讲解,这样,学员基本可以做到融会贯通。

(3)课后线上拓展练习。"经典咖啡制作"的传统授课中,学员关注实训操作,下课后没有实训设备学员就没有了任务。混合教学模式中,课后教师通过平台或者微信群下发讨论题、教师课件、教师示范操作视频等,学员反复观看,这种形式比较灵活自由,能启发学员进行深入的思考,同时学员完全可以利用闲暇时间来安排复习。对于不理解的问题,随时向教师提问,极大地提高了学习的效率。当然,复习展开的内容兼顾引导下次课程的部分预习导入,形成课程的整体连贯性。

三、经典咖啡制作课程混合教学模式实践

以"经典咖啡制作"课程中的"使用半自动压力式咖啡机制作意式浓缩咖啡"教学为例,阐述线上线下混合教

学模式的具体实践。

1. 课前线上自主学习

序号	资料类型	资料名称
1	书本	安全卫生要求、操作需要设备
2	教学视频	《半自动压力咖啡机结构》《意式浓缩咖啡制作流程》
3	PPT	使用半自动压力式咖啡机制作意式浓缩咖啡
4	问题思考	什么是意式浓缩咖啡？食品安全和安全卫生操作有哪些关联？

教师将书本上需要学员掌握的基本安全知识布置给学员，提出大食品的概念，让学员去拓展安全卫生操作和咖啡食品的关联，在安全的前提下，去思考什么是意式浓缩咖啡。因为很多人并不能真正区别咖啡店内琳琅满目的咖啡品种，教师有意识地引导学员去了解意式浓缩、美式、拿铁等之间的区别，帮助学员真正理解咖啡的内涵。在此基础上指导学员观看教学视频《半自动压力咖啡机结构》《意式浓缩咖啡制作流程》，思考常见的咖啡概念到底是什么，讨论对食品安全知识的理解、用电安全的意识等等，这些在微信群中可以随时讨论沟通。学员通过在中国职业培训在线平台观看小视频或者教师发布的小视频，初步了解咖啡机的结构、意式浓缩制作流程及注意事项。

2. 课中线下课堂教学

序号	教学形式	教学内容
1	学员分组讨论、总结预习心得	安全知识、咖啡的基本概念
2	教师演示讲解	咖啡机、磨豆机的结构及使用
3	学员尝试实训操作	意式浓缩咖啡制作
4	师生互动交流	学员相互点评操作，教师总结
5	教师示范操作	教师进行规范性示范，并拓展讲解意式咖啡的相关内容

本段内容是授课教师和学员讨论的计划。在帮助学员回顾预习内容后，教师对本节课的知识点——意式咖啡的制作流程、所使用的咖啡机进行示范讲解，此讲解侧重于理论说明，包括半自动压力式咖啡机的结构、使用方法和意式咖啡制作过程中相关专业技术和名词的解释，提醒学员在制作过程中要关注咖啡油脂、咖啡的萃取参数等内容。学员带着问题进行意式浓缩咖啡的制作，教师和其他学员观察，指出操作过程中不规范的地方，解释为什么会出现咖啡流速过快、过慢等现象，最后由教师进行示范操作，从准备杯碟工作开始，调节磨豆机的研磨度、完成萃取，在此过程中从体积、油脂、咖啡液浓度、时间等方面对标准意式浓缩咖啡、短萃意式浓缩、长萃意式浓缩以及冰意式浓缩的区别进行初步讲解，为后面的课程埋下伏笔，也为学生的课后思考提供方向。

3. 课后线上拓展练习

序号	形式	名称
1	内容巩固	意式浓缩咖啡制作的注意事项
2	小组讨论	不同的萃取方式对咖啡口味的影响
3	资料查阅	咖啡萃取油脂的影响因素

课堂教学结束后，教师根据课堂的反馈对比较难的知识点提出巩固要求，比如：在咖啡萃取前为何要进行排水降温？如何根据流速判断咖啡豆研磨的粗细？这些常见的难点通过一次课是难以融会贯通的，必须结合课后的自我复习、思考进行巩固。学员则需要根据老师提出的问题提交复习心得，内容、字数、形式不限，方式灵活。这些反馈既可以将知识点内化，又可以帮助教师进一步去优化线上线下混合教学。

四、师生对混合教学模式的反馈

本研究对课前、课后的部分内容进行了摸索性的尝试。通过前期的筹备、和教师的个别访谈以及学员的反馈,总结如下:第一,线上线下混合教学颠覆了教师传统的教学思路,特别是技能培训教师对实训操作烂熟于心,而且一般从教多年,往往是走进课堂信手拈来、娓娓道来,而混合教学模式帮助教师重新梳理了知识点,对教学内容进行了精心的设计,确立了教师的主导地位,对教师的教学能力进行了全方位的提升。第二,学员抱着兴趣而来,课堂上看老师实训演示,自己动手跟着操作,往往是课堂上兴趣盎然,出了教室再回想今天学了什么,可能就一知半解,而线上线下混合教学使得学员主体地位得到落实,自主学习能力得到了极大提升,对知识的掌握能够驾轻就熟。第三,现有资料显示,在缺少现场实训的条件下,对咖啡制作课程的传授、理解和学习的影响较小,特别是有一些工作繁忙,不能每次到课的学员表示,如此详细的课前课后线上内容,除了没动手,感觉掌握的内容比之前一次线下课丰富多了。这充分说明了线上教学的有效性,从而为全面实施线上线下混合教学奠定了基础。

五、线上线下混合教学模式的思考

本文研究是基于黄浦区业余大学校本课题"经典咖啡制作课程线上线下混合教学融合模式研究"的前期筹备实施过程,仅针对线上部分进行了初步尝试。结果发现,这一模式对停课期间该课程的持续性教学起到了极大的辅助作用。通过对教师和学员的调查发现,不管对教师的教学还是对学员的学习兴趣、知识掌握都起到了积极的作用。为了进一步激发学员学习的主动性,有效推进线上线下混合教学模式,我们还需要对以下几方面进行深入的思考。

1. 充分挖掘线上教学资源

高质量的线上教学资源是提升教学质量、激发学员学习兴趣的基础。目前网络上充斥着各种参差不齐的教学资源,线上教学虽然方便了教师对资源的利用,但是一些优质的教学资源往往涉及版权问题,并不能随意使用。所以,在有效利用网上资源的同时,教师应充分发挥上海市就业促进中心为各培训机构搭建的教研组平台,与各培训机构优秀的教师合作制作课程小视频,既解决教师个人的局限性,不涉及版权问题,又发挥了群体教师的优势。另外,教师要不定期地参考咖啡行业里的一些活动、论坛,利用好咖啡行业协会平台上大量的优秀咖啡企业,各式各样的咖啡制作流程、不同型号机器的操作、不同实习学员的示范操作,这些第一手的资料均可成为课堂丰富的教学案例,教师自身也可获取最新的咖啡行业动态,提高自己的专业水平。

2. 提高教师信息技术应用能力

当前,信息技术发展日新月异,和教育的融合日益紧密,而我们的技能培训却停留在传统的水平上,特别是很多鉴定项目培训教师还是采取传统的应试教育模式,只针对题库进行讲解,重视鉴定结果,忽略对知识的更新,更谈不上在信息技术方面与时俱进。事实证明,线上线下混合教学模式的推广跟教师的信息技术应用能力以及所使用的教学平台有着极大的关系。技能培训积聚了一批年龄较大的教师,这些教师接受新知识的能力有些欠缺,从而对线上教学持排斥态度,因此我们需要加强对教师的培训,提高教师的信息化素养,将线上线下混合教学有机整合起来。另一方面,培训机构在使用中国职业培训在线的时候,发现在疫情期间使用人员剧增的情况下,平台经常出现无法登录等问题,所以,在条件允许的情况下,培训机构也可以尝试开发学校的自有网络平台,这样教师自行开发的课件只开放给本校的学员,对教师的优质课件起到保护作用。当然,这都需要教师具备一定的信息化素质,能开发出优质的线上教学资源。

3. 坚持理论实践一体化教学

"经典咖啡制作"课程是一门实训操作性极强的技能培训课,传统教学模式下教师往往重视技能实训操作课程,对理论部分只是提供常规的鉴定题库,让学员去死记硬背基本知识点。线上线下混合教学模式的推广,首先强调了基础理论知识的理解,这对教师和学员都提出了一定的挑战:教师要注重培养学员理论与实训紧密结合的习惯,帮助学员从平常实训动手变成知其然也要知其所以然,而学员因为课程的要求,必须进行预习、复习,才能避免课程上一头雾水的状况发生。这种变化真正体现了职业技能培训对理论和实训一体化的要求,对提高职业技能培训的质量是一种及时有效的转变,期待职业技能培训能够对线上训练实现更广范围内的接纳。

参 考 文 献

[1] 李冬霞.高职《食品标准与法规》课程线上线下混合教学模式的探索与实践[J].科教论坛,2020(4):48.
[2] 任丙忠,朱其刚,等.基于"互联网+"的混合式教学模式构建[J].中国教育信息化,2020(4):67-71.
[3] 孙敏敏.线上线下混合式教学模式探究[J].教育实践,2020(2):239-240.
[4] 吴丽丽.线上线下混合式教学模式的探究与实践[J].宁波教育学院学报,2019(12):6-10.
[5] 包林霞,史二颖,等.基于翻转课堂的混合式教学设计与实践研究——以"交互式平台设计与开发"课程为例[J].教育与教学研究,2015(6):87-90.

作者单位:上海市黄浦区业余大学

微信在成人高校教学中的应用研究
——以上海开放大学黄浦分校为例

王润清

内容摘要： 随着微信教学的普及，本文以上海开放大学黄浦分校为例进行研究，针对教师、学生和学校管理人员进行了相关调查，从方式方法、最佳时机、主要用途、资源形式等方面分析了微信教学的现状，发现存在教师微信教学积极性不够、学生微信学习主动性欠缺、微信平台的教育功能较弱、微信教学的管理有待提高等问题。最后，以供给侧理念为指导，从学校管理的角度，提出一些有针对性的、可操作的、可行的建议，助推微信教学的可持续发展。

关 键 词： 微信教学　供给侧理念　成人高校

《国家中长期教育改革与发展规划纲要（2010—2020年）》强调信息技术不仅推动了教育的发展，并且对教育以及社会的发展有着变革性的意义。Web3.0技术的发展更是促进了教育的信息化和智能化，教师和学生更容易获取教育教学资源，教育教学的方式也更加灵活和自由。在成人高等教育领域，成人学生工学矛盾突出，渴望更加灵活的教学方式，同时他们又具备主动获取教育资源的能力，所以成人高校开展信息化教学尤为迫切和可行。

随着移动设备的普及和网络的全覆盖，微信的使用范围越来越广泛，微信的功能用途越来越多样。微信及微信公众平台作为一项新技术、一个新生事物，在短短几年里已经跟每个人尤其是成人紧密相连，它已然成为成人生活世界必不可少的一个载体。微信的普及为信息化教学提供了有效平台，也为成人教育带来了新的契机。微信教学作为移动互联网技术与教学改革结合的产物，开启了实践探索之旅。

上海开放大学黄浦分校作为一个基层分校，为缓解学生工学矛盾，解决学生出勤率低、师生课外互动少、网上资源利用率低等问题，已经连续多年在全校推广了微信公众号的教学实践，并将继续推广下去。通过微信开展的非正式的师生互动则更是由来已久，而且越来越多的成人高校也陆续将微信引入教学中。与此同时，在开展微信教学的过程中，也碰到了很多问题和诸多挑战。如何适应时代发展要求，更好地发挥新媒体在成人高校教学改革中的作用，值得深入探索。

本文以上海开放大学黄浦分校为例进行研究，通过问卷星，利用微信分别向教师和学生发放了调查问卷，其中给教师发放43份，回收41份有效问卷，针对学生的问卷调查回收247份有效问卷。围绕问卷的统计结果，邀请若干教师、学生和管理者进行了访谈。整个调查一方面是为了从实践出发，研究微信在成人高校教学中的应用情况,分析其具体现状、遇到的问题,总结经验教训;另一方面是要以供给侧理念为指导,从学校管理的角度,提出一些有针对性的、可操作的、可行的建议,助推微信教学的可持续发展。

一、微信在成人高校教学中的应用现状

(一)微信教学的方式方法

调查发现(如图1所示):在教与学的过程中,微信私信和微信群是教师和学生共同使用较多的方式方法;公众号则是教师用得多,学生用得少;朋友圈和小程序,师生用得都比较少。

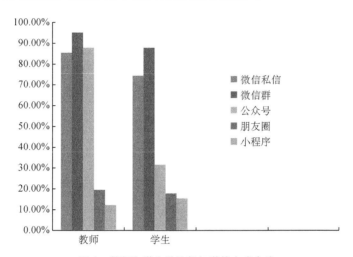

图1 教师和学生微信教与学的方式方法

(二)微信教学的最佳时机

55.43%的学生进行微信学习是在晚上,16.99%的学生进行微信学习是在上下班路上,19.01%的学生随时可以进行微信学习。因此,晚上是微信教学的最佳时机,在这个时段推送学习资源,能让更多学生参与到学习活动中,进行更有效的学习。

(三)微信教学的主要用途

调查发现:微信教学的方式方法不同,其用途也不同。从教师微信教学的角度来看(如图2所示):微信私信

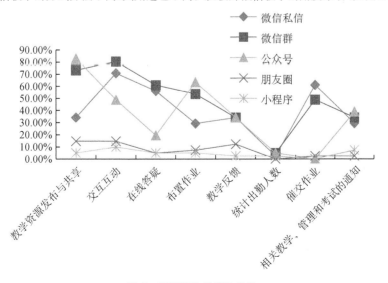

图2 教师微信教学的用途

主要用于交互互动、催交作业、在线答疑;微信群主要用于交互互动、教学资源发布与共享、在线答疑、布置作业;公众号主要用于教学资源发布与共享、布置作业。从学生微信学习的角度来看(如图3所示):微信私信主要用于跟老师交流、接收老师的各类通知;微信群主要用于查看教师推送的教学资源、接收教师的各类通知、跟教师交流、查看作业;公众号、朋友圈、小程序用得比较少。就其功能而言,微信群教学能实现统一的疑难解答,实现多人互动、多人学习。私信主要限于个性化教学。微信公众号作为一种自媒体,具有群发消息、订阅推送、关键词回复、内容分享、投票等功能。朋友圈则重在通过分享,告知好友并吸引好友对其进行评论或点赞。小程序可以通过有奖问答、微调查、微抽奖等形式,进行过程性和结果性评估。

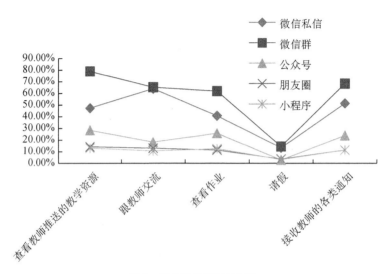

图3 学生微信学习的用途

(四)微信推送的资源形式

不同的微信形式,推送的资源形式有所不同(如图4所示)。微信私信推送的主要是Word文档、文字;微信群推送的主要是Word文档、文字、图片;公众号推送的主要是文字、视频、Word文档和图片。就学生喜欢的微信学习资源而言,66.35%的学生喜欢视频;57.05%的学生喜欢图片;56.64%的学生喜欢文字;55.43%的学生喜欢Word文档;46.93%的学生喜欢PPT课件;36%的学生喜欢音频。

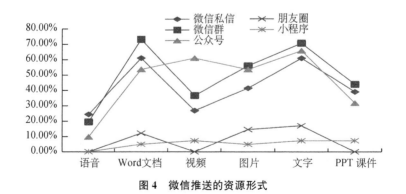

图4 微信推送的资源形式

二、微信在成人高校教学中的问题及原因分析

(一)教师微信教学积极性不够

56.1%的教师非常看好微信在成人高校教学中的应用前景,但在教学实践中,教师自觉参与微信教学的积

极性不够。访谈过程中,绝大部分教师反映:如果学校不要求、不培训,他们只是通过微信私信或微信群与学生进行交流,主要用于交互互动、催交作业、在线答疑等,不会主动去创建课程公众号,专门发布与课程有关的学习资源。究其原因,主要有以下三个方面。

1. 不熟悉微信技术

65.85%的教师认为自己的微信教学能力不够,不会使用微信教育功能,不会编辑微信页面,不懂如何运营微信教学。

2. 精力有限

31.71%的教师反映没有时间,微信学习资源的制作、编辑、推送、反馈、交互、统计等都不是能够在规定课时内完成的,微信教学打破了传统的教与学的时空规定,增加了教师的工作时间和强度,教师要做到全天候的教学服务很难。

3. 缺乏科学的教学设计

在实践调查中发现,很多教师对微信在教学中的应用停留在"被要求""被动摸索"阶段,相关的教学设计缺乏针对性,有的甚至没有系统的教学设计,对微信教学的学习主要围绕的是"微信技术",没有主动地学习、了解和研究不同专业、不同课程中微信教学设计的科学性。成人高校里基本是"一位教师对应一门课程或多门课程",不同教师任教相同课程的机会较少,教师之间很难有经验可以借鉴。

(二) 学生微信学习主动性欠缺

堪迪认为个人的学习意愿是决定学习效果的关键因素之一[①]。除了学习意愿,自我学习管理也同样重要,它不仅是一种学习态度,更是一种独立学习的意识和能力,具体包括学习内容、进度和方法的选择,以及学习时间、地点和节奏的控制等[②]。调查显示,对于微信学习,仅有19.51%的学生感兴趣,53.66%的学生根本不看或者看得很少。即使点击了公众号,很多学生反映对教师推送的微信资源只是浏览一下,并没有认真深入地去学习。有的学生在使用,但也需要老师催促提醒,不提醒就不看。有的学生对微信资源内容的选择,取决于个人的感受与需要,因此微信学习表现出较大的随意性。导致这一现象的原因主要有以下四个方面。

1. 习惯性思维阻碍使用微信学习

微信从产生之初就是一种聊天工具,对于学生来说,也很难把微信作为一种学习平台,对微信公众号的使用喜好远不如微信群和微信私信。学生普遍反映微信群比微信公众号更方便师生间的沟通,微信私信更适合个别化辅导。

2. 干扰因素太多

微信的承载工具主要是手机和平板电脑,尤其手机更是随身携带的必备工具,很多人甚至成为"手机控",导致在课堂上过度使用手机,利用手机进行社交、阅读、玩游戏、看视频,而忽视了相对枯燥乏味的课堂知识。微信中与教学无关的信息多于教学资源,诱惑大,更容易吸引学生,很容易干扰到学生的微信学习。此外,62.3%的学生认为微信群和公众号太多,照顾不过来,经常自动忽略微信提醒。以黄浦分校为例,学校要求参与教改的课程都要建立公众号,而且教改课程普及率较高,尤其对青年教师来说,都积极参加教改,所以每个青年教师都有一个公众号,一个公众号里面有1~3门课程(公众号限制),有的教师由于课程太多,甚至无法在一个公众号里全部体现出来。这种情况不仅加大了教师的工作量和难度,也给学生带来了很多困扰。

3. 没有时间学习

42.07%的学生表示学习时间不够,虽然利用微信学习资源可以进行碎片化的学习,但成人学生白天要上班,晚上要照顾家庭,好不容易挤出点碎片化的时间,还要浏览一下其他内容,根本没有时间学习。

4. 网络流量有限

微信中有很多音频、视频,31.56%的学生表示自己移动终端的网络流量不够浏览网络页面和视频资源。

(三) 微信平台的教育功能较弱

微信在教育领域中的功能主要体现在两个方面:一方面是作为辅助教育教学的工具,另一方面是作为社会

---

① Candy, P. C. Self-direction of lifelong learning[M]. San Francisco, CA: Josssey-Bass, 1991: 376.
② Dickinson, L. Autonomy and motivation: A literature review[J]. System, 1995, 23(2): 165-174.

化的学习工具,比较集中于信息通知、宣传活动、图书馆信息推送服务等方面。也可以说,微信仅仅是作为一个交流工具或信息发布平台发挥其教育功能的。然而,微信并不是专门针对教学开发的,其教学方面的功能存在很多不足,企图将教材内容直接搬到微信上是不现实的,不能完全满足教学的需要。

1. 微信学习资源较少

在正规的教学中,能够通过微信公众平台推送给学生的有效学习资源相对较少,对学习资源的梳理、加工、评价等更少。在推送的各类学习资源中,各学科也存在较大的差异,人文学科类的资源较多,理工类学科的资源极少[①]。微信学习资源相对短缺,大多数微信公众号很长时间得不到更新,难以吸引学习者的眼球。

2. 微信公众平台功能不健全

39.02%的教师认为微信教学功能有限。微信本身界面小,分辨率低,展示的信息有局限;公众平台本身发送的信息数量受到限制,每天只能推送1条信息;互动效果难以保证,学生可能只看标题;不能上传整个文件;编辑不便捷,需要花较多时间,违背了微信教学的初衷,导致不是为教学使用微信,而是为了使用微信而使用;微信呈现内容有限,仅能呈现碎片化知识;微信学习时间不连贯;等等。这些都是微信教学无法回避的短板。

(四) 微信教学的管理有待提高

调查过程中发现,无论是学校的教学管理,还是教师的课堂管理,对微信教学的管理都较为简单,缺乏系统管理和监督。

1. 缺乏相应的系统管理平台

学校的教学管理部门,对微信教学的管理主要是看微信公众号的资源数量,对资源的质量和点击率无法监控,由于没有开发与之匹配的系统管理平台,不能及时收集和整理系列数据,实现不了与教改同步的管理的信息化和实时化。

2. 缺乏制度性约束

如果教师对微信教学的管理更细化一点,则可以统计资源的浏览量、学生的出勤率以及对资源的掌握程度。但由于对教师和学生都没有制度性的激励和约束,学生学习主动性不够,教师精力不足,也难实现与微信教学相应的课堂管理。

三、微信在成人高校教学中可持续发展的指导理念

微信改变了人们的沟通方式乃至生活方式,也影响到教学的方式方法。微信突破了时空的限制,为有着严重工学矛盾的成人高校学生提供了一个崭新的辅助平台,不仅能帮助教师和学生建立融洽、和谐的师生关系,还有助于教师顺利开展课内的教学工作[②]。但微信在成人高校教学中的应用也确实遇到了许多瓶颈,要解决这些问题,光靠教师自下而上的摸索是不够的,还需要学校自上而下给予支持。因此,本研究立足学校管理角度,试图引入供给侧理念,促进微信在成人高校教学中可持续发展。

供给侧理念侧重供给方面的改革,通过改革使供给方面更加优化,以提高供给体系质量和效率,更好地满足需求。供给侧不是否定需求,而是达到供给与需求的有效平衡。在了解需求的同时,改革供给,提供更好的教育服务。结合国内外的研究成果,在教育领域引入供给侧改革理念,就是要优化教育结构,解决"优化组合"问题和"产能过剩"问题,走创新发展之路;高水平的人才供给是教育供给侧改革的重要策略;强调良好的环境对推进教育供给侧改革的重要性;教育供给侧改革需要民办教育机构的加入和参与,激发教育发展的活力;供给侧改革应加强"互联网+教育"的研究,实现教育的"精准供给"。

四、微信在成人高校教学中可持续发展的策略

(一) 整合微信学习资源,系统设计教学

供给侧理念要求优化教育结构,解决"优化组合"问题和"产能过剩"问题。针对现有微信群和公众号太多的

---

① 程亮.微信在高校教学中应用的问题及对策[J].教育理论与实践,2017(18):37-39.
② 袁磊,陈晓慧,张艳丽.微信支持下的混合学习研究——以"摄影基本技术"课程为例[J].中国电化教育,2012(7):128-132.

问题,就要整合各类微信资源,对不同教师任教的相同课程,可以进行公众号的整合;公共必修课、公共选修课、专业必修课的排课要考虑教改过程中微信公众号的创建,重新优化组合。微信资源的建设要有明确的目标,集中说明一个知识点;微信内容要渗入娱乐性元素,提高学习者的学习兴趣;资源内容要新颖简洁,符合学生的学习需求,能够激发学生的主动学习和互动交流。

(二) 打造独立的官方微信学习平台

供给侧改革应加强"互联网+教育"的研究,实现教育的"精准供给"。这里的精准供给,不仅仅是对学习者学习资源的供给,应该是一种系统思考,以确保"精准供给"能够得到可持续发展。微信教学要有实效、有质量、有可持续性,就必须打造独立的官方微信学习平台,其中包括学习平台、运营平台和管理平台。学习平台要把所有的专业、所有的课程的微信公众号资源进行重组与整合;弥补微信平台功能不健全的缺陷,实现微信教学资源的系统化、便捷性;改变教师和学习者对微信社交功能的习惯性思维,充分发挥微信平台的教学功能。管理平台旨在加强学校对微信教学的信息化管理和教师对微信教学的课堂管理。运营平台则要实时跟踪微信用户的学习需求,开发建设与之适应的资源内容;以符合微信用户的使用习惯为导向,适当加快内容更新、提高助学促学信息的推送频率;结合微信的智能应答、分组管理和实时交流技术,创建多元化学习情境和与之配套的学习支持服务,使微信公众平台支持下的课程学习能更好地实现知识信息的制作、传输、获取、接纳与散播,扩展社会效益。

(三) 加强教师培训

高水平的人才供给是教育供给侧改革的重要策略,对于成人高校的微信教学来说,就是要培养微信教学人才和微信运营人才。随着微信的普及,微信订阅号成为辅助教学平台,教师也进入了探索性的自媒体时代。教师作为知识传播的主体,首先要具备利用新型媒体传授知识的新思路。教师在微信教学过程中,要充分发挥监督引导作用,关注学生是否围绕相关话题,要保持学生对微信内容的即时反馈,用鼓励的言辞、积极的态度潜移默化地感染学生;将微信与学生的学习生活紧密结合起来,通过微信渗透"教育"。教师不仅要在课堂上传授知识、管理学生,还要在掌握微信技术的基础上,掌握有效的交互技能、管理评价技能、教学设计能力。教师还要掌握一定的管理知识和运营技能,营造良好的微信教学环境,通过运营管理,提高微信教学的实效。综上,在微信教学中必须具备的新教学能力、信息素养能力、管理运营能力等等,都突破了对教师的传统要求,为了适应新时代的发展,必须加强教师培训,号召和动员教师不断提升自我,开展终身学习。

(四) 营造良好的支持环境

良好的环境对推进教育供给侧改革至关重要,对于成人高校的微信教学而言,良好环境的营造离不开学校的支持服务,包括师生的心理环境、学校的制度环境等等。徐梅丹等人的研究发现,感知易用性影响了高校教师对微信辅助教学的感知有用性,感知有用性、感知应用性对高校教师使用微信辅助教学行为意向有直接正相关影响;年龄、学历会影响高校教师使用微信辅助教学意愿;感知有用性是关键因素[1]。所以,在微信教学应用中不应该局限于学习软件本身,而应通过提高学生的学习成绩,使学生增加获取知识的机会等方式,来提高教师对辅助教学软件的有用性认知。

微信教学需要系列的配套措施给予保障。首先要从制度上加以明确,从管理层面上保证其有序进行,给师生提供可行的环境,积极探索并推进管理制度和评价体系的改革,需要不同于传统课堂的、更加灵活的考核方式和评价体系。从课程标准、教学计划、教学资源、微课制作等方面进行审核;通过微信公众平台查看后台管理数据,记录签到次数、访问量、交流频率等内容作为考核内容;将学生在微信公众平台上的表现纳入最终成绩考核中,包括在微信公众平台上进行的关键词查询、消息提问、课堂上对平台知识的回顾等,以加权形式计入最终成绩;借助微信社交网络的技术与平台优势,为微信用户的个性化学习提供情感支持和约束性服务。例如:采用带微信语言特点的学习鼓励、设置学习的定时提醒、协助制定微信课程的学习计划等等,以丰富学习者的学习体验,提升学习效果[2]。

---

[1] 徐梅丹,孟召坤,张一春,张鹏.高校教师使用微信辅助教学的影响因素研究[J].课程与教学,2014(11):89-94.
[2] 山峰,檀晓红,薛可.开放教育研究[J].开放教育研究,2015(1):97-104.

(五) 激发微信的教学活力

前人的研究表明,需要民办教育机构的加入和参与来激发教育发展的活力,而在微信教学中,要激发其教育功能,则需要充分利用其社交功能。国内外的研究者发现,学习的社交化有利于提升学习者的学习绩效。Rau 等人指出,社交媒体已经作为分享知识和集体学习流行的在线学习平台[1]。Greenhow 认为,这类媒介能够帮助学习者与其他人建立更为多元与有效的沟通,更好地帮助他们构建认知、分享想法并收到实时的反馈[2]。基于社交媒体的社交学习,具有学习性和社交性两大特征。学习者基于社交媒体获取知识、分享知识、交流心得、探讨问题,形成集体性智慧;同时,借助社交媒体所建立的社交关系,通过互动、交流沟通,分享知识和建立情感,形成良好的学术氛围,提升学习绩效[3]。

(六) 要有系统的分析与思考

教学设计是一项以"学"为中心的系统规划工程,要根据学习对象和学习目标,以解决学习问题和优化学习效果为宗旨,按照分析、开发、实施、评价等不同阶段逐步开展教学过程[4]。很多学者就微信公众平台在具体学科领域教学中的应用开展了实践研究。张艳超通过对新生代员工学习需求、资源建设、平台搭建、教学设计、教学评价等五个环节的调研和分析,利用微信公众平台,构建了适合在职人员的移动微型学习模式[5]。杨丽青借助微信公众平台的教育优势,重构分层教学模式,打破时间和空间的限制,力求解决分层教学中存在的问题[6]。徐梅丹等人研究了基于微信公众平台的混合学习模式[7]。对于成人高校的微信教学来说,由于专业不同、课程不同,其教学模式也呈现出多样性、专业性等特点,但针对任何专业和课程,都要有系统的分析和思考,并结合其各自特点,构建相应的教学模式。对于学生的学习过程来说,也要有多个环节,如视频学习、参加测验、完成作业、参与讨论以及课程考试等,整个教学过程和学习过程都要呈现出开放性、规模化、碎片化、自主性、交互性等特性。

结语

微信平台操作的便捷性、内容推送的丰富性、交流的高效性和及时性、资源素材的微型性和整合性等特征,使之成为基于互联网的一种新型学习支持环境,满足了学习者对碎片化、即时互动、移动学习和个性化学习的诉求,也非常符合成人学习者的特点,将成为成人高校教学改革的必然趋势。但是,并不是所有课程都适合做成微课程,也并非所有微课程都适合放到微信平台。基于微信的课程开发主要用于辅助教学,并不能完全替代教师课上教学,但借助其社交功能,更能提高成人高校教学的质量和成人学习者的学习效率。

作者单位:上海市黄浦区业余大学

---

[1] 唐承鲲,徐明.基于社交媒体合作学习效果的影响要素与实现机制分析[J].远程教育杂志,2015(6):32-38。
[2] Kabilan M K, Ahmad N, Abidin M J Z. Facebook: An online environment for learning of English in institutions of higher education? [J]. The Internet and Higher Education, 2010(4):179-187.
[3] 蒋志辉,赵呈领,李红霞.基于微信的"多终端互动探究"学习模式构建与实证研究[J].远程教育杂志,2016(6):46-54.
[4] 何克抗.运用"新三论"的系统方法促进教学设计理论与应用的深入发展[J].中国电化教育,2010(1):7-18.
[5] 张艳超,伍海燕.移动微型学习:新生代员工继续教育新模式——以微信公众平台为例[J].现代教育技术,2013(11):79-84.
[6] 杨丽青.基于微信公众平台的分层教学模式的设计与研究[D].北京:北京交通大学,2016.
[7] 徐梅丹,兰国帅,张一春,孟召坤,张杭.构建基于微信公众平台的混合学习模式[J].中国远程教育,2015(4):36-42.

从单一的线下或线上教学走向混合教学
——以普陀区业余大学教学实践为例

白淑佳

内容摘要：通过对教学内涵的解构，深入认识成人高校教学的独特性，为线上教学分析奠定理论基础；通过问卷调查与访谈分析发现线上教学存在"增加学生参与教学的机会、灵活性与个性化"的优势，从而明晰线上教学存在的必要性；但在教学实践中也发现线上教学存在着"教学互动不畅"的问题。因此，对于成人高校来说，教学形态从单一的线上教学、线下教学走向混合教学，是其变革趋势。

关 键 词：成人高校教学　线下教学　线上教学　混合教学

随着人工智能时代的来临，利用智能技术改革教学方法、提高教育质量、提升教育治理能力、促进教育公平的实践创新不断出现，信息技术与教育教学深度融合的趋势不可阻挡。为深入推进人工智能在教育领域的创新应用，《中国教育现代化2035》《加快推进教育现代化实施方案（2018—2022年）》等政策文件相继出台；党的十九届四中全会提出，"发挥网络教育和人工智能优势，创新教育和学习方式，加快发展面向每个人、适合每个人、更加开放灵活的教育体系，建设学习型社会"，为人工智能赋能教育指明了发展方向。2020年大规模的线上教学实践便是"人工智能＋教育"的体现。面对突如其来的新冠肺炎疫情，各级各类学校的教育教学活动无法按时进行。为保障学生学习，在教育部"停课不停学"的指示下，各级各类学校利用网络平台积极开展线上教学。成人高校也依据自身的教学特点开展了线上教学。如此大规模的线上教学实践再次引发学者专家、教师、公众对于教育信息技术、信息技术与教学融合等问题的关注。对于成人高校而言，面对线上教学、线下教学，又应如何取舍，或采用何种教学形态更为恰当？在本文中，首先澄清教学、成人高校教学、线上教学、线下教学的基本内涵，构建探讨教学现象的理论框架；在此基础上，结合问卷调查与访谈发现线上教学的优势，说明线上教学存在的必要性；其次分析线上教学存在的问题。综合上述讨论，明晰成人高校教学的变革之路。

一、教学内涵解析

教学是学校实现教育目的的基本途径，是学校的核心工作，也是教师专业化的体现。我国学者主要从教学的目的或价值、教学中主要两个因素（教师—学生）互动的角度对"教学"进行界定①。《教育大辞典》中将"教学"

---

① 中国教育大百科全书编委会.中国教育大百科全书·第一卷[M].上海：上海教育出版社，2012：608-609.

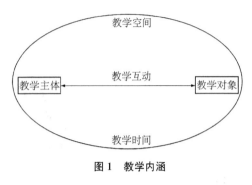

图 1　教学内涵

界定为：以课程内容为中介的师生双方教和学的共同活动。其特点为通过系统知识、技能的传授与掌握，促进学生的身心发展①。

结合教学的定义，图1展现了教学的内涵，教学主体——教师、教学对象——学生是教学的基本要素；教学互动是贯穿于整个教学活动过程中的，可以说"教学互动"便是教学的外显表现形式；而学校教学作为有目的、有组织、有计划的活动，是正式的教育活动，意味着教学活动必然在一定的教学空间和教学时间内展开。

成人高校教学则更多是从学段以及教学对象进行了规定，因而成人高校教学具有上述教学的内涵特征。首先，成人高校教学是为教学对象——成人学生服务的；其次，本文中的成人教学是由独立设置的成人高校组织实施的。而成人高校的线下教学实际与以往成人高校教学形态具有同等含义，也经常被称为传统教学。而线上教学出现以后，拓展了成人高校教学的内涵，因而"线下教学"的说法也是相对于"线上教学"而言的。二者都具有上述教学的特征，区别则在于信息技术与教学结合方式发生了变化。

线下教学是指教师与学生在一定的教学空间、时间面对面互动的过程，教学空间通常指的是学校的教室，也可以指其他教学活动场所；信息技术通常作为教学手段、教学方法被运用于教学中。

与线下教学不同，线上教学的开展需依托于信息技术平台，信息技术作为教学得以开展的物质载体，如果没有相应的信息技术平台，则"线上教学"便无法展开。这种教学形态实则改变了教学空间甚至教学时间，将教学空间从现实场景转到了网络平台上，教师与学生并不是真实地面对面进行互动。

尽管成人高校线上教学与线下教学有着明显差异，但都具有上述教学的基本内涵特征。基于教学的内涵，结合问卷与访谈，分析成人高校线上教学的优势，说明线上教学存在的必要性；通过教学实践、教学研讨、学生访谈，发现线上教学存在的问题。综合上述分析，探讨成人高校未来的教学形态。

二、成人高校线上教学实践探讨

（一）线上教学的优势

教学对象是教学的基本要素，没有教学对象的存在，便没有教学存在的意义。对于成人高校来说，其教学对象本身便存在着特殊性。不同于中小学与大学，成人高校的教学对象为成人，绝大多数是在职工作者，而成人高校教学时间一般为工作日晚上或者周末白天，这意味着他们的时间与精力是有限的，且参与教学的时间与精力会极大程度受到自身工作、家庭等个人因素的影响。从近年来成人高校教学实践来看，成人高校的学生整体出勤率普遍不高，大多是因为"工作忙、时间冲突、照顾家庭"等因素造成的。由于以上因素的影响，成人学生进入课堂的频率降低。而任何教学必须基于学生的参与才有存在的意义。如何结合成人学生的实际情况，对教学进行变革，客观上为学生参与课堂创造机会，成为当前成人高校需重视的问题。而此次疫情期间，成人高校开展大规模的线上教学实践为解决此问题提供了有效途径。

通过问卷调查发现，成人学生的出勤率达到80%左右②。而人民智库的问卷调查也显示，84.93%的公众认为人工智能为教育赋能最有助于提升"学习时空条件的灵活性"③。这也从侧面反映了线上教学的优势所在。线上教学节省了学员往返学校路上的时间，不受地点约束，学员在家里、单位、路上都能上课，因而出勤率大幅提高。正如前面所指出的线上教学特点，线上教学改变了原有教学的空间，为学生参与教学提供了机会。

---

① 顾明远.教育大辞典：简编本[M].上海：上海教育出版社,1999:185.
② 数据来源于《普陀区业余大学前三周网上直播教学调查报告》。普陀区业余大学网上直播教学开始于2020年3月2日，为了解网上直播教学效果，学校面向所有学员发放了网上直播学习情况调查问卷，共有970名学员参与了此次调查。
③ 转引自人民智库发布的问卷调查报告《当前公众对"人工智能＋教育"的认识与期待》，问卷调查报告发布链接：http://www.rmlt.com.cn/2020/0331/574829.shtml. 此问卷调查时间为2019年12月23日—2020年1月13日，调查方式为通过互联网和微信公众平台发布网络问卷进行调查。共回收问卷3 101份，数据有效率93.16%。

此外,教师在教研活动中提到,线上教学课程可以回放,解决了学员由于家庭、工作等各种原因不能按时上课的问题,对于课堂上未能听懂的内容,学员可以通过回放反复消化①。而在本次线上教学问卷调查中也进一步了解了学生观看直播课程回放的情况。

如图2所示,65.4%的学生在未参加课程的情况下会观看回放;另外22.1%的学生会经常观看回放课程。这表明绝大多数学生会利用教学软件回放的功能进行学习。对于成人学生来说,其时间与精力有限,经常会由于工作、家庭等原因无法上课,线上教学平台的回放功能为解决他们的学习问题提供了有效方式;另外学生也可利用回放功能,针对没有明白的问题反复观看、自我消化。

综上所述,线上教学具有增加学生参与课堂的机会、灵活性与个性化的优势,可解决成人高校线下教学学生参与课堂机会减少的问题,更能符合成人学生的特点,满足成人学生的需求。

(二)成人高校线上教学的主要问题

教学互动是影响教学效果的重要因素。例如,师生之间的互动方式对于课堂氛围、学习反馈等方面都有着直接影响。教学互动一般而言是指课堂中教师和学生的相互交往和相互作用,既包含师生互动,也包括生生互动。教学互动是需要依靠媒介才能实现的。一般来说,线下教学互动的媒介包括言语行为和非言语行为③。通过问卷调查,总结线上教学互动情况如图3所示。

图2 学生观看课程回放情况②

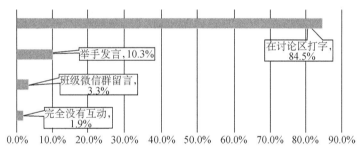

图3 师生教学互动情况④

图3展示了线上教学教师与学生互动的情况。将近九成的学生采用在讨论区打字的方式与教师互动。也有少部分学生采用举手发言的方式,用语音与教师进行互动。为了更好地说明线上教学互动的情况,从教学互动主体与媒介的视角,对线上和线下教学互动进行比较。

如表1所示,与线下教学相比,在互动主体方面,"腾讯课堂"线上教学互动主体仅局限了教师与学生个体的互动,究其原因与腾讯课堂功能、教师与学生的选择有关系。腾讯课堂为开展教学互动提供两种方式:(1)语音互动:教师开启语音功能——学生点击语音图标——教师对回应的学生进行选择,以便学生可语音发言。这种互动方式的主动权在教师,但互动的完成依赖于学生的回应。同时,这种互动只能一对一进行。(2)讨论区文字互动:教学过程中,学生可随时在讨论区发布文字,教师根据学生反馈了解学生学习情况。以上两种方式都需依赖言语进行,言语询问与回应在平台上都需要时间且会受到网络的影响,造成教师无法及时了解学生的学习情况;另外受到腾讯课堂平台限制,教师无法看到学生,意味着教师无法主动通过观察学生了解教学效果并及时调整教学;同时由于平台的限制以及线上教学的有序性,教学互动主体更多是局限于教师与学生个体,因此以学生

---

① 数据来源于《普陀区业余大学前三周网上直播教学调查报告》。
② 引自普陀区业余大学公共管理系教研活动"教师对线上教学的看法"。
③ 程晓樵,吴康宁,吴永军.课堂教学中的社会互动[J].教育评论,1994(2):37-41.
④ 数据来源于《普陀区业余大学前三周网上直播教学调查报告》。

群体与学生群体为基础的小组交流方法难以进行。生生互动难以在线上进行,造成学生无法通过与同伴的交流加强对教学内容的理解。

表1 "腾讯课堂"线上教学互动与线下教学互动比较

教学互动要素	教学形态	"腾讯课堂"线上教学互动	线下教学互动
互动主体	教师与学生个体	√	√
	教师与学生群体	×	√
	学生个体与学生个体	□	√
	学生个体与学生群体	□	√
	学生群体与学生群体	□	√
互动媒介	言语行为	√	√
	非言语行为	□	√

实际上,教学互动的主体与媒介可以通过改进教学软件、综合利用多种软件得到增加,比如利用在线编辑文档实现小组合作。但在教研活动中,教师提到,线上教学缺乏课堂氛围,教师无法通过观察直接得到反馈以调整教学,教师仿佛是自说自话,得不到学生回应①;同时,学生在访谈中提到,在学校上课会比较生动,上课环境活跃,同学之间交流比较多,这样学的东西更容易懂②。而在问卷调查中也体现出上述信息。

如图4所示,53.50%的学生认为线上教学缺乏学习氛围;29.90%的学生认为其教学交互性差;同时还有21.90%的学生认为无人监管很难专心。这实际上与课堂氛围密切相关。

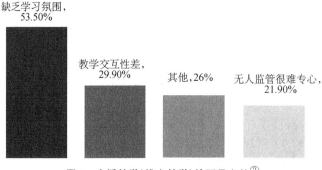

图4 直播教学(线上教学)的不足之处③

正如问卷和访谈中所展现的,教学互动背后所体现的是课堂学习氛围,而线上教学最大的问题在于缺乏学习氛围,教师与学生、学生与学生之间都存在疏离感,无法感知自己是在共同体中学习。张婧鑫、姜强等曾在研究中指出,在线学习资源虽然丰富,学习机会增多,但与传统面对面授课方式相比,缺乏一些必要的社会性互动与非语言暗示,导致学习者产生孤独感,在一定程度上影响学习交互,不利于学习者知识建构,阻碍在线学习。学生在网络学习空间更需要找到一种归属感、一种支持与认可④。

综上所述,教学互动对于教学效果有着重要的影响,相比线下教学互动,线上教学互动存在时间差、反馈不

---

① 引自普陀区业余大学公共管理系教研活动"教师对线上教学的看法"。
② 引自笔者对班级学生进行的"对线下教学的看法"的访谈内容。
③ 数据来源于《普陀区业余大学前三周网上直播教学调查报告》。
④ 张婧鑫,姜强,等.在线学习社会临场感影响因素及学业预警研究——基于CoI理论视角[J].现代远距离教育,2019(4):38-47.

及时、互动主体与媒介单一、课堂学习氛围缺乏等重要问题,教学互动效果不理想。

三、建议:成人高校教学走向混合教学

线上教学由来已久,此次大规模线上教学实践证明线上教学能在一定程度上增加学生参与课堂的机会,并推动教学向灵活化、个性化等方向发展。但通过线上教学实践也发现,当前对于成人高校来说,线上教学实践仍存在一定的问题,主要问题便是教学互动不畅,影响着教师与学生的积极性,并最终影响教学效果。因此对于成人高校来说,可融合线上与线下两种教学形态的优势,形成混合教学。

混合教学是随着信息技术发展并不断深入教育中从而发展起来的一种教学形态。谭永平认为,混合教学是借助现代教育技术、互联网技术和信息技术等多种技术手段对教学资源进行优化组织、整合、呈现和运用,将传统面对面的课堂教学、实践实操教学与网络在线教学进行深度融合,以寻求两者优势互补,从而实现最佳教学效率和效果的一种教学模式①。由此看来,混合教学绝不是线上、线下教学简单地叠加,应是根据教学内涵,将线上与线下教学各类优势以一定方式进行融合。

依据笔者线上与线下教学实践经验,成人高校教学要转变为混合教学,仍需进一步思考以下问题:(1)从教学目的来看,作为学校来讲,教学不仅仅承担着知识、技能提升的目的,还承担着育人工作。对于成人高校来说,需思考如何发挥线下教学育人的传统优势,并寻找线上教学育人途径。(2)从教学内容来看,对于成人高校,教学内容与学生所在专业、所学课程密切相关,不同专业、同专业不同课程等内容如何进行混合教学,应按照何种结构进行安排,这需要广泛调查与深入思考。另外,还需思考不同性质的内容,比如操作性教学内容、理论性内容,又应如何安排。(3)从教师自身来讲,需具备信息技术运用意识与能力,包括一般电脑操作能力、教学软件选择与操作能力,另外还需提升教师信息技术与教学融合能力。(4)对于教学软件来讲,这是实现混合教学的保障之一,需思考按照何种标准选择教学软件,如何确保教学软件的正常运作。以上问题的探讨将对成人高校混合教学制度建立与实施提供重要的参考依据,值得进一步研究。

参 考 文 献

[1] 中国教育大百科全书编委会.中国教育大百科全书·第一卷[M].上海:上海教育出版社,2012.
[2] 顾明远.教育大辞典:简编本[M].上海:上海教育出版社,1999.
[3] 刘斌.基于在线课程的混合式教学设计与实践探索[J].中国教育信息化,2016(11):81-84.
[4] 王继新,韦怡彤,宗敏.疫情下中小学教师在线教学现状、问题与反思——基于湖北省"停课不停学"的调查与分析[J].中国电化教育,2020(40):15-20.
[5] 吴祥恩,陈晓慧,吴靖.论临场感对在线学习效果的影响[J].现代远距离教育,2017(2):24-30.
[6] 吴结,于蕾.区域独立设置成人高校转型取向研究——以广东省为例[J].广东开放大学学报,2017(2):1-6.
[7] 王志军,陈丽.国际远程教育教学交互理论研究脉络及新进展[J].开放教育研究,2015,21(2):30-39.

作者单位:上海市普陀区业余大学

---

① 谭永平.混合式教学模式的基本特征及实施策略[J].中国职业技术教育,2018(32):5-6.

社区教育课程内涵、特点及建设策略的思考

李炳金　胡艳

内容摘要：社区教育课程是开展社区教育活动的必要载体，承担了落实社区教育目的的关键任务，同时也是推动社区教育实践活动具体开展的基本参考依据，是促进社区教育内涵发展的重要要素。目前社区教育课程的内涵表述中存在社区属性不强、课程实践同化以及建设不规范等问题。本文在对已有代表性的社区教育课程内涵概念进行分析基础上提出了社区教育课程的内涵，并对社区教育课程特点进行了分析，还提出了完善普陀区社区教育课程的建设策略。

关 键 词：社区教育　课程　内涵　特点　建设策略

在各种类型的教育中，课程都是占有着极其重要地位的，因为课程是推动所有教育目标落地的核心载体，任何教育活动的实施都离不开这一载体。同样的道理，社区教育也是具有目的的教育活动，它承载了政府和社会赋予的教育目标，也必定需要社区教育课程这一载体来落实社区教育目标。理所当然地，社区教育课程也是社区教育开展实践活动的基本依据。在1998年国务院批准教育部发布的《面向21世纪教育振兴行动计划》中，旗帜鲜明地提出要在全国各地积极开展社区教育实验工作，与此同时还需要适应终身学习时代的需要，不断满足全民学习的需求，逐步建立和完善终身教育体系，其中也包括了社区教育，以此来不断努力提高全民素质。随着社会经济的不断发展，我国正逐步进入终身学习、全民学习的时代，其中社区教育承担着不可替代的重要作用，社区教育课程在实现社区目标过程中也必然起到重要的中介作用。2006年，上海市委、市政府在《关于推进上海学习型社会建设的指导意见》（沪委发〔2006〕2号）中提出，要通过提供多样化的教育服务，包括建立学习场所、丰富教育内容、改善学习条件等等，满足所有社区居民的学习需求，以促进学习者的终身发展，与此同时，对于社区教育，文件也特别强调，要积极加强所有社区学校的课程和教材建设，从学习内容上进行丰富完善，明确提出要开发一批适应居民终身学习需求的覆盖工作、生活等各方面的适合居民学习习惯的本土化的课程与教材。通过教育部和上海市的相关文件，毫无疑问，我们能发现社区教育课程成为国家和地方推动社区教育事业发展不可或缺的重要抓手，社区教育的发展一定离不开社区教育课程的建设，只有建设和完善好社区教育课程，才能真正促进我国社区教育事业的良性、持久发展，也才能真正落实终身学习社区建设的重任。

一、对社区教育课程概念的理解

我们都知道，社区教育与一般学校教育存在很大的差别，主要是在其教学的地域性和时段性方面与普通学校教育完全不一样:社区教育只有大致的教学场所,时间上也没有很规律的要求。这与社区教育面对的对象有很大的关系,要适应和谐社会发展的需要和社区居民的终身学习需求,就不能局限在一地一时,而应灵活处理。基于社区教育课程是落实社区教育的重要载体,要开展社区优质教育的话,形成一套丰富完善的社区教育课程体系就尤为重要了。与学校教育不同的是,社区教育的课程在开发中必须紧扣居民的学习、生活和工作,紧扣国家改革开放的趋势,紧扣居民学习的关注点。现代社区教育需要遵循几个基本的原理,包括教育社会化、社会教育化和生活(工作)学习化、学习生活(工作)化。按照这四个基本原理,社区教育课程的开发就必须以社会经验为中心,充分挖掘社会生活中的课程内容,同时积极融入体系化的学科知识和各类生活经验课程,不断形成综合课程的适合本地社区居民学习的社区教育课程模式。

代表性的观点如下:储红提出,社区教育的性质,决定了社区教育的课程应该比正规学校教育的课程有着更加宽泛的内涵。他还认为,社区教育的课程应该包括系统性知识体系的正规课程以及具有课程要素性资源在内的广义概念,而且从某种意义上来说,非正规的课程资源在社区教育中可能发挥着更大的作用。叶忠海认为,社区教育的中心问题是社区教育的课程,社区教育课程设置的情况直接关系到能否更有效地提高社区成员的素质。社区教育的课程设置应贯彻目的性、整合性和差异性原则,可以将其分为规范性和职业性社区教育课程设计、非规范性和非职业性社区教育课程设计。苟顺明提出,社区教育课程应当具有明确的课程目标,那就是需要以社区和社区居民互动持续发展为目标,立足社区居民的实际工作和生活需要来设计社区教育课程,并且一定要以解决和排除社区居民在自身生活和发展中面临的各种问题以及妥善地为社区居民排除、解决各类生活中的障碍为中心,同时要能够在学习者所在的社区范围内实施和开展整合知识、经验、实践、环境、生活的教育。文锦等认为,社区教育课程有广义和狭义的区分,广义上讲,我们所谈到的社区教育课程应该是指社区居民学习者在其当地的社区教育机构指导下进行的,以促进自身各方面发展所经历的所有活动的总和,这是一个综合性的概念,囊括了社区学习者所参与的活动;从狭义上讲,就需要对概念进行约束,这个意义上的社区教育课程是当地的社区教育机构为了推进社区的各方面发展,按照课程理论的有关规律和要求编制的有计划的教育内容。

笔者认为,社区教育的性质决定社区教育的课程比正规学校的教育课程具有更广泛的内涵。社区教育课程应包括具有系统性知识体系的正规课程和具有课程要素性的资源在内的广义概念,而且在某种意义上讲,非正规的课程资源在社区教育中发挥更大的作用。因此,社区教育的课程应是以社区居民终身发展多样化和社区发展需求的多样化为依据,并且整合知识、经验、实践、生活等多方面素材和内容在内的教育、学习的活动和过程的总和。社区教育要满足社区发展和社区成员发展的双重需求,要根据形势和任务需要开发一批专题或综合性的课程资源,还要整合优化已有的课程资源,建设社区教育的精品课程。

由以上概念,笔者认为社区教育课程具有以下几个基本特点。

1. 实用性

社区教育课程在内容上与学校教育不完全一样的是,社区教育课程要紧密联系社区学习者的生活实践,课程必须注重实用性,注重应用价值,而不需要特别关注课程知识的系统性和理论性,社区教育课程内容要求在实际生活中有用,给予学习者切实有效的实际帮助,也能够帮助学习者积极解决其所面临的实际问题和具体困难,只有这样,才能真正达到社区教育课程设计的主要目的。从某意义上说,学以致用,一定要成为所有社区教育课程设计的最为根本的出发点和最终落脚点。

2. 通俗性

由于社区里居住的各种群体文化程度不一,知识层次还是存在着很大的差异,而社区教育课程是为社区居民设计的,因此,社区教育课程内容要接地气,讲老百姓喜欢学的、容易学会的,切忌过于理论化、书面化。

3. 地域性

社区教育同时也具有鲜明的地域性特征。不同的地域文化特点,决定了社区教育课程不能用统一标准去规范,社区教育课程开发必须"因地制宜"。由于各社区学校所处的地域不同,各地的经济、文化等底蕴不尽相同,当地社区群众喜欢的学习方式、学习内容更可能"五花八门"。因此,我们在进行课程开发时要特别关注这一问题,使之更易于被当地群众接受和喜爱。

二、上海社区教育课程建设的基本情况

根据我们收集的资料,社区学院(校)课程都是基于本区域居民需求调研而设置,因此,从各社区学院现有课程

设置情况可以从另一个侧面反映现有社区教育需求的侧重点仍旧以生活休闲、生活技能等课程为主。

通过对五个区所提供的社区学院(校)所设置的一千多门课程①进行分类统计发现,目前社区学院(校)的课程设置大同小异,比例从大到小依次为:休闲娱乐(略高于50%)→生活技能(约为15%)→语言学习→信息技术→健康保健→专门知识、投资理财、职业技能、时事政治和法律(总共约占7%)。其中超过50%的休闲娱乐类又以体操、文化修养(诗词、美术、书法)、舞蹈、音乐、乐器为主,而较为系统和规范的知识,如语言、信息技术、卫生健康比较少,专门知识、投资理财、职业技能、法律等课程的设置更少。

社区教育课程有多种分类形式,从存在形态看,有显性和隐性;从媒体表现方式看,有讲授类、音像类和网络类。本文将从内容的角度综述目前上海社区教育课程的一些分类情况。根据我们的统计,目前有关各区的社区教育课程分类情况如下:

1. 徐汇区:7大类25小类

法政与教育类:党务工作、形势教育、法律、道德修养、家庭教育(升学指导、就业指导)
文史与艺术类:语言文学、欣赏鉴赏、书法绘画、戏曲声乐、舞蹈、器乐
科学与技术类:计算机、摄影、生活知识(居住、理财、科普、旅游、服装裁剪、花卉)、手工制作
医疗与健康类:营养烹饪、医学普及
体育与健身类:棋牌、球类、拳操、其他运动(游泳)
职业培训类:短期培训(家政、物业管理、母婴护理)、职业资格证书
综合类:远程教育类(空中老年大学)、其他(青少年教育、残疾人教育)

2. 普陀区:不同划分角度

(1) 从课程设置上分:
公共型:法律、形势等
知识型:保健与养生、科普、智障文化、社会学、人际学、经济学等
技术型:烹饪、裁剪、编织、美容、摄影、旅游、书画、智能手机等
文体型:拳操、舞蹈、说唱、健美、时装等
趣味型:桥牌、棋类、养花、剪贴等

(2) 从教学模式上分:
活动型:如戏剧演唱、各种健身操、报刊阅览等。
培训型:将区有关部门与街镇科室开展的各类业务培训搬入社区学校,分期分批对有关人员进行业务培训;对再就业人员的技能培训。
知识型:如电脑教学、健康养身讲座、投资理财教学等。

(3) 从课程内容上分:
政治思想类:如时事政治、国防教育、法制教育等
知识技能类:如家政服务、电脑网络、通用英语、烹调饮食、金融股市等
文化娱乐类:如舞蹈、戏曲演唱、插花艺术、科普、摄影等
业务培训类:如为居委干部、志愿者、外来人员等开设培训课程

3. 浦东新区:3大类12中类

(1) 理论知识类有:
宣传类:和谐社会,新农村,科学素质纲要,农民工,反对邪教、迷信,农村劳动力培训,长征精神,国内时政
区情类:了解浦东,珍惜浦东,开发浦东,建设浦东,热爱浦东
道德礼仪类
法制类
科普知识类

---

① 根据各区提供的市民课程设置手册整理而得。

(2) 技能培训类有：

文化艺术知识类：文学欣赏、戏剧曲艺、音乐、乐器、书法绘画、舞蹈、民间工艺、厨艺茶艺、民间传统文化、其他文化艺术

职业技能类：思想观念、心理素质、从业知识、应聘技巧

专业知识类：计算机基础与应用、汉语基本知识与应用、古代诗词、英语基础、法语基础、中国近代史、旅游知识、金融基础知识

(3) 实践活动类有：

体育健身活动：全民健身、运动与健康、治病防病健身、体育健身误区、竞技体育、雅俗各异体育健身

和谐社区创建活动：社会主义荣辱观、公民道德建设实施纲要、爱国主义、革命传统教育、社区环境保护活动、团队活动

4. 上海社区学校网：8大类

社科类：文明礼仪、爱国主义、交通法规、时事政治、公共道德、法律法规、心理疏导、家庭教育、经济金融、中外历史、中国文学、旅游文化

技能类：烹饪、电脑维修、会计、物流管理、钟表维修、广告

语言类：英语、法语、德语、意大利语、粤语、沪语、汉语拼音

科技类：思维体操、Windows操作、计算机网络、多媒体技术、科普知识

表演艺术类：舞蹈基础、交谊舞、健身舞、声乐、管乐、弦乐、民乐、爵士乐

养生保健类：瑜伽、气功、太极拳、乒乓、跆拳道

视觉艺术类：国画、书法、摄影、布艺画、素描

手工艺术类：剪纸艺术、编织、布衣艺术、串珠工艺、装裱、中国结、插花、服装裁剪

另外，上海市精神文明办负责的上海东方社区学校服务指导中心把上海社区学校的课程分为社科类、语言类、科技类、技能类、养生保健类、表演艺术类、视觉艺术类、手工艺术类。

根据以上现状，我们认为上海社区教育课程体系方面存在以下不足：

第一，社区教育课程分类混乱，分类标准不统一。当前各区在社区教育课程的分类上采取了不同的角度和标准，有的根据课程内容，有的根据教学方式，有的根据活动角度，有的是多种标准交叉使用，不一而足，不是非常规范。

第二，社区教育课程名称雷同现象严重，富有区域特色的不多。许多区的很多课程采取完全一样的名称，没有完全形成具有区域特色的社区教育课程，很难适应市民的学习需求。

第三，社区教育课程内容滞后，需要加贴近社会发展。因为社区教育是贴近居民生活的教育，因此社区教育课程要稳中有变，根据社会发展及时更新和完善，这样社区教育课程才能具有生命活力，也才能满足市民学习需求。

第四，社区教育课程设置的随意性较大，科学性需要增强。当前社区教育课程的设置按照严格的课程设计的程序进行开发而形成的不多，科学性有待加强。

因此，我们认为，在上海社区教育课程体系建设方面，要在一定的思想指导下，形成具有地方特征的、完整的上海社区教育课程体系，适应经济社会发展需要。

三、发达国家社区教育课程建设情况对比

由于我国社区教育的开展尚处于初步阶段，作为其核心工作之一的社区教育课程体系建设缺乏现成的参考依据，课程的设计与开发更是缺乏深入科学的规划。美、日等发达国家，社区教育已经深入人心且其课程体系发展相当完善和富有特色。这些国家的社区教育课程也实现了多元化和体系化，为满足当地民众多元教育需求做出了积极的贡献。本文从美国和日本两个发达国家社区教育课程比较入手，从理念、实施、体系结构和建设开发的不同特色进行分析比较，以期为我国社区教育发展，尤其是社区教育的课程体系确立和发展方面提供不同的思路。

1. 美国的社区教育课程

美国社区教育把学科课程、经验课程，正规课程、非正规课程融合为一体，建设一种涵盖面非常广泛的综合

性课程。同时,由于社区教育课程不承担基础教育的任务,因此美国社区教育课程的设置是以学习者的学习需求和社区发展需要为依据的。

社区学院长期以来是美国社区教育课程实施的主要场所之一,美国的社区学院提供了很宽泛的多种教育课程(活动),领域涉及高等教育、成人教育、继续教育、合同培训以及社区服务。普通学校也会提供社区教育课程,这些学校的课程一般集中在晚间与假期,除开设学科课程外,还会利用社区的文化场馆组织研讨、讲演、文化体育活动,或举办展览、开展咨询等。社区学院的高等教育课程主要是为培养两年制的大学生服务,使他们能够在攻读副学士学位课程时获得大学基础课程学分之后,有机会转入普通大学继续深造,获取学士学位、硕士学位乃至博士学位。

由于美国社区教育功能的多样化,其所包括的正规教育、非正规教育体系互相之间具有联系,因此,社区教育课程种类繁多,既有专业课程,也有职业培训课程,内容涵盖各个领域。由于社区教育的定位明确,就是为高等教育提供基础性课程,以及为继续教育、职业教育和终身教育服务,因此某些社区教育课程在全国享有很高的知名度。以美国社区学院的课程为例,在全国最受欢迎的前五大专业课程分别为:注册护士、执法许可、实用护理、放射学、计算机技术,这些都是较为实用、面向就业的课程。

2. 日本社会教育课程

日本社会教育课程较侧重个人的需求,社会教育围绕国民的兴趣与爱好来开展,这是日本实施以终生教育事业为中心,扩充教育体系的结果。在日本,社会教育课程依托各种社会公共设施得以开展实施,这是日本社会教育的特点。在日本,可以开展社会教育的场所有公民馆、图书馆、博物馆、青年之家、少年自然之家、妇女会馆等等。

在日本,社会教育课程繁多,由于主要是围绕国民的兴趣爱好来开展闲暇教育服务,因此大多为非正规的教育活动课程,其中又以"一般成人"为对象的学习班、讲座最多,其次是妇女教育。日本公民馆的社会教育课程主要有:以青少年为对象的文化补习;开设各种内容的定期讲座;举办各种主题的讨论会、讲演会、展览会等;组织各种文体活动等。日本图书馆教育课程主要包括读书会、研究会、鉴赏会、资料展览会等。

除公民馆、图书馆、博物馆这三大社会教育中心开展的课程之外,还有少年自然之家以培养青少年认识自然和陶冶情操,通过集体住宿生活体验纪律、协作、友爱、服务等社会价值的活动;儿童文化中心注重陶冶儿童情操、普及科学知识等方面。青年之家通过有纪律的集体生活和在家庭、学校、工作场所中难以体验到的生活来锻炼青年身心发展;妇女会馆为妇女教育人员及一般妇女开展研修、交流、提供信息和开展活动为主要内容的课程。可以说,日本社会教育课程的结构设置最大特色在于针对不同的教育对象的各类社会教育课程都具有自身特定的教育课程活动场所。

3. 美日社区教育课程的比较和启示

(1) 教育和课程理念的比较。美国的社区教育课程和日本的社会教育课程分别注重的是职业培训与闲暇教育。美国社区教育主要是成人职业技术教育的一种主要形式,因此社区教育提供的课程主要是以学生的职业培训和专业技能知识提高为目的,机械、化工、汽修、医护、自动化、会计、美容等多科性和职业培训取向的课程在社区教育课程体系中占据份额相当大,这与美国其他研究型大学的培养学术精英和科研人才的课程之间有着明确的分工。日本的社会教育则是建立在经济高速发展之后对于促进社会现代化,人们素质提升的终身教育需求之上,日本政府希望国民在终身教育背景下的社会教育课程体系中达到文化修养、职业培训、能力培养、素质提高、知识更新、技术创新等多元目的,在某种程度上说是一种闲暇教育理念的多元化体现,这种多元性与美国的较为单一的社区课程理念有着较大的差距。

(2) 课程实施机构的比较。美国社区教育课程实施的主要场所就是社区学院。社区学院主要承担着提供初级普通高等教育和贯彻终身教育的两大功能。这两大功能也决定了社区学院课程实施的两种主要特性,即:首先是提供两年制的基础大学课程,与普通高等学校的四年学士课程、研究生课程相衔接;其次是基于贯彻终身教育,为促进社区经济发展,培训就业人才的学分制职业课程和非学分技能培训课程,包括成人教育课程、继续教育课程、企业培训课程等等。日本的社会教育课程实施则是依托各种社会公共设施,种类较美国的社区学院要多样化,包括公民馆、图书馆、博物馆、青年之家、少年自然之家、妇女会馆、市民会馆、文化馆等各种机构都能提供社会教育课程,且各个机构的课程目的、对象、方式各不相同。

(3)课程设置的比较。尽管美国的教育非常发达,但是社区教育的课程设置非常明确地体现了其定位,就是各种正规教育、非正规教育课程体系的联结点和分岔口。因此,社区教育课程包括了可以与高等教育衔接的专业课程,却不是以提供普通高等教育课程为主要目的,其重心是提供内容涵盖各个领域的职业培训课程。美国社区教育课程的定位明确性和专业性给其发展带来了很大的好处。社区教育课程不攀比研究型大学的课程,而是努力打造自身以职业培训取向为特色的课程体系,在竞争激烈的美国高等教育和职业教育领域中突出了自身的特点,取得了成功。日本社会教育的课程设置则要纷繁复杂得多,由于实施机构众多,层次专业领域不一,各个机构根据自身服务社会对象的特点开设的课程也各具特色。除了以服务全民为己任的公民馆、图书馆和博物馆的社会教育课程内容面向广泛,其他诸如妇女会、少年自然之家、放映会等社会组织都有各自特定受众和兴趣群体,在实施社会教育的过程中必然存在各自不同专业、兴趣和目的的课程。

四、进一步完善社区教育课程建设的对策

结合以上分析,考虑到普陀区正在以"科创驱动转型实践区、宜居宜创宜业生态区"为建设目标,以文化进步、文化引领促进区域经济发展和人民生活水平提升,不断提升区域文化软实力。目前,普陀区已经形成了包括政治思想类、休闲娱乐类、技能培训类三大类的社区教育课程体系,正在为促进市民终身学习发挥积极作用。为进一步完善社区教育课程建设,我们为普陀及上海社区教育课程建设提出以下对策。

1. 要以居民发展为核心设计课程体系

由于社区教育需要满足社区居民广泛的教育需求以及不同群体各方面发展的要求,因此,社区教育课程应该设计为一个多层次并且内容丰富、形式多样的课程体系。在实际操作中,我们可建立全市性的社区教育课程资源数据库,收集和储存各类社区教育课程的课程名称、教学内容、任课教师、学时、授课时间、授课地点等基本信息,各社区的居民可根据自身的需要进行自主选择和学习,同时根据形势和居民需求的变化,及时调整和更新课程设置,利用网络优势实现课程资源的共享。

2. 要切实加强队伍建设,注重专业发展

社区教育课程建设是一项专业性较强的复杂的系统工程,必须组织建设一支强有力的专业师资队伍并充分发挥其作用,为课程建设顺利开展提供重要的支撑力量。普陀区社区学校在2018年已经开始出版教材的工程,拟出版教材若干本,但是目前现状是:社区学校还是缺少专业、专职人员,而教材的编写、课程的实施和评价需要一支相对称职和稳定的队伍。我们可以通过组织各种专题学习和理论学习活动、定期组织专题研讨、主动学习等方式切实提高教师队伍素质。

3. 要加大社区教育课程共建同享力度

关于社区教育课程建设的工作,各区经过多年的摸索与实践,已经初显成效,但这些课程却体现出缺乏"共享"问题,这样就会引出低水平重复性建设、浪费资源等现象。社区教育课程有核心课程和区本课程之分,对于社区教育的核心课程,各层面的机构可以合力加强推介和共享,减少资源浪费;对于区本课程,可以鼓励各区院校不断进行探索,开发出新的区本课程,从而满足当地社区居民多方面的学习需求。

4. 要完善评价及改进机制

当前,由于国家和地方无法采用类似于外部考试等评价手段来评价社区课程建设和实施的实际成效,那么,社区就必须建立较为规范的自觉自律的内部评价及改进机制,教师也就能据此进行自我评价,不断反思开发过程中出现的各种问题,从而实现自我激励、自我改进的目的,也进一步保证社区课程建设和实施的顺利进行,真正实现社区课程对社区教育发展的强有力的支持功能,更有效地促进社区居民的发展。

参 考 文 献

[1] 王英.社区教育课程建设的实践思考[J].中国农村教育,2015(Z1):57-59.

[2] 房颖.社区教育课程设计与实施模式研究[J].成人教育,2015(7):8-11.

[3] 李婷.终身学习视域下我国社区教育课程建设转型研究[J].2015(22):55-57.

［4］陈平,谭洛明,徐盈艳.社区教育需求调查研究——以广州市为研究点[J].职业技术教育,2009(13):63-66.
［5］杜君英.社区教育课程现状分析[J].陕西师范大学继续教育学报,2006(3):24-25.
［6］高志敏.创建学习型社会需要人人终身学习[N].文汇报,2008-01-07.
［7］高志敏.终身教育、终身学习与学习化社会[M].上海:华东师范大学出版社,2005.
［8］洪飞.社区教育现代化发展理念研究[J].中国成人教育,2018(22):133-135.
［9］郝克明.跨进学习社会——建设终身学习体系和学习型社会的研究[M].北京:高等教育出版社,2006.
［10］郝克明.终身教育国际论坛报告集萃[M].北京:高等教育出版社,2006.
［11］李金.社区教育课程与创课融合的理论与实践探索[J].中国成人教育,2018(20):139-143.
［12］李阳琇.美国社区学院课程设置特点及其基本理念[J].比较教育研究,2004(3):68-72.
［13］李征.上海市社区教育资源开发的现状分析[J].成人教育,2006(9):54-56.
［14］联合国教科文组织.教育——财富蕴藏其中[M].北京:教育科学出版社,1996.
［15］联合国教科文组织.学会生存——教育世界的今天和明天[M].北京:教育科学出版社,1996.
［16］上海社区居民学习需求与社区教育办学现状调研报告[M].上海:上海高教电子音像出版社,2007.
［17］小林文人.当代社区教育新视野[M].上海:上海教育出版社,2003.
［18］叶忠海.社区教育学基础[M].上海:上海大学出版社,2000.
［19］张会霞.社区教育发展的反思[J].中国成人教育,2017(21):152-154.

作者单位:上海市普陀区业余大学

远程教学背景下网络广播教学初探
——以阿基米德FM为例

凌 云

内容摘要：在突如其来的新冠肺炎疫情影响下，远程教学替代了传统课堂教学在成人高校教学中成为主流，网络广播教学平台在成为市民终身学习平台的同时也为远程教学形式提供了另一种教学媒体的思考。本文就阿基米德FM平台为例，探讨教学领域中网络广播课程的教学要求；分析网络广播课程的优势：自由的学习方式、互动的直播课程、聚集效应的网络社区；从教学内容模块化、教学节奏设计、教学互动方式三方面总结网络广播课程教学设计的要点，以期为网络广播教学成为远程教学的有效形式提供借鉴和启发。

关 键 词：远程教学 网络广播 阿基米德FM

当传统广播与互联网相遇，出现了诸如蜻蜓FM、喜玛拉雅FM等网络电台，网络为广播成为一种教学媒体提供了平台。阿基米德FM开设的名师E课板块结合传统教学与网络广播电台，让课堂直播连接起亿万学者，让教师与学生变成主播与听众，在远程课堂上自由交流、传递知识、共同探讨，为疫情下远程学习开启便捷的学习模式。

一、网络广播课程优势——以阿基米德FM为例

利用碎片化时间有规划地收听感兴趣的课程，在轻松愉快的氛围中学习知识，这是现代听众忙碌生活中高效学习充电的一种方式。阿基米德FM下设名师E课板块聚集了普陀区各类学校的一线教师授课团队，他们从个人专业、兴趣爱好或生活经验出发，开设多领域课程，有面对普通市民的教育科普类课程，有社会热点探讨，也有与市民切身相关的生活质量提升问题、教育升学问题等专题性课程。它为普通公民的终身成长提供了在家学习的平台，也为视觉障碍者和老年人等不能参加面授的特殊群体提供学习的机会。利用网络广播课程的优势进行教学设计的经验可以为远程教学的深入开展提供借鉴和启发，归纳如下。

1. 自由的学习方式

跨时间跨地域的收听方式让网络广播课程具有更自由的学习时间和空间。网络广播课程的学习者大多为普通听众，庞大的在线音频用户数量为课程开展积累了大量潜在受众，每个需要学习的人都可以利用个人移动终端借助网络随时随地进行学习，网络为课程学习提供了更大的舞台。通过手机APP应用，学习者可以为自己量身定制个性化的学习方案，既可以提前规划学习课程，利用闲暇时间收听直播，也可以利用"回听"功能随时收

听课程回放。相较于传统课堂而言,网络广播对上课时间和地点不设门槛,能随时随地开展远程学习活动。自由的学习让网络广播学习平台像一座没有校门没有校舍的学校,把有学习需求的学员组织到虚拟的网络空间,通过广播电台的声音媒介把课程传到千家万户,搭建起适合终身学习的平台,也为疫情下的成人高校教学提供了一种远程教学的方式。

2. 互动的直播课程

阿基米德FM下设名师E课课程的直播时间选择在大多数人的非工作晚间时间,让尽可能多的学习者能实时参与到课程直播讨论互动中。直播课程能聚集学生一起学习,在良好的课堂互动氛围中参与学习,对话交流互动等方式让学生更能投入其中,提升群体学习的互相感染的优势。网上购物借助直播能让销量成倍增长,课堂教学借助直播也能发挥更大的优势。首先,直播课程教学过程灵活,教师规划的教学过程可以实时开展、实时调整,知识点可以按学习者互动提问或交流的重心有所取舍和调整,巨大的学习者数量能让教师搜集到更多的教学反馈,实时控制学习者的兴奋点以保证教学效果,过程中也更容易调动教师的教学情绪。其次,直播课程有更好的群体学习氛围。网络时代课程教学资源琳琅满目,但大多数学习者很难通过自学的方式坚持学习,很多因没有督促和动力而放弃,而一种大家一起学习讨论的虚拟平台能把个体融入集体学习中,互相督促,交流学习心得以提高个体参与度和学习恒心。不同背景的学习者在平台上能自由交流,个体的想法能被群体进一步讨论,更有利于刺激高效思考,引起头脑风暴的效果。最后,直播课程有专题空间能让教师把筛选整理的有效资源通过共享的方式推送给学习者,让有限的直播时间获得延续,通过资源共享让每一次直播成为一次契机和启发,让课后自习有依托有资源,为可持续学习提供帮助。笔者认为直播课程可以跨越学历与非学历教育,主题性课程与系列课程相互结合,主题性课程作为推广课程,让有兴趣的学习者可以进一步系统学习相关系列课程,让直播课程成为远程课程的有效形式,在学历教育与非学历教育中都能发挥高效教学的作用。

3. 聚合效应的虚拟社区

爱因斯坦说过"兴趣是最好的老师",持之以恒的学习离不开兴趣的推动。网络广播平台能把具有相同兴趣爱好的人群集中到一起形成虚拟社区,利用聚合效应为志同道合的学习者提供聚在一起学习讨论的网络空间。阿基米德FM下设名师E课听众以老年人和教师群体为主,课程主题多集中于各学历的教育考试政策、复习方法及生活相关类实用课程。课程主播为来自各类学校的一线教师,他们把工作中的成果凝练成课程主题为听众带来实时资讯和思考,比如《分数概念教学思考》《一起阅读数学书》等,也有教师之间的教学经验交流和职业交流性质课程,比如《如何更好地与青春期的孩子沟通》《教师的职业幸福感》等,这些课程把教师群体关心的教学问题和职业相关问题作为课题来呈现和交流,聚集了一大批有相似经验和需求的人群,让网络广播课程不仅是学习的课堂,更是交流经验的虚拟平台。有效的分类和自由选择让拥有共同关注点的人群聚集于同一板块,更有效共享资源分享经验,充分发挥网络大数据的作用,让虚拟社区发展壮大,充分发挥聚合效应。

二、网络广播课程教学设计实例

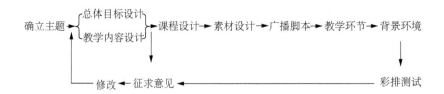

网络广播课程有其自身的局限性,如何通过教学设计规避这些局限?首先,要充分了解它的劣势。第一个问题是教师没办法及时看到听众的听课神情和注意力集中情况,不能察言观色,单从互动交流中了解听众的疑问和感兴趣的知识点;其次,网络广播通过语音为媒介将课程教学内容转换成音频信息,相较于视听感官协同工作的传统课堂吸引力降低,信息传播效率也随之降低;最后,听课环境的不确定性导致网络广播课程的实时听课效果优劣不一,干扰因素容易使注意力受到影响。综上,网络广播课程教学设计需要充分贴合网络广播课程的特点取长补短来进行设计。上图是名师E课中一次题为《品质生活从室内美学设计开始》的网络广播课的设计过程图,课程时长一小时,主持、主讲、嘉宾三人以对话形式开展实时课程广播。设计过程中从确立主题开始就

集多方观点开展有效讨论两次,彩排两次,经过三稿修改脚本确定了最终授课方案,并加入精心挑选的背景音乐与图框素材,课程广播前准备多个教学模块以便直播过程中可以随机应变地选择,有效控制课程时长和节奏,最终课程取得较满意的效果。笔者作为主讲,通过课程设计和教学体会总结如下三点网络广播课程教学设计建议。

1. 教学内容模块化

因网络广播课程的时间限制以及参与听众的不确定性,广播课程内容设计需要有多种应对方案,把一个主题下的多个知识点整合成平行模块的形式,根据课程中的实时情况随时调整讲授的模块,应对不同年龄层次和认知水平的学习者构成,去除网络广播课程中的不确定因素给课程的适应性带来的影响。课前准备中把课程内容划分成没有层级关系的平行模块,有利于课程中自由组合,例如笔者在《品质生活从室内美学设计开始》课程模块划分中把室内功能空间划分成卧室、起居室、厨房、卫生间、儿童房、老人房、书房等互相平行的学习模块分类学习。将兴趣点、讨论点较大的模块展开,省略讨论不活跃的模块,有效控制课程时间,提高学习效率和参与度。为了知识体系的完整性,课程尾声总结时将所有平行模块脉络用图框的形式发布,让听众对完整的课程体系有一个宏观的认识,避免主题内容不清晰。

2. 教学节奏设计

笔者通过《品质生活从室内美学设计开始》的教学设计及教学实践发现,网络广播课程的课程节奏设计较普通课堂对教学效果的影响更为明显,通过声音传播信息的语速与课程节奏需充分考虑。

首先是语速的设计,太快会导致还没听清信息就随着声音而消失,特别是老年听众容易跟不上课程节奏,挫败体验很容易导致放弃;而太慢容易产生听觉疲劳,注意力更易涣散,导致学员昏昏欲睡。网络广播课程语速与平时正常说话速度保持一致或稍偏慢一些较为合适,保持激情饱满的声音的同时注意语句停顿与语调的抑扬顿挫在广播课程中显得尤为重要。

其次是课程整体节奏的松紧有序,课程刚开始阶段听众较少或有些听众还没有来得及打开设备,可以选择音量调节、图片签到及轻松日常化的问候做课程预热,为课程主题导入做好准备。充分的热场后将课程重点内容配合多种展现方式展开,比如图片、图框、文字脉络关系图等形式充分引导听众关注和参与其中,避免太快太急切入课程重要内容。课程结束前的节奏也非常关键,预留时间不够会导致课程匆忙结束、虎头蛇尾,适当加入讨论互动环节,增添课程拓展内容和可选内容,课前准备的多模块根据互动情况有选择地加入或删减,预留时间灵活地将课程慢慢带入总结结束环节并以课程内容的文字脉络图做课程回顾,总结复习整个课程作为结束。

最后,单一的声音和单向知识输出易导致学习疲劳,加入不同角色的嘉宾或主持等不同的声音和互相碰撞的观点,更容易引发思考以活跃课堂气氛。比如问答环节,在听众没有专业提问情况下,嘉宾可代表不同人群向主持老师提出疑问并在获得解答后陈述自己的体会和观点,这种方式既能使课程节奏有松紧张弛,也能让课堂气氛更吸引听众。

3. 教学互动方式

网络上各种形式的教学资源琳琅满目,但学习者自觉主动参与学习的积极性较弱,特别是需要花费大量时间的长视频课程难以让学习者坚持学习。总结有如下两大原因:首先是没有互相督促学习的学习氛围;其次是没有实时交流答疑的机制来筛选资源引导持续学习。基于以上原因,网络广播课程要避免纯粹的自学方式,充分体现实时课堂互动的优势。主播和嘉宾可以用文字、图片、语音发布资料,听众能用文字的形式与主播互动,也可以通过主播邀请加入讨论用语音的形式交流,过程中所有交流内容公开可见,为其他听众提供一种促进和引发思考的资料和契机,教师在其中的组织者作用尤为重要,随时梳理总结讨论的内容和观点并引导节奏。

教师在准备教学互动环节时需充分考虑对应互动模式的讨论主题设计,对课程中随时可能出现的交流信息也要做好充分预案,更要为随时放大课程兴趣点做好充分的资料和素材准备。对课程中需要通过语音以外的形式发布的交流信息在教学准备中需慎重选择和制作,各知识点辅助说明文字、图片或图框都应根据课程要求制作,这类信息有利于在讲解重要知识点的时候做重点提示,教学过程中把需要充分讨论的标题内容用文字的形式及时发布,以便文字能停留在页面便于未听清楚的听众能够及时通过文字补充信息,积极参与主题讨论。

三、网络广播课程的启发

1. 课程资源规模化

通过阿基米德FM平台课程的收听体验和设计实践,笔者发现数量庞大的课程资源可成为不断更新的远程课程资源库。按照课程主题分类归档便于随时调用,教师可以随时进行补充完善,听众可随时搜索关键词找到感兴趣的课程回听,持续发挥课程数据的学习价值。为了实现课程数据库建设,课程需归纳总结主题脉络、关键词和课程内容文字框架以实现关键词搜索功能。加入数字图书馆资源库链接更能配合课程开展网上学习配套服务,既有利于学习者知识拓展,又有利于平台大数据分析,可以实现分层次、精准化推送目标听众感兴趣的课程介绍,扩大平台的影响和课程参与率。课程资源规模化过程中为听众建设有效的学习导航方式是实现快速搜索实时检索的关键,让远程学习平台不仅成为特殊时期居家学习的课堂,更成为多种媒体配套知识的资源库,为实现终身学习提供网上平台支持。

在课程资源规模化的前提下更需要课程精品化,通过对课程参与度满意度等数据的分析挑选精品课程,既能为网络平台的宣传开发带来关注点,又能为新加入的教师提供课程设计方面的支持,吸引更多有专业才能的课程主播加入课程教学中,为平台可持续发展带来源源不断的活力。

2. 虚拟社区建设

国内在线音频用户超过4亿,声音社交会吸引越来越多年轻人加入,语音交流通过声音传播观点,网络平台能将志同道合的人群加以细分构成虚拟社区,将学习活动群体化,互相交流和督促,打破传统课堂的时空局限,让学习成为虚拟社区的潮流和文化。相同爱好的听众在社区中学习并吸引同类听众加入不断扩大社区,也为不同主题课程的开展构建分类受众群体。阿基米德FM下设名师E课板块已经形成了较具规模的教师开放社区,方便教师间专业交流及情感交流,同时也正在吸引着家长、学生、关注生活的人群聚集。远程广播课程为开展经验交流、主题讲授提供了网络媒介,让热点话题吸引更多的人群加入,壮大推广这类虚拟学习社区。

四、总结

《学会生存》一书中写道:"人永远不会变成一个成人,他的生存是一个永无止境的完善过程和学习过程。"学习是与人类长期共存的发展个体的方式,是人们应付环境的新要求,延长现有的教育的必要手段。教学探索同样永无止境,随着时代的发展和网络技术水平的发展,远程课程为教学带来全新的思考。直播课程作为特殊情况下居家学习的上课方式,也为人们提供了一种能随时随地利用网络平台学习的便利,成为跨时空学习的主流方式。本文中探讨的广播课程是网络远程课程的一种形式,它为更多的远程课程形式提供可借鉴可参考的教学模式。集聚更多优质学者、研究者、领域专家共同教学和交流,将使网络课程成为优质资源集中的教学方式,单独开设或与传统课堂协同教学都将使传统教学迎来新的契机。为现代忙碌生活的人们实现终身学习目标提供强高效的学习方式,使学习成为日常生活的一种习惯。远程教学给教师提出了全新的挑战和实践的新思路,通过网络课程教学的深入一定能掌握更多直播课堂教学经验,能让远程课堂为市民终身学习提供有效途径,也必将对传统课堂教学的改革与创新带来借鉴和启发。

参 考 文 献

[1] 联合国教科文组织国际教育发展委员会.学会生存:教育世界的今天和明天[M].北京:教育科学出版社,1996.

[2] 余胜全.网络课程的设计与开发[EB/OL].https://wenku.baidu.com/view/64b7c66ec381e53a,2019-01-29.

作者单位:上海市普陀区业余大学

网络直播课程有效教学的实践研究
——以普陀区业余大学部分网络直播课程为例

吕品一

内容摘要: 一场突如其来的新冠肺炎疫情给社会各界带来了空前的危机和挑战。教育领域首当其冲,面对线下课程开展受限的严峻形势,全面推行网络直播课程势在必行。本文以疫情期间区办成人高校教学业务的开展为切入点,对学历教育、职业教育和老年教育多门网络直播课程开展有效教学研究。笔者以有效教学的三大内涵为理论参考,通过教学实践和学员满意度问卷分析网络直播课程有效教学的实现程度。在分析结果的基础上,笔者从有效教学实现路径的角度出发,对教师和学员分别提出了进一步建议。

关 键 词: 网络直播课程 有效教学 教学实践

一、研究背景

(一) 研究目的

新冠肺炎疫情期间,为积极响应"停课不停学"的号召,网络直播教学势在必行。对于每一位教育工作者来说,这都是一个不小的挑战,其核心问题就在于直播课程的教学效果是否能够得到保障。线下到线上的转变不应只是权宜之计,直播教学的潜力有待开发与挖掘。笔者希望通过自身教学实践,探索网络直播课程中有效教学的实现路径与方法,从学习者知识需求与能力培养的角度出发,达到教有所别、学有所用的目的。

(二) 研究意义

本文以相关理论为指导,以教学实践为抓手,旨在探究网络直播教学领域中有效教学的可行性与必要性。本次疫情从某种程度上推进了教学形式的改革,网络直播教学或将在今后发挥更重要的作用。本文的理论研究意义在于丰富和拓展有效教学理论的内涵和外延,使其在教学中的指导意义不仅局限于传统面授教学层面。实践意义方面,笔者参与的多领域、多学科的教学工作,可以为网络直播课程的教学有效性研究提供案例与数据支撑,并在此基础上进一步分析与探索实现有效教学的具体方法。

(三) 有效教学理论

有效教学(effective teaching)理念源于20世纪上半叶西方的教学科学化运动,在美国实用主义哲学和行为主义心理学影响的教学效能核定运动后,引起了世界各国教育学者的关注。受科学思潮影响,"教学即艺术"的主导观念开始发生转变。人们发现,教学也是一门科学,其包含科学的基础,并且可以用科学的方法来研究。

我国对于有效教学的研究始于20世纪80年代。在课程改革的大背景下,整个教育界开始意识到有效教学的重要性与必要性。余文森(现任福建师范大学教师教育学院院长)是我国有效教学领域的代表性学者,他认为有效教学有三大内涵,即教学的"效果""效益""效率",三者缺一不可①。概括来说:"效果"指的是教有所别、学有所获的意识;"效益"指的是挖掘知识内在价值的意识;"效率"指的是教学过程科学精简化的意识。教师只有同时具备这三种意识,才能实现有效教学,帮助学生取得进步与发展。

(四) 教学软件介绍

图1 软件操作界面展示

传统面授课程与网络直播课程的最大不同在于教学形式的变化。因此,在网络直播课程有效教学的实践研究中,教学软件的研究分析必不可少。本文涉及的教学实践均依托"腾讯课堂极速版"开展。该软件包含四大基本功能——分享屏幕、PPT、播放视频、摄像头(见图1)。在此基础上,教师可以自由调用小工具来辅助教学,如画板、签到、答题卡、发起举手等。除此以外,软件提供了部分附加功能,如出勤记录导出、作业布置等,方便教师进行课堂管理。

从笔者的实际使用体验来说,该软件功能简单实用,对教师的信息技术水准要求较低,便于操作。与传统面授课程相比,网络直播课程的优劣势均十分明显。其优势在于教学形式突破了空间与时间的限制,学员可以在任何场所参与听课,即使错过部分直播课程,亦可通过观看历史课程回放的方式进行学习。而其劣势则在于师生间互动性较差,虽然网络直播课程可以实现面授课程的大部分教学活动,但教师往往难以实时掌握学员听课情况,导致整体教学效果受到影响。

因此,从客观层面来说,教学软件功能有待进一步优化与开发,以满足网络直播课程的教学需求。从主观层面来说,教师也要勇于尝试、积极探索更多直播教学的方式方法,以更好地开展教学活动,达到有效教学的目的。

二、网络直播课程实践案例

(一) 学历教育

1. 学历教育特点

普陀区业余大学办学主体包含学历教育、职业教育、社区教育和老年教育。学校坚持人才培养方向,立志做精学历教育。与全日制高校不同,学校主要为社会人士提供高等学历补偿教育。学员构成上,大部分已成家立业,具有一定社会阅历。为满足学员工作之余的学习需求,学校安排在工作日晚间与周末下午进行授课。学历教育实体办学面临的主要问题是学员的工学矛盾,工作、家庭与学习三者兼顾往往难以实现,而网络直播授课的教学形式可以有效化解这一问题。

2. 学历教育教学实践:"营销英语"

网络直播打破了面授课堂"老师讲什么,学生听什么"的传统教学模式。直播课堂提供了相对舒适自由的学习环境,同时对于课程质量提出了较高要求。如果无法保证教学的有效性,将面临学员挂机开小差的窘境。因此,根据网络直播课程特点探索符合学员需求的教学内容与教学方法,是实现有效教学的关键所在。

笔者执教的"营销英语"为非语言类外语教学课程,即用英语作为教学语言讲授营销专业知识。首先,为避免理论知识讲解枯燥无味,提高学习效率,仅选取教材核心知识点进行讲解,保证学员在理解的基础上掌握相关英语专业术语。其次,为提高直播课堂中学员的参与度,在教学设计中加入较多经典案例,引导学员深入思考,通过案例分析将所学知识效益最大化。最后,针对学员英语基础薄弱的特点,在教学中补充了书本知识以外的

---

① 余文森.有效教学三大内涵及其意义[J].中国教育学刊,2012(5):42-46.

音标、词汇和语法等内容,帮助学员夯实英语基础,以保证学习效果,培养其自主学习专业知识的能力,达到有效教学的目的。

(二) 职业教育

1. 职业教育特点

学校坚持市场需求导向,立志做强职业教育。随着学习型社会建设进程的推进,各行业人才的学习需求与日俱增。在职业教育中,区办成人高校承担服务区域经济社会发展的职能,为政府、企事业单位、社区和重点人群提供继续教育培训、行业资格证书培训、职业技能提升培训等方面服务。与学历教育相比,职业教育教学周期短、课程密度高、学员目的性强。因此,课程内容和支持服务的整体质量是决定学员学习体验的关键。结合当前形势,网络直播在线培训发展前景广阔,必将为职业教育发展提供新动力。

2. 职业教育教学实践:初级会计专业技术资格证书培训

在疫情的冲击下,职业教育培训方式开始从线下面授向线上直播转变。为满足广大学员的学习需求,校培训中心主动求变,因地制宜地拓展线上培训服务。其中,会计系列培训作为学校传统项目,首先进行了网络直播试点。笔者以教学管理人员的身份参与培训全过程。

初级会计专业技术资格证书培训(以下简称"会计初级培训")包含"经济法基础"和"初级会计实务"两个科目,授课时间为每周六下午及晚间。为帮助学员顺利通过专业课考试,培训讲师聚焦经典例题与历年真题,在有限的时间内最大限度地提高教学效率。对于重难点问题,讲师深入分析出题思路与相关理论,确保学员在理解的基础上进行解题,做到举一反三,发挥知识体系效益。培训管理工作上,班主任与教务员职责细化、落实到人,形成了"课前准备—课中监督—课后反馈"的科学流程,保障了直播课程的教学效果,受到了学员的普遍欢迎与认可。

(三) 老年教育

1. 老年教育特点

学校坚持学习养老取向,立志做深老年教育。我国正迈入老龄社会,为积极应对人口老龄化,老年教育高质量发展刻不容缓。老年人对美好生活的向往赋予了老年教育丰富的内涵,它是学习交流的平台,是展现自我的舞台,更是通向美好人生的站台。为全面推进老年教育普惠性建设,必须破解"一课难求"的困境,其关键就在于教学资源的合理分配与共建共享。数据分析表明,老年人的学习意愿与教学点的普及程度呈正相关关系,"家门口的老年大学"受到普遍欢迎。根据这一需求特征开展网络直播课程,可以在缓解老年教育实体办学压力的同时为老年人带来优质便捷的学习体验。

2. 老年教育教学实践:"法国文化与基础法语"

笔者自 2018 年秋起执教"法国文化与基础法语"课程,至今已是第四个学期。根据教学进度规划,班级学员将于本学期结业。面对非常时期线下课程开展受限的现状,老年大学因地制宜推行网络直播课程试点,以满足广大老年学员的学习需求。为保障直播课程的顺利开展,笔者在教务老师协助下进行多轮课前测试,指导学员安装软件、调试设备、熟悉操作。

教学实践中,笔者以有效教学理论为指导,深入挖掘其三大内涵。教学设计上,针对老年人关心时事、注重保健的心理特点,笔者在课程中加入新冠肺炎疫情背景知识科普和抗疫小贴士讲解,受到学员的欢迎与好评,取得了良好的教学效果。教学方法上,考虑到老年人学习热情高涨但精力有限的特点,笔者精简整合网络直播课程的教学环节,鼓励学员积极思考,踊跃发言,最大限度地提升教学效率。教学内容上,为充分利用网络平台优势,笔者在课后指导环节中向学员推荐《上海老年教育慕课》《长者星空》等优质线上学习资源,培养其信息化意识,提高自主学习效益。

三、网络直播课程有效教学的分析与比较

(一) 有效教学分析

1. 学历教育

据统计,学历教育开展网络直播课程期间,学员平均出勤率突破七成,较面授课程有显著提高。为进一步了

解课程教学效果,学校面向全体学员发放网上直播学习情况调查问卷。问卷统计结果为教学有效性分析提供了科学真实的数据基础(问卷内容涉及教学管理档案库建设,故本文不显示统计结果中的具体数字)。

首先,从教学的效果来看(见图2),六成以上学员认为"非常好,和面授课一样";三成学员认为"一般,比面授课差一些";另有极少部分学员认为"很差,完全不如面授课"。据此可以得出结论:网络直播课程在短期内取得了较好的教学效果,但并不能完全取代面授课程。

其次,学员对知识的掌握程度较为直观地反映了教学的效益。从统计结果来看(见图3),六成学员认为"基本能够掌握";近四成学员认为"能够完全掌握";另有极少部分学员认为"完全不能掌握"。不难看出,网络直播课程的教学效益一般,如何提升学员对知识的理解与掌握能力是亟须解决的主要问题。

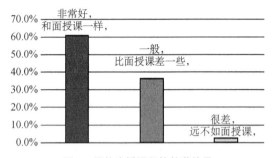

图 2　网络直播课程的教学效果

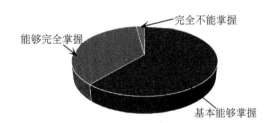

图 3　学员对知识的掌握程度

最后,网络直播课程缺乏实体教学媒介,因此,教师与学员的互动是评判教学效率的重要指标之一。统计结果显示(见图4),八成以上的学员选择"在讨论区打字"的互动方式;小部分学员选择"举手发言"或"班级微信群留言";个别学员存在"完全没有互动"的情况。通过分析可以发现,教师与学员之间存在一定互动,但方式较为单一;"举手"功能作为软件内置的有效沟通工具,其使用率远低于预期。因此,为了提高网络直播课程教学效率,要在保证课堂互动"数量"的基础上追求更高的"质量"。

此外,在"你对本学期开展的网上直播学习总体上满意吗?"一题中,近九成学员表示"满意"或"非常满意"(见图5)。由此可见,网络直播课程受到学员普遍欢迎,在今后有较大发展空间,是打造混合式教学模式的重要抓手。

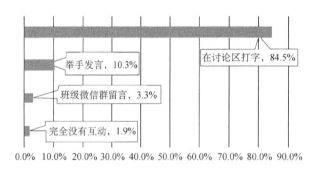

图 4　学员与教师的课堂互动

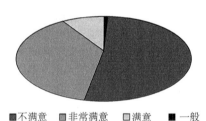

图 5　网络直播课程学员总体满意度

2. 职业教育

会计初级培训自开展网络直播授课以来,校培训中心坚持每周下发满意度调查问卷。针对学员反馈情况,培训讲师及时调整授课内容与方式,以确保课程质量。本文以最新一期问卷统计结果为数据来源,开展培训教学有效性分析。

首先,学员对于培训整体教学效果(见图6)给予普遍认可。其中,二成学员表示"非常满意";六成学员表示"比较满意"。从数据分布可以看出,培训满足了学员的基本学习需求,但仍有较大的提升空间。值得注意的是,评价体系中"注重学员个体需求"这一指标的满意度反馈并不理想(见图7),三成学员给出了"一般"评价。由此可见,为进一步提升后续培训的教学效果,要在学员的个性化、差异化需求上寻求突破,体现"教有所别,学有所获"的理念。

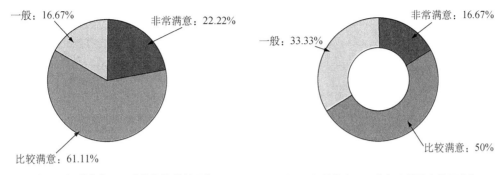

图 6 评价指标——"整体教学效果"　　图 7 评价指标——"注重学员个体需求"

其次,教学"效益"也是检验教学有效性的重要评鉴指标之一。行业资格证书培训有专业性强、知识面广、学习强度高的特点。为帮助学员顺利通过考试,教师要注重教学方法的创新,培养学员触类旁通意识,发挥知识体系效益。从"教学方法具有启发性"这一指标的统计结果来看(见图 8),学员整体满意率达近九成,培训的效益得到良好保障。

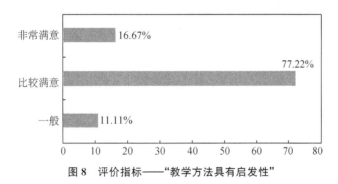

图 8 评价指标——"教学方法具有启发性"

最后,调查问卷统计结果直观地反映了网络直播课程教学效率。学员对"教师语言表述清晰、凝练"(见图 9)和"教师信息技能熟练、效率高"(见图 10)两项指标给出了高度相似的评价,满意率均突破九成。由此可以发现,应试培训讲师授课针对性强,注重效率,与网络直播教学形式的契合度较高。

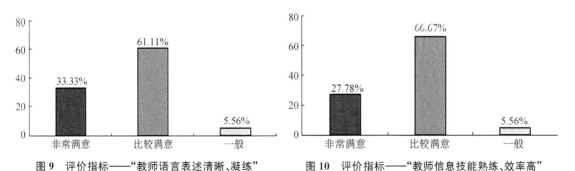

图 9 评价指标——"教师语言表述清晰、凝练"　　图 10 评价指标——"教师信息技能熟练、效率高"

3. 老年教育

为了解网络直播课程学员学习情况,老年大学面向首批试点班级下发调查问卷。针对老年学员学习动机差异化明显的特点,问卷在内容设计上简明扼要,不包含细化满意度评价指标。笔者在统计结果数据的基础上,结合自身教学实践,对老年教育网络直播课程的教学有效性进行分析。

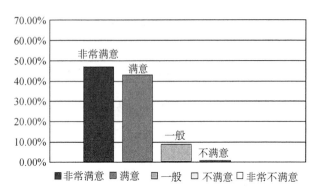

图11 问题——"您对网络直播课程的整体满意度如何?"

首先,从学员的整体满意度可以看出(见图11),网络直播课程取得了良好的教学效果,近九成学员表示"非常满意"或"满意"。不同于学历教育和职业教育,老年学员珍惜学习机会,享受学习过程。网络直播课程的出现打破了疫情期间"无课可上"的窘境,这一教学形式的创新满足了老年人丰富业余生活、实现自我价值的需求,达到了预期的教学效果。

其次,老年教育课程教学效益的评鉴标准与其他教育领域相比有较大区别。针对老年人学习主动性强,但记忆力与理解能力相对薄弱的特点,网络直播课程注重学习体验与教学资源的可循环利用性。学习设备的统计结果显示(见图12),超过半数的学员通过智能手机参与学习,且"课程回放"功能的使用率突破九成(见图13)。结合这两项数据可以发现,网络直播课程为老年人提供了跨时间、跨空间的学习平台,切实提高了教学效益。

图12 问题——"您是通过什么设备进行网络直播课程?"

图13 问题——"您是否会使用'课堂回放'功能?"

最后,网络直播课程的课堂互动情况能够真实客观地反映教学的效率。统计结果显示(见图14),九成以上的学员在课堂上与教师有互动,其中"讨论区打字""微信群留言"和"举手发言"三种方式占比最高。从有效教学的角度来看,师生间积极主动的沟通交流不仅是活跃课堂气氛的催化剂,更是教学效率的有力保障。

(二)有效教学比较

1. 相同点

通过分析学员满意度问卷数据可以发现,网络直播课程在学历教育、职业教育和老年教育中均不同程度地实现了有效教学的目的。

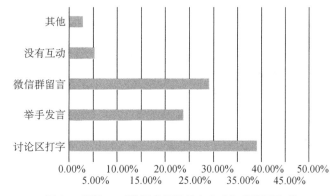

图14 问题——"您通常采用什么方式与教师互动?"

教学形式上,网络直播课程的便利性与普惠性受到广泛欢迎。教育信息化的发展打破了时间和空间的限制,使得"人人皆学、处处能学、时时可学"成为现实,从根本上满足了学习者对知识的需求。相信在疫情过去之后,网络直播课程能够获得更多的认可、取得更长足的发展,并且更广泛地服务于有效教学研究。

2. 不同点

从满足学习者需求的角度来看,网络直播课程在三个领域取得的成果较为类似。但从有效教学的内涵来看,三者分别有各自的特点。教学效果上,会计初级培训学员的满意率略低于其他两者。导致这一差异的主要原因在于职业教育学员学习目的性较强,注重个体学习需求,使其对课程质量的评价标准有所提高。教学效益上,学历教育领域的反馈结果较为一般。统计结果显示,学员对知识的掌握程度不高。从笔者的教学实践可以发现,学历教育学员的学习主动性较弱,面授课堂的教学模式与经验无法为网络直播课堂带来效益上的突破。教学效率上,老年教育领域的表现最佳。通过问卷调查可以发现,老年学员重视学习过程,交流互动积极,"举手发言"等多项功能使用率居高。得益于此,教师能够有针对性地精简调整课程内容,突出重点,提升教学效率。

四、研究结论

(一) 教师层面

综合本文的教学实践案例和数据分析比较,笔者得出结论:为实现网络直播课程有效教学,教师必须具备"三意识一素养"。教师要具备"效果意识",即需求为重,学生为本的意识。有效果的教学能够使学生收获知识、提高能力、形成方法、陶冶情感、启迪思想、改进习惯①。因此,无论在哪个教学领域中,教师都应充分意识到,学习者个体需求的满足和综合素质的发展都是教学效果的最直接体现。教师要具备"效益意识",即挖掘知识的教育价值的意识。学习者对知识的接受和积累是教学中最基本的环节,但有效教学不仅局限于这一层面的思考。在"学会"的基础上,教师要进一步培养学生"会学"的能力,充分发挥知识的育智、育德、育人效益。教师要具备"效率意识",即教学过程科学精简化的意识。为了使教学达到预期的"效果"和"效益",首先要处理好资源投入与产出之间的关系。在有限的课堂时间内,教师根据学生需求特点精简优化教学内容,并以科学的教学方式加以呈现,才能实现教学效率的最大化。教师要具备"信息化素养"。突发疫情催生了教学形式的转型和变革,信息化素养已经成为当代教师专业化发展的必备素质。随着教育现代化进程的推进,每位教师都应意识到,有效教学不仅需要高尚的师德和过硬的专业水平作为支撑,更需要信息化教学能力的保驾护航。

(二) 学员层面

在网络直播课程中,学员的主观能动性也是影响有效教学的重要因素之一。结合教学实践,笔者认为,课程学员应从以下三方面寻求突破和提升。首先,要树立科学的学习观。网络直播课程并不是面授课程的下位替代,每一堂直播课都倾注了教师的心血,值得每一位学习者去认真对待。只要以积极主动的心态参与学习,必定可以学有所获。其次,要敢于表达学习需求。网络直播课程为学习者提供了时间和空间上的便利,但通过虚拟平台开展的教学活动不利于教师与学员间的实时沟通。为保障教学效率,学员要主动表达真实的学习需求,为教师提供课程优化的方向与建议。最后,要加强信息化学习意识。网络直播课程只是线上学习的冰山一角,在课堂之外有更广阔的平台和资源等待学习者挖掘和开发。善用信息化技术和手段,能够有效提升知识的获取率和利用率,从而完成从"被动接受者"到"主动探求者"的身份转变,实现学习效益最大化。

参 考 文 献

[1] 余文森.有效教学三大内涵及其意义[J].中国教育学刊,2012(5):42-46.
[2] 余文森.有效教学[M].北京:高等教育出版社,2013.
[3] 崔允漷.有效教学:理念与策略(上)[J].人民教育,2001(6):46-47.
[4] 崔允漷.有效教学:理念与策略(下)[J].人民教育,2001(7):42-43.
[5] 杨贵彭.论创新教育在高校体育教学中的应用[J].才智,2019(5):19.
[6] 王赛凤;高华;郭玉荣.成人学历教育有效教学策略初探[J].成人教育,2009(11):19-20.
[7] 胡燕.论成人教育有效教学模式的构建——基于成人学习心理的视角[J].课程教育研究,2019(42):13-14.
[8] 刘笑含.普通高校成人培训课堂有效性研究——以广西G大学为例[D].桂林:广西师范大学,2019.
[9] 张雪燕.基于有效教学的老年教育教学研究[J].中国成人教育,2018(7):87-90.

作者单位:上海市普陀区业余大学

---

① 余文森.有效教学三大内涵及其意义[J].中国教育学刊,2012(5):42-46.

论人工智能在教育领域的应用现状和发展方向

潘颖瑛

内容摘要：随着科技的高速发展，在"大数据＋互联网"背景下，人工智能已迅速融入我国各行各业，并影响着人们生产、生活、学习等方方面面。随着人工智能在教育教学领域的落地应用，我国教育教学领域正在逐渐朝智能化方向发展，人工智能正引领我国传统教育模式向个性化、精准化、公平化的终身学习模式变革。本文将以多款人工智能学习软件为参照，从多个角度探析人工智能在教育教学领域的应用现状，并对未来人工智能在教育教学领域的发展前景和发展方向进行探讨。

关 键 词：人工智能　教育教学领域　传统教育变革　现状　发展

人工智能作为一门新兴学科，和认知科学、计算机科学等各学科都息息相关，其实质是通过收集人类智能的各种信息，对人的意识、思维的信息过程进行模拟，从而生产一种能够模拟人类智能做出最佳反应的智能机器。更通俗一点来说，就是以研究使机器能够像真人一样会听、能说、会看、能写、善学习为目标的一门研究学科。

以习近平同志为核心的党中央高度重视我国人工智能技术的发展，近几年国家已先后出台了一系列关乎促进人工智能发展的政策规划。2018年11月，《人工智能＋教育》蓝皮书问世，人工智能对促进我国传统教育模式健康新发展蕴藏着巨大的潜力。在国家政策的支持下，近些年不少人工智能学习软件应运而生，且发展得如火如荼，从这些软件的使用情况来看，人工智能的确对提高教育教学效率、丰富教育教学内容、促进教育教学环境改善有极大的帮助。接下来本文将结合几款人工智能学习软件的应用情况，以及对相关文献的学习研究，对人工智能在我国教育教学领域的应用现状、发展方向略做探讨，并谈一些关于人工智能发展方面的思考。

一、人工智能在教育教学领域中的应用现状

近些年，人工智能的发展速度超乎想象，随着以人机交互、语音识别、图像识别为主的一系列人工智能技术逐渐进入教育教学领域，人工智能在教育教学工作中发挥出了巨大的作用。人工智能将教学活动与科学技术有机结合，既借助了人类的智慧，又发挥了机器的高效率，使以每一个学生为中心的个性化精准教学成为可能，为教育教学领域带来巨大的科技创新力量。但客观来说，人工智能在我国教育教学领域的应用、发展仍处于初级起步阶段，其现状主要可以从以下三个方面来做一概述。

1. 面向教育者的人工智能

首先,对教师来说,检验授课效果无非两种方式:看学生作业完成情况和学生考试成绩。在传统教育教学模式中,教师每日要花费大量的时间与精力在批改作业和试卷上。现在,有了人工智能的帮助,借助图像识别、文字识别等多项人工智能技术,学生作业以及试卷的自动智能批改已成为现实。这一智能技术的应用,不仅大大提高了教师批改作业、试卷的效率,同时批改准确度也非常高,从而能够将教师从大量繁杂的、重复的批改工作中解放出来,继而使教师能够将更多的时间、精力放在课堂教学上、放在提高教学质量上。以人工智能作业软件"爱作业"为例。这是一款能够自动批改数学作业的软件。教师在软件上布置作业,学生完成后将答案拍照上传,软件就能对学生上传的作业答案进行内容识别和自动批改。虽然在现阶段这一智能批改技术主要针对的还是有客观答案的作业、试卷,对涉及主观答案的作业与试卷来说,还有待人工智能技术的进一步发展,但人工智能在帮助教师减轻批改作业、试卷负担上的确是起到了一定的有效作用的。

其次,对教师来说,为了实现有效备课,"备学生"可以说是其中一个重要环节。"备学生"就是掌握学生学情,教师要考虑学生学习的具体情况,结合学生已掌握的知识点和薄弱环节,更有针对性地进行备课,制定出最精准的教案,"精准"授课才能铸就"高效"学习。然而俗话说"每一片叶子都是不同的",这句话用来描述学生学情也是非常准确的,每一个学生都是独立的个体,每一个学生的学习情况也都因人而异,每一个学生也都有自己的知识薄弱环节。这就意味着,在进行作业、试卷批改的同时,教师还要花费一定的时间、精力对批改结果做统计、分析,总结出大部分学生未掌握的知识点。而现在,教师可以借助人工智能技术更快速、便捷地对批改结果进行数据分析,哪些题有学生做错了、做错的学生有多少,一目了然。以人工智能作业软件"一起作业"为例,这款软件可以批改语数外三科的有固定答案的选择题、填空题等题型,并自动为教师提供班级错题排行,供教师查阅、参考。虽然这一项智能技术现阶段尚局限于有固定答案的题型,但的确帮助教师减轻了一定的工作量。

此外,关于教师备课,同样关键的一点是要"备教材",对于每一节课上要讲解的教材内容,教师要做到驾轻就熟,对学生可能提出的问题要有所准备。通常,越优秀的教师,准备得越充分,其不仅精准掌握教材内容,还会花时间、精力查阅更多相关的优质学习资料,做到精益求精。而如今,教师借助人工智能备课系统,可以节省不少时间。以百度教育推出的智能备课系统为例,它利用百度在人工智能、大数据、云计算等方面的技术优势,可为教师快速提供优质教学资源。百度智能备课系统整合了百度文库强大的数据资源,根据使用者对文档的真实评分数据,对文档进行分类,包括分学科、分年级、分知识点,并标识不同的资源类型,有课件、有教案、有习题等,最终形成详细的知识图谱。教师登录智能备课系统后,只需要选择相应的学科、年级以及教学进度,系统就能自动根据知识图谱为教师推送相应的优质资源。在这一智能备课系统中,优质资源数据形成的知识图谱是非常关键的,主要来源于两方面:一是专门的教育数据供应商提供的资源,二是教师上传分享的资源。结合实例分析,不难看出数据资源的重要性。现今智能备课系统发展的局限性在于,我们还未形成全面的数据分享大环境,并不是所有的教师都会使用线上平台分享教学资源。而若是能真正形成所有教学资源数据化、所有数据资源共享化的大环境,无疑能助力解决我国优质教育资源分配不均衡的问题,实现教育公平。

综上所述,站在教育者的立场上,虽然现阶段教育人工智能的发展还有相当的局限性,但不可否认的是,人工智能教学系统的确是教育者减负增效的好帮手。

2. 面向学习者的人工智能

对学生来说,最关注的问题应该是:在相同的环境下,怎样才能比别人学得好?针对这个问题,人工智能主要可以从以下几个方面提供帮助。

首先,学生想学得好,必须在课堂上保持高度专注。在传统教育模式下,一般大班制课堂氛围都略显沉闷,以一节课 45 分钟为例,通常以教师口述授课为主,辅以板书或多媒体课件,很难确保每一个学生时刻都保持最佳的精神专注度来学习,上课不专注则学习效果大打折扣。而今,有了人工智能的介入,教师可以在课堂上通过借助人工智能技术构建的教育仿真游戏,提高课堂的趣味性,吸引学生注意力,使学生更专注。例如一些物理、化学学科的趣味仿真实验平台,科学地将教育和娱乐相结合,在学习知识的同时,还能有效锻炼学生的动手能力、思维能力和观察能力,寓教于乐。再拓展开来,不仅仅是传统课堂可以开展人工智能仿真学习游戏,职业培训、技能培训同样可以借助人工智能技术,例如学习驾驶的有仿真驾驶软件,学习围棋的有人工智能模拟对战软件,大名鼎鼎的 AlphaGo 就是一款人工智能人机对战围棋软件,类似的例子不胜枚举。这些人工智能仿真游戏软件的共同特点是构建模拟仿真环境,在学习者使用时,使抽象的知识更加形象生动,有效提升专注度、吸引注意力,从而让学习者学得更好、更扎实、更深入。而从客观角度来看,任何事物的发展都有其两面性,现阶段采用游戏方式进行教学,相应地也要承担学习者过于注重游戏、忽视学习的风险。但笔者认为,随着人工智能的不断发展,今后这一问题终将得到有效解决,例如在游戏中增加基于人工智能的学生专注度监测功能,更好地监控学生的真实学习状态。

其次,学生想学得好,还要看在课后付出的努力。在传统教育模式下,学生在家完成课后作业以后,通常都要等到第二天上交作业,由教师批改后才能再查缺补漏。并且,在完成作业的过程中,若遇到不懂的问题,也很难第一时间和老师取得联系,通常都是自己查资料或者第二天再去请教老师,不能及时针对自己未掌握的知识点进行补充学习。而随着人工智能的发展,各式各样的人工智能学习软件应运而生。以智能学习软件"作业帮"为例,其基本涵盖了中小学的全部科目,能帮助中小学生在家有效学习。学生在家不仅可以观看教学视频,还可以将不会的题目拍照上传,软件会自动识别并推送答案和解题过程。学生可以将完成的作业拍照上传,软件同样能够智能识别、智能批改,学生能第一时间对错题进行订正;还可以通过软件进行线上练习,软件将自动根据错题情况,智能分析学习者的薄弱点,再智能推送个性化习题。又以现在市场占有比例较高的智能早教机器人为例,其受众以低龄儿童为主,采用人机交互的方式,和使用者模拟真人对话,进行知识问答、英语口语对话、做学习游戏,或者智能识别使用者的指令,进行其他操作等。以上所述的人工智能学习软件、人工智能早教机器人,其宗旨都是帮助学习者在没有教师指导的情况下进行高效学习,通过第一时间分析薄弱点,给予辅导,推送针对性练习,避免盲目、没有针对性的题海练习。显然,人工智能在辅助学习者提高学习效率、进行个性化针对性学习方面有相当大的优势。同样,在当前阶段,人工智能在辅助学习方面还有需要改进的地方。例如智能机器人在进行英语对话时,语音语调效果欠佳,不如真人发音完美;又如智能学习软件的知识数据库建设也还需要更多优质全面的教学数据支持等。

综上所述,站在学习者的立场上,现今人工智能在提高学习效果方面还是能为学习者提供有效帮助的,当然也还有很大的发展进步空间。

3. 面向管理者的人工智能

现阶段,面向教育管理者的人工智能系统主要还是指智慧校园系统。管理者可以通过智慧校园系统,"一网通办"式对校内的各项工作进行管理。以百度安全推出的智慧校园产品为例。依托人工智能技术,智慧校园能够实时监控出入情况,智能拦截可疑人员;提供智能考勤管理;通过实时监控,智能分析课堂行为,分析学生学习专注度,为评估教学质量提供部分依据等。总的来说,智慧校园系统在我国还处于小范围的初期试点阶段,还需要不断完善、普及,但可以肯定的是,智慧校园系统的普及将会是有价值的,对改善近几年备受关注的校园安全问题、校园暴力问题能起到一定的帮助作用。

二、人工智能在教育教学领域的发展方向、发展前景

通过上述的举例分析,不难看出,我国非常重视人工智能在教育教学领域的应用发展。现阶段,我国的教育人工智能发展还处于初级阶段。下文将在结合现状分析的基础上,对今后人工智能在我国教育教学领域的发展方向、发展前景、发展要求略做探讨。

1. 助力学习个性化,实现精准教育

在现有的传统教育模式下,学生作为独立个体,在大班制教育环境中,个体差异得不到重视,无法达到最佳的学习效果。针对不同学生差异,精准因材施教,才能使学习效果最优化。未来,人工智能必须将发展注重个性化学习的精准教育模式放在重要的位置上。

发展人工智能模式下的精准教育,需要依托强大的教育教学数据。要获得这些数据,必须从国家层面构建数字化教学环境,将教师的所有教学行为以及学生的所有学习行为进行数字化处理,形成详细的大数据[①];再运用数据挖掘技术和数据分析技术,以高效的学习效率为评价标准,连接这些教学数据和学习数据,构建优质教学

---

① 许晓川.人工智能系统下的精准教育[N].山西日报,2017-02-14(10).

效果的学习模型,来指导学生达到个人最佳的学习效果。具体而言,未来的人工智能系统通过动态监测每个学生作业情况、考试情况、课堂行为等,形成动态的实时的学生学习状态评估报告,从而精准找出学生的薄弱环节。教师借由这些评估报告,对学生未掌握的内容进行精准教学。同时,人工智能系统根据学习模型,为学生精准定制针对性学习方案,为教师精准推送针对性教学方案,从而使教师的教学效果、学生的学习效果最优化,充分发挥精准教育的优势。

2. 助力学习自适应,实现终身教育

人工智能时代的到来,意味着未来高强度重复性的工作终将被机器所取代,要想顺应时代潮流,不被时代所淘汰,必须不断学习,以适应更具创造性的工作。可以预见的是,将来人们在不同的阶段都会有不同的学习需求,所谓"活到老学到老"。未来,人工智能的发展必须满足社会对于终身学习的需求,包括学历教育、非学历教育、涵盖职业教育、社会教育、社区教育、老年教育等。终身教育模式与传统学历教育模式存在明显区别,终身教育模式需要更多的平台和手段。未来的终身教育模式应该向线上线下相结合的混合型教学方式发展,其中在职人员对参加线上教育的需求尤其突出,未来人工智能应该注重发展适宜线上教育的自适应学习方式。

简单来说,自适应学习就是给学习者提供一个学习环境,在学习的过程中,提供给学习者学习内容并进行测试,根据测试的结果了解学习者的学习情况,再调整更合适的学习内容给学习者。自适应学习最早于 20 世纪 90 年代被提出,当时仅能将学习者的学习状态笼统地分为好、中、差三层,自适应学习效果低下。而今后随着人工智能技术的不断成熟发展,运用人工智能系统对自适应学习者的学习状态进行更细致的分层,甚至可以做到"一人一层",大大提升自适应学习效果。将线上教育、自适应学习相结合,将来学习者仅需在线上学习人工智能推送的学习内容,再由人工智能根据自适应学习要求,实时动态监测学习者的学习状态,再实时动态调整学习内容、学习进度。类似的人工智能+自适应学习+在线教育模式,显然更适宜生活节奏快、学习时间紧张的职业人士,能更好地满足他们在不同阶段对于多元化终身学习的需求。而对于有充裕学习时间的非职业人士来说,显然人工智能+自适应学习+线上线下混合型教育模式是更加合适的终身教育学习模式。

3. 助力资源共享化,实现教育公平

教育公平是社会公平的重要基础。虽然我国已全面普及了九年制义务教育,但不容忽视的是,一线大城市学校和偏远地区乡村学校的教育资源的数量和质量是不可同日而语的。要想真正实现教育公平,首先要做到优质教育资源均衡化分配。科技的高速发展,人工智能的出现,为促进实现教育公平提供了宝贵的机遇,我们要牢牢把握。未来人工智能必须助力发展优质资源共享化、助力教师队伍建设、助力优质师资共享。

在优质资源共享方面,人工智能系统从优质教育资源集中地区采集教学数据,定制优质学习方案,帮助偏远地区学生学习。当然,这要依赖于国家数字化教育环境"三通两平台"在偏远地区学校的全面覆盖建成。

在教师队伍建设方面,在全面覆盖的数字化教学环境中,未来即使是偏远地区的教师,也可以借助人工智能系统采集的优质教学数据,自动批改作业,自动诊断学习情况,人机协同,在提高教学质量的同时,为学生提供优质、个性化的学习方案。

在助力优质师资共享方面,要充分发挥人工智能+互联网的优势,着力发展"双师模式",教育发达地区的优秀教师可以通过互联网为偏远地区的学生线上授课,偏远地区学校的教师可以将更多的精力放在个性化教学、素质教学、能力教学等其他的创造性工作上①。

相信有了人工智能技术的助力,实现教育优质公平指日可待。

三、关于人工智能+教育的思考

任何事物的发展都有其两面性,人工智能的快速发展也时常伴随着质疑的声音。自人工智能机器人 AlphaGo 战胜围棋世界冠军李世石以来,关于人工智能将会取代人类的"人工智能灭世论"一直极具争议。而随着人工智能逐渐渗透到教育教学领域,关于教育人工智能的发展也出现了不一样的声音,下文将就此略做探析思考。

---

① 熊璋,杨晓哲.充分利用人工智能促进教育公平[N].中国教育报,2019-06-01(3).

1. 人工智能是否将完全取代教师

对此,答案必然是否定的。教育的核心是教书育人。人工智能诚然可以替代教师教书、批作业,但却是无法取代教师育人的。虽然人工智能不能完全取代教师,但人工智能时代的教师必须做好职业转型,为成为学生学习路径规划师、学生学习数据分析师、学生创造性能力培养师、学生情感引导师做好充分的准备。具体来说,教师要注重培养自身的信息素质,学会读懂人工智能数据,因材施教,根据不同学生的特性,为学生规划个性化学习路径,同时关注培养学生的创造性思维和能力。此外,教师还要多专注学生情感上的表现,当学生在学习上遇到挫折的时候,帮助学生分析原因,鼓励学生,引导学生保持良好的学习心态。

2. 人工智能是否会削弱学生的自主性

的确,如果学生一直按部就班地按照教育人工智能的指示学习,可能会造成学生过度依赖机器,而丧失学习自主性。对于这一问题,笔者认为需要学校、教师、学生三方的共同配合,学校和教师要打造积极的学习氛围,引导学生和机器健康共处,要加强学生的思维创新能力,要激发学生自主学习的积极性,多多关注学生的学习心态;学生也要对这一问题高度重视,要保持自觉性,要学会求知,要有为自己负责的学习态度。

3. 人工智能是否会弱化情感体验

人机交互的方式确实弱化了学生的情感体验,不管是人工智能辅助学习系统、人工智能早教机器人还是自适应学习系统,都无法和学生进行情感交流,且人工智能在语音语调、体态表情等情感的传达效果方面存在先天不足①,而情感教育对学生的素质发展是非常重要的。针对这一问题,还是需要教师的介入,教师在教育人工智能之外,可以开展一些基于小组形式的合作学习,在合作交流中,既锻炼了学生的协作能力,又促进了情感体验。

4. 人工智能+教育应趋利避害

综上所述,虽然发展教育人工智能是存在风险的,但人工智能时代已然到来,我们不能因为害怕风险而拒绝发展。我们应该充分利用人工智能+教育的优势,趋利避害②。教育的宗旨是教书育人,这一点是人工智能无法改变的,只要我们坚定教育的初心,必能把握住教育人工智能带来的机遇,使人工智能真正为教育服务。

四、结语

随着科技的不断发展,辅以国家政策的引导、资金的支持、相关人才的培养,未来人工智能一定能助力我国传统教育模式健康发展,形成教育质量高、教育资源均衡、适宜终身学习的智能时代教育新模式,培养出更多全面发展和个性化发展相结合的新时代复合型创新型人才。

参 考 文 献

[1] 许晓川.人工智能系统下的精准教育[N].山西日报,2017-02-14(10).
[2] 熊璋,杨晓哲.充分利用人工智能促进教育公平[N].中国教育报,2019-06-01(3).
[3] 程建坤.主动应对教育人工智能伦理困境[N].中国教育报,2020-04-23(8).
[4] 顾明远.人工智能+教育应趋利避害[N].中国教育报,2019-11-04(2).

作者单位:上海市普陀区业余大学

---

① 程建坤.主动应对教育人工智能伦理困境[N].中国教育报,2020-04-23(8).
② 顾明远.人工智能+教育应趋利避害[N].中国教育报,2019-11-04(2).

混合式教学理念下直播课堂教学模式的探讨

杨 怡

内容摘要：线上线下一体化混合式教学模式倡导至今，在新冠肺炎疫情的影响下，线上教学方式被加速呈现在所有学校面前。根据教育部相关指导意见的指示，疫情当下，所有学校结合自身特点开展网络教学模式。本文结合网络教学模式的运用实际，特别是直播课堂教学模式的运用，对比了直播课堂教学模式的利弊，通过剖析直播课堂教学模式的不足，探讨直播课堂教学模式的改进措施，希望通过这些改进促进后续混合式教学模式的开展。

关 键 词：混合式教学 直播课堂 课程资源

针对新型冠状病毒肺炎疫情对高校正常开学和课堂教学造成的影响，2020年2月，教育部印发《关于在疫情防控期间做好普通高等学校在线教学组织与管理工作的指导意见》（简称《指导意见》），要求采取政府主导、高校主体、社会参与的方式，共同实施并保障高校在疫情防控期间的在线教学。

《指导意见》指出，各高校应充分利用上线的慕课和省、校两级优质在线课程教学资源，在慕课平台和实验资源平台服务支持带动下，依托各级各类在线课程平台、校内网络学习空间等，积极开展线上授课和线上学习等在线教学活动，保证疫情防控期间教学进度和教学质量。

我校积极响应国家号召，在疫情期间，充分利用混合式教学模式理念中的线上教学方式，落实贯彻"停课不停教、停课不停学"。

一、网络授课方式选择

混合式教学模式提倡线上线下一体化教学方式，但在疫情期间，只以线上网络授课为主。网络授课通过网络表现某门学科的教学内容及实施的教学活动的总和，是信息时代条件下课程新的表现形式。它包括按一定的教学目标、教学策略组织起来的教学内容和网络教学支撑环境。其中，网络教学支撑环境特指支持网络教学的软件工具、教学资源以及在网络教学平台上实施的教学活动。网络课程具有交互性、共享性、开放性、协作性和自主性等基本特征。一般网络授课可以运用在线课程资源平台、直播课堂、录播课程等方式进行。目前，我校主要以前两种方式为主。

1. 在线课程教学资源

我们的授课对象，以年轻学员为主（年龄主要集中在20～35岁），他们是互联网的"原住民"，善于运用互联网获取需要的各类资讯,这给在线课程教学资源提供了强大的生存基础。因而在"互联网+"思潮的助推下,课程资源显现出惊人的网络效应。

在线课程资源大多源于传统课程,服务于传统课程,在疫情期间,对于基础理论教学的授课起到了强有力的支持作用,比如"管理学原理""经济学基础"、非营销专业学生的"市场营销学"等。当前,在教学中,我们所广泛使用的在线课程教学资源平台有:我校自主的网上资源平台、"超星平台"以及依托其他高校平台的网上资源,通过授权途径登录使用。

2. 直播课堂

直播课堂也可称为云课堂,是一种面向教育和培训行业的互联网服务,使用机构利用"互联网+"技术的远程培训系统,突破时空和地域等多种限制因素,实现面向各地进行的网络教学,还可兼容PC、手机、平板等多终端接入。在疫情之下,为了确保原定教学计划的正常运行,同时为了最大限度地贴合面授方式,大多数的课程选择使用直播课堂。所选择的直播课堂软件以"腾讯课堂极速版"为主,少量使用"腾讯会议"。

图1 两个常用直播课堂软件的图标

本文将以"腾讯课堂极速版"下进行的直播课堂为论述依据,结合在线课程教学资源等的内容,探讨网上直播教学模式。

二、网上直播教学的优势

1. 出勤率提升

在以往的面授教学中,根据笔者所教授的多门课程统计数据,学生的正常出勤率大约在60%~70%,向好时会有瞬时100%,低时大约在30%~40%。出勤率的突然提高,发生在考前复习课或者进行考试时,当然有的班级甚至考试的出勤率也未能达到100%。出勤率低时,通常是节假日前期或节假日中段授课,当然阶段性的学生工作繁忙或者天气原因也会导致出勤率降低。

对比上述出勤情况,表1显示了网上直播课"计算机应用基础"的出勤情况统计(部分),该班应到课学生共

表1 "计算机应用基础"出勤统计细表(部分)

序号	学号	姓名	1 3月12日	2 3月19日	3 3月26日	4 4月2日	5 4月9日	6 4月16日	7 4月23日
13	20436213		√	√	√	√	√	√	√
14	20436214		请假	√	√	√	√	√	√
15	20436215		√	√	√	√	√	√	√
16	20436216		√	√	√	√	√	√	√
17	20436217		√	√	√	√	√	√	3分钟
18	20436218		√	√	√	√	√	√	√
21	20436221		√	√	√	√	√	√	√
23	20436223		√	√	√	√	√	√	√
24	20436224		√	√	√	√	√	√	√
25	20436225		√	请假	√	√	√	√	√
27	20436227		√	√	√	√	√	√	请假
28	20436228		√	√	√	√	√	√	√
30	20436230		√	√	√	√	√	√	√
31	20436231		请假	请假	√	√	√	√	请假
32	20436232		√	√	√	√	√	√	√
33	20436233		√	√	√	√	√	√	√
34	20436234		√	√	√	√	√	√	√
35	20436235		√	√	√	√	√	√	请假
37	20436237		请假	√	√	√	√	√	√
38	20436238		√	√	√	√	√	√	√
39	20436239		请假	√					

30人,由于第一次签到未保存记录,截至目前课程出勤率有效统计7次。表2是7次出勤率统计,从中可以发现,整体平均出勤率为95.42%,4次课程达100%,最低为83.33%,其中4月2日为清明节假日前夕。通过与面授情况的对比,不难发现有极为明显的出勤率提升。

表2 2020年第一学期7次出勤率统计

3月12日	3月19日	3月26日	4月2日	4月9日	4月16日	4月23日
83.33%	96.67%	100.00%	100.00%	100.00%	100.00%	86.67%

事实上,笔者还有另外四个班级其他课程的出勤情况的统计,基本也都保持在这一水平上,波动不明显,到课率显著提升的优势不言而喻。

2. 缓解学生的工学矛盾

成人教育中,学生常会觉得工作一天后再赶往学校上课,精神不济,从而影响听课效率,产生怠惰情绪;还有些计算机操作类课程,学生生怕迟到漏听课程内容,再入课堂便有恍如隔世之感。通过网络直播课的方式,确实能缓解这些负面问题。网络直播课具有设备兼容性,只要有网络,手机、PC、PAD等都能通过链接直接进入课堂,实现"下班即能上课"的场景切换。

此外,笔者在直播时所使用的"腾讯课堂极速版",在开始授课时,选择"生成回放"功能(如图2所示),即可同步录制直播过程,在下课后供学员回看,满足由于工作、生活等方面原因不能出勤学习的学生需要,为缓解工学矛盾起到了非常大的作用。

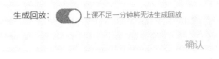

图2 生成回放的显示

在网络直播授课后的随机回访中发现,学生对于网络直播课的认同度比较高,在笔者担任班主任班级里的不完全调查显示,学生除了对部分课程希望结合一些面授的期许外,很多课程以直播形式非常贴合他们繁忙工作和紧凑生活之余的碎片化学习需求。

3. 增强教师授课可追溯性和可监督性

上文提到的"生成回放"功能,除了给学员以补看或复习的功能外,还可以使教师在课后发现自己在授课中的不足,有很好的比对性。通过回看、比较,对于教师提升自己后续课程授课质量起到了非常重要的借鉴意义。特别是疫情之下,网络直播对大多数教师而言都是新鲜事物,"摸着石头过河"的我们,通过网络直播,可以回头看自己的教学状态、教学过程、教学效果等是否准确、清晰、严谨,从而纠错并加以改进。

此外,从教学督导的角度,网络直播课的平台因为有这一"回看"功能,也具有较好的监督性,可实现教学的全程质量控制。

三、网络直播教学的不足

通过两个多月的直播教学,笔者深切感受到网络直播教学确实有其独特性和不言而喻的优越性,但是和面授课比较而言,它的劣势也是明显存在的。

1. 教学互动性较弱

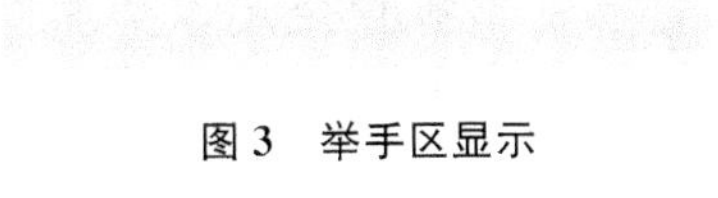

在面授场景中,教师提问,学生发言,当即回答,课堂互动效果明显,氛围良好。网络直播场景中,教师"一人堂",上课空间和学生脱节,当提问时,往往回应微弱,甚至冷场。笔者所使用的"腾讯课堂极速版",在提问时,可点击窗口下方的 按钮,然后在窗口右上方打开如图3所示的举手区,该区域可同时容纳6名学员在线用麦克风回答问题。但是该区域教师无控制权,只有学生端自主点击选择"上台",教师才能听到学生的声音。在多次授课中,笔者尝试鼓励学生拿麦克风上台,只有少数同学愿意主动拿麦克风回答问题,有时会有片刻时长的冷场,没有学生愿意回答,学生的回应普遍是觉得害羞、怕答错、不好意思等。

图3 举手区显示

因此,很多时候直播课堂互动只能在讨论区键入文字(如图4所示),对于简单问题学生互动热烈,但是,文

字键入有时不能满足讨论长问题和复杂问题的需求,所以学生有时考虑再三,在怕麻烦的情况下会放弃在讨论区提问或回答问题。这就阻碍了直播课互动效果的提升。

2. 学生可控度不高

在面授课中,学生在课堂上课,老师在讲台上能清楚地了解学生的听课状态,一旦发现问题,可以立时指正。在直播课程中,由于空间的分离,教师并不清楚在线的学生是否确实在认真听讲,而只能以单向的授课声音或者只播放教师授课动态画面的方式,和学生进行单向交流。视频画面的单向性,使教师对于学生的实际听课率有不可知性,再加上回答问题

图 4 讨论区键入状态

时做不到人人回答,因此,根据对授课教师的访问调查发现,几乎所有教师对于学生的可控度均表示无可奈何、无能为力。

同时,笔者所使用的"腾讯课堂极速版"的 及 按钮,点击后,只有教师授课画面,完全无法看到学生听课画面,也加大了教师对于学生不可控性的焦虑程度。

3. 软件本身的局限性

直播课堂必须依托于直播软件的各类功能。但是,直播软件始终会有自身的局限性从而制约教师的授课行为,或者说,不能以完全面授的无缝状态去对接直播课的线上形式。上文所提到的互动性问题和可控性问题,有很大程度来源于软件本身在功能上的局限。不像在面授课堂上做到直接交流并直接看到学生的听课状态。此外,还有其他的功能局限如下。

(1)图片不清晰。在讨论区键入内容时,虽然提供了截图及图片上传的功能,但图片上传后无法缩放,导致上传视图不清晰,无法和学生进行良好的互动。

(2)点名、签到一笔糊涂账。"腾讯课堂极速版"提供了 按钮,教师点击后,弹出对话框(如图 5 所示),在选择签到时长后,签到的结果只能显示签到的总人数,但无法显示确切是哪几个学生签到了。虽然签到可以发起无限次,但是对于教师而言只能知晓当前活跃学员数,并不知道哪些学员在线却不听课,这是导致教师对学生不可控性困扰的又一个原因。

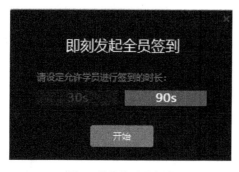

图 5 学员签到示意图

图 6 学生答题示意图

(3)问题回答不能对接到个人。在直播课程中,"腾讯课堂极速版"提供了 按钮,教师在出题后,可以点击该按钮,并出现如图 6 所示的对话框,但是题目仅限于选择题,而且题干部分必须事先在课件中写入,否则当场在讨论区键入题目会浪费上课时间,如果直接用音频口述,又怕学生听不清、记不全。学生选题完毕后,教师只能看到参与答题的总人数,无法看到谁答了题目,虽有每个选项的占比统计,但落实到具体某个答题的学生选了哪些选项,这些细节全部不显示。

(4)课件的文件类型单一。直播课堂中,"腾讯课堂极速版"提供了 、 两个控件按钮。在授课时,课件呈现只能借助 PPT 或播放视频,万一要使用 Word 文档或者其他类型文件时,就无法直接通过专属控件调用,只

能通过 按钮，共享教师电脑屏幕，在教师电脑桌面打开相关软件进行内容展现。

（5）无作业提交功能。面授课上，教师都或多或少有布置课程作业的习惯，无论是随堂作业还是课后作业，"腾讯课堂极速版"没有任何可以收发作业的控件交互，限制了教师对学生随堂教学内容的掌握。

（6）无课件下载功能。直播课上，学员常常希望能下载教师的课程讲义或视频资源等，方便课后继续回顾并学习，"腾讯课堂极速版"没有提供相应的控件。

4．部分课程不适合全网络教学

通过对任课教师的访问后发现，直播课堂对于纯理论性质课程的教学效果良好，如果全程使用直播课堂形式，只要学生全程认真参与听课，不会对授课效果有太大的影响。但是，有些课程，特别是需要实操或者需要大量计算的课程，如果全程使用直播课堂的形式，完全无法实现课程预期的效果。比如笔者所教授的"计算机应用基础"课，由于学员能力参差不齐，部分学员通过直播课，跟随教师操作亦能跟上节奏，并顺利完成，有些操作能力薄弱的学员就提出最好有面授，一旦操作卡壳，教师能现场指导及时解决问题。又如"会计学基础"课，因为是新生班级，部分学员并没有会计从业经历，课程计算量较大，学员跟随较为吃力。

四、网络直播教学改进的思考与探索

目前，我校网络直播授课以"腾讯课堂极速版"为主，在短时间内不更改直播媒介的前提下，根据上述不足，笔者思考并实践探索借用其他外力的方式，取长补短，弥补直播课程的不足。

1．运用社交软件，提升互动性

根据"腾讯课堂极速版"使用流程，任课教师必须在授课前和学员建立教学群，将本次授课的二维码或课程链接发送到教学群，学员方可登录直播课堂，展开正常教学。通常，班级学生在新生入学时就由班主任通过微信建群，便于班级管理，这次疫情之下，这个班级群又增加了任课老师发布授课链接的功能。当然，任课老师除了运用该群发布授课链接外，也能将它作为答疑解惑的第二课堂。

以笔者所教授的"计算机应用基础"课程为例，上课操作时学生有操作问题，在不愿意抢麦询问、讨论区留言、截图不清晰或者不应占用其他同学课程时间的情况下，要求学生运用微信群或者QQ群，采用打字或语音留言、截屏或拍图上传甚至自拍操作过程视频上传等方式进行提问，而笔者会根据学生的提问情况，进行解答，若是共性问题会当场解决或者下节课上课时再进行强调。上述方式实际场景的截屏如图7所示。

图7　微信群及QQ群的互动截屏

2. 做好作业在线提交，掌控学生听课率

在直播课堂中，教师能看到学生的在线出勤情况，却一直困扰于无法全局掌控学员的真实听课率。课后作业就成了检验学生是否认真听讲的最直接途径。以"计算机应用基础"课为例，出题时，针对某几个重要知识点（2～3个即可），可要求学员针对操作练习过程，含自身声音操作步骤解说，做简短视频录播，可以用手机直接拍摄或者通过电脑录屏功能快速录制（时长通常为15秒），然后和完成的Word\Excel\PPT的最终文档一并保存后，只要求发送到教师指定邮箱中，这样，既能避免学员通过发微信群或QQ群后相互复制抄袭，又能巩固学员对知识点的理解，教师亦能了解学生操作练习的掌握程度，在掌控学生的听课效果同时，也能发现练习中的问题，并在下节课时进行讲评。

3. 多方式运用，打破直播软件的局限

前文中，笔者针对"腾讯课堂极速版"运用阐述了其运用于直播授课的各种局限性。就目前而言，既然作为使用者无法对该软件进行改良，那么我们可以使用其他方式，弥补"腾讯课堂极速版"的不足。

（1）使用学校自建平台，随时查阅课程讲义。根据学校关于混合式教学模式推进工作的相关要求，疫情期间，在开启直播课程前，必须将该课程所有章节学习的目的要求、重点难点及授课过程（讲义）等上传到学校平台，学员通过用户名及密码登录，可随时下载和直播课相匹配的课程讲义，为课前、课后的碎片化教学提供辅助。

（2）使用优质在线课程资源，辅助直播课程教学。教育部《指导意见》中明确提出，面向全国高校免费开放全部优质在线课程和虚拟仿真实验教学资源。截至2020年2月2日，教育部组织22个在线课程平台免费开放在线课程2.4万余门，覆盖了本科12个学科门类、专科高职18个专业大类。笔者在进行"计算机应用基础"授课时，就要求学员上网登录观看某985高校的相关课程资源，作为主体课程的教学助力。

（3）使用第三方软件或平台，助推直播教学有效性。如果教师有能力驾驭更多的教学相关软件，则推荐使用"钉钉"软件，完成作业收缴和批阅工作；也可以使用各种录屏软件，完善实操类课程的操作流程录制。此外，在笔者所教授的"计算机应用基础"课程中，还要求学员登录在线练习系统的相关网站，进行在线自测，巩固直播教学的效果。

4. 采用混合式教学模式，完善实操类课程的直播教学模式

如前文所说，实操类课程运用全直播教学模式，确实有其不适合之处。在非疫情状态下，线上线下混合式教学模式或者全部面授模式是能解决这一问题的。若选择线上线下混合式教学模式，理论概念性问题在线讲解，操作或计算类问题可线下辅导。

疫情之下，在无接触式教学场景中，我们也可以另类混合。虽然也是线上，但是教师可线下完成，通过视频录播，上传资源完成课程配套。以笔者所教授的"计算机应用基础"课程为例。在进行如何制作PPT讲解时，直播课程以完成一个完整的PPT案例为授课脉络，从基础美化到幻灯片动态效果呈现，课堂上的每个完整操作都在授课前分步骤录屏完成，如图8所示，课程演示共分4个大题，每大题分若干小题，每小题操作过程按题目编号命名，运用"屏幕录像专家"软件，录屏保存。然后借助学生的QQ班级群（微信群无法长时间保存文档），发送到共享文档，可无限次下载收看，即使上课时没有跟上教师节奏，也可通过视频看到操作过程，跟随练习，完善学习体验，同时也方便未出勤学员的学习理解，一举多得解决实操课中无法当面指导的问题。

图8 录屏截图

五、结论

新冠肺炎疫情发生前，为响应国家号召，学校已经在探索线上线下混合式教学模式的开展方向。疫情之下，危中见机，倒逼教育教学模式改革的快速推进。在实践中，我们深刻体会到混合式教学模式中线上直播教学模式较强的可操作性。在利弊对比下，我们看到了其不足，但其明显的优势为成人教育教学的可持续发展觅得了一线生机。疫情终将过去，美好总会到来。笔者坚信，延续着直播教学形式下的线上线下一体化混合式教学模式，必将成为未来成人教育教学模式中必不可少的主打方式。

参 考 文 献

[1] 停课不停教、停课不停学！教育部指导意见来了[EB/OL].搜狐网,https://www.sohu.com/a/370789617_407294.2020-02-05.
[2] 教育部.关于在疫情防控期间做好普通高等学校在线教学组织与管理工作的指导意见:教高厅〔2020〕2号[A].2020-02-04.

作者单位：上海市普陀区业余大学

成人高校视频课制作流程的思考与建议

何志伟

内容摘要：随着科技的发展，教育的手段越来越多样，多媒体的使用也越来越广泛。从简单的图片、音视频，到整合了这些内容的 PPT 课件，再到完整的系列视频课，不同的形式能够传递的信息量也大有不同。其中，视频最为特殊，一套完整设计过的视频甚至能够代替课程本身，因此视频课的制作也最为困难。一套完整的视频课需要经过教师前期的设计和准备、中期拍摄以及后期制作的流程，这些工作需要一个团队的共同努力来完成。本文介绍 PPT 课件与视频课之间的差异，随后结合《文艺复兴》系列视频课和《思政脱口秀》的拍摄制作过程中得出的经验，详细介绍视频课制作的流程，以及在此过程中产生的思考和建议。

关 键 词：多媒体课件　视频课设计　视频制作流程

教学的手段多种多样，教师可以口头阐述，也可以借助板书或者多媒体来传达。不论采用何种方式，只要经过巧妙的设计，都能够达到教学的目的。但是相比起口头阐述，图形化的多媒体课件能够更容易地抓住学生的注意力，同时更有效地传递信息。

一、PPT 课件与视频课的区别

1. PPT 课件

PPT 全称 Microsoft Office PowerPoint，是微软公司的演示文稿软件，用 PowerPoint 制作出来的文件叫演示文稿，演示文稿中的每一页就叫幻灯片。一套完整的 PPT 文件一般包含：文本、图片、图标、动画、音频、视频等。也就是说 PPT 课件整合了各种多媒体，在教学中通过这些多媒体内容来辅助教师授课。

PPT 课件教学是指利用这些文本、图片、图标、动画、音频、视频等多媒体资源，把它们按照教学需要进行合理安排，并通过屏幕显示出来。通过使用者与计算机之间的人机交互操作来完成教学过程。

PPT 是当今面授课中教师最常用的教学辅助手段，它的优点是制作方法相对简单，教学内容即使随着时代发展发生了变化，PPT 内容也可以很轻易地进行修改。但它的缺点是必须结合教师授课内容，如果学生缺课，只看教师提供的 PPT 是无法吸收到该课程的所有知识点的。

2. 视频课

一系列静止图像以每秒 16 帧（常用的视频帧率一般是每秒 24 帧以上）以上的速度变化，根据视觉暂留的原理,在人眼中展现出连续变化的效果,就被称为视频。视频一般也整合了文本、图片、音频等内容,并且通过优秀的后期制作技术能够使这些内容都产生生动的动态效果。

针对成人高校学生的工学矛盾问题,越来越多的成人高校开始开发视频课资源,方便学生自由分配学习时间。如何做好视频课,用视频内容抓住学生的注意力,保证学生的学习质量,就是教师和视频制作者需要考虑的问题。

在进行课程设计时,应该要注意的是视频课与实际的课堂教学既有相似之处,又有很大的区别。比如每次视频课内容的信息量、教学演示案例素材的准备、知识点呈现的方式、与学生的交互提问以及视频节奏的把控等。

一段简短的视频能够有效地传递信息,而一套完整的视频课则可能代替课程本身。视频课的一大优点就在于此,教师不需要对同一门课重复授课,只要花功夫把视频课设计好即可。

它的缺点是前期设计的过程可能花费很多时间,制作完成后如果需要修改也很不方便,因此不适合制作一些内容变化较快的课程,而适合制作基础理论、基础科学这类变化不大的内容。

二、视频课拍摄的流程

为了使视频课制作的过程更加规范有条理,并且能够方便制作完成后可能出现的素材再利用等情况,笔者通过这些年在工作岗位上所总结出的经验,再参考了专业影视领域的工作流程,对其中一些细节做出适当的改进,使其更适合我们的实际情况:

申请:教师或相关专业组提出视频课制作的需求,在网上办公平台进行填表申请,要求完整填写时间地点、工作人员人数、拍摄和制作相关的所有需求,在此过程中要求申请人员完整提出制作相关的具体要求,如果在拍摄完成后才提出一些新的需求,很可能会无法满足,或者浪费额外的工作时间;

申请审核:工作人员对申请进行审核,确认被申请的工作人员的时间与其他工作没有冲突,确认申请人的需求,确认无误后通过审核,准备后续工作;

策划:申请人与工作人员针对制作需求进行协商讨论,制定出可行的拍摄与剪辑计划;

拍摄:根据申请需求和实际情况,提前准备好所需器材(不同情况下使用不同的设备和人员配置以达到最好的工作效率和质量),按要求完成拍摄;

数据管理:拍摄完成后及时按照制定的标准进行素材整理归档;

剪辑:按要求完成剪辑工作;

导出:将剪辑完成的视频从非编软件导出为视频成品;

审核:剪辑完成后将成片导出并交给申请人审核;

修改:审核发现有需要修改的地方,则进行修改后再次审核,如果遇到由于某些在技术上无法达成的情况而无法进行修改的,应及时积极地与申请人沟通情况;

数据管理:审核通过,将所有素材和制作完成后的成品及时按照制定的标准进行整理归档,以便日后查找或再次使用。

三、工作流程的具体做法及产生的思考与建议

1. 策划

前期策划是整个制作过程中最基本的,同时也最重要的一部分。首先由授课教师提出视频课制作的需求,并与制作人员进行充分的沟通协商。

在这个阶段,教师应当明确自己想要制作的内容。首先明确视频教学的内容是一门完整的课程,还是课程的某一章节,又或者是针对某一个知识点的详细讲解。这将决定视频课的策划和制作方向。

长篇的视频课,涉及的知识点繁多,应该在适当的时候结束一段视频,以免太长的视频过程太枯燥让学生看不下去,同时也可以在后期制作时利用后期技术为视频增加有趣的元素来吸引学生的注意力。可以参考网络上"李永乐老师"的视频课,课程知识点密集,时长适中,又不乏有趣的案例,整体形式上适合采用与传统课堂相似的讲述形式,过于烦琐和冗长的课程设计会加大整个流程的工作量,降低可操作性。

针对一个章节的视频课则可以在普通的讲述形式上进行更多的扩展,教师可以用更多的时间去围绕一个知识点展开。相比上一种类型,这类视频课需要花更多的精力在前期的课程设计上,后期制作时也要尽可能在视频中增加兴趣点来吸引学生的注意力。笔者制作的《文艺复习》系列视频课就属于这种类型。

而针对某一个知识点的视频课,因为其篇幅不会太长,所以在设计的时候就应该考虑如何才能把这个知识点讲解得生动有趣,可以适当地增加幽默的元素来调动学生的兴趣,同时让学生容易记住教学内容。可以参考科普解说类脱口秀节目《飞碟说》的形式,制作组采用的是动画的形式,动画人物的剧情演出,配合有趣的旁白,很容易就能给观众留下深刻影响。当然,相比另外两种类型的视频课,这类需要花费的精力是最多的,优秀的创意可以立竿见影,而缺乏创意则可能达不到教学的目的。

不论是以上哪种类型的视频课,都应该在这个阶段制作出一份合适的分镜头脚本。所谓"合适"指的是,针对不同类型,可以采用不同规格的脚本。长篇视频课的结构相对单一,对应的分镜头脚本也不复杂,甚至有些拍摄这类视频课的教师会选择不使用分镜头脚本,拍摄真实的课堂授课场景。另外两种类型的视频课,则务必要制作出较为详细的分镜头脚本,标明每一个镜头所对应的画面内容、景别、台词、字幕、时长等等详细内容。

考虑到大多数教师并没有制作分镜头脚本的经验,所以在这个阶段,需要制作人员耐心向教师讲解分镜头脚本的制作方法,必要时提供实际案例给教师进行参考。

2. 拍摄

拍摄阶段要做的事就是按照策划的内容把需要的素材拍摄齐全,包括但不限于:教师讲课画面的全景、中景和特写、实操画面的全景、中景和特写、PPT课件和一些环境空镜头等。拍摄方式上包括单机位固定拍摄、多机位多角度拍摄、移动机位拍摄、录屏等。固定机位根据所拍摄镜头的需要可以使用三脚架、滑轨、摇臂等器材辅助拍摄,而移动机位拍摄可以手持拍摄或者使用三轴稳定器拍摄。器材的种类有很多,功能也五花八门,拍摄者应该在拍摄每个画面时正确地选择合适的器材来配合完成拍摄,得到符合要求的画面。

长篇的视频课因为采用的是传统课堂的形式,如果采用复杂的拍摄手法容易分散学生的注意力,故适合采用一般的固定机位拍摄,配合多机位同步拍摄不同的景别,在后期制作时适当地切换景别,以达到更好的视觉效果。例如带有实际操作的课程,在教师讲述理论时采用全景或中景,而在教师动手操作时拍摄特写镜头,方便学生观察操作细节,提升教学质量。一般,长篇的讲课都配有PPT课件,PPT内容会同步展示教师当前所讲内容的要点。好的PPT也是经过教师精心设计的产物,能够辅助学生更好地学习,因此在视频中加入教师的PPT画面也是很重要的,这就需要在教师录制课程的同时对电脑上的PPT画面进行录屏。

其他类型的视频课同理,并按照事先写好的分镜头脚本搭配合适的器材进行拍摄即可。

另外,拍摄前期的准备工作也非常重要。在了解好拍摄的环境和需求的前提下,需要确定使用哪些设备来满足需求。以朱漪教授的思政脱口秀拍摄为例,拍摄要求以全程记录的形式进行,内容包括了朱教授的讲课以及学生的轮流发言。从中可以分析出两点需求:双机位拍摄以及清晰地收录人物的说话声。

双机位拍摄相对容易解决,因为要考虑到后期剪辑时两个机位间的高效切换,只要在开始拍摄前保证两台机器都提前开始录制,并做好声音标记(即影视拍摄时常见的打板操作,可以用简单的拍手来代替),并且直到结束拍摄为止,其间任意一台机器都不能出现停止录制的情况,否则会给后期双机位切换造成麻烦。往往后期遇到的一些极其复杂、难以解决的问题,都是在前期可以轻而易举解决的。也就是说,能在前期解决的问题,绝不留给后期。

人声收录的问题比较难处理。因为涉及人数较多,此时既要保证收声良好,又要尽可能避免比如传递话筒这种可能会产生混乱的方法,备选的解决方案有三种。第一种方案是给所有人各配一对无线麦克风,声音信号进到调音台,由调音台整合后收录到摄像机内。这样达到的效果最好,但是对硬件设施的要求也最高。第二种方案是老师使用一对无线麦克风,学生整体则使用一支指向麦克风进行收声。这种方案需要一名额外的工作人员来控制指向麦克风的朝向,以避免出现接收不到学生说话声的情况。第三种方案,也是最糟糕的情况,就只能让学生传递话筒了。

这种情况下,就要综合各种方案的利弊,及时与申请人进行沟通协商,选择一种申请人能够接受并可行的方案。

3. 数据管理

拍摄完成后的数据管理是非常重要的。简单随意的管理方式,只会是一时的便利,而对今后的查找与再利用会产生巨大的障碍。在笔者接手学校原来的多媒体资源库并使用了一段时间后,深刻认识到了科学的数据管理的重要性。原来的数据管理方式表面上看起来井井有条,但只有使用者才能体会到其中的问题。其中还包含了大量重复的、无用的或者未命名的数据。其主目录按照每一年份的上下半年分类,二级目录分为视频和照片,三级目录分为素材和成品,在素材文件夹内按照"入库顺序编号+拍摄人员+事件名称+日期"的格式分类,又有很多数据没有按照这样的标准进行保存,出现了"相同素材以文件夹名的细微差异进行了重复的保存""空有文件夹,没有实际素材""双机位拍摄的同一次事件分别存在两个不同的文件夹""成品与素材的命名不同"等恼人的问题,浪费了宝贵的硬盘空间,也给后续使用带来了极大的麻烦。而成品与素材的分开存放,也使后续使用的效率非常低下,也非常容易遗漏。

综上考虑,参考了专业影视领域对视频资源的管理方式,再结合我们的实际情况,笔者总结出了一套较为合理的文件管理方式。首先在数据库的根目录下,按照"日期+课程名称"的格式创建该课程的主文件夹。在其二级目录内创建以"日期+课程名称+素材"和"日期+课程名称+成品"格式命名的文件夹。在素材文件夹的子目录以"日期+课程名称+素材+机位编号"的格式对不同机位拍摄的素材进行区分。以这种层层叠加的命名方式管理数据,有条有理,在后续的数据查找时也是一目了然。

4. 剪辑

在做好了前面几步工作的前提下,剪辑只需要按部就班地对照着分镜头脚本进行即可。对于一些课程内容相对复杂的视频课,视情况也可以要求授课教师陪同后期制作人员进行制作,以此提高沟通效率,大大减少视频制作的时间。

在此笔者想探讨的是如何提高制作效率方面的问题。随着科技的进步,现在的拍摄设备生成的素材分辨率和码率都越来越高,即使手机也能够拍摄非常高质量的视频了。但是相应的剪辑设备并没有发展得那么迅速,我们常常会遇到剪辑的时候视频卡顿的问题。这是即使拥有最顶级的剪辑设备的公司也照样会遇到的问题,这时候就需要用到"代理"。所谓"代理",就是将原始素材进行转码、压缩,生成一份低质量但是足够预览的替身文件,使用该替身进行剪辑,在剪辑完成、导出成品前将替身文件换回原始素材,就能获得高画质的视频了,同时又节约了大量卡顿的时间,有效提升了效率。这项操作在我们常用的各类主流非编软件中都有相应的功能可以直接使用。尽管这个转代理的过程可能会多花一些时间,但是只需要在空闲时间比如午间休息时进行即可。

5. 导出

当制作完成后,需要将视频从非编软件导出,这时需要设置适当的技术参数,包括分辨率、码率等,具体数值需要根据上传的网络平台而定,可以咨询相关技术人员或查看平台提供的相关技术文档。切忌按照最高规格进行导出,因为视频平台往往无法支持最高码率的视频。

四、总结

视频课制作考验的不仅是授课教师的教学能力,也是视频制作人员的影视制作能力。一套合理的工作流程能够减少工作过程中可能产生的大量细枝末节的小问题,而正是这些小问题决定了工作效率和最终视频呈现出来的质量,也是一个从业人员是否专业的衡量标准之一。

在新冠肺炎疫情期间,网课这一形式也受到了热议。视频课资源的需求也自然会越来越多。在这种情况下,一套完善的工作流程也就显得更加重要了。希望以上笔者的经验和思考具有一定的借鉴意义。

参 考 文 献

[1] 容梅.微型视频课例:相关概念辨析与应用思考[J].中国电化教育,2014(7):100-104.
[2] 袁金超.基础教育微课资源设计开发的现状分析与策略研究[D].西安:陕西师范大学,2013.
[3] 鲁泳.浅谈现代影视后期制作流程的发展[J].数码影像时代,2017(2):22-28.

[4] 王春水.现代影视制作的工艺流程与设备[J].影视技术,2005(2):16-17.
[5] 张松超,张新兰.课堂教学视频的拍摄与制作应用研究[J].中国教育信息化,2013(18):72-73.
[6] 张琦.行走在PPT课件与板书之间[J].中国科教创新导刊,2010(2):173.

作者单位:上海市静安区业余大学

情境教学法在物流管理教学中的应用

沈 力

内容摘要：物流管理是一门理论性与实践性都很强的专业，要提高其教学质量，必须在传统教学的基础上，创设实践情境，提升学生学习兴趣与学习效果。本文根据物流管理教学现状，分析情境教学法特点，论述情境教学法在物流管理教学中的具体运用，指出存在的问题与改进措施，并对未来物流管理教学提出展望。

关 键 词：情境教学法 物流管理 教学应用

一、研究的背景和研究意义

随着"一带一路"建设的大力推进，物流行业已经成为我国十大产业振兴规划中的第十个产业，物流发展的重要性已经不言而喻，而对物流人才的培养更是重中之重。物流行业是一个复合型产业，涉及多方面环节，同时它作为生产性服务业，需要与多方沟通合作。因此，物流管理的教学需要涉及非常多的理论知识的传授，同时也需要设置相对应的实践环节，让学生能将学到的理论知识与实践应用相结合，真正做到学以致用。然而目前物流管理教学更偏重于理论知识的传授，对学生实践能力的培养还有待加强。为了顺应未来物流行业的发展方向，物流管理的教学也应当推陈出新，打破教学瓶颈，寻求新的突破。

在众多教学方法之中，能够将理论与实践紧密结合，引发学生自我思考、自我创新、自我突破的莫过于情境教学法。运用情境教学法，教师作为引导者，可以充分掌握学生的学习进度和对知识的理解深度，提高物流管理教学质量。学生作为参与者，能够锻炼自身的实践能力与表达能力，提升自身素质，给未来的实际工作打下良好的基础。因此，无论是对教师而言，还是对学生而言，情境教学法对于物流管理教学的帮助是显而易见的，具有研究推广的意义。

二、情境教学法的分析

1. 情境教学法的定义

情境教学法是指在教学过程中，教师有目的地引入或创设具有一定情绪色彩的、以形象为主体的生动具体的场景，以引起学生一定的态度体验，从而帮助学生理解教材，并使学生的心理机能得到发展的教学方法。

2. 情境教学法的特点

情境教学法是一种极具实践性的教学方法。教师通过设置一个具体的情境，让学生扮演情境中的角色，明确工作流程,处理突发问题,从而加深学生对理论知识的掌握。教师作为引导者,负责掌控全局,适时提点。学生作为主要参与者,通过运用学到的专业知识来应对情境中可能出现的各种问题。因此,通过运用情境教学法能够将理论与实践紧密结合。但同时,运用情境教学法也对教师与学生的能力有着相对较高的要求。

3. 运用情境教学法的好处

(1) 激发学生的学习兴趣。在一般的课堂教学中,通过讲授法教授理论知识的过程往往是枯燥与乏味的,学生往往难以对其产生浓厚的学习兴趣,主要原因在于学生在这样的学习过程中,很难产生自己的思考,始终处于被动的地位。然而在运用情境教学法的授课中,学生能够在教师设计好的情境里,以角色扮演的方式自由发挥,充分调动起自己的主观能动性,从而化被动为主动,对学习产生兴趣和热情。

(2) 提升课堂的教学效果。通过运用情境教学法,教师能够更加明确地把握学生的学习情况。在传统的课堂教学中,教师往往通过提问的方式来了解学生对知识的掌握程度,这样做很难把握所有学生的学习情况。但通过运用情境教学法,每一位学生都需要负责扮演一个角色,在情境中负责一部分工作,教师可以通过观察每一位学生的表现,更好地掌握全体学生的学习情况,把握教学进度。对于学生而言,通过实践获得的知识远比从讲课和阅读所获得的知识更加牢固,并且能够更好地运用于今后的工作之中。因此,情境教学对于提升课堂教学效果有着很大的帮助。

(3) 锻炼学生的各项能力。在情境教学法的实践环节中,教师从台前转到了幕后,更多的是让学生来进行表演,展示自己处理实际问题的能力。因此需要学生开口交流,学生的语言表达能力得到锻炼。在整个情境教学的实践环节中,学生也不仅仅作为一名既定角色参与其中,更多的是作为一个团队,形成一个整体来处理情境中遇到的问题,在过程中能够培养自身的团队协作能力。

(4) 课程思政的有机结合。习近平总书记在全国高校思想政治工作会议上强调了课程思政的重要性。教师在培养出有能力的人才的同时,还应当赋予其良好的思想道德品质。通过情境教学法,教师能够设计一个拥有教育意义的情境,潜移默化地对其中参与实践的学生进行思想教育,传递正确的道德观、人生观、价值观,使课堂教学与课程思政的有机结合,从而达到事半功倍的效果。

三、物流管理教学中情境教学法的应用

下面以一个教学单元为例,介绍情境教学法在物流管理教学中的应用。

1. 教学单元

国际贸易术语 Incoterm(International Rules for the Interpretation of Trade Terms)。

2. 教学目标

(1) 知识目标。了解并掌握常用的国际贸易术语,包括其英文名、含义和交易双方的基本责任与义务;了解国际贸易运输中涉及的各项单证及其用途;了解交易过程中的物流、资金流和信息流的运转走向。

(2) 能力目标。能够正确地根据给定的国际贸易术语完成整个交易过程,明确自身扮演角色的责任和义务,正确地使用教师所给的单证进行业务交付,具备处理情境中突发问题的能力。

(3) 素质目标。具备一定的人际沟通能力,具有以诚为本的商业合作的精神,以及积极配合的团队精神。

3. 教学准备

(1) 情境准备。由教师设计情境如下:

中国 A 公司是一家国内顶尖的服装设计与生产企业,主要生产各类生活服饰,如 T 恤、卫衣、羽绒服等等。为了扩大自身在海外市场的市场份额,现与美国服装代理销售 B 公司签订出口合同一份,贸易术语为 FOB。双方的付款方式约定为电汇 T/T。

情境中的主要角色有:卖方 A 公司、买方 B 公司、货运代理、银行。此外还可设置海关、船公司、保险公司等角色。主要角色分配任务如下:

卖方 A 公司:与买方公司进行谈判,签订商业合同,明确具体的交易信息,包括约定交货期、包装、检验和货代信息;安排生产计划,生产合同中的产品;根据 FOB 的贸易术语,联系 B 公司的货代将生产好的货物运输至装货港;办理货物出口手续,提供出口所需的各种单证。

买方B公司：与卖方公司进行谈判，签订商业合同，明确具体的交易信息，包括约定交货期、包装、检验和货代信息；根据FOB的贸易术语，负责寻找货运代理，并支付运费、保险费以及货款。

货运代理：与买方公司签订委托合同，负责租船或订舱，办理货物保险，及时与买方公司与卖方公司沟通，确保货物的安全运输。

银行：负责买卖双方公司的货款交付，出具电汇回执与电汇通知书。

（2）资料准备。根据已经设计好的情境，准备教学相关材料。如教学方案、PPT、台签、情境中涉及的各项合同与单证模板与空白页、学生表现评价表等等。

4. 教学实施

情境教学实施过程分为以下几个环节：

（1）情境引入。教师首先回顾之前课程讲授的知识点，帮助学生回忆起情境中所需要运用的知识内容。然后引入设计好的情境，向学生介绍其所需要扮演的角色，明确每个角色的具体工作与注意事项。教师可以在讲解的同时做一些简单的示范，从而更好地帮助学生进入情境，并对角色产生自己的理解。

（2）分组讨论。教师根据学生人数进行分组，每个小组分配4~5名学生。由学生自行讨论，选择自己想要扮演的角色，并推选一名学生作为小组组长。学生在明确自身角色后，分别熟悉该角色的工作内容与业务流程，并与其他同学进行模拟练习，根据给出的情境，学生需要设计对话场景以及单证填写环节。小组长还要负责收集整个小组在讨论中遇到的疑问，及时与教师进行反馈。最终小组要完成整个表演方案，确保情境中贸易过程的正确进行，并体现物流、信息流和资金流在整个贸易过程中的流动。

① 表演过程。学生以小组为单位，逐个上台进行表演，教师与其余学生在台下观摩。表演过程中，台下学生要保持绝对的安静，避免影响台上表演学生的发挥。当台上学生表演困难的时候，教师可以适当做一些提醒，确保整个流程能够顺利演示。

② 评价打分。评价打分分为教师评价、学生互评和学生自评。教师根据业务流程是否正确、单证填写是否正确以及业务交流是否流畅来判断学生对知识的掌握程度，并给出分数。学生通过对比自身表演和其他同学表演的情况，判断自身水平并打分。最终根据三项打分，以4∶3∶3的权重给出最后的分数。

（3）教师总结。教师根据学生所获得的分数，对其进行点评和总结，指出学生在情境表演中发挥得好的一面与其不足之处，并且示范正确的演示过程。对分数最高的小组给予一些奖励，用以激励学生的学习热情。在总结时要注意结合课程思政，传播正确的物流观念，让学生形成友善合作、诚信办事的职业道德素养，实现立德树人的目标。在完成整个情境教学之后，根据学生的实践情况以及获得的评价数据，对此知识点的授课进行总结与反思，并相应地调整今后的教学进度与教学方式。

四、情境教学法的效果反馈

通过在物流管理专业中运用情境教学法进行课堂教学，学生的学习兴趣被充分调动起来。学生的心态也从被人逼着学习转变为自己想要学习，从被动到主动，开始对学习产生了兴趣和动力。

在情境教学的过程中，学生与教师之间的距离不再是遥不可及，而是在情境教学之中得以拉近。相比于传统的课堂灌输式的授课，教师的身份从课堂的主人转变为引导者，尽可能地减少对学生的限制，给学生一个舒适的心理环境，做到寓教于乐，让学生自由地思考、自由地发挥。从而课堂的教学氛围也由沉闷压抑变得更加和谐融洽。

通过情境教学，学生对物流管理复杂的理论内容有了更加清晰的认识。通过自身实践，掌握了如何将课本上的理论知识转变为现实中实际行动的能力。特别是对运输贸易规则和单证填写知识的理解，比从书本上阅读要记得更加深刻牢固。更值得一提的是，通过情境教学，学生的商业交流能力获得很大的提高。许多原先在课堂上从不开口的学生也能够掌握正确的商业交流方式，这为其今后的职业发展打下了良好的基础。

除此之外，学生还在情境教学中潜移默化地接收了课程思政教育。因为懂得了责任和义务，学生将会更加明白诚信的重要性，逐渐形成诚信的商业精神和法治意识。在情境中，教师通过互换角色，其承担的责任也会发生变化。学生能够学会站在他人的角度思考问题，明白友善待人的重要性，学会换位思考。

五、情境教学法应用中遇到的问题与改进措施

1. 情境教学的引入不够深入

在情境教学法中,情境的引入是非常关键的,而想让学生完全沉浸在教师所设计的情境之中是比较困难的。在将情境教学法应用于物流管理专业教学时,会发现学生不能够很好地进入情境之中,造成了教学效果的缺失。主要原因有两个方面:

首先,物流管理专业是一门综合性很强的学科,涉及很多有关贸易方面的概念和规则,而这些概念和规则对学生而言理解起来比较复杂。有些学生在接收知识点讲授的时候,并没有对其形成清晰的理解和认识,导致无法深入情境。面对这种情况,教师可以在课前准备丰富的教学资料,通过PPT、动画或者微课的形式传播给学生,让学生除了在课堂上学教材之外,还能够利用课堂以外的碎片化时间,更加深入地理解知识点,在课堂上能够更好地将自己带入教师设计的情境之中。

其次,造成情境引入不够深入的原因还在于教师对于情境的设计不够合理。情境设计得过于复杂,容易造成学生的困惑,学生失去想象的空间,从而对情境失去兴趣。情境设计得过于简单,会让学生不以为然,失去参与的动力。因此,教师在设计情境的时候,要对情境的难度有绝对的把握。在权衡教学内容和学生水平之后,结合今后学生的工作实际,设计出符合逻辑、难度适中的情境。同时可以借助一些道具,例如名牌、模型、多媒体等,使得情境更加具有代入感,帮助学生深入情境,使教学效果更上一层楼。

2. 学生的能力层次存在差异

在应用情境教学法的过程中,学生能力层次的差异会被放大,造成教学过程无法顺利地进行。例如学生在进行分组讨论的时候,往往有部分学生小组没有办法组织起有效的讨论,无法形成自己的方案,导致表演时的失败。对于这种情况,教师可以将能力比较强的学生打散,将其平均分配到每个小组之中,让其发挥先锋带头作用,使得小组讨论能够顺利地进行。除此之外,教师还应当对一些能力较弱的小组给予更多的关注与指导,在准备的过程中,引导学生开口说、动手做,发挥其主观能动性。在情境表演环节中,有些表达能力较弱的学生会感到紧张迷茫,在台上手足无措,此时教师可以给予其适当的提示与鼓励,增强学生自信,让其顺利完成表演。

学生的能力存在差异,对于教师而言更要因材施教。对于那些能力较强的学生,不要刻意将其限制在教师自己的思路之中,而应大胆放手,让其自由思考,自由发挥,这样能够使其更好地使其形成自己的理解,并将其灵活运用于今后的工作之中,对学生未来的发展而言是很有好处的。在实际教学的过程中,一些同学精彩的发言往往能够带动整个课堂的教学氛围,令其他同学甚至是教师都有所启发。

3. 学生的能力拓展还显不足

在物流管理情境教学的过程中,教师对学生的表现进行了总结与点评,学生也进行了自评与互评,可以说学生对其扮演的角色能够有一个比较深刻的认识,但是学生对情境中其他角色的认识还显不足,这一不足阻碍了学生能力的拓展。对此,教师可以让小组内的学生互换角色,从而帮助学生了解每一个角色的工作流程,牢牢地把握知识内容,并有机会学以致用。

若是课程时间比较充足,教师可以适当地将情境进行改变。例如,将贸易术语改为CIP,付款方式改为信用证。这样,所有的业务流程都将发生一定的变化,让学生始终保持学习的兴趣。当学生掌握所有的变化时,学生对知识的运用便能融会贯通,其能力和素质往往能够获得极大的提高。

除此之外,教师还可以对情境进行拓展。例如,当物流运输过程之中发生了意外该怎么办;除了明确角色责任之外,该怎么尽可能地挽回损失;如何与客户重新建立起信赖关系等。针对这些问题让学生重新进行思考并给出方案,促进学生之间的互相交流,这将对今后学生的职业工作有着重要的指导意义。

六、总结与展望

综上所述,在我国物流管理教学不断推进的过程中,情境教学法作为一种优秀的教学方法,能够在一定程度上增强学生的学习兴趣,促进理论与知识的结合,使学生的综合能力得到提升。未来,为了适应物流行业的高速发展,物流管理教学将面对更加严峻的挑战,情境教学法将会成为打破教学瓶颈、突破传统教学模式的一个重要

手段。通过与企业合作营造出更加真实的情境和教师对教学过程更加细致的把握,情境教学法一定会在物流管理教学中营造一片崭新的天地,使物流管理教学更上一层楼。

参 考 文 献

［1］刘晶璟.行动导向的情境教学法在高职物流英语课程中的应用[J].武汉职业技术学院学报,2012(6):82-85.
［2］赵中平.基于情景教学理论视角下的物流管理教学解析[J].物流工程与管理,2015(7):282-283.
［3］杨帆.情景教学理论视角下的高职物流管理教学[J].烟台职业学院学报,2017,23(4):69-71.
［4］许超.高职院校物流管理专业教学改革和建设探索[J].中国市场,2017(32):225-233.
［5］郑晗,杨彩梅,韩一飞.应用技术类型高校物流管理专业国际贸易实务课程教学方法新探[J].高教学刊,2016(10):104-105.
［6］曾艳英,屈颖,朱强,等.高职物流管理专业关键能力培养的教学设计与教学方法[J].职业教育研究,2011(S1):86-87.

作者单位:上海市静安区业余大学

学前音乐教育教学团队的现在与未来

吴士乐

内容摘要： 为贯彻全国教育大会和全国高校思想政治工作会议精神，落实《国家职业教育改革实施方案》，加快"双师型"教师队伍建设，根据《教育部教师工作司关于遴选首批国家级职业教育教师教学创新团队的通知》（教师司函〔2019〕35号）精神，我院学前音乐教育教学团队成功申报为2019年度上海高职高专院校市级教师教学创新团队。

关 键 词： 教师教学创新团队　音乐教育

我院学前音乐教育教学团队是一支2019年度上海高职高专院校市级教师教学创新团队。团队能紧密对接上海"五个中心""四大品牌"建设的现实需求，重点支持在课程思政改革、创新创业教育、面向战略新兴产业和现代服务业（学前托幼）等领域具有创新示范意义的教师教学创新。

一、团队简介

"学前音乐教育"教学团队是一支师德师风高尚、学缘结构合理、教学经验丰富、教科研水平领先的具有创新示范意义的教师教学创新团队。团队所在学前教育专业是上海市一流专业。

1. 课程思政，提升团队德育水平

本团队针对高职院校学生的认知水平和行为特点，将思政、德育、传统文化教育融入教学内容，陶冶和塑造大学生的道德、意志、品格、情操，使其在音乐中升华情感，感受中国自信，在音乐中激荡青春梦、幼教梦、中国梦。

2. 校企合作，完善团队课程内容

通过校企合作，强调"工学结合、项目导向、任务驱动、情境教学的"的过程，本团队创新性地开发了基于真实项目和工作过程的教学内容和教学资源，直接服务于幼儿园的"订单式"任务。

3. "互联网+"提高团队教学环境

本团队将多种信息化手段与教学内容合理匹配与融合，并依托移动互联网络课程平台，进行了混合式教学改革。大幅提升了教学效率；增强了师生交流互动；扩展了评价维度；达成了科学高效的教学管理。

4. 挂职锻炼，更新团队教材建设

本团队与幼儿园长期保持密切联系与沟通，将幼儿园音乐教育教学活动的真实案例、教学经验融入课程，开发项目任务,提升教学与实际工作的一致性,不断完善课程体系和教材建设。

5. 课程融通,形成团队音教能力

通过音乐技法与学前音乐教学法相结合、入园挂职锻炼、实习指导、访学交流、运用移动互联网新媒体等举措,打破技能课与理论课、大学课堂与幼儿园之间的阻隔,实现互融互通。在此基础上不断迭代教学模式、教学内容、教学方法,增强学前学生实践教学能力和职业素养。

6. 服务社会,加强团队对外影响

本团队连续四年承担了原闸北区教育系统新进幼儿教师理论技能培训任务,共有195名幼儿园教师参与培训。2015年与崇明区教育局达成协议,共有182名幼儿园非学前教育专业教师参加音乐技能系列课程。通过开展职业培训、技术服务等社会服务,提升了专业的示范效应,获得了良好的社会声誉。

2019年上海市级教师教学创新团队省级以上获奖情况			
时间	奖项名称及等次	获奖者	颁发部门
2017	上海市教学成果一等奖	吴士乐等	上海市教育委员会
2017	全国职业院校信息化教学大赛高职组信息化教学比赛三等奖	张怡等	全国职业院校信息化教学大赛组委会
2017	上海市"星光计划"第七届职业院校技能大赛教学技能一等奖	张怡	上海市教育委员会
2019	上海市"星光计划"第八届职业院校技能大赛课堂教学一等奖	张怡	上海市教育委员会
2019	上海市"星光计划"第八届职业院校技能大赛中指导学生获得学前教育专业技能项目二等奖	盛婴	上海市教育委员会
2019	上海市"星光计划"第八届职业院校技能大赛中指导学生获得学前教育专业技能项目二等奖	栾珺	上海市教育委员会
2018	全国第五届大学生艺术展演上海市活动艺术表演类西乐(小合奏/重奏)专场甲组三等奖	吴士乐等	上海市教育委员会
2016	全国高职院校学前教育专业学生技能竞赛团体三等奖	盛婴等	教育部职业院校教育类专业教学指导委员会
2015	全国第五届大学生艺术展演上海市活动西乐(小合奏/重奏)专场甲组二等奖	吴士乐	上海市教育委员会
2015	全国第四届大学生艺术展演(艺术教育科研论文)三等奖	李佳	上海市教育委员会
2015	全国第四届大学生艺术展演(艺术教育科研论文)一等奖	栾珺	上海市教育委员会

二、团队带头人

教学团队带头人吴士乐副教授具有17年的高校教育教学经历,长期从事音乐教育教学以及人才培养的研究工作,拥有丰富的教学经验,并在教学团队建设、教学改革、课程建设和科研等方面取得了一系列的成果。

1. 团队建设

团队带头人始终以专业课程建设为首要任务,整合教师资源,积极营造"双师型"教学团队发展的环境。团队教师以融合与协作为纽带,形成了教师队伍的团队合力与整体优势,系统地推动教学内容、教学方法和人才培养模式的改革创新,推进教学改革经验的交流共享。

2. 梯队建设

音乐教育教学团队建设的主要内容之一是加强梯队建设,注重专业教师层次的提高和"双素质"的培养,发挥专业骨干教师的主导作用。

目前,教学团队的人才优势突出,学缘结构合理,教学能力强,知识结构、职称结构和年龄结构分布合理。

团队多年来坚持为团队教师提供各种进修、交流学习、观摩、大师班学习的机会。因此,团队教师的职教理论水平、专业技术水平、教学能力和职业能力都得到极大的提升,不仅提高了专业技术和理论的教学效果,也得到学生的支持与好评。

3. 注重实践教学

团队带头人本着体现高职高专教育"以服务为宗旨,以就业为导向"特色的宗旨,凸显高职教育重视学生职业技能培养的优势,带领团队深入幼儿园一线挂职锻炼,了解一线幼儿园教师面临的问题并能给出指导意见;与幼儿园领导、教师座谈,畅谈幼儿园的现实与发展方向。同时,为团队创造了一个宽松的工作环境,充分发挥每位教师的潜能。现在团队已成为一个积极向上、勇于改革、勇于创新,具有一定凝聚力的和谐团队。

4. 所取得的成效

带领团队连续两年进行团队式的挂职锻炼,成功与23家幼儿园进行了深入探讨与合作。2015年开始,学前教育专业承担了闸北区教育系统四年来新进幼儿教师理论技能培训任务,共有195名幼儿园教师参与培训。2016年与崇明区教育局达成协议,共有182名幼儿园非学前教育专业教师参加音乐技能等系列课程培训。

团队于2017年获得上海市教学成果一等奖;团队骨干教师张怡参加2017年、2019年上海市高职院校教师信息化教学说课和课堂教学比赛,均获一等奖。团队教师编写了系列教材《钢琴基础一、二》《乐理、视唱、练耳》《学前教育音乐理论基础与实训》《幼儿行为观察与指导这样做》等,出版并广泛使用;带领团队申报交大出版社的"十三五规划"学前教育音乐系列新形态一体化教材,共计6本,于2018年8月正式出版。

三、团队未来建设

1. 修订学前音乐教育类新课程标准

以立德树人为导向,完善创新课程体系。

2. 推进学前音乐教育校企协同育人

实施院园协同,专业协同,建立多样合作、交叉培养新机制。

3. 强化学前音乐教育实训实习能力

加强实训教学资源建设和共享,广泛搭建实习实训平台,办好各级各类学前教育专业技能竞赛。

4. 改革学前音乐教育教学评价制度

建立个性化培养教学评价制度,改革学业考核评价办法。

5. 提升学前音乐教育教师教学能力

全员参加、专兼结合,配齐配强教师队伍,改革教学内容和方式方法,开展专门培训。

6. 建设学前音乐教育专业文化培训

有重点、分层次举办讲座论坛,全方位、多方面开展主题活动。

7. 形成学前音乐教育课程融通聚力

通过音乐技能与音乐教学法课程交叉结合、挂职锻炼、实习指导、运用移动互联网新媒体、访学交流等举措,实现信息与资源互融互通,快速更新教学内容。让学生在熟悉幼儿音乐教育所包含的歌唱、韵律、节奏、欣赏这四个板块的同时,逐步获得感受、体验、表达、创造的能力,最终形成幼儿音乐教育教学的能力,成为一名合格的幼儿园教师。

8. 探索学前音乐教育国际交流与合作

通过与英国诺丁汉特伦特大学的合作办学,推动人才培养的国际交流与合作。

四、标志性成果

1. 上海市级一流专业

第一轮一流专业2016年立项,2018年结项。2019年第二轮一流专业又申报成功。

专业领军人才凸显,师资队伍实力渐强。团队负责人吴士乐老师专业成果突出,可以预见成为上海乃至全国高职学前教育领域的名师、标志性领军人物。现有行业专家兼职教师10人,未来三年将扩大引进人才的规模,指导和引领上海学前音乐教育师资队伍建设与发展。

扩大国际影响,形成服务品牌。与英国诺丁汉特伦特大学早期教育系的2.5+1.5合作办学,继续开拓多渠道的国际合作,以国际认可的学前教育理念和教育方法联合培养学前教育毕业生,提升专业的国际化办学规格。加入世界学前教育组织(OMEP),扩大国际影响,形成服务品牌。

推进信息化教学改革,提升教学质量与专业影响力。全力推进信息化教学的改革,打造国家级精品资源共享课,培养学生的信息化素养,为全国幼教师资提供优质的资源共享和服务平台,在全国乃至国际上逐步发挥专业影响力。

2. 上海市级示范性资源库

结合"全实践"教学模式,推进学前音乐教育专业教学资源库和专题资源库建设,强化课程与市场需求的接轨。我们有必要建设与之相匹配的在线教学资源库,提升专业核心内涵。

拥有一支教学经验丰富、教科研水平领先的团队。项目建设团队成员具有高职称、高学历,专业领域分布合理,为建设高水平的学前教育资源库提供了保障。团队成员中,具有高级职称7人,占70%;中级职称3人,占30%,7人为硕士学历,占70%。双师率达到100%。

服务多元学习者,满足多层次需求。修订课程标准、课程设计,梳理课程资源,注意资源建设的多层次、多元性,抓住不同学习者群体的共性和个性化学习需求,为学前教育专业、学前教育中高贯通、学前教育高本贯通、幼儿健康管理和早期教育等高职在校生,提供优质便捷的教学资源与教学服务。为非学前教育专业保教人员的职后培训、社会人员的职业资格培训、社区教育服务等,提供培训资源和在线课程指导。

打造立体共享网络,持续更新资源。建立资源库平台,持续更新资源,学习者随时可借助平台资源和空间,开展交互式在线学习,开展一对一、一对多、多对一等交流。资源库后续不断联合更多学前教育机构和学前教育院校,参与共建和使用,发挥各自师资、校外资源、技术等方面的优势,开发更多教学服务项目。将资源库打造成立体知识共享网络,逐渐由周边区域向全国各地的高职院校辐射。

3. 人才培养、以赛促学

全国职业院校技能大赛(高职组)学前教育专业教育技能大赛是高职院校学前教育专业领域的最高级别赛事,是对未来幼儿教师职业素养的全面考验。为达到以赛促教、以赛促学、以赛促改的目的,在专业的教育教学上做如下调整。

加强整合相关课程设置。从相关比赛项目中可以看到,相较于单一艺术技能的发展,对于一个准幼儿教师而言,更重要的是适于教学的综合应用。弹和唱、唱与韵律表现等这些都是不肯分割的职业素养。基于此,增强了乐理、声乐、钢琴、舞蹈课程之间的渗透融合,并与教学应用相联系,使学生能真正学以致用。

进一步发挥多元化教学资源的作用。音乐理论、技能学习最终皆服务于幼儿音乐教育教学的相关需求。而国赛的各个赛项的设置也全面贴合幼师岗位需求。因此,团队将继续深入发挥幼儿实践基地的作用,不论是在整体学制上,还是相关专业课设置上,将增强入园体验、实训的要求,以期增强学生将知识、技能向实践转化的能力和解决复杂岗位问题的能力。

促进学生校级学前技能的常态化进行。通过将校级比赛(声乐、钢琴、舞蹈、说课比赛等)常态化,教师既可以综合掌握每一届学生的学习状态和学习效果,从而为国赛选拔选手,还可以针对学情进行适时的教学调整,达到以赛促教的目的。

建立资源库平台,持续更新资源,学习者随时可借助平台资源和空间,开展交互式在线学习,开展一对一、一对多、多对一等交流。资源库后续不断联合更多学前教育机构和学前教育院校,参与共建和使用,发挥各自师资、校外资源、技术等方面的优势,开发更多教学服务项目。将资源库打造成立体知识共享网络,逐渐由周边区域向全国各地的高职院校辐射。

4. 校企(幼儿园)合作,建立课题

建立教育教学联动。在课程体系研究过程中我们发现,幼儿园的课程资源是丰富多彩的,每个幼儿园都有自己的教育教学特色和资源优势。因此与每一家幼儿园的合作重点均应有所不同。后续将尽量把每个幼儿园最好的资源全部整合到我们的课程中去。争取校企合作教材能成功申报"十三五"职业教育国家规划教材。

校企(幼儿园)合作建立课题。团队教师的4个上海市"晨光计划"全部是校企合作课题,每位教师都在幼儿园挂职锻炼2年以上,进行校企合作课题研究。未来三年内每位教师还将在幼儿园挂职锻炼一年,积累幼教经验、增加与园方的交流与合作,进一步提高教研和科研水平。

校企(幼儿园)合作建立基地。团队在上海市音乐幼儿园、上海市七色花幼儿园等音乐教育特色幼儿园进行教学基地建设。根据幼儿教师职业岗位任职能力要求,参与学前音乐教育专业课程体系构建,参与学前音乐教育教学计划研究和学前音乐教育专业人才培养方案的制订,参与学前音乐教育专业课程开发。

5. 推进课改,以赛促教

课程融合、优化方案。为更好地适应教师资格证考试的目标,实现课程融合,同时帮助学生提升能力,充分适应未来幼儿园教师音乐工作的要求,团队进行了一系列比较彻底、深入的课程改革。例如适当调整培养方案、优化课程设置和学时分配、学院与教师共同合力提升师资力量、明确课程性质与目标、优化课程内容与教学方法、重视过程性评价和多元化评价等。在此过程中,让信息技术服务于课改,服务于学生的学习,让新的教学方式和理念借助信息技术得以落地和实践。

协调合作、全面课改。在全面推进课改的基础上,鼓励、支持教师参加教师教学能力比赛、高职院校教师说课大赛。例如,有计划地组织开展说课专题活动,让青年教师掌握说课的基本要领,并把理论与教学实践相结合;发挥示范性说课的作用,并聘请专家对其进行分析、解读和评价,从而使青年教师获得启发,激发自我发展的动力;发挥团队的力量,营造一种互助合作的文化氛围,加强教师之间在课程实施等教学活动中的专业沟通、协调和合作,促进教师专业发展。

自我完善、不断发展。近年来,团队教师在市级、国家级的各类说课比赛、教学技能比赛中频频获奖,既实现了教师的自我完善,推动自我发展,又切实促进了教研活动实效、备课质量、课堂教学效果,达到了"以赛促教"的目标。

五、引领提升

师者,所以传道授业解惑也。学前音乐教育团队的教师们发自内心地热爱、尊重、关心学生,爱岗敬业、为人师表、诲人不倦。积极良好的氛围激发出强大的教育力量,催生出团队丰硕的教学成果。

在上海市级教师教学创新团队带头人吴士乐副教授的带领下,团队成员将音乐技能学习与学前音乐教法课进行了有机整合,并与团队中的幼儿园教师合作,结合幼儿园音乐教育内容四大领域(歌唱、韵律、打击乐、欣赏)的岗位需求,开发、设计了具有创新性、前沿性、实用性的教学内容和项目任务,将音教法知识和儿童音乐教育价值取向渗透于歌唱、律动、乐器演奏等音乐技能的学习中,并积累了一定的教育教学案例,形成了丰富的教学资源,使学生在掌握音乐知识和技能的同时,能够逐步拓展、应用,形成较全面、扎实的幼儿音乐教育教学能力。团队成员还尊重和信任每一个学生,会根据每个学生的特点,最大限度地开发出他们的潜能。用充满激情的话语真诚地赞美他们,让他们在赏识和鼓励中找到自信,感受学习的快乐,看到努力的方向,产生奋进的动力,通过三年专业理论学习掌握国内外学前音乐教育的相关理论与实践技能,最终成长为满足上海学前教育发展需求、具备较强就业竞争力的专业应用型人才。

参 考 文 献

[1] 吴士乐.让音乐教育乘着移动互联网的翅膀[M]//张东平.求索.上海:复旦大学出版社,2019.
[2] 吴士乐.学前教育专业幼儿钢琴弹唱课程的教学研究[J].艺术科技,2016(6):391-393.
[3] 吴士乐."云计算"走进音乐教育初探[J].艺术科技,2016(4):394-395.

作者单位:上海行健职业学院

关于成人高校基层党组织深度参与区域化党建的创新实践模式研究

沈燕华　张歆涵

内容摘要：中国特色社会主义进入新时代,提出"构建社会治理新格局"的新要求。本文基于成人高校基层党组织实际,提出深度参与区域化党建的"五维三共"创新实践模式,"五维"是指成人高校基层党组织在"德""智""体""美""劳"五个维度上,参与区域化党建,实现"三共"(共享优质资源,共育先进文化,共促区域发展)的目标,旨在塑造成人高校基层党组织深度参与区域化党建的品牌,并形成可复制可推广的经验。

关　键　词：基层党建　成人高校　区域化党建

中国特色社会主义进入新时代,党的十九大明确指出要"打造共建共治共享的社会治理格局"①。《中共中央关于坚持和完善中国特色社会主义制度推进国家治理体系和治理能力现代化若干重大问题的决定》中指出要"构建社会治理新格局"。要实现上述目标,基层党建是引领和创新社会治理的重要途径,而城市基层党建对夯实党在城市的执政基础具有重要意义。城市基层党建经历了从"单位党建"到"社区党建"再到"区域化党建"的模式变迁,成人高校基层党组织作为区域内的一分子,要积极融入地方发展。

一、成人高校基层党组织深度参与区域化党建的基本含义和重要性

1. 区域化党建的基本含义

区域化党建是以一定的区域为党建工作单元,按照区域统筹的理念,综合运用现代管理科学和信息科技手段,科学设置党的基层组织,统一管理党员干部队伍,整合使用党建资源阵地,统筹开展党的活动,全方位优化资源配置、组织效能、教育管理效果、工作成本和力量配备的党建工作模式②。上海自2004年开始推进区域化党建工作,积极探索党建引领下的社会治理新路径。中共上海市委抓住2010年举办世博会的重要契机,全面推进驻区单位和党员到社区报到制度。2011年,中共上海市委印发《关于进一步推进本市区域化党建工作的若干意见》。2014年,印发"1+6"文件。2019年,中共中央印发《关于加强和改进城市基层党的建设工作的意见》为成

---

① 习近平.决胜全面建成小康社会,夺取新时代中国特色社会主义伟大胜利——在中国共产党第十九次全国代表大会上的报告[M].北京：人民出版社,2017：49.
② 中共浙江省委组织部.关于进一步推进区域化党建工作的意见.浙组〔2012〕4号[A].2012-02-15.

人高校基层党组织参与区域化党建,进一步指明了方向,即通过签订共建协议等加强组织共建,通过共同开展活动、党员教育等推进活动共联,通过整合盘活信息、阵地、文化、服务等实现资源共享①。

2. 成人高校基层党组织深度参与区域化党建的重要性

首先,成人高校基层党组织深度参与区域化党建,有助于更大范围发挥党员先锋模范作用。"先锋"要求党员敢为人先、勇担使命;"模范"要求党员以身作则、率先垂范。于成人高校而言,新时代的先锋模范作用既要求党员在教育教学一线勇立潮头,引领全校教职员工为办好人民满意的终身教育开拓进取,又要求党员在区域治理中同样有所作为,热心服务社区居民。成人高校基层党组织深度参与区域化党建能够有效解决成人高校党员教师"自我封闭"的问题,既发挥其专业优势服务学习者,又能将在社区服务的经验转化为终身教育的研究成果反哺工作,使党员先锋模范作用的发挥从"立足岗位"到"上下延伸"。

其次,成人高校基层党组织深度参与区域化党建,有助于立足立德树人根本任务,提高成人高校党建水平。我国的高校是党领导下的高校,是中国特色社会主义高校②,要坚持立德树人,培养德智体美全面发展的社会主义事业建设者和接班人。2018年,上海教育系统构建"三圈三全十育人"工作体系,推动立德树人更上一层楼,成人高校紧密结合终身教育实际,牢牢把握时代使命,其基层党组织参与区域化党建,紧紧围绕教育的根本任务,通过鼓励成人学生走进社区、服务社区,使之将奋斗报国作为一种生活习惯、一种行为自觉、一种特殊情怀、一种精神追求,使党建、教学"同频共振",进而提高党建工作实效。

再次,成人高校基层党组织深度参与区域化党建,有助于围绕办好人民满意的终身教育共同愿景,从更深层次推动学习型城区建设。作为区域化党建模式中的一员,成人高校可依托区级终身教育研究所,形成专家智库,为推动学习型城区建设提供理论支持,指导学习型城区建设实践。在服务终身学习方面,还拥有丰富的线上线下学习资源,如上海开放大学静安分校运营有静安学习网、静安小微企业咨询基地等线上学习平台和静安区市民数字化体验中心、各类实训专用教室、丰富的终身教育师资等线下学习资源,通过区域化党建使专业力量下沉社区,满足学习者多元化、个性化学习需求,实现人人、时时、处处可学,使学习者享有更高质量的终身教育资源,并创建成人高校基层党组织参与区域化党建可复制可推广的模式方法。

二、成人高校基层党组织参与区域化党建的基本形式

1. 作为区域化党建工作联席会议的成员,主动承担重点项目

区域化党建工作联席会议是街道社区党组织、单位党组织、行业党组织互联互动的重要载体,有助于调动各类党建资源,推动区域党建大融合,增强城市基层党建整体效应。2010年以来,上海市静安区形成了"共同行动""1+7+14"(即"1个区级联席会议+7个专业委员会+14个街镇分会")的区域化党建体制,搭建区域化党建工作联席会议平台,号召静安区域内的各党政机关、企事业单位、"两新"组织和党员群众等,团结一致,共同服务社会、共同推动发展、共同创先争优,努力把所在区域建设成为管理有序、服务完善、文明祥和的社会生活共同体③。上海开放大学静安分校党总支作为党建工作联席会议的成员,参加每年的联席会议,与区域内党组织实现优势互补,发挥成人高校师资、人才和专业优势,对接区域内的终身学习需求。2018年,学校助力静安区"共同行动"区域化党建教育宣传专业委员会——"乐学静安"重点项目,结合"互联网+",通过"乐学静安"微信公众号为学习者提升自我学习素养提供学习类信息。2019年,学校与曹家渡街道积极沟通,明确需求后,为驻区武警部队送去了课程资源,来自武警大队以及辖区内区域化党建单位等30余名摄影爱好者参加培训,为创建学习型团队,培养知识型军人,帮助战士掌握实用技术打下了坚实基础。

---

① 中共中央办公厅.关于加强和改进城市基层党的建设工作的意见[EB/OL]. http://www.12371.cn/2019/05/09/ARTI1557331319587969.shtml,2019-05-08.
② 央视网.习近平在全国高校思想政治工作会议上强调 把思想政治工作贯穿教育教学全过程 开创我国高等教育事业发展新局面[EB/OL].http://news.cctv.com/2016/12/08/ARTIihpHZs56dGPSnK5b5x5y161208.shtml,2016-12-08.
③ 上海政务.静安区"共同行动"区域化党建主题实践活动启动[EB/OL]. http://shzw.eastday.com/shzw/G/20101018/userobject1ai13968.html,2010-10-18.

2. 开展结对共建,服务结对党组织需求

结对共建是成人高校基层党组织参与区域化党建的主要途径,学校与与区域内居民区、新经济组织、社会组织、驻区单位党组织等开展"双结对",各方通过组织共建、活动联办、资源共享、项目联动等一系列活动,用行动服务区域发展,惠及区域群众。2018年,学校思政团队与曹家渡街道高荣居委会党总支签署"思政共建协同进,共创双赢先锋行"结对共建协议,学校第一支部与蒋家巷居民区第二党支部结对共建,共建过程中,学校的终身学习课程、学生社团走出校园,社区居民走进校园,使社区居民尤其是因身体原因无法就读静安区老年大学的居民"零距离"感受终身学习的魅力,通过共建得到了实惠。党员教师与成人学生之中也兴起了向社区老党员学习的热潮,进一步增强"四个意识",坚定"四个自信"。

3. 聚焦终身学习领域,实现党建和发展同频共振

成人高校在参与区域化党建的过程中,注重发挥自身优势,即聚焦终身学习领域,紧紧围绕中心工作,努力实现党建和发展同频共振,而不是脱离学校中心工作参与区域化党建,有效避免"两张皮"倾向。第一支部的党员以社区教育和老年教育工作为主,向结对社区党支部推送了丰富的学习资源和课程,如"党建引领下的绿色生活,让志愿精神释放新能量"多肉植物种植体验活动等,满足社区居民对休闲文化学习的追求。思政团队邀请社区居民体验"带你揭开冷萃咖啡的神秘面纱"咖啡社团活动,由专业咖啡师授课,满足了社区居民深入体验海派文化的强烈渴望。在服务社区居民终身学习的同时,许多党员和成人学生也表示,在共建过程中所了解到的社区老党员的经历本身就是一本"理想信念"的大书,从中他们学到了许多老一辈党员立足本职工作、服务社会主义现代化建设的精神,也认识到民众教育家俞庆棠先生"以社会为学校、以生活为教材、以全民为对象"教育理念的丰富内涵,认识到不能脱离学校工作空讲党员理想信念,要做好本职工作,将爱国、爱家、爱校的情感融为一体,为党分忧,为民服务。

从上述成人高校基层党组织参与区域化党建的具体实践来看,首先是参与主体较为单一。上海开放大学静安分校有第一支部、大学支部和行政支部三个党支部,其中第一支部与社区党支部有结对共建的传统,而大学支部与行政支部的共建活动较为滞后。从思政团队与高荣居委会党总支的结对共建情况看,由于资源限制,参与者由学生会成员和热衷社区活动的学生构成,人员较为固定,结对共建的效用发挥没有辐射到全校。其次是参与活动的内容较为单一。上海开放大学静安分校参与区域化党建的活动内容以休闲文化和技能培训类共建为主,虽然是社区居民喜闻乐见的共建内容,但是涉及党员教育、社区治理等领域的参与存在空白,基层党组织的政治功能和组织力不够突出,参与深度和广度还有进一步加强的空间。再次,成人高校基层党组织参与区域化党建尚未形成机制。表现为成人高校基层党组织参与区域化党建的运行机制、决策机制、服务机制、考核机制尚未确立,传统的参与方式以党总支动员为主,未能有效激发党支部、党员和成人学生走进社区、服务区域发展的内生动力。

三、成人高校基层党组织深度参与区域化党建"五维三共"创新实践模式

基于上述问题,本文提出了成人高校基层党组织深度参与区域化党建"五维三共"创新实践模式,从"德""智""体""美""劳"五维,立足办学实际,深度参与区域化党建,促进参与主体多元化,参与内容多样化,参与行为制度化,以实现"三共"(共享优质资源,共育先进文化,共促区域发展)的目标。该模式在静安区业余大学运行已有1年,取得了如下成果。

1. 从"单打独斗"到"共同行动",增强成人高校基层党组织覆盖力、凝聚力和向心力

党员教师作为参与区域化党建的主体,在调研和谈心谈话中时常透露出"单打独斗"之感,党总支积极宣传区域化党建的内容和重要性,营造参与氛围,弘扬优秀事迹,引领青年教师、成人学生加入共建队伍,进一步加强了整合力度,使党的组织功能和优势得到更好的发挥。例如,青年教师和入党积极分子参与"青春助力爱心义卖"公益活动,从募集商品到现场叫卖,在将义卖金交予街道工作人员的瞬间,青年教师都感受到了服务区域的满足感和自豪感。成人学生将社团活动的平台搬进社区,如文学社团开展"浓情端午赠香囊 社区共建祝安康"活动,学生们身穿汉服制作手工香囊,并赠予社区老党员,体验并弘扬传统文化。通过广泛动员,提升了参与区域化党建的覆盖力、凝聚力和向心力,进一步将入党积极分子、青年教师、成人学生组织起来,团结在党的周围,

把区域化党建不断引向深入。

2. 从"被动参与"到"主动融合",写好"三共"的"奋进之笔"

作为市级文明单位,学校积极参与文明共创,但是活动开展以回应社区要求为主,有形式,有内容,但是缺乏整体规划。党总支基于对终身教育体系建设全局性的把握,在"共享优质资源、共育先进文化、共促区域发展"方面化被动为主动,建章立制,搭建互联互通的平台,定期与共建党组织深入沟通,共商区域发展大事,深入社区开展访谈调研,精准把握社区在终身教育方面的需求,主动服务。例如在调研过程中,了解到街道在开展"一街一品"创建过程中亟需专家支持,学校立即行动,召开终身教育品牌项目研讨会,集合全市终身教育领域内的专家,为"一街一品"创建提供理论支持和资源助力,发挥智库作用。通过主动融合,及时发现社区需求,进一步与共建党组织实现良性互动,使共建活动富有成效,以勇于担当的姿态写好"三共"的奋进之笔。

3. 从"浅层参与"到"五育并举",打通"三全育人"最后一公里

成人高校基层党组织参与区域化党建不能满足于有组织、有平台、有项目、有机制,应进一步与共建党组织深入探讨如何双向用力,构建校内外合力育人的格局。党总支认为,要在参与区域化党建中夯实"五育共举",探索"三全育人"的创新路径。

一是从"搞活动"到"德育"养心。参与区域化党建不应局限于双方简单联动,而应深化中国特色社会主义和中国梦宣传教育,使参与的党员、师生有所悟、有所获,增强理想信念。例如,党总支与高荣居委会党总支联合开展"礼赞七十载 筑梦新时代"公益演出,在其中加入情景党课环节,将理论学习和联欢活动相结合,党员教师与成人学生联袂出演《一封迟到了二十一年的家书》和《三代人的求学梦》两部情景党课,台下观众当看到抗日英雄赵一曼英勇就义的一幕时,深受感动,认为此刻"充满干劲"。"演员"纷纷表示从排练到演出,将学到的党史、新中国史内化于心,为国家奉献力量、不负韶华的意愿从未如此强烈。

二是从"顺便参加"到"智育"长才。有的人抱着"有空就参加"的想法参与区域化党建,为扭转这一思想,党总支在增长知识见识上下功夫,通过区域化党建既为居民终身学习服务,又提高师生知识与能力。例如,举办"谱写改革颂 共筑青春梦"红色经典诵读活动,党员教师与报名的学生和社区居民组成团队,对选择的文字作品从创作背景、作者生平、情感抒发等角度进行剖析解读,社区中的朗诵爱好者又从诵读的语音语调、发声技巧等方面与学校师生进行探讨,活动当天参与者站在舞台上深情款款地歌颂国家和地方的新变化、新成就、新气象,纷纷表示诵读活动既是思想的洗礼,又提高了他们对中华语言艺术的把握能力,可谓一场智慧飨宴。

三是从"以静为主"到"体育强身"。区域内党员日益年轻化,他们渴望动静结合,拓宽视野,党总支创新区域化党建组织形式,以定向寻访、体育赛事、健身活动等形式,使参与者练就服务终身教育的健康体魄。例如,参加静安区白领驿家两新组织促进中心发起的"举着党旗去旅行,又红又潮中国心"定向活动,走访静安区的红色地标、商务楼宇、众创空间、党建服务站等在内的18个点位,位于校内的区级爱国主义教育基地——俞庆棠校长纪念室也被囊括在内,学校党员还向其他参与者介绍俞庆棠民众教育思想,通过活动不仅释放青春活力,遍访区域内丰富的人文资源,还增强了作为终身教育工作者的自豪感。

四是从"美感不足"到"美育"培元。在静安区这一中心城区,党总支以"美育"为突破口,举办绘画沙龙、参观美术馆、摄影培训、插花体验等兼具审美意境和启发元素的共建活动,以美育人,以美化人。例如,开展"花样浪漫过端午 浓情满满过佳节"插花艺术体验活动,学校的高级插花师介绍了三角插花、水平插花、扇形插花等常见的花型,以及玫瑰、紫罗兰、康乃馨、蓬莱松等常用花材的搭配方法,为参与者上了一堂插花入门课,大家纷纷表示高雅的插花活动能提高审美情趣,体验课程之后,还组织志愿者将插花作品赠予社区内的老人,弘扬了爱老、敬老的高尚情操。

五是从"纸上谈兵"到"劳育"匠心。习近平总书记强调劳动可以树德、可以增智、可以强体、可以育美,可见劳动是"德智体美"的粘合剂,党总支深挖区域内劳动育人资源,开展义务劳动、实训实践、职业体验等活动,促进党员师生在区域化党建中获得的理论收获向实践劳动转化。例如,走进龙凤旗袍店开展"体验非遗温度 感悟传统文化"手工盘扣制作活动,听旗袍匠人讲述制作工序,亲手制作旗袍盘扣,感受一针一线一把剪刀所蕴含的工匠精神,90分钟里小心翼翼的制作过程让体验者直呼不易的同时,对匠人执着坚守的职业精神更加钦佩。通过"做中学""学中做"系列活动,更好地弘扬了知行合一的劳动精神,让劳动最光荣的观念深入人心。"德智体美

劳"共举并非是一分为五,而是多维耦合,在社会、家庭、生活等情境中全方位、多层次、有深度地参与区域化党建,"开门办思政",为实现"三全育人"打通最后一公里。

四、成人高校基层党组织深度参与区域化党建的未来展望

1. 成人高校基层党组织深度参与区域化党建要找准城市基层党建与学校发展的结合点,发挥成人高校优势

高校的功能在于人才培养、科学研究、社会服务和文化传承创新,成人高校亦如此,即为社会主义建设培养应用型人才,成人高校基层党组织的建设工作也要围绕这一目标,同时,加强和改进城市基层党建的目标在于切实加强党对城市工作的领导,推动城市经济社会发展①,可见两者之间具有天然的一致性。成人高校基层党组织深度参与区域化党建,一要树立共创共建、共享共赢的理念,积极响应区域化党建要求,将"小我"融于区域发展的"大我"之中;二要着眼于成人高校的发展乃至终身教育的发展要求,以党建促发展,为成人高校推动学习型城区建设、履行好高校功能创设条件、巩固基础。

2. 成人高校基层党组织深度参与区域化党建要与基层党组织建设评价相结合,充分调动积极性

区域化党建和成人高校党建之间缺少紧密联系,上级党组织对成人高校基层党组织的考核围绕党建基本情况、党风廉政建设情况和意识形态工作情况等三方面进行,缺乏对于成人高校基层党组织参与区域化党建情况的考核。因此,成人高校基层党组织深度参与区域化党建,一要转变传统的考核模式,将参与区域化党建的成果作为考核的重要组成部分,增强支部和党员参与区域化党建的积极性和内生动力;二要在党建年度计划和五年发展规划中明确目标和重点工作,将优化基层治理内化为成人高校基层党建的价值追求,助力形成"你中有我、我中有你"的区域化党建局面。

3. 成人高校基层党组织深度参与区域化党建要探索服务社会治理的贡献力提升,保证品牌项目长效化运作

区、校之间要建立全面战略合作关系,在发挥高校服务区域发展作用的同时,推进阵地建设,不断强化党的建设在各项工作中的引领、带动作用,从更高层次上实现共享共建共育。一是要建立志愿服务平台,以党员的先锋模范作用,示范引领校内民主党派成员、群众、成人学生等加入志愿服务队伍,并制定管理章程、行为规范等。二是要建立区域化党建的专家智库,成人高校的专业师资运用于区域化党建不能满足于共同开展党课学习,还应关注与社区居民息息相关的衣、食、住、行、科、教、文、卫等热点问题,集中专业力量进行课题研究,为党和政府满足社会诉求建言献策。

参 考 文 献

[1] 习近平.决胜全面建成小康社会,夺取新时代中国特色社会主义伟大胜利——在中国共产党第十九次全国代表大会上的报告[M].北京:人民出版社,2017.

[2] 中共浙江省委组织部.关于进一步推进区域化党建工作的意见:浙组〔2012〕4号[A].2012-02-15.

[3] 中共中央办公厅.关于加强和改进城市基层党的建设工作的意见[EB/OL].http://www.12371.cn/2019/05/09/ARTI1557331319587969.shtml,2019-05-08.

[4] 央视网.习近平在全国高校思想政治工作会议上强调 把思想政治工作贯穿教育教学全过程 开创我国高等教育事业发展新局面[EB/OL].http://news.cctv.com/2016/12/08/ARTIihpHZs56dGPSnK5b5x5y161208.shtml,2016-12-08.

[5] 上海政务.静安区"共同行动"区域化党建主题实践活动启动[EB/OL].http://shzw.eastday.com/shzw/G/

---

① 中共中央办公厅.关于加强和改进城市基层党的建设工作的意见[EB/OL]. http://www.12371.cn/2019/05/09/ARTI1557331319587969.shtml,2019-05-08.

20101018/userobject1ai13968.html,2010-10-18.

[6] 中共中央办公厅.关于加强和改进城市基层党的建设工作的意见[EB/OL].http://www.12371.cn/2019/05/09/ARTI1557331319587969.shtml,2019-05-08.

作者单位：上海市静安区业余大学

留学生辅导员岗位设置述评

荣 彬

内容摘要：留学生辅导员是新兴的岗位,目前并没有在高校中普遍设置。有关这方面的研究方兴未艾,也颇有成果。但相关研究过于集中在留辅人员自身的素养问题上,并不完整与全面。本文通过现有文献对留辅岗位做出现阶段总结性的述评,并得出了以下几个结论:(1)个人素养层面,涉外能力和协调治理能力是留辅人员的核心素养;(2)组织层面,岗位的多变不稳定制约了留辅人员的工作前景;(3)国家制度层面,顶层设计的空白,导致诸如岗前培训等方面的缺失,使得留辅岗位缺乏一定的专业性。此外,在文末提出一些建议,希望使留辅人员尽快走上普及和专业化的道路。

关 键 词：留学生辅导员　留学生　核心素养　岗位

一、引言

留学生辅导员是一个亦旧亦新的职位。说它"旧",是因为我国辅导员制度由来已久,且已经有完整的系统,并取得了不错的效果,获得了学生和家长的认可。尽管它并不完美,但是却在高等教育管理中起着极为重要的作用。说它"新",是因为留学生辅导员产生于辅导员系统,是新生的一员,属于"变异"体,有其特殊性,虽名曰辅导员,却并不等同于普通的辅导员。近年来,多所高校开始试点辅导员岗位的设置,其成效尚不明确,但是有关该岗位的研究已经初见端倪。本文试图在现有研究基础上做出总结性的评述,采用文本分析的方法,对留学生辅导员岗位设置的前因后果以及遇到的问题做出分析,并提出一些想法和建议。

二、留学生辅导员设置的起源

(一)留学生总人数的不断增长

中世纪欧洲大学产生伊始,就有招收国外留学生的传统,且留学生的数量随着大学的发展而不断提高。在我国的高等教育史上也有留学生教育的印记。随着我国经济实力的不断增强,对外交流的机会逐渐增多,在"走出去"的同时,也引起了各个国家的重视和关注。近年来,留学生人数不断增加,根据教育部给出的统计数据,截至2018年"共有来自196个国家和地区的492 185名各类外国留学人员在31个省(区、市)的1 004所高等院校学习,比2017年增加了3 013人,增幅为0.62%(以上数据均不含港、澳、台地区)"①。数量上的增加,意味着需求的多样化,这也使得作为留学生主要接收机构的高校不得不采取行动来应对持续增加的人数和需求。

(二) 现有管理方式的不适应性和规范化管理的体现

对于一所大学来说,当留学生人数还处于小规模状态时,通常都会交给国际交流学院的工作人员来管理。由于人数少,管理成本低,产生的问题及其局限性并不突出。然而随着留学生人数的增加,单靠国际交流学院等某一单方面的力量来统管时,弊病便暴露无遗,如:人员不够导致的效率低下,超负荷的工作量,管理经验缺乏而导致的服务不到位等。正是在这样的背景下,才有学者提出"趋同化管理"的概念②,即留学生与普通国内学生采用相同的管理方式。因而留学生辅导员岗位的设置是最自然的选择。同时,为了树立良好的国际形象,提升品牌教育,教育部对留学生工作提出"扩大规模,优化结构,规范管理,保证质量"的要求。自然地,留学生辅导员岗位的设置即是对管理方式不适应的一种回应,也是规范化管理的第一步。

(三) 国外学生顾问体系的完整与健全

国外高校设立的学生服务体系历史悠久,它不仅是高校学生寻求帮助的咨询点,更是大学"以学生为中心"教育理念的一种体现。而我国留学生服务尚在发展阶段,无论是入学前的信息提供,还是入学后的适应辅导,都还不完备。但是留学生需求多样化的客观要求又是不能忽视的,而留学生辅导员正好在这空白阶段发挥作用。

三、留学生辅导员岗位设置的必要性

(一) 经济因素

高等教育的国际化进程在不断推进,留学生作为国际化的一个重要组成部分,不仅仅体现了各国教育软实力的提升和共融,其背后隐藏的经济价值更是巨大。如今,教育更多的是被称为服务,"高昂的学费和生活费使留学生成为'精明的消费者'"③。留学生辅导员是提供服务的一线人员,是"窗口",代表了我国教育服务的水准。留学生辅导员的良好形象,有利于外籍学生对中国整体的认识,提升教育服务的品牌印象。

(二) 文化因素

留学生生源地分布广泛,呈现出多个民族、多门语言、多元文化背景的特点。因而,"许多来华留学生在初入陌生的学习生活环境后往往会表现出母体文化与客体文化冲突"④。一般的管理人员难以应对数量不断增长的留学生群体,因而建立一支专门的留学生辅导员队伍来面对多元化的留学生需求既是一种应对策略,也是一种拓展策略。

四、留学生辅导员岗位剖析

(一) 个人层面

留学生辅导员在岗工作时,需要一些基本的技能、知识和职业精神才能胜任。从个人角度讲,从事该职位的人员需要具备的素养要求是极高的,可将其划分为核心的三类。

1. 涉外能力

与普通辅导员不同,涉外能力是留学生辅导员的必备能力之一。这是留辅人员的基本素养,也是该岗位之所以特殊的地方。

第一,外语能力无疑是重中之重。对于来华留学生而言,一般情况下,他们都会有 HSK 考试的成绩要求,或者至少学过一段时间的中文,来证明自己的汉语水平。但是在实际中,很少有学生能够用流利的汉语与学校的工作人员进行无障碍的沟通。因此,英语或者其母语通常都是学生们与人沟通时的第一选择。所以留辅人员除了英语这一项国际通用语言外,最好还能有基本的第二外语沟通能力以备不时之需。

---

① 2018年全国来华留学生数据[EB/OL].[2019-04-12].http://www.moe.gov.cn/jyb_xwfb/gzdt_gzdt/s5987/201904/t20190412_377692.html.
② 顾莺,陈康令.高校留学生趋同化管理的比较研究——以全球8所高校为例[J].思想理论研究,2013(5):88-91.
③ 丁笑炯.基于市场营销理论的留学生教育服务[M].北京:北京大学出版社,2012:9.
④ 赵晓兰,鲁烨.国际化视域下留学生辅导员培育的困境与突破[J].江苏高教,2014(2):105.

第二,有关外事的政策和各种法律常识。留辅人员不仅仅需要掌握本校的校纪校规,以及针对留学生的一些特殊政策等,还需要了解留学生在华生活可能涉及的一些基本法律条款,例如签证的办理流程、实习工作的注意事项等,及时传达信息避免出现违法犯罪的情况出现。同时也要做好预防机制,万一出现违法违纪现象,留辅人员也应该做好积极的应对措施,避免被动和无作为而引起的严重后果。

第三,基本的跨文化沟通能力。许多学者将跨文化交流列为留辅人员应该具备的条件之一,认为留辅人员应该弘扬中国文化,传播中国文化,并且帮助学生摆脱文化适应期的困惑与不安,然而这样的看法并不切合实际。留辅人员应该有基本的跨文化交际能力,但不强调其专业性。留辅人员的跨文化交流主要是体现在对留学生日常生活上的基本照应,解决他们的实际困难,而例如文化适应问题或由此而产生的其他一系列问题都应该交给学校的心理咨询师等专业人员来处理。一方面,每个留学生的文化背景不同,适应一种新文化所需要的时间也不尽相同,如果一有这方面的问题就找辅导员,会额外增加辅导员的工作。此外,留辅人员还需处理其他行政事务,难免出现应接不暇的情况。另一方面,留辅人员不是专业的跨文化交际咨询师,即便是英语系毕业的学生也不敢说自己完全能够了解跨文化交际的复杂性和实际应用时的适应性。再者,既然是跨文化,所有从事该岗位的人员是否都一定具备了基本的中国文化常识和当地的文化习俗知识?反过来,他们是否也知道学生来源国的各种文化背景和差异?如果留学生来自许多不同的国家,短时内掌握多国的文化有勉为其难之嫌。如果留学生对中国文化感兴趣,辅导员可以引荐一些学校的老师或者推荐一些书籍做一些简单介绍,而让更专业的人来处理文化传播的问题。总之,跨文化交流需要时间和经验的积累,随着留辅人员逐渐专业化,跨文化交际才能够得心应手。

2. 治理与管理能力并存

管理能力属于任何辅导员岗位的共性能力,只要从事这项工作,该能力是不可或缺的,例如组织班级的建设、实践活动的安排、日常生活中的沟通、突发状况的应对等。由于留学生不同于一般的国内大学生,他们都比较独立且有较强的个人主义色彩,这中间的人事处理需要留辅人员有高度的智慧,在具体的事情上运用到的技巧不能一概而论,且方式的多样也无法穷尽。但是只有一点是重要的,即留辅人员在管理过程中必须保证以学生利益为先,兼顾其他。从这层意义上来说,留辅人员岗位对于人的随机应变能力要求是极高的。此外,只有管理能力是不够的,同时还需要有治理的能力与意识。治理与管理是不同的:管理强调单向的自上而下,把留学生当成"员工";治理则强调自上而下和自下而上的双向互动,留学生不是被管理者,他们是学校发展过程中的利益相关者,是实现学校目标的共同建构者。一所学校的留学生人数较少时管理是高效的,但是随着人数和规模的扩大,治理是必然的。同时,留学生的事务牵涉多个部门,也需要留辅人员与多部门配合,需要有良好的协调沟通的能力。

3. 服务精神

服务精神的本质是以学生为本理念的一种表现,也体现了"辅导"二字的真正内涵。留学生辅导员的最终目标是要帮助留学生得到更好的发展。心中有学生,才能从他们的视角看问题,提供更好的服务。这也要求留辅人员有任劳任怨的精神品格。相比一般的行政或其他职位的老师,留辅人员作为留学生的第一责任人,势必要比别人付出的更多。

(二) 组织层面(岗位特性)

1. 工作内容的不确定性

留辅人员的工作内容根据各个学校的具体情况不同会所有不同,没有一个统一的标准。通常来说,作为辅导员的一种,留辅人员应该从事普通辅导员所从事的一系列工作内容,例如开展班级集体活动、党团活动、生活指导、就业咨询等。这些常规的工作内容根据以往辅导员的实际工作经验和相关政策的完善而逐渐形成一套稳定的工作系统。然而,留辅人员的工作内容并不局限与此。此处呈现出两种截然相反的观点:一种观点认为:"学生辅导员工作受多头管理,除了学院和学工部外,一旦涉及外国留学生,学校所有部门,包括保卫处、教务处、校医院等都会要求留辅来配合完成工作,工作量极大且边界很不清晰。"[①]该观点认为凡是涉及留学生的都是辅

---

① 陈南菲,汤沁.高校来华留学生辅导员队伍建设现状调研报告[J].赤峰学院学报(汉文哲学社会科学版),2015(11):272.

导员的责任是工作边界模糊的表现;而另一种观点认为:"凡是和留学生相关的工作,无论涉及哪一方面,或多或少都和留学生辅导员有关系。"①

虽然两者的观点截然对立,但是却反映出了两个不同的发展阶段。在留辅人员刚开始起步时,由于缺少经验,工作内容尚在摸索和总结之中,工作内容不便分清,也不能分清。这不仅有利于各部门的积极配合和通力合作,而且也可以避免出现"踢皮球"的现象,为留学生提供良好的服务。随着发展相对成熟之后,工作内容应该细化,并逐步过渡到专业化和职业化的道路上。如果还像初始状态那样,留辅人员什么都管,可能的结果就是什么都管不好。所以,留辅人员工作内容不确定是暂时的、过渡性的。当然,各部门的通力合作应该始终贯穿于留辅人员的工作内容之中,并不能随岗位的专业化发展而转为各自为政。因而,后者的观点更能适应初期学校的发展,即除去常规的普通辅导员应该处理的工作之外,凡是涉及留学生的事情,留辅人员也应该积极参与和配合。例如,有学者认为留辅人员也要参与教学,"'留学生辅导员'所提供的'辅导平台'不仅应包括思想教育、活动组织、生活关怀,更应包括学习指导"②。而前者的观点更适合后期专业化时,分工明确,责权清晰。

2. 工作时间的不固定性

留学生辅导员是一个新型的岗位,初始阶段并不能立刻确定工作的具体范围。由于这种岗位的特性,使得留辅人员的工作时间随着工作内容的不确定而变得不固定。即有些事情未必能在法定的工作时间内完成或者遇到一些特殊的情况而需要及时处理等等。特别是留学生刚刚进校的第一年,需要很多的帮助和指导,额外的加班加点是不可避免的。同时,由于其涉外的特性,语言、文化背景等因素会导致沟通的平均时长可能超过一般辅导员工作的时长。此外,"下班后、节假日,甚至是别人休息、度假的时间,常常是留学生管理干部开展工作的时间"③。因而,这个岗位的强度稍大,还可能遇到各种突发状况,这些都意味着时间和精力的付出。

3. 职业生涯的不稳定

职业生涯规划越来越成为当前国内外企业和高校普遍重视的领域。它是实现"人尽其才,物尽其用"的一种有效手段。高校辅导员的职业生涯十多年前就已经开展,时至今日仍旧处于发展和完善过程中。反观留学生辅导员,虽然也是辅导员的一类,但是该岗位的人员构成却十分复杂。有学者提出,"来华留学生辅导员多为兼职人员"④。因而,对于该岗位未来的发展动向并不十分清晰。同时,兼职人员平日还有其他事务需要处理,使得留辅职位成了临时岗位。即便是有专职留辅人员的高校,对于这些人员将来的发展,包括晋升的通道等都没有明确的方向。这种生涯的不稳定性,势必会影响从事该岗位人员的工作状态和心态,从长远看无论是对来华留学生还是对辅导员本来说都是不利的。部分学校认为留学生辅导员也要关注留学生毕业后的职业发展,然而留辅人员自身尚且不知道自己的职业生涯发展前景,指导别人的生涯发展兴许是力不从心的。

(三)国家层面(制度层面)

1. 聘用条件的模糊性

由于没有相应的政策文本作为参考和录用的标准,留学生辅导员的聘用要求应该由哪些条件构成尚不明确。因此,"有一些是正式员工和外聘、返聘员工的组合。他们在身份地位、工资待遇上存在着差异,有部分留学生管理人员不能享有辅导员的待遇"⑤。这也可以反映出,该岗位在目前尚处于一个初级阶段,顶层设计尚不完善。在一些已经试点设置该岗位的学校中,留辅人员的聘用条件和身份问题也普遍存在。

2. 岗前培训的不足

传统辅导员在入岗前以及入岗后都会由学校统一安排培训,加强业务能力。一般来说,从事教育行业都有一定的准入门槛,其中业务培训是国家法定的,只有通过考核之后才能上岗。留辅人员作为辅导员的一种,也应

---

① 邹时建.新时期留学生辅导员工作内容及路径微探[J].教育评论,2014(12):62.
② 潘桂妮,李琼,王永鹏.论高校留学生辅导员参与汉语教学的必要性[J].学周刊,2013(12):34.
③ 刘海涛.关于来华留学生管理干部队伍素质建设的探讨[J].教育艺术,2012(1):185.
④ 吴晟志.来华留学生辅导员现状与发展探究[J].教育观察,2014(3):42.
⑤ 陈南菲,汤沁.高校来华留学生辅导员队伍建设现状调研报告[J].赤峰学院学报(汉文哲学社会科学版),2015(11):271.

该有针对性的培训,但根据已有学者的调研,"管理干部职业培训、进修少,甚至基本没有"①。留辅人员的职业素养需要边学边做,也是一个不断积累的过程。

3. 监督评价机制的缺失

良好的监督评价机制不仅有利于留辅人员提高自己的素养,也让他们有合理公平的待遇,这也是对留学生群体一个负责任的交代。留辅人员是留学生平日里接触最多的校方人员,其质量高低决定了留学生对校园的总体印象。合理科学的监督和考评既是一种压力,更是一种动力。不同学校对留辅岗位的规定和要求都不相同,如何设计统一的、完善的评价体系是需要解决的问题。

4. 小结与建议

目前留学生辅导员还处于一个起步发展的阶段,存在一些问题。在个人层面上,对于辅导员的工作素养要求高,特别是涉外能力,需要一段时间的积累。在组织层面上,学校对于工作岗位的定位尚不明确,还在摸索阶段。而在国家层面,顶层设计的缺失使得各个院校没有明确的、可供参考的依据,从而导致各个学校对于留辅人员的作用和发展各持不同的见解。为此,当前应首先加快顶层设计,政府出台相关的政策和依据,对留辅人员的职业前景和工作性质做出界定,并提出整体的要求,为各个学校发展该岗位提供强有力的法律保障。其次,学校根据相关的政策,制订适合自身发展的配套措施,例如,明确该岗位的权利和责任,完善招聘、考核等制度。最后,作为留学生辅导员的候选人,除了正确的政治理念,还需要做好知识的贮备、文化修养的提升,因为涉外工作不仅仅代表个人和学校,更是代表一个国家。

参 考 文 献

[1] 2018年全国来华留学生数据[EB/OL].[2019-04-12].http://www.moe.gov.cn/jyb_xwfb/gzdt_gzdt/s5987/201904/t20190412_377692.html.
[2] 顾莺,陈康令.高校留学生趋同化管理的比较研究——以全球8所高校为例[J].思想理论研究,2013(5):88-91.
[3] 丁笑炯.基于市场营销理论的留学生教育服务[M].北京:北京大学出版社,2012:9.
[4] 赵晓兰,鲁烨.国际化视域下留学生辅导员培育的困境与突破[J].江苏高教,2014(2):105.
[5] 陈南菲,汤沁.高校来华留学生辅导员队伍建设现状调研报告[J].赤峰学院学报(汉文哲学社会科学版),2015(11):272.
[6] 邹时建.新时期留学生辅导员工作内容及路径微探[J].教育评论,2014(12):62.
[7] 潘桂妮,李琼,王永鹏.论高校留学生辅导员参与汉语教学的必要性[J].学周刊,2013(12):34.
[8] 刘海涛.关于来华留学生管理干部队伍素质建设的探讨[J].教育艺术,2012(1):185.
[9] 吴晟志.来华留学生辅导员现状与发展探究[J].教育观察,2014(3):42.
[11] 陈南菲,汤沁.高校来华留学生辅导员队伍建设现状调研报告[J].赤峰学院学报(汉文哲学社会科学版),2015(11):271.
[12] 黄桂芳,勾金华,刘梦.教育国际化视域下来华留学生管理干部之职业素养培育[J].企业导报,2016(19):114.

作者单位:上海市静安区业余大学

---

① 黄桂芳,勾金华,刘梦.教育国际化视域下来华留学生管理干部之职业素养培育[J].企业导报,2016(19):114.

浅谈档案利用环节中的保密工作
——以静安社区学院档案管理工作为例

黄一乐

内容摘要：档案是国家、社会和各单位的宝贵财富,有着巨大的社会价值。社区教育档案作为社区教育机构工作水平的具体体现,也是日后开展各类教学科研活动和进行规划决策的重要依据。随着社区教育的蓬勃发展和档案管理技术的不断革新,档案人员愈加重视档案利用过程中的保密工作。本文以静安社区学院档案管理工作为例,基于工作实践,探讨了社区教育档案在利用环节中所涉及的保密问题与弊病,并详细阐述相应的对策建议。

关　键　词：保密　档案　社区教育　利用

一、背景与现状

档案是人们在各项社会活动中直接形成的作为原始记录以备考察的一种文献,它对本单位、社会乃至国家的作用和价值不容小觑。在档案管理工作中,保密工作是档案利用环节中重要的内容之一。

保守国家机密是每个公民应尽的义务,更是每个档案工作人员的职责所在。"保密"是指人们为了维护自身的利益,人为地控制某些信息使之不被扩散的行为。"保密工作"是指按照我国《保密法》的规定,为保守国家秘密而进行的工作。根据档案的涉密程度,可以将国家密级划分成三个等级,即"绝密""机密"和"秘密"。其中,"绝密"指最重要的国家秘密,泄露会使国家的安全和利益遭受特别严重的损害,绝密级事项的保密期限不超过30年;"机密"是重要的国家秘密,泄露会使国家的安全和利益遭受严重的损害,机密级事项的保密期限不超过20年;"秘密"是一般的国家秘密,泄露会使国家的安全和利益遭受损害,秘密级事项的保密期限不超过10年。

现如今,随着科学技术的发展,档案泄密的途径也越来越多样化,例如计算机泄密、网络泄密、移动存储介质泄密等等,各地的一些负面案例也持续为档案机构及档案人员敲响警钟。作为社区教育工作领域的一名档案工作人员,在档案保密工作中要积极防范各种途径的泄密,把预防工作做在前面,堵塞可能泄密的漏洞,增加涉密信息的安全系数,从源头上杜绝信息泄密的一切隐患。

二、问题与思考

静安社区学院自1999年建院以来,档案工作有了一定量的积淀,并制定了规范的工作流程和规章制度来保证工作的有序开展,例如《静安社区学院社区教育文件材料归档范围》《静安社区学院社区教育档案人员岗位责任制度》《静安社区学院社区教育档案安全管理制度》《静安社区学院社区教育档案保密制度》和《静安社区学院社区教育档案管理工作若干规定》等。随着信息技术的发展和普及,工作重心逐渐从纸质文档转向档案的电子化,这对提高档案信息共享度和利用率来说无疑是起到正向促进作用的。而在社区教育档案管理由传统向现代化转型的进程中,必然会存在一些有待解决的新问题。通过分析这些问题及原因,并为其找到相应的对策和完善措施,档案利用过程中的实体与信息安全才得以保障。

1. 档案借阅过程中的保密工作

首先是通信和计算机技术的发展增加了泄密的可能性。随着科学技术水平和信息化程度的日益提高,一些通信工具和办公自动化设备在档案管理中已被广泛使用,档案管理逐渐走向现代化。如今的档案管理工作不再停留在手工处理纸质文档的层面,已经发展到必须依靠计算机载体进行大规模管理。其优势是可以有效地提高档案管理的工作效率,但同时也给涉密档案造成了相当的不安全因素,例如使用网盘、移动存储设备、即时通信工具、云技术等传输涉密档案,会增加档案信息泄密的可能性。如今,信息安全已经成为档案管理工作中的首要挑战。

第二是相关的法律法规有待进一步完善。一方面要使公民能享有一定的知情权、利用权等权利,另一方面又要履行对涉密档案的保密义务。在处理这两者的关系时,相关的法律法规还不够健全,档案的机密性因此受到了威胁。另外,档案法制宣传工作还有待加强。例如《中华人民共和国档案法》自颁布以来的几十年中,对各级各类档案管理工作产生的影响并不深远,甚至还存在一些操作上的盲点。要消除这些不足,就必须通过加强宣传和执行力度来使档案法律法规发挥其最大的法律效力。

第三是档案管理人员的保密意识还有待加强。随着对外交流与合作日益频繁以及科学技术的介入,尤其当面对本单位其他部门的工作人员前来借阅档案时,档案人员的保密警惕意识会相对放松,往往容易忽视了是否经过领导授权这一问题。这会导致对档案应具备的警惕性下降,对应该做到的保密要求出现疏忽,或者是对于档案利用环节中必须履行的步骤和手续进行简化。档案人员的保密意识很大程度上决定了档案保密工作的成效,保密意识淡薄将会造成档案保密工作中的另一大不可忽视的不安全隐患。

2. 档案搬迁过程中的保密工作

档案库房有定期更新和清理的需求,因此在档案保管的过程中难免会面临整体搬迁的情况。在档案实体搬运期间,如有疏忽,极易造成遗失、损坏和信息泄密等严重问题。静安社区学院档案室在2017年由于总校办公楼的大修经历过一次整体搬迁,在各部门的通力合作之下,顺利完成任务,确保了整个档案搬迁工作中档案无破损、无遗漏、无丢失、无泄密。2020年,档案室又面临从分校搬回总校、归入校档案室的艰巨任务。为不影响搬迁过程中的档案查阅,要先将档案分类为备份、不常用和常用三类,先后对备份资料、不常用资料进行了封装、以箱为单位按序编号,最后对常用资料采取当天封装、当天搬运、当天上架,最大程度保证档案工作的有序进行。并且,装运过程中档案人员必须随车押送,确保所有档案的实体完整与信息安全。学院档案室的再度搬迁,对于保密工作而言无疑又是一重挑战。

3. 档案利用与保密之间的平衡

某些社区教育档案的开放会涉及隐私问题。涉密档案的密级并不是一成不变的,一般而言,档案的机密性随时间的推移而呈现递减趋势,其对于社会的利用价值和范围则趋向于广泛。涉密档案的时效性过后,将会失去保密价值,并会按照开放档案的标准进行管理。开放是利用的前提条件,也是实现档案价值的一种根本途径。但是在公开的过程中,对于那些涉及隐私的档案,档案人员会陷入"两难"的困境——我国法律对此只有原则性的规定,而隐私权又要求对涉及隐私的档案限制开放,以获得隐私保护的权利。由此,会有部分档案因其中涉及的隐私内容而没有及时开放,这也使档案的利用率打了折扣。只有正确处理档案利用与信息保密之间的平衡关系,档案才能真正为本单位乃至社区、社会服务,并发挥其重要的参考及凭证价值。

三、对策与建议

保密工作涉及档案管理"八环节"中的方方面面,以上这些不足将会影响到社区教育档案管理工作的质量。针对这些潜在的问题,笔者做出思考并提出了如下几点对策建议。

1. 严格把关电子档案的借阅与传输

对于档案保密工作中存在的计算机等高科技手段的泄密途径,要做好电子档案的信息保密工作。如今,信息网络化使信息和安全的关系显得愈加密切,它在给档案保存管理带来便捷的同时,也带来了因计算机等通信设备的广泛应用而造成的频繁的档案泄密事件。要解决这类档案潜在的泄密可能,档案人员必须对此给予高度的重视以及采取一定的措施。

首先,要根据实际情况对不同层次的利用人员划定不同的利用范围,对不同目的的利用人员规定不同的利用条件,使提供利用工作有章可循。档案室要完善档案利用登记表的栏目,借阅时必须完整填写相关信息;对于未及时归还的档案,档案人员有义务进行持续关注和督促;遇到借阅的特殊情况,须经部门主任批准,严格履行借出手续,并告知借阅者不得转借、拆散、损坏、遗失档案;对于归还的档案,必须仔细清点核查,发现问题立即上报。在大力开展档案利用工作的同时,确保文件的完整与安全。其次,档案人员还要关注电子储存介质的安全问题。保管档案的电子储存介质一般以光盘或是移动硬盘为主,在保证硬件安全的同时还要及时做好相应备份,在学期末加强备份检查,防止电子储存介质因受潮、老化、摔毁等发生故障或损坏后丢失重要资料。除此之外,处理涉密档案的计算机要保持断网状态,必要时使用加密软件。总而言之,档案人员应该充分利用信息技术带来的优势和便利,并融合传统档案管理的经验开展档案工作,以确保各类涉密信息在安全的环境中提供利用。

2. 持续提高档案人员的职业素养

档案人员需要与时俱进地通过学习来持续提升自身的综合素质和保密意识。由于工作的特殊性,档案人员对档案信息的保护具有比一般工作人员更为重大的责任。科技以及社会的不断发展使我们对档案人员的职业素养有了更进一步的要求,除了需要他们具备传统的档案密保知识、维护档案的安全与完整的意识,还应该掌握一些高新科技以及最新保密政策,使业务水平不断跟上时代节奏。

但就现状而言,虽然档案人员都具备了良好的专业知识,但面对工作中日新月异的保密知识与科技手段仍做得不够。因此,要通过定期的培训来增强档案人员的保密意识,使其充分了解学科发展动向与最新的问题,不断适应新形势的要求,深入学习《保密法》和《档案法》相关知识,更新思想观念,提高自身素质,加深对科技知识以及计算机安全的认识,在工作中严格执行相关规定,做到严守机密,保证党和国家以及本单位秘密的安全。此外,还可以通过建立档案人员保密制度、档案人员考核评价体系等方式来提高他们的职业素养,使档案保密工作更具有针对性和有效性,特别在档案搬迁过程中应做好相应的预案和管理。

3. 区分档案保管期限和保密期限

对于那些没有及时开放的档案,尤其要区分档案的"保管期限"与"保密期限"这两个不同的概念。"保管期限"是指对档案划定的存留年限,通过正确分析以及鉴别档案内容的现实作用和历史作用并根据本单位工作的需要和为国家积累历史文化财富的需要,全面确定档案的保存价值,准确地判定档案的保管期限。而"保密期限"则是档案中涉及的秘密需要保密的时限,在这段时间内,它受到国家有关保密法律法规的保护,产生法律效力的时限。如果造成秘密的泄露,将会对单位乃至国家的安全和利益造成的危害。区分两者能够帮助提高档案开放鉴定的效率,从而提高档案保密工作的质量。

4. 按需、适时调整档案密级

在档案利用过程中还要做好档案密级调整工作。由于档案信息具有一定的时效性,档案的密级会随着时间的推移和文件贯彻落实的情况发生变化。《中华人民共和国保守国家秘密法》第二章第十八条规定:"国家秘密的密级、保密期限和知悉范围,应当根据情况变化及时变更。国家秘密的密级、保密期限和知悉范围的变更,由原定密机关、单位决定,也可以由其上级机关决定。"因此,未开放档案的密级调整工作也应受到档案人员的重视。

一般对档案密级的调整是降低秘密等级,少数情况下为提高秘密等级。档案人员应根据档案库房管理中的保密工作、档案管理人员的职责、档案涉密情况等变化,严格划清密与非密的界限,做好定期区分,确定哪些档案能开放利用,哪些限制在一定范围内利用,哪些还不能提供利用,并且对不同密级的文件进行单份的盒装保存,为今后进一步做好规范化、标准化和涉密档案建设奠定基础,同时也为日后的库房管理工作和查询工作带来一定的便利。

5. 平衡档案保密与利用工作

社区学院档案室应积极向区学促办、本单位及各街镇提供档案利用服务,配合社区教育管理工作,定期公布开放档案的范围与内容。但是,受到传统保密观念的影响,目前对现存档案的利用程度还不高。如果应及时开放的档案未按程序公开,尤其是那些具有较高价值的档案长期被束之高阁,则会形成"重管轻用"的现象,造成档案资源的浪费,因此必须重视"保密"与"利用"两者之间的平衡。利用档案时要严格遵守保密要求,在实行保密工作时也要考虑到其现阶段的利用价值。保密不严将会威胁到党和国家的利益,而保密过严则会造成档案资源的浪费,两者间需要精妙的平衡。涉密档案的确应该受到严格的保密管理,但若只注重保密而忽视了利用,则会限制档案价值的发挥,使保密工作失去意义。正确处理两者的辩证关系,更有助于严格地、合理地保守秘密。

四、总结与展望

档案保密工作是档案管理工作中的一项重要环节,档案与安全保密工作有着天然的联系。在科技飞速发展的背景下,应该尽可能地利用外部有利条件,提高档案服务社会、服务工作的能力。只有在完善档案保密管理工作的同时,不断地加强档案保密工作的力度,才能够从根本上确保社区教育档案的完整和安全,从而有效地维护国家和集体的根本利益。

虽然档案平时只是工作和业务推进过程中的辅助材料,但当我们在做阶段性总结和回顾的时候,档案的规范化管理和扎实积累的重要性就大大体现了。静安社区学院的社区教育档案数量正在与日俱增,其中不乏合同类、统计数据类等需要重点加强保密的信息。在今后的工作中,档案人员需要通过各类学习培训,继续强化自身的保密意识,加强档案利用监督,及时发现和遏制档案利用过程中的不当行为,在使档案价值最大化的同时,又能保证档案的信息安全。

参 考 文 献

[1] 李国庆.数字档案馆概论[M].北京:中国档案出版社,2003.
[2] 郑晨阳,曹蓉蓉.数字档案馆知识管理与知识服务研究[J].档案与建设,2012(7):12-14.
[3] 刘晓华.论怎样做好涉密档案的保密工作[J].黑龙江科技信息,2009(11):140.
[4] 徐辉,梁静.浅析档案保密工作保障措施[J].黑龙江档案,2009(3):32.
[5] 吴海琰.浅议两部新保密法规对档案开放工作的影响[J].北京档案,2015(6):34-35,40.

作者单位:上海市静安区业余大学

网上直播课堂与区办高校
教育教学改革研究

网上直播课堂中成人学生社会临场感建构研究

丁秋霞

内容摘要：在疫情背景下，教学活动加速由线下转为线上，教学形式发生了重大转变，学生社会临场感的建构在成人教学中的重要性也变得更为突出。本文针对成人学生的特点，结合教学实践活动，分析了成人学生网上直播课堂社会临场感的影响因素，并在此基础上形成网上直播课堂成人学生社会临场感建构的三维框架，即技术性、社会性和文化性，而每一维度又包含诸多方面。

关　键　词：直播课堂　社会临场感　成人学生

一、问题的提出

受新冠肺炎疫情影响，教学活动加速由线下面对面教学转为线上直播教学，教学形式发生了重大转变。线上教学打破了时空限制，教学空间由实体的教室转变为虚拟的教学空间。这一转变使得教学元素虚拟化，师生在虚拟空间相遇，这为学习者特别是工学矛盾相对突出的成人学习者创造了条件。然而，在实际网上教学活动中，成人学习效果并不理想。

对社会临场感的感知较弱是其重要原因之一。社会临场感是在借助于媒体的沟通过程中，被视为"真实的人"的程度、对他人感受的程度，以及自我投入的程度。社会临场感是学生参与学习活动的重要条件，能有效地提升学习者的认知临场感和教学临场感，提高自主与协作学习过程参与度，进一步影响学习者的批判性思维和高阶思维发展①。然而在成人教育学习活动中，社会临场感的建构并非易事。

本文正是基于此次疫情背景下成人网络直播教学以及过去成人线下实体教学中所遇到的学生出勤、互动等方面问题，以社会临场感为视角、以成人学生为研究对象所进行的初步研究。研究分析了影响成人学生网络课堂社会临场感的因素，在此基础上形成社会临场感建构的框架，为提高成人学生在线学习社会临场感，迈进课堂之门，进入高阶学习提供若干思路。

---

① 张婧鑫,姜强,赵蔚.在线学习社会临场感影响因素及学业预警研究——基于CoI理论视角[J].现代远距离教育,2019(4)：38-47.

二、社会临场感的影响因素

(一) 技术因素

媒体属性是网上社会临场感的重要属性。在直播课堂中,通过信息技术创造出虚拟教学环境,为缩短远程学习中的视觉距离与心理距离、消除疲劳感、孤独感等提供了条件,使虚拟空间接近甚至优于实体教学环境。场所建构、人物建构、多媒体建构、互动建构是虚拟教学空间社会临场感技术建构的主要方面。

场所建构,即创造像教室一样的空间,这一空间可以是简单的网络平台,也可以是有着现实空间布局的虚拟现实,教师与学生在这一空间中聚集起来开展教学活动。值得注意的是教学空间建构的目的并非是复原真实的教室场景,而是让参与者获得真实的课堂沉浸感;人物建构,即教师与学生以怎样的方式出现在虚拟空间之中,如文字、视频、音频、气味、触觉等。在直播教学中,单一形式很难呈现人物真实状态,如在以往的BBS线上教学活动中,教师的表情、态度、语气很难用文字呈现,因而其所呈现的教学活动相对机械,很难深入,甚至有时学生会因文字误解而偏离讨论方向。因此,网上直播通常需要综合各种方式呈现人物,帮助教师与学生更为有效传递与表达思想,为教学有效性提供条件。其中,以视频方式呈现师生形象的方式,无论对于教师还是学生而言,都能提升其共同参与感。

多媒体建构,即利用信息技术,将教学内容以适当的方式进行呈现,如PPT、教学视频的呈现。多媒体的运用能够使教学内容的表现形式更加丰富化,甚至使教学内容更具情感化,从而吸引学生注意力,促进知识与技能的内化;互动建构,即利用信息技术实现实体课堂上的师生互动与生生互动,甚至创造条件实现实体集体教学中师生、生生难以实现的互动。在班级授课制的背景,师生之间的互动较多地表现为"1对多"与"1对多"。在"1对多"的互动中,尽管互动范围广、受众多,但往往互动深度不足,学生在互动中往往由于从众心理或群体压力表现出一致的行为,难以促进学生深入思考。在"1对1"的互动中,虽然互动可以较为深入,但由于受众小、耗时长,运用频次有一定限制。所以,在实体教学中教师通常轮流使用两种方式。然而在虚拟空间中通过信息技术的运用,可汲取"1对1"与"1对多"优点而尽量避免其缺点,实现"1对1"与"1对多"互动方式的同步,如通过运用弹幕,教师可以同时看到所有学生的想法,在此基础上教师可实时统计挑选出具有代表性的想法,针对主题围绕学生的代表性想法,师生、生生可进行更为深入的互动。

实质上,场所建构、人物建构、多媒体建构、互动建构是对教学基本元素——教学环境、教师与学生、教学内容、教学媒介——的建构。换言之,网上直播教学与传统教学本质上并无差异,只是借由信息技术重现教学元素,或实现教学元素的最优组合。

(二) 社会因素

社会临场感不仅具有媒体属性,还具有社会属性。CoI模型认为有效的在线学习需要学习社区的建立,只有当学习者将它们的个人经验与教育者、同伴进行分享时,高阶学习才得以产生[①]。社会临场感的本质不是信息技术实现的虚拟现实,而是学习者对于社会临场感的心理感知。这种心理感知往往与社会性相关。

1. 学习动机与角色定位

成人学生大多数是职业成年人,也就是说他们从事着稳定的工作,拥有一定的社会阅历,甚至有些已经组建自己的家庭。他们表现出较为稳定的人生观和价值观,他们对想过怎样的生活、对事物有着自己的判断,自主意识较强,而这些往往是学生来课堂之前已经基本形成,这也决定其出于何种动机选择成人教育,以及在学习活动中表现出何种学习动机。在成人学生选择成人教育动机多元化的背景下,学生在课堂学习活动中对于自己多重角色的优先次序排列有所差异。举例来说,有些学生仅为提升学历而来,在初次课堂上了解考试考核内容后,他们的学生角色便自然让位于职业、生活、家庭等。在缺乏学生角色的约束下,学生社会临场感难以维持,这些学生便很容易脱离课堂,或者是虚拟地出席。然而,试图直接改变其学习动机存在一定困难。在这种情况下,如何通过内容与形式吸引学生,使之感受到社会临场感,进入高阶学习,进而反过来影响其学习动机成为现实思路,这不仅是网上教学的重要任务,也同样是实体教学中所要解决的重要问题。

---

① 腾艳杨.社会临场感研究综述[J].现代教育技术,2013,23(3):64-70.

2. 群体凝聚力

在社会因素中,群体凝聚力是影响社会临场感形成的重要因素①。群体凝聚力本质上是使学生在心理上产生归属感,自然地融入活动中。不同于普通高等学校的学生,成人高校的学生为非全日制学生。学生除了上课时间外,几乎不会聚集在一起,即使在一起时,也很少交流,学校组织的班级活动也相对较少,班级群体相对松散。因此,在成人教育在线教学中,尽管班级群体非临时建构具有一定稳定性,但是学生之间却相对陌生,群体凝聚力较差,归属感较弱。群体的松散性实际上也间接使他们淡化了自身学生的身份。学生团体凝聚力的培养成为成人高校学生培养难以回避的问题。然而,由于学生求学动机、职业的多元化、高度的自主性以及非全日制学习形式等,试图以全日制的模式组织与管理学生也并不现实。因此,以教学活动为平台培养群体凝聚力,促进社会临场感的感知,再反作用于教学活动,成为成人教育中培养学生群体凝聚力的现实路径。在社会临场感的影响因素研究中,社会互动备受关注。在在线学习中,群体凝聚力、社会互动与社会临场感之间的关系如何,孰因孰果很难区分,但具体到成人学生的在线学习,本文认为社会互动是形成群体凝聚力的一种方式,而群体凝聚力与社会临场感是互为因果的关系。也就是说,教学活动中多种形式同伴互动、师生互动等是形成群体凝聚力的重要方式,其间接地促进了社会临场感的形成。

3. 学习者投入

学习者投入不仅仅是社会临场感作用的结果,同样也是社会临场感形成的原因。在社会临场感的研究中,社会互动成为研究的焦点,其实对于社会互动的关注是对学习投入某一方面的关注,换言之,社会互动是学习投入的一方面,除此之外还包括认知投入、情感投入等等。

在学习活动中,学生对于学习活动的投入越大,越容易感知到社会临场感。根据成本思维,当人们对某一事物投入的精力越多,越会参与其中以寻求得到相应的利益。举例而言,当学生为出勤的平时成绩而来到教室,由于其所付出的时间、空间和自由成本与出勤分数的利益不对等,他们实际上有学习的潜在需求,如果课堂能够吸引学生,学生容易留下与融入,更容易感知到社会临场感,形成进入高阶学习的心理准备。如果这种需求不能满足,他们不得不寻求其他相应利益(如娱乐),点名后离开获得自由。然而在线上学习中,尤其是不展现自我视觉形象的线上学习,学生完全可以仅仅机器登录"虚拟存在",而学生自身却做其他事情。在这种情况下,因为投入少,甚至时间和空间的投入都较少,学生很难有较强的社会临场感,其学习效果自然也不好。与此相反,如果学生为学习活动做了前期知识与心理准备,又专门拿出时间、腾出专门不受打扰的空间,同时视频参与上课,当教师安排的内容合适时,学生自然也会更容易感受到社会临场感。

对于学习投入的分类,学术界已经进行了广泛的探索。Fredricks等人认为学习者投入主要由情感投入、认知投入、行为投入组成②。其中,情感投入是一种情感反应,具体表现为对教师、同伴、课程、教材等的情感反应,如感兴趣、从众等,这是很多实体教学中学生能够投入学习的重要原因;认知投入则是学习者对掌握复杂技能所做的投资及其意愿;行为投入是学习者参与学习任务的行动及其程度,如投入的时间和努力程度。李爽等人提出在线网络教学中学习投入主要包括参与、交互、坚持、专注、学术挑战和学习的自我监控③。在对学习投入的深入分析中,Wise等人提出,在线学习中,学生参与并不一定表示学习投入,学习投入与专注和规律有关④。张思等人认为网络学习中学习投入包括参与、专注、规律、交互四个方面,其中每个方面又包含若干方面⑤。在综述国内外学者对于学习投入的研究基础上,本文从成人学生的特点以及操作的便利性出发,将学习者投入划分为:参与、规律、交互。其中,参与包括:参与时长、参与空间、参与形象、参与活动次数、发信息次数;规律包括:登

---

① 李肖峰.虚拟学习社区中社会存在感的影响因素研究[D].吉林:吉林大学,2011.
② Fredricks J A, Blumenfeld P C, Paris A H. School Engagement: Potential of the Concept, State of the Evidence[J]. Review of Educational Research, 2004, 74(1):59-109.
③ 李爽,王增闲等.在线学习行为投入分析框架与测量指标研究——基于LMS数据的学习分析[J].开放教育研究,2016(2):77-88.
④ Wise A F, Speer J, Marbouti F, Hsiao Y-T. Broadening the notion of participation in online discussions: Examining patterns in learners' online listening behaviors[J]. Instructional Science, 2014,41(2):323-343.
⑤ 张思,刘清堂,雷诗捷,王亚如.网络学习空间中学习者学习投入的研究——网络学习行为的大数据分析[J].中国电化教育,2017(4):24-30+40.

录间隔、发消息间隔、发消息长度、发消息深度;互动包括:互动次数、互动内容类型、互动字数、互动深度。在教学活动中,这些既是衡量学习投入的指标,也是教师促进学生投入的手段,教师要综合多种手段使学生有所投入。

(三) 文化因素

文化因素是社会临场感形成的深层次因素,影响学生感知到怎样的社会临场感,也就是说社会临场感是具体的,有方向性的。这种方向性不仅意味着社会临场感具有功利性,还意味着其具有社会性与政治性。王敏娟等人在对不同文化背景的学生(中国学生、美国学生、韩国学生)对教师和同伴权力地位的认识研究中,发现文化对在线学习产生了影响①。这种影响的产生主要是与现代教学中所期望的某些形式与各国传统文化是否相匹配相关。"师道尊严"是我们对于教师地位的传统认识,因此在班级授课制的背景下,教学上往往以教师授课为主,师生互动往往表现为教师的提问与反馈。随着时代变化,教学理念更新,为将教学活动主体地位还给学生,政府、学校进行了系列的教学改革。然而深层文化改变需要在整个社会环境支撑下经过长期时间的积淀而慢慢生成。在这个过程中,原先的文化还将潜移默化地影响原先社会临场感的保持,这是难以回避的问题。然而,如何利用原先文化生成符合现代教学理念的课堂文化与社会临场感是更加值得关注的问题。

在建构现代课堂文化中,教师是关键,教师如何利用传统课堂中所获得的地位优势或者说信任优势在实践教学中生成新文化成为原先文化与新文化联系的桥梁。从权威角度来看,教师应该放弃传统型权威,在法理学权威的基础上,去形成自己的魅力权威。法理权威是教师这个职位所给予教师的权利,而魅力权威更多的与教师个人相联系。在现代课堂文化建构中,尤其是成人教育的课堂上,教师个人魅力发挥着十分重要的作用,它可以通过吸引学生、引导学生,让学生感受到现代教学理念下的社会临场感。然而,这对教师提出了较高的要求,主要表现为教师对师生关系的理解,教学表现上更加生动,教学互动上更加主动,知识分享更加多元化、生活化,个性特征更加明显等等。

图1 网上直播课堂中成人学生社会临场感建构框架

三、社会临场感建构的框架

在以上对成人学生在线学习社会临场感影响因素分析的基础上,形成了成人学生在线学习社会临场感建构的框架,如图1所示。成人学生在线学习社会临场感的建构主要包括三个维度,即技术性、社会性和文化性,每一维度又包含诸多方面。在社会临场维度的建构中并未将学习者动机与角色定位纳入,是因为考虑到成人教育与成人的特殊性,直接改变其学习动机并不现实,而应该转而从改变教学活动入手,进而去影响其学习动机与角色定位。在社会临场感的建构中,技术性建构包含场所建构、人物建构、多媒体建构、互动建构;社会性建构主要涉及学习投入的建设,而学习投入又包含参与、规律和互动;文化建构主要涉及师生关系、教师个人魅力等。

四、结语

在线学习是技术发展的产物,也是教育发展的必然趋势,技术为教育服务,也最终会与教育融为一体,因为我们的生活世界已经在慢慢与技术融为一体。在对成人学生在线学习的研究中,社会临场感虽然仅是其影响因素之一,但却是目前在线教育与信息技术所要突破的重大难题,此难题的解决必定会进一步促进教育乃至社会发展。但在技术发展的过程中,我们也应该思考人类想要什么生活,或者说什么样的生活是人类值得过的,这可能涉及技术哲学问题,但却是教育研究难以避开的问题。

---

① 王敏娟,贺昉.学习者的文化因素对投入性在线学习的影响[J].中国远程教育,2006(12):16-21,78.

参 考 文 献

[1] 张婧鑫,姜强,赵蔚.在线学习社会临场感影响因素及学业预警研究——基于CoI理论视角[J].现代远距离教育,2019(4):38-47.
[2] 腾艳杨.社会临场感研究综述[J].现代教育技术,2013,23(3):64-70.
[3] 李肖峰.虚拟学习社区中社会存在感的影响因素研究[D].吉林:吉林大学,2011.
[4] Fredricks J A, Blumenfeld P C, Paris A H. School Engagement: Potential of the Concept, State of the Evidence[J]. Review of Educational Research, 2004, 74(1):59-109.
[5] 李爽,王增闲等.在线学习行为投入分析框架与测量指标研究——基于LMS数据的学习分析[J].开放教育研究,2016(2):77-88.
[6] Wise A F, Speer J, Marbouti F, Hsiao Y -T. Broadening the notion of participation in online discussions: Examining patterns in learners' online listening behaviors[J]. Instructional Science, 2014, 41(2):323-343.
[7] 张思,刘清堂,雷诗捷,王亚如.网络学习空间中学习者学习投入的研究——网络学习行为的大数据分析[J].中国电化教育,2017(4):24-30,40.
[8] 王敏娟,贺昉.学习者的文化因素对投入性在线学习的影响[J].中国远程教育,2006(12):16-21,78.

作者单位:上海市长宁区业余大学

疫情下区办成人高校直播课教学质量监控研究

陈晓平

内容摘要：本文梳理了疫情期间直播课教学的优势和不足，在分析的基础上认为直播课可以成为区办成人高校转型发展的教学新模式，并结合全面质量管理理论提出直播课教学的质量监控策略。

关 键 词：疫情　区办成人高校　直播课教学　质量监控

一、引言

优质在线教育资源有利于打破时空限制，改变教育资源不均衡的局面，促进教育公平，因此得到大力的支持。2018年4月发布的《教育信息化2.0行动计划》提出将教育信息化2.0行动计划与互联网＋、大数据、新一代人工智能等工作统筹推进。2019年10月2日，教育部的11个部门联合印发指导意见，促进在线教育健康发展，提出到2020年大幅提升在线教育的基础设施建设水平，使在线教育模式更加完善，资源和服务更加丰富。目前《上海市促进在线新经济发展行动方案（2020—2022年）》获得通过，在线教育等新业态新模式在新冠肺炎疫情的背景下，凸显出巨大的发展潜力。

面对突如其来的新冠肺炎疫情，区办成人高校贯彻落实上级教育部门关于疫情防控工作的各项决策部署，认清肩负的责任使命，扎实做好疫情防控工作和教育教学工作。根据"停课不停教，停课不停学"原则，区办成人高校为了确保人才培养的质量，又保护师生的健康，纷纷利用信息技术，把教学活动安排到线上进行，部分区办成人高校采用基于腾讯会议软件的直播课线上教学。本文梳理了疫情期间直播课教学的现状，分析其优势和不足；在此基础上，提出直播课是否能够成为区办成人高校转型发展的教学新模式，如果可以，又有哪些长效策略可以监控直播课的教学质量？

二、直播课教学优势分析

疫情下，区办成人高校大面积的直播课教学已经实施了两个月，从课堂观察来看，我们发现直播课的教学效果好于预期，主要体现在以下几个方面。

1. 教学态度方面

（1）作为直播课的"主播"，教师更加注重镜头中的形象和仪表，语言表达也更加严谨，很少带有口头禅；部分教师上课时神情自如，具有主播潜质。

（2）通过信息技术培训，教师在短时间内迅速掌握腾讯会议软件的基本操作，年龄稍长的教师也不甘示弱，都能承担起直播课教学工作。

（3）教师自觉结合直播课的特点和要求，认真备课，对原有的教学内容进行了筛选和重组，并严格按照预先制定的授课计划实施教学。

（4）教师更加注重教学课件制作的质量，提高了课件中图片、表格、视频等非文字资料的使用比例，降低了文字资料的使用比例。有些教师还启用了实物展示台投影、多机位摄像等设备。

2. 教学设计方面

（1）教师更加重视对直播课整体环节的设计。除了传统教学环节（如导入、新课讲解、总结、布置作业等），教师在直播课中普遍增加了两个环节：教学目标和学习评估。其中，后者是对前者的检测，通过学习评估，为优化下一轮直播课教学提供反馈信息。

（2）教师对教学设计的层次更加分明。直播课时间是60～90分钟，只有传统课堂教学时间的一半，教师不能长篇大论，面面俱到。鉴于此，教师把教学内容设计成"主干+枝叶"，层次更加清楚。例如对于行业史课程，教师能够帮助学生梳理出行业史的主线，即"主干"，同时向学生推荐关于不同时期代表人物和事件的重要书目和视频等，即"枝叶"。如此这般，课程内容的脉络非常清晰，既便于学生掌握核心内容，又方便学生进一步深入学习。

3. 教学方法方面

（1）教师能够理论联系实际，特别是能够结合新冠肺炎疫情防控形势，广泛采用案例教学法，让枯燥的知识变得有趣，让抽象的理论变得具象。例如，人力资源管理教师使用的案例是海底捞和盒马鲜生在特殊时期的战略合作，盒马鲜生因外送订单陡增而缺少快递送货员，海底捞营业暂停而有富余的服务员，为此，盒马鲜生和海底捞签订双方协议，既解决了一方人力资源的"旱"，又解决了另一方人力资源的"涝"。

（2）教师能够积极发起互动。直播课条件下，师生之间、生生之间的沟通媒介受到一定限制，但是，教师清醒认识到自己不是单向的"主播"，而是双向的交流者，上课成功与否关键不仅要看作为受众的学生是否完全理解教师所发送的信息，还要看教师是否收到了学生的反馈。在直播课有限的时空下，教师能够发起互动。例如教师通过"解除静音"提问，并对学生的回答予以肯定和鼓励。另外，教师时常通过"聊天"与学生进行简单互动，让学生做选择题和判断题，活跃直播课课堂气氛。有些教师还把直播课延伸到课下，在课下组织学生开展网上主题讨论，例如："此次抗疫斗争充分体现了我国的制度优势，对此你是如何理解的？"讨论的主题是经过教师精心设计的，确保学生有话可说，在学生分组讨论的基础上，教师把学生的讨论意见汇总、整理后，发表在校刊专栏上，大大提高了学生的积极性。

4. 学科融合方面

我们发现：在传统课堂上声情并茂的教师往往感觉在直播课上难以"酣畅淋漓"地发挥，有些教师为了提高学生学习思政课的热情，在直播课上开展了学科融合的尝试。例如，在讲授新民主主义革命理论时，教师尝试了政治课和传统诗词的融合，选用了毛泽东在新民主主义革命理论酝酿、发展、确立过程中重要时间节点所创作的诗词，例如《沁园春·长沙》（1925年）、《菩萨蛮·黄鹤楼》（1927年春）、《采桑子·重阳》（1929年10月）和《忆秦娥·娄山关》（1935年2月），通过分析经典名句的时代背景，让学生对新民主主义革命的重要事件留下深刻印象，也让学生领略到毛泽东同志的革命浪漫主义情怀。

5. 教书育人方面

教书和育人是相伴相生的，如果光教书、不育人，教学是不合格的。目前，新冠肺炎疫情在全球蔓延，世界正发生着巨大变化，教师更有责任做好育人工作。有识之士曾有过顾虑：直播课是否会忽视教学的育人功能？从事实来看，这种顾虑是多余的，教师在直播课教学中兼顾到了教书和育人。教师在上包装设计史课程时，能够进行横向比较，即国内、国外比较。

6. 学生管理方面

在疫情下的直播课实施期间，学生管理工作更加繁重，班主任不仅要辅导学生如何使用直播课软件，还要搭建其他的网上平台（班级微信群和QQ群）辅助管理学生。班主任能够全力配合教师开展直播课教学，班主任针对直播课程的特点,把班级分成若干个小组,每次课前10分钟,组长点名,学生签到,班主任基本上全程在线,对学生起到很好的监督与鼓励作用。因此,直播课的学生出勤率普遍提高,白天班级出勤率甚至达到100%,大大缓解了传统授课出现的工学矛盾。

7. 技术支持方面

能否顺利开展直播课教学关键要看信息设备、技术环境和技术服务是否到位。学校信息中心首先遴选出适合学校实际的直播课软件,接着根据软件的使用要求改进信息设备和技术环境,再对全体教师和教辅人员进行腾讯会议软件的培训。待一切准备就绪,信息中心对所有直播课进行技术监控和维护。值得一提的是,在疫情面前,信息中心的教师冲在一线,勇于担当,为广大教师提供近距离技术支持服务,尤其是第一次直播课之前,都会耐心细致地帮助教师正确进入并做好相应的设置,对于有困难的老教师,他们能够手把手地教,确保全体教师掌握腾讯会议软件的基本操作。

三、直播课教学劣势分析

直播课教学在疫情防控期间不仅稳定了教学秩序,而且取得了预料之外的成效,引起了广大教育工作者的关注。当然,作为新生事物,目前的直播课教学还存在一些问题。

1. 软件种类比较单一

目前,教师使用的直播课软件主要是腾讯会议软件。本文建议学校为教师提供更多选择,方便教师根据课程特点选择性使用直播课软件。

2. 教师的信息技术能力不均

教师的信息技术能力差异很大,年轻教师或信息技术教师的软件操作能力比较强,但文科类或艺术类教师的软件操作能力比较有限,一旦直播课教学中出现"风吹草动",他们就不知所措,更别提采用备选方案了。本文建议学校能够为教师提供定期的、有针对性的信息技术培训。

3. 教学容量把握不准

在直播课上,有些教师对教学内容的多少把握不准,存在教学内容过多或过少的现象。本文希望教师加强备课基本功,在课下多演练,或请有经验的教师指点。

4. 课堂的互动不够

由于课程性质不同,有些课程可以通过"解除静音"或"聊天"实现互动,但操作类课程的互动显得不尽如人意,例如计算机操作课程,在传统授课的机房里,教师能够巡视机房逐个指导学生,但在直播课上,学生听完课操练时无法得到教师面对面的指导。

5. 对学生的学习评估欠缺

在直播课上,教师对学生的学习评估往往只能通过选择题或判断题实现,难以了解学生对知识的深层次理解。至于通过其他网上教学平台布置的作业,教师也很难掌握学生完成作业的有效性。

四、直播课教学质量监控的策略

基于对直播课教学的现状分析,本文认为,直播课不仅能够成为防疫期间学校教学的应急方案,而且能够成为区办成人高校转型发展的教学新模式。为了确保直播课的教学质量,必须建立长效机制予以监控。本文诉诸全面质量管理理论(Total Quality Management,TQM),找出直播课教学质量监控的策略。"全面质量管理的重要含义是以人为本、全员参与,包括三层意思:一是倡导凝聚合作精神,调动人的主观能动性和创造精神,群策群力组建命运共同体,一方面人人都关注组织的发展,另一方面,努力使员工满意;二是建立以人为主体的领导、干部、员工人人参与的质量管理体系,要使每个人都知道做什么、如何做,都明白自己所获得的授权与职责,都有自己的承诺;三是重视人的自我完善要求,加强教育培训,鼓励学习交流,提高全员素质。"[①]本文根据全面质量管理的理论精髓,提出直播课教学质量监控的六条途径。

---

① 岑詠霆.质量管理教程[M].2版.上海:复旦大学出版社,2015:119.

1. 统一全校师生认识

统一全校师生的认识是做好直播课教学质量监控工作的前提和关键。特别是疫情防控期间,学校要组织教师深入学习贯彻习近平总书记关于新冠肺炎疫情防控工作的重要讲话和重要指示精神,学习贯彻中共中央印发的《关于加强党的领导、为打赢疫情防控阻击战提供坚强政治保证的通知》精神,以及中央、市委和区委相关工作部署。通过学习,全校教师达成共识:主动担当、积极作为,把这场特殊战役作为提升专业能力的一次实战机会,作为成人高等教育转型发展的一次探索。

2. 坚持"三全"工作原则

区办成人高校要坚持"全员参与、全程监控、全面评价"的工作原则,对影响直播课教学质量的各相关因素和各环节进行全面监控和评价,确保教学质量。第一,坚持全员参与原则,即全校师生都是教学与管理活动的主体,也是教学质量监控的主体。教学质量监控绝不仅仅是校长、分管校长、教学处、教务处、督导室的工作,全校各级领导、各职能部门工作人员、全体师生都有参与教学质量监控、保障教学质量提升的职责。全校师生员工均应参与、关心、支持教学质量监控工作,从自身做起,为提升直播课教学质量贡献自己的智慧和力量。第二,坚持全程监控原则,即要对直播课教学与管理的各环节实施全程跟踪监控,包括教学计划的执行情况、直播课的运行情况、学生学习情况等。由于区办成人高校开展大面积直播课教学的时间不长,教学与管理各环节的工作相对薄弱,还需在实践运行中不断完善,通过对教学与管理工作的各环节进行全程监控,及时查找不足、总结经验,狠抓整改落实。第三,坚持全面评价原则,即教学质量监控队伍要对直播课教学与管理工作的各环节进行全面、科学的评价。教学与管理工作是一个相互影响、相互促进的整体,包含方方面面的内容,只有当各个方面相互促进、相互协调时才能产生合力。区办成人高校要制定科学合理、切实可行的质量标准和评价标准,对影响直播课教学质量的各要素进行全面分析,对直播课教学质量状况做出实事求是、客观公正的全面评价。

3. 建立质量监控协作平台

直播课的教学质量监控是系统工程,学校要统筹规划,明确直播课教学质量监控的重点职能部门,把重点职能部门组建成质量监控协作平台。例如,可以让督导室牵头,协同教学处、教务处和信心中心等部门开展直播课教学组织与管理工作,建立协同工作平台(如微信群),成员是职能部门负责人和督导员。要明确教学质量监控重点职能部门的职责:督导室主要负责直播课的听课工作,督导员把听课过程中发现的问题客观、公正地反映到协同工作微信群,如果是信息技术问题,由信息中心负责人及时处理,如果是教师的教学规范等问题,由教学处解决;如果是学生管理问题,由教务处解决。在质量监控协作平台上,直播课教学的一线情况得到了实时反馈,拉近了管理部门和直播课课堂的距离,相关问题得到快速、有效处理。

4. 充分发挥督导室的质量监控职能

作为直播课教学质量监控协作平台的牵头部门,督导室要突出督促和指导的功能,可以从以下四个方面入手。

(1) 督导室要结合教学处提出的督导工作需求,安排督导员进入线上课堂,开展直播课听课工作。

(2) 在直播课教学准备阶段,督导员要提前进入直播课教学课堂,查阅课程所有资源,重点对教师的教学基本材料进行检查和督导。

(3) 在直播课教学过程阶段,督导员通过教学平台,抽查听课教师的教学过程,记录其主要教学数据,并针对直播课教学中存在的问题对教师进行指导。另外,教学督导员在线上听课后要对1~2名学生进行访谈,收集学生对教师直播课教学的意见和建议。

(4) 在直播课教学结束阶段,督导员要在质量监控协作平台及时反馈听课情况,对于直播课教学中遇到的突发事件,对应部门须第一时间予以处理和解决,并及时出台有效应对措施,不断改进直播课教学的管理。督导员要认真填写直播课听课评价表,定期总结直播课教学的优秀经验,并反馈到教学处。督导室在教师会议上介绍直播课教学的优秀案例,引领教师提高直播课教学水平。

5. 明确直播课教学各阶段的监控内容

本文把直播课教学分为三个阶段:准备阶段、过程阶段和结束阶段,各个阶段有不同的监控内容。直播课教学准备阶段的监控内容主要有三项:第一,直播课课程开课计划。是否严格按照学校要求确立开课计划,实验课、实践教学环节调整是否科学合理,是否具有可操作性,能否保证教学质量。第二,直播课课程教学准备。是否按学校直播课教学规定完成各项教学准备工作,包括:腾讯教学软件使用水平、课程资源(课程教案、教学课件、学生自主学习资料、课后作业)等。第三,直播课课堂搭建工作。是否在教学平台上创建课程、班级等;是否在指定时间内通过课程平台提前与学生测试软件使用,并将相关课程资源上传至教学平台;对于可能出现的网络问题,任课教师是否有备选方案。

直播课教学过程阶段的监控内容主要有四项:第一,直播课教学的计划执行。任课教师是否严格执行直播课教学安排;是否改变现有上课班级设置;是否利用线上资源代替教师的教学活动。授课过程中出现网络障碍,是否及时转到备选平台继续组织教学。第二,直播课教学资料更新。任课教师是否根据直播课教学需要,至少提前两天将相关教学资料(包括 PPT、教学视频、电子教材等)上传至相关教学平台。第三,直播课教学组织管理。任课教师是否实施有效的直播课教学组织管理。包括:是否保证直播课教学时间和教学过程完整,教学内容充实;是否在班主任协助下督促学生签到;是否通过提问、讨论等多种方式保证学生积极参与直播课教学;是否提前布置学生自学任务;是否与直播课教学结合,及时布置作业及思考题等;是否及时进行线上辅导与答疑等;是否及时开展直播课教学反馈。任课教师是否充分利用在线平台提供的相关统计汇总与分析功能,及时收集学生对教学的意见和建议;是否做到因材施教,对个别学生进行个性化学习指导。第四,其他方面。直播课教学期间,管理员、班主任是否积极配合教师实施辅助的直播课教学管理。

6. 完善直播课教学管理制度

只有建立完善的教学管理制度,教学质量监控人员开展督查工作才有章可循。因此,在建立直播课教学管理制度时要注意:第一,必须要结合校情,针对"教、学、管"各环节制定一套完整的、操作性强的教学管理制度和质量评价标准,切实保证教学与管理工作有据可依。第二,直播课教学质量管理制度执行必须严格。无规矩不成方圆,不能让制度形同虚设,有规章制度而不执行比没有规章制度更糟糕。同时,教学管理是一个动态的过程,管理制度必须经历"制订、试行、修订"的过程,才能成为一个较为成熟的教学管理制度,才能适应区办成人高校直播课教学与管理工作的需要,才能在直播课教学质量监控中发挥制度保障作用。

综上所述,通过对直播课教学的持续监控,不仅保障了防疫期间直播课教学的平稳运行,而且取得了未曾预料的成效。本文认为,直播课完全可以成为区办成人高校转型发展的教学新模式;着眼于近期和长远,本文结合全面质量管理理论,开展直播课教学的质量监控策略研究,希望提高区办成人高校的总体办学水平。

参 考 文 献

[1] 岑詠霆.质量管理教程[M].2版.上海:复旦大学出版社,2015.
[2] 周玲.高校教学质量监控体系构建的探索[J].教育探索,2010(3):98.
[3] 王关义,赵贤淑.关于构建高校教学质量保障体系与实施系统的思考[J].国家教育行政学院学报,2015(2):15.
[4] 蔡海云.独立学院教学质量保障体系构建与实践:以广东外语外贸大学南国商学院为例[J].当代教育实践与教学研究,2018(7):156-157.
[5] 马跃东,王彦云,杜精晴.构建高校教学质量的监控与评价体系的研究[J].辽宁医学院学报:社会科学版,2016(1):92.

作者单位:上海市长宁区业余大学

浅析成人高校直播课堂的教学适应性
——以"经济学与生活"课程为例

阙明罡

内容摘要: 突如其来的新冠肺炎疫情,促使网络直播课堂的普及性得到了飞速发展,各类学校都开启了直播课堂。作为成人高校,有着直播课堂先期发展的优势,更把直播课堂作为一个重点推广的教育模式,在这模式下,其教育适应性如何,未来发展将走向何方?本文通过对成人高校直播课堂的优势和问题进行分析,提出相应对策,从而为未来的教学改革提供一些新的思路。

关 键 词: 成人高校 直播课堂 教学适应

一、背景

突如其来的新冠肺炎疫情给人们的生活带来许多影响,特别在2020年春节后,学生开学之际,疫情正在肆虐,国家提出学校以直播课堂的形式为学生授课,成人高校也是如此,直播课堂成为2020年第一季度里的热门词。那么,直播课堂对于成人高校的教学的影响如何,以及如何达到预定的教学效果、怎样在课堂中提高教学效率,是我们每个成人教育教师需要值得深思的问题。

二、关于网络直播课堂适应性问题探讨

(一)网络直播课堂的定义

网络直播课堂是指利用基于互联网的视频直播系统进行异地实时交互式的教学方式。我国在开放大学成人教育中就提出了网络直播课堂的教育模式,该模式经历了从青涩到缓慢成熟的过程,在疫情之下,更是把该模式推向了高峰。

(二)网络直播课堂的优势

1. 降低了学生的时间限制

传统面授教学有着"时间固定"的教学特点,在成人教育中,工学矛盾是一个不可避免的现象,"时间固定"不利于有该矛盾的学员进行学习。网络直播课堂有效解决了这一问题,学员如果没时间参与直播课堂学习,可以通过回看视频进行学习,从一定程度上满足了各类学员的学习需求。

2. 降低了学生的空间限制

与传统面授教学"空点固定"的教学特点相比,直播课堂有着不受地域的限制这个不可比拟的优势,在疫情

之下,网络直播课堂便充分发挥了该优势,只要学生家里有电脑,或者手中有手机,再加上通畅的网络,就能在直播课堂上进行听课,并在线学习。

(三)网络直播课堂的问题

1. 技术层面的问题——成人教育同步直播课堂软硬件技术的缺陷

同步直播课堂相较于传统课堂,更加依赖现代远程教育技术和信息技术的发展,对于技术的需求是非常高的,技术问题将直接影响到教学活动能否顺利进行。虽然现代信息技术已经到达了一定的高度,在设备方面已经有了一定的条件,一台电脑(IPAD)或者一台手机,只要加上摄像头和话筒就可以进行直播教学。但是,这仅仅是基础条件,网络直播课堂对于不同课程要展现的个样性和专属性还不能完全满足,另外在成人教育中,教育设备属于简易设备,如果学员人数过多,简易设备就不能满足高质量的直播教学的需要。

2. 教学上的问题——传统教学可能不再适合直播课堂。

(1)在教学方法上,成人教育的直播课堂仍采用讲授式的教学方式,这是一种"换汤不换药"的教学模式。教师在直播课堂中仍然占有主导地位,并以知识灌输方式来进行教学,这样的教学模式在传统教学中没有什么大的问题,但在直播课堂中,由于是异地讲授,对学生的专心听课的要求就变得很高,现实情况无法确认学生的自觉性,在加上成人教育学生本身素质参差不齐,结果很有可能导致直播课堂成为老师一人的"独角戏"。

(2)教学内容方面,在传统的课堂教学中,教学内容是教师根据教学大纲和教科书来确定的。因此,教学内容一般是相对固定的,以书本知识为主,强调知识系统性的传递。学生在学习后,能够掌握系统化的基础知识。直播课堂对于教学内容的要求就没这么简单,作为较新的教学模式,直播课堂的教学内容设计,对于主讲教师来说,现成可借鉴的经验比较少,从而可能会产生以下问题:①使用的媒体单一。仅仅使用PPT或者其他文本,并且内容是教材的照搬照抄,教学效果不够理想。②信息量过大。由于教学时间和内容的限制,直播课堂的教学中信息量过大,教师为了在规定之间内完成教学内容,呈现速度过快,导致超过一般学生的信息接受能力,让学生有目不暇接的感觉。因此,教学内容需要集聚压缩,但压缩过程中,又不能遗漏知识点,因此这时教师对课程的把握是一项艰巨的挑战。

3. 缺乏互动性的问题——教学人性互动化不足。

美国心理学家梅拉比曾指出:信息交流总效果 = 7%言语 + 38%音调 + 55%面部表情。在传统的集中面授课堂教学中,师生能够比较容易地实现信息的即时反馈和双向交流,因为学生和教师同处一间教室,学生能清晰地看到教师的教学表情以及语调,可以此来判断学习的重要性等。另外,在面授过程中,学生对于没听懂或者一知半解的内容可以及时提问,不同的想法也可以及时提出,教师会根据教学情况做出相应的解答。同时,教师还可以根据学生们的表现来了解学生对课堂知识的接受情况,这有助于拉近师生之间的距离。

而在直播课堂中,学生看到的是电脑或者手机屏幕上的"教师形象",不能真切地看到具有个性风格特点和强烈知识暗示色彩的教师表情语言、体态语言和行为语言;听到的是信号传输的"模拟声音",即使借助先进的技术设施,学生也无法真正聆听到教师富有表现力的讲课语言。同时,主讲教师也由于设备限制,无法看到学生丰富的学习反馈。

三、直播课堂教学适应性的应对对策

(一)加强技术支持,加大网络直播软硬件的投入

直播课堂最基础的就是其硬件,其直接影响到直播教学的效果。硬件条件不好,直播教学无法顺利开展。同时,软件条件不好,直播教学质量就值得商榷。因此,学校应该大力投入网络直播课堂的硬件改善,在软件方面选择比较好的平台。另外,学校要根据教学反馈情况,定期开展教师业务学习,让教师学习先进的网络直播教学模式和网络教学技术。

同时,在教师直播课堂中,要配备有专业的技术人员值班,毕竟术业有专攻,在遇到技术问题时,专业的技术人员能起到很大的作用,为上好网课夯实基础。

(二)直播课堂教学问题的解决对策

1. 教学方法多样化

直播课堂中,虽然讲授法必不可少,但是作为教师,还是可以用到其他各种方法,其他一些方法的教育效果

在直播课堂中反而会更加出色。例如,直观演示法和案例讨论法等其他教学方法会带来不错的效果。笔者所教的"经济学与生活",就用到了以上两种教学方法。

直观演示法,以贴近生活的事物做启发,通过直播视频,形象地让学生有感性认识,从而引起学生的兴趣。

在讲授通货膨胀的这个知识点前,让学生观看我国发行的第二到第五套人民币的最大面值及样貌,以及其他国家的货币最大面值和图样,从而提出问题:为什么我国第二、第三套人民币最大面值是10元而第四、第五套人民币最大面值是100元?为什么日本的货币最大面值是10 000元?其购买力又怎么样?通过实物,让同学有所感知,从而以启发的方式提出问题,引出本次教学内容:发生在身边的通货膨胀。

又如在上投资理财课时,直接用到了手机支付宝,通过视频从支付宝界面让同学了解了投资理财的一些概念,然后通过定义、操作手法、风险概率等问题,形象地把投资理财的内容展现给同学,课后同学也表示收获良多。

案例分析法,把实际生活和工作中出现的问题作为案例进行研究分析,培养学员们的分析能力、判断能力、解决问题的能力。在对案例进行分析中,要注意选编好案例,设计好问题,便于学生根据问题对案例进行深入分析。同时,千方百计调动学生的学习积极性和主动性。作为教师也要认真进行引导,做好小结。

同样在"经济学与生活"中,通过最近几年内的真实事件,例如委内瑞拉的石油危机引起物价飞涨的案例,引入通货膨胀的现象、危害等知识点,让同学能更形象化地理解知识点。

通过案例教学,调动了学员学习的兴趣和积极性,活跃了课堂气氛,有助于学员加深对知识点的理解;并且能更好地指导学生的实践活动;能有效地将知识转化为自身的素养。

因此,在直播课堂中,哪怕是同一节课,也可以用更多的教学方法来传授知识,这样才有助于提高教学效果。

2. 教学内容精简化

由于直播课堂时间不宜过长,因此在教学内容上,必须取其精华中的精华。这一精简过程,十分考验教师对课程的理解、对重点和难点的把握,以及在成人教育方面对学员感兴趣的知识点的了解。在精简后,既能吸引学生的兴趣,又能兼顾到知识点的考核。

在笔者教授的"经济学与生活"中,原本教材有九章内容,分别是解析宏观经济政策、左手福利和右手税收、百姓要知道的经济学常识、投资理财中的经济学、生活中的经济学、做生意要懂的经济学、企业管理和市场营销中的经济学、金融猛于虎、当前热点问题。在以往的传统教授过程中,完成教学已经很紧张了,在直播课堂上更加无法完成书上的全部内容。

为了能更好地开展直播教学,根据以往考试的考点和同学们对于知识点的兴趣,重新组织了教学内容,把原来的九章内容浓缩为五章,提炼后重新为知识点命名,分别为:一是经济学的通货膨胀,从通货膨胀引出相关重要的知识点,涉及了宏观经济学中的CPI、基尼系数,又涉及了福利和税收政策,把第一到第三章的重要知识点囊括了进来;二是鸡汤经济学,在企业管理和生意经济学中,经济学的知识点是非常励志的,因此,用了比较现代化的称呼,让同学们在学习知识点中更为积极向上;三是投资经济学,这部分是唯一没有和其他知识点合并的,因为学员对此知识点相当感兴趣,为此,不但没有合并其他章节,还加上了很多课外知识,可谓干货满满;四是外汇经济学,其中也涉及之后几个章节的知识点,包括了汇率、贸易顺逆差等和外汇相关的知识点;五是补全经济学,由于合并了许多章节,总有一些重要的内容无法概括进以上几章,第五章就是补全重要的且遗漏的知识点。

3. 直播课堂解决互动性问题的对策

(1) 直播课堂的提问要精确有用。学生和教师交互中,如果存在学生数量较多(在成人教育中出现学生过多或过少是一种常态),教师只能与少数学生进行有限的互动和视频对话,最多的互动还是在聊天频道看到一些稀稀拉拉的回复,不但看不到学生回复的全貌,而且还影响了教学进度。最终,绝大多数的学生还是处于"旁观者"的角色,这也是属于缺乏互动性的一种表现。因此,在直播课堂中提问是十分考验教师授课技巧的项目,不能像传统教学一样进行开放式的提问,因为开放式的提问最容易导致"旁观者"的大量出现;当然也不能是完全封闭式的提问,封闭式提问会造成回答"Yes or No",不容易提起学生的兴趣。半封闭半开放式的提问,对于直播课堂的互动性会更有帮助,既可以让同学回答问题时不会跑偏,也能让同学有遐想空间,从而引起学习兴趣。

(2) 利用好班主任队伍,延伸面授效应。由于直播课堂情感方面的限制,其互动性的解决不光是在课堂上,延伸面授效应,发挥好课后互动,是弥补直播课堂互动不足的有效途径之一。

在成人教育中,班主任所扮演的角色越来越重要。因为班主任与学生的互动性远远强于教师与学生的互动性。直播课堂上无法充分展现学生的互动性已是不争的事实,因此,在课后业余时间,可以通过班主任进入学生群中,利用 QQ、微信、E-mail 等网络通信方式,和同学尽可能打成一片,了解学生的学习需求,而班主任则能起到教师和学生之间的磨合剂作用,消除教师与学生的陌生感。有条件的话可以进一步创建 QQ 师生交流群、讨论组等学习共同体增加师生之间的交流,从而一定程度上弥补课堂互动性的不足。

四、直播课堂未来发展之路的探讨

直播课堂教学是一种新兴事物,它的到来是对传统教学的挑战和变革,为现代远程教学注入了新的活力。它作为现代化的教学手段,对于提高教师的综合业务水平,都必将产生巨大的促进作用,同时,也为现代成人教育中的教育思想、教学内容、教学方法带来重大的变化。甚至有些人提出,对于成人教育今后能否以直播课堂取代面授课。笔者认为,虽然未来直播课堂会飞速发展,但是今后若干年内,直播课堂是不可能完全取代传统面授教学的。上海开放大学曾做过一次关于直播课堂的问卷调查,结果如表1所示。

表1 上海开放大学关于直播课堂的问卷调查

您认为开展直播课堂教学之后需要补充相应的面授教学吗?		您认为文科类课程开展直播课堂的次数占总课时的次数大约多少比较合适?		您认为理工科类课程开展直播课堂的次数占总课时的次数大约多少比较合适?	
非常需要	34.56%	30%	4.28%	30%	14.68%
需要	38.23%	50%	20.18%	50%	34.25%
一般	20.48%	70%	66.97%	70%	49.24%
不需要	6.73%	100%	8.57%	100%	1.83%

从表1可以看出,有超过70%的学生认为直播课堂需要辅以一定的面授课堂,且理工科类课程辅助面授课堂的次数要明显比文科类课程面授课堂的次数多一些。同时,我们可以看到,学生认为直播课堂在全部课次中的占比最合理的为70%左右人数较多,从一定意义上讲,70%总课时的直播课堂为最高限,当然从文理科分类的差别,也容易得出在直播课堂比例的安排需根据具体课程的内容来确定,从而满足学生和课程内容讲授的需要。

由以上数据看出,直播课堂虽然有着一定的优势,但是在现阶段,它的劣势是不可弥补的。因此,在今后的教育发展中,将是由面授课程、直播课堂等多驾马车并驾齐驱的教学模式来展开。

参 考 文 献

[1] 胜楚倩.远程教育直播课堂的教学模式研究[J].教育现代化,2018,5(14):146-150.
[2] 倪俊.O2O直播课堂教学模式及其实践研究[J].中国电化教育,2017(11):114-118.
[3] 王芳.开放大学系统分校参与直播课堂的教学模式设计研究——以"数据库原理及应用"课程为例[J].湖北广播电视大学学报,2019,39(2):4-8.
[4] 魏冰石.开放教育直播教学的问题及对策探析[J].吉林广播电视大学学报,2018(8):98-99,112.
[5] 余莉.互联网+背景下基层电大网络直播课堂的现状及对策研究[J].中外企业家,2018,607(17):195-196.

作者单位:上海市长宁区业余大学

建立成人网络课程学习在线临场感的策略研究*

杜 鹃

内容摘要：随着网络技术的发展与应用，成人教育的教学方式不断从传统教学手段转向现代多媒体技术的信息化。本文在教学、认知、社会及情感临场感的基础上，结合笔者自身从事远程教学的实践提出了建立成人网络课程在线临场感的有效策略：善于激励、学会聆听、巧设提问、及时反馈，由此激发成人学习者的自主性和主动性，促进学习者对知识的深化理解，培养学习者的交流与合作能力，提高他们的学习满意度。

关 键 词：在线临场感 策略 网络课程 成人学习者

一、问题的提出

随着"互联网＋"时代的来临，网络技术和通信技术广泛应用到教育领域中。越来越多的学习发生在网络环境下。在线学习在时间以及空间位置等方面的优势，让学习者的学习具有很大的方便性和灵活性，特别是对有效学习时间少、工学矛盾相对突出的成人学生而言尤为明显。但是现有研究表明，在线课程设计如果没有考虑到学习的情境性和社会性，难免会导致线上学习者产生孤独感与倦怠感；并且如果学习者首次在线上学习的体验较差，那么其再次选择线上学习的概率就会大幅降低。与此同时，由于普通高校的规模扩张挤压了成人高校的外延发展空间，而学习者学习积极性不高，资源吸附力不强导致成人高等教育内生性发展动力不足。

传统面授教学中，教师的主要职责是传授知识、培养技能以及为学习者提供学术指导。而在远程学习环境中，由于教与学的时空分离，教学双方都面临更多的困难，包括管理困难、教学困难、技术困难、心理困难等。苏宏(2017)指出教学活动的融合仍处于起步阶段，教学与信息化"两张皮"的现象并没有很好解决。尤其突出的问题是，以课堂教育的思维和角度来开展课堂信息化教学，而不是从改善学习体验的角度来形成新的教学方法和探索新的教学模式，这实际只是简单地将"满堂灌"升级为"满堂电灌"。因而，在线辅导教师课堂中要承担多种职责角色，包括教学指导者的角色、管理者的角色、技术支持者的角色和社会情感陪伴者的角色。教师们认识到网络课程的灵活性、时空延展性带来便利的同时，对在线教学有时还存在几个认识上的误区。误区一：在线教学是把面授教学内容转变成在线学习资源(如直播堂课或者教学视频等)。误区二：在线教学是为了让知识传递更

---

* 本文系 2020 年度上海开放大学科研创新项目"泛在学习环境下开放大学教学模式创新研究——基于课程的实证性探索"阶段性成果(编号：ZC2005)。

加便捷和高效,把课堂上讲不完的内容放到课外、线上去学习。教师们在开展在线教学时遇到的难点与这些认识上的误区息息相关。无论全日制高校还是成人高校的教师,在开展在线教学时共同面临的最大难点是"如何才能在在线教学中取得预期的教学效果",或者说"如何取得不亚于面授的教学效果甚至更好的教学效果"。要达到上述效果,教师需要在在线课程中担任多重角色,营造与面授教学相当的临场体验,为成人在线学习者提供最大限度的学习支持。

为此,本文将尝试分析教师在在线课程辅导中如何为成人学习者提供适当的临场感的策略与路径。

二、成人在线学习的四种临场感

因为在在线课程教学中教师与学生大多处于时空分离的状态,学生的学习体验大打折扣,再加上成人学生工学矛盾给学生学习带来的倦怠感,成人学习者有时很难自我激发学习动机和兴趣,更难养成持之以恒的学习习惯,因此容易出现成为"潜水者",或出勤率持续走低甚至不再出勤等现象。国外一些开放大学的调查表明,网络课程中通常只有25%~33%的学习者能够积极参与网上讨论,约1/3的学习者为"潜水者",还有约1/3的学习者基本不参与网上讨论。要解决这一困境,需要一些方法。目前国际上比较认同的理论是帮助学生建立起四种临场感:教学临场感、社会临场感、认知临场感、情感临场感。

Carrison等学者首次提出了CoI(Community of Inquiry)模型,即最初的在线临场感模型。在教育传播过程中,存在着教学存在、社会存在和认知存在(后加情感存在)。模型系统地描述了它们的重合关系及交互作用的过程,并在教育理论的发展和教育技术的更新基础上,逐渐提出了教学、社会、认知和情感临场感。

(1)教学临场感。从设计者的角度出发,帮助学习者加工、消化并分享知识,最终形成高阶思维能力。

(2)社会临场感。学习者在支持的友好环境下,自由表达学习过程中的收获与疑问,形成社会化与情感化表达的一种能力。

(3)认知临场感。强调学习者对知识的认识、加工、消化和反思以及获得,进而赋予既有知识的全新意义。

(4)情感临场感。学习者互动交流时,在感觉、情绪、情感等方面的外在表现。它的基础是情感认同。

三、促进成人在线学习临场感的策略

在既有的成人在线学习理论中,众多研究者都提出了相似的观点,比如:在线辅导中教师成为有效的聆听者、交流者,或者成为教练、促进者、导师、支持者和资源提供者。在线辅导既是教学设计又是学习支持,成为一种新的教学法。

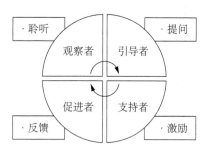

图1 在线课程中教师的定位

远程教育中教与学时空分离,因此教学过程不仅包括教学的设计和课程开发,还包括教师对学习者在学习过程中的学习支持。为了促成成人在线学习具有更好的学习体验,教师应同时具有以下四种角色表现,分别是:支持者、观察者、引导者与促进者(见图1)。这四种角色可以分别发挥出四种关键技能,为在线学习临场感的建立提供策略。

(一)支持者善于激励——引发学习者之兴趣

美国哈佛大学的管理学教授詹姆斯认为:如果没有激励,一个人的能力发挥不过20%~30%;如果施以激励,一个人的能力则可发挥到80%~90%。对于成人学生的在线学习,开学第一周是教师作为支持者发挥作用的非常重要的一个阶段。Salmon指出开学第一周处于学生在线学习的前两个阶段,即访问课程和学习动机的激发与在线的社会化交互。在这一过程中,学习者对于网络课程平台、学习内容、教师以及同学都很陌生。如何引发学习者的好奇心,消除学习者的陌生感,吸引其进入课程是十分重要的,同时也为网络课程的正式学习创造了条件。因此需要采用一些激励措施来刺激学习者产生进入网络课程的动机。

1. 社会临场感的激励策略

在线课程的初始阶段非常重要的一点就是建立社会临场感,学生们可以尽快熟悉老师与同学,对课程内容产生兴趣,从而找到亲切感和归属感。在此过程中可以有以下一些具体的做法:

首先,写一封欢迎信。成人学生工作繁忙,相较全日制学生与老师联系较少,辅导教师可以在第一次授课之前向每个学生的邮箱或社交账号发一封邮件,内容包括课程描述、考核要求等,目的是让学生觉得自己有被"看到",激发学习的兴趣。

其次,开展破冰活动。组织学生在线上做自我介绍,相互认识,可以在群内上传真实头像,完善个人真实信息,如有可能也可以采取录制视频或打卡活动,图文并茂地向同学们展示自我。建议新任教师在第一次面授时不直接进入主题呈现课程内容,而是侧重于情感的交流,使学习者建立信任感与归属感。

最后,构建在线学习共同体。通过集体互动确定小组长和班级干部,进而通过小组活动和班级活动加强合作、激励与竞争,形成良好的集体文化氛围,同时还可以确定在线网络讨论礼仪及规则,为后续的共同学习打下良好的基础。

在学期中后期阶段,一般成人学生学习积极性会出现下降的趋势,更需要辅导教师不断地激励,对学生在在线学习中每个环节的贡献、分享、建议都及时表达感谢,对分享观点表示赞同,可以在活动平台张贴表扬信、评选每周的优秀学生并说明其贡献等。

2. 教学临场感的激励策略

在教学临场感确立方面,教师在课程开始前就要向学生明确课程目标、内容和计划,包括考试要求、平时作业及需要学生参与设计的评价标准。教师进行涉及学术、专业实践等背景信息的自我介绍获得学术信任感。辅导教师在课程的初始阶段可让学生在线交流表达出课程期待从而建立课程与学生需求的联系,激发学习者内部动机。待学员与老师彼此熟悉且对课程内容及授课方式也有一定的了解后,亦可以在学期的中后期再进行回顾性总结,请学员回想一下自己参加这门课程的初衷及对课程的期待是什么,以及到目前为止学习的初衷和对课程的期待是否发生了变化。

提供技术帮助让学生们尽快熟悉在线学习的平台与使用功能也是建立教学临场感的一个方面。辅导教师及时发送在线学习提醒,其内容部分包括:单元学习任务、课程学习进程等等;每周发放任务核对清单、结束发任务提醒,可以采用平台公告、电子邮件、微信短信等多种方式。

3. 认知临场感的激励策略

在线课程中辅导教师角色的转变使得课程开始转向以学习设计为主,包括学生学习过程中学习支持的设计。因此,教师要着重关注如何在学习过程中为学习者搭建学习脚手架,以至可以从旁协助,引导、帮助学生完成学习任务、达成学习目标。在以讲授式为主的传统面授课堂教学中,脚手架的重要性并不十分突出,然而在在线课程中需要教师提供更加细致、精准的学习支架。

相比讲授式教学模式下学生的被动接受知识,在线学习需要学生主动性的探究性学习。因此,认知临场感的建立需要教师针对学习内容趣味导入诸如角色扮演、游戏练习、案例分析等活动将学生组织起来。塑造一个空间、营造一个环境、创建一个氛围,找到一群与自己有着共同兴趣爱好的人,采用小组学习、群体合作等方式都有助于在线认知临场感的建立。教师要视学生为学习伙伴并鼓励学生间的互评,让学生体会被关注、被认可的积极体验,线上的作业也可采用学生互助模式"夸一夸,帮一帮",鼓励成人学生将生活、工作与实践结合起来去探索学习内容与实际问题之间的联系。

4. 情感临场感的激励策略

在激励措施方面情感临场感也是不可或缺的,即使是在线辅导的课程,教师也需要具有表达情绪与情感的能力。无论是直播课堂还是在线辅导,教师都应不吝啬于表达情感,这有助于与学生拉近距离。心理学早已证明情绪对于认知具有重要的影响作用,学生会因为认可一名教师而认可他开设的课程。同时,除了允许学生在课程及学术专业方面有自我独立的表达之外,也接受学生在表达想法的同时带有自己的情感,鼓励学生表达自己的喜好与态度(表达情感)。

成人在线学习中有三类典型的学习者:积极参与者、潜水者与不参与者。教师在针对这几种不同学习者时需要采取不同的激励策略(可以利用平台的数据帮助筛选学员,把这三类的学员分别加以处理)。例如:对积极发言者及时肯定与表扬(即使只有一次发言也需要反馈);对于不参与的学员可以及时提醒(私人邮件或私信沟通),同时需要注意语气并让学生意识到教师对自己的持续性关注;现有对在线学习者的一些研究结果表明,潜水者采用的观察学习也是一种学习,因此教师可以对潜水者采用安慰的方式并私信询问其有何困难或者是否需要帮助,持续对其进行鼓励。

在课程开始之初建立激励机制非常重要,四种临场感的建立起到点燃学生内驱力和有效开展教学的作用。组织学生面授、实时会议有利于师生间的情感交流,提高对学生的监控性培养。激发学习者的学习动机开展实时授课,有利于教师对教学进度的控制。

(二)观察者学会聆听——倾听学习者内心

在"互联网+"时代,网上课程为了引发学生兴趣、吸引学生参与,就要创建一种能让学生真正参与的个性化学习体验模式。学生既要获得标准化知识,还要自我建构与生成创造性的个性化知识。

1. 社会临场感的聆听策略

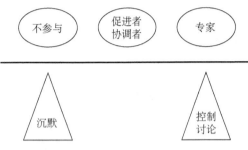

图2 在线互动中教师角色

国外关于成人教育的研究发现,如果教师在教学中过多地以专家身份参与讨论,最后就只有师生互动而没有生生互动,讨论也无法深入,但如果教师沉默或没有教师的引导,又很容易导致讨论主题偏移。教师在这里需要调动起所有人的积极性,让学生成为主角的同时,还应该作为一名很好的学习伙伴去观察,由此达成一种平衡(见图2)。因此成为一名观察者是在线教师在聆听策略中建立社会临场感的第一步。建立社会临场感还需要观察学生在与其他学生交流时是否感到自在,是否可以自如表达,进而聆听学生的观点看其是否得到其他学生的认可。

2. 教学临场感的聆听策略

在线辅导教师要在互动过程中,注意识别学生意见的一致性,分清分歧部分。同时,辅导教师帮助引导学生解决问题前,要聆听学生的问题,判断出学生真正想问的内涵。

也许学生会因为知识点理解偏差、技术操作错误、寻源不齐全或者加工资料不准确等导致所提的问题比较模糊,没有很清晰地把问题呈现出来。但学生对老师的期待不一定是模糊的。这就要求辅导教师通过聆听准确识别学生的问题,进行有针对性的辅导,解决学生具体存在的问题。

3. 认知临场感的聆听策略

学习的一个重要的目的是促进学生认识水平的提高,在提高认知临场感的策略方面要注重从学员的学习反思中聆听,例如:引导学生对在线直播课程或课程后期视频会议进行反思,对期末学习总结反思等等。也可以尝试在每周课程结束后鼓励学生对单元模块进行反思,可以仿照KLW表格提出如下的一些问题:是否达到了本周的学习目标?最大的收获或体会是什么?还存在哪些疑惑?或者学习中还有哪些遗憾?教师要从学生的经验分享中学会聆听。成人学生都有着丰富的工作经验,教师可以鼓励学生分享与课程学习相关的实践案例,分享个人与课程内容相关的成功或失败经验以及个人心得体会或存在的疑惑,从中发现问题。从学生之间的讨论、辩论中聆听也能了解每一位的观点与思考。教师需要不断将经验反思与教学目标相比对来识别学生是否清楚所学知识的应用途径。

4. 情感临场感的聆听策略

在虚拟空间中建立情感临场感,必须依靠聆听。使用聆听策略时,要求指导教师暂时放下权威架子,成为学生的"安静"学习伙伴。对于学生提出的问题,不是急于给出答案,而是通过聆听,建立师生之间的思想互动、心灵交互。

教师通过聆听观察,明确学生是否有表达自己的情感与情绪意愿后,再采用一些表达情感的话语和幽默语言去与其交流,从而建立一种良好的在线互动氛围和情感连接。

当然,在直播视频或会议课程的互动中,教师也要察觉学生之间诸如肯定与鼓励之类的积极情感表达出现的频率,并适时地营造气氛带动参与。

(三)引导者巧设提问——用问题引领学习者

"互联网+"时代,教学要求发生了改变,教学不再是以教师的面上讲授为主。独立学习成为远程学习者的主要学习方式。如何更好地开展教学需转向如何更好地帮助学生有效学习。

有些教师认为,远程教育中教师的主要职责就是在线回答问题。作为在线辅导教师,我们或多或少都碰到过以下情况:学生发言踊跃,但都是表面化的,没有真正、深入地回答问题、解决学习任务;无人跟帖,或只有一两位同学在互动区发言,其他人都沉默;学生的发言与主题相关,但是还不够全面,等等。显然面对这样的场景,教师直接回答问题并不能取得良好的效果。网络导学的过程中,辅导教师在回答问题之前要先学会适时地、恰当地提问。首先,通过策略性提问教师可以为学生的学习和知识建构搭建脚手架;其次,通过提问,教师引导学生的思考和讨论逐步深入,从而逐步达到学习目标。

1. 社会临场感的提问策略

在提问的过程中在线辅导教师有意识地提及其他学生的参与情况,可以令学生对在线虚拟环境中的班级产生归属感。引导学员自我思考,如:发现学生并没有完成先前的任务,没有完成先前的调研和期末任务,不直接批评学生(成人学生的自尊感较强),而是通过提问让学生引发思考,自己发现问题。当学生发表了一些观点后,老师可以将他们的观点进行总结,然后再与全体学生讨论,可以设置诸如"您赞成其中什么观点?"或"又有什么补充呢?"之类的提问引导大家全面参与,让大家有身在一个班级环境中的感觉。此处社会临场感的支持策略是帮助学习者融入学习社区氛围中,向他人展现真实自我,乐于表达自己的想法。

2. 教学临场感的提问策略

如何真正发挥远程教育中情境教学的作用,让情境教学与其他教学环节相互呼应、前后贯通,一直是创设在线教学临场感的难点。在线教育中的情境教学法常用提问的方式激发学生的学习兴趣、创设任务情境。设计启发性话题,再创设学习情境,借助启发性话题经由提问的方式引导学生思考,启发性话题是需要指导教师精心设计过的,是契合在线学习目标所衍生出的,既符合成人学生的已有知识和经验基础,又能激发成人学生兴趣的核心话题。在启发性话题引导下,教师可进一步围绕该话题创设学习情境,通过自己的教学设计,提供帮助和引导,促进学习者学习,它是教师和学习者进行学习交流的桥梁,最终帮助建立教学临场感的情境体验。

线上互动讨论的特点是"非限制性",因此学员反馈的观点呈现出零散化、碎片化、错综化等特征,具体表现为讨论没有聚焦主题或是偏离主题的现象,此时教师如果直接打断,有可能影响学生发言积极性,而采用提问的方式则可以让学生们在保持互动节奏的情况下重新聚焦主题。多采用引导式的提问设计,在教学临场感中提问的目的是让学生能够逐步达到目标,因此可以将一些比较难的问题拆解成多个层层递进的问题链进行引导。

3. 认知临场感的提问策略

通过提问引导学习者全面与深入思考。网上的讨论常较为泛泛而难以深入,教师可以先采用肯定态度创建气氛,在初始阶段运用"登门槛效应"提出一些简单的、易于回答的问题,对于首先发言的学员给予及时肯定,可将其问题设为"靶子",随后询问其他学生的意见,降低问题难度。紧接着可以邀请其他学员发表观点,让学生提出有争议的话题及从不同的思考角度,然后通过再次提问搭建脚手架让学生拾阶而上,引导学生进一步思考。

此外,在成人教学中案例分析法是教师比较常用与青睐的一种教学方式。把实际工作中出现的问题作为案例,交给学员探究分析,有利于促进理论学习,同时又能激发学习者的兴趣和培养他们的分析能力、判断能力、解决问题的能力。学习支持即针对学生在学习过程中可能遇到的疑难点提供适当的学习支架支持。例如:在学习讨论区中设计启发性问题引导学生展开思考和讨论,或者提供一个学习案例引导学生进行分析,等等。在认知临场感的建立过程中两者相结合,教师可以在进行引导案例分析和比较时不直接给出答案而是采用提问的策略作为学习支持的脚手架,从旁协助和引导学生结合案例进行分析,从而将本来很零散的知识点贯穿起来,进一步可以通过提问引导成人学生结合自身实践进行思考。

4. 情感临场感的提问策略

在通过提问策略建立情感临场中,在线辅导教师在提问时要使用亲切的语言及时传递情感表达,如表达敬意、歉意、高兴等等,幽默的语言表达方式、图示符号及表情符、网络用语的使用都是不错的选择。语言的亲切性可以拉近与学生之间的距离。另外,在提问时亲切地称呼学生的名字,而不是运用人称代词"你",学生会有被重视和被"看见"的感觉。每个人都希望他人对自己产生情感上的认同,表达观点的时候我们也在表达情感,教师可以通过提问确认学生所表达的情感,情感的认同会让学生有心理上的认同感,对指导教师产生好感,进而激发对课程的兴趣。

(四)促进者及时反馈——关注每一位学习者

远程学习中学生最大的期望便是能够获得辅导教师的支持,这种支持不仅仅是单纯的回答,而是及时的、促进性的、建设性的反馈。

1. 认知临场感的反馈策略

在线课程辅导中,班主任提供的是非学术性支持,辅导教师关注的多是学术上的支持,但这不意味着辅导教师仅仅只关注学员的内容学习,为了使学生能有效地实现学习目标,需要在搭建认知临场感的过程中使用反馈策略。在线教师运用反馈策略可以启发和引导为主,提供给学生思考的思路或模板而不直接提供答案。针对学生的问题,教师提供解决的思路、框架或模板起到脚手架的作用,帮助学生对问题进一步理解。此外,教师分享与课程学习相关的实践案例也是成人教学中建立认知临场感的有效方法,成人学生大多有丰富的工作与实践经验,他们在课程中除了习得理论知识外,对于实践应用也有着强烈的需求,在教学过程中教师可在每个模块都分享案例,将理论与实践相结合,为成人学生提供学习支持,也有助于认知临场感的建立。

2. 教学临场感的反馈策略

在线教学活动的组织过程中给予学生的反馈很重要。其中涉及两个教学临场反馈策略。第一个策略为教师在何时、以何种方式给予学生反馈。并且这种反馈不能简单直接地给出答案。首先要针对学生的观点进行总结和点评、提炼放大和强化,再融入教师的新观点;其次汇集、归类、总结不同学生的观点,再联系学习目标给予反馈。让学生不再成为被动的接受者,而是作为参与者,完成知识的建构。

建立在线课程教学临场感的另一个策略就是在课程完成之后,对学员的作业进行细致的反馈,这部分的反馈不仅只是给出对错的评判,同时要肯定其亮点与优势之处,对学生的观点、想法明确地表示赞同,并给出建设性的修改意见。在公告栏告知全体学生学习进度的情况,并为学生如何进行学习活动提供清晰的指导。

3. 社会临场感的反馈策略

国内外研究表明,辅导教师过早给出自己的意见,无益于教学,甚至会让讨论过快停止。

所以,反馈时辅导教师要运用引导技术,通过肯定或欣赏的语句,鼓励学生间的互动,规避老师反馈以后出现学生集体沉默的风险。比如,先列出一些典型的观点,让学生进行讨论,其间适当补充观点,并及时总结提炼学生的观点,引发学生再次讨论。讨论期间,提问策略与反馈策略相互交织使用。若辅导老师无法即时解决学生的非学术性问题,也可安抚学员情绪,再及时反馈。

当然,对于部分十分繁忙或者对于线上教学平台使用存在困难的学生,辅导教师在线辅导时,可在开放大学的学习平台基础上提供多种反馈渠道,比如邮件、微信群、QQ 群、钉钉群等辅助渠道,尽可能地为学生的差异化需求提供服务。

4. 情感临场感的反馈策略

善用阶段性反馈,对每一位学生的分享与交流明确表示感谢,对学生在实践中的努力表示肯定,如:每周写表扬信给学生,评选优秀学员,找到每一个人的闪光之处,并说明其具体贡献(贡献之星、最佳反馈奖、乐于助人奖)。这一点在前文的激励策略中也有所涉及。

教师对于学生在学习的过程中情绪的表达也要给出反馈,教师要对他们表达理解与共情,体现学习伙伴的角色功能。反馈时也要多用一些亲切的语言和表达情感的话语,例如:辅导教师在教学反馈中通过亲切称呼学生的姓名等方式来表示敬意、歉意、高兴等。

四、结语

本文在学习型社区中需建立的四种临场感(教学临场感、认知临场感、社会临场感、情感临场感)的基础上,提出了建立成人网络课程在线临场感的有效策略:辅导教师作为支持者引发学习者兴趣的激励策略、作为观察者倾听学习者内心的聆听策略、作为引导者用问题引领学习者的提问策略、作为促进者关注每一位学员的反馈策略,由此让在线教学过程走向互动、探究、和谐,激发学习者的自主性和主动性,促进学习者对知识的深化理解,培养学员的交流与合作能力,提高他们的学习满意度。这种建立在临场感基础上的在线课程策略将为"互联网+"时代的网络课程设计提供一种有效的实践指导和方法抓手。

参 考 文 献

[1] Garrison D R, Anderson T, Archer W. Critical inquiry in a text-based environment: computer conferencing in higher education[J]. The Internet and Higher Education,2000(2-3):87-105.

[2] 苏宏,袁松鹤.从开放大学视角剖析技术与教育深度融合[J].现代远程教育研究 2017(4):62-70.

[3] 冯晓英,王瑞雪."互联网+"时代核心目标导向的混合式学习设计模式[J].中国远程教育,2016(7):19-26,92-93.

[4] 徐彬斌.基于在线临场感的MOOCs关键干预点探究[J].黑龙江科学,2019(12):152-153.

[5] Prashar A. Assessing the flipped classroom in operations management: a pilot study[J]. Journal of Education for Business,2015,90(3):126-127.

[6] Garrison D R, Cleveland-Innes M, Fung T S. Exploring causal relationships among teaching, cognitive and social presence: student perceptions of the community of inquiry framework[J]. The Internet and Higher Education,2010,13(1-2):31-36.

[7] 乔伊斯.教学模式网[M].荆建华,译.北京:中国轻工业出版社,2002.

[8] 张婷婷.情知教学理论指导下的网络课程之情感设计[J].现代教育技术,2008(10):47-51.

[9] 吴云鹏.教育学的教学案例设计策略[J].教育评论,2013(5):108-110.

[10] 冯晓英,路广欣.面向成人学习者的远程高等教育专业课程体系开发模式[J].现代远程教育研究,2013(5):69-75.

作者单位:上海市宝山区业余大学

基于认知设计的成人高校"计算机基础"在线教育的研究与设计

陈 芳 张 磊 石秀丽

内容摘要：本文分析了当前在线教育存在的问题，通过基于认知设计理念中对成人高校学生学习特征的研究，借鉴混合式教学法的原理，对成人高校"计算机基础"课程的线上教学实施方案进行了设计与研究，并分析了开展基于认知设计的线上教学的实施难度。本文的研究成果可以为成人高校的教师如何优化线上教学设计，提高学生的学习兴趣和创造力，设计、实践满足学生个性化需求学习的教学环境提供借鉴。

关 键 词：认知设计　在线教学设计　混合式教学

一、在线教育存在的问题

随着互联网和信息技术的发展，线上教学逐渐走入成人教育领域。在线教育丰富了教学手段，为师生拓展了教与学的时间和空间。尤其对成人学习者来说，可以在课堂之外进行自主学习，从而缓解了工学矛盾。但是由于诸多因素的限制，线上教学依然存在很多问题，主要集中在以下几点：

◇ 在线教学过程缺乏老师和学生、学生和学生之间的双向互动，不便于学习者的询问、沟通、解疑、探究等系列活动的进行。

◇ 在线学习过程中学生缺乏老师的学习指导，情感疏离。

◇ 在线学习资源形式单一，很多是幻灯片、三分屏的录像资源，高水平的课件制作需要技术支持和资金投入。

◇ 在线资源设计难度"一刀切"，统一的教学内容、统一的教学进度、统一的学习任务等阻碍了学生的个性化发展，没有考虑不同学习背景的学习者的学习需求。

◇ 功能完善的在线平台的建设需要对应的网络设备、软件及技术的支持，需要大量的资金投入，一些学校无法承建。

在我国，在线教育发展时间较短，同时受到资金、技术、师资等诸多方面的影响，在线教学模式并没有触及传统教学模式的根本性改变。因此，国内很多成人高校构建的在线教学模式，仍然只能作为课堂教学的点缀。

突如其来的新冠肺炎疫情下，全国两亿多学生参与了"停课不停学"的在线教育模式。疫情期间，涌现了一大批在线教育平台，包括超星学习通、雨课堂、国家网络云课堂以及钉钉、腾讯会议系统等商业软件。很多平台功能丰富，包括群讨论、课程直播、视频会议、作业收缴、资源存储、打卡考勤、圈子等各项功能。这些平台为教师们开展在线教学实践提供了有效支持。

可以说,这次"停课不停学"给教育界带来了前所未有的挑战,也给未来的教育开辟了更多线上教育的可能性和必要性。但从疫情期间的在线教学实践来看,在线教育确实有很大的优化空间。据澎湃新闻调查统计,绝大部分学生接受课程的方式是参与在线直播课程,教师们将在线下课堂讲授的内容原封不动地搬到线上,教学过程单向静止、师生交互不足、在线资源缺乏多样性以及学生的认知参与度不足等问题仍然突出[1]。特别是对成人学生来说,标准化的教学满足不了学生个性化的学习需求。为此,如何优化在线教学过程设计,提高学生的学习主动性、满足学生个性化的学习需求仍然是亟待解决的任务。

二、成人学生认知设计相关原则

在进行基于学生学习个性化需求的在线教学模式的研究时,我们首先需要了解认知设计的理念以及对成人学习者进行认知设计的注意事项。

1. 认知设计理论

认知设计是指从认知学的角度出发进行教学设计,以求为学生提供良好的教学体验的教学设计方法。朱莉·德克森(Julie Dirksen)在《认知设计——提升学习体验的艺术》一书中总结了一套行之有效的教学设计方法[2]。她认为教学设计者在进行认知设计时,需要掌握解决以下问题的方法:

◇ 了解学生在知识水平、学习环境等方面的差距,为开始教学做好准备。
◇ 了解学生的学习方法和习惯。
◇ 了解学生的内在学习需求,为学生制定学习目标和教师的授课目标。
◇ 设计相关的练习让学生便于记住知识点和更好地保持记忆。
◇ 优化授课时长、授课内容、多媒体展现方式等因素,考虑如何设计在线课程以吸引学生的注意力。
◇ 设计相关的评价学习效果的方法,从而完善学习设计。

这套方法源于对学生的学习动机、能力、知识水平、学习方法、大脑记忆规律等的深入了解和研究,并提供科学的、具备可操作性的设计方案。

例如:在确定学生应该达到何种学习程度时,朱莉·德克森提倡使用"布鲁姆教育目标分类法"的测量维度,包括:

◇ 回忆
◇ 理解
◇ 应用
◇ 分析
◇ 评估
◇ 创造

教学设计者可以对照这些维度,对不同的知识点及不同的教学对象确定不同层次的教学目标,即提出不同程度的学习任务,提供系统化的资源。她认为教学不能仅仅局限于基础认知的问题,在适当的时机,高级认知问题更能够激发学生的思维,从而培养学生的思维能力、创造力。

例如:在解决如何了解学生的想法的问题上,她指出应该将信息的单向流通转为双向互动,即不论在何种学习场所(面授、在线学习),最好能够与学生进行互动,包括教师与学生的互动及学生之间的互动(小组学习)。

2. 对成人学生进行认知设计的注意事项

成人高校的教学对象是已踏上工作岗位的成年人,由于年龄、心理、环境等方面的差异,成人学生具有和普通高校大学生不同的学习特征。具体来说,主要有以下几点:

◇ 学习目标明确:成人学生期望通过学习来实现自身的价值,或者提升他们在某一领域的知识储备,学习具有更强的针对性,且学习动机较强。

---

[1] 数说"停课不停学",目前大规模线上教学反响如何?[EB/OL].澎湃新闻,2020-02-29.
[2] Julie Dirksen.认知设计——提升学习体验的艺术[M].北京:机械工业出版社,2016.

◇ 学习自主性强：成人学生的独立性强，能自主安排学习计划。

◇ 学习与生活经验相关：成人的生活、工作经验丰富，在学习活动中他们会更多地借助于自己的经验来理解和掌握知识。

◇ 任务驱动的学习：成人学生更喜欢任务驱动或问题为中心的学习。他们更希望通过学习解决生活或工作中遇到的实际问题。

◇ 需要相对灵活的学习时间：成人学生更希望能根据自己的需求，选择学习的时间和进度。

根据上述特征，在设计面向成人学生的基于认知设计的在线教学课程时，我们需要注意以下几点：

(1) 在学习中加入案例。当开发教学课程时，里面的内容不应当仅仅只有纯粹的理论。对于成人学生来说，即使是很有价值的理论信息，只有在里面加入一些工作或生活中可能碰到的案例，这样的学习体验才能更有影响力。所以，教师在为课程准备学习材料时，需要找找生活或工作中的案例。

(2) 提供练习机会。重复运用目标知识有助于把操作技能或知识留存在长期记忆中。如果信息已经连接了背景知识，并认真进行了演练，就会成功地被编码，存储在长期记忆中。但是重复练习不能是机械性的，要让知识能有效转移到新问题和新情景上，就需要让练习多样化、具有挑战性，并具有真实感。所以在设计学习时，需要教师考虑两个问题：

◇ 课程是否鼓励了学员运用所学知识解决挑战性问题？

◇ 课程是否提供了足够的练习机会？

(3) 考虑学员背景。成人学生生活经验丰富，教师需要多了解他们的背景、经验水平和个人目标，这样才能够开发出更适合他们需求的课程设计，而不是为所有人提供同一内容。如果教师是在跟某领域专业人员打交道，在课程中添加一些真实运用的样例会很有好处。如果教师是在跟入门者打交道，就加些例子说明这门课程能够怎样助力他们未来的工作。

(4) 提供多样化的在线资源。如果学生是教育背景和专业背景完全不同的学员，教师需要提供多样化的在线课程材料。教师可以从基础课程开始，对于想要进一步了解主题内容的人提供额外的在线资源。作为课堂教学的补充，不同层次的数字资源的提供可以让不同基础的学生根据需要选择适合自己的数字资源，完成不同级别的学习任务挑战，以各取所需的方式确定最适合自己的学习目标，从而激发学生的学习兴趣，完成学习目标。

(5) 明确课程中的障碍。成人学生每天都要面对各种各样的挑战和压力，工作的需要、家里的紧急事务等都会影响到学生的正常学习。教师需要明确课程中的障碍，这对于成人学生来说可能意义重大。教师可以为成人学生提供支持资源，例如直播回放、在线学习微课课程库和在线讨论等，明确在某些关键时间节点必须完成的任务，让学生能够赶上进度。

上述关注点正是体现了认知设计的理念：面对学习背景不同、基础水平不一、职业各异的学生，如何为他们设计良好的学习体验，将学生而不是学习内容作为课程学习的核心。因此，在进行教学设计时，我们需要对学生当前的技能水平、学习动机、学习目标、学习方法等进行详细了解，并依据认知设计的课程设计理念来完成课程的设计和资源的组织。

三、可借鉴的混合式教学理论

混合式教学是在互联网背景下，将传统面授教学和网络在线学习融合起来的一种新型教学模式。根据相关定义，混合式教学是以培养学生自主学习能力为目的，应用信息技术、教育技术、多种教学方法和多种学习方式进行混合的教学模式，为学生提供最优化的学习环境，从而提高教学质量。混合式教学的定义包括两个层面的含义：一个是"教"的层面，另一个是"学"的层面。其中，"教"的层面突出教师对教学的设计；"学"的层面就是学生面授学习和信息技术支持下的线上学习的混合，强调的是有效提升学生学习的深度。

从某种程度来讲，混合式教学属于教育学领域的理论前沿，目前对应的研究还不是很丰富。混合式教学没有统一的模式，例如波尼姆·魏利森(Purnim Valiathan)提出的技能驱动模式、态度驱动模式、能力驱动模式①；克雷格·巴勒和姆威廉·帕尔曼(Craig Barnum＆William Paarmann)提出的混合式学习"四阶段混合教学

---

① Purnima Valiathan. Blended learning models[EB/OL]. www.learningcircuits.org/2002/.

模式"等等①。

国外,关于混合式教学模式的建构流程研究中,比较有代表性的有乔希·伯尔辛(Josh Bersin)提出的混合式教学的四个基本环节②:

◇ 分析学习者的基础和内在需求。
◇ 依照学习者的实际情况和内在需求制定教学设计和评价标准。
◇ 发掘并整合教学资源,并运用恰当的技术媒介加以呈现。
◇ 实施教学计划并跟踪实施效果,对学生进行及时、有效的反馈和评价。

在"互联网+"背景下,新时代的混合式教学致力于提高互联网与教学模式的深度融合,其目的是赋予学生个性化、自主化、探究化的空间,使教学形式更灵活,教师有更多的教学组织形式和资源呈现形式,学习者有更多自主性的时间与精力安排自己的学习任务,从而促进教育的开放性。因此,可以认为优秀的混合式教学设计是实现认知设计的有效途径。

四、区办高校"计算机基础"课程的线上教学设计

在线教学的规划设计对区办高校的"计算机基础"课程来说是一项非常有意义的教学改革的探索。

1. "计算机基础"的课程性质和教学目标

"计算机基础"是区办高校的公共基础课,课程内容包含计算机、网络基本知识以及多种 Microsoft Office 软件的实践操作。该课程内容的掌握与否对学生以后学习效率的高低、工作是否高效等有很大的影响,对大部分的学生来说,都有学习的愿望和需求。但教育背景的不同使学生们的计算机基础不尽相同,他们对计算机应用的要求必然存在一定的差异,传统的标准化的课堂教学不能完全满足所有学生的需求。因此,学生需要结合多元化的学习途径与方法来获取更多知识,巩固和掌握相关知识技能。

"计算机基础"课程有三层教学目标:了解、掌握和应用知识点。第一层:了解,需要学生了解计算机的历史、发展现状、计算机的基本组成等相关基础知识。第二层:掌握,要求学生掌握计算机操作系统 Windows 7 中资源管理器和控制面板的常用操作,以及中文字处理软件 Word、幻灯片制作软件 PowerPoint 和数据库管理软件 Access 的常用操作;第三层:应用,要求学生能灵活运用所学到的计算机软件来解决现实工作中遇到的问题,通过进一步的自我钻研,提升操作技能,制作专业化的作品。三层目标之间是相互支撑和相互促进的关系,最终达到培养学生的学习能力、解决问题的能力和创新等综合能力。

2. "计算机基础"课程在线教学设计

借鉴乔希·伯尔辛提出的混合式教学的过程设计,"计算机基础"的线上教学实施过程可设计如下:

(1)教学分析与设计。教师首先了解学生的学习基础、学习特点和内在需求,明确教学目标,对教学内容进行设计,形成每次教学的教学设计方案并梳理相应的教学资源。

① 学习者特征分析:教师在授课前进行学习者分析是基于认知设计的教学工作的前提工作之一。学习者特征分析的目的是把握学习者认知特点与规律、内在需求、已有的知识水平等情况,做到因材施教。教师可以通过课前测试和在线问卷调查等方式来了解学生的学习态度、起点能力和对教学交互方式的喜好。

② 教学目标设计:教师根据学习者的学习基础和学习需求,明确每次教学的教学目标,选定相应的教学资源和教学模式。

③ 教学资源整合:教师制作或收集资源,整合课堂教学内容,注重知识拓展,提供系统性、关联性的知识体系。教师应紧扣教学内容的特点以及学生内在的认知需求,合理选择资源,从而为学习者提供立足教材文本、进行适度拓展的途径。例如:课程资源可以是课程 PPT、微视频、在线测试题目、材料链接等形式。教师也可以为学习者提供本课、本章的知识图谱,明晰各种知识的内在关联点,使不同基础、不同学习目标的学习者可以在掌握必要的课程知识点之余选择不同层次的延展性学习资源。

---

① Craug Barnum, William Paarmann. Bringing introduction to the teacher: a blended learning model[J]. T. H. E Journal, 2002(9):56-64.
② Josh Bersin. Blended learning: what works? [EB/OL]. http://www.bersin.com,2003-05-16.

(2) 自主学习任务单设置。教师将相关资源上传到在线学习平台上,布置每次教学的自主学习任务,引导学生进行自主学习。

① 据前期的资源梳理以及学习者一般特征分析,教师在提供在线资源给学生进行课前预习时,需发放自主学习任务清单供学习者预习参考使用,学习者通过查阅课程清单就可以明确学习任务。

② 自主学习任务单的设定应基于学习者的现有知识水平,包含必须掌握的课程知识点以及延展性课程知识点。需兼顾教学重点、难点和一般知识点的覆盖面,考虑各知识点的权重。

③ 自主学习任务单包括学习指南、学习任务、疑问与建议三部分。

学习指南包含本节课的学习主题、达成目标、学习方法建议、学习资源列表。

学习任务设计最有效的方法是把知识点转化成问题,即将教学重点、难点等转化成问题,学生通过上机实践解决问题,理解概念和掌握方法,培养举一反三的能力。

疑问与建议由学生在自主学习之后填写,这些反馈信息可以帮助老师在教学时有针对性地进行释疑与引导。

(3) 学生自主研究式学习。学生查阅自主学习任务单中的任务,在学习平台上利用在线资源进行自主学习,完成各项任务后填写学习后的疑问与建议。

(4) 小组学习。教师可以根据学生的学习基础等,划分学习小组,由小组成员协作完成任务;教师基于本次课程的教学目标、学习内容等提供相应的研究课题,小组依据学习兴趣及擅长的方向选择相应的课题,完成课题任务。教师选择的项目应包含一定的知识拓展性,激发学习者通过探究解决问题的热情。在"计算机基础"的Word、PowerPoint、Access等模块的学习后,教师都可布置项目设计。

例如:在PowerPoint章节的授课中,老师可以布置同一主题或由学生小组选择感兴趣的主题完成制作。不同团队制作的成果在内容、艺术性、技术复杂度等方面会有很大的差别,通过相互交流和评价,小组成员在交流共享的过程中得到知识的扩展,既能锻炼学生的研究探索能力,又能提高学生间的合作互动能力。

(5) 线上教学。教师采用直播课堂或视频会议等形式进行教学,基于前期的学生预习反馈,教师的授课将更具有针对性,改变了仅凭个人经验授课的局面。由于学生在课前已经初步进行了基础知识的学习,线上授课可实现一些更加高级的教学目标,让学生有更多的机会在认知层面参与学习。教师可以精心设计的课堂教学活动为载体,引导同学们把自主学习所学到的基础知识进行巩固与灵活应用。教师授课可侧重于重点知识的提升讲解及解决学习者自主学习后反馈的共性问题;课上,学生或学习小组也可汇报学习成果或提出问题,由教师对学生的学习进行引导、评价、释疑或补充知识点。

(6) 考核和评价。考核和评价是学生学习效果的反馈。这些反馈让教学活动更加具有针对性,不但让学生学得明明白白,也让教师教得明明白白。

考核和评价包括过程性考核评价和终结性考核评价。

"计算机基础"课程以往的过程性考核评价即平时成绩,主要根据学生的出勤及作业完成情况进行考评。在线教学模式下,学生可浏览在线资源和课程回放进行随时随地的学习,因此出勤不再作为考核的重点。线上教学的过程性评价可采用对每位学生每次作业的完成情况、每次在线学习的情况、在线小测试成绩、在线资源浏览、参与小组任务完成情况等的综合评价。由于在线教学的实施过程中,学生自主学习任务的完成情况直接影响到教师确定在线授课内容以及教学效果,因此应提高其在总成绩中的占比,以吸引学生完成自主学习任务。

终结性考核评价可分成两部分:期末考试成绩及个人设计项目成绩。期末考试着重于考核学生对各章知识点和操作的基本掌握情况。个人设计项目主要考核学生综合应用所学知识探索解决问题的能力,鼓励学生在日常学习中注重提高实践操作的能力、融会贯通所学技能创作尽量专业化的作品。

以上是"计算机基础"课程在线教学的设计方案。要注意的是,上述方案设计的是疫情期间完全在线的教学过程。教师通过在线直播或会议讨论模式替代了混合式教学模式中线下教学的授课模式;疫情之后,区办高校可以延续线上教学的模式,采用将线下教学和线上教学相结合的混合式教学模式,上述方案中的线上教学部分可以由线下课堂取代。

五、"计算机基础"课程开展基于认知设计的线上教学的实施困难分析

基于认知设计的线上教学是互联网时代的新兴的教育模式,可以满足成人学生个性化的学习需求。但由于

触及教学模式的结构性变革,在具体的推广实施过程中有一定的难度和阻力,主要原因有以下几个。

1. 理念和习惯问题

教育与技术的融合是大势所趋,在线教学的方式更新需要教师和学生思维方式的转变,教师需要更新教学理念与教学方式,学生也需要更新学习方式和学习习惯,从被动学习转向自主、自觉学习。

2. 资金问题

在线教学需要在线平台的支持,目前多数在线学习平台是免费的,今后也可能出现收费的情况。而学校自己搭建平台则具有规模大、建设难度大、成本高、管理要求高、建设周期长等缺点。对教师们来说,专业化、高水平的课件、在线题库等资源的建设也需要技术和资金的支撑,从而制约了在线教学模式的推广发展。

3. 技术问题

很多在线教学平台无论在模块建设、互动体验还是在资源建设、信息更新等方面尚存在不足。其产生的困难一部分在于教学平台本身的技术限制,另一部分在于教师与学习者在使用平台过程中遇到的技术问题。

4. 信息素养问题

很多教师在技术的获取和使用方面,处理信息的手段、技能相对薄弱。有些教师受到自身专业限制以及传统教学形式的影响,对于新兴教学技术手段关注较少,需要进行新技术的学习。

六、展望

此次疫情最大程度地检验了在线教育模式的可行性。参与其中的学生、教师以及其他教育从业人员,经历过在线教育初次洗礼后,在教育理念、知识获取方式发生转变的同时,也对未来教育提出更高要求。可以预见,此次在线教学的大规模实践,必将对今后的教育手段的改革带来深远的影响。

随着大数据、人工智能、物联网、区块链等技术的发展,教育将发生重大的变革。例如:通过大数据的分析,可以建立基于数据分析的自适应学生画像,从内容偏好分析推出个性化终身学习服务;利用新一代人工智能的语音语义识别、图像识别、知识图谱和深度学习等技术,未来的在线教育能够提供个性化知识树、自动化批改、个别化答疑和智能化管理,实现智能化推荐学习内容和自动化辅导,在线虚拟教师答疑,实现作业、测评、课程的自动适配和评估并进行学情管理等等①。可见,未来的教育将按照学生身心发展的基本规律,提供高度智能化、个性化、多样化的教学。

本文针对当前在线教育过程存在的问题,通过对认知设计理念中对成人学习者学习特征的分析以及混合式教学法的研究,在现有技术背景下对成人高校"计算机基础"课程的线上教学实施方案进行了一些粗浅的探索和设计。希望在实践中能优化教学效果,提高学生的学习主动性、实践操作能力、探索创新能力,为满足学生个性化的学习需求创建教学环镜。未来,期待大数据和人工智能等技术在教育领域的发展和普及,促进成人高校在线教学过程的变革,真正实现数字化、研究性和学习中心为特征的新型课堂教学形态。

参 考 文 献

[1] 数说"停课不停学",目前大规模线上教学反响如何?[EB/OL].澎湃新闻,2020-02-29.

[2] Julie Dirksen.认知设计——提升学习体验的艺术[M].北京:机械工业出版社,2016.

[3] Purnima Valiathan. Blended learning models[EB/OL]. www.learningcircuits.org/2002//.

[4] Craug Barnum, William Paarmann. Bringing introduction to the teacher: a blended learning model[J]. T. H. E Journal,2002(9):56-64.

[5] Josh Bersin. Blended learning: what works? [EB/OL].http://www.bersin.com,2003-05-16.

[6] 罗清红.大数据与教育同频共振[EB/OL].人民网,2019-02-16.

作者单位:上海市宝山区业余大学

---

① 罗清红.大数据与教育同频共振[EB/OL].人民网,2019-02-16.

高职旅游管理专业网上直播课堂教学过程研究

毛松松

内容摘要：高职旅游管理专业是实践应用性较强的专业，实践教学是其教学过程中的一个重要环节。采用信息技术，利用互联网平台，采取网络直播教学是培养旅游管理专业学生技术技能和创新意识的有效途径。通过对高职旅游管理专业网上直播课堂教学过程设计、规划、调整、优化，可以有效促进学生提升学习效率、优化学习方式、翻转多途径学习模式。

关 键 词：网上直播课堂　高职旅游管理专业　课堂教学过程

中国在线教育市场发展势头强劲，在线教育技术已经由MOOC和公开课发展到了社交化学习、评分式教学和神经网络教学，移动端更加普及。网络直播教学的发展趋势在2020年初已完全盖过了传统的点播式学习。腾讯会议、钉钉、学习通等APP等得到广泛应用。笔者在近3个月网上直播教学过程中，对旅游管理专业的课堂教学过程进行了一些改革尝试和探究，结合对同专业的一些教师进行访谈和调研，得出了一些感悟与建议。

一、网上直播课堂在高职旅游管理中应用的趋势行和可行性

网上直播课堂模式是教育+互联网创新型融合的模式，是教师利用互联网平台，和学生进行交互式探究性学习的一种方式。教师教学、学生学习不受实体教室限制，可多空间、多维度地利用网络平台完成各项教学任务。学生学习时间上更自由，更有兴趣，师生间的教学互动更多。这种模式在新冠肺炎疫情期间应用广泛，好评度很高。有教育专家指出："网络直播课堂模式将成为大学课堂教学最有力的互补模式。"

在高职教育中，教学可以分为教师的"知识传递"和学生的"吸收内化"两个层面。在传统教育过程中，教师的"知识传递"和学生的"吸收内化"是在学校完成的。老师在课堂上分析、讲解多个知识点，学生吸收内化相应课程内容。但学生吸收内化的程度则因人而异，这就导致了学习效果差异特别大。网络直播课堂通过优化教学方案，改变"传统灌输式""照本宣科式"授课模式，对网络课堂直播的课程过程进行了重新规划，由先教后学变成了先探究后交互式讨论，课堂教学的主要目的不是为了获取知识，而是促进和深化直播课堂前所学知识的内化和应用，实现对传统教学模式的创新和发展。

中国社会消费升级转型，不断发展的旅游业态和社会发展紧密结合，实践性强，升级更新快。旅游业也成为国民经济的战略性支柱产业和人民群众满意的现代服务业。旅游业的相关知识不光是要达到记忆和理解层次，

而是要更进一步结合实际案例应用、分析、评价、创造。因此旅游管理专业教学非常适合不受时间、空间限制的互联网网络技术平台。随着互联网信息技术迅速发展，移动智能手机普遍使用，使得人们可以更加便捷地查询和获取各种知识。对于高职教育来说，储存知识已经不是学习的主要目的。旅游业态变化迅猛，新的知识、新的模式层出不穷，想要学生在课堂就掌握所有以后工作中要用到的知识和技能，显然是不可能的，在这种背景下，利用网络教学平台，创新教学方案，让学生掌握获取知识的方法，具有发现问题、积极探究、寻求解决问题途径的创新精神和创新能力，才是最重要的教学目标。

二、旅游管理专业网络教学过程分析

教学过程是根据教学目的、任务、学生身心发展的特点，通过指导学生有目的地、有计划地掌握系统的文化科学知识和基本技能，发展智力、体力，形成世界观，培养道德，发展个性的过程。旅游管理专业网络教学过程就是结合旅游特性，以培养"素质高、技能硬"的旅游人为目的，根据高职旅游管理专业学生特点，结合旅游业态发展变革，把互联网技术融入教学的全过程。在教学过程中，旅游管理专业教师处于组织者的地位，教师在网上直播课程前要把课程相关的视频、资料、课件、参考书目等提前放入学习通等资料库中，并通过学习通、钉钉群、微信群等渠道发布学习内容和学习方法。学生发挥学习的主观能动性、自觉性，同时受教师启发，明确学习目的，了解相应的学习责任并提升学习积极性。教师和学生为了共同的目标进行合作学习。

网上直播教学是网络教学全过程中最重要的环节，涉及前期师生各项准备工作的检验。教师在网上直播教学过程中要善于引导和启发学生学习兴趣，鼓励学生积极学习、主动参与。培养学生自我调控能力，鼓励大胆创新，创设自我表现的机会，使学生不断获得成功体验。

三、网上直播课程实践中遇到的问题

1. 来自学生方面的难题

(1) 无法避免学生不认真学习的情况。网上直播课程的理念其实是全过程交互式探究式学习方式。毕竟不是所有高职学生都喜欢自主探究式学习的挑战。因为在线网络教学的缘故，我们也很难跟踪每一个学生的上课情况。例如：在"休闲活动策划与管理"课程的网上直播课程中，每次点名某学生回答问题时，该生总会提出类似"网络不好""没有听清楚""刚去洗手间了""刚去吃饭"等各种理由。在问卷星上对上海工商职业技术学院等七所高职院校旅游管理专业教师做的调查问卷中，网络直播课程中滥竽充数的学生的回答基本涵盖了前面罗列的几项理由，根据测算，这部分学生在班级总学生数量中占比在10%左右。

(2) 学生自主学习能动性不强。经过小学、初中、高中的学习，高职学生已经习惯了传统的被动的学习方式，让他变成一个自主学习者是需要一定过程的，如果学生真心不愿意改变学习方式，不愿意主动参与，也没有办法强迫他"自主学习"。如果学生在网上直播课程前不去探究教师在学习通、腾讯会议等平台上传的视频、课件、参考书目、相应案例等资料，就很难跟上教师在网上直播的节奏。在对上海行健职业学院"现场导游实务"课程教师白晓娟做面谈访问时，白老师指出：班级近四分之一的学生不会在课前进行探究性学习，由于缺少对上海都市型景观的了解，同时也没有查看相关资料链接，学生在网络直播课堂上会陷入同教室学习一样的困境。近一半的学生还是停留在对相关景点死记硬背的层面上，缺乏对知识点的深入理解。

(3) 学生水平不等。由于旅游管理专业学生水平不等，不同的学校招生规模和总体教学理念有差异，大多数非专业旅游类院校由于班级数少，学生总体基数小，因此较难做好学生分层教学。在专业类旅游高职院校中，班级机构还是传统设置形式，师生比例较不合理，或者班级结构需要改变，这会对学校提出难度较大的要求。在对上海旅游高等专科学校旅游管理专业沈莉老师的访谈中，沈老师就指出：由于同一门课网络直播授课班级较多，无法兼顾全部学生的水平差异，从而无法对所有学生提供一对一、个性化的教学引导。

(4) 学生差距拉大。在旅游管理网上直播教学过程中，比较有自主能动性的学生，一般能够独立、较快地完成当天布置的任务；比较拖拉的学生，课堂上无法完成任务，课后又没有自主性，不会继续学习，导致优等生和学困生之间的差距越来越大。经过将近三个月的"导游业务"网络直播课程，30%的学生对于学习通上的课件资料、视频内容都已经很熟悉，对导游业务全流程、导游业务特殊问题等内容已经掌握并能熟练运用，但30%的学生经过摸底考察下来还是在各方面有所欠缺。这个数据的整理和统计也正符合历年经过学习训练后参与全国导游资格考试的通过率①。

2. 来自自身的难题

(1) 网络直播教学平台单一化。在网络直播教学过程中,上海高职院校教师一般使用学习通、钉钉、腾讯会议、微信群等几种形式进行网上课程直播。学习通在疫情期间由于访问人数激增,服务器承压能力较弱,造成学习通泛雅平台系统较不稳定,给教师和学生的教学过程增加了一定的干扰。同时,学习通无法实现实时交互型的课堂直播模式,因此也给直播教学过程带来一定消极影响。钉钉和腾讯会议由于操作较便捷,稳定性较好,因此较受学生和老师欢迎。但从整个信息技术平台以及互联网+教育融合度来讲,网络直播教学平台还是呈现单一化、功能不完善化、交互性不强等缺点。

(2) 场地安排受限。在旅游管理网络教学全过程中,对专业课程的简单认知、理解、运用被放到网络直播课程前,而高层次的综合运用和创新则可以在直播课程中进行。因旅游管理专科课涉及实际案例和现场场景模拟等,一部分课程内容会受限于直播课程,无法进行演绎。例如,"旅游礼仪"课程中教师需要现场示范,学生需要不断演练,教师需要随时指出学生的不当之处。这些场景授课会受到网络平台的影响。

(3) 技术欠缺。在网上直播课程前,需要教师完成微课制作、教学视频剪辑、PPT课件制作、教学平台软件调试操作等任务。这就需要教师花费更多的时间和精力去打磨和熟练运用这些操作。特别是旅游类的微课视频,有的还要到现场实地拍摄,需要不菲的资金投入。几乎所有的微课视频都涉及后期制作和剪辑,想要微课视频引起学生兴趣,枯燥的平铺直叙是不行的,要多种手段和技术相结合。在"导游业务"的教学过程中,针对导游带团过程中的特殊问题处理,需要通过一段段案例视频进行演绎,因此需要花费更多的时间和精力去研究相应技术,并熟悉相应的操作。

四、解决思路

1. 提高学生自主学习能力

(1) 在旅游管理专业网上直播教学过程中,教师一定要感知、理解课程内容,根据已有的理论和实践经验进行直观的演示、语言描述等,并有效地引导学生掌握科学的学习方法,提高学生自主学习能力。在"旅游行业实践与认知"的网络教学课程中,作为教师,笔者通过旅游微课程平台学习获得了泰国目的地大师、以色利目的地专家、澳大利亚和新西兰旅游专家等电子证书。为了增强和提升学生自主学习能力,笔者把旅游微课堂的课程内容按照流程图的范式给学生提供了方法,帮助学生掌握方法后提高自身自主学习能力。

(2) 提升学生学习兴趣。教育专家布鲁姆说:"学习的最大动力,是对学习材料的兴趣。"兴趣是学习最好的老师。学生学习兴趣浓厚,情绪高涨,就会深入地、兴致勃勃地学习相关方面的知识,并且广泛地涉猎与之有关的知识,遇到问题时表现出顽强的钻研精神。在旅游管理专业网上教学过程中,通过分组协作、优秀旅游人才案例、旅游业态发展等方向培养学生兴趣。

(3) 设计好的网上直播课程内容。在旅游管理网络课程直播中,教师一定要设计好教学课程内容。要摆脱讲读PPT、机械阅读书本等传统形式。通过问卷星对150位旅游管理高职学生进行了问卷调研,分析问卷后得出学生较喜欢或者更喜欢"懂实践、明理论、多互动、善引导"的老师。因此,交互式的教学过程极其重要。在直播课程中,运用分析、比较、抽象、概括、归纳、演绎等思维方法,结合旅游业态实践案例,来更好地引起学生学习动机、领会知识、巩固知识、运用知识、检查知识。

(4) 重视互联网平台对学生自主学习的支持作用。在网上直播过程中,笔者认为多种网络教学平台可以融合式使用。学生通过手机移动端"学习通"软件进行课前探究和学习,利用腾讯会议进行听课和直播交互探讨,利用旅游平台比如携程旅行网、穷游网、马蜂窝等进行实践性认知。学生充分利用"互联网+旅游"模式,把握各项信息技术使用技能,更好地提升自主学习能力。

2. 提高自身素养

(1) 转化身份。在传统教学过程中,学生在教室里接受教育,按照学校的培养计划分步骤地完成各项学习任

---

① 近三年上海行健职业学院学生参与全国导游资格考试合格率为60%左右。

务,往往是被动的参与者。教师教学也停留在教学计划、培养方案的基础上。师生双方都中规中矩地完成教学任务。随着"互联网+教育"的深入发展,师生双方的身份呈现多元化交融发展。教学相长,教师利用"活化教学模式"去带动学生讨论,启发学生思考。教师更多的把教学工作转移到设计教学上,分析每一个学生,设计各个环节,从而更加透彻地让学生理解知识点,并根据每个人的需要制定相应教学内容。

(2)学习新技能。无论是网上直播课程前的各项准备工作,比如制作微课、剪辑视频等,还是网上直播教学过程中的问题设计、交互性探究等方式,都需要教师的深入学习和适应。

未来的旅游业态也将是互联网科技化的旅游形式。而旅游管理的教学也将快速地走向"互联网+教育+旅游"的多元化融化发展。教师要不断适应和提升网络教学水平,结合网上直播平台特性,设计更多有特色、交互式的多元化教学过程,从而更好地激发学生学习兴趣,提升学生学习动机,更好地培养学生自主探究性学习能力。

参 考 文 献

[1] 易云霞.高职院校旅游管理专业课堂教学改革初探[J].科技信息,2008(2):234,247.
[2] 郑松.翻转课堂教学模式下的高职旅游管理专业课程改革研究[J].时代农机,2017(10):247.
[3] 李洪涛,王海萍."互联网+"与高职旅游管理专业教学改革研究[J].旅游纵览(下半月),2016(11):222-223.
[4] 杨君.基于双创教育的直播教学改革初探——以内蒙古师范大学鸿德学院旅游管理专业为例[J].创新创业理论研究与实践,2019,2(3):42-43,53.
[5] 伍欣.高职旅游管理专业翻转课堂实践的思考[J].教育教学论坛,2016(11):230-231.

作者单位:上海行健职业学院

建构主义视域下对网络授课模式的思考
——以应用日语专业课程为例

张世清

内容摘要：建构主义的认识论强调知识是学习者和环境交互作用过程中被构建的，好的教学设计应该鼓励反思、加强对话、促进合作、将学习的理论运用于实践、激发学生的创造力。笔者以应用日语专业课程为例，尝试探索网络直播课程模式下的组织策略，强调学生的主动学习和知识构建，注重多元互动，旨在以实践与应用为导向，促进学生情景化与个性化学习，从而培养学生职业素养和应用实践能力。

关 键 词：建构主义 外语 网上授课

一、引言

2020年1月29日，为抗击新冠肺炎疫情，教育部发出了"停课不停学"的号召。"停课不停学"是指特殊时期、特殊原因停止课堂教学，但并不是真的不上课，而是在时空分离的条件下利用网络平台开展教学活动。之后，几乎所有的大中小学都在延迟开学的基础上，进一步开展网络教学，网络教学也因此成为教育界乃至整个社会关注的焦点。

"停课不停学"背景下掀起的网络教学为推动"互联网＋教育"时代高校教学改革、更新教学理念、创新教学方式带来了特殊的发展机遇，同时也带来了诸多的严峻挑战，会重构学校的生态系统。笔者认为网课绝不是对线下课堂的"复制粘贴"，它不仅改变了授课方式，还冲击了原有的教育理念。这也倒逼任课教师和教育管理者重新思考，随着5G时代的到来，怎样把互联网更深入的融入高等教育教学体系，尤其是应用型转型高校的教学体系中，应该对传统的教学模式、教学策略进行怎样的创新来适应突如其来的变化，这些都是需要进一步思考的课题。

如何改善网络教学，必须从学习的本质出发。乔纳森曾指出："近一百年来，关于学习心理规律的研究经历了从行为主义到认知主义再到建构主义的发展历程，而关于学习本质的探讨也从个体的外显行为倾向到内在的心智模型、认知结构和表现(行为)的解释。"现代教育所提倡的建构主义认为"知识是发展的，是内在建构的，是以社会和文化的方式为中介的，学习者在认识、解释、世界的过程中构建自己的知识"。一言以蔽之，学习是学生进行信息加工过程、知识构建的过程或者社会协商的过程。

也就是说，在教学过程中，教师的"教"只是为学生的"学"提供条件，学习是学生在思考和实践的过程中逐渐自我领悟的。这也为优化网络教学提供了思考的方向。因此，无论从客观环境还是学习的本质来说，网络教学比传统课堂教学更多地依赖学生的自主学习,而对于教师来说,重点则在于如何创设条件帮助学生更好地自主学习。本文尝试从顶层设计和教学策略等方面展开讨论,探讨新形势下网络直播教学的新模式、新策略。

二、网络直播教学的特点

网络直播教学,使得任何学生都可以凭借网络在异地获得丰富的信息资源和广泛的人际互动机会。而与此同时,教师也将对自身所承担的角色进行重新定位,具体体现在运用信息技术手段,加强网络课堂互动,要具有以学生为中心的教学理念,注重知识的建构等等方面。以下总结了网络直播教学的典型特点,根据特点和规律来组织和实施网络直播教学活动,提高教学实效。

(一)教学方式更加灵活、便利

随着网络的普及,网络学习的灵活性和便利性更为显著,学生只要通过网络就可以打破时空局限,获取丰富的网络学习资源,随时随地学习各种知识。尤其是智能手机的普及,为网络学习提供了更为方便的手段,体现了学习的个性化特征。比如泛雅平台不仅有电脑端界面,还设计了手机客户端,学生可以随时获取或查看老师发送的信息资源。基于网络的交互,使网络学习的时间、地点、方式等方面更具有灵活性的特征,也更有可能满足学习者多方面、个性化的学习需求。

(二)课堂互动主体的转移

相较于传统课堂教学,网络教学可以促进知识建构、个性化学习和协作学习。传统教室中的教学互动,主要是教师、学生和教学内容之间相互转换,很容易形成以教师为中心的教学模式,学生在互动中的主体作用容易受到抑制。而网络授课借助互联网平台,在深化互动深度、扩展互动层面、扩宽互动范围等方面发挥了重要作用,互动也从单一互动转变为多元互动。所谓多元化互动,指的是基于互联网平台的师生互动、生生互动、人机互动等互动形式。网络授课中,学生对自己的学习负有更多的责任,更有主体意识。充分体现了教师与学生的"双主"地位,既可以体现教师的"指导者"作用,又强调学生的主体性和能动性,重视培养学生学习的积极性和创造性。

教育部印发的《教育信息化2.0行动计划》也明确提出"以信息化引领构建以学习者为中心的全新教育生态,实现公平而有质量的教育,促进人的全面发展"。笔者执教的外语类课程就是使用多种介质,发挥介质的多样化特征,即多媒体、多渠道、多形式、多刺激、多功能。课程资料多来自视频、影视、动画、图像、音频、图表等形式,可以刺激学生的视觉、听觉、感觉、思考、情感、语感、注意力等。能够引发、引导、引领课程内容相关的各种交互活动,使学生真正成为课堂的主体。这也是传统课堂做不到的。

(三)知识传递范式的转变

对于学习认知过程,建构主义认为,世界是客观存在的,但是对世界的理解和赋予世界的意义是由个体决定的,其通过自己的经验解释现实,并在个人头脑中构建现实。由于个体经验差异,对外部世界的理解也是不同的。所以学生并不是把知识从外界搬到记忆中,而是以已有的经验为基础,通过与外界相互作用来构建新的理解,也就是说在实际教学中,不能把学生看成等待被填充知识的容器,而是要帮助学生通过工具创造意义。

互联网作为其中的技术工具也符合建构主义的技术观,即运用认知工具和技术来对知识进行操作、变化和加工,在过程中实现深层次建构。个体在知识构建中必须依靠共享或协商的方式,实现从知识传递到认知建构传递的转换,因此需要关注学生外部刺激环境的作用。而网络直播教学为实现这种知识传递范式的转变提供了不可多得的便利。

以互联网为平台的外语教学,可以利用网络教学的特点,让学生在一个立体的环境中自然地学习语言。学生可以通过互联网媒体实现多样化的知识输入和训练,教师可以实现教学方法的灵活性,从而使教学过程最优化。

三、直播教学模式的探索

网络教学中,教师需要遵循学生的认知规律和网络教学的特征,通过对线上教学设计、组织来实现教学目标。笔者以应用日语专业的课程设计为例,以课前基于资源的自主预习、课中伴有实例的内容呈现、大规模教学互动设计、小组协作交流、课后反馈等学习轨迹为线索,探索应用日语专业如何有效开展网络教学。

（一）基于资源的自主预习

自主预习是一种主动的、建构性的学习方式，是自我系统启动的标志，是高阶能力发展的首要条件。国内学者郑金洲认为："自主预习就是学生在教师指导下，自觉地运用元知识策略、动机策略和行为策略，主动而有效地进行学习的方式。"从学习的整个过程来说，自主预习不仅有利于循序渐进地开展学习，还可以促进学生独立思考和自学能力等素质的发展。

自主预习并不否认教师的中介作用，而是强调教师在学生自主预习中起导向作用，包括为学生选择和组织合适的切入点，选择最有利于促进学习的方式来呈现教学刺激。笔者认为学生在自主预习时，教师应基于学习目标和学习内容，给任务、给支架、给考核、给视频或微课等相应的辅导资料。预习只有在"基于问题解决"时才是最有效的。说得直白一点，就是"基于利益驱动的学习"。这是因为大学生一般是家长交学费，没有太多利益驱动。但如果是学习美容美发的社会人士的话，往往都已经租好了铺面，投入了资金，需要他们学完以后回去变现，有现实利益的驱动，学习的自主性和效率就会高很多，这就和学生的学习有很大的不同点。所以学生自主预习前需要通过给任务、抓任务、抓考核的方法，来调动和激发学生的学习动机，提升自主预习的效果。

自主预习可以采用编制课前预习单的形式来组织，预习单要具有自主性、开发性、启发性等特征，学生通过教师提供的预习单，能够对接下来的学习内容做初步感知、浅层次思考，但同时又对重点难点的接触，具有一定思维含量。教师也可以要求同学们上传自己的预习单到泛雅平台，通过预习单的批改，了解学生课前自我学习状态和课前学习的起点。

例如：在"日语商函写作"的教学中，要让学生在90分钟内掌握一种信函的写作方式确实有困难，所以在设计"问候信"这一课的时候，可以采用思维导图的方式发布预习单，为了适当降低难度，要求采用补充句子的方式进行。

任務一　挨拶状　预习单	
本文写作场合：_____	
正文写作顺序：_____→_____→_____	
前文写作模板	_____、_____、お喜び申し上げます。_____、厚くお礼申し上げます。
正文写作模板	さて、_____。_____、心より感謝いたしております。何卒、_____、お願い申し上げます。
结尾写作模板	まずは、_____。
写作反思：_____。	

（二）伴有实例的内容呈现

基于互联网的直播教学应该更加关注学习环境对学生深度学习的构建过程，而不是仅仅满足于答案。所谓深度学习，指的是不仅让学生对知识理解深刻，而且要让学生在获得知识的同时，体验和参与学习的过程，在过程参与中提高综合素质，培养获取信息及解决实际问题的能力。田俊国（2014）将不同的教学活动对学生的刺激程度进行了调查，得到如下分析结果：

教学策略	刺激程度	简要评价
情景模拟	10	亲自操作且应付变化，参与度高
学员练习	9	亲自操作，参与度最好
自我测评	8	激发好奇心，参与度最高
角色扮演	7	当众扮演角色，参与度极高
案例分析	6	短期内完成作业、形成结论，学员参与度高
小组讨论	5	人数较少，学员参与度高

(续表)

教学策略	刺激程度	简要评价
大组讨论	4	学员较深度参与,但人数众多,易于责任分担
学员发言	3	发言学员受到关注,其余学生倾听、评价
讲　授	2	宣讲方式,学员易开小差
阅　读	1	相当于自学,全靠自觉性

如上所示,教师在课上单纯讲课的话,对学生的刺激程度最低。那么,在日语直播教学中我们应该怎样实现高水平、深层次的互动呢?笔者首先采用的是反思自检的方法,采用逆向思维的方式,把"直播教学中什么是最无效的教学方法"放在"什么是最有效的教学方法"之前来进行思考。

传统教育非常重视教师的教授、讲解、讲前人的发现和归纳,学生当然以听和接受为主。研究证明,就算教师讲得再细、再精彩、再周全,也只是教师自己水平的提高,至于学生听懂了多少,听进了多少,听完后做了什么,根本无从抓起。

其实,我们可以对上表进行一个总结,不难发现,授课方式不外乎两种互动方式,一种是自上而下的告知法,另一种是自下而上的规律归纳法。前者是国内应用最多的方法,即教师把前人对事物规律的归纳总结直接"塞"给学生。后者则由学生自己探索事物的内在规律,自己探索发现之后再和教师一起总结归纳,这样的教学方法无疑比灌输式的传授有成效得多。因此,教书育人不是"教师教,学生学",而是"教师,教学生学"。

这一教学理念一直贯穿于应用日语专业网络直播教学的整个过程,注重在互联网这一学习环境下,学生积极探索、构建自己的知识,而不是因循某个指定过程的步骤。在鼓励自下而上的规律归纳法上下功夫,注重课堂搬演的技术再生,根据认知规律设计网络直播课程。

"综合日语"课程是应用日语专业的专业核心课程,理论性较强,传统的教学方式会衍生出很多问题。比如:学生说的每个单句都正确,但不在一个语境里,将正确地语法句子乱用在不适合的场所。因此语法教学中,不能把语法和语境和交际割裂开来。换句话来说,语法确实是组成语言成规则,但规则有两种:一种是语言的内部规则,是句子结构的一种组合规则;另一种是外部规则,即交际的规则。前者是语言本身系统,后者是语言与人以及情景场合的交际系统。但知识水平和应用能力是两回事。知道了句子结构,并不等于有了应用能力。就像开车和游泳,知道了理论,不到路上、不到水里,不在实际场景中运用是学不会的,一应用还是不会,这也是我们语法教学中常犯的毛病。

比如,笔者有次在地铁上听到一位女士大声地说:"信号がない",她想表达的应该是"手机没有信号"的意思,但日语中"信号"是交通信号灯的意思,正确的用法应该是"電波が悪いんです"。我想电话那头的人也莫名其妙吧,为什么突然说"没有交通信号灯"? 这个时候,考查的就是真实场景的应用能力。而在网络课堂中,为了营造真实的语境,最好利用电影、电视、动画等场景进行,基于互联网的学习环境更有利于知识的构建过程。

同样,直播时对于课文的教学方法也需思考,即使课文选材是真实的,对课文的解读却不一定是正确的。例如:对课文逐句逐段分析句型结构,将新单词抽出来举例,而且举的例子又是单独句子,既没有上下文语境,又无法联系学生的生活、思想、关注、兴趣等实际,没有了篇章意义可言。所以在课文教学时,应该注重的是基于语篇上下文的推论,进行有意义的提问和交流,把学生的注意力引导到与作者的交流上,而不是单词、语法上。还可以通过网络查询其他类似案例的应用,做到知识的类比迁移。

归纳起来就是:直播教学时,对于外语教学,教"用法"是把语言形式模仿复制,教"应用"是为真实交际服务,缺了场景,即使学了大量语法知识和规则,也是不能自然应用的。这是因为交际能力包含语言能力,但语言能力不能自动转换成交际能力,交际能力比语言能力层次高得多。而网络授课时学生在无意间接触的影像资料,也在无形中接触了真实的语言。通过互联网在课堂上展示、陈述,学生应用了语言的多项技能,有了成就感,从而产生了学习的动力,为职场就业做了实实在在的准备。

(三) 大规模教学互动设计

除了教师在线上利用互联网立体地呈现教学内容，同时，还应根据学生对知识的反馈，设计相关的教学互动。在教学的所有环节中，师生之间应该遵循"刺激—反应"的原理，教师首先给予学生外部刺激，随后学生的行为相应发生改变。就是在这样不断的刺激、反应、强化、操练的过程中，学生逐步掌握知识点。笔者所在的上海行健职业学院应用日语专业在设计线上互动时主要采取以下方式。

1. 互动面板

相比于传统授课，可以利用互动面板的辅助，来实现师生互动。可以在重难点或者学生回答问题时，引导学生在互动面板上写下自己的观点和思考，学生之间还可以在互动面板上展开讨论，教师可以根据学生的回答进行有益的补充或者总结。

例如：在"综合日语2"课程授课过程中，直播讲解第2课被动态变形时，适当暂停，充分启发学生，引导学生去思考，让学生自己去发现不同动词变形的规律，把自己的思考打在互动面板上，其他同学可以补充，这样既可以加深学生对知识点的记忆，又可以提升学生线上教学的参与度。

2. 连麦、视频互动

网络教学可以通过和学生连麦、视频互动，展示学生思考的成果。授课过程中，学生长时间对着老师的画面和声音容易产生疲劳，而连麦、视频互动不仅可以检测学生的掌握程度，还可以让学生在直播学习中承担更多的学习责任，对学习任务更有自主性。

例如：在讲"综合日语1"第13课"ゴミの分别"时，为了引导学生实现与课文内容的互动，我们因材施教，强调课文内涵的挖掘，贴合实际，把上海市垃圾分类政策融入教学过程中，以培养学生良好的环境卫生意识。课上设计和学生进行连麦或视频互动，让学生用日语回答"湿垃圾""干垃圾""可回收垃圾""有害垃圾"分别是怎么划分的，又是如何执行的等问题，同学们讨论的积极性高涨，取得了良好的教学效果。再比如在这次疫情中，中日两国在互赠物资时所附的古诗词引起热议，成为热点。可以与学生连麦让学生分析"山川异域，风月同天"背后的文化情感，再引出人类共同体的相关日语表述，激发学生深度的社会思考。

3. 投票、抢答、讨论等的共建

课堂讨论由于时间有限而造成讨论浮于表面层次、感性成分居多、难以深入等缺陷。包括泛雅平台在内的网络教学平台都可以提供讨论、投票、调查问卷等模块，其主题可以由教师来设置，也可以由学生自主确定。由于这种交流方式没有时间限制，参与讨论的学生可以对讨论的问题进行充分思考，再表述自己的观点、立场，通过讨论可以大大提高学生的逻辑思考能力和驾驭文字的能力。

例如，在一个主题结束后，进入调查问卷区，设置调查问卷。比如，某堂课以"生病"为主题的学习完结后，是否满意自己目前的口语表达，是否可以做到新语境的迁移，有哪些弱点并考虑今后的改进措施，目前所使用的策略是否可以应用到实际场景中等等。笔者相信学习应该是反思性的，鼓励回顾和批评以前的学习以及验证自己建构的观点是否正确。

网络学习为学生提供认知加工的工具、丰富教学资源、不同层次的个性化学习情景，激发学生广泛的认知投入和深层次的认知加工。网络直播教学过程中，通常是多种交互方式融合交替发生，而不是一种技术或手段的全程控制。除此之外，还应考虑学生的认知水平、材料的复杂性、所发生学习的类型、活动所需时间等问题，教师根据最优原则，按照不同的教学内容设计直播互动方式，做出合理选择。

(四) 小组协作交流

互联网普及环境下，信息技术不再仅仅作为教师辅助教学的工具，而是被用来营造一种理想的教学环境，在这样的教学环境下，能实现每个学生的自主探索。PBL小组协作交流是学生与学生之间通过互联网技术开展的交流学习，在这个过程中学生具备了获取知识和合作学习的能力。有证据表明，两人小组或者小规模组织协作学习效果高于大规模组织教学。在大规模组织的学习活动中，学习者阐述并验证自己观点的机会相对较少，因此，除了大规模教学中的交流，还应营造一个能促使学生主动进行社会交互活动的小组协作交流氛围。

外语类课程教学大都存在学时和知识容量上的局限性，小组协作交流学习能够整合网络资源，实现课堂翻转，而且还能针对不同的分组给予个性化指导，同时也符合外语课程学习的内在规律，能够最大限度地锻炼外语实践能力。

笔者所在的上海行健职业学院"日语视听说"课程就是采用PBL小组协作交流的方式组织网络上课的。在教师的启发和引导下，带着当堂课的问题和需求，学生每4～6个人组成一组。为确保每位同学的贡献度，对小组内部进行明确分工并明确小组内部组长，每个小组组成一个线上学习群。学习过程中会让学生在组内自主进行多种形式的探索活动，如查阅资料、采访、组内线上互动讨论等，能动地构建对所学知识的认知。在完成小组任务过程中，学生如果遇到问题可以上传到讨论区讨论或者寻求帮助，而且每位同学收集的资料可以放到小组内共享的文件夹内共享。这种学习方式方便学生之间跨时空交流，有利于培养学生的协作能力和解决实际问题的能力。教师在整个过程中，采用启发、引导、点拨等方法，促使学生在整个话题中进行独立思考、主动探索和自由表达，发散他们的创造性思维。

比如在上《新界标日本语综合教程》第一册第7课"上海の変化"时，视听说课程就教科书原文"上海的变化"进行灵活变更，要求同学们用日语表达"家乡的变化"。同学们4～6人组成小组，分工明确，需推荐一位秘书、一位发言人和一位"设计师"，在充分调查资料、观察、商讨的基础上，达成共识。在本小组进行线上陈述时，其他小组成员从语言交流和非语言交流两方面仔细观察，提出建议，完善发言人的口头表述。教师可提供适当的"脚手架"，例如可以建议学生从"昔の故郷、今の故郷、大きく変わったところ、感想"这几个角度来进行知识纵向上的扩展。

（五）课后反馈

线上学习的内容具有"多任务"的特点，比如自测、作业和考试等都是保证教学质量的重要手段，都需要老师给予及时的反馈，帮助学生发现学习中的问题，教学团队的认真回复和反馈、他人的点赞都可以让学生们获得更好的学习体验。

此外，泛雅平台具有对学习过程进行分析的过程，例如标注学生的学习轨迹、与学生的互动情况、每一位同学课程的薄弱点等都可以通过平台得到分析结果，可以成为学生成长的重要依据，形成学生的学习档案袋，成为教师全方位了解学生的窗口，也是学生自我反思的对象，有利于构建良好的教学生态环境。

四、结束语

《国家中长期教育改革和发展规划纲要（2010—2020年）》中明确指出，高校应该培养具有国际视野、通晓国际规则、能参与国际事务和国际竞争的复合型人才。如果从外语教育来说，要做到这点要具备"大文科"视野，就是在语言教学的基础上具备宽泛厚实的底蕴和触类旁通的技巧。事实上，外语教学随着教育技术的发展，"多媒体""语料库""计算机辅助""互联网"等渠道或手段的应用，也涉及越来越多的相关学科。

这次疫情为"互联网"融入外语教学发挥了推手作用，也为课程改革提供了新的思考方向。但互联网的丰富性还只是体现在信息的表现形式上，信息的内容类型和组织形式与传统方式并没有本质区别。也就是说，归根到底，互联网还是教学工具，需要为我们所用，去培养"有思想、有情感、有创造、有生产力、有社会性、有文化、有智力、有资源"的人才。面对丰富且难以甄别的信息源，外语教师作为信息提供者、组织者，对其筛选、甄别、设计的能力提出新要求，能够提供学生科学、规范、严格、高效，并具有针对性、适应性的外语教育和技能训练，优化课堂生态环境，促进学生有效学习。这是当前外语教育优化的问题，也是外语教学改革的艰巨任务。

参 考 文 献

[1] 教育部关于印发《教育信息化2.0行动计划》的通知[A/OL].http://www.moe.gov.cn/srcsite/A16/s3342/201804/t20180425_334188.html.
[2] 裴新宁.面向学习者的教学设计[M].北京:教育科学出版社,2007:157.
[3] 夏纪梅.外语教师发展的知与行[M].上海:上海教育出版社,2012:69-97.
[4] 余胜泉.未来学校[M].北京:电子工业出版社,2019:106-131.
[5] 戴维·H.乔纳森.学习环境的理论基础[M].郑太年等,译.上海:华东师范大学出版社,2002:2-6.
[6] 方柏林.网课十讲[M].上海:华东师范大学出版社,2020:48-49.

[7] 金慧.在线学习的理论与实践[M].北京:清华大学出版社,2017:109-123.
[8] 郑金洲.自主学习[M].福州:福建教育出版社,2005:1-20.
[9] 田俊国.精品课程是怎样炼成的[M].北京:电子工业出版社,2014:143.
[10] 漆格.学会在线教学[M].广东:广东教育出版社,2020:3.
[11] 穆肃等.参与和投入而非肤浅和简单[J].中国远程教育,2019(2):22.
[12] 周乐乐.PBL多元互动外语教学模式探索[J].吉林工程技术师范学院学报,2015(11):52-54.
[13] Feuerstein, R., P. S. Klein, A. J. Tannenbaum. Mediated Learning Experience: Theoretical Psychological and Learning Implication[M]. London: Freund,1991.
[14] Lon, Y. Understanding process and affective factors in small group versus individual learning with technology[J]. Journal of Educational Computing Research, 2004, 31(4): 337-369.
[15] 何娟.数字技术环境下的大学英语多元互动教学模式的研究[J].创新与探索:外语教学科研文集,2016:166-170.
[16] 张善军.信息技术环境下大学英语多元互动教学模式研究[D].上海外国语大学,2010:30.
[17] 赵卫群,陈敏慧.线上教学新认识:从"内容导向"到"学习导向"[J].数字课堂,2020(5):33-37.
[18] 张建华.确立"大文科外语专业"的学科意识[J].中国外语教育(季刊),2016(5):3.
[19] 董剑桥.信息技术应用于外语课堂教学变革[J].外语电化教学,2001(12):46-49.

作者单位:上海行健职业学院

The Thinking on the Applicability of Online English Teaching and Learning Platform: *Moodle* Case Study

刘智倩

Abstract: In contemporary society, online education constantly becomes the discussion theme or heated topic. Diverse softwares, platforms or applications are continuously explored and innovated for online education. This paper will discuss the relation between Moodle and education, and analyze the usability of educational platform "Moodle" based on Chapelle and Burston's evaluation criteria. Finally, the evaluation outcome will be indicated through seven aspects.

Key words: Moodle   evaluation criteria   online education

1 Introduction

With the development of modern education modes (e.g., e-learning and blended learning), an increasing number of educators and educational institutions integrate technologies into contemporary education context. There are various educational technologies including softwares, websites and applications. Moodle is the Modular Object-Oriented Dynamic Learning Environment, which is an online education platform or learning and course management system. The essay will analyze the degree of usability of Moodle for educational purpose, which is based on exploring Chapelle and Burston's evaluation criteria (i.e., including "Criteria for CALL task appropriateness" & "Software Evaluation Guidance"). CALL is the abbreviation of computer-assisted language learning. The following discussion is divided into three sections. Firstly, background of Moodle will be indicated through three aspects including usage popularity, educational practicability and users' acceptability. The range of users and attitudes toward manipulating Moodle, as well as the relation between Moodle and education will be considered. Second section will mainly emphasize evaluation criteria. Based on principles of evaluating computer-assisted language learning softwares, evaluation methodology will be explored with the help of discussing judgmental and empirical evaluation approaches. Especially, Chapelle, Hubbard and Burston's core concepts of evaluation criteria will be used for supporting to create specific criteria framework. Moreover, seven objectives of using Moodle will be analyzed based on evaluation criteria.

2 Background of Moodle

Modular Object-Oriented Dynamic Learning Environment(Moodle) originally designed by Martin Dougiamas is a course management system(Brandl, 2005). Such web-based and open-source software is widely used for online learning, which supports to create various educational instructions or methods and opening learning environments for developing high-quality learning communities with cooperation and interaction(Brandl, 2005). Moodle also benefits individual studies for specific requirements and further exploration. As a study states, "Moodle is designed based on social constructionist pedagogy, which is a learner-oriented philosophy"①(Lin, Wang, Lin, & Yuan, 2009, p. 455). Following three aspects show some evidences and experiences of manipulating Moodle, which indicates this popular computer-assisted language learning(CALL) software is worth to be evaluated and analyzed.

2.1 Usage popularity

The majority of useful Moodle sites for online study and the wide range of Moodle users from different areas imply that Moodle is widely accepted and used for educational purpose.

Some projects prove that this software including over 49,000 registered Moodle sites is one of the most popular learning software since earlier 2010(Hollowell, 2011). It is also estimated that among over 250 online learning systems, there are more than 45 Open Source Software(OSS) including active-user growth software such as Moodle and WebCT(Al-Ajlan, & Zedan, 2008). From another aspect, Moodle users cover language learners from different age levels(e.g., kindergartens, secondary school, universities) and various social fields such as educational organizations, government institutes and business(Hollowell, 2011). This condition shows that Moodle is widely accepted by public and private institutions. Also, a majority of resources(e.g., journal articles, educational materials) are greatly used to support learners. Such extent explains the increasing trends of using Moodle as an online learning tool, so it is meaningful to evaluate this kind of learning software, which may support the development of Moodle and explore more possibilities of this software.

2.2 Educational practicability

Moving on to a consideration of various characteristics and learning functions of Moodle, these features expose pragmatic parts of using Moodle for online learning. Moodle contains input and output learning functions including quizzes, "HotPot" activities, sound media, "Discussion Forums", assessment feedback, and many practical modules(e.g., lecture, journal, assignment and questionnaire)(Dougiamas, 2004). With the help of these functions, Moodle is widely used in traditional classroom and continuously integrated into teaching methods, while building a bridge for teachers and parents to support students' learning conditions(Perkins, & Pfaffman, 2006). It can be seen that Moodle continuously enhances active community learning environment which not only provides input study methods, but also focuses on outcomes from learners. Such learning mode stimulates Moodle users to exchange debates or thoughts and positively interact with software and other learners. Moodle probably provides more learning options and flexible educational environment for users with different demands. Various learning functions and activities of Moodle are other aspects which arouse interests to discover and analyze Moodle's potential functions for online learning.

2.3 Acceptability of users

With regard to students' intentions of using Moodle and attitudes towards selecting Moodle as an online learning tool, two main aspects probably influence the acceptability of using Moodle. Technology Acceptance Model(TAM) explains that the availability and effectiveness of Moodle will have direct impact on learners'

---

① Hsien-Tang, Lin. Chih-Hua, Wang. Chia-Feng, Lin. & Shyan-Ming, Yuan. Annotating learning materials on moodle lms [J]. 2009 International Conference on Computer Technology and Development, 2009: 455-459.

outcomes, even, achievements and learners are also likely to consider easy usage of the software for unimpededly accessing study systems(Escobar-Rodriguez, & Monge-Lozano, 2012). Such understanding indicates that the extent of learners' performances and attitudes are important elements to be discussed for Moodle evaluation. Meanwhile, educators' reactions and usage rates also need to be analyzed. Some experiences of two academic institutions (i. e., "Electrical Engineering" and "Computer Science") accessing to Moodle show that pupils exchange thoughts in discussion forum and participate in online activities for academic purposes, while professors or teachers use Moodle to manage educational content and assess students' learning records or outcomes(Šumak, Heřicko, Pušnik, & Polancic, 2011). These aspects also need to be considered into Moodle evaluation, especially for analyzing users' interactive conditions and performances.

3 Evaluation Criteria

3.1 Evaluation Principle

Educators and learners are using various educational technologies for different purposes or demands such as using educational technology as classroom activities or teaching methods and self-learning language with educational softwares, websites or applications. Some research studies and practical experiences indicates that an increasing number of educators intensively combine technologies with routine teaching for improving the teaching quality and arousing students' study enthusiasm. Another aspect shows that integrating technology-based learning into pupils' daily study mode supports independent study and extents learning environment for further study.

In such condition, the standard of evaluating the effectiveness, benefits and limitations of using educational technology needs to be critically analyzed and improved. In early period, United Nations Educational, Scientific and Cultural Organization(UNESCO) suggests three basic principles of evaluating educational software such as quality of technical manipulation, degree of correlation between practical educational elements with computer-assisted learning, interaction extent of technology-based teaching and learning (UNESCO, 1987). Through continuously increasing popularity of using computer-assisted teaching and learning methods, principles of CALL evaluation(i.e., computer-assisted language learning evaluation criteria) are improved and extended as Chapelle's arguments of three principles for CALL evaluation. First, evaluation criteria need to be closely related to specific theories and particular context for second language acquisition (SLA) (Chapelle, 2001). Besides, the methodologies and theories of evaluation need to have explicit instructions and a precise target or purpose in relation to academic fields(Chapelle, 2001). Then, CALL should be evaluated through judgemental and empirical analyses, which means that evaluation criteria need to analyze both the intrinsic level of software for academic purpose and educators' teaching programmes in relation to computer-assisted learning methods and pupils' reactions or performances with technology-supported learning(Chapelle, 2001).

To be specific, current principles of CALL evaluation emphasize analyzing CALL software in realistic educational environment, which imply to explore inner-relation between specific components of educational technology(e.g., knowledge input, interactive activities, education outcome and feedback module) with real teaching and learning contexts and methods. Differing from only comparing computer-assisted learning style with regular classroom education, several ideas are pointed out. For example, evaluation criteria consider learners' learning characteristic, strategies, interests and attitudes in relation to technology-supported curriculum mode. Analyzing the extents and effects of CALL integrating into teaching methods, contents and objectives is another aspect to focus. Outcomes of implementing computer-assisted learning and teaching, including individual achievements, educational results and social effects, also need to be discussed(Román-Odio, & Hartlaub, 2003). Such explanation implies three levels of evaluation including analyzing CALL software activities, teachers' teaching execution with software and learners' interaction during using CALL software(Chapelle, 2001).Basing on various principles of evaluation discussed above, CALL software needs to be assessed not only through judging the characteristics and operational abilities of software, but also by examining or analyzing the correlation between educational technologies and learning characters, teaching conditions, as well as study environments.

3.2 Evaluation Methodology

3.2.1 Judgmental and empirical evaluation

Judgmental and empirical assessment methods need to integrate into evaluating computer-assisted learning softwares, websites and applications from different aspects. Both appraisal procedures show different emphasis while mutually supporting and complementing each other. Judgmental evaluation focuses on potential features of software, teacher-provided educational activities and the practicability of various functions(Chapelle, 2001). This approach aims to analyze the pragmatic functionality of software in relation to diverse users and teaching and learning environment. Such method explores more potential possibilities and appropriate resources for supporting regular classroom education and meeting demands of particular educational phenomenons. Moving on to empirical evaluation, this assessment approach examines users or learners' performances(e.g., learning achievements and interactions under the influence of software-assisted activities) through practical records and pragmatic illustrations(Chapelle, 2001). According to empirical evaluation method, the practical manipuility of interactive activities are discussed. In other words, exploring students' reactions probably benefits to evaluate the degree of correlation between education characteristics(i.e., educational contents, contexts, methodologies and targets) and software functions.

3.2.2 Evaluation analysis

Based on evaluation principles and judgmental and empirical approaches, following discussions explore the framework for evaluating and analyzing Moodle for educational purpose which mainly cover specific features of educational software, diverse teaching methods in relation to software usage and appropriateness of computer-supported learning. According to Chapelle, the intention of language learning focus on interactional activities for supporting learners' flexible performances. As for learner fit, learners' substantive characteristics (e.g., age groups, language levels and diverse learning methods) and intrinsic software features(e.g., curriculum provision and the level of learning tasks, educational activities and study materials) both need to be discussed(Chapelle, 2001). The explicit teaching and learning target is another essential aspect for improving learning effectiveness and outcomes. Moving on to reliability and positive effects of online study, CALL software needs to stimulate learners to actively participate in pedagogical assignments or tasks and support learners' interests or demands for academic purpose and help learners to develop utility abilities (Chapelle, 2001). The manipuility of software is also important including appropriate and effective accessing to various functions and flexibly managing learning materials(Chapelle, 2001). Considering such discussion, Chapelle(2001) states the criteria for CALL evaluation, as outlined in Table 1(P. 55)[①].

Table 1 Criteria for CALL task appropriateness

Language Learning potential	The degree of opportunity present for beneficial focus on form.
Learner fit	The amount of opportunity for engagement with language under appropriate conditions given learner characteristics.
Meaning focus	The extent to which learners' attention is directed toward the meaning of the language.
Authenticity	The degree of correspondence between the CALL activity and target language activities of interest to learners out of the classroom.

(to be continued)

---

① Chapelle, C. Computer applications in second language acquisition[M]. Cambridge: Cambridge University Press, 2001.

	(Continued)
Positive impact	The positive effects of the CALL activity on those who participate in it.
Practicality	The adequacy of resources to support the use of the CALL activity.

(Chapelle, 2001, P. 55, table 3.4)

  The table explains six key points of evaluating online language-learning technology, which mainly discusses correlation intension between features of language-learning technology and educational targets, the degree of users' involvements in various activities and the effects of using computer-assisted learning technology. To be specific, Hubbard(2013) points out three main components for evaluation framework including "Operational Description"(p.55), "Teacher Fit"(p.60) and "Learner Fit"(p.63)①. The aspect of "Operational Description" emphasizes on analyzing input and output activities including screen presenting setup(e.g., typeface, image and video quality, audio articulation), commanding time and selections(for programming suitable, practical and effective activities or tasks for diverse students), learning process judgment(e.g., words, phrases and sentences usage evaluation, analyzing students' performances), giving feedback and guidance to specific student' input (Hubbard, 2013). As for "Teacher Fit", teaching methods in relation to computer system(i.e., adequate explanations or instructions to multi-inputs, appropriate systems to support teaching schemes, teacher and student's performance review) is taken into account(Hubbard, 2013). Considering "Learner Fit", it is necessary to discuss various learners' characteristics including educational backgrounds, language levels, learning styles and intentions. Regarding to learners' diverse conditions, curriculum designs, program objectives, interactive-setting tasks, the complexity of language and material usage are other aspects to be explored(Hubbard, 2013). It can be seen that those three components are closely related and exert mutual influence. Computer-assisted language learning software may improve teaching quality for constructing more active and efficient educational environment and enrich teaching and learning resources. It is also likely to stimulate student's learning enthusiasm and flexibly support learning demands for different academic purposes. Through manipulating educational software, teachers and students' interactions pragmatically and directly reflect the functionality and limitation of software. Based on Hubbard's standpoints, Burston(2003) states software evaluation guidance, as summarized in following outline.

Table 2 Software Evaluation Guidance

Technical Features	Activities(Procedure)	Teacher Fit(Approach)	Learner Fit (Design)
• Simplicity of installation • Speed of program operation • Reliability of operation • Platform compatibility • Screen management • User interface • Exploitation of computer potential	• Instructional • Collaborative • Facilitative • Linguistic focus • Language skills • Sociolinguistic focus • Relationship to the curriculum	• Teaching assumption • Teaching methodology • Logical management • Assessment • Teaching-Learning feedback	• Linguistic level • Response handling • Adaptation • To individual learner differences • Learning styles • Learning strategies • Learner Control • Design modifiability

(Burston, 2003, pp.37-39)②

  Table 2 shows four specific evaluation aspects which are suitable for computer-assisted language learning software reviews. First component explains technical accessibility including installment, instructions and functions. Activity style and level in relation to instructional objectives and students' performances are another element to be considered. In practical factor, teaching methodology and learning applicability are both needed to

---

① Philip, Hubbard. An integrated framework for CALL courseware evaluation[J]. CALICO Journal, 2013, 6(2): 51-72.
② Jack, Burston. Software selection: A primer on sources and evaluation[J]. CALICO Journal, 2003, 21(1): 29-40.

be focused.

3.3 Criteria framework

Through discussion evaluation principle, appraisal approaches and criteria framework, Table 3 indicates several points of view on evaluating or analyzing Moodle.

Table 3 Evaluation criteria for Moodle

Evaluation Objectives	Evaluation Factors	Assessment Questions	Evaluation Methods
Software Interface	• Instruction • Language usage • Particular functions	• Whether instructions are clear to follow. • Whether each block is manipulable. • Available languages for users • Whether the function benefits language learning.	Judgmental Assessment
Operational Level	• Installment • Available systems	• Installation environments • Whether Moodle system is suitable for public or only profession.	Judgmental Assessment
Educational Resource	• Course materials • Main features • Coverage areas	• Whether learning resources contains both unidirectional and bidirectional modes. • Whether resources are suitable for academic propose. • Whether educational resources meet demands of different language proficiency users. • Whether materials access to linguistics or other fields.	Judgmental Assessment
Educational Method	• Features • Unilateral guidance • Bilateral interaction	• General functions • Whether features are suitable for both self-learning and group study. • Whether approaches are pragmatic for language teaching and learning.	Judgmental Assessment
Activity Involvement	• General courses • Particular activities • Participants	• Range of involvement • Categories of activities • Whether provides students with interaction and communication sections through activities. • The performances of users	Empirical Assessment
Feedback	• Characteristics • The role of feedback • Effects of feedback	• Features of feedback • Whether the function is suitable for teacher assessment and self-evaluation. • Whether Feedback supports teachers' understanding of study conditions and improves students' learning outcomes.	Judgmental Assessment
Learner Characteristic	• Age groups • User groups • Learning targets	• Age scope • The working or learning fields of users • Motivations and intentions	Empirical Assessment

4 Evaluation Outcomes of Moodle

4.1 Software interface

The guidance ability and functionality of main interface are both consideration factors which are discussed in following aspects. Moodle Interface(see Figure 1) is easy to manipulate for clear instructions. For example, each section on the interface can be manipulated separately which is available for flexible move and hide(Brandl, 2005). Such functional design enables users to monitor own study method and manage learning process. On the homepage, language can be shifted between different national languages such as Chinese, English, Thai, Japanese, Latin, Dutch, Portuguese, Spanish and other European languages for diverse background students (Dougiamas, 2004). The language setting of Moodle does help second language learners and beginners to fluently get access to the functions and be familiar with each section. Another aspect indicates that "community hub interfaces"(p. 7)① enable users to flexibly access to extended materials and additional systems(Martinez, & Jagannathan, 2008). This section helps students to broaden thoughts and enrich knowledge. As for language learners, learning materials not only sticks on key texts or extra resources offered by teachers, but also need to be explored for further language experience. Clear instructions and several particular searching functions support students to fluently and flexibly get access to Moodle software and bring more spaces and opportunities for learners to explore suitable learning resources and modes.

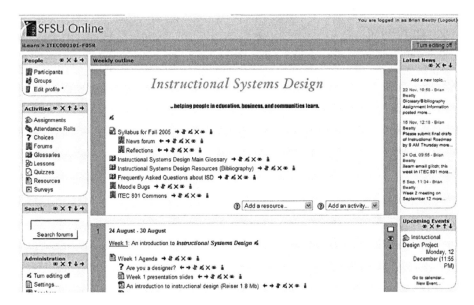

Figure 1 Example instructor interface for Moodle
(Beatty & Ulasewicz, 2006, P. 41, Figure 4)②

4.2 Operational level

The standard of manipuility and installment are likely to influence the usage rate; thus, the availability of Moodle operational platform is discussed as follows. Moodle is available in LAMP/ Unix, Windows, Mac OS X environment which can precisely receive the operation order and users only need to familiar with operating system functions(Büchner, 2008). It can be seen that Moodle is easy to download and available in several systems. Such discussion explains the general applicability or feasibility of Moodle software which expands usage areas and offers flexible access modes for individual and group learners. It can be explored that Moodle system is feasible for the public to use and has multiple selections, nevertheless, this software probably has professional system which needs further exploration.

4.3 Educational resource

Moodle's course resources not only offer single-track materials(e.g., teacher-provided key text and academic

---

① Margaret, Martinez & Sheila, Jagannathan. Moodle: A Low-Cost Solution for Successful e-Learning[J]. Learning Solutions Magazine, 2008: 1-8.
② Brian, Beatty & Connie, Ulasewicz. Faculty Perspectives on Moving from Blackboard to the Moodle Learning Management System[J]. TechTrends, 2006, 50(4): 36-45.

articles), but also support interactive curriculum resources including "assignments", "choice", "journal", "lesson", "quiz" and "survey"(Romero, Ventura, & García, 2008, p.4)①. These functions provide mutli-level students with more opportunities to gain appropriate materials and are suitable for teachers to select applicable learning tools in relation to various language-learning purpose(e. g., expanding vocabulary, oral expression, writing practice and extensive reading). To be specific, Moodle's main courses cover academic and vocational areas(Büchner, 2008). It is noted that Moodle is widely used for online language learning, however, this software also gains popularity from other fields. For example, several reports show some evidences of Moodle used in medical education including "pharmacology", "surgery", "radiology" and "dermatology"(Seluakumaran, Jusof, Ismail, & Husain, 2011, p.369)②. The course coverage shows more possibilities and great usages of Moodle. Comprehensive educational resources enable users to gather abundant knowledge and some interactive functions support students to challenge or discuss diverse viewpoints.

4.4 Teaching method

The educational approaches of Moodle meet demands of private and public study environments, on the other hand, are suitable for both individual study and group study. On Moodle official website, common functions are introduced. For instance, "Dashboard" aims for personal usage to search calendars, course outlines and current information(Dougiamas, 2008). "Working with files" is used for teachers to upload study resources, and supports students to create or edit files and exchange ideas with teachers(Dougiamas, 2008). "Tracking progress" enables both teachers and students to monitor material usage conditions, learning process and "Activity Completion" (Dougiamas, 2008). Those three general functions benefit basic online learning demands which support individual language learning and language teaching. Especially, the section of "Working with files" enables learners to practice writing and challenge thoughts with other students and teachers. In addition, the concept of group-based study environment integrates into Moodle online learning, which needs self-managements, teacher-supported guides and remote-interactions for cooperative pedagogical practices(Berggren, et al., 2010). Moodle is not an isolate educational technology simply used for knowledge input and output. On the other hand, the software aims to build great relations with users' interactions which focuses on educational exchange and collaborative study. There are various teaching methods contained in Moodle, while most approaches are based on students' learning interests or goals and aim to stimulative positive and active reactions from students.

4.5 Activity involvement

Moodle software encourages users to actively and positively get involved in various educational activities, which implies the degree of attractiveness and usefulness of Moodle. For example, Open University provides more than 180,000 pupils with 900 hours of Moodle online-learning(Martinez, & Jagannathan, 2008). In Canada, Open University (Athabasca University) supports eleven different-level curriculums for more than 30,000 students(Martinez, & Jagannathan, 2008). These statistics imply a great amount of Moodle users who are from different regions. On the other hand, such phenomenon shows the popularity of using Moodle, especially in higher education. Moreover, there are several activities created by Moodle including "Wikis", "Forum", "Chat", "Glossary" and "workshop"(Rice, 2011). For instance, "Wikis" can be blended into curriculum for supporting teacher-student and student-student interactions. "Glossary" is used for educators and learners' sharing thoughts and issues to expand glossaries. Also, "Workshop" is suitable for review students' individual and cooperative

---

① Cristóbal, Romero. Sebastián, Ventura & Enrique, García. Data mining in course management systems: Moodle case study and tutorial[J]. Computers & Education, 2008, 51(1): 368-384.
② Seluakumaran, K. Jusof, F. F. Ismail, R. & Husain, R. Integrating an open-source course management system (Moodle) into the teaching of a first-year medical physiology course: a case study[J]. Advances in Physiology Education, 2011,35(4):369-377.

outcomes(Rice, 2011). These functions benefit language-learning users to establish collaborative language-learning environment and encourage students for critical self-evaluation, meanwhile, supporting teachers to assess diverse language-learning conditions. However, a study explains that four-fifths students have some matters in dealing with "Chat" and "Forum" is lack of discussion resources (Kakasevski, Mihajlov, Arsenovski, & Chungurski, 2008). Although there are some limitations of Moodle activities, some of them cultivate student's critical thinking model and stimulate initiative learning passion.

4.6 Feedback

Existence forms (e. g., score, tutorial and a correct or incorrect response), functions and impacts of feedbacks are considered to be analyzed. For instance, Moodle logs (see Figure 2) use datum to record students' learning time, active process, degree of participant, individual and group performances during online study (Romero, Ventura, & García, 2008). Such method not only enables teachers to manage and analyze students' study conditions, but also benefits students to evaluate themselves especially for individual study. This kind of feedback supports to improve the effectiveness of study and help teachers to adjust teaching method for changeable learning process. Besides, tests are created for assessing students' study outcomes and grade scales can be organized by teachers in relation to different educational environments. "Questions" section is used to analyze questions from tests or beyond tests (i.e., potential questions and extended exploitation). This section is not only suitable for teachers to evaluate students but also beneficial to self-evaluations and mutual assessments (Zenha-Rela, & Carvalho, 2006). Nevertheless, here possibly comes a debate that the method of monitoring self-assessments and mutual evaluations needs to be considered by educators, as well as being adjusted through Moodle's administrators (i.e., working out specific and feasible evaluation criteria based on different learning characters and study circumstances).

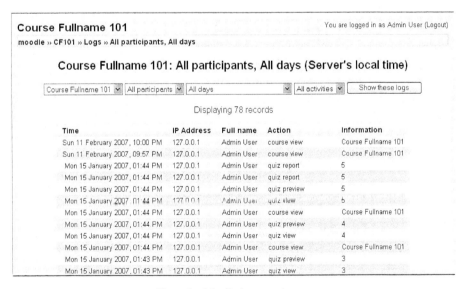

Figure 2   Moodle log report screen
(Romero, Ventura, & García, 2008, p.2, Figure 2)①

4.7   Learner characteristic

Moodle is widely used in public and private educational institutions or organizations such as private schools,

---

① Cristóbal, Romero. Sebastián, Ventura. & Enrique, García. Data mining in course management systems: Moodle case study and tutorial[J]. Computers & Education, 2008, 51(1): 368-384.

colleges and universities, and are also available in business fields. A research study also shows that Moodle users cover the range from kindergartens to grade twelve educational institutions which have great increasing number of users in higher education and business fields(Martinez, & Jagannathan, 2008). Such conditions can be discussed that various age ranges and users from different fields show great popularity of using Moodle as an online-learning tool. The purposes of using this software vary from person to person. Some learners benefit from remote education to extend learning materials and activities, while people with particular careers such as technicians and businessmen use Moodle for targeted training(Büchner, 2008). Such phenomenon indicates divers intentions for using Moodle, on the other hand, shows great functions for users to absorb knowledge and broaden thoughts. Besides, the wide coverage of various courses such as language learning, information technology and commerce areas meets demands of people from different walks of life.

5 Conclusions

With the help of evaluation principles and methods, the evaluation criteria are explored. The evaluation outcome shows that Moodle software is suitable for self-study (i.e., for flexibly orientating suitable study approaches, resources and targets) and supporting teacher-assisted educational methods, especially focusing on group collaborative learning and bidirectional exchange. Although several features of Moodle have been discussed through analyzing various research reports and relevant research studies, Moodle need to be estimated in a pragmatic way. Such software needs to be analyzed in real educational environment for gathering investigation experience, as well as observing use intensity and adoption attitude.

In contemporary era, an increasing number of softwares, applications and websites are created for online learning; however, it can be seen that Moodle remains to be extensively used by private persons and public communities for educational purposes, especially in high education and business areas. Such development explores that Moodle is continuously considered as individual study tools and learning platform for regular class and blended educational environment, even creating professional study systems beyond common classroom education. For further development, a study suggests a challenge that exploring 3D elements for educational technology aims to create a more real learning environment(e.g., role play in an imitated circumstance designed by technology) for improving the value of education and reassignment study enthusiasm(Livingstone, & Kemp, 2008). Through some discussions and research studies, Moodle's functions, course designs and pedagogical approaches show more potentials and possibilities, which need further development for keeping pace with contemporary educational environment.

References

[1] Ajlan, Al-Ajlan & Hussein, Zedan. Why Moodle[J]. 12th IEEE International Workshop on Future Trends of Distributed Computing Systems, 2008: 58-64.

[2] Anders, Berggren. Daniel, Burgos. Josep, M. Fontana. Don, Hinkelman. Vu, Hung. Anthony, Hursh. & Ger, Tielemans. Practical and pedagogical issues for teacher adoption of IMS learning design standards in Moodle LMS[J]. Journal of Interactive Media in Education, 2005.

[3] Büchner, A. Moodle Administration[M]. Birmingham: Packt Publishing Ltd, 2008.

[4] Brian, Beatty & Connie, Ulasewicz. Faculty Perspectives on Moving from Blackboard to the Moodle Learning Management System[J]. TechTrends, 2006, 50(4): 36-45.

[5] Boštjan, Šumak. Marjan, Heričko. Maja, Pušnik. & Gregor, Polancic. Factors affecting acceptance and use of Moodle: An empirical study based on TAM[J]. Informatica, 2011, 35(1): 91-100.

[6] Chapelle, C. Computer applications in second language acquisition[M]. Cambridge: Cambridge University

Press, 2001.
[7] Clara, Román-Odio & Bradley, A. Hartlaub. Classroom assessment of computer-assisted language learning: Developing a strategy for college faculty[J]. Hispania, 2003: 86(3), 592-607.
[8] Cristóbal, Romero. Sebastián, Ventura. & Enrique, García. Data mining in course management systems: Moodle case study and tutorial[J]. Computers & Education, 2008, 51(1): 368-384.
[9] Dougiamas, M. Moodle: A virtual learning environment for the rest of us[J]. TESL-EJ, 2004, 8(2): 1-8.
[10] Dougiamas, M. Moodle. Moodlepartner[J/OL]. Retrieved December 22, 2015 from www.Moodle.org.
[11] Daniel, Livingstone & Jeremy, Kemp. Integrating web-based and 3D learning environments: Second Life meets Moodle[J]. European Journal for the Informatics Professional, 2008, 9(3): 8-14.
[12] Hollowell, Jason. Moodle as a Curriculum and Information Management System[M]. Birmingham: Packt Publishing Ltd, 2011.
[13] Hsien-Tang, Lin. Chih-Hua Wang. Chia-Feng Lin & Shyan-Ming Yuan. Annotating learning materials on moodle lms[J]. 2009 International Conference on Computer Technology and Development, 2009: 455-459.
[14] Jack, Burston. Software selection: A primer on sources and evaluation[J]. CALICO Journal, 2003, 21(1): 29-40.
[15] Klaus, Brandl. Are you ready to "Moodle"? [J]. Language Learning & Technology, 2005, 9(2): 16-23.
[16] Kakasevski, G., Mihajlov, M., Arsenovski, S. & Chungurski, S. Evaluating usability in learning management system Moodle[J]. ITI 2008. 30th International Conference on Information Technology Interfaces, 2008:613-618.
[17] Margaret, Martinez & Sheila, Jagannathan. Moodle: A Low-Cost Solution for Successful e-Learning[J]. Learning Solutions Magazine, 2008: 1-8.
[18] Matthew, Perkins. & Jay, Pfaffman. Using a course management system to improve classroom communication[J]. Science Teacher, 2006, 73(7): 33-37.
[19] Mario, Zenha-Rela. & Rafael, Carvalho. Work in progress: Self evaluation through monitored peer review using the moodle platform[J]. 36th ASEE/IEEE Frontiers in Education Conference, 2006: 26-27.
[20] Philip, Hubbard. An integrated framework for CALL courseware evaluation[J]. CALICO Journal, 2013, 6(2): 51-72.
[21] Seluakumaran, K. Jusof, F. F. Ismail, R. & Husain, R. Integrating an open-source course management system(Moodle) into the teaching of a first-year medical physiology course: a case study[J]. Advances in Physiology Education, 2011,35(4):369-377.
[22] Tomas, Escobar-Rodriguez. & Pedro, Monge-Lozano. The acceptance of Moodle technology by business administration students[J]. Computers & Education, 2012, 58(4): 1085-1093.
[23] UNESCO(1987). Prospects: quarterly review of education[J/OL]. Retrieved December 15, 2015 from http://unesdoc.unesco.org/images/0007/000780/078097eo.pdf.
[24] William, Rice. Moodle 2.0 E-Learning Course Development[M]. Birmingham: Packt Publishing Ltd., 2011.

作者单位：上海市杨浦区业余大学

网上直播课堂与线下现场教学优势比较研究

张 颖

内容摘要：线上移动学习模式在移动互联技术的高速发展环境下，正在对高校传统教学模式不断渗透。在2020年春的新冠肺炎疫情背景下，教育部提出"停课不停学"，众多高校纷纷做出了"网络教学""在线学习"的部署，包括基于录播视频的翻转课堂模式、基于网络互动平台的直播教学模式等。本文主要对网上直播教学展开探讨，与线下现场教学的优势进行对比，凸显前者降低教学成本、打破时空限制、丰富教学形式、转变管理模式、增强师生交流、满足学习需求等优势。最后提出：将线下教学与线上教学两者有机结合，将更好地满足成人高校继续教育学生学习需求，提升继续教育教学效果，促进继续教育教学全面发展。

关 键 词：直播课堂　线下教学　网上直播交流平台

随着信息技术、数字媒体、移动互联技术的高速发展，互联网普及率大幅提高，学生对获取知识的途径要求更加多元化，对获取知识的速度要求更加便捷化，所以网上直播移动教学模式越来越受到广大学生的青睐。利用手机特性支持移动线上学习，通过下载APP或直播链接在微信、腾讯、钉钉、微博等多平台，学生便可轻松加入网上直播课堂进行自主学习。尤其是针对绝大多数年轻学生或在职学生，借助手机等移动通信设备，最大化使用"碎片"时间，实现真正意义的终身学习。

一场突如其来的疫情将网上直播课堂教学全面带到高校教学模式中。2020年2月4日，教育部发布《在疫情防控期间做好普通高等学校在线教学组织与管理工作的指导意见》，提出了高等学校"停课不停教，停课不停学"的要求。全国高校做出了各不相同的响应，区办高校也及时响应并实施"不停教""不停学"，录播、直播等新的教学模式纷纷涌现。

笔者通过疫情期间直接参与的网上直播、录播等方式的教学活动，经过对网上直播课堂和线下现场教学的多角度研究对比，以下做网上直播课堂和线下现场教学优势比较。

一、网上直播课堂优势

1. 降低成本，打破时空限制

线下现场教学实施中对教学场地和教学设备等硬件环境有依赖性，教学成本较高。在同一时间，教师与学生汇集在同一教学现场，面授学生人数受场地限制，教与学整体受空间和时间等因素的影响较多，学生与课堂的黏合性随时受到挑战。

网上直播课堂,无论采用"慕课""录播""直播"中的哪种方式,都打破了时间、空间限制,给予教学前所未有的空间自由,解放固定教学空间的同时,教室也失去了对教学现场的绝对控制。教师课前依照所采用传播媒介的特点,进行教学内容和教学组织的设计,只需花费网络流量费用,将教学内容以多媒体形式发布到网上直播交流平台,即可正常开展各类教学活动。学生可以不受时间、空间限制,不论何时何地,打开手机、电脑、平板电脑,登录网上直播交流平台,就可以随时随地进入网上直播课堂听课。例如:疫情期间,我们的学生有参与援鄂医疗队的医护人员,有参与疫情防控的志愿者,他们因工作原因而无法按时参加教学活动。借助网上直播交流平台的直播回放功能和教学视频录播功能,学生可自由选择任意地点、任意时间,随时随地参与教学活动。如果遇到学习问题,学生可打开微信群平台查阅问题,或者发送信息等待教师解决,这种网上直播教与学的方式突破了时间、空间限制,激发学生兴趣点,提升参与度(见图1),降低师生沟通成本,提高教学效果和交流效率。

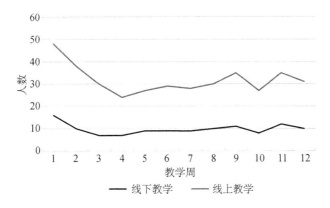

图1 继续教育学生线下、线上课堂教学参与人数对比

2. 丰富形式,突出教学特色

线下现场教学,传统教学形式以教师面授讲解为主,教师主要用语言、文字来传递信息、进行交流。传统文字交流显得被动、枯燥、单一。尽管在硬件条件允许情况下,教师在教学过程中也会穿插一些多媒体教学资源,但是由于时间关系,学生所能体验的教学观感有限。此外,如果同一面授课程的班次较多,教师需要多次重复同样的教学内容,简单重复不仅消耗了教师的时间和精力,而且随着时间或空间变化,每一次教学过程不尽相同,教学效果也会有微妙变化。

网上直播课堂,教师可以实现一对多授课,减少简单重复次数,节约时间和精力,教师可以更加专注于教学体系构建、教材研究,专注于教学对象,专注于打造精品课程。相较于面对面的教学和交流,网上直播课前教师充分利用目前网络教学资源,通过慕课、网易公开课、学银在线、智慧职教等多种网络公开课教学平台,汲取优秀教师的教学经验,汇集丰富的教学资源,运用于线上直播课堂教学中。

目前网上直播平台提供多种交流选择,其平台的开发接口还支持更加丰富的信息类型,实现多种信息形式的传递,使交流更加方便简单,同时增添交流乐趣。教师可根据自身具备的软、硬件条件,以及所授课程的特点,选择使用网上直播教学形式,例如语音直播,教师不用露脸,可以整合语音、图片、文字等素材进行直播授课,全面开启感觉媒体,提升学生认知效果。在本次疫情期间,常见的网上直播教学形式有:①使用直播平台,进行视频直播,通过摄像头和麦克风收录教师的画面和声音,是一种常见的直播分享形式。②使用微信群课堂,播放课件,同步借助 WPS 画笔功能,演示重点和思维过程,还可以播放音频、视频等多媒体信息。③采用视频+课件直播,可在网上直播交流平台上传 PDF 等课件进行视频直播。④通过录屏直播,直接分享电脑屏幕,这种形式非常适合突出实践性教学环节的课程。⑤借助摄像头、外接手写板、教学白板等功能,实现现场教学场景。

针对所授课程特点,教师采用不同形式进行网上直播课堂教学。疫情期间,鉴于"计算机基础"课程教学特点,笔者借助网上教学交流平台的可视化功能,通过将企业微信平台、钉钉平台与计算机教学辅助系统的连接,实现网上直播教学。实现过程为：①直播前在平台分享多媒体的教学内容及相关教学辅助资料。②直播中增加可视动态信息,激发学生学习兴趣,尤其针对实践环节教学,使用企业微信平台屏幕分享功能,直播演示操作过程,使用录屏软件或线上回放功能及时录制并保存视频资料。③直播结束后在直播评论区对课程进行总结,并自动或手动上传教学视频,学生可以线下随时随地下载,或线上反复进行回播查看。这种教学模式更加突出了计算机课程实践性强的教学特点,便于学生更好理解和掌握知识点,有助于学生提高实践能力。

3. 辅助管理突破传统模式

线下现场教学,教师除了教学工作,还要在课堂上进行传统的教学管理和辅助教学工作,势必占用有限教学时间,课堂教学效率降低。

网上直播课堂,教师通过建立企业微信群、钉钉教学群等方式进行教学活动,同时也可充分使用网上直播交流平台的辅助功能,进行教学管理和辅助教学工作,具体体现在以下几方面：

（1）利用线上签到、智能填表等辅助功能,及时进行网上点名,省去传统线下现场教学的点名时间,同时还可防止作弊代签。

（2）利用企业微信的微盘或钉钉平台的钉盘,教师将精心制作的教学视频、预习课件、辅助教学资料、作业习题等,提前在学习交流群发布,及时推送到学生手机上,学生可以提前下载观看学习。

图 2　直播数据统计

（3）利用平台数据统计功能,及时统计网上直播教学参与人数及时长,获取学生学习状况的一手资料(见图 2),作为教学效果评估的重要依据。

（4）使用评论功能,实现直播现场答疑解惑。线下现场教学中通常是学生各自找老师答疑,有些疑问是多个学生共有的。在微信学习交流群,师生同时观看并自由发言讨论,信息公开化,达到了广播效果,减少了答疑重复工作。在教师直播教学过程中,直播平台还提供边看直播边评论的功能,学生可以在直播评论区提出问题,教师看到问题后,在教学中即可穿插讲解,为学生答疑解惑,实现即问即答,学生的问题得到及时解决。在直播评论区,教师还可组织学生参与大规模学科内容自主交流与讨论,增强学生参与的主动性,既节约了沟通成本,又实现了面对面交流的效果。

（5）作业布置与回收功能,线上直播交流平台不受场地、时间限制,没有路途时间,教师随时通过网上学习交流群布置作业习题,习题形式可以是单选、多选、问答或讨论等,并且教师在后台设置提交方式和时间,直播平台后台会在指定时间自动回收学生提交的作业习题(见图 3)。学生使用手机、电脑在网上直播交流平台完成作业,尤其对于接受继续教育的在职学生,查看提交作业方便快捷,信息反馈及时,参与度大大提升(见图 4)。在网上直播交流平台辅助功能支持下,教师平台发布作业、收缴作业、批改作业,反馈学生、统计未完成名单等一系列教学工作高效完成。此外教师还可以不定期发布调查问卷,了解学生学习状态,分析学生掌握情况,及时调整教学进度。

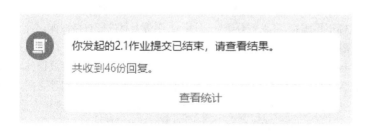

图 3　直播平台自动回收作业提醒

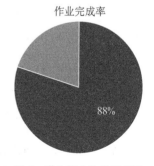

图 4　学生线上作业完成率

4. 交流情感 增强师生互动

教学互动,就是师生互相交流、共同探讨、互相促进的一种教学组织形式。优化"教学互动"的方式,即要形成和谐的师生互动,以产生动态教学共振,达到提高教学效果的目的。线下现场教学中,教师往往具备"师者为大"的权威心理,而学生往往具备"弟子不如师"的敬畏心理,导致师生缺乏交流沟通,教师无法深度了解学生的学习不足之处,学生即便存在疑问也不愿主动向教师求助,这无疑会阻碍教学的开展。

网上直播课堂除了为师生提供知识交流的平台,还为师生提供情感交流的平台,避免线下现场教学情景和师生身份差异带来的拘谨氛围,给予交流双方更多的时间思考,缓解师生交流时的压力,有助于降低生疏感,拉近两者关系,使交流更为轻松。教师通过微信学习交流群或者直播讨论区,了解学生的思想动态,了解学生的生活学习,弥补线下现场教学的情感缺失,用自身人格魅力及课程教学魅力,引领学生思想,点燃学习激情,拉近师生距离,为提升教学效果奠定基础。事实上,通过网上直播课堂建立师生沟通桥梁,教师直播实时解答或平台留言解答,为教学师生互动提供了完美解决方案,让课堂互动永不下线。

5. 淡化角色 满足学习需求

线下现场课堂中,教学过程常固化为"以教师为中心"的教学模式,教师和学生角色固定,"讲"与"听"的分工明确。随着传统教学模式向着"以学习者的需求为中心"趋势发展,网上直播课堂更能体现教与学的水乳相融,更注重以"学生为中心"的教学。网络环境中,"教师"与"直播主持人"等同,通过互动及时了解学生整体和个性化需求,淡化教与学的角色分工,不断充实完善教学资源,从而满足学生的多元化需求,更好贯彻"一切为了学习者,为了一切学习者"理念。

二、线下现场教学优势

网上直播教学虽然有巨大优势,但线下现场教学也有其独特优势:

(1) 线下现场教学教师对教学进度把控力强,直接通过语言、神态、语态、眼神等交流,师生之间容易交流教学感受,老师可及时对教学重点、难点做出调整,有利于学生更好理解和掌握知识点。

(2) 线下现场教学课堂有一定的纪律约束性,对自觉性不够的学生教学效果更好。

(3) 线下现场教学师生情感交流沟通丰富、多样,师生面对面加深了解,有利于教学的深入开展。

(4) 过去积累的大量教学经验都来自线下现场教学,教师有着丰富经验,课堂教学深入浅出、驾轻就熟。而网上直播教学的经验和难点则需要在教学中不断摸索,慢慢积累,把握精髓,这需要付出大量时间成本。

三、结语

网上直播课堂是将互联网与教育相结合,是以网络为媒介的教学模式,教师与学生即使相隔千里也可以开展教学、互动。通过在线直播、录播等必备功能,教师可以开展一对一、一对多教学,学生可以同步接收教学现场传送的信息,即时而便捷。教师与学生间、学生与学生间网上情感交流更加及时,互动永不下线;学生随时可以在线上提问,教师线上答疑解惑;利用学习交流群,教师组织学生团队协作或开展专题讨论。网上直播交流平台的辅助教学功能实时记录学生的学习进度、学习状态等信息,并及时反馈给教师。网上直播教学过程淡化师生角色定位,"以学习者的需求为中心"突出学生个性化学习需求,教师针对不同学生提出学习建议,实施个性化教学,从而达到更好的教与学效果。

鉴于目前网上直播教学尚处在不断完善、日渐成熟阶段,应大力学习和借鉴线下现场教学的优势和经验,有的放矢。直播教学中要充分发挥教学内容"短、密、有趣"等优势;发挥输出节奏"快、准、到位"等优势;发挥效果"务实、有效、有获得感"等优势,结合线下教学模式的丰富经验,将网上直播教学作为线下现场教学的重要伙伴,两者交融以营造更好教学氛围,为广大师生提供更高质量的教学服务,推动成人高校继续教育教学效果新的提升。

参 考 文 献

[1] 杨萍.基于微信平台的计算机平面设计教学探究[J].广西教育,2017(30):87-89.

[2] 陈绍炯,李淑娟.基于移动互联的教学互动探索——以微信公众平台为例[J].高等继续教育学报,2017(10):228-229.
[3] 李铁萌.高校教育中基于移动互联的碎片化教学理念与实践探索——以微信公众平台为例[J].教育现代化,2016(5):80-83.
[4] 董晨露.翻转课堂在成人教育中的应用研究[D].上海:上海师范大学,2017.
[5] 韦妙花,陈雄寅.云平台+移动终端在物流管理课堂辅助教学中的应用研究[J].现代职业教育,2018(8):59.

作者单位:上海市杨浦区业余大学

疫情背景下成人高校网络直播课堂教学管理策略初探

周长元

内容摘要：2020年新学期开始后，新冠肺炎疫情仍在肆虐。根据教育部和市教委的部署，学校统一安排，开学之初立即启动在线教学。学校领导重视，教务处、信息中心和任课教师、班主任立即行动，齐抓共管，合力开展网络教学，保障了教学的如期有效开展。本文力求从教学管理策略上进行实践研究，探索出成人高校网络直播课堂教学的新路径，为今后的网络直播教学工作提供宝贵经验。

关 键 词：网络直播　教学策略

2020年2月4日，教育部应对新型冠状病毒感染肺炎疫情工作领导小组办公室发布《应对新型冠状病毒感染肺炎疫情工作领导小组办公室关于在疫情防控期间做好普通高等学校在线教学组织与管理工作的指导意见》①。2月18日，上海市教委官方网站宣布自3月起，上海市大中小学开展在线教育②。

虹口区业余大学按照市教委的要求，积极准备开展在线教学，自3月2日以来，共有87门课程组织开展了在线直播教学，整个教学做到了平稳有序的开展。据统计，截至4月11日，前6周在线直播教学的学生平均到课率为80.4%，比原先线下的面授教学的学生到课率有较大的提高。

下面从学校发布、教务管理与平台支持、教学方法及教学评价等方面，对网络直播课堂教学进行初步的探索研究。

一、在线直播教学的教学管理实施方案

（一）开学准备阶段

（1）业大、开大教务处根据各自教学教务管理要求，制定本学期《教师教学工作要点》，提出教学教务管理具体实施办法（分别参见业大、开大本学期《教师教学工作要点》）。

---

① 《指导意见》全文见中华人民共和国教育部网站，http://www.moe.gov.cn/srcsite/A08/s7056/202002/t20200205_418138.html.
② 权威发布！3月起，上海市大中小学开展在线教育[EB/OL].上海市教育委员会网站，http://edu.sh.gov.cn/web/xwzx/show_article.html?article_id=105092.

(2) 课表落实。

(3) 教材落实(包括教材发放)。

(4) 由教务处负责以本学期开展在线直播教学的每个班级为单位,建立班级教学微信群,成员包括该班级所有学生、所有任课教师、班主任、直播教学时段的教务值班人员和信息中心值班人员。做好所有学生在线直播平台登录测试。

及时向所有学生发布本学期教学课表和通知要求,并做好学生健康教育及疫情防控教育。

(5) 信息中心会同教务处做好在线直播教学平台测试、选型,以及学校网上教学平台运行维护等工作,编制网上教学平台教师和学生使用手册,提供技术支持服务。

(6) 专业部做好所有任课教师在线直播教学平台登录测试和教学准备。

(二) 在线直播教学阶段

组织实施整个教学的过程管理:

(1) 根据任课教师提交的《在线直播教学计划表》,检查在线直播教学预约落实情况。

(2) 根据课表规定的教学时段,由教务值班人员负责将在线直播教学的会议ID号发布至相应的班级教学微信群,及时提醒还未登录在线直播教学平台的任课教师尽快登录;在整个在线直播教学开始初、课间休息后和结束前进入在线直播教学检查教学开展情况,并做好教务值班记录。

对于停课、迟到和早退5分钟以上的要做好相应情况记录。

时钟时间统一以手机上显示的时钟时间为准。因为手机上的时间是各运营商基站通过无线信号直接发布到手机上的,非常精准。

(3) 班主任根据学生登录签到情况,及时关心和督促学生,做好学生管理和服务,提高在线直播教学的学生到课率。

(4) 信息中心值班人员根据班级教学微信群反馈的技术问题,及时提供技术支持服务,并做好信息中心值班记录。

(5) 在行政、教务、信息中心在线直播教学值班工作微信群中,对在线直播教学中发生的较大事件或情况及时进行沟通协调;在直播教学开始前,由教务处负责在值班工作微信群中发布课表和值班人员名单信息,结束后,由教务处负责汇总值班记录信息,形成《行政教学值班记录表》,并发布在值班工作微信群中;对所反应的问题进行后续处理,并作为教学管理文件归档。

(三) 日常教学管理阶段

(1) 专业部在直播教学期间每周组织开展在线视频教研活动,研讨网上教学(特别是在线直播教学)方法,不断改进教学效果,提高教学质量;教务处结合期初、期中教学检查,根据任课教师提交的《在线直播教学计划表》,检查在线直播教学开展情况,及时发现问题,提出改进措施。

(2) 通过教育教学管理微信群,每月一次和不定期相结合在线开展由业大、开大教务主任、各专业部主任、科研室主任参加的工作沟通会,对学校近期的教育教学教务科研工作和工作开展过程中发现的问题及时进行沟通和协调,落实工作措施,保障整个教学过程安全平稳有序地开展。

二、网上教学支持服务实施方案

(一) 使用在线直播教学平台

业大使用第三方"腾讯会议"平台组织开展在线直播教学,主要是提供师生按照学校有关规定和教学要求,完成原先面授辅导需要完成的教学内容。

(1) 教师端——准备阶段(下载并安装"腾讯会议"软件和"EV录屏"软件,会议预定完成后提交教务处);备课阶段;上课阶段(启动"腾讯会议"软件和"EV录屏"软件,保存直播教学视频文件);课后阶段(将直播教学视频发布到学校网上教学平台上,供学生重播进行自学)。

(2) 学生端——学生根据课表规定的教学时段,启动"腾讯会议"APP,进入腾讯会议平台,参加在线直播教学,并根据学校有关规定和任课教师的具体教学要求完成学习任务。

后备预案:一旦无法开展在线直播教学时,则改用手机的班级教学微信群等继续开展在线教学活动。

（二）使用学校网上教学平台

业大使用"上海市虹口区终身教育门户"的"微课学习"平台，在直播教学的课前、课后，按照学校有关规定和教学要求，提供师生完成课程教学资源上传和浏览、在线作业/在线测试等教学和网上形成性考核内容。

后备预案：一旦长时间无法正常使用学校教学平台，则在该班级非直播教学时段内，可以临时改用班级教学微信群，发布教学资源，开展在线讨论和答疑等。但在该班级直播教学时段内，严禁在班级教学微信群中发布和直播教学无关的信息，以免干扰在线直播教学管理工作的正常开展，建议使用其他第三方平台。

在线直播准备阶段，信息中心会同教务处做好在线直播教学平台测试、选型，以及学校网上教学平台运行维护等工作，编制网上教学平台教师和学生使用手册，提供技术支持服务。

在线直播教学阶段，信息中心值班人员根据班级教学微信群反馈的技术问题，及时提供技术支持服务，并做好信息中心值班记录。

三、网络直播课堂教学方法探究

（一）互动式教学

课堂从教室转向了直播间。互联网教学将成为今后教育发展的一大趋势，作为教师应当主动应对挑战，适时地转换教学思路和教学方法。

一方面，由于网络教学每次上课时间上有所压缩，教学内容也相应压缩，教师侧重于新课讲授，给学生留的交流时间就会相对较少。这个时候就需要取舍，要在有限的时间里攻克教学重难点。另一方面，在传统课堂教学过程中，老师在讲台上可以和下面的学生进行眼神交流，老师一边讲，学生马上就可以回应。而在上网课时，即使能够视频连线，多少也增加了一些距离感，在告知学生可以在课堂中随时回应老师后，同学们也因怕所处环境中的噪声干扰影响课堂而全程自觉关闭了麦克风。

教育内容要取舍，时间分配也是如此。如今获取知识的途径越来越多，书本上可以查找，网络上可以检索，想了解什么信息随手都能查阅得到，这些知识对于成年人而言很容易自学。然而一些实践经验和思维方式因其操作性和灵活性很难靠自学完成，这些无关识记的学习训练不应该在网络课程中被舍弃。并且此类型的学习可以大大增强学生的参与度，增加师生互动频率，更充分地调动学生学习的主观能动性。

例如，在设计"广告学"课程的"广告创作与创意思维"这章教学内容时，老师把最为常见但学生从未学习过的一种思维方法——"头脑风暴法"作为重点，用一课时时间来完成授课。课前让学生准备好纸和笔，便于记录想法。在介绍完头脑风暴的案例、定义、作用、原则、两种类型和步骤之后，便开展了两堂头脑风暴会，以下是会议流程。

（1）重申会议原则：①延迟评判，禁止评判别人的观点，包括：赞同和批评；②自由思考，没有边界、越新奇越好；③以量求质，观点意见越多越好；④联想改善，思考把两个或更多的设想结合成另一个更完善的设想。

（2）确定头脑风暴会的类型。

（3）出示头脑风暴会的题目。

（4）学生发言，教师记录。

（5）学生主意出尽后，教师可以用提问等方式鼓励产生更多设想。

（6）学生对提出的设想进行小结或澄清。

（7）教师总结课堂头脑风暴会的内容如下：

	课堂头脑风暴会1——非结构化头脑风暴会	课堂头脑风暴会2——结构化头脑风暴会
会议规则	学生可以自由提出见解和意见。这种方式鼓励学生任意地贡献出尽可能多的设想，直至没有人再有新东西可增加为止。	对于教师提出的问题，学生一个接一个地提出自己的见解。每人每次只能提一个。当某个学生再也没有新的设想时，可以跳过。所有的主意都应记录在白板上。
会议题目	随着科技的进步，哪些职业会被AI或其他新兴技术所取代？	举例说明，在科技高度发达的未来，发展哪方面的才能或特质可以使人类拥有超越AI的优势？

(续表)

	课堂头脑风暴会1——非结构化头脑风暴会	课堂头脑风暴会2——结构化头脑风暴会
学生设想	财务人员、报关员、清洁工、服务员、抄表员、上门收缴费用的人员、医院预约工作人员、高速收费站工作人员、工厂的非技术性工人、收银员、社区办事员、电话销售员、柜员、按摩师、搬运工、摄影师、客服、售票员、快递员、培训师、厨师、驾驶员、外科医生、教师、股市从业人员、银行柜面工作人员、交警、巡警、快递分拣员、洗车工、药店店员、接线员、主持人、演员、歌手、作曲家、调酒师。	沈：主持人——与观众互动；陈：护理人员——情感交流、同情心；符：内科医生——脑力劳动者、判断病情；邱：画家——艺术工作者、审美；胡：歌手——表达情感，谈判专家——掌握对方的心理；成：销售——需要沟通技巧；宁：心理辅导员——了解对方的情绪，感受力；彭：演员——有真情实感；刘：设计师——创造力；张：项目管理者——与各方协调和处理突发状况的能力；李：外科医生——突发情况辨别和处理；宋：缺席未答。
总结	技术要求较低的服务行业工作者、危险性较高的职业、高精度操作工种等。	创造力、感受力、情感表达、人际交流与协调能力、突发情况应对力、经验判断、直觉等。

由于我校使用腾讯会议作为网课软件,过程中会议题目与学生讨论答案,教师使用Word来进行展示与记录,需要加大、加粗字体和使用不同颜色来便于学生观看。聊天窗口置于另一侧,学生也可以通过打字输出,达到交流的目的。最后效果尚佳,如果是小黑板等有白板显示的网课软件,就不必用Word来当白板了。

从学生给出的设想不难看出,两次课堂头脑风暴会的气氛是非常活跃的。首先,选题来自当下热门的议题又与学生(在职人员)的生活息息相关,比较容易引发学生的思考与共鸣。其次,个别踊跃发言的学生带动学习气氛,使每个学生都能参与进来。就第二个议题而言,该班12名学生仅缺席的一位未作答,其余学生均给出了一到两个设想。另外,同学的回答同样也能帮助激发出新的思考,进而会上讨论出的答案就像滚雪球一样越滚越大。这两个头脑风暴会的选题是递进关系,比较浅层的题目1选用非结构化头脑风暴会的形式,自由、简短而快速地给出答案。而需要更深入思考的题目2则选择结构化头脑风暴会的形式,学生经过深入思考后再按顺序一一作答。整堂课学生在掌握一种思维方式的同时也引发了对未来职业发展与自我提升方向的一些思考与启发。

在此次课堂实施过程中,也发现许多不足之处。比如,在介绍头脑风暴案例作为铺垫的时候用时较长,导致最后会议讨论时间较短,结构化头脑风暴会只经过一轮发言,事实上可以再讲一到两轮,鼓励学生积极进行智力互补,使设想越发完善。会议最后给学生对提出的设想进行小结或澄清的时间也可以再多一些,因为在自己和同学的发言过程中,会显现出需要引申或更正的地方。在互联网时代,学生通过网络学习丰富的在线资源,不一定要到学校听教师讲授,那么教师应当做出何种改变来顺应时代呢? 这让我想到之前教师在线教学能力提升培训中提到的"翻转课堂"的概念。教师不再占用课堂的时间来讲授信息,这些信息需要学生在课前完成自主学习,他们可以看视频讲座、听播客、阅读功能增强的电子书,还能在网络上与别的同学讨论,能在任何时候去查阅需要的材料。教师也能有更多的时间与每个人交流互动,学生更愿意参与到网课学习中来,而不是挂机或走神。

促进学习的本质就是反馈,交互式学习能够有效地获取反馈,通过师生互动、生生互动产生教学共振,从而促进学习,提高教学效果。这可能成为今后网络教学的一个发展方向,也是可未来探讨的一大课题。

（二）自主学习的问题教学

为了提高教育教学的针对性、实效性,着力提升课程的吸引力和感染力,调动成人学习的积极性、主动性和创造性,强化师生互动,推动现代信息技术与课程教学的深度融合,努力构筑立体的优质教学体系,积极探索立足于自主学习的问题教学模式。本学期课堂教学全部改为在线教学,更加证明这种教学模式的有效性,因为,立足于自主学习的问题教学模式,本来就是充分利用现代通信手段和软件技术的线上线下混合教学模式。下面以"中国特色社会主义理论"课程为例,进行探索研究。

1. 主要做法

（1）引导学生自主学习：布置学习任务,让学生认真学习开放大学网上课堂的章节内容,通过微信或QQ学习群展开课前讨论,引导学生思考,发现学生学习难点和关心的社会问题。

（2）基于问题的课程资源开发。立足教学要求和教学目标,完善教学内容体系,立足社会现实问题,开发微课影视教学资源,立足教学目标和学生问题,优化课件和微课视频。

(3) 以问定教的在线教学。知识梳理，详解重点，让学生理解教学内容的框架体系和学习重点；答疑解惑，以问定教；反馈课前学习情况，并针对学生所提问题以及学生的问题讨论情况，进行重点讲解。

(4) 问题反馈与拓展深化。搜集问题，答疑解惑；组织学生结合现实深入思考和讨论。

2. 经验成效

(1) 完善而且精美的课程资源是学生自主学习的基础。只有课程资源足够精美，才能对学生产生足够的吸引力；只有课程资源足够完善，才有知识体系的逻辑自洽，给学生自主学习提供足够的支持。为此，我们在开大提供的充沛优质资源基础上，在教学过程中补充了哲学、政治学、经济学、社会学等学科知识，使教学内容逻辑清晰、理论性强；选择丰富素材，使教学真正贴近实际、贴近生活、贴近学生，更易于被学生吸收掌握。从教学过程的互动与课后的反馈交流来看，教学效果得到明显提升。

(2) 创新在线教学方法。由于在线教学具有时间的有限性、教学过程的可复制性以及非面对面交流互动的特点，使得教学过程不仅要强调精确性，以有限时间传授丰富而且必须正确的内容，而且必须创新教学方法。

兴趣是最好的老师，所以在师生交流互动中，我们特别注意有意识地引导学生提出问题，根据学生提出的问题设置教学内容，并用问题启发学生思考。

(3) 拓宽教学渠道。我们不仅注意利用微信和QQ向学生推送文章与视频，而且不断加强网上课堂的资源建设，拓展教育教学的时间和空间，密切与学生的交流互动，得到学生较好的反响。

四、多管齐下实现线上教学的形成性评价

成人学生大部分数学基础比较薄弱，线下上课时一些难点也经常需要多次反复讲解，而线上教学由于无法像线下课堂那样根据学生学习神情判断他们的学习状态，因此需要围绕教学内容，重新设置教学，形成时间、空间、主体、任务分配等多个维度的契合，包括课前预习资源支持、在线直播教学和课后复习资源支持的契合，在线互动讲授和在线作业、在线测试的契合，线上形成性评价与线下期末考试终结性评价的契合，其中包括：

(1) 课前预习资源支持。课前根据学生学习情况，准备数量和难易度适当的预习内容，包括对新内容重难点的告知，结合课程的资料的分享，提供丰富多样的视音频引导材料等。让学生提前熟悉相关理论概念，这样可以有效提高课堂效率以及学生和教师的课堂配合度。

(2) 在线互动直播教学。在授课中，把每堂课划分为五个环节，即基本知识点讲解、错误防范、课堂互动、同步练习及练习册解答，这样将知识点碎片化、项目化、任务化，可以有效提高学生学习的效率，避免学生在学习时产生"疲怠感"。各环节均以PPT形式在课堂呈现，同时便于学生课后清晰回顾查看本次课程的内容和要点，帮助学生理清学习的路径，解决学习中可能会遇到的一些问题。

课堂中，每一个知识点讲解完后都会设计一些互动提问环节，抓住学生课堂学习注意力，引导学生的学习兴趣，同时也能让老师更了解学生对该部分知识点的掌握程度。

同步练习环节，采用了"腾讯会议"分屏演示解题步骤，让学生跟随教师的讲解，完整地了解解题思路，掌握解题步骤。

(3) 课后复习资源支持。包括视频上传，即整个网上教学过程使用"EV录屏"功能录制下来，并上传至教学网站，供学生课后重复收看。此外还有知识点巩固、难点提示、消息回复、资料共享等。

(4) 在线作业和在线测试。包括作业发布、语音讲解、题目测试等，结合在线直播考勤和参与情况，形成线上的形成性评价。

(5) 分析反馈。包括系统数据分析、消息查询次数计算、调查投票反馈等。对学生的练习和测试结果会在下次上课时进行讲评。

此次线上教学，让教师在较短的时间内掌握了新技术、新媒体支持下的有效教学设计技能、交互技能、管理评价技能等，也让学生身临其境体会到现代办公自动化越来越走向多元化、信息化的趋势。

五、网络直播课堂教学的反思

(一) 随时随地学习可能是成人高校网络教学的一个最大的优点

对于成人高校的学生而言，网络教学很好地解决了工学矛盾。对于教师来说，网络教学能让教师的心态更

加放松。在熟悉的环境下,用熟悉的设备,打破时间、空间的限制,随时随地可以进行教学模拟,在这种非面对面教学的情况下,必然能够让教师放松自己,以更加良好的心态进行教学。

(二)网络教学依旧有其局限性

教学互动难以自然呈现,是网络教学的一大限制。教师在线授课时,由于不能直接看到所有学生,无法从学生听课的反应来及时反馈教学效果并有针对性地调整教学内容;在登录在线直播教学的学生中也有到课但不听课的情况存在;对于非计算机专业的教师在软件工具使用上,特别是视频课件后期编辑上还存在困难,影响了教学资源的及时提供;网络带宽和服务器负载能力的不足造成的难以预知的网络拥堵和卡顿是困扰在线直播教学正常开展的重要因素。

(三)在教师中要进一步开展在线直播教学方法研究

增加在线教学互动,以问题为导向,提高在线教学生动性和有效性;加强对教师平台使用和软件工具的培训;不断完善学校网络平台的有关功能,提高网络平台使用的稳定性、安全性和可靠性。在线教学还是需要不断提高平台的智能化支持水平,在个性化学习支持、大数据教学分析反馈等方面还有待提高。

当前,我国的疫情防控已取得重大战略成果,线下教育正在复苏,但出于校园安全的考虑,绝大部分成人高校依旧采用线上教学的模式,考虑到未来种种的不确定因素,教师、学校仍然要准备完善线上教育,如何发扬线上教育的优势,规避线上教育的劣势,是今后软硬件开发公司、学校与教师需要共同面对的课题。

参 考 文 献

[1] 教育部应对新型冠状病毒感染肺炎疫情工作领导小组办公室关于在疫情防控期间做好普通高等学校在线教学组织与管理工作的指导意见[A/OL].中华人民共和国教育部网站,http://www.moe.gov.cn/srcsite/A08/s7056/202002/t20200205_418138.html.

[2] 权威发布!3月起,上海市大中小学开展在线教育[EB/OL].上海市教育委员会网站,http://edu.sh.gov.cn/web/xwzx/show_article.html?article_id=105092.

作者单位:上海市虹口区业余大学

后疫情时代成人教育数字化转型的若干思考

陆 建

内容摘要：由于新一轮信息科技的发展和新冠肺炎疫情的影响，各行各业加快了数字化转型的步伐。本文结合疫情期间成人教育领域开展线上直播教学的经验，提出了后疫情时代开展线上直播教学的授课模式将成为新常态、构建线上"分数＋学习诊断报告"的形成性考核将成为新趋势、构建线上教学管理闭环将成为新举措的一些想法和建议。

关 键 词：后疫情时代 成人教育 数字化 转型

近几年来，以数字科技为主导的新一轮科技革命在全球范围内加速演进，特别是移动互联网衍生的各种在线应用逐渐渗透到各行各业，新市场与新业态层出不穷，有力推动了数字化转型发展大潮。而受新冠肺炎疫情的影响，很多行业传统线下业务几近停滞，而在线营销、在线办公、在线教育等线上业务急速爆发，线上运营能力已经成为各行各业在疫情期间业务发展的关键，成为数字化转型的试金石与加速器。

对教育行业而言，因疫情而开展的在线教育实践，是一次规模空前的在线教育大实验，使教师的信息化素养得到了空前提升。教师从刚开始的有一点紧张，甚至有一些抱怨，到慢慢开始适应，变得比较从容。随着复工复产复学的全面推进，我们迎来了后疫情时代。2020年5月14日在教育部新闻发布会上，教育部高等教育司司长吴岩指出："我们再也不可能、也不应该退回到疫情发生之前的教与学状态，因为融合了'互联网＋''智能＋'技术的在线教学已经成为中国高等教育和世界高等教育的重要发展方向。"如今，无论从政府到媒体，还是从制造业到服务业，各行各业都在谈数字化转型。

所谓"数字化转型"，并不是对以往信息化系统的推倒重来，而是需要在优化整合信息化系统的基础上，来提升系统的数字化能力。数字化更多的是通过智能设备、传感器等自动采集数据；用户智能手机已不再仅是一个通信工具，而是已成为互联网的一个主要入口，通过在线应用，在价值链上构成完整的数据闭环；通过构建数字化模型和大数据的机器学习，实现对系统当前状态的模拟、诊断和评估，以及对未来趋势的预测，提供更加全面的决策支持，提供给用户更好的产品和服务体验。

研究与分析后疫情时代对成人教育活动带来的影响，仅仅依靠传统的教育学研究已难以完成，需要用新的视角予以审视。教育改革更加凸显人机协同，教学研究更加强调交叉融合，教育治理更加关注安全风险，后疫情时代成人教育可能迎来以下变化：

一、开展线上直播教学的授课模式将成为新的常态

疫情期间开展的线上直播教学已成为教学资源和教学数据采集的重要渠道,录播教学资源变得更加丰富,教学数据变得随手可得。线上直播教学还拉近了教师与学生之间的距离,学生可以通过网络第一时间获得教师有针对性的指导,大大缓解了成人学生的工学矛盾、家学矛盾,提升了学生的到课率。后疫情时代,线上直播教学这种授课模式将成为一种新的常态。这就需要对目前线下的录播教室、多媒体教室进行线上直播教学所需的配套装备的建设或改造,使其能满足在线下面授教学的同时进行线上直播教学的需要。

从疫情期间的线上直播教学实践可以看到:网络的拥堵、卡顿等是影响线上直播教学的重要因素,所以平台的选择非常重要。首先,要了解直播平台的稳定性、可靠性如何;其次,要清楚我们对平台的教学需求是什么,例如,资源是否要上传、管理是否要介入等等;还要清楚学习掌握平台操作的难易程度,从而为平台选择提供依据。

此外,开展线上直播教学有两点需要引起关注:

一是教师对学生听课学习状况的掌控问题。由于在开展线上直播教学时,教师无法直接看到线上所有学生的脸,无法从学生听课的反应中及时地有针对性地调整讲解节奏和内容,所以,线上直播教学应提供腾讯课堂"答题卡"等类似工具。教师在教学过程中可以通过 PPT 等展示题目,学生通过答题卡随堂答题,教师通过学生提交情况和答题结果,可以随时了解学生听课状况(是否在认真听课,还是根本未在听课)和学习状况(是否已经掌握所讲内容),构造讲课闭环。

二是教师对课堂发言讨论的掌控问题。由于线上直播教学在开展集体发言讨论时,音视频会有延迟,所以可能当某个人没有听到有人发言而开口发言时会听到其他人也开始发言。这就要求线上直播教学应提供类似腾讯课堂"举手"工具,成员可申请发言,或在使用腾讯会议时,如果主持人设置了全体静音,且不允许成员自我解除静音时,成员也可以通过举手的方式申请发言,而且可以打开视频面对面地进行交流。我们相信,随着高速率、大容量、低延时的 5G 技术不断投入使用,线上直播教学中的音视频延时状况将得到很大的改善。当然,也可以通过"聊天"等工具,改用文字进行讨论。

智慧校园将推动教育数字化转型。随着智慧课堂的发展,学习空间将不断被重新定义,线上直播教学和线下面授教学这种混合式授课模式将成为新的趋势。在课堂上教师使用的是智能板,教室里摆放的是智能课桌,目前流行的投屏技术和纸笔互动系统,以及 5G 虚拟现实技术的沉浸式互动体验,为学生在线深度参与教学提供了支撑,学生能够进行虚拟的野外考察等,将使知识具象化、可视化、趣味化。这对教师和学生的数字化装备使用能力也提出了更高的要求。

二、构建线上"分数+学习诊断报告"的形成性考核将成为新的趋势

除线上直播教学外,在直播教学的课前、课后,依托网上课堂平台开展的线上自主学习和形成性考核也是支撑线上直播教学非常重要的环节。

为了更好地反馈学生线上学习的状况,当对学生进行线上形成性考核时,除了反馈一个简单的分数,还应该附有一份类似体检报告的详细的"学习诊断报告"。通过这份报告可以为学生"画像",学生不但可以了解到自己学科知识点和技能点的掌握情况,还可以看到自己学习情况的特点、优势和劣势的分析,以及如何提升成绩的方法和建议。这就需要教师掌握布鲁姆等提出的教育目标分类学方法,从认知领域、动作技能领域和情感领域对所授课程的教学内容进行知识点、技能点和思政元素的分解细化,梳理知识点、技能点和思政元素之间的相互关系,并编制测试掌握与否的配套问题和试题。同时在网上教学平台上需要构建自适应测试的题库系统,通过尽可能少的问题和试题,就能判断出学生知识点、技能点和思政元素的掌握状况,从而形成教与学的闭环。

这样,一方面可以引导教师更好地因材施教,选择有针对性的教学目标、教学内容和教学方法,提高知识传授、技能培养与价值引领有效性的检测手段;另一方面可以引导学生更好地自主学习,这里教师提供丰富的、个性化的线上优质学习资源及其超链接是非常重要的。个性化教学是基于"互联网+""人工智能+"的线上教学最具特色的优势。因此,教师的数字化素养将显得越来越重要。通过数字化转型,用人工智能、大数据、混合现实等技术来赋能教师,激发教师在教学上的积极性与创造力是对成人教育提出的新挑战。

三、构建线上教学管理闭环将成为新的举措

本次疫情防控期间开展线上直播教学的实践证明,良好的在线教学管理和支持服务是在线教学平稳有序运行的重要保证。在构建线上教与学闭环的同时构建线上教学管理闭环将成为新的举措。目前,我们采取的主要措施有:

在线上直播教学前,由教务处负责以本学期开展在线直播教学的每个班级为单位,建立班级教学微信群,用于日常教学保障联系,同时也是作为线上直播教学遇到故障时临时开展教学的后备预案。成员包括该班级所有学生、所有任课教师、班主任、直播教学时段的教务值班人员和信息中心值班人员。组织师生做好线上直播教学平台使用培训、测试和技术支持服务,以及按月对线上直播教学预约落实情况的检查。

规定线上直播教学上课时间统一以手机时钟时间为准。同时,要求任课教师和学生在正式开始直播教学前必须及时登录在线直播教学平台。班主任每次课前提前登录在线直播教学平台,查看学生登录签到情况,及时关心和督促学生按时到课,做好学生管理和服务,提高在线直播教学的学生到课率。教务值班人员每次课前提前登录在线直播教学平台,及时提醒还未登录的任课教师尽快登录。在整个线上直播教学期间,教务值班人员需要进入直播室检查学生到课情况和教学开展情况,并做好教务值班记录。行政值班人员在值班期间进行线上教学巡视,在行政工作群中对在线直播教学中发生的较大事件或情况及时进行沟通协调,形成的行政教学值班记录表作为教学管理文件归档。这些管理举措为线上直播教学正常开展保驾护航。

在日常工作中,发挥各部门的职能。教务处结合期初、期中教学检查,检查网上教学平台资源上传情况,通过在线调查问卷方式,了解学生对线上教学开展情况的意见和建议,开展在线听课评课活动,对发现的问题及时采取相应的措施予以解决。专业部通过组织开展在线视频教研活动,研讨线上直播教学方法,总结教学经验,不断改进教学效果,提高教学水平。通过线上教学的闭环管理,并和教学绩效考核挂钩,建立起线上直播教学的质量监控体系,保证整个线上教学平稳有序地开展。

疫情防控期间,中国信息协会教育分会推出了《中小学在线教学质量评价标准(试行)》,从前置准备、资源运用、教学过程、课程评价四个阶段衡量在线教育的课堂效果,其中包括技术工具与网络环境准备等10个次级指标及26个评价要点。此外,还有一些省市推出的《中小学疫情防控期间线上教学评价指标(试行)》等,推动了在线教学质量评价标准的研究。成人教育同样需要在线教学质量评价标准,这将为开展在线教学评价的闭环管理提供标准依据。

数字化转型不是一项一次性工作,它是一个持续的、不断发展的过程。尽管疫情防控已经拉开了教育数字化转型的序幕,然而技术本身并不是数字化转型的最大障碍,数字化转型的最大障碍是文化,而文化是由领导力驱动的。确保成功的关键在于,实现整个组织的全面参与,通过与各方的全面沟通实现数字化转型的价值。所以,数字化转型实际上是人的转型,要真正实现教育数字化转型还有很多路要走。

参 考 文 献

[1] 教育部:再也不可能、也不应该退回到疫情发生前的教与学状态[EB/OL].https://www.sohu.com/a/395412670_161795.[2020-05-15].
[2] 陈劲,杨文池,于飞.数字化转型中的生态协同创新战略——基于华为企业业务集团(EBG)中国区的战略研讨[J].清华管理评论,2019(6):22-26.
[3] Edmund Clark,陈强.如何促进高等教育数字化转型[J].中国教育网络,2018(10):23-24.
[4] 刘峰.天津大学:数字化转型推动教育个性化发展[EB/OL].http://www.h3c.com/cn/d_201811/1128707_312225_0.htm.[2018-10-18].

作者单位:上海市虹口区业余大学

关于线上教学开展情况的调查报告

上海市徐汇区业余大学学历教育部线上教学课题组①

内容摘要：面对疫情防控对教学工作带来的挑战,上海市徐汇区业余大学统筹规划、制定相应的教学工作方案,确保人才培养质量。本文从教学管理、学生反馈与教学保障三方面阐述在疫情防控期间,学校为实现线上教学质量稳定、教学进度无缝对接,做出的积极探索与有益尝试。线上教学既是抗击疫情的应急之举,也是推进教育现代化与教育信息化的重要实践。

关 键 词：疫情　线上教学　教学管理　学生反馈　教学保障

一场突如其来的疫情,让2020年春的新学期开始得格外特别。根据上海市委、市政府决策部署和上海市教委关于进一步加强新型冠状病毒感染肺炎疫情防控工作安排,最大限度减少疫情对教学的影响,上海市徐汇区业余大学统筹规划、制定相应的教学工作方案,确保人才培养质量。本学期大规模的线上教学,既是挑战也是机遇,它串联起了全校各部门的责任与坚守,串联起了广大教师的智慧与情怀,也串联起了莘莘学子的理解与支持。

在"互联网+教育"时代背景下,学校为保障新冠肺炎疫情防控期间在线教学顺利开展,真正实现线上教学质量稳定、教学进度无缝对接,做出众多有益尝试。以下是关于开展线上教学的调查报告。

一、多管齐下,全面确保教学工作平稳运行

(一) 教学过程管理

1. 贯彻"教学至上、以生为本"理念

(1) 线上直播:开学典礼暨"开学第一课"。2020年3月21日上午9时,上海市徐汇区业余大学2020级新生线上开学典礼暨"开学第一课"通过腾讯课堂平台进行了直播。学校领导、学历教育部和信息中心的老师们向新生们介绍学校的校园文化活动、学生支持服务、业大教务管理的要求以及各教学平台的主要使用功能等信息。学校鼓励新同学们在学习的道路上要保持前进的步伐,不畏困难、追求进步,也对新冠肺炎疫情期间大家的理解和支持表示感谢。

---

① 执笔:袁媛、刘琪、顾珺毅、王萍、朱晓林等。

本次开学典礼暨"开学第一课"在信息中心的强力技术保障下,直播过程流畅、视频画面清晰,有超过80%的学生在线收看了实时直播,纷纷表示,虽然未能到校,但对学校的校园文化、办学宗旨以及学习流程都有了更进一步的认识,同时,也对随后进行的线上教学充满期待。

(2) 制作课程导学与学习时间安排表。学校将学生的切身利益放在教育教学改革和发展的首位,不但重视线上教学质量与教师教学水平,还坚持从学生的角度出发,要求每门课程的任课教师制作课程导学与学习时间安排表,进一步帮助学生了解本学期的学习方式、学习内容、学习任务与学习时间,更好地保障线上"教"与"学"的效果。

学历教育部牵头策划、组织推进线上教学,尝试通过直播、录播、在线实时交流、微信群等各种教学方式,精细落实每一门课程的教学安排,确保人才培养质量。在此次线上教学的筹备过程中,学历教育部与信息中心等部门协同作战,制定并不断调整线上教学实施细则,落实各项教学安排。

2. 线上教学组织与管理

学历教育部根据人才培养方案的要求,征询各位任课老师的意见,在多次商讨研究每门课程线上教学开展的可行性的基础上,对本学期的教学课表进行了一个调整。本学期学历教育(除艺术专业)共有12个班级,其中毕业班级2个,应开课程55门次。经研究讨论,2019级酒店管理班的"中点技术""西点技术"两门课程因是实操课程,无法在线上完成相应的教学活动,故最终线上教学开课53门次,线上开课率达到96.4%。

为确保教学方案可实施性,切合实情,线上课程安排坚决不搞"一刀切",做到一专业一方案、一课程一方案,落实、落小、落细各教学环节,为长期线上及随时线下复学做好充足准备。

学校先对各门课程进行了教学实施方案的摸底调查。调查内容包括:课程合适的在线教学占比(在线教学课时数/总教学课时数)、线上授课形式、课程"学习导学"需要包含的内容及呈现方式、教学平台资源建设的内容及形式、作业布置基本要求、实时及非实时在线交流要求及内容。其中有43%的课程采用100%的线上教学;38%的课程采用60%线上、40%线下的融合式教学(见图1)。

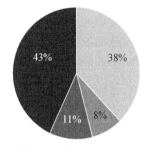

图1 各门课程在线教学占比情况

(1) 一课一案,精准施策。在此摸底调研的基础上,学历教育部根据上海市委、市政府决策部署和上海市教委的各项要求精神,结合各方意见,制定了"上海市徐汇区业余大学2020年第一学期教学实施方案"和"本学期课时分配说明"。线上教学主要在本校教学平台和钉钉直播平台两大平台上进行。根据"实施方案"中的要求,围绕课程标准,重新梳理教学内容,规划课程线上(返校前)与线下(返校后)讲授的教学内容和学时分配,针对所授课程和授课对象特点,进行了教学实施方案、学生学习时间安排表、课程网上学习导学的制作。任课教师们一起探讨,求同存异,将教学中的共性和课程中的个性有机结合,及时完成了疫情下各门课程的建设工作。

(2) 一周一总结,确保教学运行平稳有序。学历教育部经研讨,将线下值班及时调整为线上值班,值班人员直接进入线上教学的课堂,了解学生出勤、教学秩序等情况,及时完成"一周一总结"工作,汇报到学校。并包干到人,随时与任课老师沟通信息,做到有检查记录,有分析总结,有反馈与处理意见,全力保障线上教学质量。

截至2020年4月底,前六周的教学工作运行平稳有序。共有86个在线教学课堂(除艺术专业)开课;参与学生2 703人次,学生到课率74.5%;教务值班填报率100%。教师根据课程特点和教学目标,通过直播教学、学生自主学习、录播教学、实时在线交流、非实时在线交流等多种形式开展线上教学。其中,采用直播教学的课堂有21个,占比24.42%;录播+实时在线交流课堂有63个,占比73.26%;单纯实时交流课堂2个,占比2.32%(见图2)。

(3) 做细做实,过程管理严谨合规。根据教育部应对新型冠状病毒感染肺炎疫情工作领导小组办公室《关于在疫情防控期

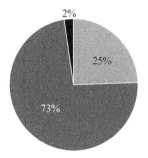

图2 前六周在线教学课堂的主要形式

间做好普通高等学校在线教学组织与管理工作的指导意见》和学校在线教学质量管理的相关文件与精神,学校对课程内容、课程教学质量等方面进行了把控,对整个教学过程和记录留存备查,且对教师线上教学的整个操作过程提出了几项要求,努力做细做实整个教学过程的管理工作:第一,严格按照线上实时教学时间安排表、课程教学实施方案执行教学活动,如有不可抗力原因需要对课程进行变动,则需提交调课申请,经专业负责人及教研处主任签署意见后,报分管领导批准。第二,及时更新线上教学资料。任课教师需提前两天将相关教学资料(包括 PPT、教学视频、其他课程资料等)上传至教研处邮箱进行存档。第三,提前做好问题预案,因线上教学不稳定和不可控的因素太多,在线上教学开始前,致教师的一封信中也鼓励各位任课教师,提前做好线上课堂突发情况的预案。同时,一堂线上课程,不论形式,会有三类教学支持服务人员在群里随时提供帮助:一类是教学管理员,一类是班主任,一类是技术支持人员。确保做到整个教学过程中,出现问题能及时反馈,及时调整解决。

(二)教学质量管控

教学质量是学历教育、继续教育的生命线。紧握教学质量的"三板斧"——在线课堂质量把控与自检、期末考核与试卷命题、教学材料的及时性与完整性,是保障特殊时期特殊教学形式的质量的重要方式和依据。

1. 健全教学质量监控体系,加强线上教学质量管理

为了贯彻落实国家和上海市关于新型冠状病毒肺炎疫情防控工作部署要求,根据教育部、市教委和学校等相关文件精神,为保障抗疫期间 2020 年第一学期在线教学质量,我校制定了《徐汇区业余大学教学质量监控工作方案》。

《徐汇区业余大学教学质量监控工作方案》对质量监控范围、教学平台的选用、质量监控人员队伍、质量监控要点做出了详细、具体的要求与说明,为教师教学与质量把控提供了有力的依托和保障。学校还制定了线上教学质量分解目标,分别从导学设计、学习资源设计、直播与录播课堂质要求、学习活动安排四个大类指标入手,设定具体考量目标与分值,以促进教学质量把控,也帮助线上教学任课教师在授课过程中进行自我检查与改善(见表1)。

表1 上海市徐汇区业余大学线上教学质量分解指标

大类指标	具体指标	分值	得分
导学 (10分)	向学生明确说明课程教学内容整体设计	3	
	提供课程详细信息、课程教学大纲、学习要求和考核方式	4	
	明确课程的教材和参考教材	3	
学习资源 (30分)	学习资源丰富、合理,有利于帮助学生达到既定的学习目标	5	
	学习资源形式多样、完整合法,有三种及以上的呈现形式(如课程讲义、相关网站、视频、习题等)	20	
	学习资源组织有序,方便学生查找,比如按照章节、周次、类型等,不能简单堆积	5	
直播与 录播课堂 (45分)	任课教师要确保课程内容无意识形态问题,无危害国家安全、涉密及其他不适宜网络公开传播的内容;采用视频直播授课的老师应注重仪表仪态,杜绝影响教师形象的行为	10	
	课前提醒学生进入课堂,如果出勤欠佳,及时联系班主任/辅导员进行干预	10	
	直播前做好充分准备,提前15分钟进入平台;做好网络卡顿的预案,备好相关资源,并及时联系技术支持	10	
	直播与录播时,能够结合线上教学资源,积极开展线上讨论、答疑辅导等教学活动,确保学生的学习效果	10	
	实时在线交流:在钉钉平台上进行(可保存、可统计);每1学分课程实时在线交流的次数不少于1次,并以此类推,每次控制在60~120分钟	5	

(续表)

大类指标	具体指标	分值	得分
学习活动 (15分)	非实时在线交流:可以在各类线上平台上进行(必须可保存、可统计),每2学分的课程,有效帖数不少于班级课程选修人数的1~1.5倍,其中任课教师的有效帖数不少于5个,并以此类推	4	
	实时在线交流:实时交流可以利用各类线上平台进行(必须可保存、可统计)。每1学分课程实时在线交流的次数不少于1次,以此类推;在线交流时间依据课程特点及班级人数每次控制在60~120分钟	4	
	追踪学生学习进展,掌握学生学习情况,发现学生遇到困难时,及时进行学习干预,比如发现小组讨论中偏离方向、重点不清时,教师应当引导等	4	
	及时提供作业反馈,安排有辅导答疑方式和途径,并提前告知学生答疑时间	3	

在全面启动线上教学工作伊始,为帮助全体任课教师更好地开展线上教学,学历教育部对线上教学工作中常见的一些问题进行了梳理,发出《面向未来,春暖花开——致全体任课老师们的一封信》。学校分别从"精心组织、规范实施""有机结合两个平台,搭建学习资源""认真开展直录播课堂,做好课程预案""重视教学过程,及时提交教学档案""严格执行计划,保障教学质量""渗透立德树人,加强课程群管理"六个方面分别为老师提供建议和参考,使线上教学的顺利开展有"章"可循,有"规"可依。

2. 探索教学新模式,以评促教重实效

教学评价是教学管理过程的重要组成部分,学生评教是教学评价的固有部分,通过开展线上评教活动,不仅能够直接反映任课教师的教学质量评价结果,更能让学生表达对教学的意见,帮助任课教师改进教学方法,从而达到"以评促教"的目的。在线上教学开展中期,为巩固教学质量,了解新形势下教学模式变化对教师、学生和教学效果的影响,上海市徐汇区业余大学开展了教学评价活动。

首先,组织学校学历教育部相关负责人、专业负责人对期末考核和试卷命题的质量进行了监控,并对相关的课程和任课教师进行了督导、点评与进一步辅导,把好试卷和考核质量关。

其次,对在校学员开展了全方位的教学评价调查,通过问卷星形式,由学历教育部向全体学员发送问卷,分别对教学模式、教学效果、师德师风评价进行了调查,并整理、统计相关数据,以期积累翔实的第一手教学评价信息,探索全面开展线上教学的实践经验。为了全方位了解线上教学的相关情况,也为了更好地改进教学,提高线上教学有效性,推动线上教学模式的不断创新,学历教育部还精心设计线上调查问卷,面向全体大专学生发出了《徐汇区业余大学线上教学学生满意度及任课教师师德师能评价调查问卷》,为后续线上教学的开展及未来教学实施方案的修订提供依据。

(三) 师资队伍建设

根据教育部、上海市教委关于新冠肺炎疫情防控工作的部署和要求,切实做到疫情防控期间学校"停课不停学",做好2020学年第一学期教育教学各项工作部署,学校启动信息化教学能力提升培训计划,主要依托企业微信平台与钉钉应用软件,从在线课程的设计理念、方法实践、经验分享等多方面对任课教师进行远程培训与集中答疑,全面保障线上教学顺利开展。

1. 前期培训:上海教育电视台"教师在线教学能力提升课程"培训

"在线教学能力提升培训"是疫情防控期间落实线上教学的迫切需求,是教师提高信息技术应用能力的重要举措。2020年2月20—24日每天上午8:30,学校组织全体教师收看上海教育电视台"在线教学能力提升培训"专题节目,五位主讲教师从在线教学资源与平台、在线教学组织与设计、在线教学效果与反馈等多方面分享教学经验。除在线培训外,信息中心还制作了录屏视频,以供任课教师进行针对性的巩固学习。

2. 技术先导:在线教学平台使用方法与钉钉应用软件说明

2020年2月24日,学校首次开展面向全体教师的线上直播培训,全程在钉钉直播平台进行,由信息中心主任直播讲授,围绕"业大在线教学平台的使用方法提示""直播和录播课程的区别""线上教学的经验分享"等内容,旨在更直观地演示优质网络教学平台的各项功能,更有效地全面提升教师线上教学能力。

3. 综合提升:2020学年第一学期徐汇业大任课教师师资培训会

2020年3月13日,为做好新学期教育教学各项工作部署,最大限度减少疫情对教学的影响,加强学校师资队伍建设,学校在企业微信平台以电话会议的形式,召开了2020学年第一学期任课教师师资培训会。主讲老师们分别从招生与学生反馈、教务管理、教学规范、技术支持保障等方面进行工作交流,对教师线上教学工作提出更为具体化、规范化的要求,着重强调实现招生、服务、教学一体化的重要性。学校鼓励教师发挥专业特长,以学定教、以研促教;创新工作机制,紧跟时代步伐,努力提高自身信息化水平,更好地为打赢疫情攻坚战贡献力量。

4. 教学研讨:2020学年第一学期徐汇业大线上教学研讨会

2020年4月3日,线上教学顺利开展到第三周,为进一步做好疫情防控期间线上教学工作,提升教师线上教学水平,学校在企业微信平台召开了2020学年第一学期线上教学研讨会。主讲老师们从学生的学习体验与学习效果、特教线上课程的教学过程、线上教学反思与经验分享、线上教学过程中存在的难点与问题等角度展开交流。学校倡导反观常态教学,提升教学质量,丰富内涵建设,鼓励抓住线上教学发展契机,积极调整教学策略与方法,为提供有效教学做更多有益尝试。

5. 憧憬展望:在线教学研讨会暨课程一体化教学设计推进会

2020年5月11日,为充分交流线上教学经验,提升在线教学质量,推进课程一体化教学设计,推动线上线下混合式教学在理念和模式上的创新,学校组织教师参与上海开放大学在线教学研讨会暨课程一体化教学设计推进会,会议全程以腾讯课堂直播形式进行。

上海开放大学五位教师结合线上、线下教学实际,分析疫情对教育理念、教学方式、学习方式、教师管理等各方面带来的影响与变化,交流分享线上教学经验,探讨如何实现信息技术与教育教学的深度有机融合;如何提升教学效率,进行混合式教学设计;如何以模块式分工教学带动课程团队建设,实现总校与分校优势互补等。

这场高质量在线会议内容丰富翔实,让任课教师们获益匪浅。这对于进一步开拓前沿教学思维,营造创新教学氛围,推进课程一体化教学设计具有重要意义。

高校的师资培训与教研活动,是促进高等教育行业持续性发展的关键路径之一。在疫情防控期间开展的系列教研活动,进一步推进了教育教学改革与教师专业化发展,借助"互联网+"的概念,运用现代化教学手段和信息化教学平台,让教师充分了解全新的教学理念与模式、全新的教学技巧与方法,全面提升学校的教育质量和教学效果。对于广大教育工作者来说,教师们需要更静心思索、从容应对、科学施教,从而实现真正的沟通、有效的指导、智慧的合作,成为"互联网+教育"时代背景下的行家里手。

二、以生为本,建立学生信息反馈机制

疫情防控期间,学生的学习模式从传统的面授课程转向了以线上学习为主,学历教育部为了保障学生良好的学习体验,主要做了以下的调查和实践。

(一) 了解学生需求,尽快适应线上学习模式

从前期学生注册缴费、每日健康情况上报、班主任电话微信沟通中,学历教育部发现同学们现有工作状态不稳定的人数占比不少,对于线上学习的不了解和工作状况不稳定导致对学习效果产生担心。针对这一情况,一方面班主任在与同学们日常沟通中就逐步将线上学习模式带来的便利做引导介绍,另一方面在正式开始线上学习两周后,学历教育部于4月19日在线进行主题为"疫情下,如何进行学习"的学生干部交流会,参会同学共30名,涵盖各专业。会上主要进行了关于"钉钉平台"学生操作体验、教学内容呈现方式、师生互动效果等方面的交流。学生主要反馈:①对于线上教学的方式基本已经能够适应,尤其是对于复工复产阶段工作情况相对不稳定但又要参加学习的同学,手机端可以直接上平台给学习和互动带来了便捷;②录播课+直播互动的教学模式,参与性高,互动积极,学生最能接受;③对于操作平台的签到、连麦等功能的操作还不熟练;④个别课程教学内容比较深奥,难以理解,导致作业过程有困难。根据这些反馈,学历教育部建议:可以以"学习型组织"为载体,比如采取"学习小组"方式来创建学习上的互帮互助小组,取长补短,弥补由于工学矛盾造成的学习不便,分享学习心得,探讨学习问题,共同进步,形成班集体的良好学习氛围。同时也希望借助这一学习型组织助力于缓解班级内

部学生之间缺乏交流的状况,促进同学间的了解沟通,帮助大家在学习之外收获更多的友谊。通过这样一场学生干部的线上交流会,学生处及时将反馈的问题进行了梳理,并在线上教学情况交流研讨会中做了汇报。

(二)组织班会课,进一步了解学习情况

在学生干部会议了解初步学习情况的基础上,学历教育部又在五一假期策划开展了涵盖五个2020级新生班及两个2018级毕业班的班会课,以"期中教学学生线上交流会"为主题进一步了解学生在经过学习平台适应期后,开始完成各课程作业中的情况和问题。总计183名同学参加了此次线上交流会,占比为70%。通过近八周的学习,学生反馈:①对于学校的教学平台和钉钉平台基本都会操作、使用,因为手机端使用更方便,所以使用人数超过电脑端;②前次反馈中涉及的较难课程的学习问题,随着老师教学内容的调整得到了改善,学生反映老师增加了直播过程中的互动,加强了对知识点的讲解,学生的学习体验得到提高;③学生对于教学过程中的直播互动表示很有必要,而且能通过互动加深对知识点的理解;④对于组建"学习小组"有兴趣,但不知如何操作。根据学生的反馈,对于如何组建"学习型组织"的问题,班主任将先发动班委在2020级工企班中搭建学习小组,目前正在形成中,后续也将从辅导员和学生处的角度多给予指导,待运作一阶段后将向其余班级做经验分享。

(三)注重学生信息反馈,提高线上教学效果

为了精准掌握我校学生(除艺术专业)线上课程在开课两周后的教学情况,深入挖掘对于线上课程的教育需求,总结线上教学过程中的阶段性问题,进一步提升线上教学质量,学历教育部面向参与在线学习的全体学生发出了《徐汇区业余大学2020年度第一学期在线教学调查问卷》,现对本次学生反馈的有效问卷进行分析总结如下。

1. 线上学习设备使用情况:

在参与调查的275位学生中,59%的学生通过手机直接参与线上学习,35%的学生通过电脑,只有6%的学生通过IPAD进行线上学习(见图3)。由此可见,手机端是大多学生进行网上学习的主要工具,因此教师在课程设计以及作业布置时,应该考虑到手机端学生的体验感。

2. 课程网络流畅度

从图4中可以看出,在已经参与到直播课程的同学反馈中,绝大多网络是流畅的,只有极少数会出现经常卡顿、不够流畅的情况。这也是在线上课程开始前,大家担心可能影响教学效果的一个主要因素。学校建议各位老师尽量到校进行直播,由信息中心的专业老师提供技术支持,若是选择在家进行,则需要进行网络环境测试,直播时不使用无线网,直接使用网线。

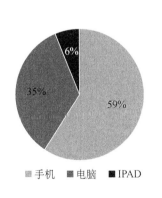

图3 进行在线学习的设备选择   图4 线上教学网络流畅度情况

3. 远程教学适合情况

问卷中,询问了学生"您觉得远程实时在线学习的方式适合您吗?"如图5所示,绝大多数参与过线上教学的学生(97.3%)都觉得是适合自己的,虽然适合的程度上可能有差异。只有2.7%的学生觉得不适合,可能是有少数年纪较大的同学对电子产品不熟悉,使用起来有困难,或是觉得线下教学更有学习的环境氛围。

4. 远程在线学习效果满意度情况

如图6所示,从参加过线上学习的同学反馈来看,整体的学习满意度还是较高的,有半数以上的学生(52%)觉得非常满意,还有32%的学生觉得比较满意,只有1%的学生觉得不满意。由此可见线上教学的初步效果还是不错的,可能在细节方面和精细化程度上还需要进一步提高。

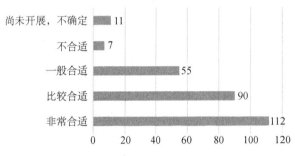

图5 远程实时在线学习方式的适合情况　　图6 远程在线学习效果满意度

总体来说,从开学前两周的线上教学情况调查来看,大部分学生对于疫情下的远程线上学习是比较适应和满意的,这也给了学校很大的信心和动力。当然,在后疫情时代,结合我们成人高校学生的学习特点,线上教学究竟何去何从,该如何进一步完善和推进课程一体化教学设计,仍是我们不断要去探索和学习的。

三、多措并举,全力做好教学保障工作

(一) 教学支持服务

学历教育部全面落实学校"坚持疫情防控和教育教学两手抓、两不误"的要求,各项工作稳步推行,教务部门做好教学支持保障,为学生工作保驾护航。

1. 教材配发新形式

任课教师、学员的教材到位是保证"停课不停学"的前提。为减少人员接触带来的风险,教务处主动与教材供应商沟通,申请快递送书服务。同时,设计问卷调查收集学员信息、了解学员需求。整个教材打包过程中,各位老师齐心协力、合作高效,秉持着反复自查确认、双方多次核对的原则,每一次核对、确认都旨在不遗漏任何一位同学;保证准确、高效是为了学员上课前能收到教材的那份安心。疫情期间每一项"常规工作"或多或少都会在操作方式上产生变化,本着"一切为了学生"的宗旨,做好各项教学支持服务工作,让每一位学员即使暂时无法到校,也能感受到学校的贴心关怀和专业服务是我们义不容辞的责任和义务。

2. 线上办公重实效

学历教育部全力做好各项准备工作:教务管理平台设置教学计划、开设课程、任课教师等信息,为学生办理注册缴费、选课认定等手续,力求教学工作顺利开展。学籍异动、注册人数统计、毕业和学位的预审、证书领取和发放、学分认定、二学历免修免考、选课报考、论文考试组织等工作均有条不紊地按时完成。

为了更好地开展线上教学,保证每位学生不缺席,学历教育部教务管理员与班主任密切配合,仔细核对每门课程的选课学生名单,组建课程钉钉群。

(二) 技术支持保障

为了满足新冠肺炎疫情防控期间学校在线教学的需求,全面推行线上教学,实现"停课不停教,停课不停学",信息中心核心技术团队为任课教师、班主任、学生"量身定制"在线教学思维导图,提供信息化技术辅导与支持,采用多种形式全力为线上教学提供技术保障。

1. 制定在线教学思维导图

如图7、图8和图9所示,信息中心团队针对教师、班主任、学生分别设计和制作了线上教学思维导图。学校全面推行线上授课,明确各环节技术支持负责人和联系方式,确保在使用过程中遇到问题能及时得到解决。根据学历教育部的统一部署,信息中心核心技术团队从3月8日开始配合学校教务团队,组织全校30几个班级在

钉钉平台搭建班级,本学期全体师生全部加入该平台的班级群,为实现线上教学奠定了基础。

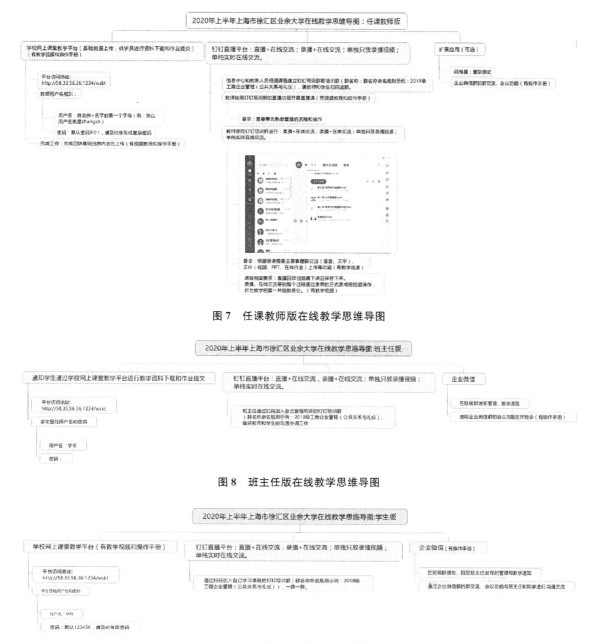

图7 任课教师版在线教学思维导图

图8 班主任版在线教学思维导图

图9 学生版在线教学思维导图

2. 协同制作调查问卷

学历教育部与信息中心协同设计和制作了各类问卷调查表,及时了解线上教学的开展情况、教学效果与学生反馈,为教研活动的有序开展收集有效信息,通过数据整理与分析,进一步做好教学支持与服务工作。

3. 信息化技术辅导与支持

学校信息中心对教学平台提供全天候技术保障,并对任课教师提供信息化技术辅导与支持。按照学历教育部的总体要求,信息中心核心技术团队组织教师熟悉学校网上课堂平台的使用方法及资源情况,制作了一系列在线课程辅导视频和操作指南,包括:钉钉直播平台使用教程、直播课程演示、录播课程案例演示、网上课堂操作示范、企业微信使用手册,以及各类编辑工具软件使用教程等,并上传到企业微盘和百度网盘,帮助任课教师解决教学过程中遇到的技术问题。

4. 主题交流与集中答疑

通过培训答疑,提高教师线上教学能力。为解决线上教学困难,信息中心在钉钉建立学校教师在线教学经验分享群,先后就钉钉平台的使用进行线上培训,使全校任课教师熟悉钉钉直播的操作方法,并交流经验,使大家掌握课堂如何组织、直播课如何开展、作业如何布置批阅、课堂如何交流等,提高了任课教师线上教学的能力。

5. 提供设施设备,为教师教学提供支撑

面对学校任课教师录课需要,采购优质耳麦和摄像头,通过邮寄的方式将设备送至教师家里,保障线上授课的需求,信息中心全体教职工安排技术值班,为教师录课和教师授课提供有力保障。

五、结语

无论是保障教育公平、优化教育供给,还是提高课堂效率、实现因材施教,线上教学都是促进教育改革发展的重要因素。本阶段的线上教学既是抗击疫情的应急之举,也是推进教育现代化与教育信息化的重要实践。学校开展的关于线上教学的调查研究,有助于制定和执行正确的教育教学方案,为今后的教育教学工作指明方向。

参 考 文 献

[1] 教育部应对新型冠状病毒感染肺炎疫情工作领导小组办公室关于在疫情防控期间做好普通高等学校在线教学组织与管理工作的指导意见[A/OL].中华人民共和国教育部网站,http://www.moe.gov.cn/srcsite/A08/s7056/202002/t20200205_418138.html.
[2] 刘燚,张辉蓉.高校线上教学调查研究[J].重庆高教研究,2020(5):66-78.

作者单位:上海市徐汇区业余大学

网络直播课堂应用策略研究
——以成人高校网络直播课堂教学实践为例

孔 丽

内容摘要：本文基于新冠肺炎疫情期间成人高校"行政组织学"课程的网络直播课堂教学实践，从网络直播课堂"教学管理者""教师""学生"三个角度分析了成人高校网络直播课堂教学实践中存在的问题，并基于建构主义学习理论、最近发展区理论提出了相应的提高网络直播课堂应用有效性的相关策略，期望能够为成人高校网络直播课堂教学的实践改进提供参考和借鉴，从而促进成人高校教育教学模式的改革。

关 键 词：网络直播课堂　教学实践　应用策略

突如其来的新冠肺炎疫情，严重打乱了社会运转的正常秩序，学校正常教学秩序也不例外。为保证疫情期间教育教学工作的正常进行，教育部发出了"停课不停学"倡议，各高校积极响应，采用网络直播课堂开展线上教学。现阶段，网络直播课堂对于中国高等教育有着不可替代的作用。

网络直播课堂是"互联网＋教育"的典型案例，通过网络直播平台，师生异地同时加入"虚拟课堂"，以直播的形式来完成教学过程。这一教学方式打破师生地理位置限制，创设"虚拟"面对面情境，避免了疫情期间师生的聚集，有利于遏制病毒的传播。同时，就成人高校而言，这一教学方式在很大程度上缓解了成人高校长期以来存在的线下实体课堂学生出勤率低的难题。

网络直播课堂这一新型的教学模式，对成人高校的教学管理者、教师和学生都提出了较高要求。如何解决成人高校网络直播课堂教学中存在的问题，全面提高网络直播课堂教学的有效性，成为当前期待解决的课题。

一、研究的必要性

（一）成人高校教学改革的需要

随着经济快速发展和生活节奏不断加快，成人高校的学生面临着日益严重的工学矛盾。成人高校的学生学历层次普遍不高，在工作单位的层级不高，其工作呈现工作时间长、劳动强度大、劳动报酬低的特点，使其难以很好地统筹安排工作和学习的时间，学习经常不得不给工作让路。同时，成人高校教育的学生，年龄段以 26～46 岁居多，比如，此次对"行政组织学"这门课程的学生进行调查发现，26～45 岁的学生人数占 75.67％（如图 1 所示）。处于这个年龄段的学生，不仅面临着工学矛盾，还面临着结婚生子、养家糊口的家庭压力导致的家学矛盾。所以，对于身负工作和家庭两大压力的成人高校学生，面授课出勤率低是常态。当前成人高校如何尽可能

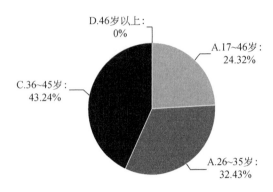

图 1 "行政组织学"网络直播课学生年龄分布

满足学生学习需求,提高学生课堂出勤率,缓解工学、家学矛盾?这一问题成为成人高校的教育教学改革焦点关注的问题,也是成人高校供给侧改革的关键内容。

(二)网络直播课堂的优势

传统面授教学依靠教材、PPT、板书等,由教师与学生真实面对面进行。这一教学模式有利于教师根据学生需求,及时调整教学内容、进度,并给予学生学习评价;也有利于师生、生生沟通交流,增加班级归属感。但就成人高校而言,传统的面授教学因面授时间、地点固定,无法很好地解决成人高校学生因工学、家学矛盾导致的出勤率低、学习效果差的问题。

而网络直播课堂将教学与信息技术高度融合,让师生可以通过直播平台的"虚拟教室",以网络直播"虚拟面对面"的形式开展教与学,打破了师生地理位置限制,是解决成人高校学生工学、家学矛盾重要形式和手段。其优势如下。

1. 实时直播,实现"虚拟面对面"交互

网络直播课堂采用实时直播形式,构建"虚拟教室",让教师和学生可以在很大程度上模拟线下真实课堂环境中的教学互动。教师可以在教的过程中,讲解、提问、答疑;学生可以在学的过程中,提问、讨论、交流;教师可以随时根据教学实际情况调整教学内容、教学节奏。网络直播课堂"虚拟面对面"的互动形式,尽可能还原真实课堂,代入感强,有利于学生展开学习和交流互动。

2. 突破教学限制,实现资源共享

网络直播课堂以大数据、云计算等新兴技术为基础,通过直播客户端,实现实时异地课堂直播,突破了传统课堂教学对地域和学习人数的限制,实现了教育资源的共享,提高了教学效率,促进了教育均衡发展。借助互联网技术,无论经济发达地区,还是偏远山区,学生只要联通互联网,就可以通过网络媒介参加网络直播课堂学习,与老师互动,共享优质、开放的教育资源。

3. 以学生为中心,提高学生学习的自主性

网络直播课堂以学生的"学"为中心,强调学生主动建构知识,重视学生的主体性地位和自主性学习,有利于增强学生主动参与课堂学习过程的意识,培养学生主动学习、主动思考、主动探究的自主学习能力。

综上,研究网络直播课堂的应用策略,稳妥审慎开展网络直播课堂教学,对推进成人高校教育教学改革具有十分重要的现实意义。

二、网络直播课堂教学实践

疫情期间,学校积极响应教育部"停课不停学"倡议,根据本单位实际情况和教学需求,制定了网络直播课堂教学方案,并开展了网络直播课堂教学。

(一)网络直播课堂教学前期准备

为确保网络直播课堂教学的顺利开展,学校认真落实上级教学要求,细化各项工作,保证网络直播课堂教学的顺利开展。

(1)精心组织网络直播平台和技术运用的培训,任课教师深入学习腾讯会议、钉钉、晓黑板等网络直播教学平台的操作,确保对直播教学平台各功能的娴熟运用。

(2)落实直播平台班级组建和学生平台操作培训、测试等工作,确保学生100%覆盖,保证学生顺利进入网络直播课堂参加学习。

(3)各系部开展线上集中教研,探讨网络直播课堂教学要求和模式,要求各直播教师撰写教学方案。

(二)网络直播课堂教学实施过程

对于常年开展线下课堂面授教学的老师而言,网络直播教学是一个新的挑战。为上好网络直播课,任课教

师纷纷化身在线主播,研究教材、研究学生,精心设计教案、制作课件,设计精巧互动,并精炼直播教学用语。网络直播教学流程如图 2 所示。

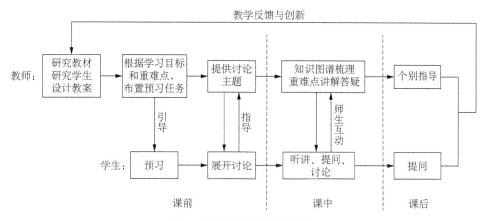

图 2 网络直播课堂教学流程

(三)网络直播教学满意度调研

为更好地满足成人高校学习者的学习需求,用好网络直播课堂这一远程教学模式,笔者对网络直播教学的满意度进行了调研。鉴于课题时间关系,本课题以疫情期间 2019 春(秋)行政管理专科 74 位学生为研究对象,针对"行政组织学"网络直播课堂教学实践展开调研,以期管中窥豹,对网络直播教学的授课效果予以初步了解,并基于调研结果反思、探索,提出网络直播课堂应用策略,以期在之后的教学实践中,提高网络直播教学的有效性。本次调研共发放问卷 74 份,回收有效问卷 72 份,回收有效率为 97.3%。

1. 网络直播课堂学习条件分析

从设备看,成人高校学生既无电脑也无智能手机的人数为 0;电脑、智能手机兼用的占比为 45.71%;只有用智能手机的占比为 37.14%;只用电脑的占比为 17.14%。此处数据说明,成人高校开展网络直播课堂教学的硬件设备已具备(见图 3)。

2. 网络直播课堂接受度分析

问卷调查中发现,"喜欢"和"非常喜欢"网络直播课堂这种教学形式的学生占比 77.15%;持"无所谓"观点的学生占比 20%;而持"不喜欢"态度的学生占比 2.85%(如图 4 所示)。同时,与录播视频课相比,成人高校学生更喜欢网络直播课堂形式(如图 5 所示)。可见,网络直播课堂这一教学形式较受成人高校学生喜爱。

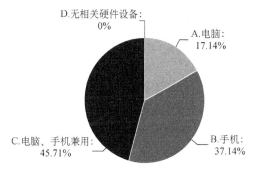

图 3 网络直播课堂教学的硬件设备情况

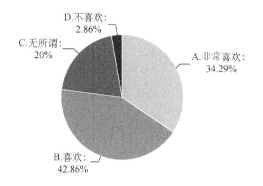

图 4 网络直播课堂教学的认可度

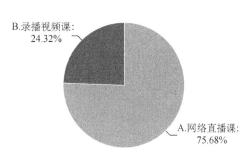

图 5 网络直播课与录播视频课的偏好对比

3. 网络直播课堂出勤率分析

在对网络直播课堂的出勤率进行统计时发现,2020年春季学期的"行政组织学"课程共计四次课,全勤的学生占比为91.43%,出勤1次、2次、3次课的学生占比均为2.86%(如图6所示)。与往年"行政组织学"课程的出勤率相比,不难看出,网络直播课堂的出勤率远远高于传统面授课堂。往年,因工学、家学矛盾,该课程的出勤率约在60%左右。

4. 网络直播课堂学习专注度分析

在对网络直播课堂教学的专注度进行调查时,提问"网络直播课堂的学习你能坚持始终吗?""过程中是否会走开?"调查结果显示(见图7),68.57%的学生能够保证网络直播课堂学习的专注度,但仍有31.43%的学生出现中途走开的现象。不难看出,网络直播课堂教学过程的监控还需进一步完善和加强。

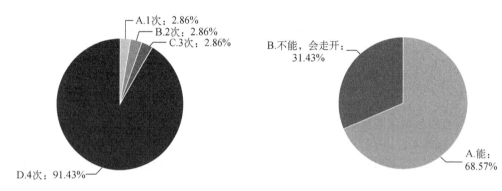

图6 网络直播课堂出勤率　　　　图7 网络直播课堂学习专注度

三、网络直播课堂存在的问题

网络直播课堂虽然在很大程度上增加了在线教学的参与感、仪式感和交互性,提高了成人高校学生的出勤率和教学效率,但对网络直播课堂教学实践进行反思,我们不难发现网络直播课堂教学还存在着一定的问题和难点。

(一)教学管理者的角度

1. 教师网络直播教学的技能有待进一步加强

不少老师反映,虽然围绕网络直播课堂教学进行了一定的培训,但直播教学实践中遇到的教学设计、PPT制作、在线教学平台操作、在线交流互动、课堂学习效果评价等问题,还是难以自如面对和解决,增加了教师网络直播教学的畏难心理。

2. 网络直播课堂的组织、管理需要进一步加强

这包括:课程集中教研的组织,共同研讨教学内容、教学方法,确定教学设计方案;直播教学的技术支持,为网络直播课堂教学的顺利开展提供技术保障。

(二)教师的角度

1. 缺乏远程教学的相关知识和技能

教师对远程直播教学的认识不足,未能真正认识网络直播课堂与面授教学的差异,仍然采用面授教学策略,以教师的"教"为中心。

2. 课前准备不足

未能根据网络直播课程特点,充分研究教材和学生,做好教学设计预案,影响了课程直播教学的流畅性和有效性。

3. 直播课堂互动不够

教师缺乏网络直播课堂教学互动设计的经验和能力,以及互动技术工具的熟练度不够,导致互动设计难以

以"学生"为中心,难以激发学生的有效学习。

(三) 学生的角度

1. 自主学习能力不够

大部分学生未能主动进行课前预习和课后复习,坐等课堂教师知识灌输;同时很少进行自主思考、就学习中遇到的问题向老师提问。

2. 学习动机不足

表现为缺乏学习的积极性,课堂互动参与度不高,课后作业完成不及时。

(四) 网络直播课程本身的问题

1. 网络直播课程易出现卡顿、不流畅现象

在实时网络直播教学过程中,或由于网络通信信号不畅,或由于过多学生在同一时段登录学习,造成网络负载过大,导致直播教学中断、画面、音频卡顿等现象,影响了网络直播课程的教学效果。

2. 班级氛围受影响

传统课堂中,学生可以更好地跟同伴彼此影响、互相学习,鼓励、提醒自身,不断学习提高,班级凝聚力较强,师生、生生关系较紧密。而在网络直播课堂教学中,师生、生生处于准永久分离状态,技术媒体代替了常规的、口头讲授的、以集体学习为基础的教育人际交流,不利于师生、生生情感的交流、传递和学习的互相促进,班级文化氛围较松散。

3. 有效监督难

传统课堂中师生真实面对面互动,教师可以能更好地关注到自觉性较差的学生,有效监督学生学习。而网络直播课堂教学过程中,"虚拟面对面"教学的"隔离感"、师生互动的"虚拟化",使得教师难以更好地对学生的行为进行有效监督。

四、网络直播课堂应用策略建议

为提高成人高校网络直播课堂的教学效果,结合网络直播课堂教学中存在的问题,以下从"教学管理者""教师""学生"三个角度,提出以下网络直播课堂应用策略。

(一) 教学管理者的角度

从"教学管理者"的角度来看,要提高网络直播课堂教学的有效性,需要做到以下几点。

1. 建立网络直播课堂"四位一体"管理机制

成人高校可以建立网络直播课堂"四位一体"管理机制,保障网络直播课堂的顺利开展。

网络直播课堂"四位一体"管理机制中的"四位一体",是指前端教师、远端教师、把关教师、技术教师,共同作用于网络直播课堂教学的各个环节。

前端教师负责课程主讲直播,要求其教学经验丰富、教学能力优秀、直播反应灵活。

远端教师负责组织课堂、引导学生思路、解答学生质疑、批阅学生作业、分析学生成绩;远端教师需熟悉现代化教育技术,参与前端教师的备课探讨。

把关教师指导前端教师完成教学准备工作,确定教学目标、教学重难点、教学形式,对整个教学内容的设计做好指导和把关,一般由教学经验丰富的名师担任。

技术教师在网络畅通、平台故障排除、师生互动等方面,起着不可或缺的保障作用,一般由专业的技术保障工作人员担任。

前端教师、远端教师和把关教师开展集体教研活动,从教学内容、教学方式、互动讨论、效果评估等方面,做好直播课堂教学设计,打磨高品质网络直播课,保障网络直播课堂的教学质量。

2. 教师信息素养培训常态化

信息素养,是信息化社会人们需要具备的信息思维方式和能力,包括信息的收集、处理、利用和创新等。信息素养是大数据时代教师必备的基本素养,尤其是信息技术的创新应用能力,更是教师需要加强培养和提高的。

网络直播课堂改变了传统的教育思想、教育内容和教育方法,需要广大教师更新教育观念,改革原有的教学模式,其对教师信息技术能力有着较高的要求。成人高校需要进一步加强教师信息素养培训,并将教师信息素养培训常态化,不间断地推动教师的信息素养不断提高,提高教师网络直播课堂的教学能力。

(二)教师的角度

从"教师"的角度来看,要提高网络直播课堂教学的有效性,需要做到以下几点。

1. 做好网络直播课程的课前准备

要打造一堂高效的网络直播课,开课前需注意以下几点:

(1)熟悉直播平台。根据教师自身技术水平和偏好,在课程伊始选定一个直播授课平台,并接受相关培训,掌握平台使用技巧和常见问题解决方法,尽可能在整个课程教学过程中不要更换直播平台。

(2)课前与学生沟通。正式上课前,提前10分钟进入直播间,一是做好视频、音频、课件的调试工作,二是与已进入直播间的同学交流,拉近与学生的距离,帮助学生更快融入课堂。

(3)精心设计预习清单。预习清单是保证教学效果的重要工具,在设计预习清单时,要注意基于学情,设计难易适当且具趣味性的学习项目,同时关注学生学习能力的层次性,设计不同预习内容。

2. 基于建构主义学习理论,创新网络直播课堂教学模式

建构主义学习理论认为,学习是一个意义建构的过程,学生通过新、旧知识经验的相互作用,来形成、丰富和调整自己的认知结构。换句话说,学习是学生自己根据自己已有的知识和经验背景,建构新知识的过程。在整个教学过程中,教师不是知识的灌输者,而是学生学习的组织者、指导者,充分重视学生主动性、积极性的发挥,从而使学生实现对所学知识的意义建构。

在网络直播课堂教学实践中,教师应基于建构主义学习理论,考虑哪些课堂教学策略可以很好地转换为远程环境,哪些策略不能很好地转换为远程环境,以及教师可以采用哪些新方法开展远程实时直播教学。

以"行政组织学"网络直播课程为例。"行政组织学"是行政管理学的一个分支,是专门研究行政组织的产生、发展、变革、运行及管理的学科,主要讲解行政组织的基本概念、相关理论、政制环境、结构设计、决策过程、绩效评估以及变革发展。根据该课程的学科性质,以下两种教学方法比较适合网络直播课程教学。

(1)支架式教学法。支架式教学法是基于建构主义学习理论提出的一种以学习者为中心,以培养学生的问题解决能力和自主学习能力为目标的教学法,其教学思想来源于苏联著名心理学家维果斯基的"最近发展区"理论。该教学法是指教师在教学时,应该依据最近发展区理论,基于学生已有的知识水平和能力层次,一步一步地为学生的学习提供有利于有效理解知识的"支架"(线索或提示),让学生借助"支架"逐步发现和解决学习中的问题,深层次理解教学内容,提高问题解决能力,成长为一个独立的学习者。

支架式教学模式一般包括以下步骤:创设教学情境(根据教学内容和学生层次,确定教学主题,创设教学情境),搭建教学支架(研究分析学生当前发展区,以其为基本点,搭建邻近发展区教学支架),开展独立探究(教师介绍知识背景、启发引导,学生积极主动探究分析,教师相当于学习顾问),鼓励协作学习(教师根据学生类型分组,让学生以小组形式展开协商、讨论,通过合作互助学习,共享集体智慧,完成对所学知识的意义建构),评估学习效果(对自主学习能力、协作学习贡献和所学知识的意义建构进行评价)。

(2)案例式教学法。案例式教学法起源于哈佛商学院的情景案例教学课。案例式教学通过创设现实生活场景和事件,让学生运用已有知识和经验来分析、解决案例中的问题,促进隐性知识与显性知识的不断转化。

采用案例教学法时,要根据教学内容的不同,精心选择、精心设计教学案例。案例的选择应符合以下要求:案例要贴切、恰当,能很好地反映教学内容;案例要生动有趣,能吸引学生积极参与、积极思考,从而提高学员分析问题、解决问题的能力,使学员很好地掌握所学内容;案例选择要充分考虑到学生的个性差异,难易适度,易于被学员理解;案例要贴近于学生的生活、工作实际,更有助于提高学生的参与性。

案例教学过程中,教师要注意以下几点:案例提问要围绕教学目的精心设计,问题不宜过多过难,以免增加课堂教学的掌控难度;案例提问要科学设计,由易到难、层层诱导,充分考虑学员的认知顺序;案例教学过程中,要注重引导、解决各种突发情况,从而掌控整个教学过程;案例教学过程,需要教师具有较好的课堂掌控力,适时适度地提问和解答,语言风趣幽默,可以很好地吸引学生的注意力,有助于学生认真专注课堂教学。

3. 网络直播课堂互动策略

教学是教与学的互动过程。在这一过程中，教师与学生通过交流、互动，实现教学相长与共同发展。有效的互动有利于激发学生有意义学习，网络直播课堂也不例外。

（1）互动时机的选择。高度专注的时间，一般只能维持在开始的 10～15 分钟，如图 8 所示的英国格雷厄姆·吉布斯注意力曲线告诉我们，随着时间的流逝，专注度不断下降。美国著名慕课平台 edX 曾做过一项调查：用户实际观看网上微课的时长一般不超过 10 分钟。因此，我们可以找到网络直播课堂互动的时机。教师根据知识框架，将网络直播课堂的教学内容碎片化，每个片段在 15 分钟范围以内，在教学片段之间，间隔插入师生互动。

（2）互动的形式。网络直播课堂教学实践中，可以运用多种互动形式，提高教学效果。

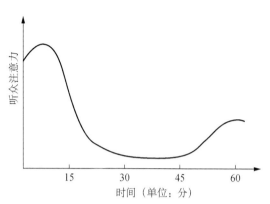

图 8　格雷厄姆·吉布斯注意力曲线

① 开展头脑风暴。根据教学内容，以个人或小组为单位，发起头脑风暴活动，分享交流讨论结果，既增进了师生、生生间的课堂互动，又激发学生了学习动机。

② 开展辩论。课前选好论题，让学生选择各自立场，展开辩论。既可以活跃课堂气氛、增加学生的参与度，又能促进学生批判知识点维、表达能力提升。

③ 直播问答。根据教学内容和进度，设计课堂问答题目，请学生主动发言或点名发言，敦促学生保持学习注意力，有效促进师生互动。

④ 课中题库。课前，教师根据教学知识点，制作简单题库，以单选、多选、判断等客观题为主，根据教学进度开放题库，要求学生在互动专区给出答案。

⑤ 同伴互评。在课堂教学中，就课上学生的观点陈述、问题回答等，组织同伴互评，增进生生互动。

（三）学生的角度

自主学习始于传统的接受学习相对应的一种学习方式，强调学习以"学生"为主题，通过学生独立地分析、探索、实践、反思、创造等方法来实现学习的目标。提高成人高校学生的自主学习能力，可以让学生更好地适应网络直播课堂的学习，满足自身终身学习、自我发展的需要。

为更好地培养成人高校学生的自主学习能力，可以开展自主学习能力培训，引导学生学会合理安排时间，设立恰当的学习目标，有效监控自身学习，增强学习动力，摈弃消极学习态度，积极参加网络直播课堂的学习，课前预习、课后复习、课中专注听讲并积极互动。

（四）教学效果评价

网络直播课堂教学可以通过学生的课堂表现、讨论、笔记、考勤来完成形成性评价，通过小测验问卷或学习心得来完成总结性评价。这需要在教学设计阶段和教学实施过程中，按照流程做好准备和执行。

但由于网络直播课堂依赖于直播平台所建立的虚拟教室，除非互动非常紧密，否则教师并不一定能够验证学生是否在听。建议可以通过 WebEx 跟踪小测验、Zoom video Webinars 提供的交互式功能，如问答和投票、实时聊天、与会者举手和注意力指示器等掌控教学效果。

五、结语

在疫情期间，网络直播课堂从作为教学辅助手段到成为教学主要方式之一，不仅是教育的需要，也是信息技术、互联网技术发展的科技成果。在今后的教学中，将深入研究如何更好地提升网络直播教学的教学质量，如何更好地增加课堂互动的有效性，不仅是现在，也是以后教学中需要继续关注和研究的问题。网络直播课堂是"互联网＋教育"模式创新，是大数据时代的选择，将会对在成人高校的教育教学改革产生深远的影响。

参 考 文 献

[1] 李方.教育知识与能力[M].北京:高等教育出版社,2011.
[2] 刘名卓,赵娜.网络教学设计样式的研究与实践[J].远程教育杂志,2013(3):79-86.
[3] 梁林梅,焦建利.我国网络课程现状的调查分析与反思[J].开放教育研究,2002(6):13-16.
[4] 刘洁,周玉霞,解继丽.同步直播课堂中师生情感交流问题分析及对策浅议[J].楚雄师范学院学报,2014(12):56-61.
[5] 路红,胡征兵.面向混合教学的SPOC平台研究及应用[J].中国现代教育装备,2017(1):11-14.
[6] 张莞雪.基于在线教育环境下实时直播教学的思考[J].软件导刊·教育技术,2016(11):77-79.
[7] 何克抗.建构主义——革新传统教学的理论基础(上)[J].电化教育研究,1997(3):3-9.
[8] 权京超.网络直播课堂系统在远程教学中的应用——基于教育管理视角的研究[J].天津电大学报,2010(1):17-19.
[9] 吴鹏泽,网络直播课堂应用策略[J],电化教育研究.2007(7):41-43.
[10] Harvard. Best Practices Online Pedagogy[EB/OL],https://teachremotely.harvard.edu/best-practices..
[11] Stacey Margarita Johnson. Dealing with the Unexpected: Teaching When You or Your Students Can't Make It to Class[EB/OL],https://cft.vanderbilt.edu/guides-sub-pages/dealing-with-the-unexpected/.

作者单位:上海市黄浦区业余大学

技能培训网上直播课堂的教学督导模式探索研究
——以育婴员培训为例

唐 燕 胡永佳 陈永红 曹明珠

内容摘要：在信息化高速发展的今天，"互联网＋教育"已成为学校教学改革的方向。一场突如其来的新冠肺炎疫情更加快了改革的步伐，各级各类学校纷纷开启网络直播教学，"直播＋教育"已成为当今主流教学模式。作为一种新型教育模式，为了改善教学效果，提升教学质量，必然需要一套新型的教学督导评价体系，针对职业技能培训课程的网上直播教学特点，对如何在线下现场教学督导的模式基础上取长补短，形成适合于当前在线直播课堂的新型教学督导模式进行探究，也为疫情解除后的线上直播教学的延续以及未来实行"云端"督导模式提供思路和经验。

关 键 词：技能培训 线上直播教学 线上教学督导

一、绪论

（一）研究背景与内容

在信息化高速发展的今天，随着移动终端功能的不断完善，"互联网＋教育"已成为学校教学改革的方向。早在2019年《政府工作报告》中已经明确提出发展"互联网＋教育"，促进优质资源共享。在线教育的发展，为我国教育均衡发展提供了条件。据中国互联网络信息中心发布的《中国互联网络发展状况统计报告》，截至2020年3月，我国网民规模达9.04亿，其中在线教育用户达4.23亿，较2018年底增长了110.2%，占网民整体的46.8%。2020年3月，全国大约2.65亿学生由线下转为线上直播教学，用户需求大增，在线教育态势呈现出爆发式增长。与此同时，移动宽带平均下载速率也比五年前提升了6倍多，也为线上教学开展提供了保障。

一场突如其来的新冠肺炎疫情更催化了教学模式的革新。教育部出台了《关于在疫情防控期间做好普通高等学校在线教学组织与管理工作的指导意见》，人社部印发了《百日免费线上技能培训行动方案》，提出了"停课不停学""停工不停训"的要求，面对线下教学活动、集中开展职业技能培训产生的巨大影响，人社部联合财政部推出关于实施职业技能提升行动"互联网＋职业技能培训计划"，作为应对疫情、推动职业培训转型升级和模式创新、实施好职业技能提升行动的重要举措。各级院校纷纷行动起来，为助力企业复工复产，为帮助农民工、贫困劳动力、失业人员等重点就业人群学习技能知识、提升就业能力做出努力，利用各类不同的在线培训平台，组织线上直播教学，"直播＋教育"借助互联网平台和直播技术的新型授课模式已然成为当今职业培训的主流教学模式。

目前,对于线上直播教学模式的运行,大家都还处在摸索阶段中,但是有一些学者已经走在了前沿,对线上直播有了一定的研究,但这些研究大多着重于线上直播教学现状分析、教学的实施方案设计、线上教育建设层面等,对于网上直播教学的过程、教学效果等总体的督导评估方面还有所不足。针对职业技能培训,实践操作部分课时较多,网上直播教育是否适用、效果如何、如何把好教学质量关?本文基于职业技能培训线上直播教学的特点与现状,探索与研究线上线下混合教学督导模式对进一步推广线上直播教学的作用。

(二) 研究的目的与意义

本文以某业余大学培训中心(下文中称某中心)为例,该中心承接的是区人社局的职业技能培训工作,根据区域经济发展的特点,家政类、育婴类项目为目前市场急需紧缺职业,为满足市场需求,配合做好疫情防控与职业技能提升工作,该中心把育婴员作为试点课程推出网上直播教学。利用第三方在线教育平台组织任课教师在线上建课、录课、网络直播等。作为试点,改革创新也不是一蹴而就的,需要教师们在教学实践中不断去尝试和摸索,及时总结与分享线上教学经验。作为学校,改革目的是为了促进学校更好地发展。在创新教育的同时,提高教学质量仍是学校生存发展之本,是提升学校办学质量的核心。因此,确立科学的教学督导理念,针对网上直播教学特点,积极探索线上教学管理,构建规范合理的新型教学督导模式是学校内部教学管理改革的重要途径。

(三) 研究的方法

本文研究方法有以下几种。

(1) 文献分析法:通过查阅网络资源和学术论文,在充分了解线上直播课堂与教学评估的有关信息的基础上,进行总结与梳理,从已有的研究成果中得到启发,为构建规范合理的线上线下教学督导模式提供理论依据。

(2) 问卷调查法:对在校参加技能培训的学生进行问卷调查,根据学生对线上直播教学模式的意见和建议,分析线上直播教学与传统线下教学模式的利与弊,进行总结。

(3) 个别访谈法:通过对督导评估专家、相关教师、教务管理人员及学员进行访谈,了解线下现场教学督导的方式存在的问题与不足,并提出建议,为构建规范和合理的适合线上直播教学的督导模式提供借鉴。

(4) 实验比较法:把育婴员培训分两个班,分别通过在线直播课堂与线下传统教学两种模式展开教学;根据两种不同教学模式的特点,积极探索在线下现场教学督导管理的基础上构建线上线下混合式督导管理的服务新模式,抓实抓细线上教育教学全过程。

二、技能培训网上直播课堂教学模式

1. 网上直播课堂的定义

网上直播课堂是指利用信息技术、信息资源、信息方法,把远端的教学内容、教学过程以视频的形式在教育培训平台上同步直播,从而实现超越教学时空、共享教学资源、完成预期教学任务的一种新型的教学模式。

2. 网上直播课堂的实施情况

职业技能培训有其自身的特点,主要是为了满足社会经济发展的需求以及学员自身就业的需要,对预备劳动力进行与职业相关的基础理论教育、职业兴趣、实用技术、职业技能技巧训练的一种教育。在疫情期间,为响应政府号召,实现"停课不停学,停工不停训"的目标,中心尝试将线上直播课程应用于育婴员(国家职业资格五级)培训项目,充分发挥其交互性、个性化和共享性强的优势,更好地调动学员的学习积极性和自主性。中心根据学员情况,分成实验班和对照班,实验班网上直播教学先开班。

网上直播教学运行至今,从课前的准备、提前邀请学员进入课堂到展开线上直播、签到考勤、网上答疑互动等环节都开展较好。

在教学过程中基本都能做到:提前下达本节课的教学任务、目标,提出学习的总体要求,根据授课内容精心准备教学资源(资料、视频),通过直播、视频等方式授课,指导学生进行练习,有操作部分内容的给学生留出时间练习,自拍视频传到微信群,教师结合学生学习情况再进行耐心细致的指导。一般情况下,实操部分以教师自录视频进行动作示范,强化学生对动作、技法的准确掌握。将讲解—视频播放—结合视频学练—再讲解—督促学生反复练习,通过互动交流,实时了解学生掌握情况,以边讲边练、讲练结合的教学方法来巩固教学的重难点。做到教学内容准确、环节紧凑、教学效果良好。课后通过班级群指导学生完成课外作业来进一步复习巩固课堂内容。

整个网上直播教学过程(如图1所示)是由教师的教学、学生的学习、教学管理部门实施的监管三方组成的系列活动。

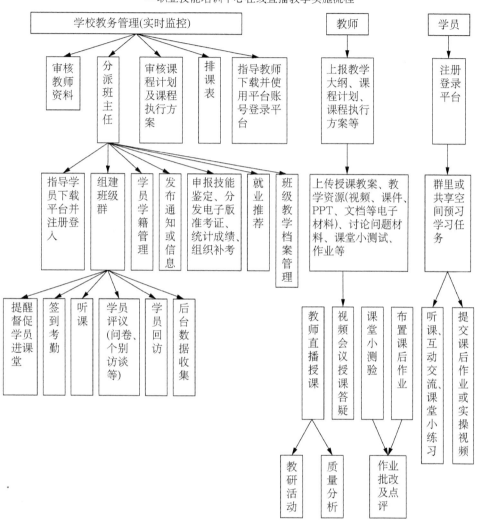

图1 网上直播教学流程

3. 网上直播教学实施效果分析

为加强直播课堂教学质量监控,中心在实施教学过程中对实验班学员进行了腾讯问卷调查,班主任通过网络发放了54份问卷,收回54份。调查结果显示:98.1%的学员能满足网络和硬件条件,能够保证网上听课;46.4%的学员喜欢通过网上直播课堂进行学习;52%的学员会全程听课;出勤率更高或差不多的占到87%;40%左右的学员反映学习效果较线下教学没有任何差异;80%左右的学员都能接受、认可教师的讲课速度、方式方法;77%的学员对教师的授课内容感兴趣;互动环节有50%以上的学员觉得线上教学模式效果最佳;作业与测验环节有近三分之一的学员觉得在直播教学中更好更方便。也有反映线上直播教学中存在不足的,如教师现场指导不够、平台模块设计不够完善、某时间段网速慢等问题,有学员提出:希望直播互动部分教师重心放在课程的重点难点上,有利于课后消化;有的希望每天上课时间在1.5小时左右,认为时间太久会引起视觉疲劳,效果不佳等等。

4. 网上直播教学模式的利与弊

根据学员反馈信息，网上直播教学较线下传统教学有以下几点优势。

(1) 在中国的未来教育中有很大的推广空间。大部分学员具备参加直播课的条件，这与2020年《中国互联网络发展状况统计报告》的数据相吻合，也为后疫情时代网上直播教学的延续提供了依据。

(2) 本班学员出勤率达86%以上，较以前传统线下教学要高很多。技能培训学员结构复杂，以成人为主，利用业余时间进行学习。网上直播课堂在时间上有更大的自由性，只要有网络覆盖，便可以通过手机、iPad、电脑等工具在线听课。这为工作日难以抽出时间来校学习的在职学员或在校生提供了方便。

(3) 网上直播教学大大节约了中心的办学成本。教学不再受空间人数和场地的限制，也不会因为人数多而影响听课效果，无论在家里、单位还是车上，只要有网络的地方，学员就能接受同样高质量的授课，这也提高了学习的便捷性。

(4) 直播课堂互动性强，拉近了师生间的心理距离。班里学员成年人居多，在线下教学中碰到上台模仿练习做游戏、唱儿歌、穿衣洗澡、喂药看病等环节时，需要与宝宝有丰富的表情、语言交流，许多学员就会恐惧、紧张，躲在小朋友后面不敢上台，就怕做错失面子。但在直播教学中，镜头前，许多学员反而敢说敢做了，还能自告奋勇积极自拍视频上传群里跟同学分享。远程教育克服了学员害羞、紧张的心理，锻炼了他们的心理素质。学员参与率提高，互动积极，课堂听课效率也大大提高。

(5) 直播课堂教师通过平台布置课后作业，这是对教学内容的重要补充。针对本班学员在职的较多，因工作繁忙容易忽略复习已学的知识技能的情况，课后作业作为一项学习任务，间接地促使学员对当天学习内容进行复习巩固。作业在规定的时间内完成，教师进行批改并能及时在群里指导，以此来提高课堂教学目标的达成度。

(6) 在开课的这个阶段，班里总有学员会请假或缺席的情况，网上直播课堂具有直播加录制的功能，学员可以利用空余，通过观看课程回放来进行补习，这较线下教学等于增加了一项服务。

(7) 从教师的角度，直播教学可以更好地借鉴和吸收先进的教育教学经验和管理模式，加快教师的专业成长，有利于提升教育教学水平。

根据反馈，网上直播教学还是比较受欢迎的，但由于学员的学习基础、学习习惯存在很大的差异性，加上教师的一些主观因素及平台自身的原因，实施过程中还存在一些问题。比如学员上课签到，由于不能进行人脸识别或身份认证，很难辨别是否本人而且不能控制听课时长。又如育婴员操作部分是教学难点，教师演示复杂的动作，在镜头下只能镜面示范，不能360度全方位地直播演示，导致学员在模仿练习中动作不到位、不精确。育婴员操作部分要求准备的教具、实训设备比较多，直播教学中学员如果没有教具、设备就没有动手操练的兴趣，就无法真正掌握技术技能，教学目标很难实现。另外，按照人社局的3.0系统课时计划设置1.5小时2课时，一般学校排课相对集中，以3小时来排，中间稍作休息。但网上直播长时间使用电子产品，容易引起视觉疲劳，影响视力，从而降低听课效果等等。

通过以上各种分析，采用直播教学有好的方面，也有不利因素，但总体是利大于弊。直播教学应用于技能培训中的可行性是毋庸置疑的，未来发展前景十分广阔，加强教学质量监督，推进线上教学督导评价势在必行。建议学校可以考虑把原来的开办资金转投到平台建设和优秀师资的培养和储备上，加强软件投资，增强平台的教务管理系统功能。

四、基于网上直播课堂的线上教学督导模式探究

1. 教育督导的定义

教育督导是教育督导机关或人员依据国家的教育方针政策、法律法规对下级的教育工作进行监督、检查、评估、指导。2012年10月1日国务院颁布的《国家教育督导条例》更强调了教育督导的意义，细化了教育督导的实施办法。由行使督导职权的机构和人员受政府部门委托，依据国家相关政策和法规，对办学机构进行教育教学工作实施监督、检查、评估和指导。另一种定义认为，教育督导是学校为主动适应教学改革和发展的需要，为对接国家教育督导制度，由学校内部对规范办学、教学质量监控实施自我监督和指导的一项制度。学校是教学监督的主体，重点是导，以督促导，以导为主，通过检查、反馈、指导、督促整改等一系列活动来完成，目的是为了进一步提升学校综合办学水平。

2. 某技能培训中心教育督导现状

该中心根据《教育督导条例》于2012年12月成立了教育督导小组,由教务处聘任本区资深的教育评估专家担任组长,组员有教务主任、教师代表等3~4人组成。督导小组在上海市人力资源和社会保障局关于民办教育机构办学质量诚信等级评估的指标体系的基础上,制定了学校内部的教学督导管理实施办法。在组长领导下定期开展教育督导工作,主要对学校办学条件、学校管理、教育教学、教师发展、学生发展、满意度测评等方面进行线下现场教育督导与评估。

督导小组线下现场教育督导与评估指标包括学校的教学组织与班级管理、教学管理制度和有关决策的贯彻落实情况、师资培养、科研、档案管理等,并对课程教学内容、方法、手段、教材、考核评价等开展评估和指导。主要通过现场巡视、资料检查、师生问卷、座谈会等形式进行督查。

细化课堂教学质量监控指标,督导内容主要包括:课前研究教学计划、大纲和教材,领会其精神,拟定授课计划,备好每一堂课;认真进行课堂教学;做好课后辅导工作;布置并批改课后作业和实训操作;认真进行实训指导;做好阶段性小测验,及时了解学员的学习情况;积极参加教研活动和教改等。检查的侧重点有4个方面:①对纸质备课质量的检查侧重于教案的规范与齐备;②对授课质量的检查侧重于任课教师对课程内容的组织、节奏、感染力,对理论表述的精确性、逻辑性、趣味性以及达到的课堂教学效果;③实训指导侧重于教师对专业设备操控的熟练程度;④测验审查主要侧重于检查题型、题量、完成程度、答案完备性等。以现场听课、教学巡视、资料检查、访谈、问卷等方式来评价教师的教学水平、学员的学习效果等情况。

督导小组通过对以上内容的现场巡视和检查,对教学质量、教学秩序、教学管理、教学改革落实情况提出意见和建议。收集、分析、整理教学信息,汇总督导报告,反映教学工作中存在的问题,为学校决策部门提供数据参考。

3. 基于网上直播课堂的线下现场教学督导模式存在的问题与不足

网上直播教学开展以来,如何抓好教育教学质量,是中心面对的新问题。育婴员五级作为线上直播教学的试点课程,如果采用原线下现场教学督导模式运行会存在哪些问题与不足?试分析如下。

(1)办学条件方面:线下现场教学督导指标围绕文件精神,要求教学场地达到人均3平方米,而且每个班学员不得超过50人;教学设施设备要达到项目设置标准,实训工位要能满足每一位学员参与等。

(2)课前准备部分:对技能培训教材使用、教学大纲、课程讲义、资料、授课计划以及教师资质(理论和实训指导)等,包括课后的教师教研活动、教学质量分析等各类会议,以现场查阅纸质资料为主。

(3)在课堂教学部分,点名签到主要由班主任进行统计,对缺勤的学员以电话联系,提醒和了解缺席原因。教师的教学评价由督导小组现场随堂听课来完成,检查教师语言技巧、仪表、教学方法、课堂组织形式、学习氛围等。

(4)对教师、班主任及学校管理满意度测评方面,通常采用现场个别访谈、座谈、问卷调查等方式来完成。这种方式的测评结果有时会比较主观。

(5)线下现场教学督导在资料累积、档案管理方面,以纸质资料为主。学校大大小小活动所形成的资料、教学资料等,全部打印存档。督导专家也以现场查看档案资料室、各门类档案归档的完整性为主。

以上是线下现场教学督导具体实施的几种方法,结合疫情期间技能培训及线上直播教学的特点,有些评价方法与指标已经不适用于现在的教学模式,失去了教育督导的实效性。怎样利用现有的先进技术条件来进行更有效的教育反馈和教学评价呢?

4. 线上教学督导模式的探索与实践

在育婴员直播教学实施阶段,以线下督导为基础,结合平台的教务管理系统功能,尝试开展线上教学督导,通过收集数据、资料,对学员的互动频度、出勤和教师的直播情况、教学资料、作业、在线测试、教研、满意度测评统计等方面进行检查与指导,以此来提高督导的科学性、先进性和实效性,更好地发挥督导评估的作用。

线上教学督导模式可行性分析:

(1)指标要求:针对育婴员线上直播课特点,相较于线下学校环境、教学环境、设施设备等指标要求,线上督导侧重于直播教学环境清晰度、平台建设、平台的稳定性、安全性、便捷性、资料的存储及教学辅助管理功能等。

(2)课前、课中、课后教学资料:主要通过平台的教务管理系统中收集数据和资料,教师课前把教学大纲、课程安排、教学方案及教学辅助资料上报至平台的共享空间。教务处必须及时审核上传的资料是否符合教学大纲要求。审核通过后上传至班级群或全员共享空间。班主任设立班级群，督促学员提前查看课程安排，了解教学目标，做好相关的预习工作。课中资料包括录播视频文件、文字资料或直播配套资料，内容要完整，要突出重难点等。课后资料以学生作业、小测试为主。

（3）签到考勤：教师发起直播就能看到学员签到上线人数，对未签到人员可以直接@本人，提醒或通知其进课堂，对出勤情况在直播界面能做到随时监控，如果有人掉线或离线平台会及时显示。但有一个缺点：教师直播看不见学员，无法比对。除此之外，线上考勤更方便，更便于统计出勤率。

（4）听课评课环节：督导小组只要接受班主任邀请加入班级群就可以进入课堂听课，如果组织公开课教学，线上听课就比较容易了。对教师而言直播课的要求更高，每一节都是公共课。教师的仪表仪态、语言规范、课堂交互性和协作性都可以在课中体现，尤其是通过视频会议模式，可以看到屏幕前的每个学生，实时监督学生学习，有较好的互动效果。育婴员项目的操作性强，要求每个学生动手练习，动作要规范，对设备的使用要熟练准确。线上督导侧重于教学互动次数与频率、教师的示范与指导、学生间的交流与点评。

（5）课后作业：教师在群任务栏直接布置作业。只要规定好时间段让学员把作业和操作视频上传至班级群或共享空间，教师就能及时批改和指导。督导小组检查学员作业及教师的批改情况更方便了。

（6）满意度测评：直播教学平台具有设置问卷的功能，督导小组或班主任采用线上设置调查问卷、发放并做统计，或者以视频会议形式举行学生座谈会，只要添加好友就可以进行个人访谈等，操作起来更方便，测试效果更真实。

（7）教师教学研讨：主要检查教师的参与情况、次数、学校开展情况等。开展直播教学以来，教学上有问题只要预约视频会议就可以进行研讨，不用受时间、空间和地域的限制。

（8）档案资料实现无纸化管理：从教学督导信息、评估资料、教学档案资料开始试行电子化管理，便于及时对外公布，增加学校管理的透明度，方便师生对教学工作的监督，提高社会各方对学校办学质量的监督。检查指标要求资料完整、规范、类别清晰，线上更易做到。

以上对线上教学督导具体实施方法进行了分析，可以看出线上教学督导可操作性较强。不同的教学模式有着不同的目标、程序和策略，督导评估的标准和方法各不相同，找到适合自己教学模式的评价方法才能更快更好地对教育教学工作做出公正的评价。但是目前线上直播教学模式运行才刚起步，第三方平台建设还不够完善，完全采用线上教学督导模式还是存在着许多问题。

五、完善线上教学督导模式的一些建议

通过实践，采用线上教学督导评价，数据及资料的收集更方便、更能体现真实性，效果也好，不再受时间和空间限制，节省人力和物力，效率更高。但由于平台建设问题，后台管理的功能还跟不上，采用线上教学督导还存在一些问题。第一，在签到考勤方面，教师在发起直播以后只能看到学员是否签到、上线，但无法确认是否为其本人，如果后台能够增加学员人脸识别比对认证的功能，统计出勤效果会更好。第二，按照人社局要求，需要有开班项目申请数据及批准资料，如果后台根据职业技能培训的特点开发对接人社局3.0系统的开班申请、教学计划录入、学员信息导入等模拟功能，就便于与人社局督导评估指标接轨。第三，增加知识产权权限功能。在教师的选用和资质审核上，多数老师不愿意把个人重要资料、身份信息上传至平台，就算放上去了资料真实性也不易被查验；建议增加每个教师或教学管理人员设置个人权限的功能，既保证了教师的知识产权安全，也保护了学校资料管理安全。第四，建议在后台建立一个教育督导专栏，按督导要求分类建立子栏目，可以把平时的各类资料进行归类存放，进一步规范档案管理要求，更好发挥档案的借阅作用。第五，建议加强教务管理人员、班主任的培训，要学会使用平台，提高线上信息处理的能力。

六、总结

在学校教学过程中，教学督导工作不是一次性的，需要有效持续地进行，教学督导模式也不是一成不变的，要随着教学改革的变化而变化，选用科学合理的教学督导模式、建立完善的督导评价体系，能够为更好地提高教学质量保驾护航。

育婴员培训作为疫情背景下网上直播教学试点课程,尝试采用线上教学督导评价方式对线上直播教学过程进行评估与指导,目的是更好地开展线上教学,保证教学质量。当前教育培训市场竞争激烈,学校唯有不断推进教学改革和创新,与时代同步,形成独具特色的教学模式、管理模式,使教学更具针对性和实效性,培养出更多的社会生产所需的技能型人才,才能在改革的浪潮中不被淘汰。

参 考 文 献

[1] 江西司法警官职业学院:创新线上课堂 严格教学管理[EB/OL].凤凰网,2020-03-16.http://jx.ifeng.com/a/20200316/13950238_0.shtml.
[2] 线上线下融合让课堂"变脸"——中国海洋大学"混合式教学"改革记[EB/OL].大众网,2019-03-20.http://www.dzwww.com/edu/dzjyxw/sdjx/201903/t20190320_18520041.htm.
[3] 万思志.高等学校教学督导制研究综述[J].黑龙江高教研究,2011(3):51-53.
[4] 魏威,陶乃彬.教学督导信息管理平台的研究[J].商丘职业技术学院学报,2013(5):39-41.
[5] 葛云龙.浅谈O2O课堂教学模式的应用——线上与线下相结合的翻转课堂[J].职业教育(中旬刊),2016(5):22-24.
[6] 张润芝,张进宝,陈庚.网络课程质量评价实践及学术研究评述[J].开放教育研究,2011(4):60-65.
[7] 陈丽娜.基于混合式教学的学习效果评价研究[D].武汉:华中师范大学,2018.
[8] 徐玮.高职院校在线教育绩效评估模型研究与实践[D].杭州:浙江工业大学,2018.
[9] 洪颖.国外职业教育对我国职业教育的启示[J].职教论坛,2010(5):46-47.
[10] 郭协潮.基于网络教学的教学质量评价模型研究[J].中国医学教育技术,2012(3):283-286.
[11] 高翔,梁兰芳.入世:中国职业教育的发展契机[J].石家庄职业技术学院学报,2003(3):26-28.
[12] 游琪.O2O教学模式在网页设计基础的应用[J].电脑知识与技术:学术交流,2018(6X):110-111.
[13] 黄颖.基于绩效的在线培训的评价研究[D].上海:华东师范大学,2007.
[14] 刘佳:"互联网+"背景下"直播+教育"兴起与新评价范式展望[J].上海教育评估研究,2017(4):1-5.
[15] 潘彪."职教新干线"空间教学在职业教育教学中应用的探讨[D].长沙:湖南农业大学,2013.
[16] 刘佳."直播+教育":"互联网+"学习的新形式与价值探究[J].远程教育杂志,2017(1):54-55.
[17] 刘路,刘志民,罗英姿.欧洲MOOC教学质量评价方法及启示[J].开放教育研究,2015(5):57-65.
[18] 牛金成.职业学校办学模式的属性分析[J].职教论坛,2014(31):68-71.
[19] 王斌,章国英,胡继岳.对网络课程平台应用绩效评估的分析[J].中国医学教育技术,2009(4):369-372.
[20] 赵慧.大学O2O教育教学评价研究[J].中国管理信息化,2017(7):239-241.
[21] 刘佳.第四代评价视阈下高校教学评价制度的反思与重建[J].教育发展研究,2015(17):60-61.

作者单位:上海市黄浦区业余大学

教育直播在成人高校的未来走向

王润清

内容摘要：新冠肺炎疫情期间，教育直播已运行近一个学期，教师从最初的"慌乱"逐步回归理性。疫情过后，教育直播在成人高校何去何从？本文从问题出发，追本溯源，探讨教育直播的发展历程、内涵和特点；通过对学生的问卷调查和对师生的访谈，从教育直播的效果和挑战两个方面对黄浦区业余大学的教育直播实践进行反思；最后在分析调查数据的基础上，从明确教育直播的重要地位、明晰教育直播的时间节点、选择教育直播的主要内容、提升教师队伍的直播能力、尝试教育直播的营销策略、营造教育直播的课堂氛围等方面提出完善成人高校教育直播的建议。

关 键 词：教育直播　成人高校　交互性　情境感

一、问题的提出

全球领先的新经济行业数据挖掘和分析机构 iiMedia Research（艾媒咨询）发布的《中国在线直播行业研究报告》显示，2016—2019 年，中国在线直播用户人数飞速增长（如图 1 所示）。艾媒咨询分析师认为，未来直播将嵌入民众生活各个方面，用户规模持续稳定扩大。当前，"直播＋"领域的拓展，已涵盖公益、综艺、教育、非遗、电商等，旨在构建多元化和高品质的直播生态体系。

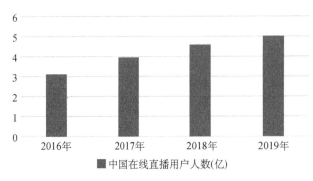

图 1　2016—2019 年中国在线直播人数规模

2020 年，受疫情影响，各级各类教育"停课不停学"，纷纷采取了线上教学/网络直播课堂的形式。黄浦区业余大学、上海开放大学黄浦分校在开学之初，也加入教育直播大军，全体师生积极响应。教育直播试运行一个阶段后，作为教师，面对镜头，从最初的"慌乱"到后来的"沉着"。现在再谈教育直播，有必要回归理性，追本溯源，探讨教育直播的发展历程、内涵和特点，对教育直播实践进行反思。开展教育直播是面对疫情的被迫之举，那么疫情过后，成人高校的教育直播何去何从？

二、教育直播的发展历程和内涵特点

（一）发展历程

教育直播起源于电视会议，20 世纪 80 年代传入中国。1998 年，中央广播电视大学推出教育直播的首播，师生通过电话热线进行交互。21 世纪初，国内各广播电视大学通过双向视频会议进行系统实时授课，师生通过计算机网络或邮电通信进行交互。2009 年，少数在线教育机构借助平台进行语音直播，师生通过 QQ 语音进行交互[1]。2016 年被誉为"中国网络直播元年"，教育直播飞速发展，一些教育机构实行"线下教育线上化，线上教育直播化"的策略，以降低教育成本，扩大生源范围，纷纷推出直播类教育产品，师生之间、学生之间可通过微信、直播平台等进行文字、语音、视频等多种资源的交互。有数据显示，在垂直类直播排行前十名中，六成是教育直播。

（二）内涵特点

1. 教育直播的内涵

学术领域对于教育直播的内涵界定，至今尚没有统一的说法。笔者罗列了个别有代表性的界定，主要如下：

郝春娥认为，教育直播是由主播通过视频录制工具，在互联网直播平台上直播教学活动，学生可以通过弹幕或者打赏方式与教师互动，是一种在互联网平台上直播教学的行为[2]。

陈卓认为，教育直播是面向教育的互联网技术，是基于云计算技术的高效、便捷、实时互动的远程教学课堂形式，通过互联网界面共享文档、PPT、网页、数据、应用等，跨越空间，与全球各地的学生、教师、家长等不同用户构建教学过程[3]。

胜楚倩认为，教育直播是以计算机、多媒体和现代通信技术等信息技术为主要手段，将信息技术和现代教育教学思想有机结合的一种新型远程教育模式，能有效地利用各种教育资源[4]。

张珏等人，认为教育直播是指在师生分离的情况下，利用直播平台开展实时教学活动，实现教育者与学习者之间的教与学[5]。

刘青松认为，教育直播就是教育机构在互联网上注册一个域名，教师或教育类主播在这个域名上开设自己的直播间，在直播间通过导播设备为学生进行实时教学直播，此域名即教育直播平台[6]。

2. 教育直播的要素

分析上述内涵界定，教育直播的要素主要有：

（1）参与主体：面授课上一般只有教师和学生，直播课除了教师（也被成为主播）和学生（或称为网友、顾客）固定外，教务管理人员、班主任及学生的家人朋友（或称为网友、路过的陌生人）随时可以自由进入和退出。

（2）教学媒介：教育直播不再需要固定的教室实体，而是需要借助视频录制软件，用手机、平板或者电脑等设备在互联网直播平台（或称为域名、虚拟直播间等）上开展教学活动。

（3）教学资源：教育直播对教材和 PPT 等资源的依赖性有所降低，主要是通过互联网界面共享文档、PPT、网页、数据、应用、音频、视频等多样化的电子学习资源。

3. 教育直播的特征

（1）实时性：直播强调实时参与，陈昭琛等人认为教育直播就是实时地把传统实体课堂"搬到"虚拟的直播间[7]。学生在规定时间内，即使空间上分离，也能一起实时参与教学活动。

---

[1] 王芸,王建虎,王群利."互联网+"时代教育直播的 SWOT 分析[J].微型电脑应用,2019(3):26-28.
[2] 郝春娥.教育直播引发的中国教育形态变革[J].中国教育信息化,2016(23):28-29.
[3] 陈卓."直播云课堂"在高等教育教学过程中的应用研究——以南京城市职业学院（南京广播电视大学）为例[J].南京广播电视大学学报,2017(2):78-81.
[4] 胜楚倩.远程教育直播课堂的教学模式研究[J].教育现代化,2018(14):146-150.
[5] 张珏,王山山,吴晓云."直播+教育"：机遇、挑战与对策[J].西部素质教育,2017(12):185-186.
[6] 刘青松.国内教育直播平台发展现状分析[J].亚太教育,2016(27):294.
[7] 陈昭琛,朱可,张志,等.教育直播现状与面临的挑战[J].科技创业月刊,2018(6):96-99.

（2）便捷性：教育直播突破时间限制，超过规定时间，便可形成在线录播课，缺勤的学生或理解上有困难的学生可以看回放；教育直播打破空间的限制，让身处不同地区的学生避免来回奔波，只需通过互联网就可以上课。

（3）交互性：教育直播发展至今，已经可以实现师生双向交流，利用直播平台上的相关功能，或以聊天弹幕的形式回答老师问题，或以打赏的形式与老师互动。其互动的内容和形式与面授有所不同，为方便学生迅速快捷地回答问题，提问更多倾向于采用客观题，主观阐述问题的交互较少。

（4）多样性：教育直播已成为当前教育的一种风向、一种时尚，但对其内涵的界定仍有不同看法，人们将其视为一种教学行为、一种教育模式、一种课堂形式、一种教学手段、一种教育形态、一种教学技术等等。在探索期间，教育直播的实践和理论发展必将呈现多样性，百花齐放。

在疫情防控的形势下，黄浦区业余大学动员广大师生开展了教育直播。根据教育直播的发展历程和内涵特点，笔者设计了相应的调查问卷，并于2020年4—5月对全体在校学生进行了全抽样问卷调查，全校在读学生600多人，通过问卷星调研，收回555份有效问卷，回收率达到90%以上。从学生体验、交互性、学习困难、学习效果等方面进行了调查。同时，还对相关教师进行了访谈交流。

三、成人高校教育直播的现状与问题

（一）教育直播的总体评价

学生是教育直播的体验者，也是主要的评价者。调查显示，对参与教育直播的学习效果，50.45%的学生表示满意，比面授好；34.05%的学生表示一般，和面授一样。总之，总体评价比较满意（如图2所示）。

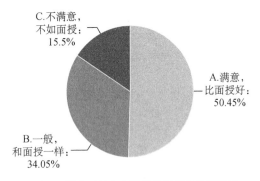

图2 学生对教育直播的学习效果的满意度

首先，学生表示满意的主要原因就是教育直播非常方便。77.84%的学生认为教育直播非常便捷，可以不受地域的限制。74.41%的学生认为教育直播带来了便利，节省了上下学路上的时间。有的学生说："我现在还在老家，如果要上面授课，就算没有找到工作，也要返回上海求学，生活成本很高。"有的学生说："我们工作调动很频繁，选择工作还要考虑离学校不要太远，现在的话没有这个顾虑。"有的学生说："以前面授课还要请假，现在戴上耳机，可以边工作，边听课。"有的学生说："我家孩子没人带，以前上面授课，我都带孩子过来，现在可以在家边带孩子，边听课。"所以，教育直播使得每个班级的出勤率都非常高。

其次，直播平台的选择、教师的教学水平和能力以及教学直播过程也是影响满意度的重要因素。调查显示，对现在使用的直播平台（腾讯会议），67.75%的学生认为很方便，28.47%的学生认为一般。对老师教育直播的效果，57.66%的学生表示满意，比面授好；32.97%的学生表示一般，和面授一样。对教育直播中的师生互动，46.49%的学生表示满意，比面授好；39.82%的学生表示一般，和面授一样。

（二）教育直播面临的挑战

学生参与教育直播的困难很多（如图3所示），主要有：网络不稳定，占比55.32%；家里干扰因素多，占比42.52%；缺乏上课的感觉占比36.4%，工作太忙没时间占比35.86%，缺乏师生互动占比29.91%。

（1）网络不稳定。教育直播过程中，由于网络问题或者技术问题，画面和语音都会有一定的延迟或卡顿，这将影响教学活动的正常进行。31.53%的学生认为现用的直播平台（腾讯会议）功能有限。教师也缺乏对网络和直播平台的技术了解。

（2）学生缺乏约束容易分心。42.7%的学生表示偶尔会分心；8.29%的学生表示总是被干扰，偶尔听听；3.08%的学生则只是挂在线上，基本不听。在学生的个别访谈中，有的说："现在听课是很方便，可以边听课，边干自己的事情，但很容易被各种事情分心而不能专注于学习。"

（3）缺乏沟通交流的情境感。虽然调查显示很多学生对教学中的互动比较满意，但在与师生进行访谈后，发现有不同的声音。访谈中，很多同学都表示教育直播跟老师和同学的交互不方便、没有情境感和亲近感。有的

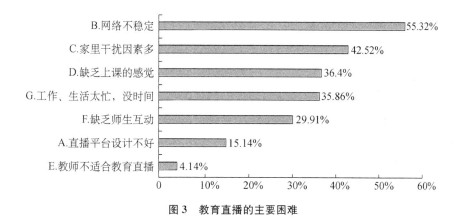

图 3 教育直播的主要困难

说"教育直播跟面授课交互的感觉不同,缺乏在教室里跟老师和同学交流的亲切感";有的说"一个人对着手机和电脑听,看不到真实的老师和同学,没有上课的感觉,容易瞌睡"。教师也认为对着电脑讲课没感觉,因看不到学生也不知道学生的反馈怎么样,感觉一直在"自说自话"。

教育直播经过不断的改变,已逐步成为当前的热点。反思一个学期的教育直播历程,学校的教育直播虽是被迫,但也是契机,为未来的教学改革开辟了一条崭新的道路。面对全新挑战,我们徘徊、惶恐,但最终沉着应对。而且,对照教育直播的内涵、要素和特点,经过摸索,还积累了点滴经验。那么,疫情过后,教育直播是否能完全代替面授?如果不能,与面授以及其他教学形式又应如何权衡,为主还是为辅?教师和学校又应采取什么策略激励学生学习的自觉性?这一系列问题,都值得我们思考和探究。

四、完善成人高校教育直播的建议

(一)明确教育直播的重要地位

教育直播在成人高校教学中是一种必不可少的、重要的辅助形式。调查显示,学生喜欢的教学形式呈现多样化特点(如图4所示),喜欢面授课的居多,占比为18.02%,喜欢单一教育直播的学生占比为12.61%,喜欢面授与教育直播相结合形式的占比9.01%,喜欢面授、录播与教育直播相结合的学生占比17.48%。这三组数据表明了学生对线上录播的倾向。但这里的线上录播是对教育直播的录播,非教育直播的录播材料因无法还原教学过程而缺乏生命力。教育直播要与面授和线上录播相结合,效果才能更好。究其原因,是成人高校学生因工学矛盾,无法完全实现教育直播的实时性和面授课程,所以喜欢面授和教育直播的占比较少,而喜欢线上录播的学生占比较多。教育直播实现了面授课程跨越时空的可能性,又赋予了线上录播材料鲜活的生命力,因此,三者结合效果更佳,教育直播则是同时激活面授课程和录播材料的有效手段和重要方式。学习者也可以根据自身需要,随时选择不同的学习方式。

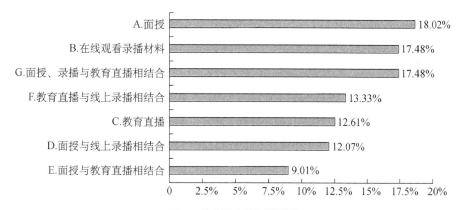

图 4 学生喜欢的教学形式

(二）明晰教育直播的时间节点

调查显示，学生参与教育直播的设备主要是手机，占比70.09%。教育直播的时间相对比较分散，分别是工作日晚上、周末白天、周末晚上。76.4%的学生希望教育直播的频率为一周1~2次，不要太多。81.8%的学生希望教育直播的时长为1~1.5小时。82.16%的学生会看直播的回放。这些数据对直播平台的选择、直播课程的安排都有一定的参考意义，尤其强调要有对直播的录播及回放功能。如果采取面授、教育直播和线上录播同步的方式，就要列出明晰的不同知识点播出的时间节点，以让缺勤学生在回看时能准确找到感兴趣的"节目"，节省时间，提高自主学习效率。

（三）选择教育直播的主要内容

成人高校的专业种类繁多，知识类型也多样。不是所有的课程、所有的内容都适合教育直播。据了解，教育直播效果好于面授的主要是课程导学、理论性学习和语言类学习，分别占比69.55%、64.86%和44.5%。面授效果好于教育直播效果的主要是操作类学习、期末复习和计算类学习，分别占比68.11%、55.32%和47.75%。教育直播和线上录播，一方面可以满足缺勤学生的远程学习和延期学习需要，另一方面也可以使缺勤学生通过观看真实课堂而增加其参与感和情境感。但是，对于操作类学习，还是强烈建议学生参加面授课。

（四）提升教师队伍的直播能力

教师参与教育直播，时空发生了改变，媒介发生了改变，资源发生了改变，面对的学生发生了改变。一系列的改变使得教师从面授辅导教师转变为"主播""主持人""媒体从业人员"。这些转变要求提高教师队伍的主播能力。

首先，要加强教师能力建设。主播需要具备更多的综合能力，如要有良好的思想政治意识、过硬的专业知识能力、灵活的表达和沟通能力、应急能力、多媒体技术编辑能力、直播平台功能应用能力等等。其中尤为重要的是教师的思想政治意识，教师作为"传道授业解惑者"，本来就应该传递正确的价值观，特别在互联网时代，任何言语都要传递正能量，否则就背离了"为人师表""教书育人"的初衷。

其次，要加强教师队伍建设。教育直播不再是教师"单打独斗"，而是需要团队合作和联盟。完整的一堂直播课，除主讲教师外，还需要辅导教师、技术团队的协作。就同一门课程而言，对于业大或开大来说，有教研组和系统教学网络，因此可以形成教师联盟，主推一些特别适合的教师作为"主播"，其他教师则作为辅导教师进行个性化指导，这样也可以实现直播课程的经济性。

（五）尝试教育直播的营销策略

教育进入直播后，已经不仅仅是一种教学行为，更是一种媒体行为，因此需要宣传营销，动员学生不仅要参与进来，还要互动起来，为此，可以尝试相关的营销策略，以提高对教育直播的参与和互动。例如：开展线上翻转课堂的教学形式，课前发布能吸引人进入的课程预告，发布学习资源并且督促学生提前学习，了解学生在预习中的难点等等；课中可以分析作业，引导学生参与互动；课后进行小结等。又如：借助多种平台交互使用推进教学，平台服务于教学，而不是教学服务于平台，只靠教育直播平台难以完成任务，要借助微信群、微信公众号、微信小程序等手段。再如：借助互联网技术，对积极参与互动的学生赠送"鲜花""掌声"甚至是可以折合成平时成绩的"积分"，以示奖励。还可以通过各种手段培养"粉丝"，把教学内容变成通俗易懂的"故事情节"，转换成可以吸引学生的"包袱"，给学生"情感关怀"，把教学互动变成"才艺比拼"，让学生彼此之间关注等等。

（六）营造教育直播的课堂氛围

教师和学生认为教育直播最大的问题是"没有感觉"，营造真实的课堂氛围非常重要。如果是面授课，要同步直播和录播，参与面授的学生可以同步观看直播视频；互动时，要对教师、到场学生和镜头里的学生进行灵活的镜头切换，让实时参与直播和课后观看录播视频的学生能真实地感受到课堂氛围。如果是教育直播，要避免系统性的"灌输知识"，要开展"主题讨论"，鼓励学生积极参与互动，对无法参与而只能观看录播的学生，也要有作业布置，延时提交自己的观点。技术上，校内要配置镜头可以自由切换的录播教室，保障网络的安全与畅通；校外要综合比较多种直播平台，从平台功能、流畅度、便利性等方面，选择较为合适的直播平台。

综上，教育直播尚不能完全取代面授形式，但会成为一种必不可少的、重要的辅助形式。不同专业、不同课程、不同知识如何进行教育直播，需要教师的大胆创新与尝试，进行精细、科学的教学设计；需要学生的主动参与;需要教辅人员的支持配合;需要技术的大力支持;需要同类兄弟学校的共同研讨。

疫情过后,春暖花开,教育直播也将迎来更美好的明天!

参 考 文 献

[1] 王芸,王建虎,王群利."互联网+"时代教育直播的 SWOT 分析[J].微型电脑应用,2019(3):26-28.

[2] 郝春娥.教育直播引发的中国教育形态变革[J].中国教育信息化,2016(23):28-29.

[3] 陈卓."直播云课堂"在高等教育教学过程中的应用研究——以南京城市职业学院(南京广播电视大学)为例[J].南京广播电视大学学报,2017(2):78-81.

[4] 胜楚倩.远程教育直播课堂的教学模式研究[J].教育现代化,2018(14):146-150.

[5] 张珏,王山山,吴晓云."直播+教育":机遇、挑战与对策[J].西部素质教育,2017(12):185-186.

[6] 刘青松.国内教育直播平台发展现状分析[J].亚太教育,2016(27):294.

[7] 陈昭琛,朱可,张志,等.教育直播现状与面临的挑战[J].科技创业月刊,2018(6):96-99.

作者单位:上海市黄浦区业余大学

提高学生网上直播课堂有效参与的思考

计莹斐

内容摘要：在网上直播课堂教学中，学生参与的交流形式、主导权和评估相较于线下现场教学发生了明显变化。学生的动机、注意和投入以及教师的教学方式、提问和风格都对学生参与构成了影响。本文以成人高校网上直播课堂观察分析为基础，从三个方面提出学生参与的提升策略，包括使用以学生为主导的教学法、开展有效的在线交流以及建构合理的在线课堂教学流程。

关 键 词：学生参与　网上直播课堂　在线交流

学生参与是学生在各类学习活动中表现出持续性的行为参与和积极的情感体验，旨在发现学习的意义和目的，实现教育目标，获得学业和人生的成功①②③。学习始于学生的参与。在线下现场教学中，教师可以寻求各种方法来激发学生对于课程知识和技能的学习兴趣，借助各种手段让学生参与学习过程。然而，在进行网上直播课堂教学时，学生参与的方式完全不同，学生的注意力容易分散，状态容易出现懈怠，这进一步加剧了已然较为复杂的学生参与问题。如何调动学生在线学习的积极性、如何提高学生的参与热情，成为保障网上直播课堂教学质量的首要课题。

一、网上直播课堂中学生参与的变化

在网上直播课堂教学中，技术架起了师生间交流的桥梁，学生掌握课堂参与的主导权，教师评估学生参与的客观性和准确性受到影响。

（一）学生参与的交流形式

在网上直播课堂教学中，交流可以由文本驱动。文本不局限于文字，换行的频率、段落的大小和标点符号的

---

① Skinner, E. A., and Belmont, M. J. Motivation in the Classroom: Reciprocal effects of teacher behavior and student engagement across the school year[J]. Journal of Educational Psychology, 1993, 85(4): 571-581.
② Fredricks, J. A., Blumenfeld, P. C., and Paris, A. H. School Engagement: Potential of the concept, state of the evidence [J]. Review of Educational Research, 2004, 74(1): 59-109.
③ Christenson, S. L., Reschly, A. L., and Wylie, C. Handbook of Research on Student Engagement[M]. New York: Springer, 2012: 817.

插入都能表达学生的情感和状态,缩写、表情和措辞也传达着学生独有的思想,个人的性格甚至情绪都可能反映在文本格式、内容和风格中。在线课堂也可以进行实时语音和视频通信,这为教师和学生提供了多模式的交流机会。换言之,师生使用各种工具,能够即时地共享声音、图像和文本。

与线下现场教学相比,网上直播课堂的交流往往是异步的。学生在发表评论之前有更多的时间来思考自己的言论,详细说明自己的观点,更准确地传达自己的意图。因此,在线课堂鼓励更深层次和更具表达力的交流回应。这样的交流形式对于内向和外向的学生都是有益的,可以平衡这两类学生群体之间的参与水平。学生有更多时间去适应与教师和其他同伴的交流步调,这也成为学生在线参与的一部分意义所在。

网上直播课堂的交流更为持久。与现实世界中的互动不同,在线课堂中的活动都有完整记录:交流的内容、时间和对象等,以客观的方式记录下交流信息,避免了遗忘或记忆偏差的发生,师生可以重新查看和反思。基于此,在线课程必须在没有任何技术故障的情况下运行,但是目前的在线互动还不能排除技术原因造成互动被打断,诸如硬件卡顿、软件失效、网络断开等突发事件。技术可靠性的问题不利于学生有效参与。对此,制定替代计划以在技术崩溃期间保持师生沟通的顺畅是教师为应对直播教学必须做出的备案。

(二)学生参与的主导权

在线下现场教学中,教师和学生在共同的时间内、在教室这一封闭的物理空间内培养起师生间的亲密关系,师生作为一个整体汇聚在一起,学习新知、交流观点。教师在有限区域内建立起完善的课堂行为准则,如果发现学生的参与不足,可以采取措施纠正这种情况,最大化学生课堂学习的参与度。简言之,在线下现场教学中,教师可以引导学生注意和参与课堂教学,行使学生有效参与的主导权和控制权。

在网上直播课堂教学中,教师可以介入学生的学习过程,包括与学生之间充分交流答疑、完成作业批改、分析平台记录的详细数据等,但是教师失去了直接控制学生参与的机会。在线学习的方式更加灵活,当学生独自学习时,他们会遇到许多分散注意力的事物,这就需要学生更加自律。学生处于在线学习的中心位置,选择学习内容,调节学习节奏,控制自己对课程内容和技能的参与程度。因此,学生课堂参与的主导权限从教师转移到了学生自己手中。

(三)学生参与的评估

在线下现场教学中,教师可以将观察到的线索与学生是否参与直接关联起来,例如语言、提问等言语因素以及手势、表情、目光交流等非言语因素。师生占据了相同的时间和空间,教师可以从学生的外在具体表现获得行为暗示,直接体验到学生参与情况,并据此继续或调整学生参与课堂活动的方式。虽然教师评估学生参与的结果未必准确,但是无论对与错,这些行为都可以作为学生参与的依据。

在网上直播课堂教学中,教师错过了相同的行为线索和非语言线索,不能直接与学生目光接触,看不到他们是在微笑还是在沉思抑或是皱着眉头,对学生参与的直觉可能会弱化。诚然,教师可以参考与学生参与相关的信息,例如是否发表评论、是否"举手发言"、是否提交作业、在课堂页面的浏览和停留时长、视频的回看次数等。这些提示可以视作参与度指标,但是也存在不足。学生似乎会在页面上停留很长时间,但是他们却是在做其他的事情;学生似乎会将大量时间用于作业,却在听课上花费较短的时间。因此,教师不能准确地衡量学生的参与程度,这反过来对教学实践又产生了消极影响。

二、网上直播课堂中影响学生参与的因素

学生愿意且渴望参与学习过程并取得成功。影响学生在线参与的个人因素通常包括:动机、注意和投入。教师同样会影响学生参与在线教学的有效性。

(一)动机

动机是学生的学习热情和行动意愿,是学生参与课堂学习的首要动力来源。动机可能是与生俱来的内在驱动力,例如渴望成功等,也可能只是因为发现了有趣或重要的事物而喜欢上某个主题或渴望学习这些内容,还可能是诸如获得奖学金或潜在工作机会等外部因素。虽然动机是私人的、主观的,但作为教师对学生的动机同样具有支持、指导的责任。虽然拥有学习动机未必意味着会积极参与具体的学习活动,但是动机为学生参与提供了基础,尤其是在网上直播课堂教学中,动机导向参与,没有学习动机就不会有学生参与,更不必说提高学生有效参与的质量。

(二) 注意

影响学生在线参与的第二个因素是注意,即专注于环境的某一个方面而忽略其他方面的过程,或仅仅关注几种可能刺激中的某一个而忽略非相关刺激的过程①。注意是意识和接受能力的选择性缩小,涉及学生认知能力中对学习资源的分配和处理。注意是参与的保障,积极的注意会推动学生学习和生成新技能,反之,消极的注意则会阻碍学生在线参与。

(三) 投入

学生参与需要学生在学习活动中注入足够的时间和精力,甚至是全身心地参与到学习活动之中②。投入的时间和精力会因为学生的兴趣和目标、个人能力与期望等而产生差异,成人学生对工作和其他社交活动的参与程度也决定了他投入学习的程度。只有当学生完全投入他们正在进行的在线学习之中时,学习才具有价值。

(四) 教师

作为教学主体之一的教师对学生参与发挥着不可替代的作用。多样化的教学方式能吸引学生的全面参与。教师的提问是否顾及全体学生会促进或阻碍学生的有效参与,而开放性问题可以鼓励学生的发散性和创造性思维。教师不同的教学风格对学生的参与兴趣和参与效果同样会形成迥异的影响③。

三、网上直播课堂中调动学生参与学习的策略

学生参与网上直播课堂教学是迈向积极学习的重要一步,将带来积极的学习成果。教师需要激励学生参与学习,更合理地使用教学法,在各个教学流程中促进学生的在线交流和直播课堂参与。

(一) 使用以学生为主导的教学法

传统的教与学通常侧重于教师在教室环境中讲解新知识的过程,学生根据需要听讲、讨论和做笔记。在教师主导的教学法中,教师是学习过程的中心,学生处于被动学习的模式,充当内容的消费者,很少参与完整的学习过程。然而,任何教学活动都可以由学生来主持。在学生主导的教学法中,教师的中心地位降低,对学生的控制减少了。学生可以抓住机会成为自己学习的积极推动者,自主选择学习内容,生生、师生之间展开互动,进而"生产"出知识。当学习中出现问题时,由教师提供指导性意见。学习评价由学生和教师共同做出。转向诸如合作学习、团队学习和基于问题的学习之类的学生主导的教学法为学生提供更多参与和推动学习的机会,使他们成为自己的学习中的主体。

使用学生主导的教学法要求教师必须倾听和信任学生,这意味着每门课程都应以学生的声音为中心,为学生提供参与空间。教师提供多种途径让学生参与到教学设计和学习过程之中,例如:要求学生设置自己的学习目标、制定课程学习计划、在某些时刻担任"指导教师"等。鉴于成人学生可能比教师自己还要了解网络,教师要承认学生的多样化和专业化知识优于自己,向学生学习更多有关在线学习的知识,实现教学相长。

(二) 开展有效的在线交流

在线下现场教学中,教师通过提问来启动师生间的对话,以检查和评估学生掌握知识和技能的情况。学生更趋向于被动参与,根据教师提问做出反馈,不能积极地处理所学内容信息。在网上直播课堂中,教师可以构建以内容为中心的话语结构,基于教师的示范和辅导,师生交替扮演彼此角色,开展交互式教学对话(见图1)④。

网络通信的延迟性会使得师生间反馈时间延长,从几秒钟

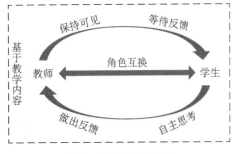

图1 师生在线交流图

---

① Major, C. H. Teaching Online: A Guide to Theory, Research, and Practice[M]. Baltimore: Johns Hopkins University Press, 2015:209.
② 何旭明,陈向明.学生的学习投入对学习兴趣的影响研究[J].全球教育展望,2008(3):46-51.
③ 王奕.主体教育视域下学生参与教学的有效性与提升策略研究[D].锦州:渤海大学,2014:25-26.
④ 冉新义.远程同步直播课堂学生参与研究[J].电化教育研究,2017(9):89-95.

到几分钟不等,由此挫败感和不信任感在师生间产生,这将导致孤立的教学氛围,对学生参与不利。虚拟教室中极易出现缺席感,处于屏幕前的教师会因为得不到学生反馈而感到尴尬,但是绝不能因此跳过互动环节。在线交流的异步性使得学生在阐明自己的观点之前有更多的时间来思考,教师需要耐心等待学生的反馈。

网上直播课堂教学不仅是传播信息,更是构建起一个学习场所,通过建立"可见性"以及保持在线接触,让学生感知到自己是教学环节中不可缺少的一部分,并与教师及其他同伴密切联系。

(三)建构合理的在线课堂教学流程

线下现场教学中的学生和网上直播课堂中的学生是一样的,需要摆脱内容消费的束缚,积极参与学习。成人学生具有内在动力和自我指导能力,对与他们直接相关的话题更感兴趣,希望学习与自己的经历相关的知识和技能,并对此加以实际应用。网上直播课堂环境通常包括直播界面、讨论区、举手发言按钮。学生观看直播,在此期间通过多层次互动类型(见表1)进行在线参与。

表1 学生在线参与的互动类型

层次	互动类型
低	潜水;观看;阅读
中	分享;转发;喜欢;收藏;评论;讨论
高	组织策划在线活动

1. 设定预习任务,制定参与规则

在线授课之前,教师应说明对学生参与在线对话的时限要求,以及告知学生自己在线响应的频率,并且劝诫学生不要采取简单的诸如"我同意"之类的回应,鼓励学生尊重任何分歧、勇敢表达任何观点。教师预先准备并上传阅读材料或在线视频,基于教学内容提出相应的问题,以方便学生更好地理解所要学习的内容,加深对知识的整体把握。学生需要在课前仔细阅读指定教材内容并找到教师所提出问题的答案。

2. 讲解主要知识点

在讲解主要知识点时,教师可以利用多媒体来呈现教学内容,维持学习兴趣,有利于创造轻松、活跃的课堂氛围。教师也可以设计教学活动来确保学生参与:一种方法是将简短的讲解与积极的学习任务并置,例如把观点上传到讨论区、评论他人内容等;另一种方法则是在较长的讲解中频繁地穿插小测试等活动。总而言之,教师的职责不仅是知识的传播和技能的训练,更需要帮助学生建构知识结构和体系,借助网络平台为学生提供更自由的学习环境和更完备的学习资源。

3. 互动讨论

在线交流可以不受时间、空间甚至文化的束缚,因为异步在线环境意味着没有人会打扰其他人,为学生提供了勇敢发声的机会。教师应避免提出事实性问题,以发人深省或评估性的问题代替。在汇总所有学生的回答之后,教师做出回应,以保证任何学生都不会被忽略。

针对学生参与不足的问题,教师可以邀请学生来主持讨论环节,引导学生从多角度审视相关主题。如果参加在线讨论的人数仍然很少,另一种策略是结合微信、微博、QQ或其他社交软件进行交流。与在线课堂的平台相比,学生可能更熟悉这些工具,和学生共情,建立起良好的合作关系,对于师生间互动会发挥出积极的作用。

4. 学习总结反思

在总结阶段,一种方法是由教师对学习结果进行系统化总结,另一种方法则是让学生对学习过程与内容进行自我反思,对学习结果做系统化整理。后者更能推进学生的有效参与。学习总结后可以进一步开展更为复杂的探索,例如继续深入在线讨论等。

5. 布置在线作业

在知识运用的过程中,联系现实世界的作业任务更有意义,而且更易于入手,诸如书评撰写、故事讲述、社会调查、数据分析、案例研究等。学生在进行更真实的作业时会更加投入,赋予作业课程之外的价值。学生可以使用各种资源从不同的角度开展任务,创造出有形且影响持久的成果,利用现有技术制作出电子视频、百科网页、公众号内容等,以这样切实的方式记录学习进展,可以促进学生之间的协作。

在网上直播课堂教学中,学生不仅是活跃的学习者,更能成为学习的"专家"。教师启迪专业知识后,学生使用信息技术,成为在线讨论的中心,构建起自己的知识库,最终增加学习的动力和参与度。教师同样成为学习者,在备课时需要不断反思教学设计是否激发了学生学习、与他人互动并且有所作为的积极性,增加在线教学互动,提高在线教学的有效性。

参 考 文 献

[1] Skinner, E. A., and Belmont, M. J. Motivation in the Classroom: Reciprocal effects of teacher behavior and student engagement across the school year[J]. Journal of Educational Psychology, 1993, 85(4): 571-581.

[2] Fredricks, J. A., Blumenfeld, P. C., and Paris, A. H. School Engagement: Potential of the concept, state of the evidence[J]. Review of Educational Research, 2004, 74(1): 59-109.

[3] Christenson, S. L., Reschly, A. L., and Wylie, C. Handbook of Research on Student Engagement[M]. New York: Springer, 2012: 817.

[4] Major, C. H. Teaching Online: A Guide to Theory, Research, and Practice[M]. Baltimore: Johns Hopkins University Press, 2015: 209.

[5] 何旭明,陈向明.学生的学习投入对学习兴趣的影响研究[J].全球教育展望,2008(3):46-51.

[6] 王奕.主体教育视域下学生参与教学的有效性与提升策略研究[D].锦州:渤海大学,2014:25-26.

[7] 冉新义.远程同步直播课堂学生参与研究[J].电化教育研究,2017(9):89-95.

作者单位:上海市普陀区业余大学

直播课堂背景下实用经济学教学实践的思考

周海玲

内容摘要：随着网络信息技术的不断发展，直播课堂教育模式应运而生。直播课堂拓展了教学的时空界限，改变了传统的教学方法，是一种新型的教学模式。本文以"实用经济学"课程为载体，重点探讨直播课堂模式应用于实用经济学教学的优势与困难，进而提出一些改进思路。

关 键 词：直播课堂　经济学　教学设计

一场突如其来的新冠肺炎疫情改变了我们的生活，为阻断疫情向校园蔓延，确保师生生命安全和身体健康，教育部下发通知要求2020年春季学期延期开学。根据上海市教育系统新冠肺炎疫情防控工作领导小组办公室印发的《上海市高校和中等职业学校防控新型冠状病毒肺炎疫情开学工作指南(试行)》的精神，确保"停课不停学"工作的落实，从3月份开始普陀区业余大学开展了网上直播课堂教学，我们选用的软件是腾讯课堂极速版。

本文从"实用经济学"课程的特点出发，结合两个月的直播课堂的教学经历，探讨直播课堂模式应用于教学的优势与困难，思考如何改进教学设计，提高直播课堂学生的参与率并增加师生的互动，从而使这门课程的学习更加有效。

一、课程特点

1. 内容多，理论性强

"实用经济学"是财经专业的一门基础性课程，它包括两大部分内容：微观经济学和宏观经济学。微观经济学研究市场经济中个人、家庭、企业、政府作为单独决策者的行为，以及这些决策者之间的相互影响。宏观经济学是从国民经济角度研究与分析市场经济整体经济活动，例如GDP、通货膨胀与失业、汇率、国际贸易等。可见这门课程所包含的内容是非常多的。

2. 知识具有抽象性

这门课程虽与我们的生活息息相关，且经济学理论源于经济现实，但需要进行一定的理论分析，并经过逻辑推理，以发现隐藏于事实背后的普遍规律。例如，围绕微观经济学中的效用理论，替代效应、收入效应等概念对于初学者来说是比较抽象的。

3. 数学公式、图表、模型颇多

"实用经济学"作为一门理论性较强的课程,大量的公式、图表、模型以及严谨的数学分析是必不可少的。这就要求我们的学生具备一定的数学基础,但是我们的学生往往数学基础比较薄弱,有时候数学会让他们望而生畏。因此,必要的数学推演和公式分析是必不可少的,这样有助于学生充分理解和掌握相关知识点。课堂教学中的板书在本课程的具体讲解中至关重要。

二、直播教学方式的特点

直播课堂一个最大的优势是节省了学生的来回通勤时间,虽然这次直播课堂是在疫情背景下产生,但是进一步思考发现,对于成人学习而言,直播课堂无疑是传统课堂的一种有益的补充。目前业余大学的学生一般都是在职成年人,他们学习目的很明确,而且也有一定的自主学习能力,但是由于工学之间的突出矛盾,有效的学习时间很难得到保证。直播课堂恰好以其便捷、管理方便、互动及时的特点缓解了传统模式下的工学矛盾。

三、直播课堂与微课、视频教学的比较

事实上,远程视频教学、微课在前几年就已经进入我们的视野,已经成为很多人学习的方式。但是直播课堂与微课、视频教学有相同的地方,也有相互区别的地方。相同的地方是:它们都是没有教师与学生的面对面交流,没有地点与时间的约束,如果有事错过了直播,可以看回放,学生再也不用担心因为事假、病假带来的缺课问题,而且在课堂上没弄懂的地方,或者没注意听的地方,还可以在课后利用网络教学视频学习,巩固课堂知识,起到亡羊补牢的效果。相互区别的地方是:直播课堂的师生虽然没有面对面交流,但是可以进行有限的互动,微课和视频教学在互动这一块略显不足,因为课件是事先准备好的,播放顺序和进度也是既定的,这样容易形成教学内容的固定化,教师临场发挥的能力不能被调动,没办法根据学生的反应即兴发挥。

四、"实用经济学"教学设计的思考

虽然不能面对面交流,但是教师仍然可以在教学设计上做出安排,尽量让课堂活跃起来。以下就以"实用经济学"这门课程为例,对网络直播课堂教学组织形式进行初步探讨,以腾讯课堂为例对直播教学模式进行探讨。通过"实用经济学"课程教学实践,总结归纳网络直播教学关键的三个步骤,分别是:直播前充分准备;直播中积极调动;直播后线下内容补充与跟进。三个步骤环环相扣,层层递进。只有充分做好网络直播课堂课前准备,才能顺利实施网络直播课堂的教学,进而保证网络直播课堂课后相关线下内容的顺利完成,最终达到期望的教学效果和教学目标。

经济学家凯恩斯说:"经济学不是一种教条,只是一种方法,一种心灵的容器,一种思维的技巧,帮助拥有它的人得出正确的结论。"因此,在经济学的教学过程中,应采用多种教学方法,深入浅出地将课程讲授得既深刻又生动。这在直播课中尤其重要,否则课堂效果肯定是要打折扣的,两个小时的时间会变得冗长,学习效果变得很差。为了使课程更加生动,课前准备和教学设计非常关键。

1. 直播课堂前准备工作要充足

课前准备工作要充足,教学设计要更加灵活,更加注重互动性。互动性可以从以下几个方面展开。

(1) 充分运用案例教学法。"实用经济学"是一门实用性非常强的学科,可以说是源于生活而高于生活的一种理论抽象。为了增强教学的现实性和趣味性,在教学方法上可以考虑采取案例教学法。案例教学的本质就是让学生站在客观的角度讨论经济生活中的现实问题,从中找到经济学的一般理论,通过案例分析,很多原理能够变得简单明了、通俗易懂。直播课中应安排更多的案例讲解,吸引学生的兴趣。比如在讲解微观经济学中的市场理论时,就可以选择与生活非常贴近的上海电力公司的阶梯定价这个案例,还有中国移动公司的手机套餐等案例。宏观经济学中的通货膨胀、财政政策与货币政策,都可以引用案例进行讲解。

(2) 注重启发式教学。对于"实用经济学"这门课程来说,直播课堂更要注重启发式教学。教师要善于提出问题以吸引学生的兴趣,再引入理论进行分析和解释。在必要的教学环节,组织学生进行课堂讨论,腾讯课堂极速版中可以实现师生互动。教师在直播课堂中应尽量启发学生的主动思维,加强对教学内容的设计。

例如教科书中的第一章"市场与供求理论"这部分内容的教学,就可以先提出现实生活中的一些相关的简单

问题,比如:去年年底猪肉价格上升了,人们对它的需求量一般会发生怎样的变化?例子最好是当前的,这样学生能直接联系生活,有直观的印象。针对这个问题让学生讨论,这时学生一般都能给出自己的结论,但是对于其中原因却不清楚,这时,教师就可以引出理论部分的讲解,可以先给学生讲解什么是需求,什么是需求量,需求量与价格之间的关系,并且最好在直播课堂上在文档中画出需求曲线,让大家对需求理论有直观上的认识。画图在腾讯极速课堂中完全可以做到。进而再通过提问启发学生进一步思考:是不是每一种商品都是这样的曲线?要善于激发学生的发散性思维,引导他们在讨论区自由发表意见,教师听取学生的意见后,再指出吉芬商品和炫耀性商品是需求理论的例外现象。

启发式教学利用好了,可以避免教师"一言堂"的现象,可以充分调动学生的积极性,引导他们参与讨论,课堂就会变得更加有趣味。

(3) 结合时事进行讨论教学。群体之间的交流是讨论式教学的核心,是利用集体思维来影响个体思维的教学方式。它能利用学生的思维互动,使得小组成员产生创新性思维。"实用经济学"课程的最大特点在于其与时事结合得非常紧密,教师可以预先精心选择讨论的主题,这个主题可以事先在微信群里告知学生,让学生课前先查找资料,然后再在直播课堂上通过举手模式讨论。这样可以激发学生学习经济学的兴趣,也可以培养他们课堂上的语言表达能力、逻辑推理能力和综合解决问题的能力。经济学往往没有肯定的答案,开放的讨论有助于提高学生思辨的能力。

比如在讲解第十章"政府宏观调控理论"时,可以结合当前的经济环境及经济政策让学生思考。围绕近期的一些政策措施,比如央行3月份降低存准准备金率,政府采取积极的财政政策,增加财政赤字规模,同时发行抗疫特别国债,让学生结合实际分辨哪些属于货币政策的工具,哪些属于财政政策的工具,进而让学生了解货币政策和财政政策的含义。接着可以启发学生思考货币政策和财政政策作为宏观调控的手段,有哪些工具可以使用,宏观调控的目标是什么。通过结合现实的讨论,最后给出货币政策的框架、财政的构成,以及货币政策与财政政策在现实生活中如何协调配合。这一章的知识与现实结合非常紧密,课后可以让学生找一些相关材料继续加深理解。

(4) 课件制作应更加精致。直播课堂中,大家对着电脑上课,注意力往往容易分散,教师除了在课程内容上下功夫之外,还应考虑到课件制作上的精美,色彩搭配要合理,增强视觉效果,吸引学生的眼球。不过在颜色的选取上应考虑到尽量减少对学生视力的刺激,比如可以选择对视力影响较小的颜色。考虑到"实用经济学"教学中有大量的公式和图表,教师可以预先把大量复杂的公式推导过程、各种图表及其变化规律清楚地表现在屏幕上,这样既可以节约直播课堂上教学板书的时间,又可以通过直观的多媒体演示,使得学生清楚地了解公式是如何推导出来的,以及各类图表曲线所表示的含义。在课程整个教学设计上,内容应该简明扼要,重点突出,结构逻辑清晰,思路完整顺畅,使学生能迅速、准确地把握教学的中心内容。

2. 直播课堂中方式方法要多样

(1) 教师应更多运用启发式教学方式。直播课教学中,应充分发挥教师的引导、启发和示范作用,指导、帮助学生学习。要发挥学生主观能动性,营造积极、愉悦的上课氛围,既要使学生紧张起来,又要让学生参与互动。腾讯课堂中有举手按钮,在讲课过程中可以充分使用,教师还要把握好课堂节奏,安排好时间,在恰当的时间点提问。

腾讯课堂中的答题卡设置,有助于教师了解学生当时的学习情况,通过大家的做题,能够反馈学生是否掌握知识点,教师应根据答题反馈主动梳理知识点,帮助学生及时查缺补漏。

(2) 教师应注意语言的表达。在直播课上,教师在教学过程中应注意声调的变化,必要时候要进行一定的板书,时不时要与学生进行互动,提高学生学习的参与度。教师语言要有激情,要想提高课堂实效,需要教师调动热情,带领学生完成学习任务。

(3) 改进设备,增加写字板。板书不方便可能是直播课程中的一个通病,推荐使用对着电脑触摸屏可以直接书写的软件,也可以擦拭,使用起来非常方便。对于非触摸屏,建议加一个手写板。在这门课程中,因为有很多数学公式和图需要在上课过程中呈现给大家,但是直接写在PPT上,对学生来说没有板书推导过程,不利于学生掌握知识点,所以课堂上可以利用手写板书写推导过程,尽量缩小与线下课程的差异。

3. 直播课堂后要线上线下相匹配

相比于传统课程,直播课程确实让学生的学习更加便捷,但也因为较高的自由度,学生学习会缺乏有效的监管。尤其是对于自主学习能力差、注意力容易分散的学生来说,直播课后最好安排线下课程相匹配,因为传统课程的优势仍然是显而易见的,教师能够很好掌握课堂氛围,了解学生的学习状态,教师与学生的眼神交流能够促使教师及时调整节奏、吸引学生的学习注意力,潜移默化激励启发学生思考和进行互动。如果能在课程开始、课程之中、课程之后安排线下课程,让教师现场引导学生学习这门课程,会更加有益于学生学习。针对"实用经济学"这门课程来说,可以在线下安排一节有关数学内容的讲解,中间安排几次答疑,最后安排一节线下总结课,这样线上与线下相结合的方式会使学习更加有效。

本次直播课程中,利用微信设置了课后作业的答疑环节,学生有问题可以在微信中问老师,老师及时做出答复,这样有助于与直播课堂内容更好地衔接在一起。

五、结束语

两个月的直播课教学,对于教师来说是一次新的挑战,也是提高专业素养的新起点。一次疫情期间的特殊直播网课也是对教师新媒体运用能力的尝试和锻炼。随着科学技术的快速发展,在人工智能、5G逐步普及的大背景下,对于业余大学的成人学生来说,直播课堂如果能和传统线下课堂完美融合,或许是一种更好的学习方式,节约了时间成本,能使工作、学习更加便利。无论是传统的教学还是直播课堂,在教学中不断总结经验和教训,探索更好的教学方法,提高教学质量,是教师的义务和职责。让学生对课程教学感到满意的同时能够在相应的课程学习中有所收获,达到预期的教学目的,是教师不断探索教学新方法的原动力。

参 考 文 献

[1] 王松华,张冉.实用经济学[M].上海:复旦大学出版社,2015.
[2] 陈银飞,苏建红.西方经济学教学改革的探讨[J].江苏大学学报:高教研究版,2004(2):62-65.
[3] 张铁道.关于开放大学若干教学问题的认识[J].广东开放大学学报,2018(2):7-10.

作者单位:上海市普陀区业余大学

成人高校网络直播课堂教学组织研究
——以静安区业余大学为例

宋 斌

内容摘要： 疫情期间，根据教育部的倡导，各高校纷纷开展"停课不停学"的网络直播教学，以保证教学的顺利开展。作为一所区办成人高校，为了保证教学质量，提升教学效果，静安区业余大学上下一心，从方案制定到开展调查，发现网络直播教学存在着教学理念有待提升、师生互动性不足、教学资源准备不足等问题，在此基础上，改进应对方案，发挥网络直播教学这种新型教学模式的优势，确保网络直播教学的有效实施。

关 键 词： 成人高校 网络教学

一场突如其来的新冠肺炎疫情，给全国人民的生活都带来了不小的影响，高校教学也不例外。按照教育部及上海市教委提出的利用网络平台"停课不停学"的倡导，静安区业余大学及时开展了网络直播教学，推进了学校教学的有序开展。信息化在我国教育领域的建设已经有多年的积累，网络教育作为一种新型教育资源，是应用多媒体和网络技术的有机结合。它通过对多种媒体教学信息的收集和共享，实现预定教学目标，在提升课堂教学效果方面有明显的优势。静安区业余大学多年来致力于网上课堂和教学资源的建设，也为此次直播教学的开展提供了一定的基础。自 2020 年 3 月 1 日起，静安区业余大学基于本校实际，从网上课堂 BBS 试行教学讨滨到网络直播教学，打破了时空和地域的限制，为学生提供了更多的学习选择，形成了具有业大特色的"混合式"教学模式。

一、网络直播教学方案制定

本学期开学前，根据上海市委、市政府决策部署和上海市教委关于进一步加强新冠肺炎疫情防控工作安排，落实 2020 年春季学期教育教学各项工作，最大限度减少疫情对教学的影响，静安区业余大学在校领导的带领下，从学校、学生实际出发，多措并举，抓紧落实。由教务科牵头，联合信息中心，制定出台了《上海市静安区业余大学 2020 春学期教学实施方案》（以下简称《方案》）和《上海市静安区业余大学网上教学资源建设规定》（以下简称《规定》），对 2020 春季教学工作提出了具体要求，确保教学工作的顺利开展。

《方案》及《规定》中明确规定了本学期课程实施网上教学的要求，并对线上教学资源的制定、线上直播教学的实施以及授课计划的调整进行了具体的安排，希望利用各种线上交互方式，加强与学生的沟通，多举措提升学习效果。

1. 在线培训加强指导

组织本校教师召开线上视频会议和外聘教师会议,对《方案》和《规定》做了详细解读,确定了以本校网上课堂为基础,结合网络直播授课平台开展教学。教师应准备好前四周的线上课程教学内容,并制作导学课视频和知识点视频上传至网上课堂,确保每节课的导学任务单清晰明确,丰富线上教学的授课内容与形式,并按照课程表的上课时间及时上线与学生开展交流。

2. 技术支持保驾护航

技术部门制作"腾讯会议操作指南""网上课堂操作指南""VPN 操作指南"等多个课件,帮助教师掌握网络教学平台的操作与管理方法,为线上教学的顺利开展提供强有力的支持。

自3月2日开课以来,本校及外聘教师通过网上课堂、腾讯会议、钉钉、微信群等多个平台开展授课,线上教学秩序平稳有序,师生间互动活跃,线上教学效果良好。班主任及时通知学生参与课程教学、提供全方位的服务支持,教务科对线上教学的过程进行管理和监督,进行实时的线上教学情况反馈及调整,信息中心及时扩容,保证了线上教学的顺利开展。

二、网络直播教学开展及存在的主要问题

1. 网络直播教学开展情况

经过两周的试运行,为更好地了解网络教学开展的情况,及时发现和改进问题,静安区业余大学针对学生和教师分别开展了网络教学情况的问卷调查。此次问卷调查涵盖三个年级、十个专业(图1),调查结果显示:只有2.67%的学生很少参加线上学习,72.52%的同学可以做到每次都参加(图2)。学习工具多样,涵盖了手机、IPAD、电脑等多种电子设备,视自身需要而定。

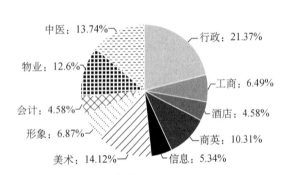

图1 网络教学情况问卷调查专业分布

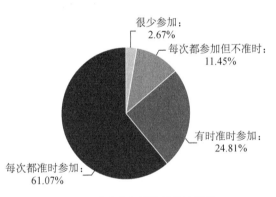

图2 学生参加网络教学的情况

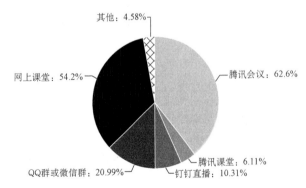

图3 网络教学中使用的在线学习平台

任课教师在教学过程中,根据自身情况和学生需求,充分利用了熟悉的网络工具,如网上课堂、腾讯会议、腾讯课堂、钉钉直播、QQ群、微信群等在线学习平台开展教学(图3)。这些学习平台也基本上满足了学生的学习需求,学生通过多种互动形式与教师开展交流,如作业提交、疑难解答、学习信息反馈等,达到了预期的学习效果。

通过对教师的调查发现,大部分教师运用直播、资源包、录播等多种模式混合的教学资源,为学生提供了较为丰富的选择(图4)。近70%的教师每次直播时间超过一个小时(图5),充分与学生展开互动交流,并将课程思政融入教学中,将抗疫案例与知识点相结合,开展正能量宣传。

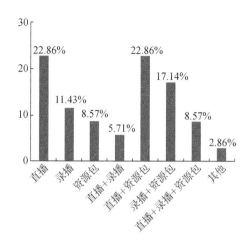
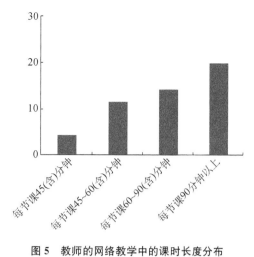

图 4 教师在网络教学中采用的教学模式　　图 5 教师的网络教学中的课时长度分布

2. 网络直播教学存在的主要问题

我们发现,在网络直播教学中,主要存在如下一些问题。

(1) 教学理念转变不够,缺乏主动适应。在疫情防控的要求下,直播教学是唯一选择,但有部分教师在理念上并没有接受直播教学这一教学方式。大部分任课教师不具备网络授课的经验,习惯了传统教学方式,对网络教学的认识不够清晰,将直播和教学熟练结合还需要过程。如何甄选可利用的、优质的、符合教学计划的教学资源,将这些信息融入教学,最大程度上帮助学生学习,并能解决学生在学习中遇到的困难,对教师来说是一个巨大挑战。另外,部分教师的计算机水平难以达到直播教学的要求,对网络环境和软件资源也并不熟悉。在时间紧迫的情况下,无法进行面对面的培训,直播教学的效果打了一定折扣。

(2) 在线学生管理困难,互动性较差。课堂教学互动是有效的教学形式,在互教互学的情况下,可以形成师生学习共同体,创造性地实现教学目标。在网络直播教学的情况下,学生来或不来、是不是挂机都不受控制,这对学生的管理带来了一定困难。另外,受到网络、平台、设备的限制,无法实现教师与学生之间一对多、多对多的互动效果。成人学生内在学习动力大多不强,网络教学对于学生的自律性有很强的要求,如果学生自身没有足够的学习欲望,不与老师互动沟通,线上授课的效率和效果就会大打折扣。

(3) 教学资源准备不足,适应性有待提高。虽然经过了多年网上课堂的准备和建设,在真正面对直播教学的时候,还是有不少教师感觉到了差距和不足。以往教学资源的建设是作为线下面授教学的有益补充,如今要作为直播教学的教学素材就显得不够充分。另外,部分教师还是以面授的备课方法来备直播课,在教学设计上有所欠缺,甚至远远不能达到面授教学的效果。直播教学对教师的教学手段有一定的限制,也不能面对面地指导,如何保证教学目标的实现,是值得教师思考的问题。

调查发现,部分学生滞留在老家,缺乏网络、电脑等基础设备,手机成为唯一的学习工具。但受到网络流量和手机本身功能的限制,直播效果受到影响。另外,网络的不稳定性也成为影响直播教学效果的一大因素。卡顿、延迟、无声音画面等在教学过程中都时有发生。另外,不同的教师可能选择了不同的直播教学平台,学生忙于更换平台,教学效果也因为不能回看受到影响。

三、网络直播教学改进策略

学校和教师都在逐步适应、不断改善这种全新的教学模式,探索一种全面、系统的教学方案。主动适应新的教学模式远比消极抗拒能更好地面对社会的发展和教学方式的转变。为顺利开展教学,提升教学效果,静安区业余大学在前期调研的基础上,提出了全直播教学的要求。在此基础上,通过后勤服务、技术提升、教学督导等多种举措服务学生,保证教学顺利开展。

1. 多管齐下提供支持

关注无法参加直播教学的学生,对所有学生提供电子资料和纸质教材的快递服务,作为网络教学的有益补充。网络教学相比面授教学,有着天然的优势,如不受时间、空间限制,真正可以实现"时时、处处、人人"的学习。教师要充分利用这种优势,提升自身表达能力和沟通能力,保持直播过程中的语言感染力,有条件的要尽量视频出镜,成为一名优秀的"主播",让学生有在课堂的现场感受,引发其共鸣。另外,通过学校、教师和学生的共同努力,网络直播教学的出勤率大大提高,这是以往面授教学无法做到的。

2. 技术支持提升教学效果

信息化建设离不开硬件和软件的支持。直播教学对平台的依赖性很大,平台的建设决定着学生的学习体验和教学效果。稳定的专业设备和教室可以有效减少出现故障的可能性,为网络教学提供有效的保障。另外,专业技术人员对手机端"微课堂"进行研发,使功能更加符合教学的要求,有效缓解学生"上课难"现象。在此基础上,探索网络教学平台的改版,提高网络教学与面授教学的配合度,提升教学平台与学生需求的适切度。

3. 教学检查保证质量

与传统教学评估不同,网络直播教学无法观察到教师的仪态、动作、板书等。在对教师的教学评估方面,学校加大教学检查力度,做到每节课必查,有问题重点查,督促教师在教学过程中有效互动、充分进行教学准备。实施在线听课评课制度,组织专家教授对直播教学进行听课评课,作为教学考核的一部分。对于检查结果不佳的教师,提出整改意见和建议,督促其改善教学质量,提升教学效果。探索教师间听课制度,通过推门随机听课及时了解教师教学情况,塑造教师的危机意识,提高教学质量。

四、"混合式"教学改革探索

网络直播教学是一种高效的知识传播手段,与传统的面授教学应成为相互有益的补充。学校在此次直播教学的基础上,研究校内开展"混合式"教学改革的方案,探索将翻转课堂的理念融入网络教学中,实现面授时间的"一拆二"。

1. "双主体"教育模式

"混合式"教学模式改革核心内容包括课程授课方式改革和课程评价(考核)方式改革,切实体现成人高等教育特点。课程授课方式改革充分利用我校已有的信息化课程网络教学资源,推行传统教学与网络教学相统一的教学方式,充分体现以学生为主体、教师为主导的"双主体"教育思想,突出学生学习的主体性,提高学生学习的主动性、积极性和创造性,同时与教师引导、启发和监控教学过程相结合,促进学生主动地、个性化地自主学习。

2. 授课时间"一拆二"

课程的课时由面授课时和在线教学课时组成。适当降低面授课时数,线上教学可以采用网络直播、在线答疑、视频建设与观看等方式。教师面授需适当调整教学内容与方式,如对重点、难点进行讲解,研讨共性问题,开展案例互动式讲座等。利用网络教学视频资源的建设,鼓励学生观看在线教学视频,然后利用提交作业的方式检查学生是否掌握视频中的知识点。经过"混合式"教学模式改革,实现线上辅导与线下教学的有机统一。

3. 改进课程评价方式

课程评价(考核)方式改革要以学生学习态度、学习过程、学习能力评价为核心,注重课程教学过程每一环节的评价,努力实现学生学习成绩评价方式多元化。重视过程性学习,强化过程管理,过程性评价由网络学习过程、网络学习效果、课堂学习效果、记分作业、课堂表现等部分构成。降低期末考试卷面分数的比重,将在线学习考核纳入课程总成绩计算。围绕专业发展需要开展各专业主干课程试题库建设,并在完善题库建设的基础上探索考试考核模式改革,试行在线测试或在线考试。

4. 组织评比提升积极性

网络教学的开展不仅局限于直播教学,也可以是在线讨论和互动答疑。教师对于各种教学活动的有效组织,是发挥各种教学平台作用最有力的法宝。通过教学过程组织方案评比、教学资源建设评比、直播教学开展评比等教学竞赛,提高教师开展网络教学的积极性,提升教师网络教学的组织能力,营造"比学赶帮超"的教学氛围,培育优秀教师,打造教学品牌。

"混合式"教学打造了一种把传统面授教学和网络直播教学相结合的"线上+线下"教学模式,它将成为未来的教学模式方向。这种模式保留了传统课堂师生情感交流、互动丰富的优点,教师也可利用在线教学平台实现对教学过程的监督和监控。学生不仅可以利用丰富的网络资源反复学习、巩固知识,也可以利用碎片化时间,更好地安排自己的生活和学习,这对于成人高校学生来说是大有裨益的。

此次网络直播教学在我校的大规模应用在带来一些挑战的同时,也为学校教学的发展带来了机遇。期望可以通过研究和分析,为我校及同类学校的教学开展提供借鉴。

参 考 文 献

[1] 杨璐,唐寅,魏强,李响,廖邦华,宋涂润,柳良仁.关于新冠肺炎疫情期间医学网络教育方式的调查及探索[J].成都医学院学报,2020(2):169-172.

[2] 陈平.提升新冠疫情期间网络教学效果的途径研究[J].黑龙江教师发展学院学报,2020(5):19-22.

[3] 王巍,秦姣.高校网络直播教学问题及完善策略探讨[J].2020(8):75-76,78.

[4] 赵园丁.浅谈新时代背景下的网络教学改革[J].办公自动化杂志,2020(9):28-29.

[5] 刘江山,疏凤芳.关于互动直播在开放教育教学中应用的思考[J].软件导刊·教育技术,2019(1):31-32.

作者单位:上海市静安区业余大学

实用型课程开展网上直播课堂的分析与思考
——以静安区业余大学中医养生保健专业为例

卢春香

内容摘要: 突如其来的新冠肺炎疫情促使教学方式进一步改革,网上直播课程快速推开,成人院校的网上直播课程也在积极开展。本文通过对静安区业余大学中医养生保健专业网上直播课程开展的情况进行调查和分析,了解和分析实用型课程开展网上直播教学的利与弊,以期对成人教育实用型课程的后续开展提供参考性建议。

关 键 词: 实用型课程　网上直播教学　教学方式

新冠肺炎疫情发生以来,教育教学方式积极变革,也成为在线教育的一个发展契机。成人教育同样面临教学形式的改革,为了适合和满足成人学生的学习需求,同时也为以后的成人教育是否适合网上直播教学进行尝试和探索,静安区业余大学中医养生保健专业也随着形势变化进行调整和尝试在线教学,以期寻求更为合适的教学形式,为学生提供"停课不停学"的学习氛围,进而促进成人教育可持续发展。

一、中医养生保健专业开展网上直播课堂教学的具体情况

1. 根据课程特点和教学具体情况选定相关课程开展网上教学

2020年春季学期,静安业大中医养生保健专业原计划两个年级(2019级和2020级)共开设9门专业课,由于疫情的影响,经过和教务处、任课教师协商,根据实际情况和课程内容的特点,中医养生保健专业选择了"中医基础理论""人体解剖学"和"经络腧穴学"三门课程进行了尝试,分别采取了腾讯会议+网上BBS+资源包的形式开展网上直播教学,具体如表1所示。

表1　中医养生保健专业开展网上直播课程情况

年级	课程名称	任课教师	教学形式	网上直播课程次数（截至4月24日）	备注
2019级中医	推拿手法学	刘志峰	延迟待定		
	经络腧穴学(二)	程俊萍	腾讯会议	8次	
	中医针灸推拿养生学	周哲敏	延迟待定		

(续表)

年级	课程名称	任课教师	教学形式	网上直播课程次数（截至4月24日）	备注
2019级中医	中医外治法（一）	许建忆	延迟待定		
	护理学基础	马玉玺	后九周	3次（5月25日前）	
2020级中医	中医基础理论	吴恒	腾讯会议+资源包	8次+优酷视频	
	人体解剖生理学	李艾鹏	腾讯会议+BBS	腾讯会议7次，BBS 1次	
	中医诊断学	吴恒	后九周	3次（5月25日前）	
	中医传统气功养生学	陆熙	延迟待定		

表中所列的一些实用型课程由任课教师根据教学内容和教学条件的具体情况决定教学形式，"中医外治法""中国传统气功养生学""推拿手法学"和"中医针灸推拿养生学"这些课程需要教师进行现场指导，学生现场参与并体验感悟，故任课教师选择了延后教学，后续仍然采取面授形式开展教学。在这些实用型课程中，"中医传统气功养生学"已经开展了一学期（2019年春季），学生反馈该课程面对面指导，纠错反应快，学生将教学要点进行实录并不断练习，普遍反映收益颇丰，希望继续进行线下教学。

2. 学生出勤率相对较高

本学期2019级中医注册学生18人，2020级中医注册学生17人，通过跟班和班主任反馈，两个班级上课时的学生出勤率都是比较高的，经常可以达到100%。

3. 网上直播课程教学过程中的互动有延迟，往往需教师点名才有回应

在网上直播课程开展过程中，师生间的互动受到一定影响，比如经络腧穴教师复习以前的内容，问足少阴肾经的走向，部分学生能回答出从足走胸，并在留言互动中写出来，也有学生回答不出来，经教师提醒方回忆出来，另外在互动中有一定的延迟，有的学生只是静静地听课，参与不多，需教师点名才回答；而对于新开课班级，任课教师没有见过学生，互动相对减少，比如"人体解剖学"和"中医基础理论"课程，教师和学生都未见过面，对于学生的具体情况掌握不多，加上课程内容多，容量大，往往是教师讲，学生安静地听，互动相对较少。

4. 方式灵活，手机电脑都可以参与，不受时空限制

在疫情期间，为更好地了解网上直播课程在教育理念和方式方法等方面的效果，学校对中医养生保健专业进行了问卷调查（问卷星），结果如图1所示。由图中可以看出，网上直播课程拓宽了学习渠道，可以打破时空限制，手机电脑都可以使用，学生处处可学。中医养生保健专业师生积极开展网上直播课程的尝试，学生非常理解学校和教师的辛勤劳动，也反映出网上直播课程的积极一面，如学生可以使用电脑或者手机参与上课，即使在下班路上也不错过上课，做到了停课不停学。

选项	小计	比例
打破时空限制，手机电脑都可以使用	24	75%
节省路途时间	19	59.38%
可以播放PPT	12	37.5%
学习时间灵活	16	50%
其他	3	9.38%

图1 关于网上教学的优点和收益的问卷调查

二、网上直播课程开展过程中遇到的问题

在具体的网上直播教学过程中，也遇到了不少问题，具体分析如下。

1. 由于新软件方面使用不熟练,出现诸如杂音、卡顿等问题,影响了教学效果

在网上直播课程的开展过程中,多数任课教师选择了操作方便的腾讯会议,但是由于使用不熟练,刚开始会出现声音和共享屏幕协调不好、屏幕和教师的授课内容不匹配、教师的演示和课件之间切换不便利、教师共享的屏幕不完整等情况,同样学生也是状况不少,比如听课场景不够安静,出现家属和孩子的干扰音,使用手机在路上听课,周围的嘈杂音都进入上课场景中,干扰了教师上课,影响教学效果。问卷调查也反映了此类问题(图2)。

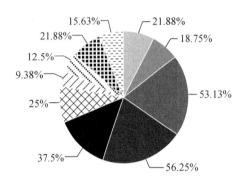

图2 影响网上直播课程的部分原因

2. 摄像头不能跟随教师的操作灵活变动,对于实操内容展示不够全面

中医专业的"经络腧穴学"课程内容涉及课件和模型人,教师在授课时需要展示模型人的穴位,配以课件进行讲解,教师要在模型和课件间来回转换,摄像头未达到智能化,不能跟进,导致课程内容不能较好地展示,教学效果打了折扣。

3. 屏幕共享时教师不方便板书

刚开始时腾讯会议不方便教师板书,不像线下课堂,教师可以在黑板上根据教学内容辅以板书,显示出重点和学习思维导图,强化学生学习的内容,保证教学效果。经过改进后,腾讯会议增加了白板功能,解决了教师板书的需求,可以适当提高教学效果。

4. 前期腾讯会议没有回放功能,增加了任课教师的难度

学生在学习过程中反映腾讯会议没有回放功能,任课教师就要想尽方法将课程内容提前录制好,放在合适的空间供学生下载,这就要求教师熟练地掌握录播软件和技术,对于非计算机专业教师有一定的难度,而且增加了很大的工作量。如"中医基础理论"的授课教师将在春节期间就录制的视频放在优酷上,先看广告才能看视频。经过沟通后,该教师将其制作的视频提供给了笔者,在信息中心老师的指导下,学习软件操作,将视频压缩、分解,挂在了网上课堂。这些工作如果让外聘教师来做,确实难度较大。

三、关于中医养生保健专业网上直播课程的思考与建议

从前面的分析中,可以看出网上直播教学和线下教学各有利弊,如网上直播教学改变了传统教育的理念,拓宽了学习渠道,学习不再仅仅限于学校,实时可学,尤其是成人教育,一定程度上避免了工学矛盾,对于内容量大的课程,教师掌控度高。在线教育一定程度上改变了师生关系,教师仍是教育的主导,但不是仅限于知识传授,更多的是为学生的学习营造合适的环境,指导学生正确获取信息、处理信息的策略和方法,帮助学生解决一些疑难问题。但是,网上直播教学也存在相应的不足和困难,如教师看不到学生实际操作的动作和效果;时间长容易产生疲劳感,时间短内容量就小,不能同时看PPT和实物模型,不能回看,各功能之间切换不够流畅,不容易照顾到学生理解程度和掌握程度,板书不够方便,容易受到干扰等。两者的比较如表2所示。

表2 网上直播课程与线下面授教学的比较

	网上直播课程	线下面授教学
时间空间	打破时空限制	受到时空限制
学习手段	手机电脑都可以	教室实景开展教学
参与率	高	工学矛盾
互动	弱	强,反馈及时
播放课件	屏幕共享播放PPT	电脑播放和教师讲课可同时进行
回放功能	有的软件有,有的软件没有	没有,可以挂在网上课堂供学生下载
时间掌控	按部就班	容易转换话题
师生关系	隔着屏幕,缺乏深入了解和有效沟通	面对面了解较深入
板书	不方便,软件已有所改进,增加了板书功能	便利、清晰,可兼顾视频的播放
课件、板书、教师讲解三位一体同时呈现	有局限性	可以做到

基于网上直播课程和线下面授教学各自的利弊,本文建议从以下几方面思考。

1. 网上直播教学有一定的便利性,一定程度上适合疫情下的教学

在疫情的特殊情况下,学校本着为学生负责、为学生服务的准则,开展了网上直播课程,从前期的开展情况来看,虽然有各种问题和状况存在,但是,网上直播课程确实存在一定的便利性,打破了时空限制,手段便利,减少了学生路途成本,从学生的反馈和建议中也可以看到理解和支持,确实是疫情下比较合适的选择。

2. 根据课程类型和特点选择教学手段和方式

因为中医养生保健专业实用性课程居多,在面对疫情的时候根据教学的特点和学生的情况等多方面因素,选择了"中医基础理论""经络腧穴学""人体解剖学"三门课开展网上直播课程。随着课程的开展和实践,逐步认识到要根据课程类型的特点选择教学手段,比如"人体解剖学"在第一次采用腾讯会议和第二次采用BBS的比较后,师生都反映腾讯会议比BBS效果好;"中医基础理论"虽然是基础理论课,但是任课教师仍然反映因为是网上直播课程,对于学生的反应和领悟程度很难把握,可否适当地给学生补以课时来强化网上直播课程的效果;"经络腧穴学"的任课教师按照学校要求开展网上直播课程,对教学内容进行了调整,计划在网上直播课程中讲授简单易理解的内容,等到面授时再讲解需要现场示范和体验的内容。"中医外治法"和"中医传统养生气功学"的授课教师都选择了延后面授,希望通过面授保证教学质量。

调查也显示学生希望实操类课程能进行面授。问卷调查统计结果显示,学生比较认同理论课程采用网上直播的形式,对于实操类课程绝大多数学生还是认为面授会更合适些。

3. 选择教学方式时要考虑学生的接受度

在调查中也了解到,不同类型学生的需求和对网上课堂的接受程度有所差异,比如年轻的、电脑使用熟练的学生对网课直播接受度较高,而年龄大的、电脑使用相对不熟练的对网课直播接受度较低,对美术和形象设计专业的调查也印证了同样的现象。比如部分学员反映不会使用问卷星参与调查,只能将问卷下载打印后手写回答再拍照传给老师,这从一个侧面反映学生掌握电脑使用的程度也影响着网上课程直播的效果。调查的情况也印证了实操类课程学生更倾向于选择面授课程,调查中部分学生反馈,通过教师的努力,原本对网课比较排斥的学员,现在大部分已经能接受这种授课方式,学会使用腾讯会议参与听直播课程。但仍然有部分学生反映希望开展面授,切身感受具体的手法和力度,这也反映出不同课程有着其专业的特殊性,比如中医养生等实操性较强的课程更需要面授课程来保障教学质量和教学效果,所以,要根据课程的特点和学生的接受能力选择合适、恰当的授课方式。关于教学方式选择的调查结果见图3。

总之,在疫情期间开展网上直播课程可以达到停课不停学的效果,有一定的可操作性和便利性,可通过培训提高任课教师使用软件的技能来保障教学效果,但是对于实操类课程要根据课程的具体内容和特点灵活采用合适的授课形式。不管是用什么方式开展教学,都要本着为了学生、办好教育的宗旨,从而保障教学有序开展。

第7题 你认为本学期下列课程哪些适合采用网上教学？(可多选) [多选题]		
选项	小计	比例
中医基础理论	25	78.13%
中医诊断学	8	25%
经络腧穴学	5	15.63%
人体解剖学	11	34.38%
中医外治法	3	9.38%
中国传统气功养生学	3	9.38%
中医推拿学	1	3.13%
中医推拿养生学	1	3.13%
护理学基础	8	25%
本题有效填写人次	32	

第8题 你希望本学期下列课程哪些适合采用线下现场教学？(可多选) [多选题]		
选项	小计	比例
中医基础理论	9	28.13%
中医诊断学	14	43.75%
经络腧穴学	25	78.13%
人体解剖学	9	28.13%
中医外治法	18	56.25%
中国传统气功养生学	20	62.5%
中医推拿学	25	78.13%
中医推拿养生学	22	68.75%
护理学基础	16	50%
本题有效填写人次	32	

图3　关于教学方式选择的调查结果

参 考 文 献

[1] 曾月光,卢兆明,左茂铃.网络环境下教师培训管理探索与实践[J].重庆与世界,2018(2):62-65.

[2] 余莉.互联网+背景下基层电大网络直播课堂的现状及对策研究[J].中外企业家,2018(17):190-191.

[3] 刘翔,朱翠娥.网络直播在远程教育中的应用——基于交互式教学视角[J].湖南广播电视大学学报,2019(2):29-32.

[4] 魏冰石.开放教育直播教学的问题及对策探析[J].吉林广播电视大学学报,2018(8):98-99.

[5] 曾艳.网络直播的特点及发展趋势[J].哈尔滨师范大学社会科学学报,2017(2):158-161.

[10] 吴子珺.基于"互联网+"的网络直播课程营销策略研究——以"数据挖掘"课程为例[J].科技广场,2017(6):135-139.

[11] 孙寒冰.网络视频直播在艺术院校中的实施方案及应用前景[J].信息与电脑(理论版),2015(24):58-60.

附录1　中医养生保健专业网上课堂教学情况调查

疫情期间,学校开展了网上直播课堂教学,为了下一步教学的有效开展,特设计此问卷,以期了解学生真实的学习情况和学习效果,更好地为教学服务。

1. 你是：　☐ 19中医　　☐ 20中医
2. 疫情期间你们开设的课程有：
   ☐ 中医基础理论　　　☐ 经络腧穴学　　　☐ 人体解剖学
3. 你所学习的课程用了什么教学形式？（可多选）
   ☐ 网上课堂　　　☐ 腾讯会议　　　☐ 微信或QQ群　　　☐ 其他＿＿＿＿＿
4. 你所选课程任课教师采用的是下列哪种模式？
   ☐ 直播　　　☐ 录播　　　☐ 资源包　　　☐ 直播＋资源包
   ☐ 录播＋资源包　　　☐ 直播＋录播＋资源包　　　☐ 其他＿＿＿＿＿
5. 你认为网上教学的优点和收益是：（可多选）
   ☐ 打破时空限制,手机电脑都可以使用　　　☐ 节省路途时间
   ☐ 可以播放PPT　　　☐ 学习时间灵活
   ☐ 其他＿＿＿＿＿
6. 你认为网上教学的困难和不足之处有：（可多选）
   ☐ 时间长了容易产生疲劳感　　　☐ 时间短,教学内容容量相对不足
   ☐ 不能回看　　　☐ 师生互动没有现场教学反馈快
   ☐ 新技术部分学生掌握不好,出现噪声和干扰　　　☐ 出现屏幕和教师的讲授不匹配或屏幕卡顿现象
   ☐ 教师的演示和课件之间切换不便利　　　☐ 教师的演示屏幕显示不完整
   ☐ 板书功能没有体现　　　☐ 其他＿＿＿＿＿
7. 你希望本学期你所选课程采用什么形式教学？

	网上教学	线下教学
中医基础理论	☐	☐
中医诊断学	☐	☐
经络腧穴学	☐	☐
人体解剖学	☐	☐
中医外治法	☐	☐
中国传统气功养生学	☐	☐
中医推拿学	☐	☐
中医推拿养生学	☐	☐
护理学基础	☐	☐

8. 对于中医养生保健专业网上教学你的建议是：
   ☐ 根据课程内容和类型选择教学形式　　　☐ 增加教学资源
   ☐ 提供多种灵活的教学形式供学生选择　　　☐ 其他＿＿＿＿＿
9. 你希望学校和任课教师在网上教学方面做哪些改进或提高？（开放式问题）

附录2 网上直播课堂教学情况访谈提纲(美术、形象设计)

1. 你所教授的课程名称是什么?属于理论课还是实操课?或是理论部分和实操部分各占一定比例?
2. 在开展网课前你需要做什么样的准备?这些准备工作和线下教学相比有什么不同?对于这些不同之处,你是如何做调整的?你对于这些不同之处在情感上有什么变化?是否会嫌烦?调整过程中产生过哪些新的认识?你觉得这些准备对你的教学有什么影响?
3. 在疫情期间,你所授课程在开网课时采用了什么样的教学形式和手段?(腾讯会议、腾讯课堂、网上直播、录播+BBS……)你是如何看待这些新的形式和手段的?操作过程中出现了什么样的问题?学生的反应如何?学生中有没有使用手机网络不灵活、有杂音、学习现场干扰多等现象?
4. 通过网上课堂的教学,你的收获或者体会是什么?
5. 学生对网课教学的反馈怎么样?
6. 对于网课教学你有哪些建议?你觉得网课对成人高校有怎么样的意义?会产生什么影响?

作者单位:上海市静安区业余大学

后　记

　　这一期《求索》是作者、评审者、编者、出版者在抗击新冠肺炎疫情的非常时期,克服困难、辛勤工作的劳动结晶。

　　自这一期起,《求索》的副标题改为"上海市区办高校教师论文选编",以体现区办高校不断提高论文质量的追求。

　　这次新冠肺炎疫情,是新中国成立以来在我国发生的传播速度最快、感染范围最广、防控难度最大的一次重大突发公共卫生事件。中共中央总书记、国家主席、中央军委主席习近平亲自指挥、亲自部署抗击疫情的人民战争、总体战、阻击战,取得了重大战略成果。上海市区办高校校长联席会、《求索》编委会克服疫情带来的各种困难,采取线上线下相结合的方式开展工作,按照历年形成的工作时间节点,下达了征集稿件的通知、论文初审标准、论文提交办法等文件,并于5月8日收到第一批论文。

　　为了做到抗疫教学两不误,在上海市教委统一领导下,各校采取了网络直播课堂的方式,推进了学校教学的有序、有效开展,这一活动不但成为疫情期间各校教育教学的载体,同时将对未来区办高校的教育教学改革产生重要的、深刻的、长远的影响。为了交流各校的经验,深入推进区办高校的教育教学改革,满足社会对区办高校的教育教学需求,提高区办高校教育教学质量,区办高校开展"网上直播课堂与区办高校教育教学改革研究"论文征集活动,根据各校的要求,校长联席会和编委会决定把这次活动征集的论文纳入《求索》征集范围,并设置"网上直播课堂与区办高校教育教学改革研究"专栏。截至5月31日,又收到用于专栏的第二批论文。

　　编委会5月15日收到各校推荐评审专家名单,28日召开评审专家工作会议,并于5月19日、6月11日、6月23日举行三次编委会会议,讨论了论文评审过程中的相关问题,最终定稿。

　　据统计,前后两批共收到论文84篇,录用70篇,录用率为83.3%;其中,第一批收到71篇,录用57篇,录用率为80.3%;第二批收到13篇,录用13篇,录用率为100%。

　　在2020年4月13日上海市疫情防控工作领导小组新闻发布会上,市经信委发布《上海市促进在线新经济发展行动方案(2020—2022年)》。在线新经济是借助人工智能、5G、互联网、大数据、区块链等智能交互技术,与现代生产制造、商务金融、文娱消费、教育健康和流通出行等深度融合,具有在线、智能、交互特征的新业态新模式。疫情期间,在线新经济加速发展,呈现出蓬勃兴起态势。该行动方案提出聚焦十二大发展重点,其中之一为在线教育,提出打造"上海微校""空中课堂"等线上教育品牌,建设"学分银行",完善市民终身教育和数字化技能培养体系的任务。

　　由此可见,《求索》的上述安排,密切结合了上海社会经济发展的形势。

　　本期《求索》发表的论文内容涉及比较广泛,其中教育管理占了较大篇幅,其次是学科领域的论文,再其次是社区教育、老年教育的论文。其中,顾欣的《基于VAR模型的食品CPI与肉禽CPI的实证研究》、汪晓雪的"The

Research on the Effects of the Information of the Borrowers and the Income from Investment in Online Peer-to-peer Lending on the Financing Efficiency》、张金阁的《西方协作式规划理论:理论基础、研究现状及其展望》、陆莉莉和周志坚的《宝山区老年大学课程建设初探》等都是佳作。

"直播课堂"的论文值得一提,选题之广,超出预期。既有直播课堂教学实际的调查研究,又有网上教育的教育理论研究;既有直播课堂教育管理的研究,又有网上教育教学方法的研究;既有直播课堂教育资源研究,又有网上教育技术支持研究;既有直播课堂教学过程研究,又有网上教育组织管理研究;既有对直播课堂教学的反思,又有对网上教育的展望。其中丁秋霞的《网上直播课堂中成人学生社会临场感建构研究》、王润清的《教育直播在成人高校的未来走向》、唐燕等人的《技能培训网上直播课堂的教学督导模式探索研究》等都得到专家的好评。

这期《求索》的评审专家有71位,他们是(按姓氏音序排列):鲍国政、毕子明、曹政、岑詠霆、常珂、陈芳(长宁)、陈芳(宝山)、陈品华、陈诗东、陈文彪、陈晓平、陈云、丁海珍、董珏慧、杜俭、杜君英、段一、方莹、费秀壮、傅鸿跃、郭兆年、韩雯、胡墨洁、黄群、黄梅、霍红梅、江祖伟、姜美、蒋彭、金德琅、金新宇、李济凤、李玉敏、梁正礼、林鹄、卢春香、陆建、孟临、沈先梅、宋其辉、宋亦芳、涂丽敏、王艳、王芳、王国强、王海庄、王仁彧、王润清、王晓辉、魏子华、席亮、徐爱芬、徐春、徐文清、许畅、严威、杨年懿、杨怡、尤艳丽、袁静、张朋、张德芳、张东平、张颖、张永民、章卫芳、周雪梅、周长元、周志坚、朱新红、朱漪。对他们的认真把关表示衷心感谢。

受编委会委托,区办高校校长联席会聘请的专家岑詠霆教授为评审专家做了论文评审要求的辅导,编委会办公室张敏同志做了大量组织工作和资料工作,对此表示衷心感谢。对复旦大学出版社岑品杰同志热情而专业的工作也表示衷心感谢!

正是他们的卓越付出,才使本期《求索》得以顺利出版。谢谢!

编委会
2020年7月